Coletânea

Temas de Direito e Processo do Trabalho: Individual e Coletivo

Coletânea

Temas de Direito e Processo do Trabalho: Individual e Coletivo

Joselita Nepomuceno Borba

Mestre e Doutora em Direito do Trabalho pela Pontifícia Universidade Católica de São Paulo (PUC-SP). Procuradora do Trabalho, aposentada. Especialista em Negociação Coletiva e Processos de Arbitragem e Conciliação nas Relações Trabalhistas pela Organização Internacional do Trabalho (OIT) — Turim-Itália. Especialista em Direito do Trabalho e Direito Sindical italiano e em Direito Comunitário do Trabalho pela Universidade de Modena e Reggio Emília, Itália. Membro da Academia Brasileira de Direito do Trabalho (ABDT), titular da cadeira n. 8. Membro do Instituto Baiano de Direito do Trabalho — IBDT. Advogada. Professora. Autora de livros, entre eles, Efetividade da Tutela Coletiva e Legitimidade Concorrente na Defesa dos Direitos e Interesses Coletivos e Difusos: Sindicato, Associação, Ministério Público, Entes não Sindicais, bem como de capítulos de livros, artigos jurídicos e pareceres.

Thiago Leão Nepomuceno

Organizador

LACIER

LACIER
Lacier Livraria e Editora
www.livrarialacier.com.br

Rua Doutor Quirino, 808 – Centro
CEP 13015-081 – Campinas, SP – Brasil

Fevereiro, 2025

Diretor: *Lacier José de Rezende*
Coordenação editorial: *Peter Fritz Strotbek*
Projeto de capa: *Fabio Giglio*
Projeto gráfico e editoração eletrônica: *The Best Page*

Ficha Catalográfica

Dados Internacionais de Catalogação na Publicação (CIP)
(Câmara Brasileira do Livro, SP, Brasil)

B726c Borba, Joselita Nepomuceno.
Coletânea temas de direito e processo do trabalho individual e coletivo / Joselita Nepomuceno Borba ; Thiago Leão Nepomuceno Organizador. — 1. ed. — Campinas, SP : Lacier Editora, 2025.
540 p. ; 17 x 24 cm.

ISBN 978-85-64412-64-4

1. Direito do Trabalho — Brasil. 2. Processo do trabalho. 3. Processo coletivo do trabalho. 4. Justiça do trabalho. 5. Direitos fundamentais no trabalho. I. Nepomuceno, Thiago Leão. II. Título.

CDU 34:331(81)

Índices para o catálogo sistemático:
Direito do trabalho — Brasil
Angela Schmidt da Rosa – Bibliotecária – CRB-14/1171

Aos netos

Miguel Jorge Borba

João Guimarães Borba

Cecília Guimarães Borba,

porque a eles, no alvorecer da vida, pertencem e com eles prosseguem meu sonho de humanidade e dignidade no trabalho, de um mundo melhor!

Sumário

Capítulo IV — Descentralização Produtiva. Terceirização

Capítulo V — Processo Individual do Trabalho

Capítulo VI — Direito e Processo Coletivo do Trabalho

Capítulo VII — Prefácios de Obras

Nota da Autora

Logo após minha aposentadoria como Procuradora do Ministério Público do Trabalho, nos idos de 2003, iniciei com dedicação exclusiva atividade acadêmica na Pontifícia Universidade de São Paulo — PUC/SP e ao magistério, como Professora Assistente, na COGEAE — Coordenadoria Geral de Especialização, Aperfeiçoamento e Extensão da mesma Universidade.

Os escritos, decorrência da nova atividade, frutificaram e se sucederam. Outros foram elaborados em virtude de atividade acadêmica e de estudos em Universidades estrangeiras.

Embora publicados em periódicos e revistas científicas de prestígio e em anais de congressos nacionais e internacionais, devidamente catalogados pelo CNPq — Conselho Nacional de Desenvolvimento Científico e Tecnológico, fonte de consulta originária, a necessidade de reunir essa produção sempre foi um ideal.

Um vislumbre que parecia utópico, mas que ora se realiza, em forma de coletânea, que condensa, ao menos em parte, produção acadêmica esparsa, produzida e publicada ao longo desses anos, desde a vivencia na PUC/SP até os dias atuais.

E assim, em meio aos mais diversos aspectos da pesquisa, buscou-se uma sistematização que abrangesse, de modo geral, temas de direito individual sob a perspectiva dos direitos fundamentais, dos direitos humanos, da resiliência dos direitos sociais frente às vicissitudes porque passa o direito tutelar, bem como do direito e do processo coletivo com foco na ação civil pública, na liquidação da sentença genérica, no termo de ajustamento de conduta em inquérito civil público, na responsabilidade na greve e na liberdade sindical; pela correlação com direitos fundamentais integram a coletânea dois prefácios a obras essenciais: Direitos Fundamentais nas Relações de Trabalho e Poemas de Fogo.

O desejo da autora é que a obra possa servir ao desiderato de, na dialética acadêmica, contribuir para uma transição firme do Direito Social clássico para um Direito Social que, independentemente da denominação, tutele o direito humano ao trabalho; que o direito coletivo do trabalho seja instrumento de cidadania coletiva e meio de se alcançar a dignidade no trabalho.

Em suma, que os direitos sociais sejam respeitados, sem chance de retrocesso decorrente de substanciais abalos provocados pelas transformações no mundo do trabalho e que haja efetividade na tutela coletiva.

Esse o desiderato!

Bahia, 30 de setembro de 2024.

A Autora

Capítulo I

Direito Individual do Trabalho e Direitos Fundamentais

Configuração Jurídica da Subordinação e sua Importância na Requalifação do Contrato. Trabalho Subordinado e Trabalho Autônomo[1]

Introdução

A questão que aqui se coloca impõe exata compreensão: utilização do trabalho na atividade produtiva, nas modalidades autônoma e subordinada, sem descuido com a valorização do trabalho, repetidamente enfatizada pela Constituição Federal, e sem marginalizar avanços sociais inerentes à dignidade do trabalhador.

A ordem constitucional traz, didaticamente, enquadramento normativo do trabalho, afirmando-o como princípio, valor, fundamento e direito social[2] a que a ordem econômica deve respeitar[3]. Observadas as determinações constitucionais, a histórica dicotomia entre trabalho autônomo e trabalho subordinado permanece, inexistindo implícita ou explicitamente qualquer vedação ao trabalho autônomo, ao revés, é expressa previsão à liberdade de qualquer trabalho, ofício ou profissão.[4]

Permanecem, pois, no sistema jurídico nacional as duas modalidades. Mas, se o contrato de trabalho clássico representou extraordinário avanço no isolamento do trabalho subordinado (objeto do Direito do Trabalho) em contraposição ao trabalho autônomo (não protegido pelo Direito do Trabalho), o traço vivo da dicotomia, na atualidade, vem se esmaecendo, notadamente em decorrência da universalidade de formas de trabalho a que se submetem aqueles que retiram do labor seu meio de subsistência.

Inquestionavelmente, no contexto das transformações sociais e econômicas, o contrato de trabalho enfrenta a realidade de outras formas contratuais, umas atípicas,

(1) Nota do organizador: Texto originalmente publicado na *Revista Magister de Direito do Trabalho*, v. 2, p. 19-40, 2015.

(2) Constituição Federal, Preâmbulo, arts. 1º, III e IV; 3º, I e III; 6º e 7º.

(3) Constituição Federal, arts. 170 e 193.

(4) Constituição Federal, art. 5º, XIII.

outras inteiramente novas e algumas pensadas pelos juristas para atender às necessidades inadiáveis tanto do empresário quanto do trabalhador.

Fato é que, disseminada tal realidade pelo sistema nacional — e comparado[5] —, os fortes impactos sobre o contrato de trabalho são facilmente perceptíveis, choques estes gerados pela globalização e pelos avanços da ciência e da tecnologia, com substanciais reflexos no padrão organizativo da atividade, e atingem basicamente o seu critério estruturante: a subordinação.

Este critério técnico, que reinou absoluto como elemento identificador da relação de emprego, não dá mais conta da realidade, não só em razão do surgimento de novas formas de trabalho a distância, mas também ante a forte tendência da migração do trabalho para outros campos, notadamente para o setor da informalidade (ou do trabalho no setor formal, mas em condições precárias).

O abalo ao critério da subordinação como o essencial elemento diferenciador do contrato de trabalho se mostra ainda mais complexo com o avanço do setor terciário (comércio e serviços) sobre o secundário (indústria), por deixar cada vez menos parcela substancial da população economicamente ativa envolvida com a produção industrial.

Frente à realidade que se apresenta, é de inegável atualidade perquirir acerca da configuração jurídica da subordinação própria do contrato de trabalho em contraposição ao trabalho autônomo e as novas formas de trabalho surgidas com organização social do trabalho dos dias atuais.

1. Organização social do trabalho e reflexos na forma de prestar o trabalho

O surgimento do Direito do Trabalho foi marcado pela crucial intervenção do Estado nas relações entre capital e trabalho em razão de condições indignas a que foram submetidos os trabalhadores na vigência dos ideais do individualismo e do liberalismo pós Revolução Francesa.

Com o trabalho, regulado e protegido, a discussão tradicional girava basicamente em torno da prestação subordinada de trabalho e do negócio jurídico que o enquadrava: o contrato de trabalho.

Atualmente, esse centro de gravidade se desloca, com foco de atenção estendida também às novas dimensões da subordinação, em decorrência da realidade aflorada a partir das significativas transformações do trabalho.

---

(5) Acerca da tensão vivenciada pelo sistema protetivo do trabalhador que coloca, de um lado, os trabalhadores que desfrutam de um regime de emprego protegido, fundado no clássico contrato de emprego, e, do outro, os trabalhadores submetidos a contratos atípicos, que não oferecem a mesma tutela à dignidade humana, conferir por todos: DELGADO, Gabriela Neves; AMORIM, Helder Santos. *Os limites constitucionais da terceirização*. São Paulo: LTr, 2014. p. 22-28.

Soma-se ao impacto das inovações tecnológicas a questão da terciarização(6), vez que, como lembra Antoine Jeammaud, existe uma parte cada vez menos substancial da população envolvida com a produção industrial(7). O avanço do setor terciário (comércio e serviços) sobre o secundário (indústria) também é fator que interfere no redesenho das relações de trabalho.

No entanto, esclarece o citado professor de Lyon, essas transformações não são intrínsecas ao trabalho, mas ao modo de utilizá-lo, pois "o que se modifica é a organização social do trabalho, isto é, a maneira de utilizar o mesmo na atividade produtiva".(8)

Isso significa que o trabalho humano não desaparece nem é alterado, atingindo as transformações contemporâneas, não a qualidade física do trabalho destinado a assegurar meio de subsistência, mas a forma de empregá-lo.

Nesse contexto, a litigiosidade inerente às relações de trabalho adquire amplitude para abranger não só a identificação da subordinação na caracterização do contrato de trabalho, mas também sua importância. A novidade da problemática reside na extensão da subordinação ou até onde ela vai para se caracterizar relação de emprego.

2. Trabalho como atividade humana

Trabalho(9) é tema que desperta atenção de variados ramos da ciência, mas a atenção no momento se volta para seu significado restrito: trabalho como atividade humana destinada a determinado fim, de forma racional e voluntária.

Nessa acepção, corresponde a trabalho próprio do homem, que o desenvolve para produzir riquezas, com objetivo de satisfazer suas necessidades.(10)

O trabalho como atividade humana dá origem a determinadas relações entre pessoas e objetos, de complexa regulamentação. A complexidade é inerente, não só por regular ao Direito positivo relações sociais, mas por disciplinar atividade pessoal consubstanciada numa relação jurídica calcada em direitos subjetivos.(11)

---

(6) O termo terciarização não tem correlação com o fenômeno da terceirização. Corresponde a um processo de expansão do setor terciário (comércio e serviços) em detrimento do setor secundário (indústria), enquanto a terceirização está relacionada com processo de descentralização da atividade empresarial.

(7) JEAMMAUD, Antoine. *As transformações do trabalho e seus reflexos nos tribunais*. Trabalho, cidadania e magistratura. Rio de Janeiro: Edições Trabalhistas.

(8) *Idem*.

(9) Sobre trabalho conferir: RENAULT, Luiz Otávio Linhares. Que é isto. O direito do trabalho? In: PIMENTA, José Roberto Freire *et al*. (Coords.). *Direito do trabalho:* evolução, crise, perspectivas. São Paulo: LTr, 2004. p. 47 ss.

(10) OLIVEIRA, Carlos Roberto. *História do trabalho*. São Paulo: Ática, 2007. p. 7.

(11) Na síntese de Luis Recasens Siches, "direito subjetivo — na sua mais geral e ampla acepção — é a qualidade que a norma atribui a certas situações de umas pessoas, consistente na possibilidade de determinar juridicamente (por imposição inexorável) o dever de uma especial conduta de outra ou outras pessoas". (SICHES, Luis Recasens. *Tratado general de filosofia del derecho*. 20. ed. México: Editorial Porrúa. p. 234)

E a atividade pessoal, consubstanciada numa relação de trabalho, materializa-se no "contrato de atividade", expressão utilizada por Jean Vicente, como destacado por Alice Monteiro de Barros[(12)], para designar "todos os contratos em que a atividade pessoal de uma das partes constitui o objeto da convenção ou uma das obrigações que ela comporta".

2.1. Trabalho autônomo e trabalho subordinado. Zona fronteiriça

O contrato de atividade, em gênero, bifurca-se em duas grandes áreas: o trabalho autônomo e o trabalho subordinado. Este, objeto do contrato de trabalho, regulado pelo Direito do Trabalho; aquele, do contrato civil de prestação de ser-viços, disciplinado pela lei civil comum e normas esparsas.

Assim, o Direito do Trabalho se ocupa do trabalho subordinado, ficando o trabalho autônomo fora de seu âmbito por faltar-lhe o pressuposto da subordinação jurídica.

Nesta modalidade — trabalho autônomo clássico —, a prestação de serviços se dá por conta própria ou quando, na síntese de Alice Monteiro de Barros, o prestador de serviços atua como patrão de si mesmo, sem submissão aos poderes de comando do empregador.[(13)]

O prestador de serviço escapa ao poder diretivo e disciplinar da organização empresarial, por isso, o trabalho autônomo é, por definição, livre, independente e autodirigido.[(14)]

Naquela modalidade — trabalho subordinado —, a relação de emprego é identificada por sua natureza contratual entre empregado e empregador, tipificada[(15)] pela (a) pessoalidade, (b) não eventualidade, (c) remuneração e (d) subordinação jurídica.

Para se configurar a relação de trabalho que atraia a incidência do direito tutelar do trabalho, a prestação do serviço em favor de outrem deve ser pessoal, o serviço deve ser necessário à atividade normal do empregador, o trabalho remunerado e o trabalhador, nos limites do contrato, submisso ao poder diretivo e disciplinar do empregador.

Esses são os elementos principais do contrato de trabalho. Se estiverem presentes na relação de trabalho, qualifica-se como relação empregatícia.[(16)]

---

(12) BARROS, Alice Monteiro de. *Curso de direito do trabalho*. São Paulo: LTr, 2010. p. 220.

(13) *Ibidem*, p. 221.

(14) DELGADO, Mauricio Godinho. Relação de emprego e relações de trabalho: a retomada do expansionismo do direito trabalhista. In: SENA, Adriana Goulart de; DELGADO, Gabriela Neves; NUNES, Raquel Portugal (Coords.). *Dignidade humana e inclusão social:* caminhos para a efetividade do direito do trabalho no Brasil. São Paulo: LTr, 2010. p. 21.

(15) CLT: "Art. 3º Considera-se empregado toda pessoa física que prestar serviços de natureza não eventual a empregador, sob a dependência deste e mediante salário."

(16) DELGADO, Mauricio Godinho. Relação de emprego e relações de trabalho: a retomada do expansionismo do direito trabalhista. In: SENA, Adriana Goulart de; DELGADO, Gabriela Neves; NUNES, Raquel Portugal (Coords.). *Dignidade humana e inclusão social:* caminhos para a efetividade do direito do trabalho no Brasil. São Paulo: LTr, 2010. p. 19.

Mas nem sempre a fronteira entre as duas modalidades se apresenta de forma clara, na medida em que posicionadas entre casos típicos de trabalho subordinado e trabalho autônomo existem situações intermediárias. Estas são de difícil classificação em virtude do conteúdo diversificado do trabalho, no qual a subordinação pode se fazer presente ou não.(17)

Na percepção de Alice Monteiro de Barros, são hipóteses que situam a chamada "zona grise", isto é, aquela "zona cinzenta ou fronteiriça habitada por trabalhadores que tanto poderão ser enquadrados como empregados quanto como autônomos, fora da órbita do Direito do Trabalho"(18)', destacando a citada autora como exemplo de trabalhador que habita essa zona, entre outros, o vendedor, o corretor, o motoqueiro entregador, o motorista de táxi e o cabeleireiro. Em situações fronteiriças como essas, a questão deve ser solucionada em face da prova de cada caso concreto.(19)

Não fosse a dificuldade em distinguir os trabalhadores que situam a "zona grise", percebe-se atualmente que a solidez do Direito do Trabalho, marcado pelo intervencionismo do Estado nas relações entre capital e trabalho, vem suportando tensão, pela aspiração de um direito maleável e dinâmico.

A necessidade de mudança, como anunciada, teria o propósito de acompanhar o extraordinário avanço da tecnologia, notadamente no campo da informática, da microeletrônica e da biotecnologia. Seria uma fase do Direito do Trabalho relacionada com a "era da energia atômica e da cibernética"(20)

Nesse contexto, Washington Luiz da Trindade(21), no consistente ensaio "A perda de posição do Direito do Trabalho criado pelo Estado", assegura que a conjuntura é de dificuldade com intensidade capaz de abalar princípios tidos como intangíveis, de estremecer a estabilidade e a segurança das leis e de intranquilizar estadistas e juristas.

Assim, em meio à incessante busca por resposta a tal conjuntura, surgem novos contratos, aumenta o trabalho regulado por diplomas legais próprios, surgem novas formas de trabalho, busca-se instituto que sirva de figura central à renovação do Direito do Trabalho(22), além de revisitação ao critério da subordinação clássica, alvo agora da atenção.

---

(17) Nesse sentido: BARROS, Alice Monteiro de. *Curso de direito do trabalho*. São Paulo: LTr, 2010. p. 318.

(18) *Ibidem*, p. 318-319.

(19) *Ibidem*, p. 321.

(20) BELTRAN, Ari Possidoneo. *Dilemas do trabalho e do emprego na atualidade*. São Paulo: LTr, 2001. p. 231.

(21) Conferir: TRINDADE, Washington Luiz da. A perda de posição do direito do trabalho criado pelo Estado. *Revista do Instituto Baiano de Direito do Trabalho*, Ergon, ano XLVI, vol. XLVII, 2002, p. 195.

(22) Lembra Antoine Jeammaud (*Direito do trabalho em transformação:* tentativa de avaliação. Trabalho, Cidadania & Magistratura. Rio de Janeiro: Edições Trabalhistas, 2000. p. 7) que "os defensores de uma maior 'flexibilidade' não contestam de maneira incisiva o princípio de um direito do trabalho nascido do intervencionismo estatal impondo modelos minimos", nao seguindo a "comunidade de juristas" ataque feito por economistas neoliberais.

2.1.1. Emprego regulado e protegido: Sujeição jurídica

Maurício Godinho Delgado não coloca à margem o trabalho autônomo, mas reserva ao emprego, regulado e protegido por normas jurídicas, a principal condição de "inserção do trabalhador na arena socioeconômica capitalista, visando propiciar-lhe um patamar consistente de afirmação individual, familiar, social, econômica e, até mesmo, ética".(23)

E emprego é relação jurídica de natureza contratual que tem por objeto o trabalho assalariado e subordinado, destacando-se a dependência econômica e a subordinação jurídica como critérios mais marcantes na tipificação do contrato de trabalho.

A dependência econômica como elemento caracterizador do contrato de trabalho não resistiu a críticas, pois ficaram sem explicação situações em que pode haver relação de emprego sem dependência econômica (trabalhador com boa situação financeira) ou existir dependência econômica sem contrato de trabalho (pequeno empreiteiro).

O critério essencial na caracterização, distinguindo o contrato de trabalho de outras modalidades de contrato que têm por objeto o trabalho humano (autônomo, empreitada, mandato, gestão, etc.), é a sujeição jurídica.

Contudo, o enfraquecimento do sistema de tutela trabalhista e a dificuldade da adaptação das normas às novas realidades organizacionais, tecnológicas e até civilizacionais(24), agravado por fatores econômicos e sociais, tem levado a doutrina a apontar a insuficiência do critério da subordinação como elemento isolado na caracterização do contrato de trabalho.

2.1.1.1. Insuficiência do critério da subordinação

Certamente, a forte crise pela qual passa o sistema de emprego, agravada pela aplicação, na produção e nos serviços, da alta tecnologia e da informatiza-ção, acentuando-se a chamada fuga do Direito do Trabalho (direcionamento do trabalho para o setor informal — ou setor formal, mas em condições precárias)(25) como também o surgimento

(23) DELGADO, Mauricio Godinho. Direitos fundamentais na relação de trabalho. *Revista LTr*, São Paulo, vol. 70, jun. 2006, p. 659.

(24) Cf. FERNANDES, António Monteiro. *Para que serve um direito do trabalho?* Disponível em: http:// libros-revistas-derecho.vlex.es/vid/serve-direito-trabalho-58817607. Acesso em: 26 ago. 2014.

(25) Nota-se que, embora haja no contexto internacional avanços pela consolidação e universalização dos direitos humanos, o sistema nacional de proteção do trabalhador (direito infraconstitucional) não os incorporou, ao menos para reconhecer direitos de personalidade, tendo o contrato de trabalho se revitalizado em virtude da eficácia dos direitos fundamentais. Nesse sentido, conferir: BORBA, Joselita Nepomuceno. Eficácia dos direitos fundamentais e a revalorização do contrato de trabalho. *Revista do Ministério Público do Trabalho na Bahia*, Salvador, n. 4, 2011, p. 63-79.

de novas formas de trabalho capazes de afetar o emprego pela maneira de execução do trabalho em si, vem mitigando o critério da subordinação clássica.(26)

No âmago desse processo de indispensável revisão do critério da sujeição jurídica, na doutrina nacional, advoga Luiz Carlos Robortella tese no sentido de que o trabalho subordinado deve deixar de ser o centro de gravidade do Direito do Trabalho, perdendo a subordinação o monopólio da vis attractiva de incidência do direito protetivo ante a expansão de outras formas de trabalho.

Para o citado jurista, a tendência "é substituir a noção única de subordinação por subordinações diferenciadas, com a consequente gradação protetora, inclusive quanto aos limites de derrogabilidade da lei estatal através de contratos coletivos". sendo que "o grau de proteção deve centrar-se mais na debilidade contratual do que na intensidade da subordinação; a necessidade econômica e social é que determinará maior ou menor incidência da regra tutelar, num verdadeiro reencontro do Direito do Trabalho com a teoria da hipossuficiência"(27).

A crise do critério como elemento identificador da relação de emprego não ocorre somente entre nós, ao revés, espraia-se por sistemas que adotam o Direito do Trabalho com as significações que lhes são atribuídas, induzindo a uma incessante busca por novo elemento capaz de alicerçar zona mais ampla de incidência para direito tutelar.

Na Itália, onde a discussão sobre o futuro do Direito do Trabalho é intensa, a inadequação do modelo de trabalho subordinado foi tema de debate quando da revisão do Código Civil italiano e, em especial, do debate em torno da reforma Biagi.(28) Segundo Pinho Pedreira, "passou o critério da subordinação juridica por um processo de revisão crítica, arguindo-se que ele reunia em seu âmbito pessoas de condição social muito diferente, levando o Direito do Trabalho a tutelar pessoas que, conquanto subordinadas, não necessitam de proteção, enquanto deixa desamparadas outras que, embora autônomas, padecem de debilidade econômico-social."(29)

Aliás, na maior parte dos Estados da União Europeia(30), na qual se ilustra um Direito do Trabalho composto de regras próprias às relações do trabalho subordinado,

---

(26) Acerca da subordinação e sua crise cf. BORBA, Joselita Nepomuceno. Subordinação jurídica. Parassubordinação. Contrato de atividade: em busca de uma nova dogmática para a relação de trabalho. *Revista de Direito do Trabalho*, São Paulo, n. 116, out./dez. 2004, p. 232-247.

(27) ROBORTELLA, Luiz Carlos Amorim. *O moderno direito do trabalho*. São Paulo: LTr, 1994. p. 49-51.

(28) Conferir, por todos: VITIELLO, Ernesto. *I nuovi rapporti di lavoro: secondo da* "Riforma Biagi". Pádua: CEDAM, 2004.

(29) PEDREIRA, Pinho. Um novo critério de aplicação do direito do trabalho: a parassubordinação. *Revista do Instituto Baiano de Direito do Trabalho*, Ergon, ano XLVI, vol. XLVII, 2002, p. 130.

(30) O direito interno dos países-membros da Comunidade Europeia sofre o impacto do Direito Comunitário, identificando a carta comunitária de direitos sociais fundamentais dos trabalhadores, adotada pelo Conselho Europeu, em dezembro de 1989, elementos desse modelo que o Estado assegura ou deve assegurar. Sobre a evolução do direito comunitário em sentido social, conferir: RAMALHO, Maria do Rosário Palma. *Direito social da União Europeia*. Coimbra: Almedina. p. 29-ss

nos moldes do Direito do Trabalho nacional, busca-se novo elemento capaz de alicerçar não apenas um direito do emprego (espécie), mas um Direito do Trabalho (gênero).

E assim, na busca da revitalização do Direito do Trabalho e do seu papel como vetor de socialização, vislumbrou-se a passagem de um modelo a um outro.

Nessa perspectiva cambiante, colhe-se da doutrina de Antoine Jeammaud[(31)] que a Comissão Boissonnat pretendia refundar o Direito do Trabalho, propondo fazer aparecer um "direito da atividade" no lugar de um modelo esgotado, com sugestão de substituir o contrato de trabalho pelo "contrato de atividade".

Seguindo também tal perspectiva, sugere a doutrina de A. Supiot a reconstrução do "quadro jurídico a partir de um princípio de liberdade do trabalho, compreendido de maneira suficientemente dinâmica para assegurar plenamente as exigências de uma autêntica "liberação do trabalho" e acolher outros modos de exercício além da atividade subordinada"[(32)]

Entretanto, a par dos esforços, como anotado pelo professor francês[(33)], "na falta de um pleno convencimento, essas duas perspectivas dividem o duplo mérito de relembrar a historicidade do que nomeamos 'Direito do Trabalho' e de prometer-lhe um outro destino do que aquele que sonham seus defensores liberais".

Isso não inibiu — nem inibe — a doutrina nacional de seguir em busca não apenas de novo elemento tipificador do contrato de trabalho, mas do redimensionamento da subordinação clássica, na medida em que a submissão funcional do empregado as ordens do empregador, no atual momento histórico, não se mostra eficiente.

Com a atenção voltada para o trabalho intelectual e suas peculiaridades, Alice Monteiro de Barros[(34)] esclarece que "a debilidade do critério da subordinação funcional do empregado em relação ao empregador não supõe sua eliminação, mas mera insuficiência em certas situações, principalmente quando envolve trabalhos intelectuais"

De fato, a crise de um conceito meramente formal — e que não o inutiliza — não reclama sua eliminação, ao revés, requer a formulação de uma teoria para servir de referência fundamental da disciplina, de forma a agregar os novos tipos de trabalho surgidos com a reengenharia do processo produtivo ou criados pela tecnologia da comunicação, além das formas precárias de trabalho, chamadas atípicas.

---

(31) JEAMMAUD, Antoine. *Direito do trabalho em transformação:* tentativa de avaliação. Trabalho, Cidadania & Magistratura. Rio de Janeiro: Edições Trabalhistas, 2000. p. 26.

(32) Cf. JEAMMAUD, Antoine. *Direito do trabalho em transformação:* tentativa de avaliação. Trabalho, Cidadania & Magistratura. Rio de Janeiro: Edições Trabalhistas, 2000. p. 26, baseado na obra de A. Supiot.

(33) JEAMMAUD, Antoine. *Direito do trabalho em transformação:* tentativa de avaliação. Trabalho, Cidadania & Magistratura. Rio de Janeiro: Edições Trabalhistas, 2000. p. 26.

(34) BARROS, Alice Monteiro de. Trabalhadores Intelectuais. Subordinação Jurídica. Redimensionamento. *Revista de Direito do Trabalho*, RT, n. 115, jul./set. 2004, p. 26.

2.1.1.2. Dimensões do fenômeno da subordinação: Objetiva e estrutural

A subordinação clássica realça a submissão funcional do empregado aos poderes diretivo e disciplinar do empregador. Apesar da necessidade de revisão do critério, continua nota típica do contrato de trabalho a evidenciar a importância da investigação de sua existência ou não na relação de trabalho com o propósito de distinguir o contrato de trabalho para aplicar-lhe os mecanismos de regulação do Direito do Trabalho.

Ainda no âmbito da subordinação jurídica, aspecto relevante é o da qualificação do contrato, cujo objeto gira em torno da subordinação. Ou seja, a importância adquirida pela subordinação na qualificação do contrato.

A intenção de requalificar o contrato vem, com maior intensidade, tanto daqueles que desejam obter o reconhecimento da condição de assalariado (religioso que busca reconhecimento de vínculo empregatício com respectiva igreja, cooperado em relação à cooperativa, representante comercial em relação à indústria cujos produtos ele representa, só para exemplificar) quanto dos que se apresentam vinculados a operações de exteriorização da atividade ou terceirização.

São hipóteses em que o trabalhador tenta obter requalificação da relação de trabalhador autônomo ou de prestador de serviços para empregado.

Ao lado da investigação da existência ou não da subordinação e sua importância na requalificação do contrato, na atualidade, pensamento de vanguarda traz para o centro do debate acadêmico, com repercussão na jurisprudência, dois tipos de subordinação: a objetiva e a estrutural. E, com o esforço teórico da comunidade jurídica, via subordinação, amplia-se o conceito de relação de emprego.[35]

Trata-se, na percepção de Mauricio Godinho Delgado, de "adequar o conceito de subordinação, elemento atávico à relação empregatícia, de maneira a ajustar a conformação desse elemento às necessidades e características da vida real contemporânea"[36]

Na visão de Alice Monteiro de Barros[37], alicerçada na doutrina estrangeira, "nova tentativa na procura de um traço diferenciador entre trabalho subordinado e trabalho autônomo é a chamada integração do trabalhador na organização empresarial", afirmando a citada autora tratar-se de critério que substitui a "subordinação-controle" ou subjetiva pela "subordinação-integração" ou objetiva.

---

(35) Cf. DELGADO, Mauricio Godinho. Relação de emprego e relações de trabalho: a retomada do expansionismo do direito trabalhista. In: SENA, Adriana Goulart de; DELGADO, Gabriela Neves; NUNES, Raquel Portugal (Coords.). *Dignidade humana e inclusão social:* caminhos para a efetividade do direito do trabalho no Brasil. São Paulo: LTr, 2010. p. 27.

(36) *Idem.*

(37) BARROS, Alice Monteiro de. Trabalhadores Intelectuais. Subordinação Jurídica. Redimensionamento. *Revista de Direito do Trabalho*, RT, n. 115, jul./set. 2004, p. 26.

Essa subordinação objetiva se manifesta pela integração do trabalhador nos fins e objetivos do empreendimento, ganhando espaço o novo critério de qualificação do contrato de trabalho a partir da doutrina de Paulo Emílio Ribeiro de Vilhena, para quem a subordinação pode traduzir uma "relação de coordenação ou de participação integrativa ou colaborativa, através da qual a atividade do trabalhador como que segue, em linhas harmônicas, a atividade da empresa, dela recebendo o influxo próximo ou remoto de seus movimentos."(38)

Decisivo na dimensão do instituto da subordinação, segundo essa teoria, não é apenas a sujeição do trabalhador ao poder diretivo e disciplinar do empregador, mas sua integração e do seu trabalho no objetivo empresarial.

Dando sequência à tendência expansionista da relação de emprego, via critério da subordinação, avança Mauricio Godinho Delgado para além da noção de "subordinação objetiva" para a de "subordinação estrutural."

A partir de um primeiro ensaio(39), reafirma o citado autor, numa renovação ampliadora da dimensão da subordinação, que estrutural é a subordinação que se expressa "pela inserção do trabalhador na dinâmica do tomador de seus serviços, independentemente de receber (ou não) suas ordens diretas, mas acolhendo, es-truturalmente, sua dinâmica de organização e funcionamento".(40)

Nessa dimensão da subordinação, esclarece o jurista mineiro,(41) "não importa que o trabalhador se harmonize (ou não) aos objetivos do empreendimento, nem que receba ordens diretas das especificas chefias deste: o fundamental é que esteja estruturalmente vinculado à dinâmica operativa da atividade do tomador de serviços".

Da articulação das dimensões do critério distintivo, que se harmonizam e se completam, adviria superação às recorrentes dificuldades de enquadramento dos fatos novos do mundo do trabalho ao tipo jurídico da relação de emprego.(42)

---

(38) VILHENA, Paulo Emilio Ribeiro de. *Relação de emprego: estrutura legal e supostos*. São Paulo: Saraiva, 1975. p. 235.

(39) DELGADO, Mauricio Godinho. Direitos fundamentais na relação de trabalho. *Revista LTr*, São Paulo, vol. 70, jun. 2006, p. 667.

(40) DELGADO, Mauricio Godinho. Relação de emprego e relações de trabalho: a retomada do expansionismo do direito trabalhista. In: SENA, Adriana Goulart de; DELGADO, Gabriela Neves; NUNES, Raquel Portugal (Coords.). *Dignidade humana e inclusão social:* caminhos para a efetividade do direito do trabalho no Brasil. São Paulo: LTr, 2010. p. 28.

(41)*Ibidem*, p. 29.

(42) *Idem*.

Assim, em essência, segundo essa doutrina de referência, com reflexo na jurisprudência[43], o trabalho como fenômeno social em movimento, na sua forma mais atualizada, estaria sob o manto do Direito do Trabalho.

Isso porque tanto o trabalhador hipossuficiente que se submete ao poder diretivo e disciplinar (subordinação clássica) quanto aquele que, mesmo sem submissão a ordens diretas do empregador, realiza os objetivos empresariais (subordinação objetiva) são igualmente trabalhadores subordinados. Subordinado seria também o prestador de serviço que, sem se submeter a ordens diretas do tomador dos serviços e nem se ativar em sua atividade-fim (realizando atividade secundária), insere-se na estrutura organizacional da empresa, vivenciando sua dinâmica operacional (subordinação estrutural).

Assim, para Mauricio Godinho Delgado[44], a compreensão das dimensões da subordinação "permite não somente adequar o conceito jurídico, pela via interpretativa, às modificações da vida real, renovando o necessário expansionismo do ramo juslaborativo, como também relativizar a utilização de fórmulas jurídicas restritivas de direitos sociais e fundamentais".

2.1.1.3. Novas dimensões da subordinação e seus reflexos nos tribunais

O expansionismo do Direito do Trabalho a partir da ampliação do conceito de subordinação, atraindo para a órbita de sua tutela novas formas de trabalho, contratos de prestação de serviços e trabalhador situado em zona fronteiriça entre o trabalho subordinado e o autônomo, já tem ressonância na prática dos tribunais, notadamente na jurisprudência do Tribunal Superior do Trabalho (TST).

Quando se observa acórdãos daquela Corte Superior, torna-se possível identificar, entre seus julgados, a acolhida da tese da subordinação estrutural, sob a perspectiva de que, uma vez inócua a aplicação da subordinação clássica ou diante de fraude, a relação de emprego deve ser examinada à luz da inserção do trabalhador na dinâmica do tomador dos serviços.

---

(43) "RECURSO DE REVISTA. VÍNCULO DE EMPREGO. A contratação de trabalhadores por empresa interposta é ilegal, formando-se o vínculo diretamente com o tomador dos serviços (Súmula n. 331, 1/TST). Registre-se que a subordinação jurídica, elemento cardeal da relação de emprego, pode se manifestar em qualquer das seguintes dimensões: a clássica, por meio da intensidade de ordens do tomador de serviços sobre a pessoa física que os presta; a objetiva, pela correspondência dos serviços deste aos objetivos perseguidos pelo tomador (harmonização do trabalho do obreiro aos fins do empreendimento); a estrutural, mediante a integração do trabalhador à dinâmica organizativa e operacional do tomador de serviços, incorporando e se submetendo à sua cultura corporativa dominante. Atendida qualquer destas dimensões da subordinação, configura-se este elemento individuado pela ordem jurídica trabalhista (art. 3º, caput, da CLT). Recurso de revista provido." (TST-RR-86740-27.2005.5.15.0071, Rel. Min. Mauricio Godinho Delgado, j. 30.04.08)

(44) DELGADO, Mauricio Godinho. Relação de emprego e relações de trabalho: a retomada do expansionismo do direito trabalhista. In: SENA, Adriana Goulart de; DELGADO, Gabriela Neves; NUNES, Raquel Portugal (Coords.). *Dignidade humana e inclusão social:* caminhos para a efetividade do direito do trabalho no Brasil. São Paulo: LTr, 2010. p. 29.

Com relação à terceirização, na qual a relação triangulariza-se entre trabalhador, prestador e tomador de serviços, veda-a a jurisprudência sumulada do TST[45] se no processo estiver envolvida atividade-fim, formando-se o vínculo empregatício com o tomador dos serviços.

Desautorizada a prática, recorre-se à dimensão estrutural da subordinação, segundo razões lançadas em julgados, por evidenciar "teoria que se adiante como solução para os casos em que o conceito clássico de subordinação se apresenta inócuo."[46]

Além de hipóteses de fraude, a teoria da subordinação estrutural vem sendo aplicada para requalificar contrato com reconhecimento de relação de emprego em situações como aquelas da chamada zona intermediária — ou "zona grise" — e nas que a subordinação se apresenta rarefeita.[47]

---

(45) "Súmula n. 331. CONTRATO DE PRESTAÇÃO DE SERVIÇOS. (...) I – A contratação de trabalhadores por empresa interposta é ilegal, formando-se o vínculo diretamente com o tomador dos serviços, salvo no caso de trabalho temporário (Lei n. 6.019, de 03.01.74). (...) III – Não forma vínculo de emprego com o tomador a contratação de serviços de vigilância (Lei n. 7.102, de 20.06.83) e de conservação e limpeza, bem como a de serviços especializados ligados à atividade-meio do tomador, desde que inexistente a pessoalidade e a subordinação direta (...)."

(46) "(...) RECURSO DE REVISTA. 1. VÍNCULO DE EMPREGO. EMPRESA DE TELECOMUNICAÇÃO. TERCEIRIZAÇÃO DE ATIVIDADE-FIM. 1.1. 'Serviço de telecomunicações é o conjunto de atividades que possibilita a oferta de telecomunicações', por intermédio de 'transmissão, emissão ou recepção, por fio, radioeletricidade, meio ópticos ou qualquer outro processo eletromagnético, de símbolos, caracteres, sinais, escritos, imagens, sons ou informações de qualquer natureza' (art. 60, *caput* e § 1º, da Lei n. 9.472/97). 1.2. Os serviços de telecomunicações vinculados à implantação e manutenção de redes de acesso, equipamentos e sistemas de telecomunicações estão inseridos nas atividades essenciais das empresas concessionárias dos serviços de telecomunicações, circunstância que desautoriza a prática da terceirização. 1.3. O § 1º do art. 25 da Lei n. 8.987/95, bem como o inciso II do art. 94 da Lei n. 9.472/97, autoriza as empresas de telecomunicações a terceirizar as atividades-meio, não se enquadrando em tal categoria os instaladores de redes, eis que aproveitados em atividade essencial para o funcionamento das empresas. 1.4. Rememore-se que o conceito de subordinação deve ser examinado à luz da inserção do trabalhador na dinâmica do tomador de serviços, configurando a denominada subordinação estrutural, teoria que se adiante como solução para os casos em que o conceito clássico de subordinação se apresenta inócuo. Recurso de revista conhecido e desprovido." (TST-RR-156400-71.2007.5.03.007, rel. Min. Alberto Luiz Bresciani de Fontan Pereira, j. 11.11.09) "(...) Na hipótese, conforme se extrai das premissas fáticas assentadas pelo Regional, a atividade desempenhada pelo Reclamante como professor estava inserida na atividade-fim da tomadora de serviço (instituição de ensino), encontrando-se o trabalhador efetivamente integrado à sua dinâmica organizativa e operacional, incorporando e se submetendo à sua cultura corporativa dominante, sendo imperioso o reconhecimento de vínculo diretamente com a Reclamada, porquanto resta configurada a terceirização ilícita diante da chamada 'subordinação estrutural'. Incidência da Súmula n. 331, I/TST. Recurso de revista provido." (TST-RR-56540-49.2003.5.06.0009, rel. Min. Mauricio Godinho Delgado, j. 05.05.10) No mesmo sentido: TST-RR-134500-74.2008.5.03.0111, rel. Min. Aloysio Corrêa da Veiga, j. 05.05.2010; e TST-RR-44100-13.2009.5.03.0003, rel. Min. Alberto Luiz Bresciani de Fontan Pereira.

(47) "(...) AGRAVO DE INSTRUMENTO. RECURSO DE REVISA. HOME OFFICE. ENQUADRAMENTO E EFEITOS JURÍDICOS. OUTROS TEMAS: SUBSTITUIÇÃO. ACÚMULO DE FUNÇÕES. HORAS EXTRAS. ADICIONAL NOTURNO. HORAS DE SOBREAVISO. FÉRIAS INTERROMPIDAS. DECISÃO DENEGATÓRIA. MANUTENÇÃO. O teletrabalho e o trabalho em domicílio (*home office*) tornaram-se frequentes nas últimas décadas em face da invenção, aperfeiçoamento e generalização de novos meios comunicacionais, ao lado do advento de novas fórmulas organizacionais e gerenciais de empresas e instituições. Isso não elimina, porém, necessariamente, a presença de subordinação na correspondente relação socioeconômica e jurídica entre o trabalhador e seu tomador de serviços, desde que ultrapassado o conceito tradicional desse elemento integrante da relação empregatícia em favor de sua dimensão objetiva ou, até mesmo, em favor do conceito de subordinação estrutural.

2.1.2. Trabalho autônomo

Na atualidade, o trabalho por conta própria avança no ritmo do desenvolvimento da atividade econômica, passando a representar opção para muitas pessoas se desenvolverem por si e com autonomia seus serviços.

Assim, ao lado do trabalho subordinado e do surgimento de espécies atípicas de trabalho subordinado, assiste-se à difusão de novas formas de trabalho autônomo.

O vertiginoso crescimento dessa modalidade evidencia que o trabalho subordinado não representa mais a principal maneira de prestação de serviços no interesse alheio.

Entretanto, o distanciamento não se sustenta se o propósito for a adoção do chamado "trabalho autônomo de segunda geração", como ocorre especialmente com sócios trabalhadores de cooperativas, colaboradores em empresas, trabalhador constituído pessoa jurídica unipessoal, só para exemplificar.

São trabalhadores que, embora rotulados de autônomos, têm sua liberdade limitada por meio de características típicas do "trabalho subordinado" e marcado pela presença do elemento "dependência".

O falso autônomo posto à margem, por não encontrar respaldo na ordem jurídica, as modalidades autônomas de trabalho especializado e valorizado no sistema econômico geram para os prestadores de serviços vantagens, inclusive econômicas.

O trabalhador autônomo é, portanto, pessoa física que exerce por conta própria atividade econômica com ou sem fim lucrativo, ou, na síntese de Alice Monteiro de Barros, aquele que atua como patrão de si mesmo.[48]

Nos termos da lei,[49] trabalhador autônomo é a pessoa física que exerce por conta própria atividade econômica urbana, com fins lucrativos ou não. Exerce, pois, atividade por sua conta e risco, não se submetendo a horário e nem recebe salário. A remuneração pelo trabalho é prevista em contrato.

2.1.2.1. Regulamentação

Como se vê, profundas transformações da realidade social, econômica e produtiva colocam na ordem do dia debate acerca da exata delimitação do campo de trabalho, captando também a atenção do legislador sobre a necessidade de regular e levar adiante a estruturação do direito regulatório da atividade autônoma.

Dentro desse novo, moderno e atualizado enfoque da subordinação, os trabalhadores em domicílio, mesmo enquadrando-se no parâmetro do *home office*, podem, sim, ser tidos como subordinados e, desse modo, efetivos empregados (...)." (TST. AIRR-62141-19.2003.5.10.001, rel. Min. Mauricio Godinho Delgado, j. 07.04.2010 – Grifos do original)

(48) BARROS, Alice Monteiro de. *Curso de direito do trabalho.* São Paulo: LTr, 2010. p. 221.

(49) Lei n. 8.212/91 (art. 12, V, *h*), com redação dada pela Lei n. 9876/99.

E para o trabalho autônomo se manter no patamar de afirmação do trabalho como valor assecuratório de dignidade da pessoa, sua regulamentação se acentua — e deve se acentuar ainda mais — no sistema jurídico, com profissões regulamentadas (comerciante ambulante[50], representante comercial[51], corretor de imóveis[52] e taxista[53], profissionais liberais: advogados[54], contabilista[55], engenheiros[56], etc.).

Mas, se o ideal da proteção normativa não abrange todo o universo do trabalho autônomo, só pela falta de regulamentação ele não se torna ilícito, pois, em primeiro lugar, a ordem constitucional assegura o livre "exercício de qualquer trabalho, ofício ou profissão, atendidas as qualificações profissionais que a lei estabelecer"[57]; depois, a lei civil comum disciplina o contrato de prestação de serviços, considerando lícita toda espécie de serviço ou trabalho, material ou imaterial.[58]

O alicerce da legalidade impede possível argumento, puro e simples, tendente a aniquilar a modalidade de trabalho autônomo. A ilegalidade reside, sim, na fraude tendente a imprimir inadmissível fuga do Direito do Trabalho. Essa deve ser combatida com firmeza.

Isso porque a sociedade avançou. E o avanço social repudia o que agride a dignidade. Este é o bem maior a ser preservado.

Sendo assim, diante do caso concreto, se houver certeza de fraude com agravo ao princípio da dignidade humana, a primeira regra a ser aplicada é a que cuida da nulidade do ato que tem por objetivo desvirtuar, impedir ou fraudar a legislação trabalhistas[59], como também daquela que exige a observância da função social do contrato e que as partes atuem com boa-fé[60]; depois, tem-se a segurança do princípio maior da ordem constitucional, fundamento da própria República, a dignidade humana.[61]

Assim, o trabalho autônomo — regulamentado ou não — deve preservar os avanços da legislação social e, acima de tudo, a dignidade do trabalhador, afirmando-se, ao lado do

---

(50) Lei n. 6.586/78.

(51) Lei n. 4.886/65, com alterações introduzidas pela Lei n. 8.420/92, e CC, art. 710.

(52) Lei n. 6.530/78.

(53) Lei n. 12.468/2011.

(54) Lei n. 8.906/94.

(55) Decreto n. 9.295/1946, com alteração da Lei n. 12.249/2010.

(56) Leis ns. 5.194/66 e 12.378/2010.

(57) Constituição Federal, art. 5º, XIII.

(58) Código Civil, arts. 593, 594 e 710.

(59) CLT, art. 9º.

(60) Código Civil, arts. 421 e 422.

(61) Constituição Federal, art. 1º, II.

direito ao emprego protegido e regulado, como veículo de afirmação econômico-social da pessoa física prestadora de serviços.[62]

3. Expansão do direito do trabalho por meio da jurisprudência e a judicialização da política

Em busca de um posicionamento frente à tormentosa questão, imagina-se que o primeiro aspecto a considerar é que, se o conhecimento humano evoluiu, isolando e qualificando o contrato de trabalho como veículo de inserção do trabalhador na seara de proteção de Direito do Trabalho, aliviando há mais de 100 anos a tensão entre capital--trabalho, na sociedade atual reinstala-se o estado de tensão por não atender mais aquele legado extraordinário às exigências do mundo do trabalho contemporâneo.

Frente à inexorável realidade vivida pelo Direito do Trabalho no âmago das relações de trabalho, desponta-se com todo vigor o segundo aspecto a ser consi-derado, qual seja o desenvolvimento da democracia, regime diferenciado na vida humana, apto a agregar regras de liberdade, igualdade e sociabilidade, colocando o ser humano no centro da proteção do Estado de Direito.[63] E, nesse processo de construção e consolidação democrática, o homem passa a ser titular de direitos fundamentais e, na maior medida, da dimensão de sua dignidade.[64]

Frente a tal paradoxo — perda de vigor do direito tutelar do trabalho x aumento de direitos do cidadão trabalhador no constitucionalismo moderno —, reaviva-se a tensão entre capital e trabalho não mais pela vertente da tutela, mas em razão de seu alcance, até porque, acima de tudo e sob qualquer pretexto, não admite o sistema constitucional a precarização ou a redução de direitos. A sociedade avançou. E o avanço social repudia o que agride a dignidade.

O certo é que, ante a visível polarização, na qual o sistema de normas voltadas àquele recurso social (emprego) não atende mais, a solução passa necessariamente pela atuação do poder político, vez que a ele compete, no Estado Democrático de Direito[65], elaborar novas diretrizes com o propósito de promulgar a expansão do Direito do Trabalho.[66]

---

(62) Nesse sentido: DELGADO, Mauricio Godinho. Direitos fundamentais na relação de trabalho. *Revista LTr*, São Paulo, vol. 70, jun. 2006, p. 659. p. 660.

(63) No plano nacional, o ápice de afirmação do Estado Democrático de Direito veio com a Constituição Federal de 1988, que, além de positivar o princípio da dignidade humana como fundamento da própria República, elevou para o seu âmbito regras de Direito do Trabalho.

(64) CF, art. 1º, I.

(65) CF: "Art. 2º São Poderes da União, independentes e harmônicos entre si, o Legislativo, o Executivo e o Judiciário". Na tripartição de poderes, cada um exerce sua função típica: legislar, julgar e governar.

(66) A competência para legislar sobre Direito do Trabalho é privativa da União, conforme expressa disposição constitucional: "Art. 22. Compete privativamente à União legislar sobre: I – direito civil, comercial, penal, processual, eleitoral, agrário, marítimo, aeronáutico, espacial e do trabalho".

É no âmbito desse poder que há de se estabelecer, propagar e consolidar o debate acerca do complexo quadro socioeconômico contemporâneo das relações de trabalho.

Ademais, a necessidade de normatização não decorre de exagerado apego ao positivismo jurídico, mas, sim, da compreensão de que o direito não pode ser dissociado do homem, ser social, porquanto no conviver ou no relacionar com o semelhante "abre-se flanco às interferências intersubjetivas, advindo a necessidade de normatização da realidade social, a fim de se positivar, de forma geral e abstrata, situação de vantagem, definindo quem deve tê-la e quem deve sofrer a desvantagem em face de determinado bem."(67)

Decerto, o positivismo jurídico constitui marco decisivo na evolução e consolidação do humanismo e da paz social, não sendo relegada a teoria kelseniana(68) do direito positivo sequer pela inovadora teoria luhmanniana(69) dos sistemas que, diante de uma sociedade que se apresenta cada dia mais complexa, não se atêm mais ao conceito de Direito, mas, sim, qual sua função, para que ele serve.

Nesse contexto, além da indispensável segurança jurídica, a normatização afasta do Judiciário correlação de forças própria do espaço político em que deve se institucionalizar, levando, assim, ao mínimo possível a ocorrência da chamada "judicialização da política", na qual se acusa o Judiciário de, ao julgar, usurpar a função do Legislativo.

O fenômeno é recorrente e, para Cassio Casagrande(70) , tem relação direta com a garantia de direitos sociais, na medida em que "a concretização destes direitos dependeria em grande medida de instrumentos para assegurar sua eficácia jurídica.(71) Além da

---

(67) BORBA, Joselita Nepomuceno. *Efetividade da tutela coletiva*. São Paulo: LTr, 2008. p. 90. No mesmo sentido, conferir: PASSOS, Calmon de. *Direito, poder, justiça e processo: julgando os que nos julgam*. Rio de Janeiro: Forense, 2003.

(68) Acerca da base em que se assenta a teoria do positivismo jurídico e autonomia do Direito consultar: KELSEN, Hans. *Teoria pura do direito*. 5. ed. Trad. de João Baptista Machado. Coimbra: Armenio Amado, 1979.

(69) O positivismo jurídico repensado para, na sociedade contemporânea, explicar a função do direito e, dessa forma, sem abandonar a construção kelseniana baseada na norma fundamental, elaborar teoria que tem como ponto de partida a distinção entre sistema e ambiente, entre todo e parte, alicerçando-se a construção teórica na diferenciação. Cf. LUHMANN, Niklas. *O direito da sociedade*. Trad. provisória para o espanhol de Javier Torres Nafarrate. México: Universidad Iberoamericana, 2002. A respeito de sua teoria, conferir: DE GIORGI, Raffaele. Luhmann e a teoria jurídica dos anos 70. In: CAMPILONGO, Celso Fernandes. *O direito na sociedade complexa*, cit., p. 175 e ss.; Luhmann e o direito autopoiético. In: CAMPILONGO, Celso Fernandes. *Direito e democracia*. 2. ed. São Paulo: Max Limonad, 2000. p. 73 e ss.; CORSI, Giancarlo; ESPOSITO, Elena; BARALDI, Cláudio. *Glossário sobre a teoria social de Niklas Luhmann*. Trad. de Migual Romero Peréz e Carlos Villalobos, sob a coordenação de Javier Torres Nafarrate. México: Universidad Iberoamericana, 1996; DE GIORGE, Raffaele. *Direito, tempo e memória*. Trad. de Guilherme Leite Gonçalves. São Paulo: Quartier Latin, 2006.

(70) CASAGRANDE, Cassio. *Ministério Público e a judicialização da política:* estudo de casos. Porto Alegre: Sergio Antonio Fabris, 2008. p. 31.

(71) *Idem*.

concretização dos direitos sociais, aponta o citado jurista[(72)]outro fator que se encontra na raiz da ascensão política do Judiciário: o sistema de controle de constitucionalidade das leis, de forma que a adoção do sistema de controle de constitucionalidade concentrado e difuso trouxe para o centro do debate o ativismo judicial.

Diante disso, o dogma do juiz apolítico vai se esmaecendo, com aceitação cada vez maior de um papel politicamente ativo do Poder Judiciário, despontando-se como razão preponderante no crescente ativismo judicial, entre outras razões,

> "uma deliberada omissão dos legisladores, em especial no que diz respeito a temas altamente controversos no mundo moderno."[(73)]

Aliás, em razão do vazio legislativo o Tribunal Superior do Trabalho (TST), num primeiro momento, negou validade, por meio de súmula de sua jurisprudência[(74)], a qualquer contrato de terceirização não prevista em lei para, depois, conferir-lhe validade se se tratar de serviço especializado ligado à atividade-meio do tomador do serviço e desde que inexistente subordinação direta[(75)]. A terceirização de atividade-fim sob a ótica do TST continua vedada, embora o fenômeno se apresente de forma disseminada nas relações de trabalho.

Tal questão, altamente controvertida nos tribunais e sem consenso no âmbito político[(76)], chegou ao Supremo Tribunal Federal (STF), que, em decisão inédita, conferiu repercussão geral[(77)] ao tema "terceirização de serviços para a consecução da atividade-fim da empresa", propondo-se assim a apreciar a constitucionalidade da restrição imposta pela Justiça do Trabalho à terceirização.

O fundamento adotado para o acolhimento da repercussão geral foi possível violação à liberdade de contratar no âmbito do princípio constitucional da legalidade[(78)], de que cuida o art. 5º, inciso II, da Constituição Federal.

---

(72) CASAGRANDE, Cassio. Ministério Público e a judicialização da política: estudo de casos. Porto Alegre: Sergio Antonio Fabris, 2008. p. 32.

(73) Na precisa observação de Cassio Casagrande feita com base na doutrina de Antoine Garapon. (CASA-GRANDE, Cassio. *Ministério Público e a judicialização da política:* estudo de casos. Porto Alegre: Sergio Antonio Fabris, 2008. p. 246)

(74) TST, Súmula n. 256.

(75) TST, Súmula n. 331.

(76) São inúmeros os projetos de lei que tramitam na Câmara dos Deputados com propósito de disciplinar a prática da terceirização, sendo o PL n. 4.330, de autoria do Deputado Sandro Mabel, o que se encontra em mais adiantado estado de tramitação. Atualmente, o projeto, incorporando novo texto apresentado como substitutivo, passou a ser identificado como PL n. 4.330-A e se encontra com parecer favorável do relator Deputado Artur Maia.

(77) RE 713.211/MG, tendo o tema recebido o n. 725 no catálogo de repercussão geral do STF.

(78) Proposta do Ministro Luiz Fux foi acolhida pelo Plenário Virtual do STF, conferindo repercussão geral ao tema da terceirização, sob as seguintes premissas:"RECURSO EXTRAORDINÁRIO COM AGRAVO. ADMINISTRATIVO.

E assim, segundo Gabriela Neves Delgado e Helder Santos Amorim[79], "com a pretensão de estabelecer ou aferir os limites constitucionais da terceirização na iniciativa privada, o Supremo Tribunal acaba de se lançar sobre a mais tormentosa questão do mundo do trabalho no país"[80] dos últimos tempos.

Frente à omissão do Poder Legislativo encontra-se o Poder Judiciario na iminência de, praticando o ativismo judicial, traçar parâmetros para as relações de trabalho.

Se a liberação da terceirização de serviços para a consecução de atividade-fim vir a ocorrer, suprimindo-se os atuais limites impostos pelo TST, advertem os citados juristas, o STF chama a si e "assume a crua dimensão da luta de classes, desta vez judicializada com pretensão de definitividade, quando, no plano politico, o tema é objeto de uma acirrada disputa que se arrasta há mais de 10 anos no Congresso Nacional, sem que tenham as parte envolvidas, representantes do capital e do trabalho, conseguido almejar o mínimo consenso"[81]

Na sequência dos novos tempos não há de se surpreender que, da mesma forma e sob igual fundamento (violação ao princípio da legalidade), possa vir o STF a enfrentar questão relacionada à retipificação do contrato de trabalho em função da construção teórica, já com repercussão na jurisprudência, que confere novas dimensões à subordinação (objetiva e estrutural).

De fato, ampliar o conceito de subordinação clássica para colocar sob o abrigo do Direito do Trabalho modalidade de trabalho autônomo, inclusive tipo regulado por lei, significa em última análise obrigar a parte contratante a fazer o que a lei não determina, em detrimento, inclusive, da regra do art. 3º da CLT. Ou seja, tornando-a letra morta.

AÇÃO CIVIL PÚBLICA. POSSIBILIDADE DE TERCEIRIZAÇÃO E SUA ILICITUDE. CONTROVÉRSIA SOBRE LIBERDADE DE TERCEIRIZAÇÃO. FIXAÇÃO DE PARÂMETROS PARA A IDENTIFICAÇÃO DO QUE REPRESENTA ATIVIDADE-FIM. POSSIBILIDADE. 1. A proibição genérica de terceirização calcada em interpretação jurisprudencial do que seria atividade-fim pode interferir no direito fundamental de livre-iniciativa, criando, em possível ofensa direta ao art. 5º, inciso II, da CRFB, obrigação não fundada em lei capaz de esvaziar a liberdade do empreendedor de organizar sua atividade empresarial de forma lícita e da maneira que entenda ser mais eficiente. 2. A liberdade de contratar prevista no art. 5º, II, da CF é conciliável com a terceirização dos serviços para o atingimento do exercício do exercício-fim da empresa. 3. O *thema decidendum, in casu*, cinge-se à delimitação das hipóteses de terceirização de mão de obra diante do que se compreende por atividade-fim, matéria de índole constitucional, sob a ótica da liberdade de contratar, nos termos do art. 5º, inciso II, da CRFB. 4. Patente, assim, a repercussão geral do tema, diante da existência de milhares de contratos de terceirização de mão de obra em que subsistem dúvidas quanto à sua legalidade, o que poderia ensejar condenações expressivas por danos morais coletivos semelhantes àquela verificada nestes autos. 5. Diante do exposto, manifesto-me pela existência de Repercussão Geral do tema, ex vi art. 543 do CPC". (STF, j. 15.05.2014, *DJE* n. 109, divulgado em 05.06.2014, publ. 06.06.2014)

(79) DELGADO, Gabriela Neves; AMORIM, Helder Santos. *Os limites constitucionais da terceirização*. São Paulo: LTr, 2014.

(80) DELGADO, Gabriela Neves; AMORIM, Helder Santos. *Os limites constitucionais da terceirização*. São Paulo: LTr, 2014. p. 72.

(81) *Idem*.

Por isso, não tem dúvida Mauricio Godinho Delgado de "que a dinâmica de extensão do Direito do Trabalho a outras relações de trabalho *lato sensu* pode — e deve — ser mais ainda aprofundada pelo legislador"[(82)]. E a seguir, após questionar se cabe realizar-se tal dinâmica extensiva pelo caminho da hermenêutica, assegura que não é o que tem ocorrido na prática jurídica dos tribunais do País.

Na percepção do citado jurista, "é difícil ao esforço meramente hermenêutico realizar minudência proporcional de direitos, de modo a os compatibilizar com situações fático-jurídicas estruturalmente distintas (caso do labor efetivamente autônomo, por exemplo)[(83)], para quem essa tem sido a razão de a justiça ter "considerado, com prudência, que semelhante passo extensivo é, antes de tudo, obra eminentemente política — a ser realizada não pelo Judiciário, mas preferentemente pelo Parlamento, em face dos significados e inevitáveis ajustes e adequações a serem realizados"[(84)]

Daí forçosamente conclui-se com apoio na invocada doutrina de referência que "a extensão do ramo justrabalhista a trabalhadores não empregatícios fora das hipóteses claramente aventadas por lei ainda não se definiu na jurisprudência do País, como efetiva realidade jurídica."[(85)]

Conclusão

Em conclusão, há de se enfrentar o questionamento: enquanto não vem a expansão do Direito do Trabalho por fonte legislativa, pode o direito tutelar ser estendido a outras relações de trabalho por fonte jurisprudencial?

Como se infere da doutrina de Mauricio Godinho Delgado, não é essa a realidade jurídica advinda dos tribunais e não é isso que se espera, ao revés, a expectativa da sociedade é que o Legislativo cumpra sua função normatizando a maneira de utilizar o trabalho na atividade produtiva.

Não há dúvida que, ante as substanciais modificações na organização do trabalho, o labor protegido deve ser aquele além da fábrica tradicional, propiciando a realização do direito social na maior medida, mas o esforço hermenêutico por si não dá conta de estender a cobertura do direito tutelar a todas as formas de trabalho nem atrair para seu âmbito modalidade de contrato autônomo típico.

---

(82) DELGADO, Mauricio Godinho. Relação de emprego e relações de trabalho: a retomada do expansionismo do direito trabalhista. In: SENA, Adriana Goulart de; DELGADO, Gabriela Neves; NUNES, Raquel Portugal (Coords.). *Dignidade humana e inclusão social:* caminhos para a efetividade do direito do trabalho no Brasil. São Paulo: LTr, 2010. p. 32.

(83) *Idem.*

(84) *Idem.*

(85) *Idem.*

A dimensão social da questão exige a presença de regras públicas e gerais, expandindo o campo jurídico de proteção para o trabalho e não mais apenas para o emprego.

Com isso, o Direito do Trabalho, em nosso sistema jurídico, deixaria de ser fundamentalmente um conjunto de regras regendo o trabalho assalariado para, mudando seu objeto, sê-lo da atividade humana quando a força do trabalho for posta à disposição de outrem.

O Direito do Trabalho regente do emprego passaria a Direito regente da atividade.

Essa tarefa expansionista, que importa, antes de tudo, em mudança da condição jurídica do trabalhador, certamente, pela típica função do Judiciário, não seria possível apenas alargando-se o conceito da subordinação clássica.

O esforço teórico na construção da subordinação objetiva e estrutural é de grande valia para afastar fraude ou possível tentativa de fuga do Direito do Trabalho, mas não pode ser tão abrangente ao ponto de rivalizar com princípios como os da liberdade de contratar, da legalidade, da livre-iniciativa, só para exemplificar, além de aniquilar a ordem infraconstitucional que tipifica a modalidade de trabalho subordinado e autônomo.

Criar obrigação de tal monta por meio de processo hermenêutico importa em ativismo judicial ou "judicialização da política" capaz de atrair a intervenção do Supremo Tribunal Federal se para tanto chamado e atendidos requisitos para a atuação.

Revalorização do Contrato de Trabalho à Luz dos Direitos Fundamentais[1]

Introdução

Com o presente trabalho me proponho a fazer uma reflexão sobre a revalorização do contrato de trabalho em face à eficácia imediata dos direitos fundamentais nas relações de trabalho.

O contrato de trabalho subordinado, ultrapassado o centenário de sua descoberta, permanece figura central do Direito do Trabalho e construção teórica consolidada há mais de setenta anos no sistema nacional de proteção do homem trabalhador. Tal construção não se abala sequer para incorporar à base contratual os avanços dos direitos humanos, atraindo para seu âmbito a vanguarda da dignidade humana.

De fato, o Direito do Trabalho que, na sua origem, reconhece desigualdades entre os contratantes para, conferindo superioridade jurídica ao potencialmente mais fraco, chegar à igualdade, acumula acentuada perda de centralidade e vigor, por não haver a CLT atraído para o seu corpo o legado do Direito Internacional dos Direitos do Homem.

Ao contrário, como se verifica da legislação consolidada de 1943, com raras exceções[2], tudo ficou limitado ao plano meramente patrimonial.

Essa visão reducionista de direitos do legislador de então, que vislumbrou uma relação de emprego como se nela as *obrigações* se encerrassem na prestação do trabalho, sem atentar ou se preocupar com o homem — ser humano e seus atributos de personalidade — foi desalojada pela eficácia imediata dos direitos fundamentais agregados pelo texto constitucional de 1988.

Exatamente esse feixe de novas luzes lançadas sobre a base do contrato de trabalho pelos direitos fundamentais vai dar-lhe nova configuração. É o que se pretende demonstrar com as reflexões a seguir, ainda que superficiais, sobre direitos fundamentais e sua

(1) Nota do organizador: Texto originalmente publicano no livro *Direitos Fundamentais nas Relações de Trabalho*. 1. ed. São Paulo: LTr, 2015. v. 1, p. 51-65.

(2) É o caso, por exemplo, da referência à ofensa à honra e a boa fama como motivo de justa causa de que tratam os arts. 482, *j* e 483, *e*, da CLT, bem como a proibição de revistas intimas constante do art. 373-A, da mesma CLT.

eficácia imediata nas relações de trabalho, dignidade da pessoa humana, valor social do trabalho e da livre-iniciativa, com a consequente revalorização do contrato de trabalho.

1. Direitos fundamentais

Sobre direitos fundamentais já tive a oportunidade de afirmar[(3)], com base em doutrina de escol, que são direitos do homem sem os quais um sistema jurídico não estaria legitimado.

Para Robert Alexy "são essencialmente direitos do homem transformados em direito positivo"[(4)] ou como explica J. J. Gomes Canotilho "são os direitos do homem jurídico-institucionalmente garantidos e limitados espaço-temporalmente"[(5)].

Ou seja, são direitos do ser humano reconhecidos e positivados na esfera do direito Constitucional de determinado Estado.

Nessa perspectiva, traduzem direitos do homem que se tem em razão de uma cidadania[(6)], por pertencer a um Estado e não somente por ser "humano"[(7)]. Em decorrência do aspecto amplo, diz J.J.Canotilho, direitos humanos "são direitos válidos para todos os povos e em todos os tempos (dimensão jusnaturalista-universalista)"[(8)], podendo eles se tornarem direitos fundamentais quando positivados.

O homem passa a ser reconhecido não apenas como titular de direitos inatos, que derivam da natureza humana — concepção liberal, jusnaturalista — ou de direitos universais, que decorrem dos pactos internacionais — concepção social, universalista —, mas também por possuir um conjunto de direitos inerentes a sua natureza (vida, saúde, integridade física, etc.) que integram o catálogo de direitos constitucionalizados.

Dessa forma, no momento histórico atual em que se afirmam os direitos do homem muda-se a concepção. A noção de homem indivíduo, imperante no sistema liberal, cede lugar à de homem cidadão.

---

(3) "Direitos Fundamentais. Eficácia horizontal direta nas relações sociais entre capital e trabalho. Riscos do trabalho e a obrigação de repara os danos deles decorrentes". In: *Direitos Fundamentais aplicados ao direito do trabalho* (Coord.) Renato Rua de Almeida, Adriana Calvo, Andrea Presas Rocha. São Paulo: LTr, 2010. p. 60.

(4) Colisão de direitos fundamentais e realização de direitos fundamentais no Estado de Direito Democrático. In: *Revista de Direito Administrativo*, Madrid, jul./set. 1999, p. 67)

(5) *Direito Constitucional e teoria da Constituição*. Coimbra: Almedina, 1999. p. 517.

(6) Direitos fundamentais se posicionam, pois, numa dimensão mais restrita que os direitos humanos, mas que com eles tem estreita relação, na medida em que direitos humanos decorrem de documentos de direito internacional por se referirem àquelas posições jurídicas que se reconhecem ao homem, independente de sua vinculação com determinada ordem constitucional. A sua validade é universal, para todos os povos e, portanto, de aspiração supranacional e universal.

(7) Conforme Nicolas Maria Lopes Calera. *Introdução a los derechos humanos*. Granada: Comares, 2000. p. 6.

(8) *Direito Constitucional e teoria da Constituição*. Coimbra: Almedina, 1999. p. 517. Nas palavras de Nicolas Maria Lopes Calera direitos humanos constituem "uma série de exigências ou faculdades subjetivas que correspondem ao homem enquanto homem à margem de qualquer conotação ou qualidade acidental ou não essencial".

Tal noção — ser humano considerado em sua dignidade substancial — consta de relevantes textos internacionais[9], afirmando-se a universalização e a constitucionalização[10] dos direitos, que de forma inevitável proliferam-se e, regra geral, impactam as Constituições modernas, como ocorreu com a Constituição Federal de 1988, marcada pela garantia de direitos fundamentais.

É o que se vê da simples leitura de seu texto, que agrega círculos de direitos cumulados (por um lado, direitos civis e políticos; por outro, direitos econômicos, sociais e culturais), deixando claro a precedência dos direitos fundamentais sobre os fundamentos da ordem econômica e à organização política.

2. Eficácia dos direitos fundamentais

Uma vez inseridos direitos e garantias fundamentais no catálogo de direitos constitucionais de um Estado, como ocorre no sistema jurídico brasileiro[11], cumpre verificar a eficácia desses direitos na ordem interna.

A eficácia dos direitos fundamentais se dá sob dupla perspectiva: horizontal e vertical[12]. Como já observado[13], enquanto na perspectiva vertical a atenção se volta para a aplicação dos direitos fundamentais nas relações com o Estado que, além de obrigado a não agredi-los, ainda tem a missão de fazê-los respeitar pelos particulares, na horizontal a aplicação dos direitos fundamentais se volta ou produz efeitos nas relações privadas e vincula os sujeitos privados.

Quanto à aplicabilidade da eficácia vertical dos direitos fundamentais não há dúvida, mas o mesmo não ocorre em relação à eficácia horizontal. Isso porque, na percepção de José Carlos Vieira de Andrade[14], aplicar a eficácia horizontal dos direitos fundamentais, equiparando simplesmente o particular ao Poder Público, corre-se o risco de não se deixar margem de liberdade de ação para os particulares, comprometendo-se a autonomia privada.

O receio da doutrina, no entanto, não se faz presente quando o particular (indivíduo ou entidade) exerce tarefa de interesse coletivo ou determina comportamento de

(9) Carta das Nações Unidas, de 26.6.1945; a Declaração Universal dos Direitos Humanos, de 10.12.1948; o Pacto Internacional sobre Direitos Civis e Políticos, de 19.12.1966; o Estatuto da Unesco, de 16.11.1945.

(10) Universalização de direitos decorre da internacionalização dos direitos do homem, consubstanciada no Direito Internacional dos Direitos do Homem e a positivação de direitos pelas constituições nacionais.

(11) Constituição Federal , Títulos I e II.

(12) A respeito da eficácia dos direitos fundamentais conferir AMARAL, 2007; ANDRADE, 1983; SARLET, 2007.

(13) "Direitos Fundamentais. Eficácia horizontal direta nas relações sociais entre capital e trabalho. Riscos do trabalho e a obrigação de repara os danos deles decorrentes". In: *Direitos Fundamentais aplicados ao direito do trabalho.* (Coord.) Renato Rua de Almeida, Adriana Calvo, Andrea Presas Rocha. São Paulo: LTr, 2010. p. 62.

(14) *"Os direitos fundamentais na Constituição portuguesa de 1976".* Coimbra: Almedina, 1983. p. 283.

indivíduos em certas áreas sociais, com exercício real de poder jurídico ou de fato(15). Nesse caso, o visível traço distintivo entre entidade pública e privada desaparece, tornando possível afirmar a validade dos direitos fundamentais nas relações privadas.

Na hipótese, há objetiva e determinável relação de poder, e não relação entre iguais, como ocorre nas relações de trabalho. Nestas, com maior nitidez se afloram as desigualdades, quer no plano dos fatos, quer no plano jurídico. Certamente, a celebração de contrato de trabalho vai investir o trabalhador numa situação de sujeição à vontade do outro, empregador, titular do meio de produção.

Exatamente o fato de o trabalhador aparecer como a parte mais fraca — e a possibilidade de o empregador abusar do poder de direção, como mostra, inclusive, a história — lembra José João Abrantes, justificou "desde cedo a intervenção do legislador no domínio das relações de trabalho"(16), surgindo o Direito do Trabalho, de feição nitidamente protecionista, para limitar o poder social do empregador sobre o trabalhador.

Assim, a essa característica tutelar do direito especializado soma-se a proteção dos direitos e garantias fundamentais que, em razão do princípio da unicidade do ordenamento jurídico, se aplicam de imediato a toda ordem jurídica, inclusive no âmbito do direito privado.

Em vista da coerência interna, como assinala Nelson Mannrich(17), "os direitos fundamentais projetam-se em todo o ordenamento, de tal modo que os valores éticos e os princípios democráticos atingiam todos os noveis sociais e todas as pessoas".

Aliás, O Supremo Tribunal Federal (STF) já teve a oportunidade de se pronunciar sobre a eficácia dos direitos fundamentais nas relações privadas.

Na oportunidade, firmou entendimento no sentido de que "as violações a direitos fundamentais não ocorrem somente no âmbito das relações entre o cidadão e o Estado, mas igualmente nas relações travadas entre pessoas físicas e jurídicas de direito privado"(18).

No extrato do julgado restou ainda explicitado: "assim, os direitos fundamentais assegurados pela Constituição vinculam diretamente não apenas os poderes públicos, estando direcionados também à proteção dos particulares em face dos poderes privados".

Seguindo tal precedente, ao julgar questão trabalhista, o STF assegurou aplicação direta de direito fundamental nas relações de trabalho. Para a Corte, inadmissível diferenciar empregados em razão da nacionalidade e, garantindo o princípio da isonomia,

---

(15) José Carlos Vieira de Andrade. *Os direitos fundamentais na Constituição portuguesa de 1976, op.cit.*, p. 285.

(16) José João Abrantes, *Contrato de trabalho e direitos fundamentais".* Coimbra Editora, 2005. p. 37.

(17) Reconstrução do direito do trabalho. In: *Os pilares do direito do trabalho.* (Coord. Ives Gandra da Silva Martins Filho, Nelson Mannrich, Ney Prado). São Paulo: LexMagister, 2013. p. 579.

(18) Extraído da ementa do julgado no Recurso Extraordinário n. 201.819-8 RJ.

determinou a aplicação do estatuto de uma companhia aérea francesa a um trabalhador brasileiro, seu empregado[(19)].

Os direitos fundamentais são também normas de valor que refletem sobre o sistema jurídico, transpondo-se do âmbito constitucional para as relações particulares por meio do mecanismo das cláusulas gerais do direito privado[(20)].

A Constituição Federal brasileira assume conscientemente essa carga de valor, cujo fundamento, destacado com cores vivas, é a dignidade da pessoa.

Isso importa no reconhecimento de uma dimensão objetiva dos direitos fundamentais. Não mais naquela concepção clássica de defesa perante os poderes do Estado, mas, na "máxima expressão de uma *ordem axiológica* de um *sistema de valores*, em que se assenta a *unidade do ordenamento* e cujo valor fundamental é, em última instância, a *dignidade da pessoa humana*"[(21)].

De qualquer sorte, a controvérsia sobre a necessidade de compatibilizar a eficácia ampla dos direitos fundamentais no âmbito privado, para não aniquilar a autonomia privada, passa ao largo das relações de trabalho, pelo fato de haver, nesse âmbito, real situação de poder do empregador sobre o trabalhador e, por isso, a eficácia dos direitos fundamentais tem plena aplicação.

3. Revalorização do contrato de trabalho

A eficácia dos direitos fundamentais no âmbito das relações de trabalho é de extrema importância, na medida em que o ponto central da tutela não é mais o indivíduo, e sim o cidadão trabalhador, cuja dignidade deve ser respeitada nessa relação de subordinação.

A estrutura clássica do contrato ganha novos contornos, com centralidade na dignidade do cidadão — e como tal o cidadão trabalhador. Essa nova estrutura, alicerçada nos direitos fundamentais, faz surgir um contrato remodelado, com núcleo intangível.

Diante de tal premissa, os direitos fundamentais passam a fazer parte da estrutura básica do contrato de trabalho, com sua evidente revalorização[(22)], sem que, necessariamente, seja reformada a Consolidação das Leis do Trabalho (CLT) a fim de reconhecer determinados direitos, em geral externos ao contrato de trabalho, relacionados ao trabalhador cidadão.

---

(19) RE 161.243 DF

(20) Acerca da integração do direito, por meio de mecanismos legais de irradiação de valores constitucionais para a ordem jurídica como um todo, conferir Joselita Borba, *Direitos fundamentais... op. cit.*, p. 65 ss.

(21) Como observa, com toda pertinência, Jose João Abrantes, op.cit. p. 16. O destaque em itálico consta do original.

(22) Nesse sentido a doutrina de José João Abrantes, *op. cit.*, p. 14.

Em consequência, os "direitos de cidadania", passam a ser encarados como componentes estruturais do contrato de trabalho, assegurando o sistema constitucional garantias inerentes à personalidade (intimidade e vida privada), liberdade, igualdade, integridade física, só para exemplificar.

E a importância da revalorização do contrato de trabalho se potencializa quando se tem em vista a necessidade de se pensar uma nova dogmática para o Direito do Trabalho que, na forma como concebido, não acompanha as transformações do mundo do trabalho.

De fato, o Direito do Trabalho hoje se ressente da falta de conceito que reestruture ou reconstrua o instituto da subordinação, deixa fora do seu alcance o trabalho informal e o que é mais grave, na sua vigência, ainda se houve falar em trabalho em condições análogas à de escravo no meio rural e urbano, desrespeito a direitos de personalidade (assedio moral, assédio sexual, discriminação etc).

Essa pressão que abala os alicerces dos princípios tradicionais do Direito do Trabalho rumo à flexibilização de suas regras, encontra freio, agora, nos princípios constitucionais aplicáveis ao Direito do Trabalho, dentre eles o da dignidade.

Partindo-se desse atributo referência (dignidade) como salvaguarda de direitos e garantias do trabalhador, a tutela desse valor mais elevado vai refletir na proteção de outros valores, de menor estatura, mas que merecem tutela e, assim, por via daquele se protege esses.

4. Dignidade

A intangibilidade da dignidade humana situa-se na base de todo um sistema de valores entranhados, à luz do direito internacional dos direitos do homem, no moderno constitucionalismo.

Mas, o que vem a ser dignidade?

Após empreender exame histórico, observa Maria Cristina Irigoyen Peduzzi[(23)], "que o princípio da dignidade humana, de pouco em pouco, se desvincula dos fundamentos de caráter religioso e jusnaturalistas", para prevalecer nos ordenamentos constitucionais dos Estados Democráticos de Direito a concepção de ser humano, independentemente de qualquer outro atributo.

Frente à dificuldade em definir o princípio Fabio Konder Comparato[(24)] não tem dúvida de que, determinar fundamento e delimitar conteúdo, é necessário tomar posição

(23) *O principio da dignidade da pessoa humana na perspectiva do direito como integridade.* São Paulo: LTr, 2009. p. 23.

(24) Fundamentos dos direitos humanos. In: *Cultura dos direitos humanos.* (Coord. Maria Luiza Marcilio e Lafaiete Pussoli). São Paulo: LTr, 1998. p. 69.

sobre a essência do ser humano. Na sua percepção, de qualquer modo, para definir a especificidade ontológica do ser humano, sobre a qual fundar a sua dignidade no mundo, vai-se aos poucos estabelecendo largo consenso sobre algumas características próprias do homem, a saber, liberdade como fonte da vida ética, a autoconsciência, a sociabilidade, a historicidade e a unicidade existencial do ser humano.

Dignidade, diz Manoel Jorge e Silva Neto(25), "é o fim supremo de todo o direito", que "expande os seus efeitos nos mais distintos domínios normativos para fundamentar toda e qualquer interpretação".

Assim, na percuciente observação de Celso Antonio Bandeira de Mello, "o respeito à dignidade humana, estampado entre os fundamentos da República no art. 1º, III, é patrimônio de suprema valia e faz parte, tanto ou mais que algum outro, do acervo histórico, moral, jurídico e cultural de um povo"(26).

A dignidade se revela na existência de uma característica intrínseca ao ser humano, aquilo que constitui o valor próprio que identifica o homem(27). Essa característica é própria de todos os homens dotados de razão e consciência, decorrendo daí sua igualdade(28).

Entretanto, apesar da estreita correlação, dignidade e igualdade não se confundem: esta, decorre da concepção de humanidade, uma humanidade que se encontra em todos igualmente; aquela, vai além dessa noção para significar uma ideia de valor humano intrínseco, que sofre, inclusive, ingerência do fator cultural.

Portanto, a conjugação desses fatores (humanidade e cultura) é decisiva não apenas na quantidade, mas também na qualidade de direitos, envolvendo sua natureza, sua interpretação e modos de implementação.

De fato, como explica Daniela Ikawa(29), ancorada no pensamento de Jack Donnelly, esse valor intrínseco se posiciona no centro de uma escala que se movimenta aos extremos de um universalismo radical ao relativismo radical.

Com essa escala de gradações, Jack Donnelly busca explicação para diferentes concepções de direitos humanos, na tentativa de encontrar resposta para o que venha ser direitos humanos — e, portanto, o valor fundamental da dignidade — para cada povo.

---

(25) Manoel Jorge e Silva Neto. *Direitos Fundamentais e o Contrato de Trabalho*. São Paulo: LTr, 2005. p. 21.

(26) *Eficácia das normas constitucionais e direitos sociais*. Malheiros Editores. p 36.

(27) Cf. Ingo Sarlet. "As dimensões da dignidade da pessoa humana: construindo uma compreensão jurídico-constitucional necessária e possível". In: *Dimensões da dignidade*. Ensaios de Filosofia do Direito e Direito Constitucional. 2. ed. (Org.) Ingo Wolfgang Sarlet. Porto Alegre: Livraria do Advogado Editora, 2009. p. 20.

(28) Nessa linha argumentativa se destaca Jorge Miranda, consoante registro de Ingo Sarlet, quando se volta à explicação da dimensão ontológica da dignidade, *op. cit.*, p. 22.

(29) Universalismo , Relativismo e Direitos Humanos". *Estudos em Homenagem a Profª Flávia Piovesan*. (Coords.) Maria de Fátima Ribeiro e Valério de Oliveira Mazzuoli. Curitiba: Juruá Editora, 2004. p. 117 ss.

Assim, "é a comunicação, o diálogo entre as culturas, o instrumento central de reconhecimento da dignidade do outro"[30], conclui a citada autora. Consequentemente, segundo essa doutrina, o "valor dignidade" para nós é diverso do concebido noutras nações, ou seja, o que é indigno para sistema jurídico brasileiro pode não sê-lo para o chinês, para o indiano, para o coreano, e assim por diante, ante a influência do traço cultural.

Cabe, pois, ao direito de cada nação soberana, dialogando com sua cultura, reconhecer e determinar como a dignidade será protegida.

Nessa perspectiva, o sistema jurídico nacional se assenta no valor da personalidade humana e no compromisso de renovadamente fortalecê-los, exatamente como proclamado pelo Direito Internacional em suas mais importantes Declarações envolvendo Direitos Humanos[31]. A dignidade da pessoa humana e o valor social do trabalho foram destacados como fundamentos da República Federativa do Brasil, enquanto o trabalho foi assegurado como direito social[32].

A acentuada proteção tem razão de ser, seja em virtude do conteúdo do contrato que se assenta na força trabalho, na energia humana despendida em benefício de outrem, seja em razão de o homem viver em função de seu trabalho, daí corresponder a um direito inerente à vida[33].

A despeito de corresponder a um verdadeiro direito natural, é certo, ainda, que o exercício da atividade laboral leva risco à vida e à integridade física do trabalhador, porque o risco ou o perigo é ínsito, em grau mais ou menos elevado, a depender do tipo e da natureza da atividade empreendida[34].

Daí porque, como já identificado por Estêvão Mallet, "no campo trabalhista, o direito à vida e o direito à integridade física adquirem maior relevo diante da possibilidade de exposição do empregado, por conta da função exercida, a risco ou, simplesmente, a agentes agressivos à saúde[35]".

---

(30) Universalismo , Relativismo e Direitos Humanos". *Estudos em Homenagem a Profª Flávia Piovesan*. (Coords.) Maria de Fátima Ribeiro e Valério de Oliveira Mazzuoli. Curitiba: Juruá Editora, 2004. p. 125.

(31) Carta das Nações Unidas, de 1945; Declaração Universal dos Direitos Humanos, de 1948; Pacto Internacional sobre Direitos Civis e Políticos, de 1966.

(32) Como se infere do arts. 1º e 6º, da Constituição Federal.

(33) Conferir por todos Gustavo Filipe Barbosa Garcia. *"Da relação de emprego à relação de trabalho: alargamento e adequação do núcleo da competência trabalhista".* Tese apresentada a USP para obter o título de livre-docente. São Paulo: 2010. p. 103.

(34) Nesse sentido o nosso entendimento, "Direitos Fundamentais. Eficácia horizontal direta nas relações sociais entre capital e trabalho. Riscos do trabalho e a obrigação de repara os danos deles decorrentes". In: *Direitos Fundamentais..., op. cit.*, p. 72 ss.

(35) Direitos de personalidade e direito do trabalho. *Revista LTr* 68-11, p. 1.310.

Tal característica, no entanto, como observa o citado autor[36], não pode levar à conclusão de que a atividade de risco, por si só, ou contrato com condições insalubres ou perigosas, deva ser considerada um ilícito por ofensa a direito de personalidade.

O certo é que, diante de situações de risco à vida e a integridade física do trabalhador em virtude do contrato de trabalho, deve-se adotar medidas de prevenção adequadas e eficazes para eliminar riscos inerentes ao trabalho, para tanto fazendo uso de todo o conhecimento técnico e científico disponível ou mesmo diligenciando o empregador para que não ocorra, no local de trabalho, nenhuma espécie de assédio ao trabalhador.

Apenas, se não for possível eliminar os riscos do trabalho a solução passa pela utilização de equipamentos de proteção individual e coletiva, com o propósito de se obter um meio ambiente de trabalho adequado, em respeito aos direitos de personalidade.

5. Valor social do trabalho e livre-iniciativa

O Direito do Trabalho, desvinculando-se do direito comum, surge para regular relações sociais de trabalho, onde se verifica com nitidez a existência de relações privadas desiguais.

A desigualdade, seja no plano dos fatos, seja no jurídico, advém da absoluta necessidade de o trabalhador disponibilizar a outrem sua força trabalho a fim de auferir o sustento próprio e de sua família. Tal disponibilidade se dá através de contrato, por força do qual o trabalhador se encontra numa situação de sujeição em relação à vontade do outro contratante.

O instrumento que dá sustentação à relação de trabalho é o contrato que, atualmente, como já destacado, encontra-se revalorizado pela eficácia imediata dos direitos fundamentais.

Aliás, o valor social do trabalho não surge no nosso sistema jurídico com a Constituição Federal de 1988. Ao contrário, faz parte da história constitucional brasileira, desde 1946, como observa Manoel Jorge Silva Neto[37]. Ainda na visão do citado autor "o trabalho não pode, de maneira alguma, ser assumido friamente como mero fator produtivo; é, sim, fonte de realização material, moral e espiritual do trabalhador"[38].

Assim, o trabalho como valor tem a função, por um lado, de criar riquezas, de prover a sociedade de bens e serviços e, por outro, enquanto atividade social, fornecer a pessoa humana bases de sua autonomia e condições de vida digna[39].

(36) Direitos de personalidade e direito do trabalho. *Revista LTr* 68-11, p. 1.310.

(37) *Direitos fundamentais..., op. cit.*, p. 24.

(38) *Idem.*

(39) Nesse sentido a doutrina de José Afonso da Silva. *Comentário contextual à Constituição.* São Paulo: Malheiros, 2005.

Ocorre que, da mesma forma e na mesma medida, assegura o sistema constitucional[(40)] o valor da livre-iniciativa.

Segundo a doutrina de José Afonso da Silva[(41)], por livre-iniciativa compreende-se a autonomia jurídica, a possibilidade de os sujeitos regularem suas relações do modo que lhes seja mais conveniente, vale dizer, é a garantia conferida a cada um para desenvolver livremente uma atividade.

A garantia, no entanto, lembra o jurista[(42)], fica subordinada à função social da empresa[(43)] e ao dever do empresário de propiciar melhores condições de vida aos trabalhadores, exigidas pela valorização do trabalho.

Valor social do trabalho e livre-iniciativa são, portanto, dois princípios que, por opção do legislador, constituem fundamentos do Estado brasileiro.

6. Possibilidade de colisão entre os postulados do valor social do trabalho e os da livre-iniciativa

Valor social do trabalho e livre-iniciativa são mandamentos nucleares do sistema jurídico, e não simples regra jurídica, o que leva à possibilidade de colisão entre eles.

Isso porque princípios, nas palavras de Luís Virgilio Afonso da Silva[(44)], tomadas por empréstimos da teoria dos princípios de Alexy, "são normas que exigem que algo seja realizado na maior medida possível diante das possibilidades fáticas e jurídicas existentes", podendo ser realizados em diversos graus.

Como princípios traduzem, na expressão de Alexy, "mandamentos de otimização", vale dizer, "normas que exigem que algo seja realizado na maior medida possível diante das condições fáticas e jurídicas existentes"[(45)], isso leva à possibilidade de a realização de um princípio restringir a realização de outro.

Significa dizer que na realização dos princípios da livre-iniciativa e do valor social do trabalho pode haver colisão, pelo excesso de poder diretivo do empregador no trato com os direitos de personalidade do empregado.

---

(40) CF art. 1º, item IV.

(41) *Comentário contextual..., op. cit.*

(42) *Idem.*

(43) A função social da empresa decorre da função social da propriedade, não se admitindo que a liberdade de exercer uma atividade leve a desarmonia entre meios e fins. O direito de propriedade deve ser exercido em prol do bem comum. Sendo assim, o contrato deve se posicionar como instituição que propicia veiculação de riqueza, em outras palavras, como meio de humanizar relações sociais. O exercício de direitos e deveres nele previstos deve ser funcional, sem desvios de finalidades econômicas, sociais e éticas.

(44) *Conteúdo essencial dos Direitos Fundamentais e a eficácia das normas constitucionais.* Tese apresentada a USP para concurso de provimento do cargo de Professor Titular do Departamento de Direito do Estado. São Paulo: 2005. p. 52.

(45) *Ibidem*, p. 58.

Essa, aliás, é a situação recorrente no âmbito das relações de trabalho(46), nomeadamente com o desrespeito pelo empregador aos direitos do empregado à intimidade e à vida privada, à imagem e à honra, a um meio ambiente de trabalho adequado, ao direito de igualdade, só para exemplificar.

Mas, se ocorre colisão de princípios, a solução não passa nem pela invalidação de um deles nem pela exceção de um em relação ao outro. Solucionada a questão fática ou jurídica, ambos os princípios continuam tão válidos quanto antes, também não se podendo falar em exceção ao outro, vez que às vezes prevalecerá um, às vezes o outro, a depender das condições do caso em questão(47).

Tudo depende das condições do caso concreto sob análise, lembrando Luís Virgilio Afonso da Silva(48) que é essa a ideia que está por trás do conceito de "fixação de relações condicionadas de precedência" de Alexy.

Pedro Romano Martinez, ao comentar o Código do Trabalho português, de 2003, admite restrição a direito de personalidade, quando estiver em causa a proteção e segurança de pessoas e bens ou quando particulares exigências inerentes à atividade profissional o justifiquem, pelo que se torna lícita a "instalação de câmeras de vídeo em estabelecimentos de venda ao público, dependências bancárias, aeroportos ou postos de gasolina [..], escuta e registro de todas as comunicações estabelecidas entre um piloto de aviação e os controladores aéreos no decurso de uma viagem"(49).

Destaca o autor português que a jurisprudência de seu país já enfrentou a questão e, com base inclusive na doutrina da Comissão Nacional de Proteção de Dados, firmou entendimento no sentido de que a autorização para instalação de sistemas de videovigilância deve ser assente nos princípios da idoneidade, necessidade e proporcionalidade(50).

O essencial, portanto, segundo os pressupostos da teoria dos princípios, da doutrina e da jurisprudência, é que em caso de choque, a solução passa pela ponderação de princípios, observados, necessariamente, os critérios acima apontados.

---

(46) É o que se vê em precedentes do TST, colhidos por amostragem e indicados, a seguir, no item 9.

(47) Tudo cf. doutrina de Luís Virgilio Afonso da Silva, *op. cit.*, p. 58.

(48) Idem. Ibidem.

(49) *Código do Trabalho Português Anotado*. 7. ed. Pedro Romano Martinez e outros. Almedina, 2009. p. 155.

(50) A decisão do Supremo Tribunal de Justiça português, a que se refere Pedro Romano Martinez — e por ele transcrita (*op. cit.*, p. 155-156) — tem o seguinte teor: "O tratamento a realizar e os meios utilizados devem ser considerados os necessários, adequados e proporcionados com as finalidades estabelecidas: a proteção de pessoas e bens. Ou seja, para se poder verificar se uma medida restritiva de um direito fundamental supera o juízo de proporcionalidade imporá verificar se foram cumpridas três condições: se a medida adoptada é *idônea* para conseguir o objectivo proposto (*principio da idoneidade*); se é *necessária*, no sentido de que não existia outra medida capaz de assegurar o objectivo com igual grau de eficácia (*princípio da necessidade*); se a medida adoptada foi ponderada e é *equilibrada* ao ponto de através dela, serem atingidos substanciais e superiores benefícios ou vantagens para o interesse geral quando confrontados com outros bens ou valores em conflito (*juízo de proporcionalidade em sentido estrito*).

Assim, “os direitos de personalidade, como os direitos em geral, não são ilimitados”, como afirma Estêvão Mallet. Também Leonel Maschietto chega à mesma conclusão, de ser possível “a limitação de alguns direitos de personalidade(51)”. Na concretização de direitos fundamentais, portanto, pode haver conflito com a necessidade de se restringir um direito para aplicar outro que, naquele caso, melhor preserve os interesses em questão.

7. Relação de poder e subordinação

É exatamente nessa equação — poder diretivo do empregador e correlato dever de obediência do trabalhador — que se potencializa o perigo para o livre desenvolvimento da personalidade de quem trabalha.

A vulnerabilidade nessa relação de poder e subordinação, mostra a história do direito do trabalho — agora robustecido por normas constitucionais — abre uma esfera de proteção que faz, nas situações fáticas e jurídicas existentes e na sua quase totalidade, atrair o princípio da dignidade humana em detrimento do princípio da livre-iniciativa.

De fato, para haver inversão de valores, com a prevalência do princípio da livre-iniciativa, há de se levar em conta os princípios da finalidade legítima, da proporcionalidade, da licitude, da compatibilidade com a finalidade e da transparência de informação.

Sendo assim, para o empregador praticar legitimamente um ato potencialmente invasivo da intimidade do empregado tal ato, em primeiro lugar, deve ser levado ao conhecimento do trabalhador e, depois, deve ter por objetivo fim legitimo, ser a última ou única opção, destinar a finalidade específica a que se propôs, disponibilizar dados ao seu titular e, ainda, não colhê-los de forma desleal, ilícita ou mesmo fraudulenta(52).

Nesse contexto, mesmo o empregador recebendo o aval para praticar ato, em tese, contrário ao direito de personalidade, a colheita, o armazenamento e a utilização dos dados obtidos é da sua inteira responsabilidade. Isso significa que se, por qualquer razão, como descuido, imprudência ou imperícia, dados coletados por força da excepcionalidade vierem a cair no domínio público, com exposição da intimidade ou da vida privada do empregado, ele responderá pelos danos que causar ao trabalhador.

Ou seja, a autorização é para a segurança de pessoas e bens, e não para, por vias transversas, legitimar ataque à vida privada.

Por fim, não se pode esquecer que, se o texto constitucional proclama que “a valorização do trabalho”(53) é fundamento da ordem econômica, essa diretriz passa a ser fonte de direito subjetivo para o trabalhador e, assim, na lição de Celso Antonio Bandeira de

---

(51) “Revista Íntima. Efetividade dos Direitos Fundamentais do Empregado. Limite do Poder de Direção do Empregador”. In: *Direitos fundamentais..., op. cit.*, p. 90.

(52) Conferir por todos Pedro Romano Martinez, *Código do Trabalho Português anotado, op. cit.*, p.128 ss.

(53) Constituição Federal, art. 170.

Mello, "qualquer ato, normativo ou concreto, que traduza desrespeito à valorização do trabalho será inconstitucional e estará, desde logo, transgredindo um direito de todos e de cada um dos indivíduos atingidos".(54)

8. Controle de atividades e atitudes do empregador invasivas dos direitos de personalidade

Como se vê, o poder diretivo do empregador enfrenta forte restrição diante do princípio da dignidade humana.

Por força da restrição não se admite, em hipótese alguma, certas atitudes do empregador, consideradas invasivas de direitos de personalidade, notadamente direito à intimidade, como ocorre com frequência em revista abusiva de empregado ao chegar ou sair do trabalho(55).

Especificamente quanto a essa garantia fundamental, há um segmento da doutrina que se mostra inflexível, seja por não ter essa prerrogativa o empregador, advinda do poder diretivo, qualquer fundamento(56), seja por representar potencial risco para o desenvolvimento da personalidade de quem trabalho(57) ou, ainda, porque o empregador deve, ao invés de proceder a revista pessoal, investir em tecnologia para o acompanhamento eficaz de sua atividade econômica(58).

Mas, ao lado da doutrina restritiva, que não admite essa vertente do poder diretivo, há posições favoráveis — e não são poucas(59) — à limitação do direito de personalidade quando, excepcionalmente, o interesse público recomendar. Nesse caso, a prerrogativa do empregador de fiscalizar a atividade do empregado se transmudaria em dever social.

Isso porque, ressalta Leonel Maschietto(60), é do interesse de toda sociedade que produtos farmacêuticos, de uso controlado, por exemplo, não sejam objeto de comércio informal, fator de incremento de tráfico ilegal de drogas em detrimento da saúde pública.

Da mesma forma, a segurança e a paz social justificam a revista para impedir o furto de armas na indústria ou no comércio, a legitimar rígido controle, ainda para exemplificar.

---

(54) *Eficácia das Normas Constitucionais... op. cit.*, p. 37.

(55) Também nesse sentido precedentes do TST, colhidos por amostragem e indicados, a seguir, no item 9.

(56) Sandra Lia Simon. Revistas pessoais: direito do empregador ou desrespeito aos direitos humanos fundamentais do empregado? Brasília: *Revista TST*, v. 69, jul./dez. 2003, p. 71.

(57) José João Abrantes, *op. cit.*, p. 44.

(58) Mauro Schiavi. *Ações de reparação por danos morais decorrentes da relação de trabalho*. 3. edição. São Paulo: LTr. p. 299, 134.

(59) Conferir por todos Estêvão Mallet, p. 1.309 ss.

(60) A título de exemplo o autor elenca situações em que o empregador pode exercer poder de fiscalização da atividade do empregado sem incorrer em ilícito. Cf. *"Revista íntima..."*, *op. cit.*, p. 88.

Por fim, lembra o citado autor(61), recente episódio de furto de provas do ENEM no recinto de empresa gráfica responsável pela impressão das provas provocou prejuízo à sociedade que poderia ser evitado se houvesse controle eficaz da atividade dos empregados envolvidos.

Também admite Manoel Jorge e Silva Neto(62) a vigilância eletrônica no local de trabalho, quando especificamente voltada para a atividade do empregado e ao longo da jornada de trabalho, isso em atividade que, por sua natureza, requer controle, como ocorre em fábrica de minúsculos componentes eletrônicos. Fora desse raio de ação, a exemplo de vestiários, refeitórios ou qualquer outro espaço da empresa destinado à socialização ou congraçamento dos empregados, a vigilância eletrônica, para o citado autor(63), seria ofensiva ao direito a intimidade do trabalhador.

Ocorre que, mesmo a vigilância permanente e ostensiva das atividades do empregado ao longo de sua jornada, sem o respectivo consentimento e contra sua vontade, pode ser tida como lícita, se a final se mostrar medida não adequada e necessária ao efeito pretendido pela entidade patronal. É o que se colhe da doutrina de Pedro Romano Martinez(64).

Quanto à revista pessoal, em objetos e veículos, em tese seria possível ainda na visão do jurista baiano(65), contanto que, observado o critério da proporcionalidade e que não seja procedimento vexatório e constrangedor(66).

---

(61) *"Revista íntima...", op. cit.*, p. 88.

(62) Manoel Jorge e Silva Neto. *Proteção Constitucional dos interesses trabalhistas:* difusos, coletivos e individuais homogêneos. São Paulo: LTr, 2001. p. 117.

(63) *Idem.*

(64) O jurista coloca em relevo a cautela da justiça portuguesa diante de alegação de desrespeito a direito de personalidade, quando deixa consignado: "Mediante Acórdão de 8 de Fevereiro de 2006, o Supremo Tribunal de Justiça, a propósito da colocação por parte do empregador de câmaras de videovigilância dirigidas para os postos de trabalho, câmaras essas que registravam de forma permanente as tarefas executadas pelos trabalhadores, sem o respectivo consentimento e contra a sua vontade, considerou que ´a colocação de câmaras de vídeo em todo o espaço em que os trabalhadores desempenham as suas tarefas, de forma a que estes se encontrem no exercício da sua actividade sob permanente vigilância e observação, constitui, nestes termos, uma intolerável intromissão na reserva da vida privada, na sua vertente de direito à imagem, e que não se mostra de nenhum modo justificada pelo simples interesse econômico do empregador de evitar o desvio s de produtos que ali são manuseados. [...]. Em qualquer caso, a instalação de câmaras de vídeo, incidindo directamente sobre os trabalhadores durante o seu desempenho profissional, não é uma medida adequada e necessária ao efeito pretendido pela entidade patronal, além de que gera um sacrifício dos direitos de personalidade que é inteiramente desproporcionado relativamente às vantagens de mero cariz econômico que se visava obter. Assim, independentemente da autorização concedida pela Comissão Nacional de Protecção de Dados (...) a efectiva utilização de câmaras de vídeo nos termos descritos nos autos é ilícita (...)". *Código do Trabalho anotado, op. cit.*, p 128.

(65) Cf. Manoel Jorge e Silva Neto. *Proteção Constitucional... op. cit.*, p. 117-118.

(66) A seguir, no item 9, indicativo de jurisprudência do TST.

9. Precedentes jurisprudenciais

O Supremo Tribunal Federal (STF), em acórdão da lavra do Ministro Moreira Alves, já deixou consignado que "as revistas pessoais em causa, dada a natureza dos produtos fabricados pelas ora agravadas e feitas por amostragem, não infringem, por si sós, os citados dispositivos constitucionais", quais sejam, os incisos II, III, LVII E X do art. 5º da Constituição Federal(67).

Dessa orientação não se distancia o Tribunal Superior do Trabalho (TST), que tem deixado assentado em seus inúmeros julgamentos a convicção de que não se admite, de forma alguma, condutas abusivas no trato do empregador com os direitos de personalidade dos empregados, submetendo-os a tratamentos discriminatórios, humilhantes e vexatórios(68).

Enfrentando, segundo o Ministro Aloysio da Veiga, "a submissão de empregados à revista apenas em roupa íntima juntamente com outros colegas de trabalho, cujo procedimento é repetido a cada vez que tivessem que entrar ou sair da empresa, configura prática vexatória e constrangedora que fere a dignidade dos seus empregados, direito fundamental, irrenunciável, previsto no art. 5º, inciso X, da Constituição Federal"(69).

Conclusão

Os direitos fundamentais expressam uma ordem de valores objetiva, com eficácia plena e irradiante por toda a ordem jurídica, inclusive sobre o direito privado que disciplina as relações de trabalho.

Receios difundidos na doutrina de que a força jurídica dos preceitos constitucionais, aplicáveis de forma imediata ou direta nas relações particulares, poderia inibir a autonomia privada, não tem razão de ser, vez que, no âmbito das relações de trabalho, há real exercício de poder por parte de um dos contratantes — o empregador.

---

(67) STF. Agravo de Instrumento 220.459-2, julgado em 28.9.1999

(68) Conduta abusiva do empregador, no trato com direito de personalidade, não tem aprovação do Judiciário, consoante razões expendidas no RR-1196700-76.2005.5.09.0002: "O reclamado instituiu procedimento de revista íntima, selecionando, por meio eletrônico, ao final de cada jornada, de forma aleatória, empregados para, juntamente com a vistoria de suas bolsas e mochilas, terem seus corpos apalpados por seguranças. Além de a prática instituída pela empresa violar o princípio da dignidade humana consagrado no inciso III do art. 1º da Carta Magna, na medida em que impõe ao empregado rotina vexatória e atormentadora, submetendo-o à apalpação de seu corpo, evidencia verdadeiro abuso de direito, a que se refere o art. 187 do Código Civil, considerada a hipossuficiência econômica e social do trabalhador". No mesmo sentido RR-41185-60.2004.5.15.0058; RR-182100-16.2003.5.06.0004; AIRR-58340-71.2004.5.15.0092; RR-167500-63.2008.5.18.0009; RR-870/2005-110-03-40.5; RR-1263-2003-044-03-00.5; AIRR-5528/2005-016-09-40.9; RR-1482/2003.016.03.00. Entretanto, se o poder diretivo utilizado na vigilância do patrimônio, ou exercido em função de interesse social, for moderado, sem contato físico, observado o critério da proporcionalidade e sem caracterizar procedimento discriminatório, vexatório ou constrangedor, tem o TST – e em muitos casos reformando decisão de Tribunais Regionais – admitido a revista, a exemplo do julgado nos seguintes processos: RR-724/2008-678-09-00.0; RR-15405/2007-005-09-00.0; RR-11830-2005-007-09-00.0.

(69) RR-1388200-71.2004.5.09.0002.

Essa vinculação direta vai iluminar o Direito do Trabalho, revalorizando o conteúdo do contrato de trabalho com a carga de valores constitucionais, potencializada pelo mais destacado dos princípios: vida digna.

Significa dizer que a base do contrato de trabalho repousa sobre o direito de personalidade — e todas suas derivações. Por isso, a integridade física e moral, a liberdade, a igualdade, os direitos de solidariedade, só para exemplificar, são os bens mais valiosos a serem tutelados.

E assim, o contrato de trabalho é instrumento de humanização das relações de trabalho em respeito ao qual ambas as partes — empregador e empregado — devem exercer direitos e deveres sem desvios de finalidades.

A partir desse núcleo intangível e inderrogável, o contrato de trabalho ganha nova feição e princípios históricos do Direito do Trabalho, como o princípio protetor e seus corolários, saem revitalizados.

Vale dizer que, na essência, quando se potencializa a carga de proteção de um valor (dignidade) o que se encontra em menor escala (proteção) também se sobressai.

Portanto, o caráter privado do contrato de trabalho não lhe retira sujeição à ordem constitucional. Ao contrário, recebe imediato impacto dos direitos fundamentais e, com isso, passa a *status* elevado por ser, doravante, meio de busca de redução de desigualdades e instrumento de conquista de uma sociedade justa e igualitária.

Referências

ABRANTES, José João. *Contrato de trabalho e direitos fundamentais.* Coimbra: Coimbra Editora, 2005.

ALEXY, Robert. Colisão de direitos fundamentais e realização de direitos fundamentais no Estado de Direito Democrático. In: *Revista de Direito Administrativo*, Madrid, jul./set. 1999.

AMARAL, Julio Ricardo de Paula. *Eficácia dos direitos fundamentais nas relações trabalhistas.* São Paulo: LTr, 2007.

ANDRADE, José Carlos Vieira de. *Os direitos fundamentais na Constituição portuguesa de 1976.* Coimbra: Almedina, 1983.

BITTAR, Carlos Alberto. *Os direitos da personalidade.* 5. ed. Rio de Janeiro: Forense, 2001.

BORBA, Joselita Nepomuceno. Direitos Fundamentais. Eficácia horizontal direta nas relações sociais entre capital e trabalho. Riscos do trabalho e a obrigação de repara os danos deles decorrentes". In: *Direitos Fundamentais aplicados ao direito do trabalho.* (Coords.) Renato Rua de Almeida, Adriana Calvo, Andrea Presas Rocha. São Paulo: LTr, 2010.

CALERA, Nicolas Maria Lopes. *Introducción a los derechos humanos.* Granada: Comares, 2000.

CANOTILHO, José Joaquim Gomes. *Direito Constitucional e teoria da Constituicão.* Coimbra: Almedina,1999.

CARNELUTTI, Francesco. *Arte Del derecho. Seis meditaciones sobre el derecho.* Lima: ARA Editores, 2006.

COMPARATO, Fabio Konder. Fundamentos dos direitos humanos. In: *Cultura dos direitos humanos*. (Coords. Maria Luiza Marcilio e Lafaiete Pussoli). São Paulo: LTr, 1998.

GARCIA, Gustavo Filipe Barbosa. *Da relação de emprego à relação de trabalho:* alargamento e adequação do núcleo da competência trabalhista. Tese USP. São Paulo, 2010.

IKAWA, Daniela. Universalismo , Relativismo e Direitos Humanos. *Estudos em Homenagem a Profª Flávia Piovesan.* (Coords.) Maria de Fátima Ribeiro e Valério de Oliveira Mazzuoli. Curitiba: Juruá Editora, 2004.

MALLET, Estêvão. *Direito do Trabalho e Discriminação.* Fórum Internacional sobre Direitos Humanos e Direitos Sociais. Organização e realização Tribunal Superior do Trabalho. São Paulo:LTr.2004.

MALLET, Estêvão. Direitos de personalidade e Direito do Trabalho. São Paulo: *Revista LTr.* vol. 68, nov. 2004.

MANNRICH, Nelson. Reconstrução do direito do trabalho. In: *Os pilares do direito do trabalho.* (Coord. Ives Gandra da Silva Martins Filho, Nelson Mannrich, Ney Prado). São Paulo: LexMagister, 2013.

MARTINEZ. Pedro Romano [*et al.*]. *Código do Trabalho Português anotado.* 7. ed. Coimbra: Almedina, 2009.

MASCHIETTO, Leonel. Revista Íntima. Efetividade dos Direitos Fundamentais do Empregado. Limite do Poder de Direção do Empregador. In: *Direitos Fundamentais aplicados ao direito do trabalho.* (Coords.) Renato Rua de Almeida, Adriana Calvo, Andrea Presas Rocha. São Paulo: LTr, 2010.

MELLO, Celso Antonio Bandeira de. *Eficácia das normas constitucionais e direitos sociais.* São Paulo: Malheiros Editores, 2009.

MORAES, Alexandre de. *Direitos humanos fundamentais:* teoria geral, comentários aos arts. 1º ao 5º da Constituição da República Federativa do Brasil, doutrina e jurisprudência. 5. ed. São Paulo: Atlas, 2003.

NASCIMENTO, Amauri Mascaro. *Curso de direito do trabalho:* história e teoria geral do direito do trabalho: relações individuais e coletivas do trabalho. 24. ed. São Paulo: Saraiva, 2009.

PEDUZZI, Maria Cristina Irigoyen. *O princípio da dignidade da pessoa humana na perspectiva do direito como integridade.* São Paulo: LTr, 2009.

PIOVESAN, Flávia. *Temas de direitos humanos.* 2. ed. São Paulo: Max Limonad, 2003.

ROMITA, Arion Sayão. *Direitos fundamentais nas relações de trabalho.* 2. ed. São Paulo: LTr, 2007.

SARLET, Ingo Wolfgang. As dimensões da dignidade da pessoa humana: construindo uma compreensão jurídico-constitucional necessária e possível. In: SARLET, Ingo Wolgang (Org.). *Dimensões da dignidade:* ensaios de filosofia do direito e do direito constitucional. 2. ed. Porto Alegre: Livraria do Advogado, 2009.

SARLET, Ingo Wolfgang. *A eficácia dos direitos fundamentais.* 8. ed.Porto Alegre: Livraria do Advogado Editora, 2007.

SCHIAVI, Mauro. *Ações de reparação por danos morais decorrentes da relação de trabalho*. 3. ed. São Paulo: LTr, 2009.

SILVA, José Afonso. *Comentário contextual à Constituição*. São Paulo: Malheiros, 2005.

SILVA, Luís Virgilio Afonso. *Conteúdo essencial dos Direitos Fundamentais e a eficácia das normas constitucionais*. Tese USP. São Paulo, 2005.

SILVA NETO, Manoel Jorge. *Direitos Fundamentais e o Contrato de Trabalho*. São Paulo: LTr, 2005.

SILVA NETO, Manoel Jorge. *Proteção Constitucional dos interesses trabalhistas:* difusos, coletivos e individuais homogêneos. São Paulo: LTr, 2001.

SIMON, Sandra Lia. Revistas pessoais: direito do empregador ou desrespeito aos direitos humanos fundamentais do empregado? Brasília: *Revista TST*, v. 69, jul./dez. 2003.

Alteração da Função do Operador de Caixa pela Funcionalidade do Pix-Saque e Pix-Troco. Impacto da Tecnologia no Contrato de Trabalho[(1)]

Resumo: O Banco Central do Brasil, utilizando-se dos avanços da tecnologia, disponibilizou serviço de transferência instantânea de dinheiro, denominado Pix. A funcionalidade da operação envolve sistema de parceria em que o prestador de serviços de pagamento (instituição financeira ou de pagamento) oferta ao seu cliente (usuário) a oportunidade de acesso a dinheiro em espécie a ser disponibilizado por agente credenciado (facilitador do serviço de saque). A facilidade viabilizada pela tecnologia traz anunciadas vantagens para todos, inclusive para a sociedade. Mas além da triangularização (agente pagador / usuário / agente facilitador) a operação ainda envolve um quarto agente: o operador de caixa. Ele, empregado do agente facilitador, é quem vai dar funcionalidade à operação do Pix saque ou Pix troco e que, por óbvio, em maior ou menor proporção, terá acumulo de tarefas às funções originalmente contratadas. Isso importa em substancial alteração do contrato individual de trabalho, a ser implementada por acordo e sem prejuízo para o empregado.

Palavras-chave: tecnologia; contrato de trabalho; alteração; pix-saque; pix-troco.

Introdução

Recebi do professor BÓRIS CHECHI DE ASSIS convite para participar da obra *Tópicos de Direito e Processo do Trabalho: estudos em homenagem aos 25 anos de docência do prof. Gilberto Stürmer na PUCRS*, sob sua coordenação acadêmica, juntamente com os Professores Denise Pires Fincato, Diego Sena Bello e Ingo Wolfgang Sarlet.

Aceitei de pronto.

Não poderia perder a oportunidade de reverenciar méritos e virtudes ímpares desse eminente jurista e destacado confrade da Academia Brasileira de Direito do Trabalho, que tanto contribui não só para a manutenção de conquistas sociais advindas do velho

(1) Nota do organizador: Texto originalmente publicano no livro Direito e Processo do Trabalho. *Estudos em Homenagem aos 25 anos de docência do Professor Gilberto Turmer na PUCRS* (Orgs. Boris Chechi de Assis, Denise Pires Fincado, Diego Sena Bello e Ingo Wolfgang Sarlet). Londrina/PR: THOTH Editora, 2022.

segmento (direito tutelar clássico, hoje tencionado), mas também na busca por paradigma para um novo direito (direito flexível e adequado à realidade virtual, sem retrocesso social).

De fato, pela essencialidade do trabalho na vida humana a legislação social se consolidou no Século XX, com o Tratado de Versalhes e criação da Organização Internacional do Trabalho (OIT), mas não tardou para sentir os abalos provocados no mundo do trabalho, máxime pelo avanço da tecnologia.

A comunidade global, então, centrou esforços em uma abordagem voltada ao ser humano[(2)], visto que, indica a historicidade, não haverá desenvolvimento sustentável sem direitos sociais, sem atenção aos vulneráveis. Inobstante tal constatação, o mundo muda a cada instante.

Aliás, ainda nos idos de 1970 do século passado, a instabilidade chegou com a crise energética e, depois, sucessivamente, acentuou cada vez mais com o desenvolvimento da *internet*, da informática e da robótica, com importantes impactos nas relações de trabalho, ao ponto de a máquina passar a competir com o homem, subtraindo lugar e diminuindo-lhe oportunidade de trabalho e chances de lutar por direitos trabalhistas.

Nesse cenário, em busca de solução para evitar retrocesso social e, por obvio, a perseverança de dignidade e justiça social, o homenageado se destaca tanto no âmbito nacional quanto além fronteiras, daí porque, julga-se apropriado registrar o impacto da tecnologia no contrato individual de trabalho.

1. Contrato de trabalho: Noções gerais

O contrato de trabalho é instituição fundamental do direito tutelar do trabalho. Por seu intermédio uma pessoa física coloca seus serviços à disposição de outrem, obrigando-se a empregar sua força-trabalho em proveito de outra pessoa — física ou jurídica. A sujeição jurídica ocupa, portanto, o núcleo central do encontro de vontades, constante de instrumento contratual ou apenas de acordo tácito.

Embora se trate de negócio jurídico como outro qualquer possui o contrato de trabalho peculiaridades em relação ao objeto: emprego de força vital com o propósito de o trabalhador obter sua subsistência e da sua família.

Essa peculiaridade, diretamente ligada à essencialidade da vida e da liberdade, revela um **núcleo central** em que um o humano se submete a outrem (pessoa física ou jurídica), em busca de algo muito valioso: meio de subsistir.

---

(2) Sobre inteligência artificial e humanismo conferir Enrique Pérez Luño. Inteligencia artificial y posthumanismo. In: *Derecho, inteligencia artificial y nuevos entornos digitales*. Espanha: Editor Álvaro Sánchez Bravo, 2020. p. 9.

Todavia, como revela a historicidade[(3)], submissão não condiz com humanidade e liberdade. Frente ao dilema (submissão *versus* liberdade) a solução encontrada foi ressignificar o instituto da autonomia privada e compensar a desigualdade econômica (empregador) com superioridade jurídica (empregado). E assim, conferindo tratamento desigual chegou-se ao ideal de igualdade, de forma que, como nos recorda NELSON NERY JUNIOR[(4)] o princípio da igualdade consiste em igualmente os iguais e desigualmente os desiguais na exata medida de suas desigualdades.

Com a aplicação da engenhosa regra para se obter isonomia contratual a subordinação jurídica não é absoluta, mas apenas em relação ao contrato e aos limites das cláusulas pactuadas. Delimitado o espaço da sujeição jurídica — e em virtude da presumida hipossuficiência do empregado — em boa medida, as principais cláusulas desse contrato especial são ditadas por normas cogentes e de ordem públicas, o que lhes conferem caráter intangíveis e irrenunciáveis.

Observada a limitação inerente a autonomia e acatado o lastro normativo de proteção mínima (como anotação do contrato em CTPS e medicina, segurança e saúde no trabalho, só para exemplificar) as partes contratantes podem pactuar outras condições de trabalho.

Uma vez firmado o pacto, as condições constantes das cláusulas contratuais — oriundas da lei ou negociadas — tornam-se indisponíveis, consequentemente, as partes sobre elas não podem transacionar e nem o empregado renunciar[(5)].

Esse contrato especial, sob a perspectiva do legislador é "acordo tácito ou expresso, correspondente à relação de emprego"[(6)], todavia, sob a ótica argumentativa da doutrina, aqui mencionada a de DÉLIO MARANHÃO, o contrato individual de trabalho

(3) O trabalho é inerente à condição humana e causa também para o trabalhador ser subjugado. Evolutivamente, a sociedade complexa experimenta conjunturas e contingências de cada época e, nesse contexto, suportou o homem pelo trabalho — ou em razão dele — os mais duros revezes: da escravidão, passando pela servidão, até alcançar o *status* de trabalhador cidadão. A natureza jurídica do *contrato* passa à de *estatuto* e, com essa profunda modificação, ele passa a ser detentor de ampla tutela, em meados do Século XX, advinda da Declaração Universal dos Direito do Homem. Entretanto, não tardou para que o extraordinário desenvolvimento tecnológico e das comunicações operasse profundas mudanças no modo de produção, com imperiosa necessidade de o Direito do Trabalho se modernizar, a fim de dar conta também da nova realidade. Nesse sentido conf. JOSELITA NEPOMUCENO BORBA. Sistema Social e Econômico. Do Estado Social ao Estado pós-Social ou Moderno. Perspectiva para um trabalho decente pós-Covid-19, sob a perspectiva dos direitos Humanos e observância dos elevados valores: solidariedade, cidadania e ética. In: *Atualidades e tendencias do direito e processo do trabalho*. Vol. 3. [Organizadoras: Amanda Barbosa, Andreia Chiquini Bugalho e Luiza de Oliveira Garcia Miessa dos Santos]. São Paulo: JusPodivm, *e-Book*, 2022. p. 57.

(4) *Princípios do Processo Civil na Constituição*. São Paulo: RT, 1999. p. 42.

(5) Tem plena incidência o princípio das nulidades, na forma do art. 468, da CLT, que dispõe: *Nos contratos individuais de trabalho só é lícita a alteração das respectivas condições por mútuo consentimento, e ainda assim desde que não resultem, direta ou indiretamente, prejuízos ao empregado, sob pena de nulidade da cláusula infringente desta garantia.*

(6) Art. 442 – Contrato individual de trabalho é o acordo tácito ou expresso, correspondente à relação de emprego.

corresponde a "negócio jurídico pelo qual uma pessoa física (empegado) se obriga, mediante o pagamento de uma contraprestação (salário), a prestar trabalho não eventual em proveito de outra pessoa, física ou jurídica (empregador) a quem fica juridicamente subordinada"(7).

Do objeto e da finalidade – emprego da força trabalho como meio de subsistência – decorre não só a proteção legal, mas também presunção de perenidade ou indeterminação como regra, admitida a duração determinada apenas como exceção(8).

Dessa forma, o contrato individual de trabalho é do tipo especial e de trato sucessivo, regido por um direito social que, além de princípios e pilares norteadores, traz presunções favoráveis ao mais fraco da relação – o empregado.

2. Princípio da inalterabilidade

O direito tutelar do trabalho tem na sua gênese, como postulados básicos, a proteção à liberdade e a humanidade no trabalho, para que o homem que depende de sua força trabalho para subsistir viva com dignidade. O trabalho é, sob essa perspectiva, um direito humano. Daí a carga de proteção rígida que disciplina o pacto laboral, dela destacando-se, para observação, a regra da inalterabilidade e da irrenunciabilidade de direitos encartada no art. 468 da CLT(9).

A intensidade da proteção pode variar conforme a natureza dos interesses em jogo, mas o certo é que, ainda que de caráter privado e de natureza patrimonial, não há indisponibilidade plena de interesses, na medida em que as disposições do art. 468 da CLT condiciona a alteração à vontade do empregado e desde que não haja prejuízo.

Da forma como enunciada a disposição legal limita a liberdade contratual, sendo de toda pertinência a observação de DÉLIO MARANHÃO e LUIZ INÁCIO CARVALHO(10) no sentido de que o ato não tem eficácia pela própria substância, quando a situação discutida envolve direitos indisponíveis.

De fato, se a natureza da norma é cogente — assim como o é quase todas as normas de Direito do Trabalho — as partes não tem a faculdade de compor ou modificar a situação

(7) Arnaldo Süssekind, Délio Maranhao e Segadas Vianna. In: *Instituições de Direito do Trabalho.* 11. ed., vol. I. São Paulo: LTr. p. 231.

(8) Art. 443 – [...] § 1º Considera-se como de prazo determinado o contrato de trabalho cuja vigência dependa de termo prefixado ou da execução de serviços especificados ou ainda da realização de certo acontecimento suscetível de previsão aproximada. § 2º O contrato por prazo determinado só será válido em se tratando: *a)* de serviço cuja natureza ou transitoriedade justifique a predeterminação do prazo; *b)* de atividades empresariais de caráter transitório; *c)* de contrato de experiência.

(9) Art. 468 – Nos contratos individuais de trabalho só é lícita a alteração das respectivas condições por mútuo consentimento, e ainda assim desde que não resultem, direta ou indiretamente, prejuízos ao empregado, sob pena de nulidade da cláusula infringente desta garantia.

(10) *Direito do Trabalho.* 17. ed. Rio de Janeiro: Editora da Fundação Getúlio Vargas, 1993. p. 41.

existente, sem intervenção judicial. Isso significa que, em virtude da proteção legal, não prevalece a autonomia da vontade individual.

Aliás, o princípio das nulidades é essencial, visto que, ao lado do princípio protetor, compõe um dos pilares do Direito do Trabalho, de forma que se não observada a regra de proteção a consequência é a invalidade do ato por força das disposições do art. 9º da CLT, que assim preceitua: "serão nulos de pleno direito os atos praticados com o objetivo de desvirtuar, impedir ou fraudar a sua aplicação".

Como se vê do enunciado da norma, o Direito do Trabalho não tolera fraude, ação ilícita e desonesta que, como bem lembrado por ARNALDO SÜSSEKIND[(11)], são atos ou ações decorrentes diretamente da vontade orientada a aferir uso anormal, malicioso ou abusivo do direito ou simulação acordada.

A fraude encerra o desvirtuamento do espírito da lei, podendo ser sutil e até se vestir de formas irreconhecíveis; importante é, se o ato vulnera a lei trabalhista, de forma consciente ou não, não prevalece. A vontade do legislador prevalece sobre a vontade particular, sobre a autonomia privada.

Todavia, apesar da carga protetiva advinda do princípio da inalterabilidade das condições originalmente pactuadas, o contrato individual de trabalho é de trato sucessivo, o que não condiz com condição estática, inflexível, sob pena, inclusive, de ocorrer prejuízo ou mesmo a inviabilidade de execução, em virtude do próprio e inevitável dinamismo das relações de trabalho.

3. Princípio da continuidade

O contrato individual de trabalho contém certeza quanto ao termo inicial, mas não conta com termo final, anotando LUIZ DE PINHO PEDREIRA DA SILVA[(12)] que o princípio da continuidade é uma consequência, antes de tudo, de ser o de trabalho um contrato de duração. A continuidade é, regra geral, propósito inerente à atividade econômica e ideal para quem depende do trabalho para subsistir, o que atrai a condição favorável ou o favor para o empregado, da qual faz parte, entre outras, a presunção de continuação do emprego[(13)].

Essa indeterminação no tempo expõe o pacto a um "estado quase permanente de mutações de conteúdo e de curso do ajuste", nas exatas palavras de JOSÉ AUGUSTO

(11) *Instituições de Direito do Trabalho*. 11. ed. São Paulo: LTr, 1991. vol. 1, p. 218.

(12) O princípio da Continuidade. In: *Revista dos Mestrandos em Direito Econômico da UFBA*, n. 4, jul.93/dez/95. (Coords. Paulo Roberto Lyrio Pimenta e Sergio Novais Dias) Salvador: Centro Editorial e Didático da UFBA, 1995. p. 98. Do mesmo autor, consultar Principiologia do Direito do Trabalho.

(13) Nos casos de impossibilidade temporária de execução do contrato de trabalho não se verificam a sua extinção. Opera a suspensão ou a interrupção.

RODRIGUES PINTO[14], a evidenciar noção de flexibilidade em oposição à ideia de rigidez executiva, própria dos contratos e especificamente desse contrato especial.

São princípios regentes que, aparentemente, conflitam entre si: por um lado, o princípio da inalterabilidade das condições pactuadas; por outro, necessidade de atualizar condições pontuais ou decorrentes de modificações no mundo do trabalho, em virtude do princípio da continuidade.

A aparente contradição, no entanto, desfaz-se com a aplicação dos já mencionados princípios da proteção e das nulidades, de forma que, diante de justificável e imperiosa necessidade, a alteração contratual tem lugar desde que proveniente de consenso e não cause prejuízo ao empregado.

Certamente, na dinâmica da execução do contrato individual de trabalho, pode haver necessidade de paralisação de obrigações contratuais contidas em uma ou em algumas ou até em todas as cláusulas contratuais por motivos previstos em lei ou decorrentes da vontade das partes[15].

Ocorre também necessidade de a empresa, em suas atividades operacionais, contar com certa maleabilidade no conjunto de obrigações advindas das condições originalmente pactuadas a fim de, da melhor forma, conseguir seus objetivos. Da mesma forma, pode surgir necessidade jurídica por parte do empregado.

O certo é que, na pertinente observação do já referido jurista baiano[16], há campo de alterabilidade do contrato individual do trabalho, irrecusável, mas não ilimitado, delimitado por atributo jurídico do empregador (*jus variandi)* em contraposição à necessidade jurídica do empregado (*jus resistentiae).*

O extraordinário avanço da tecnologia e das comunicações também se apresentam como fatores decisivos na flexibilização do contrato de trabalho. O padrão organizativo e a forma de prestar o trabalho não impactada apenas o contrato de trabalho[17], mas se apresentam como circunstâncias a exigir a adequação do próprio direito tutelar aos novos tempos.

Portanto, o contrato individual de trabalho, por ser contrato por prazo indeterminado, comporta, por exceção, alterabilidade limitada.

---

(14) *Tratado de Direito Material do Trabalho*. São Paulo: LTr, 2007. p. 475.

(15) Em verdade, para José Augusto Rodrigues Pinto, o que distingue suspensão e interrupção do contrato de trabalho é a temporalidade e a persistência de obrigações durante o hiato (op.cit.p.494/495), de forma que se paralisada a obrigação do empregado (prestar serviço) e continuar a execução da obrigação do empregador (pagar salários)a hipótese é de interrupção do contrato de trabalho; se, ao revés, forem paralisadas todas as obrigações principais (prestar serviços/pagar salário) a hipótese é de suspensão do contrato de trabalho.

(16) José Augusto Rodrigues Pinto, *op. cit.*, p. 478.

(17) O impacto nas relações coletivas de trabalho é marcante e com potencial para o redesenho do direito sindical, como nos lembra o homenageado GILBERTO STURMER ao enfrentar o tema: *Globalizaçao, atuação sindical e novas formas de trabalho:* a viabilidade dos aordos marcointernacionais. Derecho, inteligencia artificial y nuevos entornos digitales. Espanha: Editor Álvaro Sánchez Bravo.

4. O impacto da tecnologia

A tecnologia sempre foi fator decisivo na evolução do trabalho, todavia, o que se vê nas últimas décadas, não só no mundo do trabalho, mas em toda a sociedade, são profundas transformações em decorrência dos avanços tecnológicos e das comunicações.

A percepção de que o setor produtivo de bens e serviços e a forma de prestar o trabalho se encontram sob significativos impactos continua firme, da mesma forma como abordado por ocasião do XI Congresso Internacional do Trabalho da ABDT — base para tais reflexões[18].

De fato, com o surgimento de vendas *on-line* no comércio, a utilização do computador pelas empresas e pelos consumidores finais, o uso do celular, da *internet,* sendo visível o declínio de segmentos como fotográfico, musical, entretenimento, turismo, transporte, só para exemplificar.

Decerto, o padrão industrial e o modelo produtivo de outrora passa a conviver — e tentar se adaptar — à nova realidade em que é possível o armazenamento instantâneo de informações, a comunicação remota pela transferência de voz e dados e a possiblidade de produção sem intervenção direta do ser humano.

Intensa e veloz informatização e robotização do processo produtivo se espraia, da substituição da mão de obra humana por robôs no dia a dia laboral ate a dinâmica de acompanhamento do trabalho, dentro e fora das dependências do empregador (uso de meios telemáticos), por intermédio dos mais variados tipos tecnológico-digitais, de plataformas digitais de trabalho *on-line* e uso de inteligência artificial[19].

Afinal, como não nos deixa esquecer ANTÔNIO CARLOS AGUIAR[20] o mundo mudou. E as principais características do chamado trabalho 4.0, nesse novo mundo, segundo GABRIELA MENDIZÁBAL BERMÚDEZ[21], em síntese, são (i) a **utilização de inteligência artificial** capaz de tomar decisões por si mesma, sem a intervenção da pessoa; (ii) **flexibilidade no trabalho,** visto que as atividades podem ser executadas de modo presencial ou virtual e a (iii) **necessidade de adaptação** às novas formas de trabalhar, na medida em que a pessoa deverá estar consciente de que, utilizando-se da

(18) JOSELITA NEPOMUCENO BORBA. Proteção social de grupos vulneráveis na pós-pandemia. In: *A Proteção Social na Encruzilhada:* Anais da Academia Brasileira de Direito do Trabalho. XI Congresso Internacional de Direito do Trabalho. [Coordenadores] Alexandre Agra Belmonte, Luciano Martinez e Yone Fredian. [Diretoras] Esperanza Macarena Sierra Benitez e Thereza C. Nahas. São Paulo: Lex, 2021. p. 93.

(19) Especificamente sobre inteligência artificial e pós-humanismo consultar Enrique Pérez Luño em *Derecho, inteligencia artificial y nuevos entornos digitales*. Espanha: Editor Álvaro Sánchez Bravo. 2020.

(20) *Direito do trabalho 2.0 digital e disruptivo.* São Paulo: LTr, 2018. p. 16.

(21) El uso de tecnologia para el trabajo decente y la seguridade social. Uma visión desde México. In: *Revista Derecho Social y Empresa*. El Centenário de la OIT. Um año después de las conmemoraciones. N. 13. jul. 2020. Madrid: Editorial Dykinson, S.L., p. 146-147.

inteligência artificial, homem e máquina fazem parte de uma rede que tem como finalidade o cumprimento de determinado objetivo.

Na era da 4ª Revolução Industrial[22] o trabalho rompe, pois, com os esquemas tradicionais, próprios da empresa compartimentada, verticalizada, hierarquizada, fixa em um território e dedicada a um objeto. Este modelo em transição, na tecnologia disruptiva, vai dando lugar a uma empresa fragmentada, horizontalizada, descentralizada, desterritorializada e dedicada a tarefa ou atividade específica. Inverte-se totalmente o paradigma, evidenciando-se nova realidade: produção em rede e trabalho digital.

Exatamente nesse momento de volatilidade e fluidez, em que a comunidade jurídica buscava realinhar o Direito do Trabalho a fim de dar conta da nova realidade, instala-se ambiente de crise generalizada, provocada pelo surto do coronavírus (Covid-19), intensifica-se o trabalho à distância com uso de meios telemáticos.

Generalizou-se o teletrabalho; acelerou-se o processo digital; sentiu-se a mudança na forma de produção de bens e serviços e disponibilização ao consumidor; em suma, modo geral, afetou o cotidiano de todos nós e produziu severos impactos nas relações de trabalho, com premente necessidade de alterações contratuais.

5. Uma abordagem pontual do uso da tecnologia. Transferência instantânea de dinheiro em espécie (Pix). Reflexo no contrato de trabalho

Nesse contexto de rápidas e progressivas mudanças socioeconômicas, e nomeadamente de inovações tecnológicas, o Banco Central do Brasil lança o Pix[23], nome escolhido para nova modalidade de transferência instantânea de valores. A instituição do arranjo de pagamento foi feita pela Resolução BACEN/DC n. 1, de 12.08.2020, que também aprovou o regulamento, alterada pela Resolução BCB n. 135, de 02.09.2021[24].

Dispõe referida normativa que Pix é transação que envolve um usuário pagador, um prestador de serviços e um agente de saque, com finalidade de saque ou de troco[25].

---

(22) Sobre o trabalho na era digital ou trabalho 4.0, consultar por todos Nelson Mannrich, no título "Direito do Trabalho na era digital". In: *Labor 4.0:* direito do trabalho e inovações tecnológicas. [Coordenadores Tatiana Ferraz Andrade, Felipe Maester, Biovani Ravannani; Organizadores Tayná Carneiro, Bruno Feigelson]. São Paulo: Thomson Reuters Brasil, 2021. p. 231.

(23) Esclarece o Banco Central que Pix é o pagamento instantâneo, em que recursos são transferidos entre contas em poucos segundos, a qualquer hora ou dia. Disponível em: https://www.bcb.gov.br/estabilidadefinanceira/pix.

(24) Cf. Resolução BACEN/DC n. 1, de 12.08.2020 (*DOU* 13.08.2020), alterada pela Resolução BCB n. 135, de 02.09.2021.

(25) O **Pix saque**, conforme dispõe o art. 11-F, da Resolução BCB n. 135, "consiste na transação em que um usuário pagador, com conta transacional em qualquer participante do Pix, recebe recursos em espécie de um prestador de serviço de saque ou de um agente de saque e, como contrapartida, realiza um Pix com finalidade de saque de sua conta transacional para a conta transacional desse participante ou do agente de saque, em

Na modalidade saque o usuário solicita e recebe dinheiro, enquanto na modalidade troco recebe a diferença entre o valor da compra efetuada e o valor solicitado.

O sistema passou a operar a partir de 29.11.2020[(26)] com possibilidade de o **usuário** (cliente) solicitar ao **prestador de serviços de pagamento** (instituição financeira ou instituição de pagamento) valor de saque ou, em caso de compra, do valor de troco, a ser disponibilizado por **agente de saque** (facilitador do serviço se saque).

Dessa forma, por meio de tal ferramenta, a instituição financeira ou de pagamento dá ao seu cliente a opção de retirar dinheiro em espécie diretamente no estabelecimento do seu parceiro (comercial e rede credenciada), que assume uma espécie de correspondente do agente prestador de serviços de pagamento.

A facilidade viabilizada pela tecnologia, anuncia o Banco Central[(27)], traz benefícios para toda a sociedade, nomeadamente para o cidadão e para o comércio em geral[(28)].

Ao cidadão porque passa a contar com mais uma opção de acesso ao dinheiro físico assim que o desejar e também porque a operação pode ser feita em qualquer local (farmácia, padaria, lojas de departamento, pequenos lojistas, supermercados etc.), durante o horário de funcionamento, sem necessidade de ir até caixas eletrônicos ou agências bancárias.

Já em relação ao comércio que disponibilizar o serviço a vantagem reside, ainda segundo o instituidor da ferramenta[(29)], na remuneração por cada operação, além de reduzir custo com gestão de numerário, como os relacionados à segurança e aos depósitos e, ainda, possibilitar ao estabelecimento mais visibilidade para seus produtos e serviços.

Mas, a flexibilização do modelo que viabiliza a transação financeira instantânea repercute não só no âmbito das relações societárias e comerciais. A operacionalização, afinal, vai se dar por ação direta de operador de caixa, empregado do parceiro agente de saque.

E nessa condição, passa a desempenhar, além de suas funções contratuais normais, as relacionadas à concretização do Pix-saque ou Pix-troco. Esse aumento de função, por sua vez, vem acompanhado de aumento de demanda, visto que a tendência é, pelas van-

---

valor correspondente aos recursos em espécie a ele disponibilizados", enquanto **Pix-troco**, na forma do art. 11-G, da mesma Resolução, "consiste na transação em que um usuário pagador, com conta transacional em qualquer participante do Pix, ao realizar uma compra em um agente de saque, recebe recursos em espécie em montante correspondente à diferença entre o valor do Pix com finalidade de troco realizado de sua conta transacional para a conta transacional do agente de saque e o valor da compra."

(26) Cf. nota disponibilizada em: https://www.bcb.gov.br/detalhenoticia/17491/nota.

(27) Cf. nota divulgada em: https://www.bcb.gov.br/estabilidadefinanceira/negociopix.

(28) Há noticia também da grande e crescente adesão ao Pix, conforme se verifica em: https://www.bcb.gov.br/detalhenoticia/608/noticia.

(29) Também disponível em: https://www.bcb.gov.br/estabilidadefinanceira/negociopix.

tagens e facilidades, o usuário (cliente) preferir utilizar os serviços do agente de saque (facilitador), ao invés de recorrer a caixa bancário ou ao ATM.

Em maior ou menor proporção, conforme o porte do estabelecimento e o ajuste contratual com o prestador de serviço de pagamento, haverá sobrecarga para empregado do agente de saque vai trabalhar mais e sob tensão, como é próprio de quem opera sistema de caixa. Neste caso, o aumento de função, a probabilidade de diferença de caixa e o risco de ataque (dinheiro circulando), potencializa risco à saúde física e mental (LER, distúrbios mentais etc.).

Esse acréscimo de função, por imprimir substancial alteração ao contrato de trabalho, passa pelo crivo do art. 468 da CLT, de forma que sua validade fica condicionada ao consenso e a ausência de prejuízo para o empregado.

6. Noção de prejuízo

O Direito do Trabalho, como forma de assegurar a tutela a que se propõe, tem como um de seus pilares básico o princípio inserido na regra do art. 9º da CLT, que considera nulo de pleno direito o ato praticado com o objetivo de desvirtuar, impedir ou fraudar a aplicação de suas normas.

Como enunciado, o princípio limita o poder de comando do empregador, de forma que se ato unilateral — ou consensual (empregado/empregador) — causar prejuízo ao empregado será nulo. Assim, mesmo que a alteração contratual decorra de ato de vontade das partes, evidenciando-se qualquer prejuízo a autonomia individual não prevalece.

Mas, a natureza do contrato individual de trabalho, impactado por vicissitudes próprias do decurso do tempo, atrai exceção à regra a fim de viabilizar ajustes e alterações necessárias à sua adequação e mesmo à sua sobrevivência no ritmo das mudanças no mundo do trabalho[30].

Nesse cenário, por óbvio, a questão central da alteração contratual passa a ser o **prejuízo.** Todavia, esse termo traz consigo noção subjetiva. Depende, em grande medida, da percepção de quem o alega. É certo que há prejuízo que se mostra evidente e indiscutível; outros, não. Além disso, o que pode representar prejuízo para um, para outro não.

---

(30) O contrato de trabalho traz em si, incorporada, a vontade das partes voltada para o objeto e as condições em que o trabalho vai ser prestado. São cláusulas que incorporam preceitos de lei e outras, a maioria, que traduzem a vontade das partes, como função, jornada, salário, forma de pagamento do salário, local de trabalho, só para exemplificar. Esse conteúdo original tem a proteção do princípio da inalterabilidade das condições pactuadas, mas em decorrência do dinamismo, no tempo, da execução do contrato, como já destacado, surge a necessidade de adequação a condições supervenientes, seja em razão de interesse do empregado, seja do empregador, ou, ainda, por imperiosa necessidade de se adequar o trabalho a uma nova forma de executar a atividade em virtude do avanço tecnológico. Sendo assim, a alteração envolvendo cláusulas contratuais ou circunstancias que envolvem a efetiva execução do contrato são recorrentes. O que tem de ser observado, com rigor, é a possibilidade de prejuízo, na medida em que o art. 468 da CLT, considera ilícita qualquer alteração contratual que cause, direta ou indiretamente, prejuízo ao empregado.

Aplicando-se tais noções à funcionalidade e operação do Pix o que, em tese, pode ser apreendido é que um empregado que opera caixa em um pequeno estabelecimento comercial e que, em virtude do pequeno movimento, nutre fundado receio de ser dispensado, não receba como prejudicial alteração contratual que minimamente aumente tarefas inerentes à sua função.

Diferente é a condição de operador de caixa de grande estabelecimento, e que não nutre o mesmo sentimento, hipótese em que o acréscimo de função pode representar grande desvantagem, seja em virtude da alteração do contrato em si, seja pela sobrecarga de trabalho, seja por agravos à saúde. E ainda, o empregado pode não se sentir com a habilidade e a destreza exigidos na nova condição de trabalho.

É nesse contexto amplo e no espaço da subjetividade que se examina a questão do prejuízo para se chegar a licitude ou ilicitude da alteração do contrato individual de trabalho do operador de caixa que dá funcionalidade ao Pix.

7. Retribuição compensatória: Função e tarefa

Quando o empregado operador de caixa passa a dar funcionalidade ao Pix o acréscimo de atividade laboral imprime uma alteração contratual substancial e qualitativa, por envolver o núcleo ou o próprio caráter da prestação: a *função.*

Esclarece MAURICIO GODINHO DELGADO[31] que função é o "conjunto sistemático de atividades, atribuições e poderes laborativos, integrados entre si, formando um todo unitário no contexto da divisão do trabalho estruturada" na empresa e que **tarefa,** diversamente da função, consiste em uma atividade laborativa específica.

A partir de tal distinção explica, em síntese, que função é o todo, tarefa é fração desse todo. Exatamente a reunião coordenada e integrada pelo conjunto de tarefas é que dá origem à função[32].

Acúmulo de tarefas, pois, não é o mesmo que desvio de função. Este (desvio), ocorre quando o empregado passa a desempenhar atividade diversa daquela para a qual — ou para as quais — fora contratado (caixa bancário deslocado de sua função para atividade de atendimento e assessoria ao público, p.ex.); aquele (acúmulo), advém do acréscimo de tarefas à função contratada (caixa bancário que passa a vender seguro oferecido pelo banco a seus clientes, p.ex.).

Ou seja, em um agrega-se mais tarefa; em outro, desvia-se para outra função.

No caso do operador de caixa, em virtude da funcionalidade Pix, ocorre aumento de tarefas, daí ser relevante saber se o empregado tem direito a majoração salarial.

---

(31) *Curso de Direito do Trabalho*. 11. ed. LTr. p. 1.033.

(32) *Idem.*

A lei não traz previsão de pagamento por aumento de tarefa, ficando a cargo da doutrina e da jurisprudência enfrentar a questão que, de resto, é altamente controvertida: uns, defendem tese no sentido de que é devido o pagamento na proporção do acréscimo de função; outros, entendem que não.

De qualquer forma princípios que informam o sistema jurídico nacional, como razoabilidade, boa-fé, vedação de enriquecimento ilícito, além das disposições do já mencionado art. 468(33) da CLT, têm orientado a doutrina acerca da necessidade de reequilíbrio das prestações contratuais. Reequilíbrio com a contraprestação na medida do acréscimo de atividade, como defende tanto EDILTON MEIRELLES(34) quanto RENATO SABINO CARVALHO FILHO(35).

É o que se percebe também no âmbito da jurisprudência, com julgados do Tribunal Superior do Trabalho (TST)(36) em que se firma tese no sentido de que se o empregador obriga o empregado a exercer funções cumulativas, que extrapolam aquelas do ajuste contratual originário, deve remunerar o acumulo de funções.

Para essa corrente jurisprudencial o acumulo de função sem a correspondente contraprestação, ainda que compatíveis com as tarefas originariamente contratadas, afigura-se ilícita pela noção de prejuízo de que cuida o art. 468 da CLT. A recomposição do estado de licitude depende do pagamento de diferença salarial na medida do acúmulo de função.

---

(33) Art. 468.

(34) *Abuso de Direito na Relação de Emprego*. LTr, 2005. p. 126.

(35) Acúmulo de Funções e o Direito ao Aumento Salarial. In: *Estudos Aprofundados* — Magistratura do Trabalho. Salvador: JusPodivm, 2013. p. 315.

(36) ***[...] 5. ACÚMULO DE FUNÇÕES. INCIDÊNCIA DO ART. 468 DA CLT.*** *Conforme quadro fático delineado no acórdão regional, a prova é robusta no sentido de que a* ***reclamante exerceu funções, para as quais não fora previamente contratada****, sendo inegável que que tal acúmulo exigia maior ativação da autora. Dessarte,* ***se o empregador obriga que o empregado exercite funções cumulativas que extrapolam àquelas do ajuste contratual originário, sem qualquer modificação de seu padrão salarial, tal alteração contratual é considerada ilícita e reclama a aplicação do art. 468 da CLT****. Ademais, a* ***cumulação de funções, tarefas e atividades, sem o correspondente pagamento não é autorizada pelo art. 456, parágrafo único, da CLT****. Muito pelo contrário, sua leitura à luz dos arts. 460 e 468, da CLT, regras da Constituição Federal, Princípios Constitucionais do Direito Contratual em geral e trabalhistas,* ***impõe a remuneração correspondente ao acúmulo****. Precedentes [...]* ***TST-AIRR-89800-33.2009.5.01.0014****. ACÚMULO DE FUNÇÕES. DIFERENÇAS SALARIAIS. PREVISÃO LEGAL 1. O* ***pagamento de diferenças salariais*** *e reflexos em razão do* ***acúmulo de funções encontra guarida*** *no disposto no art. 884 do Código Civil, que veda o enriquecimento sem causa como forma de* ***evitar que o empregador contrate um empregado para um conjunto específico de atividades e, posteriormente, determine o desempenho de funções alheias àquelas*** *e que não correspondam às suas capacidades pessoais e intelectuais, furtando-se, assim, a uma nova contratação. 2. Caso em que o Tribunal Regional, ante a configuração da confissão ficta, reputa* ***evidenciado o acúmulo de funções apto a ensejar o pagamento das diferenças salariais correspondentes****, não se inferindo, portanto, afronta ao art. 456, parágrafo único, da CLT. 3. Agravo de instrumento de que se conhece e a que se nega provimento. (Processo: AIRR – 106200-51.2009.5.05.0131.* (destaques acrescidos)

Entretanto, ainda no âmbito do Tribunal Superior do Trabalho (TST)[(37)], para outra corrente jurisprudencial, quando o empregado é contratado para uma função ele se obriga a toda e qualquer tarefa, exigindo a regra do parágrafo único do art. 456[(38)] da CLT, apenas compatibilidade; se a lei não exige acréscimo salarial não é devida contraprestação pelo aumento de tarefas agregadas à função, como originalmente pactuada.

Como se vê, a jurisprudência oscila em duas vertentes: uma, não reconhece a obrigação de o empregador reequilibrar o contrato, com pagamento por acréscimo de função; outra, que reconhece.

Mas, certo é que, atualmente, a tese que reconhece o direito à contraprestação está mais alinhada com a garantia da valorização do trabalho e do equilíbrio de prestações, bem assim com princípios gerais da boa-fé, da razoabilidade e da proporcionalidade e o específico da inalterabilidade contratual prejudicial.

Outra consequência importante é, como o agente de saque vai se assemelhar a um correspondente bancário, a obrigatoriedade de pagamento da verba denominada quebra de caixa. Esta tem por finalidade compensar o risco assumido pelo empregado que manuseia numerário.

O risco é inerente, pois aquele que lida com dinheiro, independentemente da vontade ou do nível de atenção, pode se equivocar na transação e, ao final, ter de arcar com o prejuízo. Daí, frente à previsibilidade, paga-se por força de norma coletiva ou mesmo usualmente ao operador de caixa uma vantagem pecuniária. O pressuposto é a cobertura do risco pela função onde se apresentar: instituição financeira, correspondência bancária (como lotéricas, p.ex.), prestador de serviços e comercio em geral.

A vantagem não tem previsão legal. Decorre da vontade das partes (contrato individual, norma coletiva) e de usos e costumes. Também nessa hipótese o Tribunal Superior do Trabalho (TST) já se pronunciou no sentido de que a verba quebra de caixa é devida

---

(37) É o que consta de trecho do Acórdão proferido do Recurso de Revista TST-ARR-661-20.2014.5.05.0132, *verbis: Nas razões de recurso de revista, a primeira reclamada alega que o reclamante,* ***desde sua contratação para exercer o cargo de resgatista****, tinha como atribuição dirigir as ambulâncias de resgate —* ***tarefas compatíveis com a condição pessoal do empregado****, nos exatos termos do* ***art. 456, parágrafo único, da CLT****. Sustenta que não é vedado o cumprimento de várias tarefas pelo empregado, em decorrência do jus variandi do empregador, conforme julgados que colaciona. Destaca que o caso não é de efetiva prestação de serviços por parte do empregado para atividade que o mesmo não tenha sido contratado ou o exercício de atividades estranhas ou incompatíveis com a função (cargo) ocupada. De fato, as* ***funções de "resgatista" e de "condutor" não se mostram incompatíveis entre si ou com a condição pessoal do reclamante****, de modo que a* ***determinação de pagamento de acréscimo salarial ofende o art. 456****, parágrafo único, da CLT. Conheço, por violação ao art. 456, parágrafo único, da CLT.* (destaques acrescidos)

(38) O art. 456 da CLT tem a seguinte redação: A prova do contrato individual do trabalho será feita pelas anotações constantes da carteira profissional ou por instrumento escrito e suprida por todos os meios permitidos em direito. Parágrafo único. A falta de prova ou inexistindo cláusula expressa e tal respeito, entender-se-á que o empregado se obrigou a todo e qualquer serviço compatível com a sua condição pessoal. [destacado]

a quem trabalha manuseando dinheiro, com a finalidade de remunerar a maior responsabilidade que o exercício da atividade exige[39].

Por isso, o empregado operador de caixa, que lida com numerário exposto a risco tem direito a verba.

Há custos, mas não é só, devido a necessária e premente necessidade de atenção com a saúde e a segurança no trabalho. Por mais que o negócio seja vantajoso pela facilidade na integração com os *softwares* de automação, uso de inteligência artificial e plataformas centrais providas pelo Banco Central, é o ser humano, no caso o operador de caixa, que vai dar funcionalidade ao serviço de transferência eletrônica instantânea, a exigir a adequação no sistema de prevenção de riscos e medicina do trabalho.

Portanto, a fim de minimizar riscos, necessário que o parceiro (agente pagador) da instituição financeira (agente operador) formalize a alteração do contrato individual do operador de caixa que dará funcionalidade ao Pix, estabelecendo novas condições, limites, recomendações e atenuantes de riscos, além de adequar os instrumentos de medicina e segurança no trabalho, notadamente PCMSO, PPRA e CIPA.

Conclusão

O contrato individual de trabalho é instituição fundamental do direito tutelar do trabalho, na medida em que, por seu intermédio, uma pessoa física coloca à disposição de outrem sua força trabalho, como forma de obter sua subsistência e de sua família.

Isso significa que no seu núcleo central está a liberdade, valor humano irrenunciável e inegociável. O homem privado de sua liberdade não tem dignidade. Para solucionar o aspecto da submissão o caminho foi ressignificar o instituto da autonomia privada, conferindo superioridade jurídica a um dos contratantes (o empregado) para compensar a superioridade econômica do outro (empregador) e, assim, desigualando os desiguais se alcança a isonomia contratual.

A superioridade jurídica consiste num lastro normativo de proteção mínima, que traz presunções favoráveis ao empregado e, regra geral, não admite transação nem renúncia. Para a eficácia dessa ordem jurídica cogente e de ordem pública outro instituto é fundamental: princípio das nulidades.

Em consequência, ditam princípios, como os da inalterabilidade contratual e da irrenunciabilidade de direitos, que a alteração contratual somente será válida se implementada mediante acordo e desde que não haja prejuízo para o empregado. Assim, alteração do contrato individual somente é admitida como exceção.

(39) Nesse sentido consultar TST-RR-10279-19.2020.5.03.0072.

A exceção tem sentido pela própria natureza de trato sucessivo do contrato, que na fluição pelo tempo fica sujeito a todo tipo de vicissitude no âmbito das relações de trabalho, a reclamar realinho e adaptação à novas condições e realidades.

Realidade como a que, incontida, incessante e velozmente, impacta a forma de prestar o trabalho pelo extraordinário avanço da tecnologia e das comunicações. Exatamente nesse contexto dos mais variados tipos tecnológico-digitais, de plataformas digitais, da inteligência artificial e *softwares* de automação, que o Banco Central do Brasil lançou o Pix, modalidade de transferência instantânea de valores.

A operação dessa modalidade, tanto Pix-saque quanto Pix-troco, envolve interesses, em princípio, alheios às relações de trabalho, visto que centrada em três agentes: quem paga (instituição financeira), quem recebe (usuário cliente) e aquele que disponibiliza o valor (agente de saque). Ocorre, no entanto, que o uso da tecnologia, nesse processo, não finaliza a operação, necessitando o parceiro facilitador (farmácia, padaria, supermercados, grandes e pequenos comércios, etc.) para tanto de seus empregados.

Assim, a facilidade viabilizada pela tecnologia repercute não só nas relações comerciais e societárias, mas também impacta o mundo do trabalho pelo substancial alteração no contrato de trabalho, notadamente do operador de caixa que, além de suas funções contratuais normais, passa a executar também aquelas necessárias a funcionalidade do Pix.

A alteração contratual requer acordo entre empregado e empregador, além de contraprestação equivalente ao acréscimo de função e devida e necessária adequação do meio ambiente de trabalho a fim de evitar riscos e agravos a saúde do trabalhador.

Referência citada e/ou consultada

AGUIAR. Antônio Carlos. *Direito do trabalho 2.0 digital e disruptivo.* São Paulo: LTr, 2018.

BERMÚDEZ, Gabriela Mendizábal. El uso de tecnologia para el trabajo decente y la seguridade social. Uma visión desde México. In: *Revista Derecho Social y Empresa.* El Centenário de la OIT. Um año después de las conmemoraciones. Núm. 13. jul. 2020. Madrid: Editorial Dykinson, S.L.

BORBA, Joselita Nepomuceno. Sistema Social e Econômico. Do Estado Social ao Estado pós-Social ou Moderno. Perspectiva para um trabalho decente pós-Covid-19 sob a perspectiva dos direitos Humanos e observância dos elevados valores: solidariedade, cidadania e ética. In: *Atualidades e tendencias do direito e processo do trabalho.* Vol. 3. [Organizadoras: Amanda Barbosa, Andreia Chiquini Bugalho e Luiza de Oliveira Garcia Miessa dos Santos]. São Paulo: JusPodivm, *e-Book*, 2022.

BORBA, Joselita Nepomuceno. Proteção social de grupos vulneráveis na pós-pandemia. In: A Proteção Social na Encruzilhada: Anais da Academia Brasileira de Direito do Trabalho. *XI Congresso Internacional de Direito do Trabalho.* [Coordenadores] Alexandre Agra Belmonte, Luciano Martinez e Yone Fredian. [Diretoras] Esperanza Macarena Sierra Benitez e Thereza C. Nahas. São Paulo: Lex, 2021.

CARVALHO FILHO, Renato Sabino. Acúmulo de Funções e o Direito ao Aumento Salarial. In: *Estudos Aprofundados* — Magistratura do Trabalho. Salvador: JusPodivm, 2013.

LUÑO, Enrique Pérez. Inteligencia artificial y posthumanismo. In: *Derecho, inteligencia artificial y nuevos entornos digitales*. Espanha: Editor Álvaro Sánchez Bravo, 2020.

MANNRICH, Nelson. Direito do Trabalho na era digital. In: *Labor 4.0:* direito do trabalho e inovações tecnológicas. [Coordenadores: Tatiana Ferraz Andrade, Felipe Maester e Biovani Ravannani; Organizadores: Tayná Carneiro e Bruno Feigelson]. São Paulo: Thomson Reuters Brasil, 2021.

MARANHÃO, Délio; CARVALHO. Luiz Inácio. *Direito do Trabalho*. 17. ed. Rio de Janeiro: Editora da Fundação Getúlio Vargas, 1993.

MEIRELLES, Edilton. *Abuso de Direito na Relação de Emprego*. São Paulo: LTr, 2005.

NERY JUNIOR, Nelson. *Princípios do Processo Civil na Constituição*. São Paulo: RT, 1999.

SILVA, Luiz de Pinho Pedreira da. O princípio da Continuidade. In: *Revista dos Mestrandos em Direito Econômico da UFBA*, n. 4. jul. 93/dez. 95. (Coords. Paulo Roberto Lyrio Pimenta e Sergio Novais Dias) Salvador: Centro Editorial e Didático da UFBA, 1995.

STÜRMER, Gilberto; SOUZA, Jonatan Teixeira de. Globalizaçao, atuação sindical e novas formas de trabalho: a viabilidade dos aordos marcointernacionais. In: *Derecho, inteligencia artificial y nuevos entornos digitales*. Espanha: Editor Álvaro Sánchez Bravo, 2020.

SÜSSEKIND, Arnaldo; MARANHÃO, Délio; VIANNA, Segadas. In: *Instituições de Direito do Trabalho*. 11. ed., vol. I. São Paulo: LTr.

PINTO. José Augusto Rodrigues. *Tratado de Direito Material do Trabalho*. São Paulo: LTr, 2007.

Sites/Domínio público

https://www.tst.jus.br/web/guest/jurisprudencia

https://www.bcb.gov.br/estabilidadefinanceira/negociopix

https://www.bcb.gov.br/detalhenoticia/608/noticia

https://www.bcb.gov.br/estabilidadefinanceira/negociopix

Trabalho Autônomo sob a Perspectiva dos Direitos Humanos e Atividades de Corretagem de Imóveis[1]

Resumo: O trabalhador, na sua dignidade como ser, encontra a humanização do trabalho quando resgatado do infra mundo da miséria em que vivia, ditada pela supremacia do capitalismo. À época, meados do século XX, o Estado assume a suprema função de equilibrar forças, colocando no mesmo plano capital e trabalho. Mas, não tardou, o ambiente socioeconômico começa a experimentar profundas mudanças que adviriam da ciência e da tecnologia, com importantes impactos na forma de produzir e de prestar o trabalho. A consequência sentida com intensidade foi a tentativa de fuga do Direito Social do Trabalho, consolidado no modelo industrial do pós-Guerra. Todavia, atentas ONU e OIT sempre atuaram firmemente para a preservação dos valores da Declaração da Filadélfia: dignidade humana e justiça social. Vigilantes e atentos esses organismos internacionais revisitaram e atualizaram sua normativa, com o propósito de assegurar emprego pleno e trabalho decente em qualquer cenário, inclusive em situação de crise. A partir de tal proposição, tanto o trabalho subordinado quanto o autônomo são modalidades de prestar atividade com o objetivo de se alcançar dignidade. Nessa perspectiva, o que se deve garantir é o exercício de atividade laborativa digna, por conta própria ou juridicamente subordinado a outrem. Dignidade de que nos diz a Constituição Federal brasileira, ao destacar com cores vivas o direito à vida, saúde, trabalho, renda suficiente para subsistência, direitos de personalidade, entre tantos direitos fundamentais. Se é assim, o acirrado debate que envolve distinção entre trabalho subordinado e trabalho autônomo perde força, por obvio, excepcionada a hipótese de fraude. Tal situação de excepcionalidade deve continuar sendo enfrentada pela teoria das nulidades sem, contudo, perder de vista valores éticos e de cidadania. Exatamente nesse contexto, eleito como paradigma de observação, aborda-se, por suas peculiaridades, o contrato de intermediação imobiliária, autônomo por natureza.

Palavras-chave: direitos humanos; direitos sociais; OIT; humanidade; ética; cidadania; trabalho digno; trabalho decente; trabalho subordinado; trabalho autônomo; negócio jurídico; corretor de imóveis.

Abstract: The worker, in his dignity as being, finds the humanization of work when rescued from the infra world of misery in which he lived, dictated by the supremacy of capitalism. At the time, in the mid-twentieth century, the state assumes the supreme function of

(1) Nota do organizador: Texto originalmente publicado na obra *Produção em Rede e Proteção Social*. 2022, v. 1, p. 128-153. Organizado por Carlos Roberto de Oliveira, Joselita Nepomuceno Borba e Yone Frediani.

balancing forces, putting capital and labor on the same plane. But soon, the socioeconomic environment begins to experience profound changes that would come from science and technology, with important impacts on the way they produce and provide the work. The consequence felt with intensity was the attempt to escape the Social Labor Law, consolidated in the industrial model of the post-War period. However, attentive UN and ILO have always acted firmly to preserve the values of the Philadelphia Declaration: human dignity and social justice. Vigilant and attentive, these international organizations have revisited and updated their regulations, with the purpose of ensuring full employment and decent work in any scenario, including crisis situations. Based on this proposition, both subordinate and autonomous work are modalities of providing activity with the objective of achieving dignity. From this perspective, what must be guaranteed is the exercise of decent work activity, on its own account or legally subordinate dwelling to others. Dignity of what the Brazilian Federal Constitution tells us, by highlighting with bright colors the right to life, health, work, sufficient income for subsistence, personality rights, among so many fundamental rights. If so, the fierce debate that involves the distinction between subordinate and autonomous work loses strength, of course, except for the hypothesis of fraud. This exceptional situation must continue to be faced by the nullity theory without, however, losing sight of ethical values and citizenship. Exactly in this context, elected as a paradigm of observation, the contract of real estate interme-diation, autonomous by nature, is approached by its peculiarities.

Keywords: human rights; social rights; ILO; humanity; ethic; citizenship; decent work; decent work; subordinate work ; self-employment; juridic business; realtor.

1. Introdução

A humanidade no trabalho é conquista da Era Contemporânea, quando, em meados do Século XX, o homem foi resgatado do trabalho submisso e servil. Decerto, as condições laborais, notoriamente desumanas, despertaram a necessidade de um Direito impregnado de sentido ético, com potencial para, colocando o trabalho como valor central da vida do cidadão, assegurar respeito ao trabalhador, ainda que atrelado em uma relação de subordinação.

Nasce o Direito do Trabalho no ambiente da Declaração Universal dos Direitos do Homem e, com tamanha estatura, corporifica-se em normas internacionais, com a ambição de vetor de socialização.

Um direito verdadeiramente social, que se consolida e expande, mas que em pouco tempo passou a sofrer os impactos decorrentes das significativas transformações no mundo do trabalho, com poder de abalar a vis attractiva de incidência do direito protetivo — a subordinação.

A fim de superar os desafios a Organização Internacional do Trabalho (OIT), agência da Organização das Nações Unidas (ONU) que cuida das relações de trabalho, tem, continua e sistematicamente, envidados esforços para revisar e adequar o sistema protetivo ao "novo mundo" do trabalho.

Soma-se a isso os esforços de pensadores, juristas e humanistas, como NELSON MANNRICH, que se dedicam à incessante busca por um Direito do Trabalho renovado e revigorado.

Certamente, o homenageado é daqueles que se ativam diuturnamente na tarefa de encontrar um formato que possa substituir o centenário contrato de trabalho; uma construção teórica capaz de fazer frente às profundas mudanças na forma de produzir e, por óbvio, de prestar o trabalho, levando humanidade a toda e qualquer maneira de prestar o trabalho, exatamente como orienta a Organização internacional do trabalho OIT, na atualidade.

O Professor da USP, jurista que ostenta sólido conhecimento e brilho de inteligência, sabe, como mestre de gerações, cultivar a amizade de cada um de seus alunos; uns, bem sei, considerados filhos por adoção.

Aliás, como verdadeiro mestre que é ele leva consigo a alegria e o orgulho do conhecimento jurídico e dos intransigentes valores éticos, que lhe são tão caros e que cimenta a base do conviver com os que tem o privilégio de ser incentivado, exigido e interpelado com firmeza, se necessário, no caminhar rumo ao almejado saber jurídico.

Afinal, serão esses juristas, entre tantos — e em particular os pesquisadores integrantes do Grupo de Estudos de Direito Contemporâneo do Trabalho e da Seguridade Social, da USP — GETRAB, coordenado pelo homenageado — que darão continuidade à busca por nova dimensão social para a proteção, não mais voltada apenas ao emprego (espécie), mas também ao trabalho (gênero), condizente com a dignidade humana.

Sob tal perspectiva, esta abordagem enfatiza, com base na normativa internacional dos direitos humanos, a necessidade de proteção ao trabalho como atividade, independentemente da configuração jurídica do contrato: trabalho subordinado ou autônomo; a humanidade é condição indissociável a qualquer modalidade. Respeitados o valor social do trabalho e o princípio da dignidade do trabalhador a prestação dos serviços pode se dar de forma autônoma, como, aliás, ocorre com o contrato típico de corretor de imóveis, eleito paradigma.

2. Trabalho: Justiça para quem sofreu injustiça

A história do trabalho é a história da humanidade, estando a vida intimamente vinculada à atividade laborativa, que constitui o verdadeiro fundamento de sua existência, conforme precisa observação de JOSÉ DÁVALOS(2).

O trabalho sempre leva consigo, de forma implícita, o desenvolvimento de um certo esforço, nos primórdios como fator de subsistência e segurança, depois como fonte de produção de riqueza.

(2) *Derecho individual del trabajo*. 24. ed. Cidade do México: Editoral Porrúa, 2018. p. 2.

Da conotação individual, quando tinha o propósito de prover o alimento e garantir segurança, o labor passa a ter nova significação — a social, consequência direta do desenvolvimento. Com este, e em razão dele, instrumentos de trabalho são utilizados, auxílio que, gerando excesso de força-trabalho, leva o homem a vender o excedente.

Doravante, o trabalho tem não só valor de subsistência, mas também de acumulação de riqueza[(3)], aliás, a partir de uma visão econômica ele — o trabalho —, junto com a natureza — que fornece materiais que o homem transforma — passa a ser fonte de toda riqueza.

Entretanto, revela a evolução do Direito do Trabalho, que da Antiguidade à Época Contemporânea[(4)] o labor foi causa de subjugo do homem, a depender do pensamento dominante de cada época.

Na Idade Antiga o trabalho era considerado uma atividade imprópria para os indivíduos, ficando seu desempenho a cargo do escravo, que era tido como coisa. À pessoa era reservado o cultivo de ideias, que assumia como tarefa a filosofia, a política e a guerra.

Aquelas estruturas sociais, respaldadas por personalidades como Aristóteles, Platão, Tales de Mileto, Sócrates e tantos outros, chega ao nascimento das grandes cidades, entre elas Roma, quando o desenvolvimento opera importante modificação naquela peculiar forma de distribuir o trabalho.

O trabalho que era atribuição do escravo, em razão da escassez decorrente do aumento da demanda de mão de obra, abre-se a possibilidade de também o homem livre ofertar sua força trabalho e, em consequência, aparece de forma muito superficial e abstrata, no âmbito do direito civil, disposições que regulavam a prestação do trabalho, sob forma de arrendamento e da compra e venda.

A partir do momento em que o homem livre oferece seus serviços sob a forma de arrendamento, viabilizando ao arrendatário utilizar energia humana também de quem detinha a condição de pessoa[(5)] surgiram novas instituições contratuais: *locatio conductio operis* (objeto realização de uma determinada obra) y locatio condctio operarum (prestação de um serviço)[(6)].

O trabalho, em sua conotação social, segue integrando o centro de tensões sociais, levando o homem por ele ou em função dele a atravessar tempos sombrios, sob o jugo do mais forte; quando se livra do sistema de escravidão e de servidão, próprio de cada

(3) José Marín Marín. *Los trabajos, los días... y el drecho*. Uma aproximación a la "prehistoria" des Derecho del Trabalo. Albacete-Espanha: Ediciones Bormarzo, 2001. p. 37.

(4) Sobre a história do trabalho e a história da humanidade consultar, por todos, José Dávalos. *Derecho individual del trabajo*. 24. ed. Cidade do México: Editoral Porrúa, 2018. p. 2-7.

(5) O objeto da figura do arrendamento era o escravo, a besta e demais implementos de trabalho.

(6) Cf. José Dávalos, p. 3.

época, vê-se prisioneiro dos interesses da sociedade industrial até o esvair do modelo do *laissez-fair.*

Somente em meados do Século XX o homem passa a desfrutar de moderna democracia, organizada e estruturada sob a inspiração da Declaração da Filadélfia (1944), que coloca o capital a serviço do homem.

A mudança de perspectiva se não for capaz de assegurar justiça social plena, ao menos foi capaz de elevar os níveis materiais sobre a vida que levava o operariado.

A humanidade no trabalho, vem, no plano internacional, com a conquista de direitos e garantias insertos na Declaração Universal dos Direitos do Homem (1948) e de direitos sociais assegurados pela Organização Internacional do Trabalho (1919), que carrega entre seus fundamentos a persecução da paz universal alicerçada na justiça social e na necessidade de mudar o estado de miséria e injustiça social imperante no mundo.

A normativa internacional impactou — e impacta — os sistemas jurídicos nacionais, como conquista do justo para quem sofreu injustiças.

3. Trabalho como direito humano. Sistema global de tutela

A afirmação dos direitos humanos, assentado no modelo industrial clássico, experimenta tempos de equilíbrio e justiça social, até se deparar com novo modelo de conotação, a cada instante, mais virtual e volátil, decorrente do incremento de avanços no campo da ciência e da tecnologia, que mudou radicalmente a forma de produzir e de prestar o trabalho.

Não fossem tais efeitos desagregadores, depara-se o mundo do trabalho com duros revezes, causados pelos efeitos da calamidade em saúde pública decorrentes da Covid-19, a exigir máximo esforço e determinação da Organização das Nações Unidas (ONU) e da Organização Internacional do Trabalho (OIT), sua agência especializada em questões de trabalho, para enfrentar as dificuldades.

De fato, a Organização Internacional do Trabalho (OIT), cuja constituição jurídica está assentada no âmbito do Tratado de Versalhes (1919)[7] logo a seguir, por ocasião da Conferencia Geral da Organização (1944) teve seu mandado de ação normativa ampliado para, reafirmando fins e objetivos, nele incluir temas relativos à política social, direitos humanos e civis.

Com tal conformação e amplas atribuições, no contexto da Declaração da Filadelfia (1944), a Organização Internacional do Trabalho (OIT) assenta princípios elementares,

(7) Com o fim da Primeira Grande Guerra Mundial, os vencedores se reuniram no Palácio de Versalhes, Paris/França, produzindo o Tratado de Versalhes, e, no seu contexto, parte XIII, a constituição jurídica da Organização Internacional do Trabalho, em 1919. Em 1944, na Declaração da Filadelfia, o mandato de ação normativa foi ampliado para nele incluir temas relativos a política social, direitos humanos e civis.

entre os quais: trabalho não é mercadoria; liberdade de expressão e de associação como valores inderrogáveis e a penúria, seja onde for, constitui perigo para a prosperidade geral.

Desde então, a Organização Internacional do Trabalho (OIT) promove e harmoniza os direitos do trabalho, por meio de um sistema de normas internacionais, agregando aos seus principais objetivos a melhoria da proteção social e o fortalecimento do diálogo no enfrentamento de questões relacionadas ao trabalho.

O sistema de normas internacionais de trabalho, constante e sistematicamente revisado e atualizado, conforme a conjuntura social que se apresenta no momento, volta-se não só para o trabalho humano, produtivo, livre e por conta alheia (8), mas também para a defesa de trabalho e renda, do trabalho decente e produtivo, do trabalho decente em situações de crise gerada por conflitos e desastres e do emprego e trabalho decente para a paz e resiliência.

Por ocasião do cinquentenário da Declaração Universal dos Direitos do Homem (1988) a Organização Internacional do Trabalho (OIT) reafirma obrigação de os países membros de cumprir, mediante mecanismos de controle, os direitos fundamentais inerentes à liberdade sindical, abolir o trabalho forçado e erradicar o trabalho infantil e eliminar toda e qualquer modalidade de discriminação no trabalho.

A seguir, como forma de melhorar a situação dos seres humanos no mundo do trabalho, a Conferência Internacional do Trabalho (1999) adota mecanismos de controle de direitos fundamentais dos trabalhadores relativamente ao trabalho decente(9) ou digno.(10)

Esse termo — "trabalho decente" — foi empregado por Juan Somavia(11) Diretor geral da Organização Internacional do Trabalho (OIT), para quem o objetivo principal da OIT, na atualidade, é "melhorar a situação dos seres humanos no mundo do trabalho", com promoção de "oportunidades para homens e mulheres alcançar um trabalho decente e produtivo em condições de liberdade, equidade, segurança e dignidade humana". Ou seja, qualquer trabalho, desde que seja

> "produtivo e propicie renda justa, segurança no local de trabalho e proteção social para as famílias, melhores perspectivas para o desenvolvimento pessoal e a integração social,

---

(8) ALONSO OLEA. *Introduccion al Drecho del Trabalho*. 5. ed. Madrid: Ed. Civitas, 1994, p. 55; *apud os dias...* p. 60).

(9) ILC87 – Relatório do Diretor-Geral – Trabalho decente (ilo.org) 07.06.2020. Disponível em: https://webapps.ilo.org/public/english/standards/relm/ilc/ilc87/rep-i.htm.

(10) Sobre trabalho digno, solidariedade, cidadania e ética, já nos ocupamos, cf. título Sistema Social e Econômico. Do Estado Social ao Estado pós-Social ou Moderno. Perspectiva para um trabalho decente pós-Covid-19, sob a perspectiva dos Direitos Humanos e observância dos elevados valores: solidariedade, cidadania e ética. In: *Tendencias e Atualidades.* (Coord. Amanda Barbosa *et al*). Salvador: JusPodivm. No prelo.

(11) *Memoria del Director General:* Trabalho decente. Oficina Internacional del Trabajo Ginebra. Conferência Internacional del Trabajo. 87ª reunião. Jun. 1999. Disponível em: https://webapps.ilo.org/public/spanish/standards/relm/ilc/ilc87/rep-i.htm.

> liberdade para que as pessoas possam expressar suas inquietações, organizar-se e participar das decisões que afetem suas vidas, bem como igualdade de oportunidade e tratamento para todos, homens e mulheres"[(12)]

Passado aquele momento de transição global, em que a Organização Internacional do Trabalho (OIT) centrava energias na questão do trabalho decente, a Organização das Nações Unidas (ONU), em 2015, sob o título "Transformando Nosso Mundo: Agenda 2030 para o Desenvolvimento Sustentável"[(13)], em 2015, institui um plano de ação para as pessoas, o planeta e a prosperidade, por reconhecer que, sem erradicar a pobreza em todas as suas formas e dimensões, não é possível chegar ao desenvolvimento sustentável.

A Agenda universal, com vista a um desenvolvimento sustentável, traz 17 Objetivos de Desenvolvimento Sustentável e traça 169 Metas a serem alcançadas, integrados e indivisíveis, e que mesclam, de forma equilibrada as três dimensões do desenvolvimento sustentável: a economia, a social e a ambiental.[(14)]

Do rol dos 17 Objetivos, um — o de n. 8 — se destaca, por trazer ao patamar de equivalente importância o econômico e o social: "Promover o crescimento econômico sustentado, inclusivo e sustentável, emprego pleno e produtivo e trabalho decente para todos"

Mais uma vez volta a Organização Internacional do Trabalho (2017)[(15)] sua atenção para o trabalho decente, mas, agora, em situações de crise causadas por conflitos e desastres.

Nessa ocasião, a normativa interacional é revisitada e a Agenda Mundial 2030 relembrada, para, sobre tal alicerce, emitir a Recomendação n. 205 sobre Emprego e Trabalho Decente para a Paz e Resiliência.

Portanto, o sólido lastro normativo advindo da Organização das Nações Unidas (ONU) e de sua Agência Especializada — a Organização Internacional do Trabalho (OIT), sucessivamente reafirmado e ampliado, alarga a noção para abranger toda e qualquer forma de trabalho, em toda e qualquer situação, inclusive em situação de crise.

4. Trabalho no sistema nacional

O trabalho, no sistema jurídico nacional, tem regulamento próprio na Consolidação das Leis do Trabalho (CLT), de 1943, além de diplomas esparsos que, em decorrência de especificidades e peculiaridades próprias, tem regulamento específico.

A regência normativa geral da CLT abrangia — e abrange — o trabalho qualificado (subordinado), até que, com o advento da Constituição Federal de 1988, impactada

(12) Disponível em: https://www.ilo.org/public/spanish/standards/relm/ilc/ilc87/rep-i.htm.

(13) Disponível em: Agenda2030-completo-site.pdf (itamaraty gov.br) – itens 1 e 2.

(14) Disponível em: Agenda2030-completo-site.pdf (itamaraty.gov.br) – Preâmbulo.

(15) 106ª Reunião, realizada em 5 de julho de 2017, em Genebra.

pela normativa internacional dos direitos do homem, o valor social do trabalho é elevado ao patamar constitucional.(16)

O espaço que o trabalho passou a ocupar na ordem constitucional, não só como valor fundante da República, mas também como um direito social, está em perfeita sintonia e relação de complementariedade com o enunciado princípio da dignidade da pessoa.

Isto porque, como destaca JOSÉ DÁVALOS(17), o trabalho tem excelsa missão, seja por sua ideia de justiça, seja pelo fato de tudo dado ao trabalho será a entrega de parte do que lhe corresponderá no mundo de amanhã, seja, enfim, porque todo benefício para trabalhar é uma aproximação à justiça.

O homem, e por óbvio o homem trabalhador, ocupa espaço e centralidade, assegurando o princípio da dignidade que ele seja pilar do Estado Democrático de Direito, sem descurar o legislador Constituinte da livre-iniciativa(18), de forma que o livre empreender tem o seu devido valor na persecução da dignidade.

Decerto, para concretizar o princípio da dignidade o homem depende do trabalho como atividade livre e produtiva, trabalho decente, não fazendo a normativa constitucional qualquer distinção entre trabalho por conta própria, por conta de outrem ou por empreender. O que almeja a Constituição Federal é, na esteira das normas da Organização Internacional do Trabalho (OIT), a concretização do trabalho decente, digno, humano.

Trabalho devidamente reconhecido como direito social(19), sem especificar a qualidade ou condição, tendo, ademais, a Constituição Federal ampliado a jurisdição trabalhista para questões oriundas da relação de trabalho.(20)

---

(16) CF Art. 1º A República Federativa do Brasil, formada pela união indissolúvel dos Estados e Municípios e do Distrito Federal, constitui-se em Estado Democrático de Direito e tem como fundamentos: (...) II – a dignidade da pessoa humana; IV – os valores sociais do trabalho e da livre-iniciativa (...)

(17) *Derecho individual... op. cit.*, p. 6.

(18) (...) o trabalho como valor tem a função, por um lado, de criar riquezas, de prover a sociedade de bens e serviços e, por outro, enquanto atividade social, fornecer a pessoa humana bases de sua autonomia e condições de vida digna. Ocorre que, da mesma forma e na mesma medida, assegura o sistema constitucional o valor da livre-iniciativa. Segundo a doutrina de José Afonso da Silva, por livre-iniciativa compreende-se a autonomia jurídica, a possibilidade de os sujeitos regularem suas relações do modo que lhes seja mais conveniente, vale dizer, é a garantia conferida a cada um para desenvolver livremente uma atividade. A garantia, no entanto, lembra o jurista, fica subordinada à função social da empresa e ao dever do empresário de propiciar melhores condições de vida aos trabalhadores, exigidas pela valorização do trabalho. Valor social do trabalho e livre-iniciativa são, portanto, dois princípios que, por opção do legislador, constituem fundamentos do Estado brasileiro. (cf. Joselita Nepomuceno Borba. Revalorização do contrato de trabalho à luz dos direitos fundamentais. In: *Direitos fundamentais nas relações de trabalho*. (Coords. Yoni Frediani e Rúbia Zanotelli de Alvarenga). São Paulo: LTr, 2015. p. 56.

(19) CF, art. 6º São direitos sociais a educação, a saúde, a alimentação, o trabalho, a moradia, o transporte, o lazer, a segurança, a previdência social, a proteção à maternidade e à infância, a assistência aos desamparados, na forma desta Constituição. Art. 7º São direitos dos trabalhadores urbanos e rurais, além de outros que visem à melhoria de sua condição social: (...)

(20) Art. 114. Compete à Justiça do Trabalho processar e julgar: I as ações oriundas da relação de trabalho, abrangidos os entes de direito público externo e da administração pública direta e indireta da União, dos Estados, do Distrito Federal e dos Municípios (...)

5. Trabalho e suas modalidades clássicas: O subordinado e o autônomo

A atividade laborativa constitui fonte de realização material, moral e espiritual do trabalhador, podendo o trabalho tomar uma de duas modalidades clássicas: trabalho autônomo e trabalho subordinado. Este, objeto do contrato de trabalho, regulado pelo Direito do Trabalho; aquele, tipificado como de prestação de serviços, disciplinado pela lei civil comum e normas esparsas. [(21)]

O trabalho subordinado detém como núcleo central instituições fundamentais: trabalhador, empregador e contrato, enquanto no trabalho autônomo a prestação de serviços se dá por conta própria.

O prestador de serviços, na síntese de Alice Monteiro de Barros[(22)] atua como patrão de si mesmo, sem submissão aos poderes de comando do empregador, advindo de tal peculiaridade, características do trabalho autônomo como sendo, por definição, livre, independente e autodirigido'[(23)].

Em contrapartida, o trabalho subordinado é, por natureza, contratual entre empregado e empregador, tipificado[(24)] pela (a) pessoalidade, (b) não eventualidade, (c) remuneração e (d) subordinação jurídica.

A submissão do contratado ao poder diretivo e disciplinar do contratante — evidentemente, que se dá nos limites do contrato — é fator decisivo na caracterização da relação de emprego, que atrai a incidência do direito tutelar do trabalho.

Ao lado de outros elementos — pessoalidade, onerosidade, não eventualidade — a subordinação se destaca como elemento principal na identificação da relação laboral, qualificada como relação empregatícia[(25)]

Entretanto, nem sempre a diferença entre as duas modalidades se apresenta de forma clara, visto que entre o trabalho subordinado e o trabalho autônomo existem situações intermediárias, de difícil classificação: a subordinação pode ou não se fazer presente[(26)]

---

(21) Joselita Nepomuceno Borba. Configuração jurídica da subordinação e sua importância na requalificação do contrato. Trabalho subordinado e trabalho autônomo. In: *A valorização do trabalho autônomo e a livre-iniciativa.* (Coord. Yone Frediani). Porto Alegre: Lex Magister, 2015. p. 123.

(22) *Curso... op. cit.*, p. 221.

(23) Mauricio Godinho Delgado. Relação de emprego e relações de trabalho: a retomada do expansionismo do direito trabalhista. In: *Dignidade Humana e Inclusão Social* — Caminhos para a efetividade do Direito do Trabalho no Brasil. (Coords. Adriana Goulart de Sena, Gabriela Neves Delgado e Raquel Portugal Nunes). São Paulo: LTr, 2010. p. 21.

(24) CLT, art. 3º: Considera-se empregada toda pessoa física que prestar serviços de natureza não eventual a empregador, sob a dependência deste e mediante salário.

(25) *Ibidem*, p. 19.

(26) Alice Monteiro de Barros. *Curso... op. cit.*, p. 318.

São hipóteses situadas na chamada "zona grise" ou para ALICE MONTEIRO DE BARROS aquela "zona cinzenta ou fronteiriça habitada por trabalhadores que tanto poderão ser enquadrados como empregados quanto como autônomos, fora da órbita do Direito do Trabalho[27]

São atividades que tem expressão na lei civil[28], de forma a não restar dúvida de que prestação de serviços tem respaldo legal na ordem jurídica.

Essa regra geral somente não se aplica se houver lei específica regulamentando a atividade[29]. São leis que, ante características e peculiaridades da atividade, buscam manter patamar de afirmação do trabalho como valor assecuratório de dignidade da pessoa, como ocorre com regulamento de profissões (comerciante ambulante'[30], representante comercial[31], corretor de imóveis[32] e taxista[33], profissionais liberais: advogado[34], contabilista[35], engenheiro[36] etc.).

De qualquer forma, havendo dúvida, a questão deve ser solucionada caso a caso, como se apreende do ensinamento de DÉLIO MARANHÃO[37], espaço de segurança em que o juiz vai verificar se o trabalho é prestado, ou não, com autonomia, se há, ou não, contrato de trabalho, visto que, nas palavras do citado autor:

> A forma de remuneração não é decisiva. A exigência de horário revela o contrato de trabalho, mas sua dispensa não significa necessariamente a inexistência dele. Ordens diretivas, orientação, tudo depende da maneira porque são dadas. A proibição de prestar o memo serviço para outrem pode traduzir mera cláusula de não concorrência, que não exclui a autonomia da prestação.

Autônomo é, portanto, o trabalhador que exerce, habitualmente e por conta própria, a atividade profissional remunerada, conferindo-lhe, na exatidão das palavras de DÉLIO

(27) Alice Monteiro de Barros. *Curso... op. cit.*, p. 318-319.

(28) O Código Civil brasileiro, ao dispor sobre a prestação de serviços, dispõe que: "Art. 593. A prestação de serviço, que não estiver sujeita às leis trabalhistas ou a lei especial, reger-se-á pelas disposições deste Capítulo. Art. 594. Toda a espécie de serviço ou trabalho lícito, material ou imaterial, pode ser contratada mediante retribuição".

(29) Código Civil, arts. 593, 594 e 710.

(30) Lei n. 6.586/1978.

(31) Lei n. 4.886/1965 com alterações introduzidas pela Lei n. 8.420/1992 e CC art. 710.

(32) Lei n. 6.530/1978.

(33) Lei n. 12.468/2011.

(34) Lei n. 8.906/1994.

(35) Decreto n. 9.295/1946 com alteração da Lei n. 12.249/2010.

(36) Leis ns. 5.194/1966 e 12.378/2010.

(37) *Instituições de Direito do Trabalho*. 11. ed. São Paulo: LTr, 1991. p. 298. No mesmo sentido Alice Monteiro de Barros. *Curso de Direito do Trabalho*. São Paulo: LTr, 2010. p. 321.

MARANHÃO[38], a autonomia na prestação de serviços uma posição de empregador em potencial: explora, em proveito próprio, a própria força de trabalho[39]

Mas, o certo é que se distinguir a figura do trabalhador autônomo já não era tarefa fácil, agora, a empreitada se torna mais difícil, pela acelerada evolução científica e técnica, da chamada 4ª Revolução Industrial, marcada não só pela mudança na forma de prestar o trabalho, mas também do próprio conceito de empresa que, cada vez mais frequente, passa a atuar nos espaços digitais [40]

É grande a influência da modernização tecnológica sobre os modos tradicionais de produção, como nos contam FABIANO ZAVANELLA e JOÃO CAMELO ALONSO[41], em que a robótica substitui os trabalhos manuais em grande escala na indústria, a informática deixa à margem incontáveis número de trabalhadores e, mais recentemente, a inteligência artificial surge como golpe de misericórdia no já desfalecido sistema de produção[42].

A consequência de tudo isso é o que se vê exposto por CARLOS HENRIQUE DE OLIVEIRA e MARIA CECILIA MILAN DAU[43] quando apontam, referindo-se a dados estatísticos, o aumento em escala global do trabalho atípico, flexível, casual, independente, autônomo, por projeto, em plataforma digitais, distante do tradicional vinculo de emprego.

É a partir dessa realidade, advinda da "Revolução Industrial 4.0" — e da atividade laboral em seu contexto —, que a dignidade no trabalho deve ser pensada e implementada, mesmo porque a desfocar ainda mais o conceito clássico de empregador e empregado no ambiente disruptivo, geralmente surge a figura do consumidor, terceiro elemento estranho às relações de trabalho tradicionais.

Afinal, interesses e ingredientes disformes levam ao incontido processo de "plataformizaçao" do trabalho com diferentes perfis de plataformas e trabalhadores, não apenas de entregadores e motoristas.

---

(38) Délio Maranhão e Luiz Inácio B. Carvalho. *Direito do Trabalho*. 17. ed. Rio de Janeiro: Editora da Fundação Getúlio Vargas, 1993.

(39) *Ibidem*, p. 64.

(40) Cf. Nelson Mannrich. Direito do Trabalho na era digital. In: *Labor 4.0:* direito do trabalho e inovações tecnológicas (Coords. Tatiana Ferraz Andrade *et al.* Orgs. Tayná Carneiro *et al.* São Paulo: Thomsom Reuters Brasil, 2021. p. 231.

(41) O impacto tecnológico nas relações de emprego em prol do aumento da produtividade. In: *Diretrizes da OIT em seu centenário:* Qual o futuro do direito do trabalho? (Coord. Nelson Mannrich). Porto Alegre: Lex Magister, 2020.

(42) *Ibidem*, p. 236

(43) Aumento do trabalho autônomo e da informalidade e seus impactos no sistema de Seguridade Social. In: *Diretrizes da OIT em seu centenário:* Qual o futuro do direito do trabalho? (Coord. Nelson Mannrich). Porto Alegre: Lex Magister, 2020. p. 208.

Inobstante isso, certo é que imprescindível modelo regulatório da economia disruptiva deve estar em harmonia com as garantias constitucionais que reconhecem o valor social do trabalho e a dignidade da pessoa[(44)]além de atender a requisitos de validade do ato jurídico[(45)] e aos postulados da boa-fé objetiva[(46)]

Seja como for o efeito colateral das novas tecnologias no mundo do trabalho deve ser firmemente enfrentado pelo sistema jurídico vigente, a fim de minimizar a exploração de trabalhadores por proprietários das novas tecnologias difundidas pela Era Digital.

Aliás, não se pode colocar em dúvida a humanidade no trabalho. A sociedade moderna, com suas conquistas e carga de elevados valores, não admite retrocesso para, negando o espírito da Filadélfia, permitir que o homem viva a serviço do capital.

Tem-se, portanto, que se houver subordinação o contrato é de trabalho subordinado; se, ao revés, ela não se fizer presente, pelo desempenho da atividade com autonomia e independência, o contrato é de trabalho autônomo.

Se, ainda, a atividade for daquela situada em "zona fronteiriça", habitada por trabalhador que pode ser enquadrado como empregado ou autônomo ou trabalhador que faz uso de modernas tecnologias ou de plataformas de trabalho, o enquadramento numa ou noutra modalidade, enquanto não vem o marco regulatório, fica a cargo da jurisprudência a partir dos elementos de convicção de cada caso.

Frente a tantas e tamanhas dificuldades, a solução deve vir, diz o diretor-geral da ONU[(47)], da observância dos instrumentos normativos da Organização internacional do Trabalho (OIT), bem como da observância dos objetivos da Agenda 2030 para o Desenvolvimento Sustentável.

---

(44) "(...) direitos humanos e direitos fundamentais, apesar das diferentes dimensões, são direitos que guardam estreita relação, mesmo porque há um ponto em comum: o homem considerado em sua dignidade substancial de pessoa. Mas o que vem a ser "dignidade"? Fabio Konder Comparato não tem dúvida de que, determinar fundamento e delimitar conteúdo, é necessário tomar posição sobre a essência do ser humano. Na sua percepção, de qualquer modo, para definir a especificidade ontológica do ser humano, sobre a qual fundar a sua dignidade no mundo, vai-se aos poucos estabelecendo largo consenso sobre algumas características próprias do homem, a saber, liberdade como fonte da vida ética, a autoconsciência, a sociabilidade, a historicidade e a unicidade existencial do ser humano. Sem esses atributos, inerentes à natureza própria do homem, destituídos de qualquer sentido de "biologização", isto é, vinculado a uma qualidade como cor da pelo, dos olhos ou o formato físico, a noção de dignidade fica comprometida". (cf. Joselita Nepomuceno Borba. Prefácio. *Direitos Fundamentais nas Relações de Trabalho*. [Orgs. Yone Frediani e Rúbia Zanotelli de Alvarenga]. São Paulo: LTr, 2015. p. II)

(45) Código Civil. Art. 166. É nulo o negócio jurídico quando: I – celebrado por pessoa absolutamente incapaz; | – for ilícito, impossível ou indeterminável o seu objeto; III – o motivo determinante, comum a ambas as partes, for ilícito; IV – não revestir a forma prescrita em lei; V – for preterida alguma solenidade que a lei considere essencial para a sua validade; VI – tiver por objetivo fraudar lei imperativa; VII – a lei taxativamente o declarar nulo, ou proibir-lhe a prática, sem cominar sanção.

(46) Código Civil. Art. 422. Os contratantes são obrigados a guardar, assim na conclusão do contrato, como em sua execução, os princípios de probidade e boa-fé.

(47) Discurso de encerramento da Cúpula Mundial 2020. https://www.ilo.org/pt-pt/resource/news/cupula-mundial-da-oit-firma-compromisso-de-criar-um-mundo-do-trabalho.

Assim, como já constatado[(48)], enquanto o direito tutelar estiver entrincheirado pela expansão da zona cinzenta que separa o trabalho subordinado de outras formas de trabalho, estado esse potencializado pelo desenho do cooperativismo de plataforma, abrangente de um trilema regulatório que põe em superposição consumidor, trabalhador e empregador, a evidenciar quão difícil, na atualidade, tornou-se decifrar o mundo do trabalho, o recurso à normativa internacional, notadamente à recente Resolução 205, é imprescindível para um trabalho decente.

Quando, na atualidade, o diretor-geral da Organização Internacional do Trabalho (OIT)[(49)] externa firme convicção de que existem mecanismos muito eficazes para a normalidade no mundo do trabalho, não resta dúvida que novos e velhos desafios devem ser enfrentados com enfoque nos direitos humanos, inclusive naqueles em que o trabalhador tanto pode ser enquadrado como empregado quanto como autônomo, distinguindo-se de tal contexto, para uma breve abordagem, o negócio jurídico na intermediação imobiliária.

6. Técnico em transações imobiliárias: Aspectos relevantes

Em meio à miríade de contratos de prestação de serviços admitidos no nosso sistema jurídico um se destaca: corretagem de imóveis. Trata-se de contrato típico, com forma, objeto e partes definidas por lei.

De pronto a lei estabelece uma correlação entre o objeto da atividade econômica e a atividade profissional a ser desenvolvida, de forma que somente o técnico em transações imobiliárias, devidamente habilitado, pode realizar o negócio jurídico de intermediação na compra, venda, permuta e locação de imóveis, podendo, ainda, opinar quanto a comercialização imobiliária[(50)]

Esse negócio jurídico pode ser praticado por pessoa jurídica ou física, sem guardar condição de exclusividade; apenas, em caso de atuar a pessoa física para uma ou mais imobiliárias o contrato associativo deve, necessariamente, ser registrado no sindicato da categoria dos corretores de imóveis[(51)]

---

(48) Joselita Nepomuceno Borba. Trabalho e emprego na reconstrução do direito do trabalho. Recomendação 205 da OIT Covid-19. *Anais do VIII Congreso Iberoamericano y Europeo de Derecho del Trabajo y Seguridad Social virtual*, de 05 a 09 de outubro de 2020, sob coordenação cientifica das Professoras Martha Elisa Monsalve Cueller e Luz Karime Ángel.

(49) Disponível em: https://www.ilo.org/es/resource/news/la-cumbre-mundial-de-la-oit-promueve-el-compromiso-de-forjar-un-mundo-del. Acesso em: 11 nov. 2024.

(50) Lei n. 6.530/78, art. 3º Compete ao Corretor de Imóveis exercer a intermediação na compra, venda, permuta e locação de imóveis, podendo, ainda, opinar quanto à comercialização imobiliária. Esta lei foi regulamentada pelo Decreto n. 81.871, de 29.06.1978, reproduzindo-se o mesmo conteúdo da lei em seu art. 2º.

(51) Por exigência do § 2º do art. 6º da Lei n. 6.530/1978, introduzido pela Lei n. 13.097/2015, o contrato associativo específico celebrado por corretor com uma ou mais imobiliárias, deve ser registrado no sindicato profissional, quando estabelece: Art. 6º As pessoas jurídicas inscritas no Conselho Regional de Corretores de Imóveis sujeitam-se aos mesmos deveres e têm os mesmos direitos das pessoas físicas nele inscritas. [...] § 2º O corretor de imóveis pode associar-se a uma ou mais imobiliárias, mantendo sua autonomia profissional, sem

A natureza jurídica do contrato de corretagem é de contrato-mandato, visto que é através de instrumento que, por um lado, pactuam condições em que o contratado vai desenvolver a atividade, como desenvolverá relação de coordenação e cooperação, quais critérios para partilha de resultado da atividade e, por outro, o contratante a ele confere poder de representação específico para o fim de realizar negócio com bem de sua propriedade ou colocado sob sua posse e responsabilidade.

Nos termos da lei, contrato de corretagem é, portanto, espécie de negócio jurídico de mando em que uma pessoa autoriza outra a realizar transação imobiliária, conforme suas instruções e mediante pagamento de comissão, conforme previsto pela lei civil comum(52) e disciplina própria'(53).

A autonomia profissional é da essência da atividade.

Ademais, não fossem as peculiaridades e especificidades que levaram à disciplina própria, tais aspectos influem, também, diretamente na forma de organização do setor econômico.

Da parte dos técnicos, regra geral, eles se organizam sob a liderança daquele que tem mais tempo de atividade, expertise e facilidade de captação para venda do produto, de forma que, em equipe, a atividade se torna mais produtiva e rentável. Mais trabalho e melhor organização importa em partilha de comissões mais vantajosa para todos, evidentemente, observado critério de tempo e volume de trabalho de cada um.

Em equipe, os técnicos distribuem atribuições negociais e administrativas, entre estas, fato público e notório, a instituição de sistema de escala de plantão para, assim, assegurar isonomia pelo ofertar mesmas oportunidades de trabalho e de ganho, sem privilégio. Trabalha o quanto a autodeterminação deliberar, pois o sistema de escala é aberto; habilita-se como quer, na frequência que quiser.

Esse sistema de organização não afronta a lei, ao revés, está em sintonia com o regulamento da profissão que, expressamente, prevê o associativismo, além de eleger Órgãos de controle e fiscalização que exercem vigilância constante, notadamente o Conselho Regional de Corretores de Imóveis (CRESCI).

Da mesma forma, no âmbito do setor econômico do mercado imobiliário, com base no princípio da livre-iniciativa, as imobiliárias se estruturam para exercer a atividade.

---

qualquer outro vínculo, inclusive empregatício e previdenciário, mediante contrato de associação específico, registrado no Sindicato dos Corretores de Imóveis ou, onde não houver sindicato instalado, registrado nas delegacias da Federação Nacional de Corretores de Imóveis.

(52) Código Civil: Art. 722. Pelo contrato de corretagem, uma pessoa, não ligada a outra em virtude de mandato, de prestação de serviços ou por qualquer relação de dependência, obriga-se a obter para a segunda um ou mais negócios, conforme as instruções recebidas.

(53) Lei n. 6.530/1978, com acréscimos da Lei n. 13.097/2015, regulamenta a profissão de Corretor de Imóveis e disciplina o funcionamento de seus órgãos de fiscalização.

Editam normas gerais mínimas e as divulgam, inclusive, em espaço da internet, a serem seguidas por todo e qualquer profissional que for intermediar venda de seus produtos; normalmente monta stand de exposição e venda de produtos; equipa o stand com mobiliário e telefone, de uso coletivo, a fim de facilitar o trabalho do técnico imobiliário que vier a fazer plantão; por disposição contratual disponibiliza seu domínio para uso nas tratativas de negócios imobiliários.

Ou seja, também fato público e notário, assim se organiza o setor para o trabalho.

Atuando nesse seguimento da atividade econômica, que tem peculiaridades próprias, as atividades do corretor, regra geral e entre outras, envolve processo de captação e avaliação de perfil de cliente, apresenta descritivo técnico do imóvel — ou imóveis — disponíveis, orienta o cliente sobre documentação necessária, realiza visitas às unidades ou aos imóveis, quando não expostos em stand de vendas e concretiza o negócio.

Tal atividade não é compatível com rigidez de horário de trabalho, primeiro, pela possibilidade de o corretor atuar a partir de qualquer local que não o espaço físico da imobiliária, inclusive de sua residência; depois, pelo fato de, nem sempre, o cliente ter disponibilidade para visitar imóvel ou ir ao stand de vendas em horário comercial, daí a necessidade de conciliar interesses, com atendimentos e visitas fora dos horários normais de trabalho (antes da 08h00 ou depois das 18h00 ou em intervalos intrajornada ou em fins de semana, só para exemplificar).

Portanto, ao exercer suas atribuições na prática da corretagem o agente intermediador necessita de liberdade de atuação para aproximar interesses próprios e os de quem vende e de quem compra.

O risco que poderia vir do gozo de tal liberdade seria a prática de extenuante jornada de trabalho, mas isso não ocorre pela própria dinâmica da realização da atividade, que permite o técnico corretor, do mais alto patamar de sua autodeterminação, administrar o tempo da forma que lhe aprouver.

Liberdade e autodeterminação(54) são os primeiros tijolos da construção da humanidade no trabalho, base segura para o trabalho decente.

Ética com significado de valor moral regido por normas axiológicas que, na essência do pensamento de FÁBIO CONDER COMPARATO(55) toda "vida ética é fundada em

---

(54) CF art 1º IV; art 5º XIII. Art. 1º A República Federativa do Brasil, formada pela união indissolúvel dos Estados e Municípios e do Distrito Federal, constitui-se em Estado Democrático de Direito e tem como fundamentos: [..] IV – os valores sociais do trabalho e da livre-iniciativa; Art. 5º Todos são iguais perante a lei, sem distinção de qualquer natureza, garantindo-se aos brasileiros e aos estrangeiros residentes no País a inviolabilidade do direito à vida, à liberdade, à igualdade, à segurança e à propriedade, nos termos seguintes: [...] XIII – é livre o exercício de qualquer trabalho, ofício ou profissão, atendidas as qualificações profissionais que a lei estabelecer.

(55) Fábio Konder Comparato. *Ética:* direito, moral e religião no mundo moderno. 3. ed. São Paulo: Companhia das Letras, 2016. p. 509-510.

valores, que supõem a liberdade de escolha e criam deveres de conduta". Para o citado jurista "na ética refletimos sobre o que é bom e justo", sem antes advertir que, diante da viva divergência do que venha a ser "ética", o mais adequado seria tratar o tema com uma visão aproximada da verdade.

Verdade do que efetivamente se pactua e da realidade vivenciada na execução do contrato.

De fato, como abordado em outro título, com base na doutrina de LEOPOLDO GAMARRA[(56)], o trabalho tem como componente e fundamento uma significação ética e, como atividade humana essencial, constitui-se também meio de desenvolvimento do trabalhador como cidadão[(57)]

Cidadania e ética, na exatidão das palavras do catedrático da *Universidad Nacional Mayor de San Marcos*[(58)] é

> o conjunto de valores, normas e princípios refletidos no centro do trabalho em geral, para alcançar uma maior sintonia com a sociedade e permitir uma melhor adaptação a todos os ambientes em condições que supõem respeitar os direitos reconhecidos pela sociedade e os valores que compartilha.

E, portanto, no espaço onde se exerce atividade produtiva que se potencializa a necessidade do viver ético, que tem base estruturada no princípio da boa-fé[(59)], norteador que é de toda relação contratual.

6.1. Requalificação do contrato de corretagem

Toda e qualquer relação jurídica laborativa pode, em tese, haver fraude, a ser enfrentada com base no princípio das nulidades que, no Direito do Trabalho, tem o seguinte enunciado: Serão nulos de pleno direito os atos praticados com o objetivo de desvirtuar, impedir ou fraudar a aplicação dos preceitos contidos na presente Consolidação[(60)].

A esse princípio norteador do direito tutelar se acresce outro postulado decorrente da teoria do contrato-realidade de que trata o art. 442, da CLT. Em essência tal enunciado

---

(56) *La ética laboral y ciudadana*. Guía para formadores. Lima: Centro de Estudios y Publicaciones (CEP). Serie Jóvenes y Empleabilidad. Modulo 3. 2012. 1. ed.

(57) Nesse sentido nossas considerações, quando da abordagem "ética trabalhista e cidada-nia", no título Trabalho decente. *X Congresso Internacional da ABDT:* crise econômica e social e o futuro do direito do trabalho — Anais do Congresso [livro eletrônico]. Coordenação Alexandre Agra Belmonte *et al.* São Paulo: Matrioska Editora, 2020. p. 44.

(58) Leopoldo Gamarra... *op. cit.*, p. 39.

(59) CC Art. 422. Os contratantes são obrigados a guardar, assim na conclusão do contrato, como em sua execução, os princípios de probidade e boa-fé.

(60) CLT. Art 9º.

significa que, para o Direito do Trabalho, o que importa é a realidade dos fatos[(61)], em detrimento da forma, como esclarece PEDRO PAULO MANUS.[(62)]

Assim, embora a lei que regulamenta a profissão de Corretor de Imóveis e disciplina o funcionamento de seus órgãos de fiscalização[(63)] disponha sobre a possibilidade de o corretor se associar a outrem para o exercício da profissão sem vínculo empregatício ou previdenciário, tal comando não se sobrepõe à teoria do contrato-realidade e ao princípio das nulidades que conformam o Direito do Trabalho, de forma que se comprovada a execução do contrato de corretagem com presença de subordinação clássica prevalece o contrato de trabalho.

Certamente, na hipótese, não se trata de nulidade para o reconhecimento de relação de emprego, mas de nulidade de negócio jurídico, de requalificação de contrato típico, cujas peculiaridades e especificidades devem ser levadas em conta, nomeadamente as que embasam a autonomia e a organização do setor produtivo.

Inicialmente, verifica-se que entre contrato de corretagem e contrato de trabalho elementos como pessoalidade e não eventualidade são iguais.

A atividade pode ser exercida por pessoa física realizando o objeto de uma pessoa jurídica. Quando a lei estabelece a correlação — só o técnico está habilitado a intermediar transação imobiliária — afasta, de pronto, a possibilidade de se invocar a teoria da subordinação objetiva para possível requalificação.

---

(61) "RELAÇÃO DE EMPREGO. CORRETOR DE IMÓVEIS. Importa frisar que, para se decidir entre duas situações, quais sejam, prestação de serviços como empregado e aquela na condição de trabalhador autônomo, o elemento determinante é o exame da realidade contratual que se perfaz com ou sem a presença dos requisitos previstos no art. 3º da CLT, notadamente, a subordinação jurídica. Esta é a pedra de toque determinante. Com efeito, para se decidir sobre reconhecimento de vínculo empregatício de corretor de imóveis, em que se defrontam duas situações fronteiriças, a de vendedor-empregado e a de corretor autônomo de imóveis, o elemento caracterizador da relação de emprego — A subordinação — Há de ficar robustamente provado. Caso contrário, a presunção milita em favor da autonomia do corretor prevista na Lei n. 6.530/78, com as alterações conferidas pela Lei n. 10.795, de 5 de dezembro de 2003, sendo imprescindível para tanto a existência de inscrição no creci, o que é indispensável ao exercício das atividades de corretagem. A regulamentação legal da profissão de corretor de imóveis conduz à conclusão de que somente pessoas físicas ou jurídicas regularmente habilitadas poderão receber remuneração nas atividades que envolvam a compra, a venda, a permuta ou locação de imóveis, ficando obrigadas a manter escrituração dos negócios a seu cargo (art. 7º.). Além disso, a Lei n. 6.530/78 e seu Decreto n. 81.871/78 especificam as condições para o exercício da profissão. É evidente que isso implica na autonomia do corretor de imóveis para o exercício da sua própria atividade de intermediação de negócios de compra, venda, permuta e locação de imóveis. Daí porque, justifica-se aquela presunção da prestação de serviços de forma autônoma neste ramo, devendo ser comprovada a subordinação para afastar os desígnios legais e normais da relação." (RT 3ª R.; RO 621-63.201 1.5.03.0014; Décima Turma; rel. Des. Márcio Flávio Salem Vidigal; *DJEMG* 04.10.2011; Pág. 152)

(62) MANUS, Pedro Paulo Teixeira. O Direito do Trabalho e a teoria do contrato-realidade. *ConJur*. Disponível em: https://www.conjur.com.br/2017-jun-30/direito-trabalho-teoria-contrato-realidade/. Acesso em: 06 nov. 2024.

(63) Lei n. 6.530/78, com acrescido da Lei n. 13.097/2015, art. 6º, § 2º.

A onerosidade, outro elemento característico da relação de emprego, na transação imobiliária é suportada por terceiro, que participa do negócio jurídico objeto da transação; se o comissionamento for pago por imobiliária a chance de fraude é elevada.

O elemento capaz de distinguir as duas modalidades de contrato é a subordinação. O trabalho dirigido e às expensas do tomador dos serviços configura relação de emprego.

Portanto, independentemente da formalidade se o técnico em transações imobiliárias executa suas atividades de forma subordinada ele é empregado. Se, no entanto, é patrão de si mesmo, no dizer de ALICE MONTEIRO DE BARROS, ele é autônomo.

Assumir o risco da atividade e trabalhar sem sujeição jurídica ao tomador dos serviços são critérios determinantes, pela jurisprudência majoritária da instância superior(64) e nas ordinárias(65), para a mudança da natureza jurídica do contrato de corretagem para contrato de trabalho subordinado.

---

(64) O Tribunal Regional, com fundamento na prova testemunhal, entendeu que não houve formação de vínculo de emprego entre a Reclamante e a Reclamada. Para divergir desse entendimento seria necessário o reexame fático-probatório dos autos, providência vedada pela Súmula n. 126 do TST. [...] Sem razão. As reclamadas reconheceram que a autora lhes prestou serviços, mas disseram que isso ocorreu de forma autônoma, por meio de empresa imobiliária que tem contrato de parceria com as rés. Desse modo, admitida a prestação de serviços, competia às reclamadas provar que o vínculo mantido com a autora não foi de emprego, ônus do qual se desincumbiram a contento. [...] Como assentado na origem, ausente o requisito fático-jurídico caracterizador da relação de emprego — a subordinação jurídica — que o diferencia da prestação autônoma de serviço. Assim, ausente a subordinação jurídica, que é pressuposto fático jurídico da relação de emprego, não há que se falar em formação de vínculo empregatício. Registro que essa 3ª turma, no RO-0010922-30.2014.5.18.0052, j. 11.03.2015, relatado pelo ilustre Desor. Mário Sérgio Bottazzo teve oportunidade de apreciar matéria semelhante, em processo movido contra as mesmas reclamadas destes autos, ocasião em que não foi reconhecido o vínculo de emprego entre as partes. [...] (AIRR – 10207-45.2015.5.18.0054, relatora Ministra: Maria Cristina Irigoyen Peduzzi, Data de Julgamento: 22.06.2016, 8ª Turma, Data de Publicação: *DEJT* 24.06.2016) "AGRAVO DE INSTRUMENTO. VINCULO EMPREGATICIO. NAO CARACTERIZAÇÃO. Com base em prova documental (procuração) que revela a condição de corretor de imóveis da reclamante, ratificada pela testemunhal, tudo a evidenciar que seu trabalho não se deu de forma subordinada, mas, tipicamente, de um profissional que intermediou a venda do condomínio residencial ilhas de Santa Catarina com exclusividade para a reclamada. Não consta estivesse subordinado a horário, recebesse salário e o fato de trabalhar com exclusividade não é, por si só, elemento identificador do vínculo de emprego. Intactos os arts. 2º e 3º da CLT. Agravo de instrumento não provido." (TST; AIRR 183200-72.2009.5.12.0054; Quarta Turma; rel. Min. Milton de Moura França; *DEJT* 18.11.2011; Pág. 1.069)

(65) 193 "RELAÇÃO DE EMPREGO. ELEMENTOS CARACTERIZADORES. A SUBORDINAÇÃO É O ELEMENTO QUE FAZ A DISTINÇÃO ENTRE O TRABALHO SUBORDINADO E O TRABALHO AUTÔNOMO. O que distingue o trabalho realizado com relação de emprego e o trabalho realizado sem essa relação ou, em outras palavras, o que distingue o trabalhador empregado do trabalhador autônomo é, sem dúvida, o elemento denominado de subordinação e que a CLT em seu art. 3º denomina de dependên-cia. Essa subordinação nada mais é do que o dever de obediência ou o estado de sujeição ou mesmo de dependência profissional do trabalhador, que se sujeita e obedece ao poder de direção do empregador. Essa é a subordinação jurídica ou hierárquica. [...] (br;justica. trabalho; regiao.8:tribunal.regional. trabalho; turma. 2: acordao2014-07-23 – 0000987-35.2013.5.08.000 – Tribunal Regional do Trabalho da 8ª Região (text/html) – Localidade 8ª Região – Pará e Amapá – Tribunal Regional do Trabalho. 2ª Turma – ACÓRDÃO TRT 82/2ª T. RO 0000987-35.201 3.5.08.0001 – 23.07.2014). "CORRETOR DE IMÓVEIS. RELAÇÃO DE EMPREGO. É tênue a linha que separa o corretor de imóveis

Portanto, o contrato de corretagem, assim como qualquer contrato típico ou atípico, está sujeito à requalificação se evidenciada a prestação sob direção do tomador dos serviços, ou seja, de forma subordinada.

6.2. Organização do trabalho e sujeição jurídica

Como já abordado em linhas anteriores o setor econômico imobiliário estrutura-se com base na lei que regula a profissão de corretor de imóveis e no princípio do livre empreender, de forma que, enquanto os técnicos, regra geral, praticam o associativismo para melhor auferir ganhos, as imobiliárias se organizam para colocar seu produto no mercado, valendo-se de mecanismos facilitadores e de cooperação.

Para tanto, alicerçadas na garantia constitucional da livre-iniciativa, editam normas gerais, disponibilizadas na internet, aplicáveis a todo aquele que se habilitar a venda de seus produtos.

Aliado à orientação geral também montam e equipam stands destinados à exposição e venda de seus empreendimentos, espaço este coletivo, por onde circulam corretores, outras imobiliárias, clientes e interessados na intermediação e venda de imóveis.

O stand é, em suma, espaço facilitador e de aproximação de interesses e, dada à finalidade, utilizado normalmente por corretores na organização do fluxo de trabalho, a fim de garantir mesma oportunidade para todos os profissionais interessados.

---

autônomo daquele que trabalha sob o vínculo empregatício. Isso porque a pessoalidade, a onerosidade e a não eventualidade são elementos comuns às duas relações. O traço diferenciador entre uma e outra relação está na subordinação jurídica, inexistente no primeiro caso, regido pela Lei n. 6.530/78 e regulamentado pelo Decreto n. 81.871/78. Assim, presente a subordinação, configura-se o vínculo de emprego. Ausen-te, tem-se que a relação entre as partes é de autonomia na prestação de serviços. Além disso, o art. 2º da Lei n. 6.530/78 e o art. 1º do Decreto n. 81.871/78 exigem, para o regular exercício da profissão, que o trabalhador esteja inscrito no Conselho Regional de Corretores de Imóveis. (TRT 3ª R.; RO 1077-50.2011.5.03.0131; Décima Turma; rel. Des. Eduardo Augusto Lobato; *DJEMG* 16.12.2011; Pág. 448)". "RELAÇÃO DE EMPREGO. Importa frisar que, para se decidir entre duas situações, quais sejam, prestação de serviços como empregado e aquela na condição de trabalhador autônomo, o elemento determinante é o exame da realidade contratual que se perfaz com ou sem a presença dos requisitos previstos no art. 3º da CLT, notadamente, a subordinação jurídica. Esta é a pedra de toque determinante. Notadamente, para se decidir sobre reconhecimento de vínculo empregatício de corretor de imóveis, em que se defrontam duas situações fronteiriças, a de vendedor-empregado e a de corretor autônomo de imóveis, o elemento caracterizador da relação de emprego — A subordinação — Há de ficar robustamente provado. Caso contrário, a presunção milita em favor da autonomia do corretor prevista na Lei n. 6530/78. (TRT 3ª R.; RO 160700-94.2009.5.03.0043; Rel. Juíza Conv. Taísa Maria Macena de Lima; DJEMG 19/07/2011; Pág. 167)""CORRETOR DE IMÓVEIS. VÍNCULO EMPREGATÍCIO. AUSÊNCIA DE SUBORDINAÇÃO JURÍDICA E ALTERIDADE. Não CONFIGURAÇÃO. O corretor de imóveis exerce função típica de natureza autônoma, inexistindo na espécie subordinação jurídica e alteridade, elementos indispensáveis à configuração da relação de emprego, razão pela qual não há que se falar em vínculo empregatício entre as partes. COMISSÕES NÃO PAGAS. ÔNUS DA PROVA. Sendo, pois, da autora o ônus probandi, quanto a comissões não recebidas e, não tendo dele se desincumbido, como restou amplamente demonstrado, merece acolhida o pleito da reclamada/recorrente, devendo ser extirpado do julgado a condenação em comissões." (TRT 16ª R.; ROS 00992-2009-016-16-00-0; rel. Des. James Magno Araújo Farias; *DJEMA* 19.11.2010)

A sistemática diz respeito a trabalho organizado e não a trabalho Subordinado.[66]

A partir dessa organização — e reconhecendo-a como lícita e, portanto, não indutora de subordinação clássica —, a jurisprudência[67] tem afastado pretensão de reconhecimento de vínculo de emprego de corretor de imóveis, por entender que fornecimento de estrutura pela imobiliária e sob condições por ela imposta não implica sujeição jurídica, ao revés, advém da natureza da atividade — intermediação de negócios — e de uma subordinação atípica.

7. Conclusão

Em tempos não muito distantes a Declaração da Filadelfia (1944) deu sentido e significação ao trabalho ao limitar o poder empresarial e dotar o assalariado de amplo sistema de proteção social.

---

(66) Entre tantos julgados que acolheram a tese da existência de trabalho organizado, destaca-se a fundamentação sentença seguinte, que, à luz da prova, rechaçou pedido de reconhecimento de vínculo de emprego de corretor. Eis os termos: [...] ou seja, o que se extrai do presente documento é que, tal como consta na prova oral, o pagamento do reclamante era feito diretamente pelo cliente, ainda que o cheque seja entregue nas dependências da reclamada (...). Ainda sobre remuneração, o reclamante confirma que se não vendesse, não recebia, que arcava com os gastos com condução, que não recebia valores fixos e admite o custeio de cartões de visita. (...) Ademais, o contrato entre as partes e a prova oral produzida indicam que era possível a pactuarão do *fifty-fifty*, o que acaba por reduzir o importe da comissão atrelando-se ao risco do negócio e a autonomia (...). O fato de existir sugestão de escala, aqui, e convocação para reunião (...) não indica, por si só, subordinação, eis que diante da quantidade de corretores, é natural que haja uma organização para que não tenha excesso de correr num único plantão e falta em outros, o que prejudica, diretamente, o direito as comissos dos mesmos já que, se não houver venda, não há remuneração e, consequentemente o corretor nada recebe. (...) Os e-mails (...) possuem forte teor motivacional, não indicando subordinação jurídica. Friso: a associação (a Lei n. 6.530 se utiliza da expressão "associar-se") entre corretor e imobiliária é uma parceria com ganhos para ambos e, aqui, o fato de corretor associar-se a uma imobiliária grande porte e melhor estruturação lhe traz beneficio de atingir maior clientela, potencializando as vendas. (...) Não se nega que o liame entre a corretagem autônoma e o empregado pode ser sutil, ocorre que ao optar por associar-se a uma imobiliária e natural que participe da organização para fins de melhor exercer a intermediação na venda (...) Processo: 1000799-11.5.02.0606, 6ª Vara do Trabalho de São Paulo/Zona Leste, proferida em 1º.08.2019, Juíza Federal do Trabalho Thais Tannus de Carvalho.

(67) [20:12, 05/12/2023] Thiago Leão Nepomuceno: 195 CORRETOR DE IMÓVEIS. RELAÇÃO DE EMPREGO. O fato de o corretor exercer atividades em estrutura fornecida pela empresa imobiliária e sob condições impostas pela contratante, não traduz a existência de vínculo de emprego, porquanto decorrem tanto da natureza de sua atividade – "intermediação" de negócios – quando de uma subordinação contratual típica, já que quem contrata detém a faculdade de fixar diretrizes mínimas quanto ao modo de execução do trabalho e máximas quanto ao seu resultado (TRT2-processo 0001031-47.2011.5.02.0371. Relator Des. Rafael Pugliese Ribeiro. *DOE* 19.09.2012). RECURSO ORDINÁRIO. VINCULO DE EMPREGO. CORRETOR DE IMÓVEIS. Não configuração. Atividade autônoma. O ordinário, na atividade de corretor de imóveis, é que a atividade se desenvolva de forma autônoma, não havendo que se falar em vinculo de emprego. No caso dos autos, os elementos da suposta subordinação, trata-se, na verdade, de elementos mínimos de organização inerente a qualquer atividade. Desse modo, não comprovados os elementos caracterizadores do vínculo de emprego, não há falar em deferimento da pretensão obreira. Recurso improvido. (TRT8-processo 0000457-23.2016.5.08.0002. Relatora Des. Francisca Formigosa. Pub. *DEJ* 11.12.2017)

A época, a aspiração contida na Declaração tinha pretensão de colocar a economia e mundo financeiro da dignidade humana e da justiça social, numa clara inversão, economia e mundo financeiro a serviço do homem.

Essa orientação, a cada tentativa de o dogma liberal avançar sobre o social, de pronto o espírito da Filadélfia é reafirmado, por não conceber a sociedade moderna que o homem viva a serviço da economia e do mundo financeiro.

A partir desse alicerce, o legado histórico dos direitos do homem, revisada periodicamente e de comprovada eficácia, traz para o tempo presente — e projeta para o futuro — a mesma exigência de humanidade no trabalho e justiça social.

E os esforços para a construção de um novo marco legal que contemple não só o velho segmento clássico, mas também o novo volátil e flexível, da era digital, vem comunidade jurídica, das Agências e dos Organismos de direitos humanos.

Enquanto isso, no sistema jurídico nacional, o contrato de trabalho subordinado saiu revigorado pelo reconhecimento do valor social do trabalho e dos direitos de personalidade e pelo do princípio da dignidade.

Dessa forma, se é verdade que o direito tutelar do trabalho se aplica apenas ao trabalho subordinado, também é certo que a todo trabalho, inclusive o autônomo, aplica-se a tutela constitucional.

Todas as garantias e elevados valores constitucionais tem como objeto de tutela o trabalho humano (gênero), daí porque o trabalho tem de ser decente ou digno.

Sob tal perspectiva, a jurisprudência pátria já tem larga repercussão, na medida em que, constatada a condição de trabalho digno, mantém-se a autonomia da relação de trabalho, sem requalificar o contrato de prestação de serviços, como ocorre frequentemente com técnico em transações imobiliárias.

8. Referências

ALONSO OLEA. *Introduccion al Drecho del Trabalho*. 5. ed. Madrid: Ed. Civitas, 1994.

BORBA, Joselita Nepomuceno. Trabalho decente. *X Congresso Internacional da ABDT*: crise econômica e social e o futuro do direito do trabalho – Anais do Congresso [livro eletrônico]. Coordenação Alexandre Agra Belmonte *et al.* São Paulo: Matrioska Editora, 2020.

BORBA, Joselita Nepomuceno. Trabalho e emprego na reconstrução do direito do trabalho. Recomendaçao 205 da OIT Covid-19. *Anais do VIII Congreso Iberoamericano y Europeo de Derecho del Trabajo y Seguridad Social virtual*, de 05 a 09 de outubro de 2020, sob coordenação cientifica das Professoras Martha Elisa Monsalve Cueller e Luz Karime Ángel. Configuração jurídica da subordinação e sua importância na requalificação do contrato. Trabalho subordinado e trabalho autônomo. in A valorização do trabalho autônomo e a livre-iniciativa. (Coord. Yone Frediani). Porto Alegre: Lex Magister, 2015. Sistema Social e Econômico. Do Estado Social ao Estado pós-Social ou Moderno.

BORBA, Joselita Nepomuceno. Perspectiva para um trabalho decente pós-Covid-19, sob a perspectiva dos Direitos Humanos e observância dos elevados valores: solidariedade, cidadania e ética. in Tendencias e Atualidades (Coord. Amanda Barbosa *et al*). Salvador: JusPodivm. No prelo.

BORBA, Joselita Nepomuceno. Prefácio. *Direitos Fundamentais nas Relaçoes de Trabalho*. [Orgs. Yone Frediani e Rúbia Zanotelli de Alvarenga]. São Paulo: LTr, 2015.

COMPARATO, Fábio Konder. *Ética:* direito, moral e religião no mundo. 3. ed. São Paulo: Companhia das Letras, 2016.

DAVOLOS, José. Derecho individual del trabajo. 24. ed. Cidade do México: Editoral Porrúa, 2018.

DELGADO, Mauricio Godinho. Relação de emprego e relações de trabalho: a retomada do expansionismo do direito trabalhista. In: *Dignidade Humana e Inclusão Social* — Caminhos para a efetividade do Direito do Trabalho no Brasil. (Coods. Adriana Goulart de Sena, Gabriela Neves Delgado e Raquel Portugal Nunes). São Paulo: LTr, 2010.

GAMONAL CONTRERAS, Sergio. *Derecho colectivo del trabajo*. 2. ed. Santiago: Abeledo-Perrot, 2011.

MANNRICH, Nelson. Direito do Trabalho na era digital. In: *Labor 4.0:* direito do trabalho e inovações tecnológicas. (Coords. Tatiana Ferraz Andrade *et al.* Orgs. Tayná Carneiro *et al.* São Paulo: Thomsom Reuters Brasil, 2021.

MANUS, Pedro Paulo. O Direito do Trabalho e a teoria do contrato-realidade. *Conjur*. Disponível em: https://www.conjur.com.br/2017-jun-30/direito-trabalho-teoria-contrato-realidade. Acesso em: 26 ago. 2021.

MARANHÃO, Délio. *Instituições de Direito do Trabalho*. 11. ed. São Paulo: LTr, 1991.

MARANHÃO, Délio; CARVALHO, Luiz Inácio B. *Direito do Trabalho*. 17. ed. Rio de Janeiro: Editora da Fundaçao Getulio Vargas, 1993.

MARÍN MARÍN, José. *Los trabajos, los dias... y el derecho*. Uma aproximación a la "prehistoria" del Derecho del Trabajo. Albacete (Espanha): Editoria Bomarzo, 2000.

NUÑEZ JAVIER, Rorix; URIBE JIMÉNEZ, Iván. Prologo. *Guía de Medidas Laborales frente al Covid-19 em Iberoamérica*. Bogotá: Tirant Lo Blanch, 2020.

OJEDA AVILES, Antônio. *La desconstrución del Derecho del Trabajo*. Madrid: Claves La Ley Editor, 2010.

OLIVEIRA, Carlos Henrique de; DAU, Maria Cecilia Milan. Aumento do trabalho autônomo e da informalidade e seus impactos no sistema de Seguridade Social. In: *Diretrizes da OIT em seu centenário:* Qual o futuro do direito do trabalho? (Coord. Nelson Mannrich). Porto Alegre: Lex Magister. 2020.

SUPIOT, Alain. *El espíritu de Filadelfia:* La justicia social frente al mercado total. Barcelona: Edições Península, 2011. Tradução Jordi Terré.

SUPIOT, Alain. Crítica del Derecho del Trabajo. *Informes y Estudios*. Madrid: Ministerio de Trabajo y Asuntos Sociales España, Coleccion Informes y Estudios n. 1, 1994.

ZAVANELLA, Fabiano; ALONSO, João Camelo. O impacto tecnológico nas relações de emprego em prol do aumento da produtividade. In: *Diretrizes da OIT em seu centenário:* Qual o futuro do direito do trabalho? (Coord. Nelson Mannrich). Porto Alegre: LexMagister, 2020.

Espaço de domínio público

https://www.ilo.org/public/spanish/standards/relm/il/ilc87/rep-i.htm.

Agenda2030-completo-site.pdf (itamaraty.gov.br).

Virtual World Summit: Cúpula Mundial da OIT promove compromisso de construir um mundo melhor de trabalho após a pandemia Covid-19 (ilo.org).

Diretor-Empregado e Diretor-Estatutário: Elementos Essenciais na Distinção. Cláusula de Compromisso Arbitral no Contrato de Trabalho. Competência Correlata[68]

Resumo: O Direito Social resgatou o homem trabalhador da submissão ao capital, humanizando o trabalho. O objeto desse direito tutelar é a força trabalho dispendida em favor de outrem, condição em que uma pessoa se coloca em estado de sujeição em relação a outra. A solução encontrada para equilibrar as partes nessa relação desigual foi conferir superioridade jurídica a parte mais fraca: o empregado. Sujeição e mecanismo para equilibrar a relação contratual tem como condição inerente a natureza cogente da norma, carregada de princípios tutelares, que levam à irrenunciabilidade dos direitos intersubjetivos. Inobstante isso, o contrato de trabalho é de execução diferida no tempo, é dinâmico, daí alterações substanciais podem ocorrer, como a que leva à suspensão do contrato de trabalho para que o empregado, uma vez eleito, assuma cargo de diretor-empregado da sociedade. No conjunto das tratativas para o novo *status* o empregado pode se submeter a juízo arbitral para dirimir possível futuro conflito. Nessa hipótese, advindo contenda, que juízo será competente para a solução: arbitral ou estatal?

Palavras- chave: direito do trabalho; norma cogente; irrenunciabilidade; alteração contratual; diretor-empregado; compromisso arbitral; conflito; juízo competente.

Introdução

Questão relevante no âmbito das relações de trabalho, que merece atenção, é a possibilidade de o empregado exercer cargo de diretor-empregado, passando, com isso, da condição de subordinado a executivo, que conduz os destinos da empresa. Nessas circunstâncias, quais seriam os impactos sobre o contrato de trabalho? A substancial alteração contratual pode trazer consigo, ainda, a possibilidade de se inserir em adendo

(68) Nota do organizador: Texto originalmente publicano na *Revista do Tribunal Regional do Trabalho da 3ª Região*, Belo Horizonte/MG, v. 68, n. 106, jul./dez. 2022.

ao contrato de trabalho para a mudança de *status* a possibilidade de resolução de eventual conflito em juízo arbitral. Se houver cláusula arbitral, qual o juízo competente para dirimir possível controvérsia?

Frente a tais questionamentos em breve texto o intento é expor noções acerca de institutos relevantes na seara de direitos e garantias das relações de trabalho; a possibilidade de mudança de posição do empregado, de uma função técnica para uma jurídica e as profundas e substanciais alterações contratuais, inclusive com previsão de compromisso arbitral para, ao final, enfrentar a questão e a competência em razão da matéria para dirimir possível litigio.

1. Sujeito e objeto da relação de emprego: tutela estipulada por norma cogente

Rememora-se inicialmente, ainda que de forma breve, institutos elementares do direito tutelar que serão essenciais ao escopo da reflexão, como empregado, contrato de trabalho, natureza cogente das normas tutelares e fraude.

Empregado é, nos termos do art. 3º da CLT, toda pessoa natural que contrata prestação de serviços a outrem, com pessoalidade, onerosidade, não eventualidade e subordinação. Estes são, em essência, os elementos da relação de emprego, não se distanciando, modo geral, jurisprudência e doutrina desse traçado legal orientador.

O trabalho é despendido em favor de outrem, o que importa necessariamente uma pessoa empregar seus esforços pessoais no desempenho de uma ação ou atividade em benefício de outra pessoa, colocando-se em estado de sujeição. Evidentemente, não uma sujeição geral, mas aos limites do contrato. Sujeita-se o empregado ao empregador na forma e como pactuada a prestação do trabalho, daí a importância do contrato.

A relação de emprego tem início por encontro de vontades, podendo o acordo ser tácito ou expresso. Assim, contrato de trabalho é, como se infere da doutrina trabalhista clássica(69), "negócio jurídico pelo qual uma pessoa física (empregado) se obriga, mediante o pagamento de uma contraprestação (salário), a prestar trabalho não eventual em proveito de outra pessoa, física ou jurídica (empregador), a quem fica juridicamente subordinada".

Um negócio jurídico, com seus elementos essenciais e que, entre eles, sobressai a dependência ou a submissão do trabalhador ao poder diretivo e disciplinar do contratante. Não resta dúvida, o que se afirma com base na doutrina de ORLANDO GOMES e ELSON GOTTSCHALK(70), que a subordinação é fator decisivo na caracterização do contrato de trabalho, de forma que, toda vez que se manifesta a subordinação hierárquica

(69) Délio Maranhão. *Instituições de Direito do Trabalho*. 11. ed. São Paulo: LTr, 1991. vol. 1. p. 231.

(70) *Curso de Direito do Trabalho*. 12. ed. Rio de Janeiro: Forense. p. 152.

numa relação jurídica que tenha por objeto o trabalho do homem, desenganadamente a hipótese é de *contrato de trabalho* e o trabalhador é, insofismavelmente, um *empregado*[71].

Na percepção do legislador, exatamente como disposto na regra do art. 442, da CLT, contrato de trabalho é acordo de vontades, tácito ou expresso, pelo qual uma pessoa física coloca seus serviços à disposição de outrem.

A sujeição jurídica, como se vê, ocupa o núcleo central e, por essa condição, a norma tutelar é cogente e carregada de princípios que colocam a salvo o direito ao trabalho e a dignidade da pessoa do trabalhador, valores irmanados e indissociáveis à condições de subsistência, de vida, de saúde, de autodeterminação e de liberdade, entre outras relevantes.

Essa normativa social, já o disse MARIO DE LA CUEVA[72], compõe-se da soma de princípios, normas e instituições que regulam o nascimento, a vida e a cessação das relações individuais de trabalho, corpo regulamentar que traz em sua base pilares norteadores, além de presunções favoráveis ao mais fraco da relação: o empregado.

Nasce assim o Direito do Trabalho basicamente da necessidade de se impor limite à autonomia privada em busca do equilíbrio de forças contratuais. Equilíbrio alcançado através de mecanismo segundo o qual a debilidade econômica do trabalhador frente ao capital é compensada por sua superioridade jurídica.

Alicerça-se o mecanismo em presunção de superioridade, o que leva à necessidade de se agregar à autodeterminação da pessoa do trabalhador (liberdade de trabalho) a indisponibilidade da norma trabalhista, como forma de assegurar efetiva superioridade jurídica conferida ao mais fraco da relação: o empregado.

Exatamente por isso direitos subjetivos assegurados por lei trabalhistas são indisponíveis e, nessa condição, as partes sobre eles não podem transacionar e nem o empregado renunciar.

A irrenunciabilidade é a regra, mas pode haver variação na intensidade da proteção e, em consequência, maleabilidade na indisponibilidade de direitos subjetivos, a depender da natureza dos interesses em jogo, como, aliás, prevê o art. 468 da CLT[73]. A derrogação do direito, ainda que de caráter privado e de natureza patrimonial, somente ocorre validamente se não causar prejuízo.

---

(71) *Curso de Direito do Trabalho*. 12. ed. Rio de Janeiro: Forense. p. 152.

(72) *El nuevo derecho mexicano del trabajo* 1. ed. México: Editorial Porrúa, 1972. p. 177.

(73) Nos contratos individuais de trabalho só é lícita a alteração das respectivas condições por mútuo consentimento, e ainda assim desde que não resultem, direta ou indiretamente, prejuízos ao empregado, sob pena de nulidade da cláusula infringente desta garantia.

Com a atenção voltada para referido dispositivo legal esclarecem DÉLIO MARANHÃO e LUIZ INÁCIO CARVALHO(74), com toda pertinência, que o comando legal limita a liberdade contratual, de forma que, quando a situação discutida envolve direitos indisponíveis, o ato não tem eficácia pela própria substância. Reforçam ainda citados juristas que a ineficácia decorre da natureza cogente de quase todas as normas de Direito do Trabalho frente às quais partes não tem a faculdade de compor ou modificar a situação existente, sem intervenção judicial.

À limitação da liberdade contratual acoplou o legislador ao direito tutelar relevante pilar quando, expressamente, prevê a nulidade de pleno direito do ato praticado com o objetivo de desvirtuar, impedir ou fraudar a sua aplicação(75).

Ocorre que fraude está diretamente relacionada a ato volitivo. Ato de vontade, como observa ARNALDO SÜSSEKIND(76), praticado com propósito de aferir uso anormal, malicioso ou abusivo do direito ou simulação acordada e que encerra um desvirtuamento do espírito da lei, podendo ser sutil e se vestir de formas irreconhecíveis(77). Nesse caso, não é necessária a presença, de plano, de prova incisiva do dolo ou fraude, mas apenas indícios e circunstâncias a fim de, a partir da investigação, chegar a face oculta do fato, elucidando-se o dolo, fraude ou ato desprovido de propósito ou não.

O certo é que todo ato que vulnera a lei trabalhista, consciente ou não, se questionado em juízo, não prevalece, em virtude da clara política legislativa: entre a autonomia privada e a finalidade da norma, prevalece a vontade do legislador.

2. Possibilidade de alteração contratual: Interrupção e suspensão

O contrato de trabalho é, por sua gênese, blindado pela legislação social e, por isso, qualquer alteração prejudicial fica sujeita a nulidade. Se essa é uma premissa válida, também é certo que uma das características do contrato de trabalho é sua indeterminação no tempo e, por óbvio, sujeito a inevitáveis condicionantes e variáveis.

Por ser de trato sucessivo, com termo inicial e sem previsão do final, o contrato de trabalho na visão de LUIZ DE PINHO PEDREIRA DA SILVA(78) é, antes de tudo, um contrato de duração, corolário do princípio da continuidade. Este, por sua vez, atrai para o empregado o *favor* do qual faz parte, entre outras, a presunção da continuidade do

(74) *Direito do Trabalho*. 17. ed. Rio de Janeiro: Editora da Fundação Getúlio Vargas, 1993. p. 41.

(75) CLT, Art. 9º: Serão nulos de pleno direito os atos praticados com o objetivo de desvirtuar, impedir ou fraudar a aplicação dos preceitos contidos na presente Consolidação.

(76) *Instituições de Direito do Trabalho*. 11. ed. São Paulo: LTr, 1991. vol. 1. p. 218.

(77) *Idem*.

(78) O princípio da Continuidade. In: *Revista dos Mestrandos em Direito Econômico da UFBA*, n. 4, jul.93/dez. 95. (Coords. Paulo Roberto Lyrio Pimenta e Sergio Novais Dias) Salvador: Centro Editorial e Didático da UFBA, 1995. p. 98. Do mesmo autor, consultar *Principiologia do Direito do Trabalho*.

emprego, daí porque nos casos de impossibilidade temporária de execução do contrato de trabalho, não ocorre a extinção, e sim sua interrupção ou suspensão.

A distensão do contrato no tempo, por óbvio, atrai a previsibilidade de paralisação das obrigações contratuais contidas em uma, algumas ou até de todas as cláusulas por motivos previstos em lei ou decorrentes da vontade das partes. Quando cessar a causa da paralisação o contrato retoma seu curso normal.

A temporalidade e a persistência das obrigações durante o hiato é que, na lição de JOSÉ AUGUSTO RODRIGUES PINTO(79), substancialmente, vai distinguir a forma: interrupção ou suspensão. Se for paralisada a obrigação do empregado (prestar serviço), mas continuar a execução da obrigação do empregador (pagar salários), configura-se a interrupção do contrato de trabalho; se, ao revés, forem paralisadas todas as obrigações principais (prestar serviços / pagar salário), a hipótese é de suspensão do contrato de trabalho.

Na suspensão, dado que nenhuma obrigação contratual é executada, o respectivo período não é computado como tempo de serviço e nem para qualquer efeito do Direito do Trabalho; na interrupção, embora o empregado não tenha prestado o serviço, computa-se o tempo como de efetivo serviço, visto que pago salário correspondente.

3. Alteração substancial do contrato de trabalho: Funções

Faz parte da autodeterminação da pessoa, como corolário da liberdade de trabalho, a escolha entre empregabilidade (trabalho por conta de outrem) e empreendedorismo (trabalho por conta própria)(80).

Se a opção for por empreender, a sociedade empresária ganha vida própria a partir do encontro de vontades de seus sócios, com o registro do contrato social ou de seus estatutos perante os órgãos competentes. O ato de constituição de uma sociedade define modalidade, composição societária, objeto, departamentos e setores, com correlatas hierarquias para os cargos e funções.

Dessa forma, diferenças marcantes se fazem presentes entre pessoa jurídica, seu comando e recurso humano encarregados de realizar seu objeto social. Verifica-se na empresa, com nitidez, por um lado, o capital organizado — e concentrado em mãos de sócios ou de órgãos estatutariamente constituídos para a administração; por outro, o trabalho assumido por empregados ocupantes de posições internas.

---

(79) *Tratado de Direito Material do Trabalho*. São Paulo: LTr, 2007. p. 494-495.

(80) Liberdade de empreender e liberdade de trabalho são igualmente valores fundamentais, como enunciado pelo inciso IV, do art. 1º, da Constituição Federal.

No âmbito da empresa os poderes são diversos: uns técnicos; outros jurídicos. Exatamente quanto a esse aspecto explica RUBENS REQUIÃO[(81)] que "no *campo técnico*, atende-se ao cumprimento de atividade física ou intelectual para o exercício da empresa" e "no *campo jurídico*, concretiza-se o cumprimento de uma atividade jurídica em lugar do empresário".

Todos, seja no campo técnico, seja no jurídico, são colaboradores da empresa, o que muda é a posição e o emprego do poder. Enquanto no campo técnico o colaborador executa função, variando o nível de poder (do quase inexistente ao mais alto grau, conforme a hierarquia), no campo jurídico ele se ocupa do comando; são os proprietários ou órgãos de comando da companhia. Estes, na percepção de ORLANDO GOMES[(82)], viabilizaram o surgimento e afirmação da grande empresa, fazendo a *ficção jurídica* empresa "presente", na expressão de PONTES DE MIRANDA[(83)].

Presentar é termo jurídico que, ordinariamente, resulta de ato em que o agente é presente, explicando o citado jurista[(84)], que a regra é a "presentação", em que ninguém faz o papel de outrem, isto é, ninguém representa.

A partir de tal noção, tem-se que o diretor faz a empresa presente (no sentido de proprietário), o que é totalmente diverso do diretor integrante da hierarquia da empresa (exercente de funções com grau variável de poder).

O colaborador da empresa pode ser eleito para, inobstante o vínculo empregatício, exercer função jurídica, mas, nessa hipótese, com substancial alteração contratual, visto que pode ser escolhido para presentar empresa.

4. Diretor-empregado, diretor-estatutário: Conceito e características

Diretor na acepção geral é colaborador da empresa, que executa função, visando a realizar seu objeto, ou, exerce seu comando, como proprietário ou como órgão de administração, equivale dizer, executa função ou exerce comando, não restando dúvida quanto a divisão diretor-empregado e diretor-estatutário.

A fim de se estabelecer a dicotomia para a devida incidência da lei de regência (leis trabalhistas ou lei das sociedades anônimas), o elemento que sobressai é a subordinação[(85)], critério determinante também para a aquisição do *status* de segurado da Previdência Social[(86)].

---

(81) *Curso de Direito Comercial*. 13. ed. São Paulo: Saraiva, 1984. p. 134-134.

(82) *Ensaios de Direito Civil e Direito do Trabalho*. Rio de Janeiro: Aide Editora, 1986. p. 91.

(83) *Tratado de direito privado*. 3. ed. Rio de Janeiro: Borsoi, 1970. v..3, p. 231-233.

(84) *Idem*.

(85) TRF 4ª R. Ap-RN 2006.70.05.004080-0; PR; Primeira Turma; rel. Des.Fed. Joel Ilan Paciornik, julg. 19.09.2012. *DEJF* 28.09.2012, p. 32.

(86) Lei n. 8.212/91, art.12, I, *a*; Decreto n. 3.048/99, art. 9, I, *a*.

Diretor-empregado é aquele que possui vínculo de emprego com a empresa e nela executa funções e que, uma vez eleito, passa a ocupar órgão de administração da companhia, exercendo seu comando.

A alteração contratual, como se vê, é substancial e de grau acentuado, visto que de colaborador (empregado) que realiza o objeto da empresa passa a colaborador (dono) condutor de seus destinos.

Outro aspecto relevante é que no período em que o contrato de trabalho ficar suspenso em decorrência de eleição para cargo de administrador de sociedade empresária a sujeição do empregado passa ao Conselho de Administração, submetendo-se à observância de diretrizes e deliberações decorrente da própria lei das sociedades anônimas(87). Assim, enquanto o diretor que atua na atividade finalística se sujeita ao comando da empresa, o diretor que atua no seu comando se sujeita ao Conselho de Administração(88).

O diretor-estatutário não é empregado. Ele é um colaborador eleito pelo Conselho de Administração, de livre contratação e dispensa, sem qualquer subordinação pessoal apta a caracterizar condição de empregado. O diretor-estatutário goza de plena autonomia no que diz respeito a forma de executar as atividades do seu cargo e recebe *pro labore*(89) pelos serviços prestados(90).

Mas, como compatibilizar **subordinação** e plena **autonomia**, institutos diametralmente opostos, no caso do diretor-empregado? Este, ou é empregado ou é patrão. Daí AMAURI MASCARO NASCIMENTO colocar em destaque que, com o novo *status*,

(87) EMPREGADO ELEITO DIRETOR DE SOCIEDADE ANÔNIMA – SUBORDINAÇÃO JURÍDICA – NÃO CONFIGURAÇÃO -DIFERENÇAS SALARIAIS INDEVIDAS I – O empregado eleito diretor de sociedade anônima tem o seu contrato de trabalho suspenso, ressalvada a hipótese de permanência da subordinação jurídica inerente à relação de emprego, nos termos da Súmula n. 269 do TST. II – No caso concreto, o conjunto da prova evidenciou que o autor, a partir do momento em que foi eleito Diretor Estatutário, teve significativo aumento de remuneração; deixou de realizar determinadas atividades antes exercida no cargo de gerente de projetos; pessoas foram contratadas para a equipe justamente para assumir tarefas antes exercidas pelo reclamante. III – A tese inicial e acolhida pelo juízo de subordinação jurídica não se sustenta. Isso porque estar o autor sujeito ao conselho de administração da empresa não dá ensejo ao reconhecimento daquele elemento caracterizador de vínculo de emprego nos moldes inscritos na legislação trabalhista. Até porque a observância das diretrizes e deliberações do Conselho de Administração decorre da própria lei das sociedades anônimas (Lei n. 6.404/76). IV – Os elementos delineados nos autos demonstram que a alteração promovida pela ré, elegendo o autor como Diretor Estatutário, não ocorreu em fraude, uma vez que ele não detinha condição de vulnerabilidade que permeia as relações de trabalho ordinárias. TRT1 0010105-12.2015.5.01.0049 *DEJT* 2018-06-07.

(88) Diretor-empregado não na conotação de cargo diretivo de exercício de função de confiança, de que cuida o art. 499 ou do qualificado pelo art. 62, II, da CLT, mas de cargo de comando para o qual o empregado tenha sido eleito. O *status* do empregado eleito para órgão de direção de companhia, modifica-se totalmente; de sujeito de contrato de trabalho subordinado a agente de comando da empresa equiparado a proprietário.

(89) Nesse sentido o seguinte julgado: TRT 1ª R; RO 0000656-75.2012.5.01.0068; Nona Turma; rel. Des. José da Fonseca Martins Junior; *DORJ* 06.09.2016

(90) Lei n. 6.404/1976, art. 152.

o empregado passa agir como representantes do próprio empregador e com um poder de iniciativa muito grande, a ponto de ser responsáveis pela marcha do negócio[91], a exigir a compatibilidade merecida atenção.

Certamente, ou se detém condição de empregado ou de patrão, premissa relevante para a doutrina majoritária afirmar que as situações jurídicas "subordinação" *versus* "autonomia" são incompatíveis, de forma que, com base em tal entendimento, o Tribunal Superior do Trabalho (TST), consolidou sua jurisprudência no sentido de que eleito o empregado para cargo de diretor seu contrato fica suspenso, salvo se permanecer subordinação jurídica inerente à vínculo de emprego[92].

Assim, em decorrência da evidente incompatibilidade entre situações jurídicas, quando eleito para cargo de diretor de sociedade o empregado tem o contrato de trabalho suspenso, não computando o tempo de serviço desse período. O contrato de trabalho fica suspenso pelo tempo que durar a atuação como diretor-empregado.

A suspensão do contrato de trabalho não se alicerça em exercício de poder inefetivo. Afinal, na síntese do mencionado professor da USP[93], o "nome diretor nada significa para fins de definição do regime jurídico". Da mesma opinião DÉLIO MARANHÃO e LUIZ INÁCIO CARVALHO[94], quando afirmam que "diretor" pode ser, apenas, um nome, um título proposto, evidenciando-se a condição de autêntico diretor de sociedade "quando a intensidade de colaboração suplanta a subordinação", fazendo com que, no plano jurídico, desapareça a relação de emprego.

A realidade dos fatos se impõe, por isso, não basta eleição e investidura no cargo de diretor-empregado, indispensável a observância da real condição proprietário ou de sócio e exercício de obrigações correlatas. Em caso de dúvida é necessário verificar em cada caso concreto a condição do trabalho, se verdadeiramente autônomo ou se mantém traços de subordinação.

Exatamente por tais nuances fático-jurídicas, e fiel a princípios norteadores do Direito do Trabalho, notadamente o da primazia da realidade, o Tribunal Superior do Trabalho ao proclamar o teor da mencionada súmula, como exceção à tese firmada, deixou claro que a condição de diretor-empregado não prevalece se "*permanecer a subordinação jurídica inerente à relação de emprego*". Essa orientação vem sendo seguida, como se infere da iterativa, atual e reiterada jurisprudência do TST, inclusive da SBDI-1[95].

---

(91) *Iniciação ao Direito do Trabalho*. 29. ed. São Paulo: LTr, 2003. p. 193.

(92) Súmula n. 269 DIRETOR ELEITO. COMPUTO DO PERÍODO COMO TEMPO DE SERVIÇO O empregado eleito para ocupar cargo de diretor tem o respectivo contrato de trabalho suspenso, não se computando o tempo de serviço desse período, salvo se permanecer a subordinação jurídica inerente à relação de emprego.

(93) *Ibidem*, p.194.

(94) *Direito do Trabalho*. 17. ed. Rio de Janeiro: Editora da Fundação Getúlio Vargas,1993. p. 73.

(95) "A) AGRAVO DE INSTRUMENTO DA RECLAMADA. RECURSO DE REVISTA. PROCESSO SOB A ÉGIDE DA LEI N. 13.015/2014 E ANTERIOR À LEI N. 13.467/2017. SUSPENSÃO DO CONTRATO DE TRABALHO. DIRETOR ELEITO.

Se é assim, a partir do momento em que o empregado adquire a condição de diretor-empregado ele passa à condição de "proprietário" empregador; se, no entanto, apesar da denominação e da existência do ato formal de eleição e investidura, permanece subordinado, executando funções decorrentes do contrato de trabalho, com percepção de salários e direitos advindos da normal execução do contrato de trabalho (13º, férias, execução de mesmas funções, cumprimento de jornada, só para exemplificar) não há que se falar em suspensão, mas de simples interrupção contrato de trabalho[(96)], como, aliás, pela jurisprudência TST.

Em suma, tanto o diretor-empregado, quanto o diretor-estatutário, passam, conforme dispuser o estatuto, por processo de eleição para cargo de comando de sociedade civil ou para compor órgãos estatutariamente constituídos para administrar a companhia. A diferença reside substancialmente na circunstância de um (diretor-empregado) ser

---

SUBORDINAÇÃO JURÍDICA PROVADA. SÚMULAS NS. 126 E 269/TST. A jurisprudência consolidada na Súmula n. 269/TST dispõe: "O empregado eleito para ocupar cargo de diretor tem o respectivo contrato de trabalho suspenso, não se computando o tempo de serviço desse período, salvo se permanecer a subordinação jurídica inerente à relação de emprego". Como se observa, o texto da referida súmula se funda na clara noção de incompatibilidade de reconhecimento da relação empregatícia no período, determinando a suspensão do contrato de trabalho, exceto se comprovada a ocorrência de efetiva subordinação jurídica na relação de trabalho pactuada. Apenas o percuciente exame do caso concreto é que autorizará, topicamente, a definição da situação sócio-jurídica examinada. O que parece essencial é se incorporar, nesse exame, o critério sugerido pela Súmula n. 269, isto é, a objetiva e sensata verificação da existência (ou não) de subordinação no caso concreto (se tidos como presentes os demais elementos fático-jurídicos da relação de emprego). Na hipótese, caracterizada a condição de empregado subordinado do Autor — premissa fática inconteste à luz da Súmula n. 126/TST —, insere-se ele na parte final da Súmula n. 269 do TST, não sendo possível falar em suspensão do seu contrato de trabalho no período em que exerceu o cargo de Diretor Financeiro, sendo correta, portanto, a decisão regional que declarou a nulidade da suspensão contratual perpetrada pela Reclamada a partir de 2011 e a condenou ao pagamento das verbas pertinentes, nos termos do acórdão recorrido. Forçoso reconhecer, ainda, que a pretensão recursal esbarra no óbice da Súmula n. 126/TST, uma vez que somente com o revolvimento do conteúdo probatório dos autos este Tribunal poderia extrair fatos diversos daqueles estampados no acórdão regional e, assim, realizar enquadramento jurídico distinto da questão. Agravo de instrumento desprovido (...) RRAg-101843-60.2017.5.01.0001, 3ª Turma, relator Ministro Mauricio Godinho Delgado, *DEJT* 18.12.2020. No mesmo sentido os seguintes julgados: RR-203800-35.2008.5.15.0097, 7ª Turma, relator Ministro Claudio Mascarenhas Brandao, *DEJT* 27.04.2018; E-ED-RR-2973900-18.1998.5.09.0012, Subseção I Especializada em Dissídios Individuais, relator Ministro Hugo Carlos Scheuermann, *DEJT* 12.09.2014. E-RR-122400-45.1997.5.04.0661, Subseção I Especializada em Dissídios Individuais, relator Ministro Renato de Lacerda Paiva, *DEJT* 14.11.2013. (destaques acrescidos ao original)

(96) [...] SUSPENSÃO DO CONTRATO DE TRABALHO. DIRETOR EMPREGADO. CONFIGURAÇÃO DA SUBORDINAÇÃO JURÍDICA. O Tribunal Regional, soberano na análise do conjunto fático e probatório, constatou que, além do réu/reconvindo não se enquadrar como diretor estatutário, na forma do que previsto na Súmula n. 269 do C. TST, consoante bem considerado pelo MM. Juízo a quo, mantinha a condição de diretor empregado, subordinado ao presidente da empresa no Brasil, ao qual devia submeter todas as suas decisões, incidindo na excludente prevista em referido entendimento jurisprudencial. Ademais, asseverou que os recibos de pagamento de fls. 428/494 demonstram o pagamento de salários mensalmente, cestas básicas e outros direitos trabalhistas, com recolhimentos de FGTS e INSS. Assim, concluiu que não houve a suspensão formal do contrato de trabalho e que ficou comprovado o caráter fraudulento da medida, que visava, apenas, mascarar o real vínculo do autor com a empresa, a fim de sonegar direitos trabalhistas. O exame da tese recursal, em sentido contrário, em especial no que tange à ausência de subordinação jurídica, esbarra no teor da Súmula n. 126 do TST, pois demanda o revolvimento dos fatos e das provas. Logo, a Corte de origem decidiu em consonância com a parte final da Súmula n. 269 do TST. Recurso de revista não conhecido. [...] (TST; RR 0203800-35.2008.5.15.0097; Sétima Turma; rel. Min. Cláudio Mascarenhas Brandão; *DEJT* 27.04.2018; P. 3.233)

titular de contrato de trabalho e outro (diretor-estatutário) não; este é terceiro que não integra o quadro de colaboradores técnicos da empresa.

5. Fonte de poder do diretor eleito

O termo **diretor** é gênero, do qual faz parte, independentemente de circunstâncias ou origem, o diretor-empregado e o diretor-estatutário. Ambos são eleitos para ocupar órgão de administração de sociedade empresária.

Se a hipótese for de empregado eleito para conduzir os destinos da empresa, temporariamente e enquanto durar o encargo, a vigência de cláusulas do contrato de trabalho fica suspensa, advindo os poderes, deveres e obrigações do encarregado de direção do estatuto e da lei geral de regência da sociedade. De igual forma, poderes, deveres e obrigações do diretor não empregado vem de normativa própria: estatuto e lei.

FÁBIO ULHOA COELHO[(97)] destaca que a sociedade empresária é fruto de encontro de vontades de seus sócios ou acionistas, vontades estas corporificadas em instrumento: contrato social ou estatuto. É nesse documento constitutivo, elaborado e registrado perante órgãos competentes, que toda a vida da empresa, *ficção jurídica* que é, está regulada.

Como a empresa depende da ação humana, seja por diretores ou por órgãos constituídos para a administração, isso é determinante para que ela seja "presentada" ou se fazer presente por ação de outrem. A ação humana e na condição de terceiro é a causa que leva à necessidade de, tudo que diga respeito a sócios, diretores, dirigentes, à administração e a vida social, necessariamente, ser detida e detalhadamente corporificado em cláusulas essenciais (qualificação de sócios; nome, sede, prazo de duração da empresa; capital social e cotas de cada sócio; forma de eleição, nomeação e responsabilidade de administrador, poderes e deveres de dirigentes, entre outras), além de especificar seus órgãos com respectivas atribuições (assembleia geral, conselho de administração, diretoria e conselho fiscal, além de, se optar, órgãos técnico e de assessoramento).

Assim, frente às especificidades e peculiaridades e, ainda, a relevância para o mercado financeiro o regime jurídico próprio é o da lei das sociedades por ações — Lei n. 6.404, de 15.12.1976.

Nos termos desse regulamento geral (Lei n. 6.404/76) somente pode integrar órgãos da companhia pessoa natural (art. 146), devendo o eleito para compor a administração ser qualificado na ata da assembleia-geral que o elegera, onde constará também o prazo da gestão. Traz a lei, como requisito essencial, a exigência de arquivamento da ata de eleição no registro competente (art. 146, § 1º), bem como a necessidade de o administrador eleito ser investido no cargo para o qual fora eleito, em até 30 dias da eleição, obedecidas as formalidades de segurança (art. 149, § 1º).

---

(97) *Manual de Direito Comercial*. 16. ed. São Paulo: Saraiva, 2005. p. 111.

São condicionantes legais, ainda, o fator remuneração e deveres inerentes ao cargo. A previsão de remuneração é importante, mas para o diretor-empregado se apresenta da maior relevância, pelo fato de o seu contrato de trabalho ficar suspenso, consequentemente, deixar de receber salário na condição de empregado. A remuneração do administrador, conforme prevê a regra do art. 152 e §§ 1º e 2º da referida lei das sociedades anônimas, é fixada pela assembleia-geral. Quanto aos deveres, esclarece FABIO ULHOA COELHO[98], uma vez investido no cargo o administrador atrai para si o dever de diligência, lealdade e de informação.

Diligência é a obrigação de o administrador empregar, no exercício de suas funções, o cuidado e o dinamismo que todo homem ativo e probo costuma empregar na administração dos seus próprios bens (art. 153), determinando a lei ainda que o administrador exerça suas atribuições com vista à realização dos fins e interesses da companhia, observadas as exigências do bem público e da função social da empresa (art. 154).

Lealdade importa na fidelidade aos compromissos assumidos, com honradez e probidade, de forma que o administrador não pode usar, em proveito próprio ou de outrem, com ou sem prejuízo para a companhia, informação pertinente aos planos ou interesses da companhia a que teve acesso em razão do cargo que ocupa, agindo sempre com lealdade (art. 155).

Informar é outro dever do administrador de companhia. Por este, o administrador tem obrigação de informar, imediatamente, à Bolsa de Valores e divulgar pela imprensa qualquer deliberação dos órgãos sociais ou fato relevante que possa influir, de modo ponderável, na decisão dos investidores do mercado de vender ou comprar valores mobiliários de emissão da companhia (art. 157, § 4º), bem como informar à assembleia-geral se possui negócios, que tenham os acionistas o direito de conhecer, nos termos do *caput* e § 1º do art. 157, da lei das sociedades por ações.

Os deveres do administrador têm em vista, como se vê, os interesses da companhia e de seus investidores, devendo portar-se, seja ele diretor-empregado ou diretor-estatutário, com lealdade e boa-fé, para realizar o objeto social sem perder de vista o bem público e a função social da empresa.

O poder do diretor — empregado ou estatutário — advém de regramento próprio, lei das sociedades por ações e do estatuto, com aplicação de todo o sistema e institutos jurídicos no que for adequado e pertinente.

6. Meio alternativo para solução de conflitos: arbitragem

A solução de conflitos, no sistema jurídico nacional, pode ser extrajudicial ou judicial: por este, a solução é ditada pelo Estado; por aquele, a solução vem do particular no exercício de suas livres escolhas.

(98) *Manual de Direito Comercial.* 16. ed. São Paulo: Saraiva, 2005. p. 204-205.

O Estado, por meio do Poder Judiciário, tem a incumbência de prestar a jurisdição, dizendo, diante do conflito e à luz do direito, com quem está a razão[99].

Entretanto, se não quiserem eleger o Estado como árbitro tem as partes a faculdade de recorrer arbitragem particular, elegendo um terceiro da confiança para, em caso de litígio, pacificar os interesses em conflito.

Arbitragem é, portanto, meio de solução de controvérsias intersubjetivas em que, espontaneamente, as partes optam por eleger um terceiro para pacificá-las em caso de conflito, valendo a decisão do árbitro como sentença[100]. Esse meio de solução alternativa de conflitos, no nosso sistema jurídico, é regulamentado pela Lei n. 9.307/1996.

O instituto da arbitragem, por envolver ato de escolha, requer agente capaz de contratar o meio alternativo para dirimir litígios relativos a direitos patrimoniais disponíveis. São requisitos para a prática do ato, portanto, agente capaz e direito patrimonial disponível.

A forma de submissão a juízo arbitral é mediante convenção de arbitragem, que pode se dar por meio do compromisso arbitral ou de cláusula compromissória (Lei n. 9.307/1996, art. 1º e art. 3º).

Esta (cláusula), na dicção legal, é a convenção pela qual as partes em um contrato se comprometem a submeter a arbitragem os litígios que possam surgir, relativamente a tal contrato (Lei n. 9.307/1996, art. 4º). Trata-se de um compromisso preliminar em que as partes, prevendo divergências futuras, elegem a arbitragem como meio para, através de árbitros por elas escolhidos, resolverem conflitos que surgirem. Aquele (compromisso), é contrato em que as partes se obrigam a remeter controvérsia surgida entre elas à solução por árbitros da livre escolha.

Assim, o compromisso versar sobre solução de certa pendência, o que pressupõe plena exequibilidade, enquanto a cláusula se refere a litígio futuro e incerto e, portanto, de exigibilidade diferida. Se o contrato for de adesão, espécie em que uma das partes não tem poder nem liberdade de negociar as condições pactuadas, pode ainda a sua eficácia ser limitada, como, aliás, previsto pelo art. 4º § 2º, Lei n. 9.307/1996[101].

---

(99) Cf. Constituição Federal, art. 5º, XXXV.

(100) A sentença arbitral tem força de título executivo judicial, na forma do art. 515, inciso VII, do CPC.

(101) Art. 4º A cláusula compromissória é a convenção através da qual as partes em um contrato comprometem-se a submeter à arbitragem os litígios que possam vir a surgir, relativamente a tal contrato. § 1º A cláusula compromissória deve ser estipulada por escrito, podendo estar inserta no próprio contrato ou em documento apartado que a ele se refira. **§ 2º** Nos contratos de adesão, a cláusula compromissória só terá eficácia se o aderente tomar a iniciativa de instituir a arbitragem ou concordar, expressamente, com a sua instituição, desde que por escrito em documento anexo ou em negrito, com a assinatura ou visto especialmente para essa cláusula.

Em virtude da situação excepcionada, a cláusula compromissória em contrato por adesão, só terá eficácia se o aderente tomar a iniciativa de instituir a arbitragem ou concordar, expressamente, com a sua instituição.

Arbitragem é meio alternativo de solução de conflitos, com disciplina em lei específica, de forma que, atendidos aos requisitos legais, nada impede que as partes firmem convenção de arbitragem na esfera do direito privado.

7. Arbitragem nas relações de trabalho

A lei da arbitragem, logo no seu primeiro dispositivo, deixa claro que a arbitragem tem por escopo dirimir conflitos relativos a direitos patrimoniais disponíveis.

A referência a direitos **patrimoniais disponíveis** levantou, de pronto, voz firme da doutrina trabalhista no sentido de que o instituto seria totalmente incompatível com os conflitos individuais do trabalho, dada a natureza cogente e de ordem pública das normas tutelares das relações de trabalho, e, por óbvio, a indisponibilidade dos direitos intersubjetivos.

Não fosse a natureza e a indisponibilidade das normas de proteção, lembram FRANCISCO FERREIRA JORGE NETO e JOUBERTO DE QUADROS PESSOA CAVALCANTE[(102)], que apesar da aparente semelhança entre o árbitro e o juiz, este aplica o direito, aquele o declara. E amparados na lição de Alfredo Ruprecht lembram que "o juiz aplica a lei correspondente, o árbitro não costuma ter uma norma anterior que lhe aponte a solução".

Além disso, colocam em relevo citados juristas[(103)] inevitável incompatibilidade entre a Lei da Arbitragem e o Direito do Trabalho, visto que, em princípio, não dispõe o empregado de, por ato de vontade e isolado, faculdade para dispor do direito tutelar.

Da mesma opinião CARLOS HENRIQUE BEZERRA LEITE[(104)], para quem não coaduna a arbitragem como método de solução de conflitos individuais trabalhistas, por concepções jurídicas diametralmente opostas (disponibilidade/indisponibilidade), o que, *a priori*, inviabiliza a aplicação da lei da arbitragem às relações de trabalho.

Alie-se ainda a essa ordem de argumentação jurídica o fato de a arbitragem partir do pressuposto de igualdade de partes contratantes, tanto de direito, quanto de fato, para que possam firmar livremente as cláusulas da arbitragem[(105)].

---

(102) *Direito Processual do Trabalho*. Tomo I. Rio de Janeiro: Lumen Juris, 2007. p. 133.

(103) *Ibidem*, p. 158.

(104) *Curso de direito processual do trabalho*. São Paulo: LTr. 7ª. ed. 2009. p. 108.

(105) Conferir nesse sentido Adriana Goulart de Sena Orsini. Formas de Resolução dos Conflitos de Interesses: Espaços de Efetividade dos Direitos Social e Processual do Trabalho. In: *Soluções Alternativas de Conflitos Trabalhistas*. (Org. Lorena Vasconcelos Porto e Ricardo José Macedo de Britto Pereira). São Paulo: LTr, 2012. p. 3/40.

Definitivamente, a gênese do Direito do Trabalho não condiz com tal premissa. Sua essência, como direito social, é diametralmente oposta à do direito privado: neste, as partes atuam em condições de igualdade; naquele, dada à desigualdade entre partes, a lei confere superioridade jurídica ao mais fraco a fim de equalizar forças contratuais.

Foi exatamente essa situação de desigualdade que levou GEORGENOR DE SOUSA FRANCO FILHO, embasado nos ensinamentos de Octavio Bueno Magano, à conclusão de que dificilmente a arbitragem poderia ser aplicada nas lides trabalhistas(106).

Nessa mesma direção andou o Tribunal Superior do Trabalho (TST), quando firmou tese no sentido de não permitir arbitragem no direito individual do trabalho(107), entendimento que permanece atual(108).

---

(106) *A arbitragem e os Conflitos Coletivos de Trabalho no Brasil*. São Paulo: LTr, 1990. p. 64.

(107) ARBITRAGEM. APLICABILIDADE AO DIREITO INDIVIDUAL DE TRABALHO. QUITAÇÃO DO CONTRATO DE TRABALHO. 1. A Lei n. 9.307/96, ao fixar o juízo arbitral como medida extrajudicial de solução de conflitos, restringiu, no art. 1º, o campo de atuação do instituto apenas para os litígios relativos a direitos patrimoniais disponíveis. Ocorre que, em razão do princípio protetivo que informa o direito individual do trabalho, bem como em razão da ausência de equilíbrio entre as partes, são os direitos trabalhistas indisponíveis e irrenunciáveis. Por outro lado, quis o legislador constituinte possibilitar a adoção da arbitragem apenas para os conflitos coletivos, consoante se observa do art. 114, §§ 1º e 2º, da Constituição da República. Portanto, não se compatibiliza com o direito individual do trabalho a arbitragem. 2. Há que se ressaltar, no caso, que a arbitragem é questionada como meio de quitação geral do contrato de trabalho. Nesse aspecto, a jurisprudência desta Corte assenta ser inválida a utilização do instituto da arbitragem como supedâneo da homologação da rescisão do contrato de trabalho. Com efeito, a homologação da rescisão do contrato de trabalho somente pode ser feita pelo sindicato da categoria ou pelo órgão do Ministério do Trabalho, não havendo previsão legal de que seja feito por laudo arbitral. Recurso de Embargos de que se conhece e a que se nega provimento. (E-ED-RR-79500-61.2006.5.05.0028, relator Ministro João Batista Brito Pereira, Subseção I Especializada em Dissídios Individuais, *DEJT* 30.03.2010)

(108) Precedentes: "(...) ARBITRAGEM. IMPOSSIBILIDADE DE APLICAÇÃO COMO FORMA DE SOLUÇÃO DOS CONFLITOS INDIVIDUAIS DO TRABALHO. A Lei n. 9.307/96, no seu art. 1º, prevê a aplicabilidade de seus dispositivos apenas em relação a direitos patrimoniais disponíveis. Essa circunstância afasta a aplicabilidade da arbitragem em relação ao dissídio individual, visto que os direitos trabalhistas são indisponíveis. Precedentes desta Corte. Óbice do art. 896, § 7º, da CLT e da Súmula n. 333 do TST. Agravo conhecido e não provido. [...] **Ag-AIRR-2597-22.2013.5.02.0028**, 7ª Turma, relator Ministro Claudio Mascarenhas Brandao, *DEJT* 14.05.2021; "ARBITRAGEM. INAPLICABILIDADE AO DIREITO INDIVIDUAL DO TRABALHO. RECURSO ANTERIOR À LEI N. 13.467/2017. 2.1. Não há dúvidas, diante da expressa dicção constitucional (CF, art. 114, §§ 1º e 2º), de que a arbitragem é aplicável na esfera do Direito Coletivo do Trabalho. [...] 2.2. Na esfera do Direito Individual do Trabalho, contudo, outro será o ambiente: aqui, os partícipes da relação de emprego, empregados e empregadores, em regra, não dispõem de igual poder para a manifestação da própria vontade, exsurgindo a hipossuficiência do trabalhador (bastante destacada quando se divisam em conjunção a globalização e tempo de crise). 2.3. Esta constatação medra já nos esboços do que viria a ser o Direito do Trabalho e deu gestação aos princípios que orientam o ramo jurídico. O soerguer de desigualdade favorável ao trabalhador compõe a essência dos princípios protetivo e da irrenunciabilidade, aqui se inserindo a indisponibilidade que gravará a maioria dos direitos — inscritos, quase sempre, em normas de ordem pública — que amparam a classe trabalhadora. 2.4. A Lei n. 9.307/96 garante a arbitragem como veículo para se dirimir "litígios relativos a direitos patrimoniais disponíveis" (art. 1º). A essência do instituto está adstrita à composição que envolva direitos patrimoniais disponíveis, já aí se inserindo óbice ao seu manejo no Direito Individual do Trabalho (cabendo rememorar-se que a Constituição Federal a ele reservou apenas o espaço do Direito Coletivo do Trabalho). 2.5. A desigualdade que se insere na etiologia das relações de trabalho subordinado, reguladas pela

Entretanto, a substancial alteração imprimida à CLT pela Lei n. 13.467/2017, trouxe, nas disposições do art. 507-A inserido na Consolidação, para o âmbito do Direito do Trabalho a possibilidade de se adotar a arbitragem nas relações individuais do trabalho, caso o empregado seja hipersuficiência. A suficiência se faz presente quando, nos termos da lei, o empregado receber salário superior ao equivalente a duas vezes o teto da Previdência social.

A possibilidade legal da arbitragem no âmbito das relações individuais do trabalho, como enunciado pelo art. 507-A, acrescido à CLT pela Lei n. 13.467/2017, depende da condição do empregado e desde que seja dele a iniciativa para a pactuação da cláusula compromissória ou mediante a sua concordância expressa.

Isso coloca à toda evidência que o legislador passou a admitir a arbitragem na Justiça do Trabalho, mas com as devidas cautelas, a fim de compatibilizar a natureza indisponível do direito com a disponibilidade de direitos econômicos, bem assim com a autonomia da arbitragem.

A primeira precaução foi a distinção entre "hipo" e "hiper" suficiência, caracterizada esta pelo nível salarial; só aquele que atinge o indicado nível salarial pode optar por solução de conflito por meio de arbitragem. A segunda condicionante diz respeito a baixa densidade de poder do empregado no pactuar cláusula compromissória de arbitragem, equiparando termo de compromisso à contrato de adesão.

Nessa espécie de contrato, evidencia-se baixa ou até nenhuma autonomia da vontade de uma das partes, exatamente como ocorre no contrato de trabalho, por isso, a autorização dada pelo legislador é específica para a arbitragem na modalidade "clausula compromissória".

Por não ter a cláusula compromissória exigibilidade plena no contrato de trabalho — assim como no contrato de adesão —, visto que condicionada a iniciativa do empregado ou sua concordância expressa, conforme expressa previsão do art. 507-A, da CLT e do § 2º, do art. 4º, da Lei n. 9.307/1996. Dessa forma, sem iniciativa ou sem concordância do empregado o processo de arbitragem, ainda que instituída cláusula compromissória, não tem eficácia plena.

CLT, condena até mesmo a possibilidade de livre eleição da arbitragem (e, depois, de árbitro), como forma de composição dos litígios trabalhistas, em confronto com o acesso ao Judiciário Trabalhista, garantido pelo art. 5º, XXXV, do Texto Maior. [...] 2.7. Vale ressaltar que o art. 507-A da CLT, incluído pela Lei n. 13.467/2017, não possui aplicação retroativa." (Processo: **AIRR – 2810-32.2012.5.03.0029** Data de Julgamento: 07.02.2018, relator Ministro: Alberto Luiz Bresciani de Fontan Pereira, 3ª Turma, Data de Publicação: *DEJT* 09.02.2018). No mesmo sentido RR-1000996-34.2017.5.02.0703, 4ª Turma, relator Ministro Guilherme Augusto Caputo Bastos, *DEJT* 12.06.2020; RR-11289-92.2013.5.01.0042, 5ª Turma, relator Ministro Breno Medeiros, *DEJT* 08.02.2019; RR-976-20.2012.5.09.0322, 6ª Turma, relator Ministro Augusto Cesar Leite de Carvalho, *DEJT* 04.10.2019; ARR-1658-96.2012.5.05.0641, 8ª Turma, relator Ministro Marcio Eurico Vitral Amaro, *DEJT* 23.02.2018)

8. Competência para dirimir conflito envolvendo cláusula compromissória

A cláusula compromissória obriga as partes a, diante de evento futuro e incerto, recorrer ao processo de arbitragem. Mas, de quem será a competência para dirimir eventuais controvérsias que envolva a cláusula compromissória, notadamente sua validade e exigibilidade?

Regra geral, na forma da lei de arbitragem, a previsão contratual de convenção arbitral atrai a competência do juízo arbitral para resolver, com precedência sobre o Poder Judiciário, as questões acerca da existência, validade e eficácia da própria convenção de arbitragem e do contrato que contenha a cláusula compromissória(109), conforme previsão do art. 8º, parágrafo único e art. 20, da Lei n. 9.307/1996.

Dessa forma, uma vez aceito o encargo de direção de sociedade por ações, como destaca com toda pertinência CARLOS ALBERTO CARMONA(110), ao tomar posse o diretor se submete automaticamente a todos os regramentos convencionais, inclusive às condições estatutárias e, entre elas, a cláusula compromissória arbitral, salvo se houver limitação subjetiva excludente. Além disso, como lembrado pelo professor da USP, "por vezes a cláusula estatutária refere-se às disputas entre sócios ou entre sócios e sociedade"(111) ou matéria qualquer outra matéria alheia às relações de trabalho.

Portanto, quando o diretor-eleito toma posse, regra geral, ele se submete automaticamente à cláusula arbitral, mas essa submissão automática excepcionalmente não ocorre se houver limitação subjetiva excludente (vontade expressa) ou, nos termos da lei, se o contrato for do tipo por "adesão".

Sendo assim, por força de lei, a competência do juízo arbitral precede a atuação jurisdicional do Estado; entretanto, a regra geral não é absoluta. Isso porque, excepcionalmente, situações especiais, devidamente especificadas, não se submetem ao juízo arbitral.

De fato, a cláusula compromissória derroga a jurisdição estatal. Somente depois da sentença arbitral é que se abre oportunidade para a sentença judicial, como previsto nas disposições dos arts. 31 a 33 da Lei n. 9.307/1996(112). Mas, a derrogação não prevalece

---

(109) Nesse sentido STJ-Resp. 1.550.260. Disponível em: https://processo.stj.jus.br/processo/revista/inteiroteor/?num_registro=201402050562&dt_publicacao=20/03/2018. Acesso em: 04 out. 2021.

(110) CARMONA, Carlos Alberto; VIEIRA, Vitor Silveira. Breves considerações sobre a Abrangência da Cláusula Compromissória Estatutária. In: *Sociedades Anônimas, Mercados de Capitais e Outros Estudos:* Homenagem a Luiz Leonardo Cantidiano. São Paulo: Quartier Latin, 2019.. v. 2. p. 474.

(111) *Idem*

(112) **Art. 31.** A sentença arbitral produz, entre as partes e seus sucessores, os mesmos efeitos da sentença proferida pelos órgãos do Poder Judiciário e, sendo condenatória, constitui título executivo. **Art. 32.** É nula a sentença arbitral se: I – for nula a convenção de arbitragem; II – emanou de quem não podia ser árbitro; III – não contiver os requisitos do art. 26 desta Lei; IV – for proferida fora dos limites da convenção de arbitragem;

juízo arbitral. A competência em razão da matéria é aferida a partir da natureza jurídica da controvérsia pela devida análise do pedido e da causa de pedir veiculados na inicial. Afinal, as jurisdições estatal e arbitral não se excluem(117).

Nesse contexto, imprescindível atentar para a *mens legis*, dando interpretação à lei conforme o fim social a que se destina, de forma que, por exercício hermenêutico, uma lei não venha aniquilar os princípios basilares de outra lei; em se tratando de Direito do Trabalho, atentar para os limites da permissividade de arbitragem, de que cuida o art. 507-A da CLT, para que a autonomia da vontade corporificada em cláusula compromissória não tenha o condão de derrogar o direito social do trabalho.

Por exceção, não se aplica a precedência do juízo arbitral caso a divergência envolva arbitragem nas relações individuais do trabalho. A competência é da Justiça do trabalho.

Conclusão

A disciplina das relações de trabalho, pela carga de valor que tutela, é de natureza cogente e, por óbvio, irrenunciável. É certo também que a carga de tutela pode variar, a depender do destinatário da tutela, a que a lei considera "hipo" ou "hiper" empregado, além de outras variáveis e condicionantes inerentes a cada contratante.

Exatamente por essa variabilidade, que, inclusive, tem amparo nos princípios da razoabilidade e da boa-fé, na condição da cidadania e da ética, o instituto da arbitragem, antes de difícil aceitação, passou a ser admitido no âmbito da Justiça do Trabalho para o trabalhador hipersuficiente.

Ocorre que, uma vez firmado o compromisso arbitral a competência para solucionar controvérsia advinda do contrato é do juízo arbitral. Essa regra geral, excepcionalmente, cede lugar à jurisdição estatal, a depender da matéria controvertida e da natureza do contrato.

Certamente, o contrato de trabalho regra geral é do tipo por "adesão" e a matéria trabalhista, o que atrai competência constitucional do juiz do trabalho. Isso importa que o empregado sempre terá a possibilidade de levar o caso à Justiça estatal, máxime quando a questão central envolva ausência de iniciativa e falta de consentimento, bem como alegação de fraude a lei contida em cláusula compromissória.

Portanto, havendo relação jurídica-base assentada nas leis trabalhistas, em princípio, a competência é da Justiça do Trabalho; evidentemente, se a matéria em nada envolver questões inerentes a relações de trabalho, como litigio entre sócios ou entre estes e a sociedade, só para exemplificar, a competência não será da Justiça Especializada.

---

(117) Cf. CC. 157.099. Disponível em: https://www.stj.jus.br/websecstj/cgi/revista/REJ.cgi/ITA?seq=1750275&tipo=0&nreg=201800513906&SeqCgrmaSessao=&CodOrgaoJgdr=&dt=20181030&formato=HTML&salvar=false.

Referências

BEZERRA LEITE, Carlos Henrique. *Curso de direito processual do trabalho.* 7. ed. São Paulo: LTr, 2009.

CARMONA, Carlos Alberto; Vieira, Vitor Silveira. Breves considerações sobre a Abrangência da Cláusula Compromissória Estatutária. In: *Sociedades Anônimas, Mercados de Capitais e Outros Estudos:* Homenagem a Luiz Leonardo Cantidiano. São Paulo: Quartier Latin, 2019. v. 2.

COELHO, Fábio Ulhoa. *Manual de Direito Comercial.* 16. ed. São Paulo: Saraiva, 2005.

CUEVA, Mario de. *El nuevo derecho mexicano del trabajo.* 1. ed. México: Editorial Porrúa, 1972.

GOMES, Orlando; Gottchalk, Elson. *Curso de Direito do Trabalho.* 12. ed. Rio de Janeiro: Forense.

GOMES, Orlando. *Ensaios de Direito Civil e Direito do Trabalho.* Rio de Janeiro: Aide Editora, 1986.

FRANCO FILHO, Georgenor de Sousa. *A arbitragem e os Conflitos Coletivos de Trabalho no Brasil.* São Paulo: LTr, 1990.

JORGE NETO, Francisco Ferreira; Cavalcante, Jouberto de Quadros Pessoa. *Direito Processual do Trabalho.* Tomo I. Rio de Janeiro: Editora Lumen Juris, 2007.

MARANHÃO, Délio. *Instituições de Direito do Trabalho.* 11. ed. São Paulo: LTr, 1991. vol. 1.

MARANHÃO, Délio; Carvalho, Luiz Inacio. *Direito do Trabalho.* 17. ed. Rio de Janeiro: Editora da Fundação Getúlio Vargas, 1993.

MIRANDA, Pontes. *Tratado de direito privado.* 3. ed. Rio de Janeiro: Borsoi, 1970. vol. 3.

NASCIMENTO, Amauri Mascaro. *Iniciação ao Direito do Trabalho.* 29. ed. São Paulo: LTr, 2003.

ORSINI, Adriana Goulart de Sena. Formas de Resolução dos Conflitos de Interesses: Espaços de Efetividade dos Direitos Social e Processual do Trabalho. In: *Soluções Alternativas de Conflitos Trabalhistas.* (Orgs. Lorena Vasconcelos Porto e Ricardo José Macedo de Britto Pereira). São Paulo: LTr, 2012.

PINHO PEDREIRA, Luiz de. O princípio da Continuidade. In: *Revista dos Mestrandos em Direito Econômico da UFBA* n. 4, jul.93/dez. 95. (Coords. Paulo Roberto Lyrio Pimenta e Sergio Novais Dias) Salvador: Centro Editorial e Didático da UFBA, 1995. p. 98. Do mesmo autor, consultar *Principiologia do Direito do Trabalho.*

RODRIGUES PINTO, José Augusto. *Tratado de Direito Material do Trabalho.* São Paulo: LTr, 2007.

REQUIÃO, Rubens. *Curso de Direito Comercial.* 13. ed. São Paulo: Saraiva, 1984.

SÜSSEKIND, Arnaldo. *Instituições de Direito do Trabalho.* 11. ed. São Paulo: LTr, 1991. vol. 1.

Domínio público

https://processo.stj.jus.br/processo/revista/inteiroteor/?num_registro=201402050562&dt_publicacao=20/03/2018 STJ-Resp. 1.550.260.

https://processo.stj.jus.br/processo/revista/documento/mediado/?componente=ITA&sequencial=1202329&num_registro=201201003014&data=20160222&peticao_numero==1-&formato-HTML Resp. 1.331.100.

https://processo.stj.jus.br/processo/pesquisa/?tipoPesquisa=tipoPesquisaNumeroRegistro&termo=201801716489&totalRegistrosPorPagina=40&aplicacao=processos.ea STJ. REsp. 1.753.041-GO (0279249-12.2015.8.09.0051).

https://processo.stj.jus.br/processo/revista/documento/mediado/?componente=ITA&sequencial=1407486&num_registro=201302572334&data=20150519&peticao_numero=-1&formato=HTML STJ, CC. 129.310.

https://www.stj.jus.br/websecstj/cgi/revista/REJ.cgi/ITA?seq=1750275&tipo=0&nreg=201800513906&SeqCgrmaSessao=&CodOrgaoJgdr=&dt=20181030&formato=HTML&salvar=false CC. 157.099.

Aspectos Práticos do Teletrabalho. Em Busca de Compatibilidade de Sistemas: Presencial/Clássico e Virtual/Teletrabalho[1]

Resumo: Muito se tem dito acerca do teletrabalho e as dificuldades em adotar a nova forma de prestar o trabalho, principalmente no âmbito do Direito Coletivo, pela falta de liberdade sindical. Agora, propõe-se abordagem diversa: sob aspectos práticos. Tantas são as dificuldades. Uma, que chama bastante a atenção é o enquadramento sindical do teletrabalhador, dada a possibilidade de ser prestada a atividade laboral de qualquer lugar, fora do ambiente da empresa. Isso torna incompatível a noção de representatividade sindical obrigatória e vinculada à uma base territorial única. Outra, bastante sensível, diz respeito ao ambiente de trabalho e ao não retrocesso de direitos sociais. Certamente, quando o mundo jurídico estava empenhado em melhor entender o fenômeno do teletrabalho e como regulamentá-lo, de forma a conservar direitos sociais conquistados, eis que surge, repentinamente, crise em saúde pública (Covid-19), em proporção e letalidade jamais imaginada por essa geração. Diante da pandemia de importância internacional restou apenas a opção do trabalho virtual, nas atividades não essenciais. E assim, o teletrabalho que vinha se firmando, de um momento para o outro, sem a devida regulamentação, passou a ser a opção possível. Com sua generalização vieram as complexidades na adoção do sistema e as dificuldades em harmonizar o sistema virtual ao clássico, daí porque, com a atenção voltada para aspectos práticos, de aplicação e compatibilização dos sistemas, apresentamos essas considerações.

Palavras-chave: sistema-compatibilidade-harmonização-trabalho presencial; trabalho virtual ; enquadramento sindical; unicidade sindical; base territorial; norma coletiva ; teletrabalho; cyberespace; aspectos práticos.

Abstract: Much has been said about telework and the difficulties in adopting the new way of providing work, especially in the context of collective law, due to the lack of union freedom. Now, a different approach is proposed: in practical aspects. There are so many difficulties. One that draws a lot of attention is the union framework of the teleworker, given the possibility of being provided the work activity from anywhere, outside the company environment. This makes the notion of trade union representation mandatory and linked to a single territorial base incompatible. Another, very sensitive, concerns the work environment and the non-rollback of social rights. Certainly, when the legal world was committed

(1) Nota do organizador: Texto em coautoria com Thiago Leão Nepomuceno originalmente publicado na *Revista de Direito do Trabalho RT*. São Paulo. v. 220. 2021.

to better understanding the phenomenon of telework and how to regulate it, in order to preserve conquered social rights, this is where a crisis in public health (Covid-19) suddenly arises, in proportion and lethality never imagined by this generation. Given the pandemic of international importance, only the option of virtual work in non-essential activities was left. And so, the telework that had been being established, from one moment to the next, without due regulation, became the possible option. With its generalization came the complexities in the adoption of the system and the difficulties in harmonizing the virtual system to the classic, hence why, with the attention focused on practical aspects, application and compatibilization of the systems, we present these considerations.

Keywords: system-compatibility-harmonization-face-virtual work; union framework; union unity; territorial basis; collective norm; telework; cyberespace; practical aspects.

Introdução

As relações de trabalho são dinâmicas. Acompanham a evolução das relações socioeconômicas, com aguçada sensibilidade, por aflorar delas as condições de subsistência do homem, ou, por outras palavras, por ser substrato do direito das necessidades.

O marco decisivo — e estabilizador das relações de trabalho — veio na segunda metade do Século XX, quando o trabalho obteve o reconhecimento de direito humano, pelos documentos internacionais do pós-Guerra.

As relações trabalhistas experimentaram a estabilidade.

Mas, logo a tensão social se reinstala, gerada por crises que se sucederam a partir dos anos 1970 e pela mudança na forma de produção, consequentemente, na forma de prestar o trabalho.

Aquele modelo produtivo da Era industrial (empresa horizontalizada, centrada) passa a dividir espaço com novo modo de produção decorrente do desenvolvimento das comunicações (empresa verticalizada, descentralizada).

Descentralização produtiva e teletrabalho passam a ocupar as atenções, quando, de repente, em decorrência da crise sanitária provocado pela Covid-19, apresenta-se o trabalho à distância, por meios telemáticos, como única viável para as atividades não essenciais.

A única maneira de garantir a continuidade das atividades, modo geral, foi por meio do teletrabalho, obrigando os setores produtivos a se reinventaram como forma de sobreviver.

E assim, o que se esperava para o futuro, antecipou-se. O futuro chegou. E com ele a complexidade, as dificuldades, a necessidade de harmonizar sistemas de proteção legal, enfim, a necessidade de assegurar direitos sociais objeto de conquistas históricas.

Tantas e tão variadas as dúvidas!

Inobstante isso, intenta-se uma abordagem sob perspectiva prática para, ainda que minimamente, tentar colaborar no enfrentamento da questão.

1. Evolução nos meios de produção e os reflexos na forma de prestar o trabalho, a evidenciar o descompasso entre a lei e o fato. A Covid-19 como importante fator na consolidação do trabalho à distância

O mundo do trabalho é dinâmico e extremamente sensível aos influxos sociais e econômicos próprios de cada época.

Os avanços do conhecimento humano repercutem imediata e diretamente na forma de produção e, por obvio, na forma de prestar o trabalho.

Sempre foi assim — e assim será. Mas, a normativa que rege as relações sociais do trabalho não acompanha as transformações na velocidade necessária. Está em defasagem, como é normal, pois a lei regula os fatos e as relações sociais.

Enquanto não se tem a norma regulamentar, no âmbito das relações trabalhistas, a adequação — e enquanto não vem a lei estatal — fica por conta da lei privada elaborada pelos atores sociais, por meio de norma particular ou coletiva.

O empregador pode — e deve — editar norma interna, independentemente de normas coletivas advindas de negociação coletiva entre empresa e sindicato (acordo coletivo de trabalho) ou entre sindicatos das categorias profissional e econômica (convenção coletiva de trabalho).

Relativamente à modalidade de trabalho introduzida pela tecnologia, quando o mundo do trabalho ainda estava buscando conceituar, classificar, estabelecer especificidades, a fim de regulamentar a nova forma de prestar o trabalho, repentinamente, o teletrabalho passou a ser a opção para se prestar o trabalho em decorrência da decretação, pelas autoridades em saúde pública, do isolamento social como forma de conter pandemia decorrente da Covid-19.

O que poderia derivar da liberdade contratual e de gestão, transforma-se, pelo interesse público de preservar vida e empresa, em imposição sem se saber, ao certo, e até quando, vencida a calamidade pública em saúde, o trabalho presencial terá predomínio.

A única certeza é que as duas modalidades conviverão e, ainda, que direitos e garantias sociais trabalhistas deverão ser assegurados em uma e outra modalidades de trabalho.

Se é assim, o empregador deve buscar a implantação do sistema de teletrabalho, de forma a equalizar o aumento de flexibilidade, da autonomia, da responsabilidade, da redução de tempo de deslocamento e de produtividade, além das necessárias adaptações contratuais e de ambiente de trabalho (*home office*).

Portanto, independentemente da situação emergencial que se vive, o teletrabalho vai permanecer, com a coexistência das duas modalidades de trabalho. A que vai ser adotada em cada momento ou qual vai preponderar depende dos interesses das partes (empregador/empregado).

Sem dúvida, além da necessidade de isolamento, o avanço tecnológico e o surgindo de novas ferramentas que propiciem a execução da atividade laborativa, ditarão qual modalidade prevalecerá.

2. Prevalência dos direitos sociais frente à liberdade econômica

Por mais profundos que sejam os abalos, sejam os sentidos pela evolução do modelo produtivo, seja por desastres naturais, como ocorre com a calamidade em saúde pública, o certo é que os direitos sociais do trabalho têm sólido alicerce na Declaração Universal dos Direitos do Homem (DUDH) de 1948 e Convenções da Organização Internacional do Trabalho (OIT).

Foi nesse importante marco sócio-político-jurídico que o homem trabalhador resgatou sua humanidade tão negligenciada através dos tempos e principalmente no início da sociedade industrial.

Esses direitos foram transportados para modernas constituições, inclusive para a Constituição Federal brasileira de 1988.

No rol de direitos e garantias fundamentais do cidadão — e como tal o cidadão trabalhador — estão elencados, pela Constituição Federal, em primeiro lugar, vida, saúde e segurança, liberdade e igualdade, além de direitos sociais individuais e coletivos do trabalho.

Por outro lado, na mesma medida, assegurou a livre-iniciativa, que permite a liberdade de gestão e de contratar.

Entretanto, essa liberdade deve ser exercida com observância e absoluto respeito aos direitos sociais, de forma que, havendo choque entre tais direitos, garantias e liberdades, prevalecerão os direitos sociais e os direitos humanos.

Partindo-se de tal premissa, seja na modalidade da prestação do trabalho presencial ou à distância, não se pode ignorar ou negligenciar quaisquer direitos ou garantias sociais asseguradas ao trabalhador, sejam eles constitucionais ou infraconstitucionais.

Assim, as partes podem contratar livremente — ou aditar o contrato de trabalho — a forma de prestar o trabalho na modalidade teletrabalho, mas os direitos sociais do teletrabalhador devem ser rigorosamente observados.

A liberdade econômica deve ser exercida em harmonia e respeitando os direitos sociais, como, aliás, preceitua a Constituição Federal.

3. Teletrabalho como objeto de viva atenção

Com a disseminação do teletrabalho a atenção, seja da normativa internacional, seja da nacional, já se encaminhava, com firmeza, em busca de diretrizes a serem observadas na nova modalidade de prestar o trabalho, a fim de garantir proteção de trabalhadores em trabalho remoto ou *home office*.

Tanto que a Organização Internacional do Trabalho (OIT), no âmbito das Convenções ns. 142, sobre Desenvolvimento de Recursos Humanos; 156, sobre Igualdade de Oportunidade e 159 sobre Trabalho do Deficiente Físico, trazem orientações a serem seguidas pelos Estados-membros, normativa que se aplica em nosso sistema jurídico por ratificação (cf. Decreto n. 10.088/2019) ou pela permissividade da CLT (art. 8º).

O certo é que, em decorrência do sistema amplo de proteção, o teletrabalho deve ser organizado dentro de políticas e programas coordenados e abrangentes de orientação e de formação profissional que, entre outros, levem em conta a necessidades de emprego, oportunidades e programas em âmbito regional, além do nível de desenvolvimento sócio, econômico e cultural nacional.

Mais recentemente, quando do Centenário da Organização Internacional do Trabalho (OIT), constou do IV Relatório da Declaração[(2)] a necessidade de reforçar as instituições do trabalho para garantir proteção adequada aos trabalhadores num contexto caracterizado por formas de trabalho novas e emergentes e que independentemente da sua situação profissional ou vínculo contratual todos os trabalhadores devem ter asseguradas garantias.

Entre as garantias referidas estão direitos fundamentais: limite à duração máxima do trabalho; segurança e saúde no trabalho; proteção à privacidade e dados pessoais e oportunidades para conciliar vida pessoal e profissional por meio de controle sobre o seu tempo de trabalho, em condições que respeitem as necessidades da empresa e promovam uma eficiência produtiva e benefícios comuns.

Portanto, a recomendação das normas internacionais volta-se, com todo vigor, para direitos e garantias inerentes à pessoa (vida, saúde, segurança, liberdade, privacidade etc.), sem esquecer a importância da empresa na consecução do bem comum, da justiça social e da dignidade humana.

No âmbito do direito interno, o legislador não se afastou de tais diretrizes. Ao revés, toda a normativa internacional vinculada à Declaração Universal dos Direitos do Homem (DUDH) e Pactos subsequentes (Pacto Internacional dos Direitos Econômicos, Sociais e Culturais — PIDESC, art. 2º, I) serviu — e serve — de alicerce para o sistema jurídico nacional.

---

(2) Disponível em: https://www.ilo.org/wcmsp5/groups/public/---europe/---ro-geneva/---ilo-lisbon/documents/publication/wcms_706928.pdf.

A começar pela Constituição Federal que, impactada pelos Direitos Humanos, elegeu prioritariamente o homem como destinatário de ampla tutela e merecedor de dignidade, conforme o elenco de direitos e garantias individuais, de direitos sociais, inclusive do trabalho e direitos coletivos (CF arts. 1º, 5º, 6º, 7º e 8º).

Também a Constituição Federal (art. 218), frente ao progresso da ciência e da tecnologia, prevê a formação da cidadania digital.

E cidadania digital compreende não só o acesso à internet e a necessária educação digital, de que trata o marco legal da internet — Lei n. 12.965/2014 (art. 4º) —, mas também garantia de proteção básica para o trabalho e a cidadania.

Assim, na adoção do teletrabalho parâmetros e fundamentos da disciplina do uso da *internet* devem ser observados, de forma que o trabalhador seja capaz de adaptar com flexibilidade à nova ocupação ou aperfeiçoamento. O uso da rede mundial requer, nos termos do art. 2º da referida Lei n. 12.965/2014 (marco civil da *internet*), (i) o reconhecimento da escala mundial da rede, (ii) os direitos humanos, o desenvolvimento da personalidade e do exercício da cidadania em meios digitais, (iii) a pluralidade e a diversidade, (iv) a abertura e a colaboração, (v) a livre-iniciativa, a livre concorrência e a defesa do consumidor e (vi) a finalidade social da rede.

Quando a atenção se volta para o Direito do Trabalho — e considerando que vida, saúde e segurança são os bens a serem tutelados com maior intensidade — o teletrabalho deve ser realizado com estrita observância de normas de proteção e segurança no trabalho, bem como na conformidade, entre outras, com a Norma Regulamentadora n. 17, integrante da Portaria n. 3.214, da Secretaria Especial do Trabalho(3).

Os parâmetros estabelecidos por normas regulamentares, notadamente a citada NR sobre ergonomia, o mobiliário e equipamento de trabalho devem ser adequados (mesa, cadeira, instrumento de trabalho: computador, laptop, etc.), assim como as condições ambientais (ruído, temperatura, iluminação), a postura física correta e a organização do trabalho compatível com: (i) normas específicas de produção; (ii) operações a serem realizadas, (iii) exigência de tempo; (iv) determinação do conteúdo de tempo; (v) ritmo de trabalho e (vi) conteúdo das tarefas.

Enfim, o que exige o sistema de proteção do trabalho, na mesma linha da OIT, é a dignidade no trabalho, seja na modalidade clássica ou no teletrabalho, e, para tanto, necessário garantir bem-estar físico, mental e social ao trabalhador, com saúde e efetividade dos direitos sociais.

---

(3) NR-17 – ERGONOMIA. Disponível em: https://sit.trabalho.gov.br/portal/images/SST/SST_normas_regulamentadoras/NR-17.pdf.

NR-17 – Anexo 02. Disponível em: https://sit.trabalho.gov.br/portal/images/SST/SST_normas_regulamentadoras/NR-17-Anexo-02.pdf.

4. Teletrabalho

O teletrabalho, também conhecido como trabalho à distância, já vinha sendo praticado em decorrência da transformação no modo de produção pelo impacto da tecnologia e das comunicações. E, assim, o trabalho que era prestado de forma presencial passou a ser possível também de forma remota. Essa realidade não foi objeto de maiores preocupações do legislador, resultando daí grande insegurança jurídica.

A insegurança permaneceu até o advento da Lei n. 12.551, de 15.12.2011, que, modificando o art. 6º da CLT, equiparou a empregado aquele que trabalhe em domicílio ou à distância, utilizando-se de meios telemáticos e informatizados.

Segundo as disposições do art. 6º da CLT(4), o trabalho realizado em domicílio não se distingue do prestado no estabelecimento da empresa.

Instituiu-se possibilidade do trabalho à distância e isonomia de tratamento.

Assim, uma vez presentes elementos da relação de emprego, para os efeitos da lei, as duas modalidades de trabalho são consideradas iguais.

Entretanto, direitos iguais, mas condições de trabalho diferentes.

Isso significa que, no trabalho remoto, pelas características dessa modalidade, as condições de trabalho devem ser adequadas à nova realidade.

Embora o legislador ordinário tenha inserido o teletrabalho no sistema nacional, pouco avençou na regulamentação, deixando de normatizar, com regras próprias, uma série de aspectos a serem observados ao se implantar o sistema.

5. Teletrabalho na CLT

A primeira alteração da CLT, em relação ao teletrabalho, veio com nova redação dada ao art. 6º da CLT, pela Lei n. 12.551, de 15.12.2011, quando foi equiparado a empregado aquele que trabalha em domicílio ou à distância, utilizando-se de meios telemáticos e informatizados.

Depois da previsão do teletrabalho ou trabalho à distância, com o advento da Lei n. 13.467, de 13.07.2017, introduziu o legislador, no contexto da CLT, o Capítulo II-A – Do Teletrabalho, com algumas questões regulamentares da nova modalidade de trabalho.

---

(4) Art. 6º Não se distingue entre o trabalho realizado no estabelecimento do empregador, o executado no domicílio do empregado e o realizado a distância, desde que estejam caracterizados os pressupostos da relação de emprego. Parágrafo único – Os meios telemáticos e informatizados de comando, controle e supervisão se equiparam para fins de subordinação jurídica aos meios pessoais e diretos de comando, controle e supervisão do trabalho alheio.

Das novas disposições constam os seguintes aspectos:

> Art. 75-A. A prestação de serviços pelo empregado em regime de teletrabalho observará o disposto neste Capítulo.
>
> Art. 75-B. Considera-se teletrabalho a prestação de serviços preponderantemente fora das dependências do empregador, com a utilização de tecnologias de informação e de comunicação que, por sua natureza, não se constituam como trabalho externo.
>
> Parágrafo único. O comparecimento às dependências do empregador para a realização de atividades específicas que exijam a presença do empregado no estabelecimento não descaracteriza o regime de teletrabalho.(5)
>
> Art. 75-C. A prestação de serviços na modalidade de teletrabalho deverá constar expressamente do contrato individual de trabalho, que especificará as atividades que serão realizadas pelo empregado.
>
> § 1º Poderá ser realizada a alteração entre regime presencial e de teletrabalho desde que haja mútuo acordo entre as partes, registrado em aditivo contratual.
>
> § 2º Poderá ser realizada a alteração do regime de teletrabalho para o presencial por determinação do empregador, garantido prazo de transição mínimo de quinze dias, com correspondente registro em aditivo contratual.
>
> Art. 75-D. As disposições relativas à responsabilidade pela aquisição, manutenção ou fornecimento dos equipamentos tecnológicos e da infraestrutura necessária e adequada à prestação do trabalho remoto, bem como ao reembolso de despesas arcadas pelo empregado, serão previstas em contrato escrito.
>
> Parágrafo único. As utilidades mencionadas no *caput* deste artigo não integram a remuneração do empregado.
>
> Art. 75-E. O empregador deverá instruir os empregados, de maneira expressa e ostensiva, quanto às precauções a tomar a fim de evitar doenças e acidentes de trabalho. Parágrafo único. O empregado deverá assinar termo de responsabilidade comprometendo-se a seguir as instruções fornecidas pelo empregador.

Analisando as disposições normativas, segundo o art. 75-B, considera-se teletrabalho a prestação de serviços preponderantemente fora das dependências do empregador, utilizando-se meios tecnológicos.

Consta dos termos da lei dois esclarecimentos que, em tese, poderiam gerar dúvidas: a preponderância e a presença esporádica do empregado na empresa. Nas duas hipóteses o regime de teletrabalho não se descaracteriza.

A lei deixou, portanto, aberta a possibilidade de flexibilização, com base no critério da preponderância. Dos cinco dias de trabalho da semana se em um dia o trabalho for na empresa isso não afasta o sistema de teletrabalho. Também não invalida o sistema a presença do empregado em regime de teletrabalho nas dependências do empregador, se for para realizar atividade especifica que exija a presença.

---

(5) (...) As disposiçoes legais sobre teletrabalho foram aperfeioadas pela Lei n. 14.442/2022, com consequente reordenação numérica do capítulo.

O art. 75-C, por sua vez, trata de formalidades contratuais e autonomia da vontade. A forma é escrita e as atividades, condições e especificidades devem dele constar. Assim, observados pressupostos e requisitos da modalidade, a prestação do trabalho pode ser contratada na modalidade a distância ou remoto ou *home office*(6).

Se, no entanto, o contrato estiver em curso, as partes podem livremente, mediante acordo, fazer alteração do contrato do regime presencial para o teletrabalho. Exige-se, nesse caso, o encontro de vontades das partes: empregado e empregador.

Mas, a alteração inversa — do teletrabalho para presencial — não requer anuência do empregado. O empregador pode fazer a alteração, desde que garanta ao empregado prazo mínimo de quinze dias para a transição.

As disposições do art. 75-D, voltam-se para o custeio da atividade, quando, reafirmando princípio básico do Direito do Trabalho, qual seja, a atividade é custeada pelo empresário, preveem que responsabilidade e custos de aquisição, manutenção e fornecimento de equipamentos de trabalho, de infraestrutura e despesas inerentes a prestação do trabalho remoto devem ser previstos em contrato e arcadas pelo empregador.

E para não restar dúvida quanto à natureza de tais gastos ou utilidades esclarece o legislador que eles não integram a remuneração do empregado. Conferiu-lhes, portanto, natureza indenizatória.

Saúde e segurança no trabalho foi objeto de regulação pelo art. 75-E. Nos termos deste artigo é obrigação do empregador instruir os empregados quanto às precauções a tomar a fim de evitar doenças e acidentes de trabalho.

A orientação deve ser expressa, formal, conhecida, visível, além de o empregado assinar termo de responsabilidade comprometendo-se a seguir as instruções fornecidas.

Esse é um aspecto da maior relevância, pois voltado totalmente, por um lado, para a preservação da saúde do empregado em ambiente fora da empresa; por outro, minimiza riscos da empresa em relação à saúde do empregado, enquanto este estiver fora do alcance do seu poder diretivo direto.

Como envolve questão técnica de saúde, segurança e ergonomia, em que a responsabilidade do empregador é objetiva (não depende de averiguação de elemento subjetivo) os profissionais técnicos (médico e engenheiro do trabalho) deverão adequar os instrumentos normativos de que tratam as Normas Regulamentares, entre elas o Programa de

(6) Aquele que for selecionado e contratado pode trabalhar integralmente na modalidade virtual. Aquele que já estiver trabalhando na empresa pode ser deslocado para o trabalho virtual, total ou parcial, a critério do empregador. Aquele que estiver trabalhando de forma virtual e for deslocado para o trabalho presencial tem 15 dias para a mudança. Em todas as hipóteses (contrato/novo ou aditivo/empregado) o ato é formal, devendo constar de cláusulas contratuais todos os direitos, obrigações, condições, aspectos e peculiaridades do teletrabalho.

Prevenção de Riscos Ambientais (PPRA) e ao Programa de Controle Médico de Saúde Ocupacional (PCMSO), a fim de documentar a possibilidade de riscos e como evita-los, transpondo-se as orientações e recomendações para o contrato de trabalho ou para aditivo ao contrato, bem como para as expressas e formais recomendações e treinamentos correlatos.

Ainda com relação à saúde deve o empregador observar, com rigor, a jornada de trabalho do teletrabalhador, observando-se, inclusive, a partir de meios tecnológicos — e segundo as possibilidades — a permanência no trabalho. Se, para os efeitos da lei (art. 6º da CLT, com redação da Lei n. 12.551/2011), trabalho pessoal e virtual se equiparam, não há distinção, isso significa que todos os direitos são igualmente aplicáveis.

Daí ser necessário o controle, na medida do possível, da jornada de trabalho. A exposição demorada do trabalhador, sem intervalos, com mesma postura, frente a tela do monitor é altamente prejudicial à saúde. Poderá trazer-lhe graves danos.

O controle é importante também porque, embora fora do controle e vigilância do empregador, ao teletrabalhador não se aplica o art. 62, II da CLT, ou seja, não é considerado trabalho externo sem possibilidade de controle. O controle é inerente e essencial.

Como se vê, é importantíssimo que todas as condições de trabalho sejam explicitadas minuciosamente, especialmente as relativas a saúde, segurança e ergonomia e, portanto, as questões inerentes à jornada.

Da mesma forma, devem ser observadas medidas preventivas para a saúde (cf. art. 160 CLT), seja nos telecentros, seja em *home office*. Além disso, deve o empregado ser submetido a exames admissional, periódico e demissional, a quem deve ser fornecido, no curso da relação de emprego, conforme a necessidade, equipamento de proteção individual (EPI). Tudo isso, na forma do art. 167 e seus parágrafos da CLT e NR-7[(7)].

Igualmente da maior relevância informar ao empregado os riscos da atividade e dos equipamentos utilizados, como preveem os art. 19, § 3º, da Lei n. 8.213/1991, assim como, art. 182, II, e 197 da CLT.

Em síntese, o teletrabalho ou trabalho à distância ou *home office*, deve ser minucioso e ostensivamente regulado e acompanhado pelo empregador[(8)], a ele se aplicado,

---

(7) NR-7 – Programa de Controle Médico de Saúde Ocupacional. Disponível em: https://www.gov.br/trabalho/pt-br/inspecao/seguranca-e-saude-no-trabalho/normas-regulamentadoras/nr-07.pdf+

(8) Se o trabalho por meios telemáticos importa necessariamente distanciamento, como fica o trabalho do estagiário que pressupõe formação pelo aprendizado presencial? O certo é que a lei não veda o teletrabalho por estagiário, entretanto há de se analisar a contratação e prestação, à luz da lei específica do estágio (Lei n. 11.788/08), que, virtual ou presencial, determina àquele que contratar estagiário deverá observar que o ato educativo escolar supervisionado deverá ter acompanhamento efetivo de professor orientador da instituição de ensino e por supervisor da parte cedente (art. 3º, § 1º). Ou seja, pelos meios possíveis (telefone, e-mail, Skype, *hangouts* etc.) o supervisor do estágio deve fazer efetivo acompanhamento das atividades do estagiário e ficar à disposição para orientação. Por se tratar de trabalho que envolve formação profissional — e ante a

observadas as incompatibilidades próprias do novo sistema, toda a legislação trabalhista. Ao regulamento previsto nos arts. 75-A ao 75-E, da CLT, somam-se direitos sociais previstos na CLT, nas leis esparsas e na Constituição Federal.

6. Enquadramento sindical, norma coletiva aplicável e dificuldade advinda da unicidade sindical vinculada a um mesmo território.

As relações de trabalho são extremamente dinâmicas, enquanto sua regulação, pelo processo legislativo, é lenta. A norma coletiva, como forma particular de regulação de relações de trabalho, é mais dinâmica.

Mas, ainda que o processo de produção da norma seja privado, reveste-se da maior importância questões inerentes à evolução dos tempos e das relações sociais e seus importantes reflexos na forma de se prestar o trabalho.

A norma coletiva deve guardar o devido respeito à ordem jurídica e aos usos e costumes, de forma que o grande desafio é regular o trabalho virtual, em meio a um sistema jurídico posto para regular o trabalho pessoal.

De fato, a CLT foi editada para reger relações de trabalho em um modelo de produção em que empregador e empregado coabitavam — e ainda coabitam — o mesmo espaço físico. O elemento característico é a subordinação.

Foi sob essa premissa que o modelo sindical vigente se estruturou, marcado pela representatividade legal e sindicato único, vedada mais de um por base territorial.

Como então compatibilizar trabalho à distância ou *home office* com o sistema sindical, que agrega condição impositiva?

Antes de enfrentar essa questão há de se esclarecer que são duas questões distintas: uma, juízo competente, para julgar o feito (CLT. art. 651); outra, norma coletiva a ser aplicada (base territorial).

---

excepcionalidade do isolamento social — o Tribunal Superior do Trabalho se manifestou sobre a possibilidade temporária do trabalho remoto ou home office do estagiário. Quanto à "definitividade" há de se aguardar para melhor compreensão da forma como o tema será enfrentado pela Justiça e pelo Centro integrado Educação-Escola (CIEE), umas das principais entidades encarregadas do programa de aprendizagem e estágio de estudantes. Assim, nada impede que, na atualidade, a contratação de estagiário se dê na forma virtual. Mas, passada a emergência, a empresa deverá acompanhar de perto o desenvolvimento da questão, além de verificar o tratamento e a compatibilização a ser dada pelo CIEE na formação. A mesma conclusão se aplica ao aprendiz. Portanto, desde que respeitado a legislação especial que rege o trabalho do aprendiz (Lei n. 10.097/00) — e do estagiário (Lei n. 11.788/08) —, com possíveis adaptações em decorrência da prestação de trabalho ser virtual. Assim, o contratante, além do rigor na implementação do novo sistema, deve acompanhar com maior intensidade o trabalho do aprendiz e do estagiário, a fim de não ensejar descaracterização do regime. Inclusive, consigna-se que após a contratação de estagiário e/ou aprendiz em regime 100% de teletrabalho pode haver alteração para a modalidade 100% presencial, considerando, tal alteração plenamente benéfica, pois, as dificuldades do trabalho virtual na aprendizagem esvairiam, passando o aprendiz ou o estagiário ao modo tradicional da aprendizagem presencial.

Esta (norma aplicável), requer atenção e observância de princípios que regem o direito coletivo do trabalho, notadamente os corporificados nas disposições do art. 8º, da Constituição Federal.

Nos termos da referida norma constitucional o enquadramento sindical é vinculado à correspondência de categorias profissional e econômica. Por isso, o empregado que se dedica a determinada atividade pertence obrigatoriamente — e é representado — pelo sindicato correspondente àquela atividade; da mesma forma a empresa está vinculada — e é representada — ao sindicato que representa a atividade empreendida.

A representação legal, que tem por limite a base sindical única, é própria do modelo de prestação de trabalho presencial.

A prestação do trabalho de forma virtual, em nuvem ou em rede, não é compatível com tal sistema de representação sindical, vez que o empregado pode estar ou não trabalhando na base territorial do empregador.

A forma de prestar o trabalho, com emprego de meios telemáticos, mudou radicalmente; a subordinação perdeu muito do seu peso na caracterização da relação de emprego.

Sendo assim, enquanto a sede da empresa, regra geral, é física e se sabe, com precisão, qual o sindicato representativo da categoria econômica, diversamente, o teletrabalhador pode prestar serviços de qualquer lugar, inclusive do exterior, de forma virtual(9).

Aliás, empresa — e notadamente a de tecnologia —, frente às suas necessidades, pode abrir processo seletivo para contratar empregado para a área específica e altamente especializada. Esse empregado, por óbvio, irá trabalhar por meios telemáticos.

E, por ser telemático, não há (ou pode não haver) exigência de se delimitar o local da prestação, vez que, dadas as características e especificidades, o trabalho pode ser prestado a partir de qualquer local, no país ou no exterior.

Desfaz-se assim a possibilidade da correlação de categorias assentada em um território, porquanto o teletrabalhador pode estar em qualquer lugar.

---

(9) O empregado brasileiro pode residir em qualquer lugar, inclusive no exterior. Imagina-se que a cautela será quanto aos termos da pactuação, se algum direito ou dever advir de tal condição. Entretanto, como a recomendação, a fim de viabilizar o enquadramento sindical, é o contrato com foro da sede, em nada interferindo o local da prestação de serviços, será conveniente celebrar contrato com endereço no país que, por ser brasileiro, certamente possui. A referência ao exterior poderia ser objeto apenas de uma possibilidade, pelo fato de o trabalho virtual não exigir o físico, mas o produto ou resultado. Nesse caso, a depender da periodicidade, da natureza do trabalho (p. ex. projeto ou criação), a contratação poderia, advirta-se, se não presentes elementos da relação de emprego, ser por contrato autônomo. Com relação à possibilidade de a empresa contratar estrangeiro para, com esse *status*, prestar serviços, a compatibilidade passa pelo rigoroso crivo de leis que regulam o trabalho do estrangeiro, inclusive visto de trabalho e contrato temporário.

Surge daí a indagação: qual o acordo ou convenção coletiva de trabalho aplicável? A da base territorial da sede da empresa ou de onde o empregado presta o trabalho?

A resposta passa necessariamente pela dicção do art. 8º da CF[(10)].

A realidade é diversa, mas deve ser tomada em harmonia com a ordem constitucional.

Certamente, os pressupostos constitucionais, que não podem ser desprezados, são os que afirmam que a representação é vinculada e obrigatória, não podendo o empregado escolher que sindicato o representará. A representação é conforme o enquadramento na categoria e na base territorial própria.

Vê-se também que a Constituição — assim como a CLT — não previu trabalho em *cyberespace*, de forma a viabilizar a correlata correspondência de sindicatos, vale dizer, sindicato patronal com aquele onde, efetivamente, encontra-se o empregado a prestar serviços em teletrabalho.

Imagina-se, só para exemplificar, que o sindicato patronal tenha base territorial no Estado de São Paulo e que o (ou os) empregado(s) preste(m) serviços nos Estados do Amazonas ou Rio Grande do Sul ou de Pernambuco, seguindo-se o enquadramento sindical obrigatório, qual a CCT aplicável? A firmada pelos sindicatos patronal e profissional da sede da empresa ou a do Estado onde o trabalho é prestado?

Acresça-se ainda a essa hipótese a possibilidade de, por se trata de teletrabalho na área de tecnologia, de o empregado poder se locomover conforme sua conveniência (nessa forma, o mais importante é a prestação do trabalho, o resultado; e não a subordinação), caso em que, também, a normatividade sobre enquadramento sindical não resolve a questão por completo.

Diante da insuficiência da legislação para o enquadramento sindical no *cyberespace*, necessário, acredita-se, regulamentação interna a fim de a empresa incorporar em suas práticas e rotinas o teletrabalho e a forma como aplicará o enquadramento sindical para, a partir daí, seguir uma disciplina que não viole ou desrespeite direitos e garantias do trabalhador, inclusive coletivas.

Nessa regulamentação interna (transposta para o contrato de trabalho), uma vez que a lei é silente, poderá ser inserido dispositivo prevendo que, por se tratar de teletrabalho/espaço *cyber*, a norma coletiva a ser aplicada seria aquela da sede da empresa.

Ou seja, o sindicato da categoria econômica, da sede física da empresa, atrairia para sua base o *cyberespace*. Assim, independentemente da localização do empregado no

(10) Levando-se em conta o necessário enquadramento sindical e as peculiaridades do trabalho virtual o recomendável é aplicar o acordo ou a convenção coletiva da matriz, onde as partes elegeram como foro de contratação e de entrega de resultados do trabalho.

espeço físico territorial, seu vínculo de enquadramento seria com o sindicato profissional que representa a categoria na base ou sede da empresa.

Em suma, sem abandonar os pressupostos legais e constitucionais, a empresa por sua norma interna, na conformidade com o processo seletivo para contratação de teletrabalhador — ou de aditivo a contrato de trabalho daquele que passar a prestar serviços nessa modalidade —, instituirá que o contrato será firmado pelas partes na sede e para prestação ou entrega dos resultados na matriz, com aplicação do acordo ou a convenção coletiva do local da contratação.

7. Ciberespaço: Vantagens e desvantagens do trabalho neste espaço

A prestação de serviços no *cyberespace*, assim como no espaço físico presencial, apresenta-se como ação do homem em busca de meio para sobreviver e para sua realização pessoal e social.

A forma de trabalhar passa a ser no espaço virtual, concebido como um mundo virtual global coerente. A esse espaço se acede, anui e se navega. O virtual disponível, ou a virtualidade, não depende de configurações específicas que o usuário possa dele extrair, ao revés, no espaço informacional os dados são configurados de tal modo que o usuário pode acessar, movimentar e trocar informações com incontáveis números de outros usuários.

Recorrendo-se à doutrina especializada, tem-se que o

> *Ciberespaço* será considerado como todo e qualquer espaço informacional multidimensional que, dependente da interação do usuário, permite a este o acesso, a manipulação, a transformação e o intercâmbio de seus fluxos codificados de informação. Assim sendo, o ciberespaço é o espaço que se abre quando o usuário se conecta com a rede. Por isso mesmo, esse espaço também inclui os usuários dos aparelhos sem fio, na medida em que esses aparelhos permitem a conexão e troca de informações. Conclusão, ciberespaço é um espaço feito de circuitos informacionais navegáveis. Um mundo virtual da comunicação informática, um universo etéreo que se expande indefinidamente mais além da tela, por menor que esta seja, podendo caber até mesmo na palma de nossa mão (SANTAELLA, 2004, p. 45).

Portanto, *cyberespaço* é espaço global que se abre aos usuários. Nele interage homem e máquina, numa relação simbiótica, em que, nesse espaço de circuitos informacionais navegáveis, o usuário possui responsabilidade.

Dessa forma, se a legislação trabalhista se aplica à nova modalidade de trabalho e se o empregador é responsável por ações de seus empregados, importante que tenha a empresa não só a tecnologia e a possibilidade de domínio, como aliada na execução de sua atividade empresarial, mas também pratique aprendizado e exerça contenção e controle.

Liberdade de empreender que se alia a responsabilidade, para bem desempenhar a atividade e garantir direitos do teletrabalhador, mesmo porque, no teletrabalho há vantagens e desvantagens(11).

Entre as vantagens pode-se enumerar, por parte da empresa: economia com aluguel de espaço físico para o trabalho presencial ou de escritório, custos fixos de manutenção, redução de poluição ambiental, possibilidade de implantar formas de trabalho mais flexíveis; por parte do empregado: trabalhar sem descuidar de outras obrigações sociais (inclusive familiares e com educação de filhos), maior autonomia no horário de trabalho, ganho de tempo de deslocamento para o trabalho e vice-versa (expressivo, nos grandes centros urbanos), redução de estresse no uso do transporte público, menor exposição a acidente de trajeto, tudo isso, só para exemplificar.

Mas, também, há desvantagens na forma de prestar trabalho à distância.

O trabalho em *home office*, dizem os *experts*, pode levar a longas horas de trabalho, à estagnação profissional, a prestações por empreitada, ao isolamento, além de, aquele que não tem escritório ou espaço apropriado em casa sofre sobreposições contínuas entre trabalho e o ambiente doméstico.

Essa possibilidade de sobreposição pode levar à inversão na ocupação do tempo, deixando o trabalho para período inadequado (p. ex., noite) ou ainda dar ensejo a exposição prolongada ao computador (o mais utilizado). Ainda pode prejudicar a interação social com amigos, colegas de trabalho etc., bem como de causar doenças oculares e depressão por isolamento.

Portanto, o teletrabalho oferece vantagens, que estamos vendo notadamente em tempos excepcionais de pandemia, mas também complexidades e problemas que devem ser enfrentados e resolvidos.

---

(11) No teletrabalho há vantagens e desvantagens. O trabalhador ganha em tempo e saúde, por não precisar do deslocamento de ida e vinda ao local de trabalho e enfrenta o estresse do meio de deslocamento; por outro lado, como passa a trabalhar em *home office*, no ambiente do lar, deixa de receber auxílio alimentação/refeição e o valor relativo ao transporte. Quanto a este (transporte), o pressuposto para o pagamento é o deslocamento. Se não há deslocamento, em princípio, não há necessidade de pagamento. Quanto à alimentação, em regra é benefício que decorre de norma coletiva. Deve, portanto, ser pago o benefício na forma prevista no acordo ou na convenção coletiva de trabalho. Entretanto, se não houver previsão de pagamento no sistema de teletrabalho pode a empresa, por vontade própria, continuar fornecendo o benefício, cuja finalidade é alimentar o trabalhador em razão do trabalho: seja ele presencial ou virtual. Se trabalho é razoável que se pague.

Em termos de complexidade três aspectos relevantes não poderiam deixar de ter atenção especial; a) desconexão social do trabalhador, b) dificuldade de trabalhar em casa e c) precariedade no trabalho.

O teletrabalhador em tempo integral se desconecta de seu ambiente social, pois deixa de ir e voltar do trabalho, de conversar e interagir com colegas, de participar de eventos no local de trabalho (p. ex. aniversários, comemorações), episódios que constroem a subjetividade, as emoções, os vínculos com a comunidade da cercania.

O teletrabalho elimina a possibilidade de comunicação face a face com o outro. Ele isola, afasta o indivíduo do seu meio, reduz seus laços racionais, enfim, compromete a sociabilidade.

Trabalho *home office* traz dificuldades decorrentes da reclusão no lar, desde a falta de concentração, passando por danos colaterais, até repercussões negativas.

Certamente, um dos aspetos revelados pela necessidade do súbito isolamento pela Covid-19 e, consequente, mudança de local de trabalho para o espaço da residência foi o surpreendente aumento de episódios de violência doméstica e abusos de todos os tipos.

Ademais, inevitavelmente, a concentração e, por certo, a produtividade, ficam comprometidas, pela iteração familiar: companheiro que interrompe, filhos que choram, telefone que chama, campainha que toca, cachorros que latem, pássaros que cantam e assim por diante.

Portanto, trabalhar confinado em casa pode ter graves repercussões negativas para além de possíveis acidentes domésticos, podendo vir o teletrabalho, o tempo inteiro em *home office,* trazer patologias, seja decorrente do uso prolongado de tela de meios telemáticos, seja pelos riscos psicológicos, pela fadiga mental, por posições incorretas ou desconfortáveis, seja por angustia e depressão derivados do isolamento, o estresse derivado das demandas do trabalho e de ritmos exigidos pelo empregador.

O trabalho à distância, por sua característica, pode atrair condições precárias. Longe da visão e supervisão do empregador, o empregado entrega resultado produtivo da tarefa ou da obra, inobstante, como já destacado, a inadequação do ambiente, as questões ergonômicas, a privação de convivência social, os prejuízos psíquicos etc.

Há quem alerta, inclusive, para o risco de, doravante, preferir o empregador contratar para o teletrabalho em atividades normais (e não o teletrabalho emergencial em decorrência da pandemia) o teletrabalhador por meio de contrato autônomo, subtraindo-lhe direitos sociais.

Essa possibilidade existe.

O teletrabalhador que utiliza suas próprias ferramentas de trabalho (laptop, celular, computador, servidor próprio etc.), que trabalha *home office* em ambiente por ele custeado, com autonomia técnica e criativa (própria do trabalho de tecnologia), pode celebrar contrato autônomo, sem se promover precarização do trabalho.

O trabalho autônomo existia — e existe — ao lado do trabalho subordinado, tendo o trabalho autônomo previsão legal. A questão central dessa coabitação é a inexistência de fraude.

O teletrabalhador autônomo não pode prestar sua atividade com a presença dos elementos do art. 3º da CLT. Se a hipótese, em realidade, for de teletrabalhador subordinado, não beneficia o fato de haver contrato de autônomo.

Assim, sopesadas vantagens e desvantagens, a empresa deve regulamentar o teletrabalho e acompanhar o teletrabalhador para certificar-se de que não está infringindo a normativa do empregador.

8. Trabalho intelectual na área da tecnologia: subordinação *versus* autonomia

A empresa pode ter por objeto a tecnologia e, no desempenho desta atividade, utilizar o trabalho virtual.

Assim, se a atividade da empresa for na área de tecnologia – ou a demanda pontual for dessa área — tem aplicação a Lei n. 9.609/1998, que trata da proteção da propriedade intelectual de programa de computador, bem como a Lei n. 9.279/1996, que regula direitos e obrigações relativas à propriedade industrial.

Para esse trabalhador, altamente especializado em tecnologia da computação, já prevê a lei subordinação rarefeita, com possibilidade de contratação como autônomo.

Por meio desse contrato conexo o trabalho pode ser, segundo a doutrina(12), (i) intelectual como objeto, aquele que diz respeito a inventos ocorridos da dinâmica contratual; (ii) intelectual sem relação com o contrato, aquele que inerente a inventos ocorridos fora da previsão ou dinâmica contratuais e sem o concurso de instrumentalização propiciada pelo empregador e (iii) intelectual favorecido por circunstâncias contratuais, aquele que diz respeito a inventos ocorridos fora da previsão ou dinâmica contratuais, mas com o concurso de instrumentalização propiciada pelo empregador.

Em se tratando, pois, de trabalho virtual que importe em criação, cautela se impõe para o que vier a ser produzido esteja dentro do objeto do contrato de trabalho. Se restar evidenciado que o trabalho extrapolou o quanto pactuado e inexistir cessão de direito autoral, o empregador fica exposto a risco de indenização, como, aliás, se infere do seguinte julgado do Tribunal Superior do Trabalho:

> [...] NULIDADE PROCESSUAL. JULGAMENTO *EXTRA PETITA*. I. O Tribunal Regional deu parcial provimento ao recurso ordinário interposto pelo Autor e reformou a sentença, para condenar a Reclamada "ao pagamento de indenização equivalente a 15% sobre a venda

(12) Disponível em: https://conteudojuridico.com.br/consulta/Artigos/38131/efeitos-dos-contratos-de-trabalho.

> da peça 'Santo Antônio' desde o aperfeiçoamento realizado pelo autor até a data do início da liquidação de sentença". Ao examinar os embargos declaratórios que lhe foram opostos, a Corte Regional esclareceu que a indenização deferida ao Autor foi fixada em "15% sobre o valor de venda de cada peça Santo Antônio". II. No presente caso, o parâmetro requerido na petição inicial para o arbitramento da indenização pelo aperfeiçoamento do produto "Santo Antônio" foi a aplicação de percentual (50% ou outro a ser fixado pelo Juízo) sobre os lucros auferidos com a sua comercialização. Não consta da petição inicial nenhum requerimento de que a indenização postulada seja calculada mediante incidência de percentual sobre o preço de vendada mencionada peça. Sendo assim, o proceder do Tribunal Regional, que deferiu a indenização em quantia equivalente a 15% sobre o valor de venda de cada peça "Santo Antônio", embora ausente pedido nesse sentido, caracteriza julgamento extra petita e constitui violação do art. 460 do CPC. III. O reconhecimento da ocorrência de julgamento extra petita, contudo, não enseja o pronunciamento de nulidade processual (como requerido pela Reclamada), mas apenas a adequação da parcela deferida aos limites do pedido formulado pelo Reclamante. IV. Recurso de revista de que se conhece, por violação do art. 460 do CPC, e a que se dá provimento, para limitar a condenação relativa à indenização pelo aperfeiçoamento do produto "Santo Antônio" a 15% sobre o lucro líquido (valor apurado após a dedução de todas as despesas de produção, comercialização e tributos) auferido pela Reclamada com a comercialização do mencionado produto. (RR – 161200-59.2005.5.04.0404, relator Ministro: Fernando Eizo Ono, Data de Julgamento: 08.02.2012, 4ª Turma, Data de Publicação: *DEJT* 23.03.2012)

9. Cautelas a serem adotadas em razão de especificidades e peculiaridades do teletrabalho

A fim de minimizar riscos decorrentes da prestação do serviço de forma virtual o empregador deve observar isonomia entre o empregado que trabalha de forma presencial no ambiente da empresa e o de forma virtual.

Os direitos e garantias sociais são os mesmos.

Entretanto, levando-se em conta a nova modalidade de trabalho virtual, com suas especificidades e peculiaridades, o empregador deve regular a prestação de serviços em regime de teletrabalho, a fim de, suprindo a lacuna da lei, garantir a proteção do trabalhador no trabalho remoto ou *home office*.

No contexto dessa regulamentação, a normativa deve procurar regulamentar direitos de personalidade, relacionados a autonomia ou autodeterminação na escolha quanto à intimidade, privacidade e segurança pessoal e familiar, bem como em relação à proteção de dados. Nesse ponto, a observância e o cumprimento da lei geral de proteção de dados (Lei n. 13.709/2018 — LGPD) é da maior importância para prevenção de responsabilidade no tratamento de dados.

A par disso, razoabilidade, a cidadania e a ética digital tem larga aplicação nessa hipótese, mas quanto à obtenção, armazenamento e compartilhamento de dados a liberdade econômica e a razoabilidade devem ser observadas no interesse da empresa, que, afinal, é a responsável pela atividade e pela atuação do empregado, ainda que *home office*.

Além da normatização, seja regulamento de empresa, seja norma coletiva (acordo ou convenção coletiva de trabalho)[(13)], o teletrabalho e as condições em que vão se dar devem constar de aditivo ao contrato de trabalho, ou do próprio contrato na admissão, dele (instrumento) constando duração do contrato, jornada, responsabilidade, infraestrutura necessária para o trabalho remoto ou *home office*, além do custeio de despesas inerentes e possível reembolso de despesas relacionadas ao trabalho.

Quando da elaboração da regência da nova modalidade de prestar o trabalho deve ser observada a legislação que cuida da saúde e segurança no trabalho, também para o teletrabalhador, de forma que no trabalho virtual as condições de qualidade de vida e de saúde dele fiquem preservadas.

Embora o teletrabalho como vinha se consolidando pressupunha formação técnica especializada, com a mudança total de perspectiva, desencadeada pela Covid-19, em que o teletrabalho se expandiu e passou a ser a forma recorrente de prestar o trabalho (ao menos enquanto durar a pandemia), isso leva à necessidade de adaptação e treinamento, a fim de qualificação para o atingimento da produção desejada e para que se atinja níveis adequados de segurança e higiene no trabalho.

Traçar parâmetros de ergonomia também é de extrema relevância[(14)]. A ergonomia compreende condições físicas ou cognitivas do trabalho (mobiliário, equipamento de trabalho, postura física, conexão à rede, etc.), organização do trabalho (conteúdo de tarefas, exigências de tempo, ritmo da atividade), relações interpessoais no ambiente de trabalho (formatação de reuniões, transmissão de tarefas a serem executadas, reporte do trabalho executado).

Em relação ao cumprimento da jornada[(15)], transpor para a normativa questões relevantes contidas na NR-17, como previsão de períodos e procedimentos adequados de capacitação e adaptação para introdução de novos métodos ou dispositivos tecnológicos que alterem modos de operar do trabalhador; garantia de pausas e intervalos para

(13) É possível (e recomendado) realizar acordo coletivo para dar mais segurança nessas condições, inclusive, esse é um caminho que dará mais segurança para a empresa. Se não for possível a convenção coletiva a empresa pode provocar o sindicato profissional para negociar e firmar acordo coletivo relativo a questões inerentes ao trabalho virtual.

(14) Trata-se de uma questão de saúde, o que leva à necessidade de rigor na normatização, controle e adoção de medidas adequadas. Toda legislação inerente à saúde e segurança no trabalho tem aplicação e os profissionais da área de segurança e saúde (medicina do trabalho) devem atuar para a orientação e prevenção de riscos no trabalho virtual, onde, da mesma forma, a responsabilidade do empregador é objetiva. Não depende de culpa. Se o teletrabalhador não está exposto a acidente de trabalho de trajeto, o acidente de trabalho em decorrência da ergonomia e das próprias condições de trabalho em casa se potencializa.

(15) A jornada de trabalho, com todas suas implicações (limites, intervalos e descansos), também é questão de saúde do trabalhador, daí a imperiosa necessidade da normatização e efetivo controle, por meios possíveis e adequados. O empregador, além de exigir o cumprimento da jornada e a necessária desconexão, deve acompanhar e fiscalizar o cumprimento, sob pena de responsabilidade.

descanso, repouso e alimentação, de forma a impedir sobrecarga psíquica e muscular estática; adequação da equipe às demandas da produção, de forma a impedir sobrecarga habitual do trabalhador (cf. NR-17, anexo II, itens 3.4, 5.2 e 5.4).

Assim, para maior clareza, transparência e segurança, da normativa deve constar previsão de apoio tecnológico, orientação técnica e capacitação do trabalhador para o trabalho virtual ou em plataforma, bem como a obrigação de o empregado aplicar invariavelmente a jornada de trabalho como convencionado e a empresa de, por meios adequados, fiscalizar o cumprimento do tempo de trabalho, sob pena de falta grave para dispensa. Em matéria de saúde a higiene do trabalho as partes têm responsabilidade: o empregado de cumprir e a empresa de fiscalizar.

No campo dos direitos de personalidade fazer constar orientação a todos o direito a desconexão (isso evita de o empregado se conectar em mídias ou redes sociais em horário fora da jornada e atribuir a causas profissionais, e não pessoais), a vedação a condutas que possam caracterizar assédio moral ou sexual e *bullyng* de qualquer espécie: verbal, material e virtual, moral, sexual, social, psicológica, físico.

A mesma orientação deve se dar em relação à garantia de direito de imagem e a privacidade do teletrabalhador e da mesma forma ao uso de imagem e voz, a ser precedido de consentimento expresso. O trabalho do idoso e da pessoa com deficiência deve merecer atenção normativa.

Portanto, providências, cautelas e aplicação do arcabouço jurídico existente contribuirão para a implantação do teletrabalho decente[16].

Conclusão

O teletrabalho vinha ganhando progressivo espaço na forma de prestar o trabalho em decorrência do desenvolvimento da tecnologia e da informação, quando, de repente, a modalidade passou a ser a única forma de prestar o trabalho em atividades não essenciais, em decorrência da contenção social decretado por autoridades públicas, como forma de conter a disseminação do coronavírus.

As pessoas se isolaram e as empresas fecharam.

O trabalho, sem o devido tempo para adaptação e preparo, passou a ser virtual.

Embora o teletrabalho já possuísse menção no sistema legislativo nacional, a referência não passou da possibilidade de se trabalhar na modalidade virtual ou a distância ou *home office*, equiparando-a ao trabalho presencial, mas a indispensável regulamentação não ocorreu.

---

(16) É necessário ter em mente que o teletrabalho é uma modalidade de trabalho que, após a pandemia, pode ser implementada de forma definitiva a depender da conveniência da empresa, observados os direitos do teletrabalhador.

Tempos depois, com a reforma trabalhista, escassa regulamentação foi inserida no texto da CLT. Apesar do avanço deixou o legislador ordinário de normatizar o novo sistema de prestar o trabalho, com regras próprias e aspectos peculiares.

Essa lacuna obriga, necessariamente, recorrer-se ao sistema jurídico como forma de integração e, consequentemente, de suprir a omissão.

Nessa tarefa integrativa o primeiro aspecto é que a lei já equiparou o trabalho virtual ao presencial, de forma que, com isso, o trabalho virtual atrai toda a normativa, seja de direito constitucional, seja de direito infraconstitucional do trabalho.

No âmbito da Constituição Federal os direitos sociais, sindicais e de garantias individuais são aplicáveis, sem exceção. Também se aplicam princípios inerentes à liberdade econômica frente aos direitos sociais, de forma que a liberdade econômica seja exercida em harmonia e respeitando os direitos sociais e a função social da propriedade, que é o bem comum.

Aliás, nesse aspecto – prevalência dos direitos sociais – o sistema de proteção ao trabalho derivado da Organização Internacional do Trabalho OIT), normativa internacional devidamente integrada ao sistema nacional, é no sentido do absoluto respeito à dignidade no trabalho, clássico ou virtual, com garantia de bem-estar físico, mental e social ao trabalhador, com saúde e efetividade dos direitos sociais.

No âmbito do direito interno, a CLT conta com escasso, mas importante regulamento, a partir do qual a empresa deve minuciosa e ostensivamente regulamentar em suas normas internas — e buscar regulamentar em norma coletiva — a nova forma de prestar o trabalho.

Aspecto da maior relevância nesse contexto é a aplicação da norma coletiva. Se a forma de prestar o trabalho é virtual, qual seria a aplicável?

A resposta vem do direito coletivo inserido na Constituição Federal, na parte em que consagra o princípio da unicidade sindical e representação obrigatória.

Em decorrência, o enquadramento sindical se torna indispensável. E para que o enquadramento seja viável necessário que, ao contratar, as partes (empregador/contratante e candidato/contratado) elejam o foro da matriz como local de prestação dos serviços, obviamente, onde o produto trabalho será entregue.

Vê-se a mudança de importante elemento da relação de emprego: a noção de subordinação dá lugar à de produto ou fruto do trabalho.

Isso é uma condição — e consequência — da nova forma de trabalho — virtualidade.

Ademais, há de se ponderar vantagens e desvantagens para se implantar, em tempos de normalidade, o trabalho de forma virtual. Sopesar para, devidamente regulado o teletrabalho (direito positivo estatal mais direito privado – regulamento da empresa e norma coletiva), chegar à conclusão sobre a conveniência e oportunidade de se implantar o teletrabalho.

Uma vez implantado o teletrabalho de forma integral (todo o trabalho) ou parcial (em dias determinados da semana) acompanhar o teletrabalhador para se certificar de que está cumprindo as diretrizes repassadas e cumprindo as determinações.

Na implantação de medidas, há de se atuar com as devidas cautelas, a fim de preservar direitos de primeira grandeza do cidadão trabalhador (vida, integridade física e saúde), bem como garantias fundamentais, entre elas, a prática do trabalho decente.

Referências

BORBA, Joselita Nepomuceno. Trabalho Decente e Desenvolvimento Sustentável: informalidade e desemprego na pandemia. In: *X Congresso Internacional da Academia Brasileira de Direito do Trabalho:* Crise Econômica e Social e o Futuro do Direito do Trabalho, 2020, São Paulo. Anais da Academia Brasileira de Direito do Trabalho 2020: Crise Econômica e Social e o Futuro do Direito do Trabalho. São Paulo: Matrioska, 2020. p. 31-47.

NEPOMUCENO, Thiago Luann Leão. Cibertrabalho: A Era Digital e as Relações de Trabalho. Desafios para Uma Coexistência Constitucional Harmônica. *Revista de Estudos Jurídicos do Superior Tribunal de Justiça*, v. 01, 2020. p. 539-563.

NOLASCO, Lincoln. Efeitos dos Contratos de Trabalho. Disponível em: https://conteudojuridico.com.br/consulta/Artigos/38131/efeitos-dos-contratos-de-trabalho. Acesso em: 25 jan. 2021.

OIT. Conferência Internacional do Trabalho, 108.ª Sessão. Relatório IV. Documento final do Centenário da OIT. 2019. Disponível em: https://www.ilo.org/wcmsp5/groups/public/---europe/---ro-geneva/---ilo-lisbon/documents/publication/wcms_706928.pdf. Acesso em: 25 fev. 2021.

SANTAELLA, Lucia. *Navegar no ciberespaço:* o perfil cognitivo do leitor imersivo. São Paulo: Paulus, 2004.

Direitos Fundamentais. Eficácia Horizontal Direta nas Relações Sociais entre Capital e Trabalho. Riscos do Trabalho e a Obrigação de Reparar os Danos deles Decorrentes[1]

Introdução

A dignidade do homem constitui, hoje, a base e o fundamento dos modernos sistemas constitucionais. E não se pode afirmar a dignidade do ser humano sem o trabalho. Nesse mister, que confere a ele e à sua família meios de subsistência, emprega esforço físico ou mental em busca da produção de bens e serviços necessários à satisfação de suas necessidades.

No desempenho dessa atividade, o homem trabalhador sujeita-se a agressão à sua integridade física ou mental. Isso não é novidade, ao revés, o acidente remonta à origem da história do trabalho, porque ínsito a ele o risco ou o perigo, em grau maior ou menor, a depender da atividade, apesar dos esforços no sentido de sua prevenção.

No sistema jurídico nacional, o despertar para com a questão social veio, sem êxito, com a tramitação do Código Civil de 1916. Todavia, só posteriormente, por leis esparsas, foi regulamentada a questão do acidente de trabalho e a respectiva responsabilidade.

Com a vigência da Constituição Federal de 1988, tendo como princípio maior a dignidade, observa-se grande impacto nos valores que tutelam o ser humano, entre eles o respeito à vida, saúde e integridade física do trabalhador. E, não se afastando do sistema jurídico precedente, imputa responsabilidade ao empregador pelo acidente de trabalho com base na culpa ou dolo.

Ocorre que, com a vigência do novo Código Civil, foi introduzida no sistema jurídico nacional a obrigação de indenizar também em razão do risco da atividade.

---

(1) Nota do organizador: Texto originalmente publicado no livro *Direitos Fundamentais Aplicados ao Direito do Trabalho*. São Paulo: LTr, 2010. v. 1.

Isso significa que, em se tratando de atividade de risco, a responsabilidade é objetiva, razão pela qual, ocorrendo dano à saúde e à integridade do trabalhador, responde o empregador sem necessidade de se perquirir sobre dolo ou culpa, como previsto na Constituição Federal. O avanço da lei civil no sentido de transmudar o tipo de responsabilidade quando se tratar de atividade de risco, ainda que não se cre outra espécie ou mais uma espécie de indenização, prevalece ante a eficácia imediata dos direitos fundamentais e da aplicação das cláusulas gerais às relações intersubjetivas, no caso às relações sociais envolvendo capital e trabalho.

Para se chegar a tal conclusão, necessário incursionar, ainda que em linhas gerais, sobre os direitos fundamentais e sua aplicação ao direito privado, sobre uma das maiores inovações do Código Civil consubstanciada nas cláusulas gerais, a responsabilidade civil, os riscos do trabalho e a obrigação de indenizar em caso de acidente do trabalho.

O objetivo do trabalho é, sistematizando estudos empreendidos no curso de Doutorado da PUC-SP, sob a orientação do Professor Doutor Renato Rua de Almeida, afirmar a eficácia direta ou imediata dos direitos fundamentais às relações de trabalho por meio das cláusulas gerais, implantadas no sistema jurídico nacional pelo novo Código Civil e, com isso, garantir a plena efetividade ao direito humano do trabalhador inerente à preservação da vida e saúde pela eliminação, ou minimização a limites toleráveis, dos riscos do trabalho.

1. Direitos fundamentais

Direitos fundamentais, numa perspectiva constitucional[(2)], designa o conjunto de direitos que são o fundamento de uma ordem jurídico-positiva. Entende-se ou subentende-se que são direitos do homem sem os quais o sistema jurídico não teria apoio, não estaria legitimado. Os direitos fundamentais são entendidos como "direitos constitucionais", direitos estes reconhecidos pela Constituição de um Estado. Nesse sentido, são direitos que se tem em razão de uma cidadania, por pertencer a um Estado e não somente por ser "humano".[(3)]

A dimensão do presente trabalho limita a abordagem a essa concepção — constitucional positiva — mas sem esquecer as precedentes concepções liberal e universalista de direitos fundamentais[(4)], que se agregam em círculos de direitos cumulados (civis,

(2) Os direitos fundamentais, diz ANDRADE (1983. p. 11), podem ser considerados por diversas perspectivas, para quem, enquanto "direitos de todos os homens, em todos os tempos e em todos os lugares — perspectiva jusnaturalista; como podem ser considerados direitos de todos os homens (ou categorias de homens), em todos os lugares, num certo tempo — perspectivas universalista ou internacionalista; como ainda podem ser referidos aos direito dos homens (cidadãos), num determinado tempo e lugar, isto é, num Estado concreto — perspectiva estadual ou constitucional".

(3) CALERA, 2000. p. 6.

(4) A concepção liberal é uma concepção jusnaturalista, segundo a qual o homem, no tempo e no espaço, possui direitos inatos, universais, que derivam da natureza humana. O homem, pelo fato de o ser, possui

políticos, econômicos, sociais e culturais), os chamados direitos de primeira, segunda e terceira geração[5], e que hoje formam o patrimônio comum da generalidade dos Estados Democráticos de Direito.

Nessa dimensão, o conjunto de direitos alarga-se para abranger, além das liberdades cívicas e direitos políticos, o domínio dos direitos econômicos, sociais e culturais. Há cumulação de direitos a conformar a fisionomia dos direitos fundamentais, encontrando-se, sem dúvida, na sua base o direito humano, assim concebido, segundo a doutrina de López Calera, como "uma série de exigências ou faculdades subjetivas que correspondem ao homem enquanto homem à margem de qualquer conotação ou qualidade acidental ou não essencial'.[6][7]

Todavia, os catálogos constitucionais do moderno constitucionalismo agregam não somente os direitos naturais vinculados à natureza e à condição humana, mas proteção formal de novos aspectos da personalidade dos cidadãos, conferindo garantia de conteúdo mais concreto e de alcance mais vasto[8].

1.1. Eficácia dos direitos fundamentais: Dupla perspectiva

A eficácia desses direitos fundamentais se dá nos planos horizontal e vertical.[9] Neste, a atenção se volta para a problemática dos direitos fundamentais nas relações com o Estado que, além de obrigado a não agredi-los, ainda tem a missão de fazê-los respeitar pelos particulares; naquele, a expressão foi utilizada para significar que os direitos fundamentais produzem efeitos nas relações privadas e vinculam, também, os sujeitos privados.

É certo que a doutrina faz restrição à aplicabilidade da disciplina dos direitos fundamentais em relação aos particulares simplesmente equiparando-os ao Poder Público pela

---

um conjunto de direitos inerentes à sua natureza: vida, integridade física, só para exemplificar. A concepção universalista decorre da superação da igualdade formal, imperante na concepção liberal, quando o homem passa a ser considerado, não mais individuo, mas cidadão. Quando o constitucionalismo liberal, voltado para a garantia da autonomia pessoal do indivíduo em face ao poder do Estado, passa para o constitucionalismo social, marcado pela expansão de direitos, inclusive na ordem internacional, cuja nota de destaque se volta para o intervencionismo estatal com fins de solidariedade e justiça social.

(5) Sobre a evolução dos direitos e sua classificação em gerações ou dimensões, conferir: BOBBIO, 1992. p. 5; BONAVIDES, 2000. p. 523; PIOVESAN, 2003. p. 36-37.

(6) CALERA, 2000. p. 6.

(7) Para Moraes, direitos humanos "relaciona-se diretamente com a garantia de não ingerência do Estado na esfera individual e a consagração da dignidade humana", enquanto para PIOVESAN (2003) os direitos humanos visam a garantir o exercício dos direitos da pessoa humana.

(8) Neste sentido conferir ANDRADE, 1983. p. 30

(9) Sobre a eficácia vertical e horizontal dos direitos fundamentais, conferir AMARAL, 2007: ANDRADE, 1983; SARLET, 2000

possibilidade, como ressalta Andrade(10), de não se deixar margem de liberdade de ação para os particulares, comprometendo-se a autonomia privada.

Esse receio não se faz sentir, no entanto, quando o particular (indivíduo ou entidade) exerce tarefa de interesse coletivo ou determina em termos fundamentais o comportamento de indivíduos em certas áreas sociais, exercendo real poder jurídico ou de fato.

Tal conotação faz desaparecer a cor viva do traço distintivo entre entidades públicas e privadas, contexto em que já é possível colocar a questão da validade dos direitos fundamentais nas relações privadas, porquanto, ainda segundo o citado autor, "põe-se em relevo a necessidade de proteger os particulares não apenas perante o Estado, mas também, pelo menos perante indivíduos ou entidades privadas que sobre eles exerçam ou estão em condições de exercer verdadeiros poderes, jurídicos ou de fato"

Por outro lado, ou em outra direção, os direitos fundamentais como princípios constitucionais — e tendo em vista o princípio da unidade do ordenamento jurídico — não podem deixar de ser aplicados em toda a ordem jurídica, inclusive na área do direito privado. Ademais, sendo os direitos fundamentais também normas de valor que devem refletir sobre todo o sistema jurídico, essas normas de valor se transpõem do âmbito constitucional para as relações particulares por meio do mecanismo das cláusulas gerais do direito privado e que, mantendo o sistema aberto e flexível, faz a filtragem do conteúdo das normas constitucionais.(11)

Daí porque dissipar a controvérsia quanto à necessidade de que há de se compatibilizar, por um lado, a eficácia ampla dos direitos fundamentais nas relações entre particulares, e, por outro, proteger a autonomia privada.

Essa ideia se assenta, como destaca Abrantes, no reconhecimento de uma dimensão objetiva dos direitos fundamentais, não mais naquela concepção clássica de direito de defesa perante os poderes do Estado, "antes representam a máxima expressão de uma ordem axiológica de um sistema de valores, em que se assenta a unidade do ordenamento e cujo valor fundamental é, em última instância, a dignidade da pessoa humana".(12)

Assim, se originariamente os direitos fundamentais funcionavam como direito de defesa do cidadão frente ao Estado, por serem os poderes púbicos os que maior risco ofereciam às liberdades dos cidadãos, com o surgimento e evolução da sociedade, plural, complexa e policontextual, evidenciou-se que nas relações jurídicas também os particulares poderiam ser agentes agressores de direitos fundamentais do cidadão, notadamente se detentores de situação real de poder.

---

(10) ANDRADE, 1983. p. 283; SARLET, 2000. p. 117.

(11) Por tal mecanismo, diz ANDRADE (1983. p. 279), as cláusulas gerais, na aplicação dos direitos fundamentais, filtram o conteúdo das normas constitucionais, mantendo o "espírito jusprivatístico".

(12) ABRANTES, 2005. p. 16.

Nesse contexto, consolida-se uma sociedade que experimenta conflitos, inclusive de massa, nunca antes imaginados, com surgimento de grupos ou sujeitos dotados de influência nas esferas social e econômica, com aptidão para vulnerar direitos fundamentais de cidadãos no âmbito de suas relações jurídicas privadas.

E, na relação de trabalho, baseada na subordinação jurídica de uma das partes em relação a outra, ressalta Abrantes, a eficácia dos direitos fundamentais surge como absolutamente "natural".(13)

Em um Estado Democrático de Direito, em que o texto constitucional assume deliberadamente um determinado sistema de valores, com fundamento na dignidade da pessoa humana, como a Constituição Federal brasileira, a conversão de liberdades abstratas em direitos concretos vincula-se à própria ideia de dignidade, projetando-se sobre a totalidade do ordenamento.

Tal projeção de direitos fundamentais, assegurando valores éticos e princípios democráticos, vale para todos indistintamente, pessoas físicas e jurídicas e entes da sociedade civil organizada que, segundo Abrantes(14), por vezes até mais perigosos do que o próprio Estado.

Uma vez impactado o texto constitucional por direitos fundamentais, e admitida a sua eficácia horizontal, o ordenamento jurídico passa a ser iluminado por tais direitos, que servem de norte à função exegética de toda a ordem infraconstitucional, não se admitindo que o sistema jurídico ganhe autonomia exegética deles (direitos fundamentais) dissociados.

Tendo em vista que os direitos fundamentais têm incidência nas relações entre particulares, com carga objetiva de valores a irradiar, essa influência se opera, como destaca Amaral(15), alicerçado na doutrina de Mac Crorie, sobretudo "através das cláusulas gerais de direito privado, como é o caso do art. 826, do BGB" e da importantíssima cláusula geral positivada pelo parágrafo único do art. 927, do Código Civil brasileiro.

1.1.1. Eficácia dos direitos fundamentais no âmbito do direito do trabalho

Aceitar a eficácia dos direitos fundamentais no âmbito das relações sociais do trabalho é de extrema importância, vez que, silente até agora a Consolidação das Leis do Trabalho e legislação extravagante acerca de direitos como os inerentes aos direitos de personalidade: intimidade da vida privada, liberdade de expressão, não discriminação, proibição de assédio, só para exemplificar, a tomada de consciência da necessidade de proteger os valores constitucionais, obriga-se a reler a Dogmática do Direito do Trabalho

(13) ABRANTES, 2005. p. 17.

(14) ABRANTES, 2005. p. 15.

(15) AMARAL, 2007. p. 67.

à luz desses princípios, fazendo, via de consequência, aderir ao contrato de trabalho direito e garantias fundamentais inerentes à liberdade do indivíduo, não aquela do homem senhor do seu destino da era do liberalismo, mas a inerente ao livre desenvolvimento da personalidade do homem, ser humano solidário, que vive em sociedade e é responsável perante a mesma.

Hoje, quando o Direito do Trabalho é chamado a responder em um mundo do trabalho cada vez mais diversificado e complexo, que vai muito além dos limites do trabalho subordinado que o viu nascer e se consolidar, a afirmação da validade dos direitos fundamentais da pessoa humana, imbuídos tais direitos do propósito de assegurar uma melhor qualidade de vida e realização pessoal para a pessoa do trabalhador, possibilita ao Direito do Trabalho recuperar seu autêntico papel de proteção do trabalhador como pessoa e como cidadão.(16)

E, considerando a natureza da relação de trabalho, a eficácia dos direitos fundamentais no âmbito do Direito do Trabalho é direta.

1.1.2. Eficácia dos direitos fundamentais entre particulares

Quando, no entanto, nas relações intersubjetivas não se fizerem presentes tais fonte de poder jurídico ou de fato, a eficácia se dá de forma indireta a fim de preservar liberdades substanciais, livre desenvolvimento da personalidade, autonomia privada e livre-iniciativa, que, também, são valores constitucionais privilegiados.

E assim o é porque até as teorias que admitem a eficácia absoluta dos direitos fundamentais no âmbito do Direito Privado afirmam que referida eficácia não existe para todos os direitos fundamentais, sendo necessário perquirir, em cada caso específico, se o direito vincula, e até que ponto, o comportamento dos particulares(17), sob pena de o exercício de um direito fundamental aniquilar outro.

Portanto, não havendo norma legal que discipline diretamente tal situação, utiliza-se o juiz de mecanismos legais de irradiação de valores constitucionais para a ordem jurídica como um todo, como se infere do art. 2.035, do Código Civil brasileiro(18). O juiz passa a ter papel preponderante e decisivo na implementação desses valores. Ele se torna importante sujeito ativo na aplicação e elaboração do direito, ou conforme percepção

(16) ABRANTES, 2005. p. 19

(17) Essa a percepção de ANDRADE (1983. p. 280) ao discorrer sobre a vinculação de entidades privadas aos direitos fundamentais.

(18) Código Civil "Art. 2.035. A validade dos negócios e demais atos jurídicos, constituídos antes da entrada em vigor deste Código, obedece ao disposto nas leis anteriores, referidas no art. 2.045, mas os seus efeitos, produzidos após a vigência deste Código, aos preceitos dele se subordinam, salvo se houver sido prevista pelas partes determinada forma de execução. Parágrafo único. Nenhuma convenção prevalecerá se contrariar preceitos de ordem pública, tais como os estabelecidos por este Código para assegurar a função social da propriedade e dos contratos".

de Gomes, um efetivo participante de uma sociedade autenticamente democrática"(19) constitucionais expressam uma ordem de valores objetivos, cujos efeitos alcançam todo o ordenamento jurídico, mediante a chamada eficácia irradiante, que decorre da unicidade da ordem jurídica.

Aceita-se, ainda, vinculação direta dos direitos fundamentais quando se trata de entidades privadas, mas detentoras de poder social, como ocorre nas relações de trabalho, pela semelhança dessas relações intersubjetivas com aquelas desenvolvidas entre particular--Estado.

Tomando-se por base essa teoria — a da eficácia direta — os direitos fundamentais são aplicáveis em relação aos particulares, devendo as normas constitucionais ser aplicadas como razões primárias e justificadoras, aptas a incidir no conteúdo das relações particulares, exatamente como prevê o § 1º, do art. 5º da Constituição Federal: "as normas definidoras dos direitos e garantias fundamentais têm aplicação imediata".

A tais direitos fundamentais agregam-se, ainda, os direitos humanos previstos em tratados e convenções internacionais, os quais, se ratificados com as formalidades exigidas pela ordem constitucional, adquirem status constitucional, consoante a dicção dos §§ 2º e 3º, do art. 5º da mesma Constituição Federal.

Por sua vez, se tiver aplicabilidade a teoria da eficácia indireta, sua operacionalização será por meio do uso da integração de cláusulas gerais do Direito Privado, trazendo para a concretude dos fatos sub judice o conteúdo dos direitos fundamentais.

Posicionam-se, assim, as cláusulas gerais, bem como os conceitos legais indeterminados, como previstas no Código Civil, de 2002, como verdadeiras brechas na lei para aplicar a Constituição Federal às relações particulares, espécie de ponte entre o Direito Civil e o Constitucional.

2.1. Do individualismo do Código Civil, de 1916, ao culturalismo do Código Civil, de 2002

O Código Civil, de 1916, registra Gomes, foi "elaborado por homens de classe média, que o elaboraram nesse estado de espírito, isto é, na preocupação de dar ao país um sistema de normas de Direito Privado que correspondesse às aspirações de uma sociedade interessada em afirmar a excelência do regime capitalista de pro-dução".(20) Assim, apesar de tentativas de introdução de leis sociais durante o período em que se estava elaborando o Código Civil, Beviláqua (GOMES, 2003. p. 31) assumia, "de modo nítido e firme, uma posição categórica contra as inovações de fundo social que se infiltravam,

(19) GOMES, 2002. p. 6.

(20) GOMES, 2003, p. 31.

desde então, na legislação dos povos mais adiantados"[21], por estar ele convencido da inadequação das "novas formações" na economia da vida social.

A mentalidade dominante da época transfundiu-se com objetividade para o Código Civil de 1916 que, fiel ao individualismo jurídico, consolidou a doutrina de submissão aos princípios vigentes durante a fase do liberalismo, privilegiando o equilíbrio dos interesses do indivíduo e da sociedade.

Se à época do Código Civil de 1916 já se fazia sentir a necessidade de se incorporar na legislação comum do homem, a social, em tempos atuais as codificações rígidas e fechadas não têm mais lugar pela necessidade de um sistema maleável, que confira mobilidade ao sistema e que incorpore os avanços dos direitos do homem, não só como indivíduo, mas como ser social.

É sabido que o Código Civil, de 1916 foi substituído pelo de 2002 (Lei n. 10.406, de 10.1.2002), Código Civil este assentado em princípios fundamentais, quais sejam: a eticidade, a sociabilidade a operabilidade.

Com a incorporação de tais princípios, o legislador tez opção consciente e conseguiu se afastar do "exagerado formalismo do Código Civil de 1916 e pautou a sua conduta para inserir normas refletidoras da vinculação do homem na prática de suas relações privadas aos ditames dos valores constitutivos da boa-fé, da equidade, da justa causa e da dignidade."[22]

O novo Código Civil traz a marca do pensamento filosófico de Reale, a quem coube papel de coordenador da comissão encarregada da elaboração do anteprojeto do novo Código Civil[23], propondo sua estrutura. Por isso, nele está insculpida a clara noção do "normativismo concreto" e, fugindo do individualismo e formalismo do Código de 1916, a aproximação da "concretude" do direito pela interação entre fato, valor e norma, pilares da teoria tridimensional realeana.

Sobre a concretude do direito, diz-nos Reale:"A busca do essencial e do concreto surge, assim, como uma exigência indeclinável dos novos tempos. Há um chamado vivo para a Filosofia do Direito, porque está em jogo o destino mesmo das hierarquias axiológicas de cuja estabilidade os códigos eram ou ainda se pretende sejam reflexos" l...] "Nem é demais observar que, paralelamente com o crescente interesse pelos estudos filosófico-jurídicos, o que se afirma cada vez mais é a exigência de uma Ciência Jurídica concreta, permanentemente ligada aos processos axiológicos e históricos, econômicos e sociais, o que se pode observar em múltiplas direções, sob várias formas e expressões,

(21) GOMES, 2003, p. 37.

(22) DELGADO, 2003. p. 3.

(23) NERY JUNIOR, 2006. p. 418

amiúde empregadas pelos diversos autores, tais como 'infraestrutura econômica', experiência jurídica', 'realidade do direito', 'fato normativo', ius vivens, direito como conduta 'direito como ordenamento', 'direito como fato, valor e norma, 'sociabilidade do direito', Jurisprudência dos interesses, Jurisprudência dos valores' etc.".[24]

2.2. Orientação assumida pelos autores do Código Civil: Normas ou cláusulas abertas

A forma de codificar afastou-se da espécie do chamado sistema fechado, adotando o novo Código Civil a técnica legislativa moderna, espécie de sistema aberto que lhe confere mobilidade, por meio da adoção de cláusulas gerais, de conceitos legais indeterminados, dos conceitos determinados pela função e dos princípios gerais de direito, como "elementos integradores da unidade e da ordenação do sistema", de que fala Nery Junior[25] ao tratar das formas de codificar.

A par disso, estruturou a sistemática do Código Civil, trilhando na mesma direção da civilística do século XXI, que privilegia o homem como cidadão, e não mais simplesmente como indivíduo, conferindo maior consideração à pessoa, razão pela qual, na precisa observação de Martins-Costa, "mais do que constituir um conjunto de regras voltadas, primordialmente, ao ter e ao agir, nós descobrimos – num giro antropocêntrico — que a pessoa, o ser, está no coração do Direito Civil"[26].

Método é o caminho a ser percorrido para a aquisição da verdade[27]. E, como visto, a busca do essencial e do concreto, inerente à teoria tridimensional do direito, é a marca no novo Código Civil.

Essa qualidade — tridimensionalidade do direito, lembra Reale, "não pode existir só para o jurista, no plano de sua atividade científico-positiva, mas deve constituir antes um pressuposto de validade transcendental, condicionando, por conseguinte, todas as estruturas e modelos que compõem a experiência do direito.[28]

Nessa perspectiva (da concretude das espécies), explica Martins-Costa que "é preciso estarmos atentos para que não se esconda, atrás da noção abstrata, a rica variedade de situações existenciais, de poderes, deveres, ônus e faculdades que se inserem no vínculo, demarcando a potencial flexibilidade das posições jurídicas subjetivas, concretamente detectáveis na prática social, e merecedora de tutela jurídica"[29].

---

(24) REALE, 1994. p. 7-8.

(25) NERY JUNIOR, 2006. p. 421.

(26) MARTINS-COSTA, 2006. p. 352.

(27) REALE, 1981. p. 10.

(28) REALE, 1994. p. 11.

(29) MARTINS-COSTA, 2006. p. 357.

O método centrado na concretude da análise interna, como ressalta a professora gaúcha, "pode auxiliar a normatização das relações sociais, tendo presente um conteúdo o mais possível coerente com as peculiaridades das pessoas e com os valores expressos pelo Ordenamento. Daí a importância dos antes aludidos conceitos flexíveis ou "fórmulas ordenadoras", que ensejam a concreção"(29)[(30)] Por isso, não é demais lembrar que o modelo do Código Civil está alicerçado em três eixos valorativos 1 – boa-fé objetiva (art. 422), 2 – estimativas de ilicitude (arts. 186 e 187), 3 – critério da utilidade da prestação (art. 395, parágrafo único) e na automação da obrigação de indenizar.[(31)]

O dever de indenizar, além de ganhar papel de destaque e local próprio (Título IX) e, tendo em vista a tutela da pessoa humana, tida como "valor fonte" do ordenamento, teve alargado o campo de ilicitude, eis que, como lembra Martins-Costa, "concentrado em conceitos dotados de elevada carga ética"[(32)], na medida em que, nos termos do art. 187, o titular de um direito está obrigado a exercê-lo segundo o seu fim social e econômico, a boa-fé e os costumes, consagrando-se caso de ilicitude objetiva, complementa a citada autora.[(33)]

2.3. *Cláusulas gerais, conceitos legais indeterminados, conceitos legais determinados pela função e princípios gerais de direito*

2.3.1. Cláusulas gerais

Chama a atenção Nery Junior[(34)] para o fato de que o Código Civil está impregnado de cláusulas gerais[(35)], sendo necessário conhecer o sistema para poder entender a dinâmica de funcionamento e regramento do Código na solução de problemas que o Direito Privado apresenta. Para o citado autor, há verdadeira interação entre cláusulas gerais, princípios gerais de direito, conceitos legais indeterminados e conceitos determinados pela função, reclamando, para a solução dos problemas, atuação conjunta desses instrumentos.

Em primeiro lugar, cláusula geral não é regra de interpretação, mas instrumento por meio do qual se concretiza o que se encontra contido nos princípios e conceitos indeterminados. Sua função, portanto, é integrativa e, nos termos do art. 2.035, do Código Civil, possui natureza jurídica de ordem pública, que deve ser aplicada ex officio pelo juiz.

---

(30) MARTINS-COSTA, 2006. p. 360.

(31) MARTINS-COSTA, 2006. p. 362.

(32) MARTINS-COSTA, 2006. p. 362.

(33) MARTINS-COSTA, 2006. p. 362-364.

(34) NERY JUNIOR, 2006. p. 425-426.

(35) São exemplos de cláusulas gerais: "Art. 421. função social como limite à autonomia privada; Art. 422. observância da boa-fé objetiva e probidade nas contratações; Art. 187. atos ou negócios jurídicos devem atender aos seus fins sociais e econômicos", etc.

Trata-se de norma orientadora sob forma de diretriz que, mesmo vinculando, confere ao juiz liberdade para decidir[36], dando conteúdo concreto às enunciações abstratas da cláusula. Com isso, as cláusulas gerais assumem a função de dar mobilidade e concreção aos princípios gerais de direito e aos conceitos legais indeterminados.

Cláusulas gerais são, portanto, segundo Nery Junior, "formulações contidas na lei, de caráter significativamente genérico e abstrato, cujos valores devem ser preenchidos pelo juiz, autorizado a assim agir em decorrência da formulação legal da própria cláusula geral, que tem natureza de diretriz".[37]

Na aplicação das cláusulas gerais, o juiz não encontra solução para o caso predeterminada pela lei. Ele aplica valores designados para aquele caso a fim de dar a solução que lhe pareça mais acertada.

2.3.2. Conceitos legais indeterminados

Os conceitos legais indeterminados se relacionam ao fato posto na causa e a indeterminação está na norma legal, como também nas expressões que compõem o conceito legal. Cabe ao juiz no momento de aplicar o direito aos fatos preencher os claros e dizer se a norma atua ou não no caso concreto[38].

Na percepção de Nery Junior, conceitos legais indeterminados "são palavras ou expressões indicadas na lei, de conteúdo e extensão altamente vagos, imprecisos e genéricos, e por isso mesmo esse conceito é abstrato e lacunoso"

Ao tempo em que o citado autor elabora o conceito, coloca em destaque que, "preenchido o conteúdo legal indeterminado, a solução já está preestabelecida na própria norma legal, competindo ao juiz apenas aplicar a norma".[39]

A solução já está prevista na lei, de forma que o juiz não exerce nenhuma função criadora.

Assim, as expressões "atividade de risco" para caracterizar a responsabilidade objetiva (art. 927, parágrafo único), "perigo iminente" como causa excludente de ilicitude do ato (art. 188, II), "estado de necessidade premente ou inexperiência" para caracterizar lesão (art. 157), são exemplos segundo os quais, concretizada a situação prevista (risco, perigo, necessidade), ou seja, preenchido o conteúdo, a consequência aplicável em lei é inevitável. Assim, constatado o dano em "atividade de risco" a indenização é a consequência.

(36) NERY JUNIOR, 2006. p. 428.

(37) NERY JUNIOR, 2006, p. 428.

(38) NERY JUNIOR, 2006, p. 427.

(39) NERY JUNIOR, 2006, p. 427.

O Juiz não cria, mas sua função se eleva, pois compete a ele, no momento da subsunção do fato à norma, introduzir valores éticos, morais, econômicos e jurídicos, de forma que, com base em tais valores, vai qualificar o que venha a ser "atividade de risco", "perigo", "estado de necessidade" e, ao fim, pronunciar se aquele que, em estado de miserabilidade e privado do alimento, furta um pão está sujeito a punição ou não, menção que se faz apenas para exemplificar.

2.3.3. Conceitos legais determinados pela função

Como visto, o juiz preenche a indeterminação do conceito por meio de valores éticos, morais, sociais, econômicos e jurídicos. Ele dá concreção aos referidos conceitos a partir da peculiaridade, no caso concreto, do que significam as expressões vagas: "atividade de risco", "estado de necessidade", "boa-fé", "bons costumes", "ilicitude ou abuso de direito".

Os conceitos legais indeterminados passam, então, a ser determinados pela função no ato da aplicação, cumprindo-se a determinação funcional do conceito.

Os conceitos determinados pela função resultam da valoração dos conceitos legais indeterminados pela aplicação e utilização das cláusulas gerais. Há, na visão de Nery Junior(40), verdadeira transmudação, em que os conceitos indeterminados passam a ser determinados pela função que têm de exercer no caso concreto e, assim, servem para aplicar e garantir a aplicação correta, equitativa do preceito ao caso concreto. Na síntese desse jurista, "o juiz torna concretos, vivos, determinando-os pela função, os denominados conceitos legais indeterminados".(41)

2.3.4. Princípios gerais de direito

Princípios na sua acepção lógica são, na expressão de Reale(42), "verdades fundantes" de um sistema de conhecimento, e assim admitidas, por serem evidentes ou por terem sido comprovadas.

No sistema jurídico nacional, pelo fato de reconhecer o legislador a possibilidade de haver lacunas na lei, encontram-se dispositivos legais (art. 4º, da Lei de Introdução ao Código Civil — LICC e art. 8º, 2, da Consolidação das Leis do Trabalho — CLT), que autorizam o juiz, quando a lei for omissa, a decidir o caso de acordo com a analogia, os costumes e os princípios gerais de direito.

Mas, adverte Reale(43) que aos princípios gerais de direito não cabe apenas essa função integrativa, posto que a função integradora é bem mais ampla. Para o citado jurista, princípios gerais de direito "são enunciações normativas de valor genérico, que

(40) NERY JUNIOR, 2006. p. 428.

(41) NERY JUNIOR, 2006. p. 428.

(42) REALE, 1981. p. 299.

(43) REALE, 1981. p. 300.

condicionam e orientam a compreensão do ordenamento jurídico, quer para a sua aplicação e integração, quer para a elaboração de novas normas",[44] sendo que alguns deles, acrescenta, "se revestem de tamanha importância que o legislador lhes confere força de lei, com a estrutura de modelos jurídicos".[45]

Para Nery Júnior[46], princípios gerais de direito "são regras de conduta que norteiam o juiz na interpretação da norma, ato ou negócio jurídico" , esclarecendo também esse jurista[47] que princípio positivado não é regra de interpretação, mas norma jurídica, tornando cláusulas gerais que têm conteúdo normativo e são fonte criadora de direitos e obrigações.

2.3.5. Base contratual da boa-fé objetiva e a eficácia direta dos direitos fundamentais no contrato de trabalho

O novo Código Civil, diversamente do Código Civil de 1916, que divisou o indivíduo com seus privilégios, vê o homem integrado na sociedade. Exige a nova ordem jurídica que as partes atuem com boa-fé objetiva, conduta honesta, leal e transparente, além de transformar em dever jurídico cláusula geral implícita em todos os contratos.

A boa-fé objetiva, que se qualifica, na percepção de Reale[48], como "normativa de comportamento leal", se apresenta, ainda na concepção do citado jurista, "como uma exigência de lealdade, modelo objetivo de conduta, arquétipo social pelo qual impõe o poder-dever de que cada pessoa ajuste a própria conduta a esse arquétipo, obrando como obraria uma pessoa honesta, proba e leal".[49]

Refletindo acerca da boa-fé na execução do contrato de trabalho, Fernandes[50] inicia relembrando peculiaridades do contrato de trabalho — implicação da pessoa do trabalhador na execução do contrato e o caráter tendencialmente duradouro das relações de trabalho — com as quais a boa-fé está estreitamente relacionada.

Certamente a prestação pessoal do trabalho amparada em um vínculo contratual sem prazo determinado e sob a direção do empregador, expõe a vida, a integridade física e a saúde do trabalhador a riscos gerados pela organização e pelo ambiente de trabalho, que ele, praticamente, não controla.[51]

---

(44) REALE, 1981. p. 300.

(45) REALE, 1981. p. 301.

(46) NERY JUNIOR, 2006. p. 426.

(47) NERY JUNIOR, 2006. p. 426.

(48) REALE, 2003. p. 1.

(49) REALE, 2003. p. 1.

(50) FERNANDES, 2003, p. 109-110.

(51) FERNANDES, 2003. p. 110.

Assim, é providencial a nova ordem, refletidora da vinculação do homem na prática de suas relações privadas aos postulados de valores constitutivos da boa-fé, da equidade, da justa causa e da dignidade, e que institui mecanismos de atração dos direitos fundamentais para aplicação às relações intersubjetivas no âmbito do Direito Privado e, particularmente, como já destacado, de forma direta nas relações trabalhistas, viabilizando-se, assim, conferir eficácia aos direitos fundamentais, assegurando pleno desenvolvimento da personalidade do trabalhador cidadão.

Desse universo, destacam-se os riscos do trabalho e a obrigação de responder pelos danos, quando se evidencia a responsabilidade objetiva em virtude do risco da atividade.

3. Riscos do trabalho

Em outro momento, quando a preocupação se voltava para as reais condições de saúde de trabalhadores submetidos a trabalhos altamente insalubres, já nos ocupamos do tema(52), cujas bases serão aqui relembradas porque úteis à atual reflexão feita, agora, com base na eficácia dos direitos fundamentais.

De tato, o acidente em decorrência da atividade profissional remonta à origem do trabalho, porque ínsito a ela o risco ou o perigo, em grau mais ou menos elevado, a depender do tipo e da natureza da atividade empreendida(53). Uma vez que esse risco ou perigo são inerentes não se tem poupado esforços no sentido de se proteger a saúde e a integridade física do trabalhador.

Lembra Gomes(54) que desde a tramitação do projeto de Código Civil de 1916 houve tentativas, sem êxito, de se incluir na legislação social brasileira normas sobre acidentes envolvendo operários no exercício de suas profissões e respectiva indenização.

Ficando a questão social à margem ou fora da lei civil, um retrospecto sobre a infortunística no sistema jurídico nacional, ainda que em linhas gerais, revela que, num primeiro momento, a Lei n. 3.724/2019 deixou o encargo inerente à reparação pecuniária por acidente do trabalho por conta do empregador. A responsabilidade imputada tinha por fundamento a teoria do risco profissional.(55)

---

(52) BORBA, 2002, p. 109-127.

(53) A Norma Regulamentadora (NR) n. 4, aprovada pela Portaria do MTE n. 3.214/78, classifica as atividades econômicas e atribui graus de riscos, os quais vão de 1 a 4 (NR-4, quadros I e II), a depender da atividade (Segurança e medicina do trabalho: Lei n. 6.514, de 22 de dezembro de 1977. p. 25-58).

(54) GOMES, 2003. p. 32.

(55) Esclarecem GOMES; GOTTSCHALK (1991. p. 315) que "as regras do direito comum sobre responsabilidade civil baseada na culpa autorizavam a pretensão do empregado obter a reparação do dano sofrido em consequência de acidente do trabalho. Mas, dificultavam, senão impossibilitavam, seu exercício (...) A exigência quanto a prova da culpa, que caracteriza o sistema da responsabilidade extracontratual, baseado nesse elemento subjetivo, reduz a número escasso a possibilidade de o trabalhador ser ressarcido do dano decorrente de acidente do trabalho".

Ante a acirrada controvérsia gerada pela citada lei de 1919 envolvendo a discussão em torno da cumulatividade de indenizações suportáveis pelo empregador, uma resultante do acidente de trabalho, outra, da lei civil pelo dolo ou culpa, a controvérsia foi dissipada pela regra do Decreto n. 24.637/1934 que, dentre as inovações, exonerou o empregador de pagar à vítima de acidente qualquer indenização de direito comum

Reafirmando o princípio da inexigibilidade de indenização civil, o Decreto-lei n. 7.036/1944 instituiu exceção ao princípio, para admitir indenização em caso de dolo do empregador ou de seus prepostos. A partir de então, a reivindicação de uma indenização não excluía o direito a outra.

Com tal possibilidade, reavivada a controvérsia acerca da cumulatividade de indenização, o Supremo Tribunal Federal — STF(56) firmou entendimento no sentido de que, efetivamente, preenchido o requisito essencial (prova do dolo) seriam devidas ambas as indenizações. E, além de pacificar a matéria, avançou o Supremo para assentar que a indenização civil seria devida, também, em caso de culpa grave, equiparando-a ao dolo.

Portanto, em caso de acidente do trabalho, duas eram as indenizações — civil e acidentária — suportáveis pelo empregador, e por muitos anos, dizem Gomes e Gottschalk(57), o sistema de acidente do trabalho esteve divorciado da Previdência Social.

Após avanços e retrocessos, entra em vigor a Lei n. 5.316/1967, pela qual se transferiu, por etapas, para programas da Previdência Pública o seguro privado contra acidente do trabalho, vindo, a seguir, a Lei n. 6.367/1976 regular o seguro de acidente do trabalho, ao tempo em que se atribuiu o seu custeio à União, ao empregador e ao empregado, com um acréscimo a cargo da empresa.

O segurado passou a ter direito a assistência médica e a gozar benefícios (auxilio-doença e aposentadoria por invalidez), além de pensão para os dependentes em caso de morte. E o que se depreende da regra do § 5º, do art. 5º da referida Lei n. 6.367/1976.

A indenização acidentária pelo dano decorrente do acidente do trabalho passou a ser encargo da Previdência oficial, enquanto a civil é da responsabilidade do causador do dano.

Nesse contexto, houve troca da ordem constitucional, operada em 1988. A Constituição Federal no catálogo de direitos sociais assegura ao trabalhador a um só tempo, dentre outros, direito à redução dos riscos inerentes ao trabalho e imputa ao empregador responsabilidade com obrigação de indenizar em caso de dano por dolo ou culpa, isso sem prejuízo de seguro contra acidente de trabalho.

---

(56) É do seguinte teor a Súmula n. 229 do STF: "A indenização acidentária não exclui a do direito comum, em caso de dolo ou culpa grave do empregador".

(57) GOMES; GOTTSCHALK, 1991. p. 318

Tais garantias fundamentais do trabalhador estão inscritas nos incisos XXII e XXVIII, do art. 7º, da Constituição, e a disciplina na ordem infraconstitucional coube à Lei n. 8.213/1991. Esta lei de benefícios da Previdência Social, no seu art. 121, dispõe que "o pagamento, pela Previdência Social, das prestações por acidente do trabalho não exclui a responsabilidade civil da empresa ou de outrem".

Portanto, diante do dano decorrente do acidente do trabalho, duas são as indenizações: uma, com base na culpa objetiva, a cargo do seguro social; outra, com base na culpa subjetiva, em decorrência da responsabilidade pessoal e direta do empregador, ex-vi do inciso XXVIII, do art. 7º, da Constituição Federal.

Esse o estágio da responsabilidade civil do empregador no sistema jurídico nacional, quando, em 2002, entra em vigor o Código Civil, que traça modelo aberto e axiologicamente orientado pelo respeito à pessoa humana, "valor-fundante" do ordenamento.

Modelo aberto e carregado de eticidade, cuja raiz é a boa-fé, um de seus princípios diretores. E a boa-fé, como ensina Reale, se constitui em "uma norma que condiciona e legitima toda a experiência jurídica, desde a interpretação dos mandamentos legais e das cláusulas contratuais até as suas últimas consequências".(58)

A par disso, colhe-se da doutrina de Martins-Costa(59) que a responsabilidade no Código Civil apresenta estrutura inovadora, tendo como centro o art. 927 (dever de indenizar por dano resultante de ato ilícito e culposo) e seu parágrafo único (responsabilidade objetiva, por risco, em certas atividades). A essa nova estrutura combina-se um conteúdo material que tem em vista a pessoa humana, como "valor-tipo" do ordenamento, alargando-se o conteúdo, por um lado, do campo de ilicitude, vez que centrado em conceitos dotados de elevada carga ética, por outro, incorporou princípio da equidade e a importantíssima cláusula geral de responsabilidade objetiva pelo risco, assentada na noção de estrutura social.

Pode-se assegurar, então, diante da eficácia horizontal dos direitos fundamentais e da nova ordem jurídica civil, aplicável ao Direito do Trabalho, por força do art. 8º da CLT, que a responsabilidade do empregador quando desenvolver atividade de risco é objetiva.

Assim, em se tratando de atividade de risco, em que os esforços da engenharia de segurança, da engenharia sanitarista, da medicina do trabalho, não possam reduzir, senão eliminar, os riscos que cercam a atividade do homem, exatamente porque o risco é ínsito, inerente, não resta dúvida que o dano decorrente do acidente do trabalho reclama indenização em decorrência da responsabilidade objetiva do empregador.

---

(58) REALE, 2003. p. 1.

(59) MARTINS-COSTA, 2006. p. 362-364.

Aquela responsabilidade subjetiva prevista na Constituição ganha qualificação (risco da atividade) e transmuda-se em responsabilidade objetiva. Isso não significa duplicidade de indenização, uma, com suporte constitucional[(60)], outra, com base na lei civil[(61)], mas mudança na configuração da indenização pelo tipo de responsabilidade imputada para aquela situação específica e especial no contexto das relações de trabalho.

3.1. Redução dos riscos inerentes ao trabalho, inclusive em atividades de risco

Antes do novo Código Civil, mas na vigência da Constituição Federal e de normas internacionais ratificadas pelo Brasil, por acreditar, com Reale, que a "vida do Direito não se reduz a uma sucessão de fatos desvinculados dos valores que lhes dão significado"[(62)], tive oportunidade de sustentar, em outro trabalho[(63)], que em caso de não ser possível eliminar ou reduzir os riscos do trabalho, a responsabilidade seria integral, decorrente do contrato de trabalho.

De fato, as ponderáveis razões para aplicação da responsabilidade subjetiva em caso de acidente de trabalho em qualquer atividade, mesmo as de alto risco, escapavam à dimensão ética, em cuja base está a boa-té, seja em razão do tipo da relação, seja em virtude das partes contratantes.

Essa percepção ganha reforço na medida em que noticia a doutrina[(64)]que as doenças decorrentes do trabalho atingem dimensões de verdadeira epidemia, registrando relatórios da OIT que, todo ano, morrem, no mínimo, 180 milhões de trabalhadores e outros 110 milhões padecem de lesões diversas.[(65)]

No plano nacional não é diferente. Segundo dados da "Previdência Social, entre 2003 e 2008 tivemos 3,4 milhões de acidentes de trabalho no país, o que resultou em 16.700 mortes e 499 mil casos de doenças e, ainda, que 71.300 pessoas em plena idade produtiva foram aposentadas por invalidez".[(66)]

Essa inadmissivel realidade levou, recentemente, a Previdência Pública a mudar a sistemática de identificação do acidente do trabalho para a devida cobertura pelo seguro social, com adoção do critério epidemiológico (NTEP — Nexo Técnico Epidemiológico). Assim, doravante, o acidente típico ou a ele equiparado passa a ser reconhecido a partir da

(60) Constituição Federal, art. 7º, XXVIII.

(61) Código Civil/02, art. 927, parágrafo único.

(62) REALE, 2003. p. 1.

(63) BORBA, 2002. p. 109-127.

(64) OLIVEIRA, 1998. p. 248.

(65) TRINDADE, 1989. p. 10.

(66) HENRIQUE; MELO, 2010. p. A3.

relação de causalidade entre o trabalho e o acidente por meio do cruzamento do Código Internacional de Doenças — CID e o Código Nacional de Atividade Econômica — CNAE.

Esse mecanismo facilita identificar doenças do trabalho. Mas não é só. Ao lado dele, a Lei n. 10.666/2003, regulamentada pelo Decreto n. 6.957, introduziu no sistema jurídico regra de equidade — o chamado Fator Acidentário de Prevenção — FAP. Por meio de tal fator a lei estabelece cobrança individual por empresa do seguro-acidente, de modo que a empresa que apresentar maior número de acidente, doença, morte e invalidez deverá pagar maior alíquota enquanto a que protege mais o empregado pagara menos.

Para Trindade[(67)], o contrato de trabalho, na sua fase atual, passou por uma revisão conceitual, em que se dá mais atenção a bens pessoais do trabalhador, dentre os quais a saúde. A partir dessa revisão, acrescenta o citado autor, "o contrato de trabalho perde a feição de mero intercâmbio patrimonial, traduzido no binômio trabalho-salário e converte-se numa relação jurídica que considera dever do empregador proteger o obreiro dos riscos do empreendimento, de quem lucra traficando com o perigo".[(68)]

E, ao discorrer sobre a base negocial dos contratos, destaca, ainda, Trindade[(69)] baseado na doutrina de K. Larenz, a indispensável equivalência entre a base negocia subjetiva e objetiva, sem a qual o contrato restaria desfigurado ou desnaturado. De fato, fixada a base do negócio subjetiva, aquela comum representação mental dos contratantes pela qual ambos se tenham deixado guiar ao fixar o conteúdo do contrato, e desaparecendo a base objetiva pela diluição ou destruição da relação de equivalência das prestações até ao ponto em que o contrato não pode considerar-se razoavelmente bilateral, pode ser que o contrato perca por completo o sentido original e venha a ter consequências inteiramente distintas das que foram inicialmente projetadas.[(70)]

No âmbito das relações de trabalho, a própria natureza jurídica da relação coloca o trabalhador em posição de subordinação, sendo necessária a concepção de uma superioridade jurídica para compensar o desnível do trabalhador.

Além disso, o empresário, desde quando decide empreender uma atividade, tem a exata noção de seu risco para a saúde do trabalhador, e se não for capaz de evitar seu efeito danoso e eliminar o risco, responde pelo dano que causar à saúde e à integridade do trabalhador.

Não é demais lembrar, como o fizera Pamplona Filho[(71)], que também o ato lícito pode se constituir em fato gerador de responsabilidade, em que responde o causador do

(67) TRINDADE, 1989. p. 10.

(68) TRINDADE, 1998. p. 14.

(69) TRINDADE, 1998. p. 45.

(70) TRINDADE, 1998. p. 45.

(71) PAMPLONA FILHO, 1999. p. 25.

dano independentemente de culpa, como ocorre com a hipótese de que cuida o art. 21, da Lei n. 8.213/91.

Daí porque a tese alicerçada na responsabilidade contratual de outrora(72) porquanto na atividade em que o risco ou o perigo são intrínsecos, em grau mais ou menos elevado, a depender da atividade, o empregador que usa esse risco ou perigo para agregar valor ao seu patrimônio, utilizando-se de força-trabalho, responde civilmente, não com base na culpa ou dolo, como previsto na Constituição, mas com base no contrato de trabalho pela quebra da base negocial objetiva.

Tal convicção decorreu também da visão sistêmica da ordem jurídica, segundo a qual, a "redução dos riscos inerentes ao trabalho, por meio de normas de saúde, higiene e segurança" é direito fundamental do trabalhador, nos termos do art. 7º inciso XXII, da Constituição Federal. A par disso, assegura a Constituição que a "saúde é direito de todos e dever do Estado"(73) e que "todos têm direito ao meio ambiente ecologicamente equilibrado"(74). Integra, ainda, o sistema jurídico nacional, as disposições das Convenções da OIT, ratificadas pelo Brasil, dentre elas a 148 sobre contaminação do ar, ruído e vibrações, a 155 sobre segurança e saúde dos trabalhadores e a 161 sobre serviços de saúde no trabalho.(75)

Assim, de acordo com o sistema normativo, a responsabilidade por dano decorrente de acidente do trabalho não se restringe à hipótese de desobediência às diretrizes traçadas pelas Normas Regulamentadoras — NRs do Ministério do Trabalho.

---

(72) BORBA, 2002. p. 109-127.

(73) Constituição Federal, art. 196.

(74) Constituição Federal, art. 225.

(75) Com a ratificação da Convenção da OIT n. 161, sobre serviços de saúde do trabalhador, entram em vigor no plano nacional em 18.5.1991, após a vigência da Constituição Federal, as disposições da referida Convenção, dentre as quais as que obrigam a adequar e ajustar os riscos da empresa com relação à saúde no trabalho, dispondo literalmente o seu art. 5º. "Sem prejuízo da responsabilidade de cada empregador a respeito da saúde e da segurança dos trabalhadores que emprega, e tendo na devida conta a necessidade de participação dos trabalhadores em matéria de segurança e saúde no trabalho, os serviços de saúde no trabalho devem assegurar as funções, dentre as seguintes, que sejam adequadas e ajustadas aos riscos da empresa com relação à saúde no trabalho: a) identificar e avaliar os riscos para a saúde, presentes nos locais de trabalho; b) vigiar os fatores do meio ambiente de trabalho e as práticas de trabalho que possam afetar a saúde dos trabalhadores, inclusive as instalações sanitárias, as cantinas e as áreas de habitação, sempre que esses equipamentos sejam fornecidos pelo empregador; c) prestar assessoria quanto ao planejamento e à organização do trabalho, inclusive sobre a concepção dos locais de trabalho, a escolha, a manutenção e o estado da máquina e dos equipamentos, bem como, sobre o material utilizado no trabalho; d) participar da elaboração de programas de melhoria das práticas de trabalho, bem como dos testes e da avaliação de novos equipamentos no que concerne aos aspectos da saúde; e) prestar assessoria nas areas da saúde, da segurança e da higiene no trabalho, da ergonomia e, também, no que concerne aos equipamentos de proteção individual e coletiva; f) acompanhar a saúde dos trabalhadores em relação com o trabalho; g) promover a adaptação do trabalho aos trabalhadores; h) contribuir para as medidas de readaptação profissional; i) colaborar na difusão das infor-mações, na formação e na educação nas areas da saúde e da higiene no trabalho, bem como na da ergonomia; j) organizar serviços de primeiros socorros e de emergência; k) participar da análise de acidentes de trabalho e das doenças profissionais" (SÜSSEKIND, 1988. p. 409).

A atitude é de atuação responsável. Por isso, não basta implementar programas e planejar ações previstas pelas diversas Normas Regulamentadores — NRs, indispensável o completo e correto implemento desses programas e cumprimento das ações neles contidas, com periódicas revisões[76], até porque existem aquelas atividades em que o risco acentuado é inerente, a exemplo da indústria da construção civil e indústrias extrativas, como mineração, metalurgia, petrolifera, só para exemplificar (NR-4).

Aliás, desde a vigência da Convenção n. 148 (14.1.1983), os riscos do trabalho devem ser, se não eliminados, reduzidos aos níveis toleráveis, máxime quando o serviço de saúde do trabalho, de que cuida a Convenção n. 161, da OIT, ratificada pelo Brasil, deve investir-se de funções essencialmente preventivas, a partir de um ambiente de trabalho seguro, salubre, que favoreça a saúde física e mental em relação com o trabalho.

E assim deve ser porque o direito à vida e à integridade física das pessoas é um direito fundamental.

Esse direito fundamental deve ser objeto de efetiva proteção, vez que o dano a ele causado é imensurável, insusceptível de ser avaliado em termos pecuniários, pois além da lesão física, leve ou severa, e até fatal, causa também dor moral e espiritual.

É certo que a CLT[77] já impunha ao empregador o dever de "cumprir e fazer cumprir as normas de segurança e medicina do trabalho", bem como, instruir os empregados quanto "às precauções a tomar no sentido de evitar acidentes do trabalho ou doenças ocupacionais", competindo a estes o dever de observar tais normas, sob pena de incidir em falta disciplinar.

Todavia, a mesma CLT agasalha norma — e posteriormente a Constituição Federal — aparentemente incompatível com o direito fundamental de preservação da saúde e integridade física do trabalhador, na medida em que admite o trabalho em locais insalubres e perigosos mediante indenização compensatória.

Na oportuna observação de Brandão (2010), a vigência da norma propicia a convivência com o mal e o que de início, representava uma sanção ao empregador, tornou-se, lamentavelmente, regra geradora de estímulo à manutenção da postura empresarial, principalmente em função do valor correspondente às despesas necessárias para a modificação do ambiente de trabalho, se comparadas com o custo irrisório do adicional, calculado com base no salário mínimo".[78]

Mas, a lei não é incompatível e nem contraditória. O que a Constituição Federal assegura em primeiro lugar é o valor maior — saúde e integridade física do trabalhador

(76) BORBA, 2002. p. 117.

(77) CLT, arts. 157-158.

(78) BRANDÃO, 2010. p. 26.

— por meio da eliminação ou total remoção dos riscos do trabalho ou da neutralização de suas causas.

Eliminar os riscos do trabalho, ou, se não for possível em função da natureza da atividade, reduzi-los ao máximo até chegar ao nível aceitável de convivência com o perigo à vida e à saúde do trabalhador. Somente nessa hipótese tem aplicação a lei que prevê pagamento de adicional de insalubridade, de periculosidade e de penosidade.

Há, portanto, necessidade de se compatibilizar valores constitucionais inerentes à pessoa do trabalhador para assegurar o adicional respectivo apenas se os agentes agressores se posicionarem dentro dos limites de tolerância, sem prejuízo do uso do adequado equipamento de proteção individual ou coletivo.

Outra leitura do sistema jurídico leva ao desvirtuamento da mens legis, apontando

Brandão[(79)] equívoco da doutrina e da jurisprudência quando priorizam discussão em torno do adicional e sua base de cálculo[(80)], em detrimento do princípio maior a ser alcançado — a saúde e integridade física do trabalhador.

No que tange à responsabilidade, em se tratando de direito fundamental — segurança e higiene do trabalho — tal como previsto no ordenamento jurídico, em primeiro lugar se deve adequar e ajustar os riscos da empresa com relação à saúde no trabalho. Contudo, se a atividade é de risco, hoje já não se tem mais dúvida que a responsabilidade é objetiva.

Posicionando-se a atividade fora dessa tipificação, ou seja, se não é de risco a atividade, a responsabilidade é subjetiva, mas adverte Oliveira[(81)] que é devida a reparação civil se houver culpa do empregador ou de outrem, de qualquer grau, mesmo na culpa levíssima. Para o citado autor "qualquer descuido ou negligência do empre-gador, quanto ao cumprimento das normas de segurança, higiene e saúde do trabalhador, pode facilmente caracterizar a culpa e ensejar o pagamento das indenizações decorrentes da responsabilidade civil.[(82)]

Conclusão

A proteção à saúde e integridade física do trabalhador é um direito humano, concebendo-a o moderno constitucionalismo como direito fundamental, merecedor de efetiva tutela.

(79) BRANDÃO, 2010. p. 26

(80) Súmula Vinculante do STF n. 4 e a declaração de inconstitucionalidade da Súmula do TST n. 228.

(81) OLIVEIRA, 1998. p. 211.

(82) OLIVEIRA, 1998. p. 217.

A concepção simples e esquemática de direitos fundamentais — concepção liberal — não poderia resistir às mudanças operadas na realidade política e social e, em particular, no mundo do trabalho.

Assim, a eficácia dos direitos fundamentais, antes concebida na acepção subjetiva, passa a ter relevância fundamental não só na relação particular-Estado, mas também nas relações intersubjetivas, desenhando e firmando-se numa concepção objetiva.

Trata-se da eficácia horizontal dos direitos fundamentais, expressão esta utilizada para significar que tais direitos produzem efeitos nas relações privadas e que vinculam também os particulares.

E certo que há certa resistência em se aplicar de forma direta e imediata a eficácia dos direitos fundamentais às relações intersubjetivas pela possibilidade de se comprometer a autonomia privada.

Entretanto, essa restrição deixa de existir quando o particular (indivíduo ou entidade) exerce tarefa de interesse coletivo ou determina em termos fundamentais o comportamento de indivíduos em certas áreas sociais, exercendo real poder jurídico ou de fato, como ocorre nas relações de trabalho. Nessa hipótese, a eficácia dos direitos fundamentais é direta e imediata.

Quando, no entanto, nas relações intersubjetivas não estiver presente tal fonte de poder jurídico ou de fato, a eficácia se dá de forma indireta ou mediata, a fim de preservar liberdades substanciais, livre desenvolvimento da personalidade, autonomia privada e livre-iniciativa, que, também, são valores constitucionais privilegiados. Dessa forma, elimina-se a possibilidade de o exercício de um direito fundamental aniquilar outro direito também fundamental.

Ademais, sob outra percepção, os direitos fundamentais se apresentam também como princípios constitucionais, verdadeiras normas de valor — e tendo em vista o princípio da unidade do ordenamento jurídico — não podem deixar de serem aplicados em toda a ordem jurídica, inclusive na área do direito privado.

Como normas de valor, os direitos fundamentais devem refletir sobre todo o sistema jurídico, transpondo tais normas de valor o âmbito constitucional para as relações particulares por meio do mecanismo das cláusulas gerais do Direito Privado que propiciam um sistema aberto e flexível.

Os direitos humanos, dentre eles a eliminação dos riscos do trabalho com efetiva proteção à saúde e integridade física do trabalhador, devem ser levados em conta, portanto, sempre sob a ótica dos direitos fundamentais, e não apenas na perspectiva da lei infraconstitucional.

Mesmo que não fosse assim, por questão de ética e de boa-fé que conforma todo contrato, não se admitiria a utilização do contrato de trabalho para violar tal garantia fundamental. Por isso, já antes se advogou a tese da responsabilidade contratual pelo acidente de trabalho em atividade de risco, exatamente com base na quebra da base negocial objetiva do contrato. Certamente, o trabalhador procura no trabalho meio de subsistência sua e de sua família e não meio de comprometer sua saúde e integridade física.

Agora, com a eficácia horizontal direta ou imediata dos direitos fundamentais e, ainda, o mecanismo das cláusulas gerais do Código Civil de 2002, a proteção dos riscos do trabalho deve ser efetiva e a responsabilidade civil é objetiva em virtude do risco da atividade.

Referências

ABRANTES, José João. *Contrato de trabalho e direitos fundamentais*. Coimbra: Coimbra Editora, 2005.

ALEXY, Robert. *Conceito e validade do direito*. São Paulo: Martins Fontes, 2009.

AMARAL, Júlio Ricardo de Paula. *Eficácia dos direitos fundamentais nas relações trabalhistas*. São Paulo: LTr, 2007.

ANDRADE, José Carlos Vieira de. *Os direitos fundamentais na Constituição portuguesa de 1976*. Coimbra: Almedina, 1983.

BOBBIO, Norberto. *A era dos direitos*. Rio de Janeiro: Campus, 1992.

BONAVIDES, Paulo. *Curso de direito constitucional*. 9. ed. São Paulo: Malheiros, 2000.

BORBA, Joselita Nepomuceno. Os riscos do trabalho e a obrigação de responder pelos danos no plano individual e coletivo. Acidente do trabalho. Responsabilidade contratual. In: *ERGON, Revista do Instituto Bahiano de Direito do Trabalho*, Salvador, v. XLVII, 2002.

BRANDÃO, Cláudio Mascarenhas. Proteção jurídica à saúde do trabalhador: uma necessária (re)leitura constitucional. In: *Revista LTr. São Paulo*, v. 74, n. 1, jan. 2010.

BRASIL. *Lei n. 10.406, de 10 de janeiro de 2002*. Código civil! Disponível em: http://www.planalto.gov.br/CCIVIL/eis/2002/L10406.htm. Acesso em: 9 fev. 2010.

CALERA, Nicolás María López. *Introducción a los derechos humanos*. Granada: Comares, 2000.

DELGADO, José Augusto. A ética no novo Código Civil. *Informativo Jurídico da Biblioteca Ministro Oscar Saraiva*, Brasília, v. 15, n. 2, p. 137-265, jul./dez. 2003. Disponível em: http://bdjur.stj.gov.br/dspace/handle/2011/9281. Acesso em: 10 fev. 2010.

FERNANDES, Antonio Monteiro. Reflexões acerca da boa-fé na execução do contrato de trabalho. In: *V Congresso Nacional de Direito do Trabalho*. Coimbra: Almedina, 2003.

GOMES, Orlando; GOTTSCHALK, Elson. *Curso de direito do trabalho*. 12. ed. Rio do Janeiro: Forense, 1991.

GOMES, Orlando. *Raízes históricas e sociológicas do Código Civil brasileiro*. São Paulo: Martins Fontes, 2003.

GOMES, Sérgio Alves. *Hermenêutica jurídica e Constituição do estado de direito democrático*. 2. ed. Rio de Janeiro: Forense, 2002.

HENRIQUE, Artur; MELO, Manoel Messias. Bônus para investir em saúde do trabalhador. *Folha de S. Paulo*, São Paulo, 4 fev. 2010, Caderno 1, p. A3.

HESSE, Konrad. *Temas fundamentais do direito constitucional*. São Paulo: Saraiva, 2009.

LASSALLE, Ferdinand. *A essência da Constituição*. 9. ed. Rio de Janeiro: Lumen Juris, 2009.

MARTINS-COSTA, Judith. O adimplemento e o inadimplemento das obrigações no novo Código Civil e o seu sentido ético e solidarista. In: FRANCIULLI NETTO, Domingos; MENDES, Gilmar Ferreira; MARTINS FILHO, Ives Gandra da Silva (Orgs.). *O novo Código Civil:* homenagem ao professor Miguel Reale. 2. ed. São Paulo: Revista dos Tribunais, 2006.

MORAES, Alexandre de. *Direitos humanos fundamentais:* teoria geral, comentários aos arts. 1º ao 5º da Constituição da República Federativa do Brasil, doutrina e jurisprudência. 5. ed. São Paulo: Atlas, 2003.

NERY JUNIOR, Nelson. Contratos no Código Civil. Apontamentos gerais. In: FRANCIULLI NETTO, Domingos; MENDES, Gilmar Ferreira; MARTINS FILHO, Ives Gandra da Silva (Orgs.). *O novo Código Civil:* homenagem ao professor Miguel Reale. 2. ed. São Paulo: Revista dos Tribunais, 2006.

OLIVEIRA, Sebastião Geraldo de. *Proteção jurídica à saúde do trabalhador*. 2. ed. São Paulo: LTr, 1998

PAMPLONA FILHO, Rodolfo. *O dano moral na relação de emprego*. 2. ed. São Paulo: LTr, 1999.

PIOVESAN, Flávia. *Temas de direitos humanos*. 2. ed. São Paulo: Max Limonad, 2003.

REALE, Miguel. *A boa-fé no Código Civil.* São Paulo: 2003. Disponível em: www.miguelreale.com.br. Acesso em: 9 fev. 2010.

REALE, Miguel. *Lições preliminares de direito*. 9. ed. São Paulo: Saraiva, 1981.

REALE, Miguel. *Teoria tridimensional do direito*. 5. ed. São Paulo: Saraiva, 1994.

SARLET, Ingo Wolfgang. As dimensões da dignidade da pessoa humana: construindo uma compreensão jurídico-constitucional necessária e possível. In: SARLET, Ingo Wolfgang (Org.). *Dimensões da dignidade:* ensaios de filosofia do direito e do direito constitucional. 2. ed. Porto Alegre: Livraria do Advogado, 2009.

SARLET, Ingo Wolfgang. Direitos fundamentais e direito privado: algumas considerações em torno da vinculação dos particulares aos direitos fundamentais. In: SARLET, Ingo Wolfgang (Org.). *A Constituição concretizada*. Porto Alegre: Livraria do Advogado, 2000.

SÜSSEKIND, Arnaldo. *Convenções da OIT*. 2. ed. São Paulo: LTr, 1988.

TRINDADE, Washington Luiz da. Contratos: base negocial e sua teoria. *Consulex*, Brasília, v. 2, n. 20, ago. 1998. Riscos do trabalho. São Paulo: LTr. 1998.

TRINDADE, Washington Luiz da. *Segurança e higiene do trabalho*. São Paulo: LTr, 1989.

Eficácia dos Direitos Fundamentais e a Revalorização do Contrato de Trabalho[1]

Introdução

Com o presente trabalho me proponho a fazer uma reflexão sobre a revalorização do contrato de trabalho em face à eficácia imediata dos direitos fundamentais nas relações de trabalho.

Em primeiro lugar significativo notar que embora haja no contexto internacional avanços pela consolidação e universalização dos direitos humanos, o sistema nacional de proteção do homem trabalhador não os incorporou.

O Direito do Trabalho que, na sua origem, reconhece desigualdades entre os contratantes para, conferindo superioridade jurídica ao potencialmente mais fraco, chegar à igualdade, acumula acentuada perda de centralidade e vigor, por não haver a CLT atraído para o seu corpo o legado do Direito Internacional dos Direitos do Homem.

Ao contrário, como se verifica da legislação consolidada de 1943, com raras exceções[2], tudo ficou limitado ao plano meramente patrimonial.

Essa visão reducionista de direitos do legislador de então, que vislumbrou uma relação de emprego como se nela as *obrigações* se encerrassem na prestação do trabalho, sem atentar ou se preocupar com o homem — ser humano e seus atributos de personalidade — foi desalojada pela eficácia imediata dos direitos fundamentais agregados pelo texto constitucional de 1988.

Exatamente esse feixe de novas luzes lançadas sobre a base do contrato de trabalho pelos direitos fundamentais vai dar-lhe nova configuração. É o que se pretende demonstrar com as reflexões a seguir, ainda que superficiais, sobre direitos fundamentais e sua eficácia imediata nas relações de trabalho, dignidade da pessoa humana, valor social do trabalho e da livre-iniciativa, com a consequente revalorização do contrato de trabalho.

---

(1) Nota do organizador: Texto originalmente publicado na *Revista do Ministério Público do Trabalho na Bahia*, v. 1, 2011.

(2) É o caso, por exemplo, da referência à ofensa à honra e a boa fama como motivo de justa causa de que tratam os arts. 482, *j* e 483, *e*, da CLT, bem como a proibição de revistas intimas constante do art. 373-A, da mesma CLT.

1. Direitos fundamentais

Sobre direitos fundamentais já tive a oportunidade de afirmar[3], com base em doutrina de escol, que são direitos do homem sem os quais um sistema jurídico não estaria legitimado. São entendidos como direitos do ser humano reconhecidos e positivados na esfera do direito Constitucional de determinado Estado.

Nessa perspectiva, são direitos do homem que se tem em razão de uma cidadania[4], por pertencer a um Estado e não somente por ser "humano"[5].

Ele passa a ser reconhecido não apenas como titular de direitos inatos, que derivam da natureza humana — concepção liberal, jusnaturalista — ou de direitos universais, que decorrem dos pactos internacionais — concepção social, universalista —, mas também por possuir um conjunto de direitos inerentes a sua natureza (vida, saúde, integridade física etc) que integram o catálogo de direitos constitucionalizados.

E assim, a concepção de homem indivíduo, imperante no sistema liberal, cede lugar à concepção de homem cidadão.

A universalização e a constitucionalização[6] dos direitos vêm acompanhadas de inevitável proliferação que, via de regra, impactam as Constituições modernas, como ocorreu com a Constituição Federal de 1988, marcada pela garantia de direitos fundamentais.

É o que se vê da simples leitura de seu texto, que agrega em círculos de direitos cumulados (por um lado, direitos civis e políticos; por outro, direitos econômicos, sociais e culturais), assim chamados direitos de primeira, segunda e terceira gerações ou dimensões.

O alicerce desses direitos cumulados são, sem dúvida, os direitos humanos, assim concebidos, nas palavras de Nicolas Maria Lopes Calera, como "uma série de exigências ou faculdades subjetivas que correspondem ao homem enquanto homem à margem de qualquer conotação ou qualidade acidental ou não essencial"[7].

---

(3) "Direitos Fundamentais. Eficácia horizontal direta nas relações sociais entre capital e trabalho. Riscos do trabalho e a obrigação de repara os danos deles decorrentes". In: *Direitos Fundamentais aplicados ao direito do trabalho*. (Coords.) Renato Rua de Almeida, Adriana Calvo e Andrea Presas Rocha. São Paulo: LTr, 2010. p. 60.

(4) Direitos fundamentais se posicionam, pois, numa dimensão mais restrita que os direitos humanos, mas que com eles tem estreita relação, na medida em que direitos humanos decorrem de documentos de direito internacional por se referirem àquelas posições jurídicas que se reconhecem ao homem, independente de sua vinculação com determinada ordem constitucional. A sua validade é universal, para todos os povos e, portanto, de aspiração supranacional e universal.

(5) Conforme Nicolas Maria Lopes Calera. *Introdução a los derechos humanos*. Granada: Comares, 2000. p. 6.

(6) Universalização de direitos decorre da internacionalização dos direitos do homem, consubstanciada no Direito Internacional dos Direitos do Homem e a constitucionalização a positivação de direitos pelas constituições nacionais.

(7) *Op. cit.*, p. 6. Sobre concepção de direitos fundamentais conferir também Alexandre de Morais e Flávia Piovesan.

2. Eficácia dos direitos fundamentais

Uma vez inseridos direitos e garantias fundamentais no catálogo de direitos constitucionais de um Estado, como ocorre no sistema jurídico brasileiro[8], cumpre verificar a eficácia desses direitos na ordem interna.

A eficácia dos direitos fundamentais se dá sob dupla perspectiva: horizontal e vertical[9]. Como já observamos em outra oportunidade[10], enquanto na perspectiva vertical, a atenção se volta para a aplicação dos direitos fundamentais nas relações com o Estado que, além de obrigado a não agredi-los, ainda tem a missão de fazê-los respeitar pelos particulares, na horizontal, a aplicação dos direitos fundamentais se volta ou produz efeitos nas relações privadas e vincula os sujeitos privados.

Não remanesce dúvida quanto à aplicabilidade da eficácia vertical dos direitos fundamentais, o que não ocorre em relação à eficácia horizontal. Isso porque, na percepção de José Carlos Vieira de Andrade[11], aplicar a eficácia horizontal dos direitos fundamentais, equiparando simplesmente o particular ao Poder Público, corre-se o risco de não se deixar margem de liberdade de ação para os particulares, comprometendo-se a autonomia privada.

O receio da doutrina, no entanto, não se faz presente quando o particular (indivíduo ou entidade) exerce tarefa de interesse coletivo ou determina comportamento de indivíduos em certas áreas sociais, com exercício real de poder jurídico ou de fato[12]. Nesse caso, o visível traço distintivo entre entidade pública e privada desaparece, tornando possível colocar a questão da validade dos direitos fundamentais nas relações privadas.

Na hipótese, há objetiva e determinável relação de poder, e não relação entre iguais, como ocorre nas relações de trabalho. Nestas, com maior nitidez se afloram as desigualdades, quer no plano dos fatos, quer no plano jurídico. Isto porque, a celebração de contrato de trabalho vai investir o trabalhador numa situação de sujeição à vontade do outro, empregador, titular do meio de produção.

Exatamente o fato de o trabalhador aparecer como a parte mais fraca — e a possibilidade de o empregador abusar do poder de direção, como mostra, inclusive, a história

---

(8) Constituição Federal , Títulos I e II.

(9) A respeito da eficácia dos direitos fundamentais conferir AMARAL, 2007; ANDRADE, 1983; SARLET, 2007.

(10) Direitos Fundamentais. Eficácia horizontal direta nas relações sociais entre capital e trabalho. Riscos do trabalho e a obrigação de repara os danos deles decorrentes". In: *Direitos Fundamentais aplicados ao direito do trabalho.* (Coords.) Renato Rua de Almeida, Adriana Calvo e Andrea Presas Rocha. São Paulo: LTr, 2010. p. 62.

(11) *Os direitos fundamentais na Constituição portuguesa de 1976.* Coimbra: Almedina, 1983. p. 283.

(12) José Carlos Vieira de Andrade. *Os direitos fundamentais na Constituição portuguesa de 1976, op. cit.*, p. 285.

— lembra José João Abrantes, justificou "desde cedo a intervenção do legislador no domínio das relações de trabalho"[(13)], surgindo o Direito do Trabalho, de feição nitidamente protecionista, para limitar o poder social do empregador sobre o trabalhador.

Não fosse essa característica do direito especializado, os direitos fundamentais encerram princípios constitucionais e — tendo em vista o princípio da unicidade do ordenamento jurídico — se aplicam de imediato a toda ordem jurídica, inclusive no âmbito do direito privado.

Aliás, O Supremo Tribunal Federal (STF) já teve a oportunidade de se pronunciar sobre a eficácia dos direitos fundamentais nas relações privadas.

Na oportunidade, firmou entendimento no sentido de que "as violações a direitos fundamentais não ocorrem somente no âmbito das relações entre o cidadão e o Estado, mas igualmente nas relações travadas entre pessoas físicas e jurídicas de direito privado"[(14)].

No extrato daquele mesmo julgado restou ainda explicitado: "assim, os direitos fundamentais assegurados pela Constituição vinculam diretamente não apenas os poderes públicos, estando direcionados também à proteção dos particulares em face dos poderes privados".

Seguindo tal precedente, o STF, julgando questão trabalhista, assegurou aplicação direta de direito fundamental nas relações de trabalho. Para a Corte, inadmissível diferenciar empregados em razão da nacionalidade e, garantindo o princípio da isonomia, determinou a aplicação do estatuto de uma companhia aérea francesa a um trabalhador brasileiro, seu empregado[(15)].

Os direitos fundamentais são também normas de valor que refletem sobre o sistema jurídico, transpondo-se do âmbito constitucional para as relações particulares por meio do mecanismo das cláusulas gerais do direito privado[(16)].

A Constituição Federal brasileira assume conscientemente essa carga de valor, cujo fundamento, destacado com cores vivas, é a dignidade da pessoa.

Isso importa no reconhecimento de uma dimensão objetiva dos direitos fundamentais. Não mais naquela concepção clássica de defesa perante os poderes do Estado, mas, na "máxima expressão de uma *ordem axiológica* de um *sistema de valores*, em que se

---

(13) José João Abrantes, "*Contrato de trabalho e direitos fundamentais*". Coimbra: Coimbra Editora, 2005. p. 37.

(14) Extraído da ementa do julgado no Recurso Extraordinário n. 201.819-8 RJ.

(15) RE 161.243 DF.

(16) Acerca da integração do direito, por meio de mecanismos legais de irradiação de valores constitucionais para a ordem jurídica como um todo, conferir Joselita Borba, *Direitos fundamentais... op. cit.*, p. 65 ss.

assenta a *unidade do ordenamento* e cujo valor fundamental é, em última instância, a *dignidade da pessoa humana*"(17).

De qualquer sorte, a controvérsia sobre a necessidade de compatibilizar a eficácia ampla dos direitos fundamentais no âmbito privado, para não aniquilar a autonomia privada, passa ao largo das relações de trabalho, pelo fato de haver, nesse âmbito, real situação de poder do empregador sobre o trabalhador e, por isso, a eficácia dos direitos fundamentais tem plena aplicação.

3. Revalorização do contrato de trabalho

A eficácia dos direitos fundamentais no âmbito das relações de trabalho é de extrema importância, na medida em que o ponto central da tutela não é mais o indivíduo, e sim o cidadão trabalhador, cuja dignidade deve ser respeitada nessa relação de subordinação.

A estrutura clássica do contrato ganha novos contornos, com centralidade na dignidade do cidadão — e como tal o cidadão trabalhador. Essa nova estrutura, alicerçada nos direitos fundamentais, faz surgir um contrato remodelado, com núcleo intangível.

Diante de tal premissa, os direitos fundamentais passam a fazer parte da estrutura básica do contrato de trabalho, com sua evidente revalorização(18), sem necessidade de se reformar a Consolidação das Leis do Trabalho (CLT) para o reconhecimento de direitos como os inerentes à personalidade (intimidade e vida privada), liberdade, igualdade, integridade física, só para exemplificar.

E a importância da revalorização do contrato de trabalho se potencializa quando se tem em conta a necessidade de se pensar uma nova dogmática para o Direito do Trabalho que, na forma como concebido, não acompanha as transformações do mundo do trabalho. De fato, o Direito do Trabalho hoje se ressente da falta de conceito que reestruture ou reconstrua o instituto da subordinação, deixa fora do seu alcance o trabalho informal e o que é mais grave, na sua vigência, ainda se houve falar em trabalho em condições análogas à de escravo no meio rural e urbano.

Essa pressão que abala os alicerces dos princípios tradicionais do Direito do Trabalho rumo à flexibilização de suas regras, encontra freio, agora, nos princípios constitucionais aplicáveis ao Direito do Trabalho, dentre eles o da dignidade da pessoa.

Partindo-se desse valor referência (dignidade) como salvaguarda de direitos e garantias do trabalhador, a tutela desse valor mais elevado vai refletir na proteção de outros valores, de menor estatura, mas que merecem tutela e, assim, por via daqueles se protege esses.

---

(17) Como observa, com toda pertinência, Jose João Abrantes, *op. cit.*, p. 16. O destaque em itálico consta do original.

(18) Nesse sentido a doutrina de José João Abrantes, *op. cit.*, p. 14.

4. Dignidade

Dignidade, diz Manoel Jorge e Silva Neto, "é o fim supremo de todo o direito"(19) e, por isso, conclui o citado autor, "expande os seus efeitos nos mais distintos domínios normativos para fundamentar toda e qualquer interpretação"(20).

Isto porque, na percuciente observação de Celso Antonio Bandeira de Mello, "o respeito à dignidade humana, estampado entre os fundamentos da República no art. 1º, III, é patrimônio de suprema valia e faz parte, tanto ou mais que algum outro, do acervo histórico, moral, jurídico e cultural de um povo"(21).

A dignidade se revela na existência de uma característica intrínseca ao ser humano, aquilo que constitui o valor próprio que identifica o homem(22). Essa característica é própria de todos os homens dotados de razão e consciência, decorrendo daí sua igualdade(23).

Entretanto, apesar da estreita correlação, dignidade e igualdade não se confundem: esta, decorre da concepção de humanidade, uma humanidade que se encontra em todos igualmente; aquela, vai além dessa noção para significar uma ideia de valor humano intrínseco, que sofre, inclusive, ingerência do fator cultural.

Assim, a conjugação desses fatores (humanidade e cultura) é decisiva não apenas na quantidade, mas também na qualidade de direitos, envolvendo sua natureza, sua interpretação e modos de implementação.

De fato, como explica Daniela Ikawa(24), ancorada no pensamento de Jack Donnelly, esse valor intrínseco se posiciona no centro de uma escala que se movimenta aos extremos de um universalismo radical ao relativismo radical.

Com essa escala de gradações, Jack Donnelly busca explicação para diferentes concepções de direitos humanos, na tentativa de encontrar resposta para o que venha ser direitos humanos — e portanto o valor fundamental da dignidade — para cada povo.

---

(19) Manoel Jorge e Silva Neto. *Direitos Fundamentais e o Contrato de Trabalho.* São Paulo: LTr, 2005. p. 21.

(20) *Ibidem*, p. 14.

(21) *Eficácia das normas constitucionais e direitos sociais.* São Paulo: Malheiros Editores. p. 36.

(22) Cf. Ingo Sarlet. "As dimensões da dignidade da pessoa humana: construindo uma compreensão jurídico-constitucional necessária e possível". in: *Dimensões da dignidade.* Ensaios de Filosofia do Direito e Direito Constitucional. 2. ed. (Org.) Ingo Wolfgang Sarlet. Porto Alegre: Livraria do Advogado Editora, 2009. p. 20.

(23) Nessa linha argumentativa se destaca Jorge Miranda, consoante registro de Ingo Sarlet, quando se volta à explicação da dimensão ontológica da dignidade, *op. cit.*, p. 22.

(24) "Universalismo , Relativismo e Direitos Humanos". *Estudos em Homenagem a Profª Flávia Piovesan.* (Coords.) Maria de Fátima Ribeiro e Valério de Oliveira Mazzuoli. Curitiba: Juruá Editora, 2004. p. 117 ss.

Assim, "é a comunicação, o diálogo entre as culturas, o instrumento central de reconhecimento da dignidade do outro"[25], conclui a citada autora. Consequentemente, segundo essa doutrina, o "valor dignidade" para nós é diverso do concebido noutras nações, ou seja, o que é indigno para sistema jurídico brasileiro pode não sê-lo para o chinês, para o indiano, para o coreano, e assim por diante, ante a influência do traço cultural.

Cabe, pois, ao direito de cada nação soberana, dialogando com sua cultura, reconhecer e determinar como a dignidade será protegida.

Nessa perspectiva, o sistema jurídico nacional se assenta no valor da personalidade humana e no compromisso de renovadamente fortalecê-los, exatamente como proclamado pelo Direito Internacional em suas mais importantes Declarações envolvendo Direitos Humanos[26]. A dignidade da pessoa humana e o valor social do trabalho foram destacados como fundamentos da República Federativa do Brasil, enquanto o trabalho foi assegurado como direito social[27].

A acentuada proteção tem razão de ser seja em virtude do conteúdo do contrato que se assenta na força trabalho, na energia humana despendida em benefício de outrem, seja em razão de o homem viver em função de seu trabalho, daí corresponder a um direito inerente à vida[28].

A despeito de corresponder a um verdadeiro direito natural, é certo, ainda, que o exercício da atividade laboral leva risco à vida e à integridade física do trabalhador, porque o risco ou o perigo é ínsito, em grau mais ou menos elevado, a depender do tipo e da natureza da atividade empreendida[29].

Daí porque, como já identificado por Estevão Mallet, "no campo trabalhista, o direito à vida e o direito à integridade física adquirem maior relevo diante da possibilidade de exposição do empregado, por conta da função exercida, a risco ou, simplesmente, a agentes agressivos à saúde[30]".

---

(25) "Universalismo , Relativismo e Direitos Humanos". *Estudos em Homenagem a Profª Flávia Piovesan*. (Coords.) Maria de Fátima Ribeiro e Valério de Oliveira Mazzuoli. Curitiba: Juruá Editora, 2004. p. 125.

(26) Carta das Nações Unidas, de 1945; Declaração Universal dos Direitos Humanos, de 1948; Pacto Internacional sobre Direitos Civis e Políticos, de 1966.

(27) Como se infere do arts. 1º e 6º, da Constituição Federal.

(28) Conferir por todos Gustavo Filipe Barbosa Garcia. *Da relação de emprego à relação de trabalho:* alargamento e adequação do núcleo da competência trabalhista. Tese apresentada a USP para obter o título de livre-docente. São Paulo, 2010. p. 103.

(29) Nesse sentido o nosso entendimento, "Direitos Fundamentais. Eficácia horizontal direta nas relações sociais entre capital e trabalho. Riscos do trabalho e a obrigação de repara os danos deles decorrentes". In: *Direitos Fundamentais... op. cit.*, p. 72 ss.

(30) Direitos de personalidade e direito do trabalho. *Revista LTr* 68-11, p. 1.310.

Tal característica, no entanto, como observado pelo citado autor[31], não pode levar à conclusão de que a atividade de risco, por si só, ou contrato com condições insalubres ou perigosas, deva ser considerada um ilícito por ofensa a direito de personalidade.

O certo é que, diante de situações de risco à vida e a integridade física do trabalhador em virtude do contrato de trabalho, deve-se adotar medidas de prevenção adequadas e eficazes para eliminar riscos inerentes ao trabalho, para tanto fazendo uso de todo o conhecimento técnico e científico disponível ou mesmo diligenciando o empregador para que não ocorra, no local de trabalho, nenhuma espécie de assédio ao trabalhador.

Apenas, se não for possível eliminar os riscos do trabalho a solução passa pela utilização de equipamentos de proteção individual e coletiva, com o propósito de se obter um meio ambiente de trabalho adequado, em respeito aos direitos de personalidade.

Muito se tem avançado na implementação das garantias constitucionais do trabalhador brasileiro, merecendo papel de destaque o Ministério Público do Trabalho, como verdadeiro agente ativo das transformações sociais.

De fato, a incorporação do Direito Internacional dos Direitos do Homem no sistema constitucional brasileiro, a partir de 1988, veio acompanhada de elevado destaque conferido ao Ministério Público como instituição permanente e essencial à função jurisdicional, competindo-lhe a defesa da ordem jurídica, do sistema democrático, dos interesses sociais e individuais indisponíveis (CF art. 127). Para tanto foram-lhe outorgando instrumentos de ação: o inquérito e a ação civil pública (CF art. 129, III). Essa nova feição reformulou seu perfil de órgão interveniente a defensor da integridade da ordem jurídica, verdadeiro agente condutor das transformações sociais.

5. Valor social do trabalho e livre-iniciativa

O Direito do Trabalho, desvinculando-se do direito comum, surge para regular relações sociais de trabalho, onde se verifica com nitidez a existência de relações privadas desiguais.

A desigualdade, seja no plano dos fatos, seja no jurídico, advém da absoluta necessidade de o trabalhador disponibilizar a outrem sua força trabalho a fim de auferir o sustento próprio e de sua família. Tal disponibilidade se dá através de contrato, por força do qual o trabalhador se encontra numa situação de sujeição em relação à vontade do outro contratante.

O instrumento que dá sustentação à relação de trabalho é o contrato que, atualmente, como já destacado, encontra-se revalorizado pela eficácia imediata dos direitos fundamentais.

---

(31) Direitos de personalidade e direito do trabalho. *Revista LTr* 68-11, p. 1.310.

Aliás, o valor social do trabalho não surge no nosso sistema jurídico com a Constituição Federal de 1988. Ao contrário, faz parte da história constitucional brasileira, desde 1946, como observa Manoel Jorge Silva Neto[(32)]. Ainda na visão do citado autor "o trabalho não pode, de maneira alguma, ser assumido friamente como mero fator produtivo; é, sim, fonte de realização material, moral e espiritual do trabalhador"[(33)].

Assim, o trabalho como valor tem a função, por um lado, de criar riquezas, de prover a sociedade de bens e serviços e, por outro, enquanto atividade social, fornecer a pessoa humana bases de sua autonomia e condições de vida digna[(34)].

Ocorre que, da mesma forma e na mesma medida, assegura o sistema constitucional[(35)] o valor da livre-iniciativa.

Segundo a doutrina de José Afonso da Silva[(36)], por livre-iniciativa compreende-se a autonomia jurídica, a possibilidade de os sujeitos regularem suas relações do modo que lhes seja mais conveniente, vale dizer, é a garantia conferida a cada um para desenvolver livremente uma atividade.

A garantia, no entanto, lembra o jurista[(37)], fica subordinada à função social da empresa[(38)] e ao dever do empresário de propiciar melhores condições de vida aos trabalhadores, exigidas pela valorização do trabalho.

Valor social do trabalho e livre-iniciativa são, portanto, dois princípios que, por opção do legislador, constituem fundamentos do Estado brasileiro.

6. Possibilidade de colisão entre os postulados do valor social do trabalho e os da livre-iniciativa

Valor social do trabalho e livre-iniciativa são mandamentos nucleares do sistema jurídico, e não simples regra jurídica, o que leva à possibilidade de colisão entre eles.

---

(32) *Direitos fundamentais... op. cit.*, p. 24.

(33) *Idem.*

(34) Nesse sentido a doutrina de José Afonso da Silva. *Comentário contextual à Constituição.* São Paulo: Malheiros, 2005.

(35) CF art. 1º, item IV.

(36) *Comentário contextual... op. cit.*

(37) *Idem.*

(38) A função social da empresa decorre da função social da propriedade, não se admitindo que a liberdade de exercer uma atividade leve a desarmonia entre meios e fins. O direito de propriedade deve ser exercido em prol do bem comum. Sendo assim, o contrato deve se posicionar como instituição que propicia veiculação de riqueza, em outras palavras, como meio de humanizar relações sociais. O exercício de direitos e deveres nele previstos deve ser funcional, sem desvios de finalidades econômicas, sociais e éticas.

Isso porque princípios, nas palavras de Luís Virgilio Afonso da Silva[39], tomadas por empréstimos da teoria dos princípios de Alexy, "são normas que exigem que algo seja realizado na maior medida possível diante das possibilidades fáticas e jurídicas existentes", podendo ser realizados em diversos graus.

Como princípios traduzem, na expressão de Alexy, "mandamentos de otimização", vale dizer, "normas que exigem que algo seja realizado na maior medida possível diante das condições fáticas e jurídicas existentes"[40], isso leva à possibilidade de a realização de um princípio restringir a realização de outro.

Significa dizer que na realização dos princípios da livre-iniciativa e do valor social do trabalho pode haver colisão, pelo excesso de poder diretivo do empregador no trato com os direitos de personalidade do empregado.

Essa, aliás, é a situação recorrente no âmbito das relações de trabalho[41], nomeadamente com o desrespeito pelo empregador aos direitos do empregado à intimidade e à vida privada, à imagem e à honra, a um meio ambiente de trabalho adequado, ao direito de igualdade, só para exemplificar.

Mas, se ocorre colisão de princípios, a solução não passa nem pela invalidação de um deles nem pela exceção de um em relação ao outro. Solucionada a questão fática ou jurídica, ambos os princípios continuam tão válidos quanto antes, também não se podendo falar em exceção ao outro, vez que às vezes prevalecerá um, às vezes o outro, a depender das condições do caso em questão[42].

Tudo depende das condições do caso concreto sob análise, lembrando Luís Virgilio Afonso da Silva[43] que é essa a ideia que está por trás do conceito de "fixação de relações condicionadas de precedência" de Alexy.

Pedro Romano Martinez, ao comentar o Código do Trabalho português, de 2003, admite restrição a direito de personalidade, quando estiver em causa a proteção e segurança de pessoas e bens ou quando particulares exigências inerentes à atividade profissional o justifiquem, pelo que se torna lícita a "instalação de câmeras de vídeo em estabelecimentos de venda ao público, dependências bancárias, aeroportos ou postos de gasolina [...],

(39) *Conteúdo essencial dos Direitos Fundamentais e a eficácia das normas constitucionais.* Tese apresentada a USP para concurso de provimento do cargo de Professor Titular do Departamento de Direito do Estado. São Paulo, 2005. p. 52.

(40) *Ibidem*, p. 58.

(41) É o que se vê em precedentes do TST, colhidos por amostragem e indicados, a seguir, no item 9.

(42) Tudo cf. doutrina de Luís Virgilio Afonso da Silva, *op. cit.*, p. 58.

(43) *Idem.*

escuta e registro de todas as comunicações estabelecidas entre um piloto de aviação e os controladores aéreos no decurso de uma viagem"[(44)].

Destaca o autor português que a jurisprudência de seu país já enfrentou a questão e, com base inclusive na doutrina da Comissão Nacional de Proteção de Dados, firmou entendimento no sentido de que a autorização para instalação de sistemas de videovigilância deve ser assente nos princípios da idoneidade, necessidade e proporcionalidade[(45)].

O essencial, portanto, segundo os pressupostos da teoria dos princípios, da doutrina e da jurisprudência, é que em caso de choque, a solução passa pela ponderação de princípios, observados, necessariamente, os critérios acima apontados.

Assim, "os direitos de personalidade, como os direitos em geral, não são ilimitados", como afirma Estêvão Mallet. Também Leonel Maschietto chega à mesma conclusão, de ser possível "a limitação de alguns direitos de personalidade[(46)]". Na concretização de direitos fundamentais, portanto, pode haver conflito com a necessidade de se restringir um direito para aplicar outro que, naquele caso, melhor preserve os interesses em questão.

7. Relação de poder e subordinação

É exatamente nessa equação — poder diretivo do empregador e correlato dever de obediência do trabalhador — que se potencializa o perigo para o livre desenvolvimento da personalidade de quem trabalha.

A vulnerabilidade nessa relação de poder e subordinação, mostra a história do direito do trabalho — agora robustecido por normas constitucionais — abre uma esfera de proteção que faz, nas situações fáticas e jurídicas existentes e na sua quase totalidade, atrair o princípio da dignidade humana em detrimento do princípio da livre-iniciativa.

De fato, para haver inversão de valores, com a prevalência do princípio da livre-iniciativa, há de se levar em conta os princípios da finalidade legítima, da proporcionalidade, da licitude, da compatibilidade com a finalidade e da transparência de informação.

---

(44) *Código do Trabalho Português Anotado*. 7. ed. Pedro Romano Martinez e outros. Coimbra: Almedina, 2009. p. 155.

(45) A decisão do Supremo Tribunal de Justiça português, a que se refere Pedro Romano Martinez — e por ele transcrita (*op. cit.*, p. 155/156) — tem o seguinte teor: "O tratamento a realizar e os meios utilizados devem ser considerados os necessários, adequados e proporcionados com as finalidades estabelecidas: a proteção de pessoas e bens. Ou seja, para se poder verificar se uma medida restritiva de um direito fundamental supera o juízo de proporcionalidade imporá verificar se foram cumpridas três condições: se a medida adoptada é *idônea* para conseguir o objectivo proposto (*principio da idoneidade*); se é *necessária*, no sentido de que não existia outra medida capaz de assegurar o objectivo com igual grau de eficácia (*princípio da necessidade*); se a medida adoptada foi ponderada e é *equilibrada* ao ponto de através dela, serem atingidos substanciais e superiores benefícios ou vantagens para o interesse geral quando confrontados com outros bens ou valores em conflito (*juízo de proporcionalidade em sentido estrito*).

(46) "Revista Íntima. Efetividade dos Direitos Fundamentais do Empregado. Limite do Poder de Direção do Empregador". In: *Direitos fundamentais... op. cit.*, p. 90.

Sendo assim, para o empregador praticar legitimamente um ato potencialmente invasivo da intimidade do empregado tal ato, em primeiro lugar, deve ser levado ao conhecimento do trabalhador e, depois, deve ter por objetivo fim legitimo, ser a última ou única opção, destinar a finalidade específica a que se propôs, disponibilizar dados ao seu titular e, ainda, não colhê-los de forma desleal, ilícita ou mesmo fraudulenta(47).

Nesse contexto, mesmo o empregador recebendo o aval para praticar ato, em tese, contrário ao direito de personalidade, a colheita, o armazenamento e a utilização dos dados obtidos é da sua inteira responsabilidade. Isso significa que se, por qualquer razão, como descuido, imprudência ou imperícia, dados coletados por força da excepcionalidade vierem a cair no domínio público, com exposição da intimidade ou da vida privada do empregado, ele responderá pelos danos que causar ao trabalhador.

Ou seja, a autorização é para a segurança de pessoas e bens, e não para, por vias transversas, legitimar ataque à vida privada.

Por fim, não se pode esquecer que, se o texto constitucional proclama que "a valorização do trabalho"(48) é fundamento da ordem econômica, essa diretriz passa a ser fonte de direito subjetivo para o trabalhador e, assim, na lição de Celso Antonio Bandeira de Mello, "qualquer ato, normativo ou concreto, que traduza desrespeito à valorização do trabalho será inconstitucional e estará, desde logo, transgredindo um direito de todos e de cada um dos indivíduos atingidos".(49)

8. Controle de atividades e atitudes do empregador invasivas dos direitos de personalidade

Como se vê, o poder diretivo do empregador enfrenta forte restrição diante do princípio da dignidade humana.

Por força da restrição não se admite, em hipótese alguma, certas atitudes do empregador, consideradas invasivas de direitos de personalidade, notadamente direito à intimidade, como ocorre com frequência em revista abusiva de empregado ao chegar ou sair do trabalho(50).

Especificamente quanto a essa garantia fundamental, há um segmento da doutrina que se mostra inflexível, seja por não ter essa prerrogativa o empregador, advinda do poder diretivo, qualquer fundamento(51), seja por representar potencial risco para o desenvolvimento da personalidade de quem trabalho(52) ou, ainda, porque o empregador deve, ao

(47) Conferir por todos Pedro Romano Martinez, *Código do Trabalho Português anotado, op. cit.*, p. 128 ss

(48) Constituição Federal, art. 170.

(49) *Eficácia das Normas Constitucionais... op. cit.*, p. 37.

(50) Também nesse sentido precedentes do TST, colhidos por amostragem e indicados, a seguir, no item 9.

(51) Sandra Lia Simon. Revistas pessoais: direito do empregador ou desrespeito aos direitos humanos fundamentais do empregado? Brasília: *Revista TST*, v. 69, jul./dez. 2003, p. 71.

(52) José João Abrantes, *op. cit.*, p. 44.

invés de proceder a revista pessoal, investir em tecnologia para o acompanhamento eficaz de sua atividade econômica[(53)].

Mas, ao lado da doutrina restritiva, que não admite essa vertente do poder diretivo, há posições favoráveis — e não são poucas[(54)] — à limitação do direito de personalidade quando, excepcionalmente, o interesse público recomendar. Nesse caso, a prerrogativa do empregador de fiscalizar a atividade do empregado se transmudaria em dever social.

Isso porque, ressalta Leonel Maschietto[(55)], é do interesse de toda sociedade que produtos farmacêuticos, de uso controlado, por exemplo, não sejam objeto de comércio informal, fator de incremento de tráfico ilegal de drogas em detrimento da saúde pública.

Da mesma forma, a segurança e a paz social justificam a revista para impedir o furto de armas na indústria ou no comércio, a legitimar rígido controle, ainda para exemplificar.

Por fim, lembra o citado autor[(56)], recente episódio de furto de provas do ENEM no recinto de empresa gráfica responsável pela impressão das provas provocou prejuízo à sociedade que poderia ser evitado se houvesse controle eficaz da atividade dos empregados envolvidos.

Também admite Manoel Jorge e Silva Neto[(57)] a vigilância eletrônica no local de trabalho, quando especificamente voltada para a atividade do empregado e ao longo da jornada de trabalho, isso em atividade que, por sua natureza, requer controle, como ocorre em fábrica de minúsculos componentes eletrônicos. Fora desse raio de ação, a exemplo de vestiários, refeitórios ou qualquer outro espaço da empresa destinado à socialização ou congraçamento dos empregados, a vigilância eletrônica, para o citado autor[(58)], seria ofensiva ao direito a intimidade do trabalhador.

Ocorre que, mesmo a vigilância permanente e ostensiva das atividades do empregado ao longo de sua jornada, sem o respectivo consentimento e contra sua vontade, pode ser tida como lícita, se a final se mostrar medida não adequada e necessária ao efeito pretendido pela entidade patronal. É o que se colhe da doutrina de Pedro Romano Martinez[(59)].

---

(53) Mauro Schiavi. *Ações de reparação por danos morais decorrentes da relação de trabalho*. 3. ed. São Paulo: LTr. p. 299, 134.

(54) Conferir por todos Estevão Mallet, p. 1.309 ss

(55) A título de exemplo o autor elenca situações em que o empregador pode exercer poder de fiscalização da atividade do empregado sem incorrer em ilícito. Cf. "*Revista íntima...*", *op. cit.*, p. 88.

(56) *Idem*.

(57) Manoel Jorge e Silva Neto. *Proteção Constitucional dos interesses trabalhistas:* difusos, coletivos e individuais homogêneos. São Paulo: LTr, 2001. p. 117.

(58) *Idem*.

(59) O jurista coloca em relevo a cautela da justiça portuguesa diante de alegação de desrespeito a direito de personalidade, quando deixa consignado: "Mediante Acórdão de 8 de Fevereiro de 2006, o Supremo Tribunal

Quanto à revista pessoal, em objetos e veículos, em tese seria possível ainda na visão do jurista baiano(60), contanto que, observado o critério da proporcionalidade e que não seja procedimento vexatório e constrangedor(61).

9. Precedentes jurisprudenciais

O Supremo Tribunal Federal (STF), na lavra do Ministro Moreira Alves, já deixou consignado que "as revistas pessoais em causa, dada a natureza dos produtos fabricados pelas ora agravadas e feitas por amostragem, não infringem, por si sós, os citados dispositivos constitucionais", quais sejam, os incisos II, III, LVII E X do art. 5º da Constituição Federal(62).

Dessa orientação não se distancia o Tribunal Superior do Trabalho (TST), que tem deixado assentado em seus inúmeros julgamentos a convicção de que não se admite, de forma alguma, condutas abusivas no trato do empregador com os direitos de personalidade dos empregados, submetendo-os a tratamentos discriminatórios, humilhantes e vexatórios(63).

---

de Justiça, a propósito da colocação por parte do empregador de câmaras de videovigilância dirigidas para os postos de trabalho, câmaras essas que registravam de forma permanente as tarefas executadas pelos trabalhadores, sem o respectivo consentimento e contra a sua vontade, considerou que ´a colocação de câmaras de vídeo em todo o espaço em que os trabalhadores desempenham as suas tarefas, de forma a que estes se encontrem no exercício da sua actividade sob permanente vigilância e observação, constitui, nestes termos, uma intolerável intromissão na reserva da vida privada, na sua vertente de direito à imagem, e que não se mostra de nenhum modo justificada pelo simples interesse econômico do empregador de evitar o desvio s de produtos que ali são manuseados. [...]. Em qualquer caso, a instalação de câmaras de vídeo, incidindo directamente sobre os trabalhadores durante o seu desempenho profissional, não é uma medida adequada e necessária ao efeito pretendido pela entidade patronal, além de que gera um sacrifício dos direitos de personalidade que é inteiramente desproporcionado relativamente às vantagens de mero cariz econômico que se visava obter. Assim, independentemente da autorização concedida pela Comissão Nacional de Protecção de Dados (...) a efectiva utilização de câmaras de vídeo nos termos descritos nos autos é ilícita (...)". *Código do Trabalho anotado, cit.*, p. 128.

(60) Cf. Manoel Jorge e Silva Neto. *Proteção Constitucional..., cit.*, 117-118.

(61) A seguir, no item 9, indicativo de jurisprudência do TST.

(62) STF. Agravo de Instrumento 220.459-2, julgado em 28.9.1999.

(63) Conduta abusiva do empregador, no trato com direito de personalidade, não tem aprovação do Judiciário, consoante razões expendidas no RR-1196700-76.2005.5.09.0002: "O reclamado instituiu procedimento de revista íntima, selecionando, por meio eletrônico, ao final de cada jornada, de forma aleatória, empregados para, juntamente com a vistoria de suas bolsas e mochilas, terem seus corpos apalpados por seguranças. Além de a prática instituída pela empresa violar o princípio da dignidade humana consagrado no inciso III do art. 1º da Carta Magna, na medida em que impõe ao empregado rotina vexatória e atormentadora, submetendo-o à apalpação de seu corpo, evidencia verdadeiro abuso de direito, a que se refere o art. 187 do Código Civil, considerada a hipossuficiência econômica e social do trabalhador". No mesmo sentido RR-41185-60.2004.5.15.0058; RR-182100-16.2003.5.06.0004; AIRR-58340-71.2004.5.15.0092; RR-167500-63.2008.5.18.0009; RR-870/2005-110-03-40.5; RR-1263-2003-044-03-00.5; AIRR-5528/2005-016-09-40.9; RR-1482/2003.016.03.00. Entretanto, se o poder diretivo utilizado na vigilância do patrimônio, ou exercido em função de interesse social, for moderado, sem contato físico, observado o critério da proporcionalidade e sem caracterizar procedimento discriminatório, vexatório ou constrangedor, tem o TST — e em muitos

Enfrentando, segundo o Ministro Aloysio da Veiga, "a submissão de empregados à revista apenas em roupa íntima juntamente com outros colegas de trabalho, cujo procedimento é repetido a cada vez que tivessem que entrar ou sair da empresa, configura prática vexatória e constrangedora que fere a dignidade dos seus empregados, direito fundamental, irrenunciável, previsto no art. 5º, inciso X, da Constituição Federal"(64).

Conclusão

Os direitos fundamentais expressam uma ordem de valores objetiva, com eficácia plena e irradiante por toda a ordem jurídica, inclusive sobre o direito privado que disciplina as relações de trabalho.

Receios difundidos na doutrina de que a força jurídica dos preceitos constitucionais, aplicáveis de forma imediata ou direta nas relações particulares, poderia inibir a autonomia privada, não tem razão de ser, vez que, no âmbito das relações de trabalho, há real exercício de poder por parte de um dos contratantes — o empregador.

Essa vinculação direta vai iluminar o Direito do Trabalho, revalorizando o conteúdo do contrato de trabalho com a carga de valores constitucionais, potencializada pelo mais destacado dos princípios: vida digna.

Significa dizer que a base do contrato de trabalho repousa sobre o direito de personalidade — e todas suas derivações. Por isso, a integridade física e moral, a liberdade, a igualdade, os direitos de solidariedade, só para exemplificar, são os bens mais valiosos a serem tutelados.

E assim, o contrato de trabalho é instrumento de humanização das relações de trabalho, em respeito ao qual ambas as partes — empregador e empregado — devem exercer direitos e deveres sem desvios de finalidades.

A partir desse núcleo intangível e inderrogável, o contrato de trabalho ganha nova feição e princípios históricos do Direito do Trabalho, como o princípio protetor e seus corolários, saem revitalizados.

Vale dizer que, na essência, quando se potencializa a carga de proteção de um valor (dignidade) o que se encontra em menor escala (proteção) também se sobressai.

Portanto, o caráter privado do contrato de trabalho não lhe retira sujeição à ordem constitucional. Ao contrário, recebe imediato impacto dos direitos fundamentais e, com isso, passa a *status* elevado por ser, doravante, meio de busca de redução de desigualdades e instrumento de conquista de uma sociedade justa e igualitária.

---

casos reformando decisão de Tribunais Regionais — admitido a revista, a exemplo do julgado nos seguintes processos: RR-724/2008-678-09-00.0; RR-15405/2007-005-09-00.0; RR-11830-2005-007-09-00.0.

(64) RR-1388200-71.2004.5.09.0002.

Referências

ABRANTES, José João. *Contrato de trabalho e direitos fundamentais. Coimbra:* Coimbra Editora, 2005.

AMARAL, Julio Ricardo de Paula. *Eficácia dos direitos fundamentais nas relações trabalhistas*. São Paulo: LTr, 2007.

ANDRADE, José Carlos Vieira de. *Os direitos fundamentais na Constituição portuguesa de 1976*. Coimbra: Almedina, 1983.

BITTAR, Carlos Alberto. *Os direitos da personalidade*. 5. ed. Rio de Janeiro: Forense, 2001.

BORBA, Joselita Nepomuceno. Direitos Fundamentais. Eficácia horizontal direta nas relações sociais entre capital e trabalho. Riscos do trabalho e a obrigação de repara os danos deles decorrentes". In: *Direitos Fundamentais aplicados ao direito do trabalho.* (Coords.) Renato Rua de Almeida, Adriana Calvo e Andrea Presas Rocha. São Paulo: LTr, 2010.

CALERA, Nicolas Maria Lopes. *Introducción a los derechos humanos*. Granada: Comares, 2000.

CARNELUTTI, Francesco. *Arte Del derecho. Seis meditaciones sobre el derecho*. Lima: ARA Editores, 2006.

GARCIA, Gustavo Filipe Barbosa. *Da relação de emprego à relação de trabalho:* alargamento e adequação do núcleo da competência trabalhista. Tese USP. São Paulo, 2010.

IKAWA, Daniela. Universalismo , Relativismo e Direitos Humanos". *Estudos em Homenagem a Profª Flávia Piovesan*. (Coords.) Maria de Fátima Ribeiro e Valério de Oliveira Mazzuoli. Curitiba: Juruá Editora, 2004.

MALLET, Estêvão. Direito do Trabalho e Discriminação. *Fórum Internacional sobre Direitos Humanos e Direitos Sociais*. Organização e realização Tribunal Superior do Trabalho. São Paulo:LTr.2004.

MALLET, Estêvão. Direitos de personalidade e Direito do Trabalho. São Paulo: *Revista LTr*, vol. 68, nov. 2004.

MARTINEZ. Pedro Romano... [*et al.*]. *Código do Trabalho Português anotado*. 7. ed. Coimbra: Almedina, 2009.

MASCHIETTO, Leonel. Revista Íntima. Efetividade dos Direitos Fundamentais do Empregado. Limite do Poder de Direção do Empregador. In: *Direitos Fundamentais aplicados ao direito do trabalho.* (Coords.) Renato Rua de Almeida, Adriana Calvo e Andrea Presas Rocha. São Paulo: LTr, 2010.

MELLO, Celso Antonio Bandeira de. *Eficácia das normas constitucionais e direitos sociais*. São Paulo: Malheiros Editores, 2009.

MORAES, Alexandre de. *Direitos humanos fundamentais:* teoria geral, comentários aos arts. 1º ao 5º da Constituição da República Federativa do Brasil, doutrina e jurisprudência. 5. ed. São Paulo: Atlas, 2003.

NASCIMENTO, Amauri Mascaro. *Curso de direito do trabalho:* história e teoria geral do direito do trabalho: relações individuais e coletivas do trabalho. 24. ed. São Paulo: Saraiva, 2009.

PEDUZZI, Maria Cristina Irigoyen. *O princípio da dignidade da pessoa humana na perspectiva do direito como integridade.* São Paulo: LTr, 2009.

PIOVESAN, Flávia. *Temas de direitos humanos.* 2. ed. São Paulo: Max Limonad, 2003.

ROMITA, Arion Sayão. *Direitos fundamentais nas relações de trabalho.* 2. ed. São Paulo: LTr, 2007.

SARLET, Ingo Wolfgang. As dimensões da dignidade da pessoa humana: construindo uma compreensão jurídico-constitucional necessária e possível. In: SARLET, Ingo Wolgang (Org.). *Dimensões da dignidade:* ensaios de filosofia do direito e do direito constitucional. 2. ed. Porto Alegre: Livraria do Advogado, 2009.

SARLET, Ingo Wolfgang. *A eficácia dos direitos fundamentais.* 8. ed. Porto Alegre: Livraria do Advogado Editora, 2007.

SCHIAVI, Mauro. *Ações de reparação por danos morais decorrentes da relação de trabalho.* 3. ed. São Paulo: LTr, 2009.

SILVA, José Afonso. *Comentário contextual à Constituição.* São Paulo: Malheiros, 2005.

SILVA, Luís Virgilio Afonso. *Conteúdo essencial dos Direitos Fundamentais e a eficácia das normas constitucionais.* Tese USP. São Paulo, 2005.

SILVA NETO, Manoel Jorge. *Direitos Fundamentais e o Contrato de Trabalho.* São Paulo: LTr, 2005.

SARLET, Ingo Wolfgang. *Proteção Constitucional dos interesses trabalhistas:* difusos, coletivos e individuais homogêneos. São Paulo: LTr, 2001.

SIMON, Sandra Lia. Revistas pessoais: direito do empregador ou desrespeito aos direitos humanos fundamentais do empregado? Brasília: *Revista TST*, v. 69, jul./dez. 2003.

Capítulo II

Direitos Sociais no Contexto da Covid-19

O Art. 2º da MP n. 927, que Instituiu Medidas Trabalhistas para o Enfrentamento da Calamidade Pública Decorrente da Covid-19, Prejudicou a Atuação Sindical?[(1)]

O mundo despertou, no alvorecer de 2020, em meio a uma guerra. Não um combate homem a homem, com utilização de instrumental bélico, potencialmente destrutivo de vida humana e sua obra na terra. O embate era entre o homem e um inimigo invisível, o novo vírus batizado de Covid-19. A vida defrontou-se com inimaginável perigo.

Vivenciando o drama humano, e seguindo orientação da Organização Mundial da Saúde (OMS), os diversos governos declararam estado de emergência de saúde e calamidade pública. E para enfrentar o agressor, sem conhecê-lo e sem armas para o combate, a solução encontrada foi o isolamento social e a paralização de atividades econômicas, exceto as essenciais, assim como o fizera o Brasil.

O certo é que precisava, urgentemente, poupar vidas ou recuperar a saúde de quem foi atingido pela doença e, também, assegurar condição mínima de sobrevivência à população reclusa.

Imerso nesse mundo atípico, com real ameaça à humanidade, o direito posto para tempos "normais" não dava conta da inesperada realidade. Situação excepcional exige lei excepcional[(2)] e, assim, para enfrentar o drama humano, próprio de tempos "anormais", foi editada específica "legislação de crise", entre os muitos atos normativos se encontra a Medida Provisória (MP) n. 927, de 22.03.2020.

Essa MP dispôs sobre medidas trabalhistas para o enfrentamento do estado de calamidade e de emergência de saúde pública, não se voltando a atenção do legislador só

---

(1) Nota do organizador: Texto originalmente publicado na obra. *Coronavírus e os Impactos Trabalhistas.* Direitos e Obrigações dos Trabalhadores e das Empresas. (Coord. Ricardo Calcini). 1 ed. Leme: JH Mizuno Editora, 2020.

(2) Nesse sentido conferir valioso estudo de autoria de Luis Carlos Robortella e Antônio Galvão Peres, Coronavírus e relações de trabalho. Paradigmas de interpretação em tempos de calamidade publica. In: *Comentários as ns. MP 927/2020 e 936/2020.* Medidas urgentes visando à estabilidade das relações de trabalho. (cood.) Guilherme Miguel Gantus. *e-Book.* Disponível em: https://www.amazon.com.br/dp/B0877B7TQB/ref=cm_sw_ r_wa_apa_i_ID2MEbE6MNWTZ.

àquele que possui vínculo formal de emprego, mas ao cidadão. O propósito foi preservar emprego e renda.

Entretanto, especificamente no que diz respeito às relações de trabalho, um aspecto chamou à atenção: possibilidade de flexibilização de alguns direitos trabalhistas, como forma de preservar empregos, sem a participação do sindicato. Ou seja, para preservar o emprego válido o acordo entre patrão e empregado, com permissão para redução de jornada com proporcional redução de salário, ou, suspensão do contrato.

Logo, a questão foi submetida à apreciação do Supremo Tribunal Federal (STF), declarando aquela Corte, em sede cautelar, a conformidade do art. 2º da MP n. 927 com a ordem constitucional.

Assim, enquanto não julgada em definitivo a ação direta de inconstitucionalidade (ADI 6363) ou lei dispuser em sentido contrário, válido é o acordo, flexibilizando alguns direitos trabalhistas, firmado entre empregado e empregador.

Nesse contexto há de se indagar: ***a atuação sindical restou prejudicada***?

Em busca de resposta certos fatores não podem ser esquecidos, entre eles: situação excepcional se enfrenta com lei excepcional; a ordem constitucional e infraconstitucional não se abala em virtude de situação caótica; a "legislação de crise", ao validar a autodeterminação da pessoa, aniquilou ou não a atuação sindical.

Não se ignora que a questão é altamente controvertida, não comportando esse espaço aprofundamento do debate[3].

Inobstante isso, imagina-se que para chegar à uma resposta não se pode abstrair a condição excepcional e transitória da "legislação de crise", a anomalia do sistema sindical brasileiro e princípios norteadores do Direito do Trabalho.

De fato, o Direito do Trabalho tem como um de seus pilares o princípio da proteção — alicerce inabalável independente de "legislação de crise" — pelo qual se assegura ao empregado a condição mais benéfica. Isso significa que, objetiva e concretamente, confrontando-se termos de alteração contratual por meio de contrato individual e termos de cláusula normativa firmada em virtude das mesmas razões que levaram o trabalhador a aquiescer, o mais vantajoso é que prevalece.

As liberdades — individual e coletiva — preservam seus espaços, não sofrem abalo.

Se é assim, a questão é de juízo de ponderação, prevalecendo, doravante, o direito ou interesse do trabalhador na maior medida.

---

(3) Mais elementos para o debate, conf. Joselita Nepomuceno Borba. Atuação sindical em tempos de Coronavírus. In: *O Direito do Trabalho na crise da Covid-19*. (Coords. Alexandre Agra Belmonte, Luciano Martinez e Ney Maranhão). Salvador: JusPodivm, 2020.

Não é razoável o empregado experimentar o prejuízo ou até ver, impotente, o direito perecer, por se julgar que o trabalhador, na emergência, não tem condição de saber o que é melhor: flexibilizar ou ficar sem emprego.

Exatamente para situação como essa que o princípio da proteção se eleva e ilumina, trazendo segurança às relações de trabalho. Firmeza de que se o sindicato, em negociação coletiva, angariou melhor condição, aplica-se a norma coletiva; e assim, entre o acordo individual e a norma coletiva, esta prevalece. No entanto, se mais vantajoso, prevalece o acordo individual.

Evidentemente que se o trabalhador tivesse efetiva garantia de emprego, como programado pela Constituição Federal[(4)], direito fundamental sonegado por inação do legislador, em momento de crise aguda como essa, o trabalhador não estaria tão vulnerável. Essa espécie de estabilidade, ainda que precária, blindaria o empego ao menos até pós-crise, quando, outras garantias advindas dos princípios da transparência e da boa-fé, conduziriam os destinos da relação de trabalho.

Se é assim, a importância da função sindical não foi abalada nem tolhida sua atuação por "legislação de crise", ao revés, sua importância se potencializa. Ainda que o trabalhador fosse detentor de garantia de emprego o papel do sindicato se mostra essencial, pois, certamente, micro e pequenas empresas não soerguerão pós crise, enquanto outras, principalmente as grandes empresas, sentirão o abalo, mas terão lastro suficiente para continuar.

Além disso, outras empresas que tenham objeto relacionado ao atendimento de necessidades advindas da crise terão melhores resultados. Portanto, só a negociação coletiva, com transparência e boa-fé, colherá os mais justos resultados.

Outro aspecto relevante, credita-se, advém do teor da "legislação de crise": a circunstância de o art. 2º da MP n. 927 omitir — ou não contemplar — a ação sindical impede o sindicato de atuar? No enunciado do referido artigo está inscrita exclusão da vontade coletiva na regulação de medidas trabalhistas em decorrência da calamidade pública?

Não se vislumbra bloqueio para o agir, ao contrário, o que se observa é a falta de querer do ente associativo trabalhista ou de vontade de cumprir a missão delegada. Para o sindicato atuar não precisa de lei que avise ou o autorize atuar, exatamente o contrário, sua função e o reconhecimento do seu ato típico estão constitucionalmente assegurados[(5)]. Propósito ou descuido do legislador, em ambiente de crise, fica em segundo plano.

O pensar, no entanto, seria diametralmente oposto se a redação do art. 2º da MP n. 927 afastasse a vontade coletiva, hipótese em que a desconformidade com a ordem jurídica seria flagrante.

(4) Constituição Federal, art. 7º, I.

(5) Constituição Federal, art. 7º, XXVI; art. 8º, III.

Mas, isso não ocorreu. E com a liberdade que detém, ainda que parcial, imune a ingerência em sua organização e atuação(6), o sindicato brasileiro está apto a atuar não só na estrita defesa de seus representados, em busca de melhores condições de trabalho, mas também no diálogo e na concertação social, em virtude do reconhecido *status* de direito fundamental.

A sociedade contemporânea, na sua complexidade, mais que outrora, não prescinde da atuação sindical como ente dinamizador do diálogo social frente a realidade social, econômica e política.

Fato é que nada justifica a inação.

Nem mesmo a perda de vigor do sindicato dos tempos do seu florescimento e consolidação como direito humano de primeira grandeza. Em âmbito global, nota-se o declínio, entre outras causas, pelo ambiente de flexibilização da legislação trabalhista e da tendência de privatização da seguridade social, além da introdução massiva de tecnologias substitutivas de mão de obra a gerar desemprego e segmentação da base sindical. E mais, por não se dá conta da realidade que o circunda, reinventando-se para representar outros trabalhadores (p. ex.: desempregado, subempregado e informal) e não apenas os que detém vínculo formal de trabalho.

Esse panorama desfavorável, no Brasil, potencializa-se pela adição da anomalia do sistema, na medida em que o ente sindical é livre para agir e se organizar, mas dependente por manter representação atrelada a base territorial(7).

Um verdadeiro paradoxo que, inclusive, inviabiliza a implantação da liberdade ampla e debilita ainda mais o sindicato. Se o ente associativo consolidou-se sobre o pilar da liberdade, como assentado na Convenção n. 81, da OIT, será a liberdade com efetiva atuação que, a partir dos resultados colhidos e da proximidade com o representado — e com a sociedade —, que restabelecerá seu protagonismo; do imperioso trabalho com afinco advirá a contrapartida, ponto tão sensível: o custeio sindical.

Mas, implantada a liberdade sindical, é certo que o sindicalismo enfrentará inevitável consequência, qual seja, a redução ou mesmo eliminação do sindicato não representativo ou "por conveniência", expurgando-se do sistema os denominados sindicatos "pelegos", "amarelos" ou "inúteis".

Os sindicatos representativos, apesar das vicissitudes, subsistirão. Eles — os representativos — são exceção, sim, mas existem.

A partir de tais premissas, a questão relevante, em meio ao caos e à crise, não é a chancela da vontade individual — a autodeterminação da pessoa —, mas a apatia, a inação do sindicato.

(6) Constituição Federal, art. 8º, I.

(7) Constituição Federal, art. 8º, II.

Aliás, a debilidade que atinge o sindicato é tão acentuada que, pontualmente, o próprio poder público chega a duvidar de sua capacidade representativa.

Não fosse a inserção no sistema jurídico do princípio da intervenção mínima na autonomia da vontade coletiva[(8)], presencia-se nesse momento de emergência de saúde e calamidade pública intervenção do poder público[(9)] na vontade coletiva, anulando-se Aditivo à Convenção Coletiva de Trabalho, firmado entre sindicatos das categorias profissional e econômico, com o objetivo de preservar empregos. Por óbvio, não se trata de regra, mas de ação pontual por parte de órgão institucional.

E o motivo?

Ausência de contrapartida na negociação coletiva, o que levou, na percepção do agente público, a uma norma coletiva "leonina" e, ainda, não haver autorização dos representados para a negociação específica.

Intervenção na atividade sindical como essa vivenciada que, em plenos dias iniciais da calamidade pública, reprimiu e, a seguir, anulou o ato sindical, revela intolerável ingerência do poder público na atuação sindical. Evidencia sobreposição da vontade do Estado sobre a vontade coletiva. Enfim, denota total inversão de parâmetros e valores, em que o sindicato é que passa a ser tutelado, pois sem capacidade de discernir o que é melhor e mais apropriado para seus representados.

E dessa forma, assim como o empregado hipossuficiente, o sindicato também precisa de tutela por não saber defender interesses que lhe foram confiados, nem possuir forças para resistir ao patrão.

Por óbvio, a ingerência na função sindical pelo poder público potencializa a insegurança jurídica e, ainda, reforça a teoria do "oportunismo", anunciada por aqueles que, ignorando instrumental de hermenêutica constitucional e princípios essenciais à vida em sociedade (ponderação, boa-fé e transparência), acredita que a "legislação de crise" servirá de pretexto para se implantar, em definitivo, reforma trabalhista com retrocesso social.

De boa-fé ou não, utilizando-se da ética intelectual ou não, o certo é que referida teoria é insustentável, pois não há lugar para dúvida acerca da imperiosidade da Constituição Federal, porto seguro do Estado Democrático de Direito.

Suficiente, pois, realizar a vontade da Constituição. Acreditar em seus postulados; observar competências por ela distribuídas, cumprindo cada órgão ou ator social a sua função específica, bem como não esquecer que a Constituição Federal, principiológica como as modernas constituições, trouxe como valor fundante a dignidade humana, colocando ainda trabalho e capital no mesmo patamar, entre outros relevantes princípios.

---

(8) CLT. Art. 8º § 3º, com acréscimo da Lei n. 13.467/2017.

(9) MPT-PRT2-NF 0016242020.02.000/NF n. 001846.2020.02.000/1-138 e ACP 1000433-90.2020.5.02.0038.

Com essa certeza, o passo seguinte é não se afastar da sólida e consistente hermenêutica constitucional que, a partir de princípios instrumentais de interpretação constitucional, em juízo de ponderação, afiança qual princípio vai prevalecer *in concreto.* E assim, a despeito de aparente choque de princípios, sopesa-se a fim de determinar qual, no caso específico, possui maior valor.

Nesse contexto, o sindicato é – e continua sendo – instituição da maior relevância não só para representação de categoria, mas também para a sociedade. Ente da sociedade civil da maior relevância é imprescindível à Democracia. Suas atribuições e seu ato típico (negociação coletiva) tem previsão e proteção constitucional. Daí irrelevante que lei infraconstitucional faça referência à sua atuação. Para atuar suficiente querer. E se atuar, o ato normativo (acordo ou convenção coletiva de trabalho ou respectivos aditivos) tem validade, claro, respeitada a ordem jurídica. A eficácia da norma coletiva perdura no tempo de sua vigência ou até ser declarada nula. Somente a certeza jurídica advinda da coisa julgada, que venha declarar o ato nulo — e em qual efeito: *ex tunc* ou *ex nunc* — abala a segurança e os efeitos da norma coletiva.

Enfrentando objetivamente a questão: **acredita-se, com a segurança advinda do sistema jurídico nacional, que o sindicato não foi prejudicado pela disposição do art. 2º da MP n. 927, que instituiu medidas trabalhistas para o enfrentamento da calamidade pública decorrente da Covid-19.**

Trabalho Decente e Desenvolvimento Sustentável: Informalidade e Desemprego na Pandemia. Os Efeitos da Lei n. 13.982/2020 e Forma de Inclusão[1]

Resumo: O homem, ser racional e social, trabalha desde os primórdios para subsistência. Até a Revolução político-técnico-econômica, da segunda metade do Século XIX, o trabalho era concebido sob perspectiva individualista. Desse marco histórico em diante o trabalho passou a ter sentido social, advindo toda uma legislação especial, consolidada e espraiada em âmbito global. Mas, o catálogo de direitos tutelares, corporificados em documentos internacionais, nas modernas constituições e nas leis locais, não evitou o abalo sentido pelo Direito do Trabalho, em decorrência das profundas transformações no mundo do trabalho, notadamente pela transformação da estrutura produtiva, do extraordinário desenvolvimento da tecnologia e da mundialização da economia. Frentes a revezes e desafios, cuidou a OIT de, com o propósito de evitar retrocessos nas conquistas sociais dos trabalhadores e preservar empregos e renda, empreender uma agenda positiva, visando assegurar não só o trabalho (sentido amplo), mas o trabalho decente. Eis que, em meio à necessidade de se ampliar a tutela trabalhista a fim de dar conta da realidade a que se propôs regular, depara-se a humanidade com inimaginável ameaça à vida causada por um novo vírus (Covid-19), que levou ao isolamento social, como medida capaz de conter o agressor, com catastróficas consequências para as relações de trabalho. Em meio a tudo isso, já afirmara a Organização Internacional do Trabalho (OIT) que o conteúdo de princípios, normas, convenções e recomendações, integrantes das Declarações Universais dos Direitos do trabalhador, são suficientes para desenvolver políticas e elaborar programas que, na atualidade, assegurem um trabalho decente para todos. Não fosse isso, a estrita observância da ética e da cidadania nas relações de trabalho leva, certamente, mesmo em tempos anormais, à segura prática de um trabalho digno.

Palavras-chave: trabalho decente; Covid-19; dignidade; cidadania; ética; direitos sociais.

---

(1) Nota do organizador: texto originalmente publicado nos *Anais do X Congresso Internacional da Academia Brasileira de Direito do Trabalho:* Crise Econômica e Social e o Futuro do Direito do Trabalho, em decorrência da participação no referido Congresso Internacional, 12 a 14.08.2020. Também, publicado na R. TRT 8ª Região. Belém. v. 53, n. 105, p. 1-450, jul./dez. 2020.

Introdução

A história operária vem das cercanias das décadas 1930 a 1940 do Século XIX, quando deixa de ser objeto de observação politizada para fazer parte de sistemático interesse acadêmico. Mesmo assim, os cientistas sociais tinham como premissa resolver problemas, o que fazer com os operários.[2] A condição humana era relegada.

Até a formação de consciência de uma classe operária, socorrendo-a a solidariedade, o trabalho e homem andaram indissociáveis, mostra a historiografia, mas de forma desumana.

A humanidade sempre esteve intimamente ligada ao trabalho, ocupando o labor posição fundamental de toda vida humana. Mas, a elevada posição, e resultando o trabalho do exercício da *razão*[3], faculdade que é exclusiva do homem — e o distingue dos demais animais[4] — não foi suficiente para impedir o jugo do mais forte.

Da Idade Antiga à Idade Moderna, quando eclodiu a consciência de classe e, a seguir, o surgimento do Direito do Trabalho, normatividade essa expandida e consolidada na Idade Contemporânea, o homem amargou o trabalho escravo, servil e semiescravo, conforme o sistema político-econômico de cada época[5].

O certo é que o estado de dominação e miserabilidade levou ao despertar classe operária, que se rebelou contra o opressor, desta vez, o capital.

Enquanto a desumanidade grassava entre os operários, ditos serem livres, surgiram de duas ordens de interesses distintos: a proletária e a capitalista.

Dessa inconciliável dicotomia nasce, na Idade Contemporânea, o Direito do Trabalho, primeiro esboçado a partir do exercício do constitucionalismo mexicano de 1917 (Constituição Mexicana) e alemão de 1919 (Constituição do Império Alemão/Weimar), que dispunham sobre direitos sociais dos trabalhadores, depois integrado ao catálogo de

(2) Conf. Eric J. Hobsbawm. Tradução de Waldea Barcellos e Sandra Bedran. *Mundos do Trabalho*. Novos estudos sobre história operária. 3. ed. Rio de Janeiro:Terra e Paz, 2000. p. 15.

(3) Em passagem sobre a razão humana Fábio Konder Comparato coloca em evidência que "a racionalidade propriamente humana reside na capacidade de inventar e não pode ser reduzida ao simples comportamento intuitivo e mimético dos animais. Os pássaros constroem seus ninhos, desde a primeira fase de sua evolução como espécie, com uma técnica basicamente sempre igual a si mesma. Na espécie humana, ao contrário, não há técnicas imutáveis nem tampouco limitadas em *numerus clausus:* a evolução é constante dirigida pela aptidão inventiva do ser humano, que põe livremente os fins e inventa os meios mais aptos a alcança-los". (*Cultura dos Direitos Humanos*. São Paulo: LTr, 1998. Coleção Instituto Jacques Maritain. p. 64)

(4) Precisa é a constatação de Fábio Konder Comparato quando, ao extrair do pensamento filosófico que o conjunto dos seres vivos forma um todo solidário na Terra, lembra que "não se pode, contudo, esquecer que uma nítida característica diferencial da espécie humana no conjunto da biosfera: só o homem é dotado de liberdade de escolha, sem ser conduzido pela inelutabilidade do destino" (*Ética:* direito, moral e religião no mundo moderno. São Paulo: Companhia das Letras, 2016. p. 699.

(5) Sobre a história operária consultar, por todos, Eric J. Hobsbawm, em *Mundos do Trabalho*. Novos estudos sobre história operária.

direitos fundamentais do homem em Tratados Internacionais, passando a humanização do trabalho a fazer parte do rol de condições necessárias à garantia da paz e da segurança[(6)].

Entre nós, ainda na fase embrionária do Direito do Trabalho, RUI BARBOSA[(7)], em conferência no ano de 1919 sobre *a questão social e política no Brasil*, lança a indignação: "Com os grandes e fortes está o lucro; com os fracos e humildes, o perigo. Como optar o risco, em lugar da vantagem, senão por antepor o direito à iniquidade?" e, sabia e humanamente, entrega a resposta:

O capital de agora é mais inteligente, e não tem direitos contra a humanidade. Nem o obreiro é o animal de carga ou tiro, desclassificado inteiramente da espécie humana pela morte política e pela morte civil, que sepultam em vida o escravo[(8)].

Certamente humanidade em igual magnitude levou o Direito do trabalho experimentar sua fase áurea, mas não resiste às intensas transformações sociais, com profundo impacto na organização produtiva e nas formas de prestar o trabalho e, em consequência, começa a entrar em declínio, máxime a partir dos anos 70 do Século XX, por não alcançar mais, como um todo, a realidade a que se propôs regular.

Por isso, na atualidade, vozes ecoam na mesma direção, em busca de um Direito do Trabalho que tutele o trabalho, tal qual positivado pela ordem constitucional[(9)]. O Direito segmentado (clássico) precisa dar lugar a um Direito abrangente (flexível), sem adjetivação (subordinado), pois a finalidade é proteger o homem trabalhador, não apenas o empregado.

Eis que, enquanto a comunidade jurídica emprenha esforços tendentes a alargar o campo de atuação do Direito do Trabalho, depara-se o mundo com uma tragédia humanitária nunca vista pela geração atual, provocada por um vírus desconhecido, altamente contagioso e perigoso (Covid-19), que provocou estagnação do mundo e, mais, que não se sabe quando será contido ou debelado.

Nem a Organização Internacional do Trabalho (OIT), agência da Organização Internacional do Trabalho (ONU) que é encarregada das questões do trabalho no mundo, tem condição de prevê o amanhã, ao revés, a partir de arranjos hipotéticos, indica perspectivas sombrias, com probabilidade de perda de milhões de empregos ao redor do mundo.

---

(6) Sobre a força operária E. P. Thompson: A *formação da classe operária inglesa, a força dos trabalhadores*. Rio de Janeiro: Terra e Paz, 1987. Tradução de Denise Bottmann.

(7) A questão social e política no Brasil. Conferência pronunciada no Teatro Lírico, do Rio de Janeiro, a 20 de março de 1919. São Paulo: LTr – Rio de Janeiro: Fundação Casa de Rui Barbosa, 1983.

(8) *Ibidem*, p. 16-17.

(9) Constituição Federal de 1988, arts. 7º e 114.

Portanto, nasceu, floresceu e consolidou-se o Direito do Trabalho, a partir do constitucionalismo dos anos 1917/1919, seguido pela declaração dos direitos do homem de 1948, mas, com a evolução social, enfrentou — e enfrenta — revezes e ainda, nos dias de hoje, lida com o trabalho escravo[10], se não aquele de outrora, mas o análogo ao escravo ou escravidão moderna, como registrado por JOSÉ CLAUDIO MONTEIRO DE BRITO FILHO[11].

Daí a premente necessidade de, frente às vicissitudes, ampliar o campo de tutela desse direito tão essencial, além de perseguir o ideal do "trabalho decente", como defendido pelo Diretor Geral da Organização Internacional do Trabalho (OIT), na 87ª Conferência, de 1999.

O *iter* em busca do ideal do trabalho decente

O termo "trabalho decente" empregado para designar trabalho digno, alicerçado em proteção jurídica e social do trabalhador, é considerado recentíssimo.

Em que pese a referência ao termo, que traduz o anseio do trabalho digno, ter sido feita em 1999, pela primeira vez, pelo Diretor Geral da OIT *Juan Samavia*, na 87ª Conferência da OIT, a busca pela justiça para quem sofre injustiça no trabalho, vem de tempos remotos.

Como relembra JOSE DÁVALOS[12], a vida da humanidade está intimamente vinculada ao trabalho, constitui verdadeiro fundamento de sua existência, de forma que não se evidencia apenas como fonte de riqueza, mas, em uma posição mais elevada, é condição fundamental de toda vida humana.

Entretanto, no *iter* da humanidade rumo à mudança de percepção (trabalho e natureza fornecem materiais que geram ou transformam-se em riqueza) até compreender que o trabalho é condição essencial de toda vida humana (direito fundamental), o caminho foi longo e sujeito à inflexões inclusive de bases filosóficas próprias de cada época.

O certo é que, invariavelmente, ao exercer a habilidade do trabalho, o homem esteve sob o jugo do mais forte, seja quando o pensamento dominante tinha por concepção que o trabalho era exercido só por cativo ou escravo, seja quando passou a ser exercido também pelo homem considerado livre.

---

(10) O trabalho escravo é uma chaga que vem sendo firmemente combatida pelas autoridades fiscais do trabalho e por Procuradores do Trabalho, para que situações como aquelas relatadas, em opúsculo (2007), de autoria do Ministério Público do Trabalho/Procuradoria Regional do Trabalho da 23ª, sob o título "Um olhar social... sobre trabalho escavo contemporâneo", sejam banidas.

(11) *Trabalho Decente.* Análise jurídica da exploração do trabalho — trabalho escravo e outras formas de trabalho indigno. 3. ed. São Paulo: LTr, 2013.

(12) José Dávalos. *Derecho Individual del Trabajo.* 24. ed. Mexico: Editora Porrúa, 2018. p. 2.

Com o grande desenvolvimento e crescimento inclusive populacional da cidade--estado, em Roma — integrante daquele sistema político, o trabalho escravo não atendia mais à demanda de mão de obra, o que levou à relativização da rígida e peculiar divisão de encargos, pela qual, cada pessoa trabalhava segundo sua condição: escravo ou livre.

Chegou, então, o tempo em que não havia escravo suficiente, e, para atender à demanda, homens livres se viram na necessidade de oferecer seus serviços em arrendamento, forma utilizada a fim de poder o arrendatário utilizar a força trabalho.

Arrendava-se energia humana e, assim, a tímida regulação que tinha por objeto instrumentos de trabalho (o cativo — considerado coisa para fins contratuais, a besta e os demais implementos de trabalho), expande-se, fazendo surgir duas instituições contratuais: *locatio conductio operis* e *locatio conductio operarum*.

Esta (*operis)*, tinha por objeto a realização de um serviço; aquela (*operarum)*, a realização de uma determinada obra. As duas modalidades de locação, embora com objeto diversificado, traziam consigo em comum a remuneração.

Aquela estrutura social, baseada no firme pensamento de que o escravo, com a robustez de seu corpo, servia para trabalhos pesados na produção de bens necessários à manutenção da vida[(13)], enquanto seu senhor ficava livre para a atividade política, levou a outro sistema de dominação: o feudal.

O sistema feudal, constituído por latifundiários, produziu uma classe social vinculada à terra, dependente e subordinada aos senhores feudais. Por toda a Idade Média generalizou-se a servidão, sistema que, embora o indivíduo não possuísse a condição jurídica de escravo, não era totalmente livre.

Os servos em muitos aspectos assemelhados ao escravo, praticavam a agricultura e a pecuária em terras cedidas pelos senhores, que se tornavam possuidores de todos os direitos. Trabalhavam em benefício exclusivo do senhor, a eles reservado tão só o proveito da alimentação, vestuário e habitação.

Essa sociedade feudal, assentada numa economia agrária, inicia seu declínio, quando, no auge do artesanato e das artes, o homem do campo começa a migrar para a cidade. Nesta, passa a se dedicar a uma atividade, engrossando as fileiras das corporações.

Corporações eram associações que reuniam trabalhadores em torno de um mesmo ofício, residindo a força dos grupos profissionais na aproximação entre homens na identidade de profissão. Esses grupamentos de indivíduos eram formados por mestres, oficiais e companheiros, com regras profissionais próprias e rígida hierarquia, em que os mestres

---

(13) A estrutura social da época era alicerçada no pensamento filosófico como o de Aristóteles, para quem o escravo era "instrumento animado", servindo a robustez do seu corpo para os trabalhos pesados na produção de bens necessários à manutenção da vida, deixando o senhor livre para a atividade política, concepção que levou a outro sistema de dominação constituído pelos grandes proprietários de terra (*A Política*, I,4).

eram os donos dos meios de produções, enquanto oficiais e companheiros eram trabalhadores.

O homem migra do campo para a cidade, a fim exercer uma atividade profissional organizada, mas ainda não é totalmente livre, pelo fato de o trabalhador se subordinar, pessoal e profissionalmente, à figura do "mestre". O vínculo era baseado em rigorosos contratos, com ingerência até em aspectos da liberdade pessoal, ficando reservado ao trabalhador (oficial ou ao companheiro) basicamente o salário e o monopólio da profissão.

Com a marcante diferença de classe, e em meio à contradições internas, as corporações ou grêmios passaram a sofrer restrições em seus direitos, mesmo porque, como se expressa SEGADAS VIANNA[(14)], o sistema não passava de uma fórmula mais branda de escravização do trabalhador.

Somado a isso surgiam dissenso dentro da corporação, ou entre corporações, que batalhavam por garantia de privilégios, com lutas de graves proporções, até que, em junho 1791, na França, a Lei Chapellier acabou com o regime.

Sucumbiu o sistema de corporação ou grêmio por ser atentatório aos direitos do homem e do cidadão, mas a libertação do trabalhador ainda teria que aguardar, quando nova luta se voltou não mais em oposição ao senhor ou ao mestre, mas contra o capitalismo, pela exploração sistemática e organizada do proletariado.

Até então, como nos conta SEGADAS VIANNA[(15)], não se podia falar em Direito do Trabalho, porque a fermentação que iria dar razão de ser ao seu aparecimento começaria a ser sentida no final do século XVIII, com a revolução política e industrial.

Em meio à Revolução da Idade Moderna, notadamente com as declarações de 1798, da França[(16)], o homem se torna, por um lado, ser racional na ordenação política da sociedade; por outro, a liberdade reconhecida não passa de mera abstração, com a concentração da massa operária sob a opressão do capital concentrado nas grandes corporações.

A consequência, sintetiza SEGADAS VIANNA, é a constatação de que "liberdade não basta para assegurar a igualdade, pois os mais fortes depressa se tornam opressores"[(17)].

---

(14) Cf. *Instituições de Direito do Trabalho.* 11. ed. Arnaldo Süssekind *et al.* São Paulo: LTr, 1991. Vol. I, p. 32.

(15) *Ibidem*, p. 34.

(16) A partir da Revolução Francesa de 1789 o homem foi declarado livre, conforme sua natureza, inclusive para a atividade laboral. Foi o suficiente para a exploração e opressão da classe operária pelos grandes conglomerados, que deu origem a chamada questão social, obrigando o Estado a sair da inércia para regular as relações de trabalho.

(17) Ainda nas palavras de SEGADAS VIANNA, quando tratar do sistema opressor do operário, com a liberdade conquistada pela reforma política "o homem tornava-se livre, criava ´o cidadão como categoria racional na ordenação política da sociedade´", enquanto com a revolução técnico-econômica, "transformava-se a

O que se presenciou foi o ingresso do operário na categoria de ser humano livre, mas, largado à própria sorte. E nessa condição não passava de simples meio de produção.

A liberdade vivenciada conduziu o trabalhador a um novo inferno, decorrente da sistemática e organizada exploração da mão de obra operária. O patrão, dono do meio de produção, não se interessava pelo flagelo humano, enquanto o Estado seguia firma na doutrina liberal da categoria de direitos universais do indivíduo.

Enumeram ORLANDO GOMES e ELSON GOTTSCHALK[18] os principais fatores decisivos para o drama vivenciado pela população operária, entre os quais, o surgimento de grandes centros industriais; a exploração do capital sem limites, ignorando-se o trabalhador na sua dignidade como pessoa; o triunfo da filosofia individualista da Revolução Francesa, com o incremento de falsos postulados da liberdade, inclusive de trabalho; exploração da chamada "meia força", ou seja, trabalho de mulheres e crianças; surgimento das sociedades e a reunião e concentração do grande capital; consolidada ideia do não intervencionismo estatal, por mais precárias que fossem as condições econômicas e sociais do operário. Isso gerou um estado de miséria sem precedente para as classes proletárias.

O resultado do estado de dominação e miserabilidade foi o aparecimento de um fenômeno relevante: *formação de uma consciência de classe.*

Cientes e conscientes de que, apesar da liberdade, a desumanidade grassava, inevitáveis foram profundas dicotomia e distanciamento, surgindo então duas ordens de interesses bem distintos e antagônicos: por um lado, a proletária; por outro, a capitalista.

Já não se concebia que os particulares interesses patronais, que empurravam mulheres e crianças para o trabalho nas fábricas, com salários indignos e submetidos a longas jornadas, que se prolongavam entre treze e quinze horas, prevalecessem sobre uma classe operária imersa em uma existência miserável e sem perspectiva.

Mais uma vez o homem se volta contra o opressor, encontrando a árdua luta firme eco em pensadores socialistas, os mais representativos Marx e Frederico Engels[19], início de uma era pautada pelo inevitável caminho que haveria de culminar na instauração de uma nova ordem. Assertiva ordem em que estaria proscrita, para sempre, a exploração do homem pelo homem em decorrência do trabalho.

---

liberdade em mera abstração, com a concentração das massas operárias sob o jugo do capital empregado nas grandes explorações com unidade de comando". E assim, o conceito abstrato de liberdade, importou na permissão para que se instituísse nova forma de escravidão, desta feita, com o avanço das forças privilegiadas da fortuna e da servidão e a opressão dos mais débeis. (*Instituições de Direito do Trabalho.* Arnaldo Süssekind, Délio Maranhão e Segadas Vianna.11. ed. São Paulo: LTr, 1991. p. 34)

(18) *Curso de Direito do Trabalho.* 12. ed. Rio de Janeiro: Forense, 1991. p. 2.

(19) Cf. José Dávalos. *Derecho Individual del Trabajo.* 24. ed. México: Editora Porrúa, 2018. p. 6.

A consequência não tardou, pois, a partir do que vemos exposto por MARIO DE LA CUEVA[20], em meio à luta de classes e o apoio do pensamento socialista, o Estado se vê compelido a sair do seu estado de inércia para, adotando a compleição de Estado Social, temperar a miséria e a exploração dos trabalhadores e elevar seus níveis materiais sobre a vida puramente animal, sem o que não poderia se falar em realização plena da justiça.

Nasce na Idade Contemporânea o Direito do Trabalho, no início esparso em Constituições da primeira metade do Século XX[21], que dispunham sobre direitos sociais, depois o fundamento legal do novo direito passou a fazer parte, como direito fundamental do homem, de Tratados Internacionais.

De fato, terminada a Primeira Guerra global[22], foi celebrado o Tratado de Versalles, de 1919, com o objetivo de fomentar a cooperação entre as nações e garantir a paz e a segurança. Nesta perspectiva não poderiam ser ignoradas as condições de trabalho em um mundo repleto de miséria e injustiça social.

Era premente voltar-se também a essa realidade. Para tanto, a Declaração Universal dos Direitos do Homem (DUDH) deveria classificar e dar base filosófica para direitos tradicionais do homem, entre eles o direito do trabalho, com o fim de assegurar o respeito à dignidade humana, tarefa que resultou na criação da Organização Internacional do Trabalho (OIT), incorporada ao Tratado de Versalles, de 28 de junho de 1919.

A constituição da OIT foi inserida exatamente na Parte XIII do referido Tratado, figurando entre seus fundamentos, a persecução da paz universal alicerçada na justiça social e a necessidade de mudar o estado de miséria e injustiça social imperante no mundo, com adoção pelas Nações de regime de trabalho humanizado como forma de melhorar condições de vida.

Com esta finalidade a OIT possui, em sua essência, conteúdo de princípios, normas, convenções e recomendações, cujo conteúdo essencial é formado pelas declarações universais dos direitos do trabalhador.

Ingressa o trabalho no Século XX com *status* de direito humano a ser implementado em escala global por países membros. São tempos de consolidação e expansão do Direito do Trabalho, impactando a normativa internacional os direitos sociais do trabalhador pelo mundo.

No nosso sistema não foi diferente, quando a Declaração Universal dos Direitos do Homem (DUDH) impactou substancialmente a Constituição Federal de 1988, que elevou ao patamar constitucional direitos e garantias do cidadão e direitos sociais do trabalhador.

---

(20) Mario de La Cueva. *El Nuevo DerechoMexicano del Trabalho*. 6. ed. México: Editorial Porrúa, 1980. p. 25.

(21) Constituição mexicana de 1917 e Constituição de alemã de 1919.

(22) Primeiro Conflito Mundial, de 28 de julho de 1914 a 11 de novembro de 1918.

O cidadão trabalhador passa a ter garantia da intangibilidade de seus direitos, verdadeira âncora para tempos incertos, na implacável dinâmica do avançar e do progredir do homem em sociedade, com inevitáveis reflexos no mundo do trabalho.

Por isso, mesmo o Direito do Trabalho elevando-se ao *status* constitucional não está imune aos revezes da economia, da reestruturação produtiva e do extraordinário avanço da tecnologia. As transformações sociais e, notadamente no mundo do trabalho, tem abalado a centralidade do direito tutelar.

O abalo é tão sentido — e sistêmico — que ANTÔNIO OJEDA AVILÉS, no título A *Desconstrução do Direito do Trabalho*, não tem dúvida de que o Direito do Trabalho, como concebido, se "agoniza, mas não temos claro qual o substitui"(23).

Firme nessa convicção o citado jurista, discorrendo acerca das idades do trabalho(24), perpassa nascimento, fases e protagonismo do direito tutelar, para lembrar que, apesar das vicissitudes por ele enfrentadas a partir dos anos 70 e da grande transformação no mundo do trabalho, o "Direito do Trabalho, aparentemente, saiu arejado das provas que foi submetido"(25) e alentado com mais legislação trabalhista que nunca.

Também chama a atenção para o vivo dissenso doutrinário que envolve a questão, de forma que, por um lado, a doutrina coloca em evidência o retrocesso de garantias trabalhistas e, ao mesmo tempo, reconhece a existência de uma revitalização institucional para segurar as conquistas; por outro, distingue a corrente doutrinária que, frente à realidade crescente, indaga se a empresa virtual e o emprego virtual não conduzirão a um Direito do Trabalho virtual.

"Direito virtual" *versus* "Direito tencionado" (garantista ou flexionado), na percepção do catedrático da Universidade de Servilla(26), o sistema binário que tenciona as duas realidades, em busca de solução a partir dele, mostra-se simplista, vez que o velho segmentado (clássico) e o novo volátil (flexível) não estariam imunes às inflexões do porvir, além da própria inclinação da balança, ainda que suave, pender ao flexível.

Ciente de tamanha complexidade, a fim de evitar retrocesso social dos direitos fundamentais, GEORGENOR DE SOUSA FRANCO FILHO(27) traz à reflexão a contemporânea Teoria dos Sistemas de Niklas Luhmann que, na sua complexa construção, traz um marco teórico que percebe a sociedade contemporânea como uma sociedade

(23) *La desconstrución del Derecho del Trabajo.* Madrid: Claves La Ley Editor, 2010. p. 15.

(24) *Ibidem*, p. 75 ss.

(25) Antonio Ojeda Avilés, *op. cit.*, p. 92.

(26) *Ibidem*, p. 94.

(27) A irretroatividade dos Direitos Humanos, a teoria dos sistemas Luhmanniana e a reforma trabalhista. In: *O mundo do trabalho em debate*. Estudos em Homenagem ao Professor Georgenor de Sousa Franco Filho. (Coords.: José Cláudio Monteiro de Brito Filho e *et al.*). São Paulo: LTr, 2019.

funcionalmente diferenciada e, reproduzindo as palavras do sociólogo, coloca em evidência que "o esqueleto dos Direitos Humanos contribui para a estabilidade da sociedade moderna porque deixa aberto o espaço para continua produção do outro, para a continua emergência daquilo que é outro".[28]

Daí, enfaticamente, conclui ele[29] que existem dois polos distintos no Direito do Trabalho, um já conhecido, outro ainda aguardando o momento de se esboçar suas características específicas. Um Direito do Trabalho alternativo, ou, acredita-se, expandido, que agasalhasse sob sua tutela não só relações de trabalho que, a partir dos anos 70 do Século XX, experimentam premente necessidade de alguma formulação protetiva, mas também as novas relações que advierem do grande impacto produzido pela calamidade e emergência em saúde pública decorrente da Covid-19 em todo o mundo.

1. O direito do trabalho no século XXI. Impacto da Covid-19 nas relações de trabalho

Os esforços da comunidade jurídica estavam centrados na reconstrução do Direito do Trabalho, a fim de puxar para seu raio de proteção novas modalidades de trabalho, seja em função da reestruturação produtiva, seja em decorrência do avanço tecnológico, ou ainda, de formas que, indiscutivelmente, podem levar à precarização do trabalho.

Eis que o mundo se depara, na virada do ano de 2019 para 2020, com veloz propagação de um vírus desconhecido, maléfico e altamente contagioso, batizado de Covid-19, que provocou a estagnação do mundo[30].

Diante do potencial ofensivo do agressor, apesar de os diversos Governos seguirem orientação da Organização Mundial da Saúde (OMS)[31], sistemas de saúde entraram em colapso e as mortes foram — ainda são — incontáveis.

No âmbito das relações de trabalho imprescindíveis e necessárias medidas de contensão social e quarentena produziram imediatos reflexos, substancialmente afetado, direta ou diretamente, o mundo do trabalho, seja pela impossibilidade de manutenção da maioria das atividades empresariais, seja pela redução da demanda e do consumo.

Não se pode esquecer também que, nesse mundo atípico, sem atividade, micro e pequenas empresas, maiores empregadores do Brasil, não têm capacidade de pagar

(28) *A irretroatividade dos Direitos Humanos, op. cit.*, p. 157.

(29) *Ibidem*, p. 94.

(30) Disponível em: https://www.who.int/es/director-general/speeches/detail/who-director-general-s-statement-on-ihr-emergency-committee-on-novel-coronavirus-(2019-ncov).

(31) Disponível em: https://www.paho.org/pt/news/30-1-2020-who-declares-public-health-emergency-novel-coronavirus.

salário; sem salário, principal fonte de subsistência, empregados isolados não têm como sobreviver.

Por isso, com o propósito de salvar vidas ou recuperar a saúde de quem se contaminou e, também, preservar emprego e renda, emergencialmente, a OMS cuidou de sugerir providencias urgentes e incitar ação humanitária, máxime em defesa dos mais vulneráveis e com especial atenção aos países subdesenvolvidos ou em desenvolvimento[(32)].

Nesse cenário, a Organização Internacional do Trabalho (OIT)[(33)], como organismo tripartite mais importante, junto à Organização das Nações Unidas (ONU), encarregado de estabelecer padrões trabalhista, desenvolver políticas e elaborar programas que promovam trabalho decente para todos, homens e mulheres, alertou que o mundo do trabalho passará por duro revés.

Na percepção daquele Órgão internacional, conforme 5ª edição de seu Observatório[(34)], as perspectivas são sombrias. Do relato consta que, em escala mundial, a partir de março de 2020, foram aplicadas medidas restritivas que afetam o trabalho, seja pelo fechamento da empresa, seja pela perda de horas de trabalho.

Mesmo em locais onde já está em curso a flexibilização de medidas impostas, a perda de horas de trabalho no primeiro semestre de 2020 tem sido maior que o previsto, o que deteriora a situação, em particular nos países em desenvolvimento.

Para o segundo semestre deste ano, em meio a várias previsões, estima a OIT que a recuperação do mercado de trabalho será incerta e parcial.

A partir da constatação e, com base em arranjos hipotéticos de referência, prevê que no quarto trimestre do ano em curso, haverá perda ao redor de 140 milhões de empregos.

Tomando por base premissa altamente desfavorável, em que ocorreria segunda onda da pandemia no segundo semestre, a perda chegaria até 340 milhões de empregos.

Ainda em caso hipotético, dessa vez mais favorável, em que a recuperação seria mais rápida, pouco provável que no fim de 2020 a quantidade de horas trabalho, em escala mundial, voltaria a ser a que existia antes da crise.

Como se vê, as projeções da Organização Internacional do Trabalho (OIT), a curto prazo, apontam para alarmante perda de postos de trabalho, em virtude da crise

---

(32) Nesse sentido Joselita Nepomuceno Borba. Atuação sindical em tempos de Coronavirus. In: *Direito do Trabalho na crise da Covid-19*. E-book. Salvador: JusPodivm. Coord.: Alexandre Agra Belmonte, Luciano Martinez e Ney Maranhão. 2020. p. 525. Disponível em: https://d335luupugsy2.cloudfront.net/cms/files/61621/1591129678Belmonte_et_al-O_Dir_do_Trab_na_Crise_da_Covid19-1ed-eBook_1.pdf. Acesso em: 05 nov. 2024.

(33) Disponível em: https://www.ilo.org/global/about-the-ilo/lang--en/index.htm.

(34) Disponível em: https://www.ilo.org/sites/default/files/wcmsp5/groups/public/@dgreports/@dcomm/documents/briefingnote/wcms_749470.pdf.

gerada pela Covid-19, cenário a que, inevitavelmente, agrega-se como um fator a mais à tão necessária — e esperada — conformação do Direito do Trabalho aos novos tempos.

2. Mecanismos capazes de impedir retrocesso no campo dos direitos sociais

A junção dos fatores (conformação do direito e recessão pela Covid-19), sem dúvida, potencializará a crise.

Quanto aos severos efeitos do colapso, vem do Órgão internacional, encarregado de desenvolver políticas e elaborar programas que promovam trabalho digno para todos, segura orientação corporificada em Convenções e Recomendações da OIT.

Aliás, como já referido em outra oportunidade[35], decretado estado de pandemia, prontamente agiu a OIT pedindo adoção de medidas urgentes, e em larga escala, com o propósito de proteger os locais de trabalho, estimular a economia e garantir postos de trabalho e renda.

A par disso, deparando-se a Organização com múltiplos e os mais variados questionamentos, envolvendo a atual crise da Covid-19, esclareceu acerca de medidas e políticas que poderiam ser adotadas, oportunidade em que julgou suficiente para o enfrentamento da crise as normas internacionais do trabalho.

Certamente, aquele conjunto normativo[36], formado no século passado, seria ponto de referência para uma resposta de política à crise provocada pelo novo vírus, voltada à proteção do trabalhador sem perder de vista a necessidade da empresa.

Dessa forma, todos os instrumentos jurídicos da OIT formam um quadro básico de normas sociais mínimas, acordadas por todos os atores da economia mundial (empregado-empregador-governo), conferindo o implemento desse corpo normativo padrões mais altos de proteção e medidas ampliadas a fim de mitigar as repercussões da crise[37].

Com lastro normativo de longo alcance, revisado periodicamente e já dotado de comprovada eficiência, o Conselho de Administração da Organização Internacional do Trabalho (OIT), considera que o essencial no enfrentamento da crise é seguir as Convenções que tratam de direitos fundamentais[38], além de outras que se revestem da

---

(35) Joselita Nepomuceno Borba, *op. cit.*

(36) As normas da OIT e o Covid-19 (coronavírus) – Perguntas frequentes. Disponível em: https://www.ilo.org/pt-pt/publications/normas-da-oit-e-covid-19-coronavirus.

(37) Disponível em: https://www.ilo.org/sites/default/files/wcmsp5/groups/public/@ed_norm/@normes/documents/publication/wcms_739939.pdf. Cf. página 5 do documento.

(38) Direitos fundamentais: Convenção n. 87 – Liberdade sindical e proteção ao direito de sindicalização; Convenção n. 98 – Direito de sindicalização e de negociação coletiva; Convenção n. 29 – Trabalho forçado; Convenção n. 105 – Abolição do trabalho forçado; Convenção n. 138 – Idade mínima; Convenção n. 182 – Piores formas de trabalho infantil; Convenção n. 100 – Igualdade de remuneração; Convenção n. 111 –

maior importância para a governança[39].

Alie-se, ainda, ao conjunto de normas e diretrizes constantes das Convenções e Recomendações, a pronta e ativa dedicação da Organização Internacional do Trabalho (OIT) a uma agenda mundial[40] voltada à geração de trabalho e renda.

Nessa perspectiva prioriza compromissos que envolvem políticas econômicas e sociais, e ainda, quando da comemoração dos 50 anos da Declaração Universal dos Direitos do Homem (DUDH) emitiu declaração, reafirmando a importância da liberdade sindical ao tempo em que conclamou os países a cumprirem o compromisso de sua implantação, como meta a ser atingia.

E, no contexto dessa agenda, além do apelo à adoção de mecanismos de controle de direitos fundamentais dos trabalhadores[41], entre eles erradicação de toda forma de trabalho forçado, erradicação de todo tipo de trabalho infantil e eliminação de qualquer modalidade de discriminação do trabalho, da maior importância se reveste a Conferência Internacional do Trabalho no que diz respeito ao trabalho decente.

Naquela 87ª Conferência Internacional do Trabalho, de 1999, o termo "trabalho decente" foi empregado pela primeira vez pelo Diretor Geral *Juan Somavia*[42], para quem o objetivo principal da Organização Internacional do Trabalho (OIT), na atualidade, é "melhorar a situação dos seres humanos no mundo do trabalho", para tanto, promovendo "oportunidades para homens e mulheres alcançar um trabalho decente e produtivo em condições de liberdade, equidade, segurança e dignidade humana".

Discriminação (emprego e ocupação). Disponível em: https://www.ilo.org/es/normas-internacionales-del-trabajo/convenios-protocolos-y-recomendaciones.

(39) Instrumentos prioritários de governança: Convenção n. 81 – Inspeção do trabalho; Convenção n. 122 – Política de emprego; Convenção n. 129 – Inspeção do trabalho (agricultura); Convenção n. 144 – Consulta tripartite (normas internacionais do trabalho). Disponível em: https://www.ilo.org/es/normas-internacionales-del-trabajo/convenios-protocolos-y-recomendaciones.

(40) Além disso, compromisso envolvendo políticas econômicas e sociais, voltadas à priorizar o pleno emprego, já se fazia presente na agenda mundial a partir da Cúpula Mundial sobre Desenvolvimento Social (Copenhague/1995). Por ocasião da Conferência Interministerial da OMC — Organização Mundial do Comércio renovou-se o compromisso de se observar normas fundamentais da OIT. E na comemoração dos 50 anos da Declaração Universal dos Direitos do Homem foi decisiva a Declaração de Direitos Fundamentais dos Trabalhadores (OIT/1988), ao proclamar a obrigação de os países membros da OIT cumprirem, mediante mecanismos de controle, os direitos fundamentais dos trabalhadores, nomeadamente, a liberdade sindical, abolição de trabalho forçado, erradicar todo tipo de trabalho infantil e eliminar quaisquer forma de discriminação no trabalho, conforme cada Convenção específica.

(41) Convenção n. 87 – liberdade sindical; Convenções ns. 29 e 105 – abolição de trabalho forçado; Convenção 135 – abolição do trabalho infantil e Convenções ns. 100 e 111 – eliminação de qualquer modo de discriminação no trabalho.

(42) Memoria del Director General:Trabalho decente. Oficina Internacional del Trabajo Ginebra. Conferência Internacional del Trabajo. 87ª reunião. Junio de 1999. Disponível em: https://webapps.ilo.org/public/spanish/standards/relm/ilc/ilc87/rep-i.htm. Acesso em: 07 jun. 2020.

Em essência, "trabalho decente" encerrou, naquela Conferência, ideia de qualquer trabalho que seja

> "produtivo e propicie renda justa, segurança no local de trabalho e proteção social para as famílias, melhores perspectivas para o desenvolvimento pessoal e a integração social, liberdade para que as pessoas possam expressar suas inquietações, organizar-se e participar das decisões que afetem suas vidas, bem como igualdade de oportunidade e tratamento para todos, homens e mulheres".[43]

Ou seja, reafirmando a premissa básica contida na Declaração da Filadélfia (1944), no sentido de que *trabalho não é mercadoria*, o termo "trabalho decente", cunhado na 87ª Conferência Internacional do Trabalho (1999), traz consigo o sentido da humanidade no trabalho.

Na extensão da agenda global, voltada ao trabalho decente, não há espaço para concepção meramente econômica do trabalho, com *mercantilização* dos direitos trabalhistas, porque o catálogo de direitos humanos, com ele alinhado as modernas constituições, inclusive a brasileira de 1988, prioriza o homem com dignidade, e como tal, o homem trabalhador.

3. Dignidade do trabalhador

Dignidade é termo recorrente em relevantes textos internacionais[44] e constitui fundamento da República brasileira, deixando claro o legislador constituinte[45], com isso, a precedência dos direitos fundamentais[46] em relação aos fundamentos da ordem econômica e à organização política.

---

(43) Disponível em: https://www.ilo.org/public/spanish/standards/relm/ilc/ilc87/rep-i.htm.

(44) É o que se vê na Carta das Nações Unidas, de 26.6.1945; no Estatuto da Unesco, de 16.11.1945; na Declaração Universal dos Direitos Humanos, de 10.12.1948; no Pacto Internacional sobre Direitos Civis e Políticos (PIDESC), de 19.12.1966 e em texto das modernas Constituições, como a do Brasil de 1988.

(45) Constituição Federal de 1988, art. 1º – A República Federativa do Brasil, formada pela união indissolúvel dos Estados e Municípios e do Distrito Federal, constitui-se em Estado Democrático de Direito e tem como fundamentos: [...] III – a dignidade da pessoa humana.

(46) No ensinamento de Robert Alexy, Direitos fundamentais "são essencialmente direitos do homem transformados em direito positivo" ou como os concebe J.J. Gomes Canotilho, para quem "são os direitos do homem jurídico-institucionalmente garantidos e limitados espaço-temporalmente". Direitos fundamentais fazem parte, portanto, dos direitos do homem positivados no âmbito da Constituição de determinado Estado. Partindo de tal premissa, os diretos fundamentais se posicionam numa dimensão mais restrita que os direitos humanos, na medida em que, segundo J.J.Gomes Canotilho, estes "são direitos válidos para todos os povos e em todos os tempos (dimensão jusnaturalista-universalista)", daí o jurista português afirmar que "os direitos humanos" podem se tornar "direitos fundamentais" quando positivados. (Conf. nosso Prefácio à obra coletiva *Direitos Fundamentais nas Relações de Trabalho.* Coords.: Yone Frediani e Rúbia Zanotelli de Alvarenga. São Paulo: LTr, 2015. p. 11.

Elevou, portanto, o sistema constitucional a dignidade à condição de princípio fundante, que alicerça a base de todos os direitos constitucionalmente consagrados, sejam eles individuais, coletivos, sociais, econômicos ou de participação política.

Tamanha relevância, mas o que significa dignidade?

Antes, porém, da tentativa de se chegar ao significado, há de se lembrar, como o fizera MIGUEL REALE JÚNIOR, que "o direito é reflexo da compreensão de vida em um determinado momento histórico-cultural"(47). E o momento histórico é de afirmação do direito do homem, considerado em sua dignidade substancial de pessoa.

Determinar o fundamento e delimitar o conteúdo da dignidade é tomar posição sobre a essência do ser humano, como nos ensina FÁBIO KONDER COMPARATO(48). Na percepção do jurista, para definir a especificidade ontológica do ser humano – sobre a qual funda sua dignidade no mundo – há largo consenso sobre algumas características próprias do homem, como liberdade, autoconsciência, sociabilidade, historicidade e unicidade existencial do ser humano, de forma que sem tais atributos inerentes à natureza própria do homem, a noção de dignidade fica comprometida(49).

Dignidade é respeito e observância a atributos do homem na sua especificidade ontológica, inerentes à natureza humana, destituída de qualidades, como cor da pele, olhos, formato físico, gênero, orientação sexual, só para ilustrar, atributos esses assegurados, tantos em dimensão positivada dos direitos humanos, quanto na extensão dos direitos fundamentais constitucionalmente assegurados.

O certo é que, apenar da imensa dificuldade em se elaborar conceito preciso do que venha ser dignidade, o trabalhador não pode ter seus direitos negligenciados. Dessa firme impressão nos diz JOSÉ CARLOS VIEIRA DE ANDRADE(50) sobre a essencialidade de zelar pela efetividade dos direitos, sejam eles "explicitações de 1º grau da ideia de dignidade" (direito à vida, a liberdade física ou de consciência, tal como a generalidade direitos pessoais), sejam eles decorrentes do conjunto de direitos fundamentalíssimos ou que os complementam "como explicitação de 2º grau, mediadas por particularidade das circunstâncias sociais e econômicas, políticas e ideológicas" (direito de manifestação, livre-iniciativa, direitos sociais: trabalho, habitação, saúde, segurança social etc.).

---

(47) Ao abordar a questão do escravo como não sujeito no direito brasileiro do século XIX, Miguel Reale Júnior, não nos deixa esquecer que direito é produto cultural e enfeixa carga de valores e significados de uma época. (In: *Código*. Dimensão Histórica e Desafio Contemporâneo. Estudos em Homenagem ao Professor Paolo Grossi. Coords: Judith Martins-Costa e Laura Beck Varela. Porto Alegre: Sergio Antonio Fabris Editor, 2013. p. 148)

(48) *Cultura dos Direitos Humanos*. SãoPaulo: LTr, 1998. Coleção Instituto Jacques Maritain. p. 61.

(49) *Idem*.

(50) ANDRADE, José Carlos Vieira de. *Os Direitos Fundamentais na Constituição Portuguesa de 1976*. Coimbra: Almedina, 1987. p. 207.

Além disso, no nosso sistema, quando se atenta hoje para o preceito constitucional que confere destaque ao valor social do trabalho, em claro reconhecimento de que trabalho corresponde a fonte de realização material, moral e espiritual do trabalhador, resgata-se, como corolário, o pensamento de RUI BARBOSA que

> O TRABALHO. Há na vossa grandeza um condão, para atrair os que se não rendem a outras: é que é a grandeza do trabalho. O trabalho não é o castigo: é satisfação das criaturas. Tudo o que nasce do trabalho, é bom. Tudo o que se amontoa pelo trabalho, é justo. Tudo o que assenta no trabalho, é útil.(51)

Portanto, o homem trabalha para subsistir e — se é fonte de subsistência — corresponde o trabalho a um direito natural, humano, inerente ao direito à vida.

Assim, na Idade Contemporânea, os direitos sociais do trabalhador devem ser efetivados na maior medida do possível, a fim de se concretizar o princípio da dignidade humana. Não só do trabalhador subordinado, com relação de emprego regida pelas leis do trabalho, mas do trabalhador em geral.

Aliás, atingido o ápice do esplendor nos primeiros trinta anos do Século XX, o Direito do Trabalho se viu no progressivo dilema de não dar conta da realidade que se dispunha disciplinar, ao ponto de ANTONIO OJEDA AVILÉS(52), com propriedade, afirmar que "conhecemos o primeiro de dois polos, O Direito do Trabalho Especial subordinado", chegado, então, "o momento de esboçar as características do Direito do Trabalho alternativo", capaz de atrair para sua proteção não só o empregado, mas o trabalhador.

Daí a exatidão das palavras de RORIX JAVIER NUÑEZ e IVÁN JIMÉNEZ URIBE(53), indicativas da necessidade de adoção de medidas coordenadas abrangentes, que contemplem ampla proteção social, não só com apoio à manutenção do emprego, mas a grupos formados por trabalhadores autônomos, subempregados, desempregados, informais, jovens, mulheres e imigrantes(54).

Portanto, os alicerces normativos basilares do direito tutelar estão postos, e, enquanto não vem a expansão legislativa abrangentes do universo formado de, por um lado, fatores de diversidade tecnológica e, por outro, fatores sociológicos, conexos a heterogeneidade das situações sociais dos trabalhadores, tudo agravado pelo estado de pandemia

(51) *A questão social e política no Brasil, op. cit.*, p. 11.

(52) Antonio Ojeda Avilés, *idem*, p. 94.

(53) Rorix Javier Nuñez e Iván Jiménez Uribe. *Prologo*. Guía de Medidas Laborales frente al Covid-19 em Iberoamérica. Bogotá: Tirant Lo Blanch, 2020.

(54) *Idem.*

pelo novo coronavírus, resta a cooperação e a ética para que não haja retrocesso social nas relações de trabalho.

4. Ética trabalhista e cidadania

A partir de enfoque geral LEOPOLDO GAMARRA(55) analisa o trabalho(56), como componente e fundamento de significação ética, cujo título, pela excelência que encerra, será base para essa abordagem.

Inicia o professor peruano colocando em evidência que, relações entre ética, trabalho e cidadania, pouco são abordadas, inclusive no âmbito internacional, para, a seguir, colocar em relevo o marco conceitual do trabalho e seu valor(57).

Trabalho tem a ver com atividade humana, produtiva ou de serviço que a pessoa realiza, mediante retribuição, em um determinado sistema econômico. Além de fonte de recursos econômicos para quem trabalha é também meio de inserção na sociedade, sobretudo pelo sustento da família e pelo desenvolvimento do trabalhador como cidadão(58).

O trabalho é, portanto, um aspecto perene e fundamental, que exige continuada atenção, pois, no rastro pendular da história, sempre enfrenta novos problemas e novos questionamentos e, nesse curso, por óbvio, nascem sempre novas esperanças, mas nascem também temores e ameaças relacionadas com essa dimensão fundamental da existência humana(59).

---

(55) *La ética laboral y ciudadana.* Guía para formadores. 1. ed. Lima: Centro de Estudios y Publicaciones (CEP), 2012. Serie Jóvenes y Empleabilidad. Modulo 3.

(56) *É o que vemos exposto por Leopoldo Gamarra (op.cit), quando* coloca em relevo a significação do trabalho, isso na perspectiva de "Georg W Friedrich Hegel" (Fenomenología del espíritu. In: *Diccionario de Filosofia de José Ferrater Mora.* Ed. Ariel), para quem "a cultura pratica pelo trabalho consiste na necessidade que se reproduz a si mesma e no hábito da ocupação em geral. Consiste também na limitação da atividade pela natureza da matéria e pela vontade dos outros; este ordenamento faz que se adquira o hábito de uma atividade objetiva e de qualidade universal"; já na visão de C. Marx e F. Engels (*La ideologia alemana.* 5. ed. Barcelona: Grijalbo, 1974) "pelo trabalho o homem não só transforma a natureza, adaptando-a às suas próprias necessidades, mas também se realiza como homem; e, além disso, de certa forma, torna-se mais homem o próprio homem, distinguindo-o dos animais no momento em que se compromete a produzir seus meios de subsistência. Ao produzir seus meios de subsistência o homem indiretamente produz sua própria vida material". Afastando-se da visão anterior, especialmente, quando eleva a situação mediadora do trabalho entre homem/natureza, Weber explica o trabalho, diz o Professor Gamarra (*op. cit.*, p. 21), como um estilo vida específico, originado por ideias próprias do protestantismo, produto da reforma cujos expoentes foram Lutero (1517) e Calvino (1536). E em sequência, lembra aquele Professor, o aporte da Igreja Católica à significação do trabalho, quando o Papa Pio XI, em 1931, fazendo frente ao individualismo, na Encíclica *Quadragésimo Ano,* afirma que o trabalho é pessoal e social e, a seguir, o Papa Joao Paulo II, em 1981, em clara opção pelos pobres, por meio da Encíclica *Laborem Exercens,* alerta para a ameaça advinda do progresso industrial e da tecnificação moderna. O pobre, realçou o Santo Pontífice, só conta com seu trabalho, não conta com reservas econômicas para se defender das incertezas da economia. (Tradução livre do espanhol)

(57) *Ibidem,* p. 13.

(58) *Ibidem,* p. 15.

(59) *Idem.*

Em meio a esperanças e temores encerra a relação de trabalho, ao mesmo tempo, uma contradição: cooperação e conflito. Significa dizer que o conflito é natural e da essência da relação de trabalho por existir interesses contrapostos, ânimo sempre presente, ainda que em estado latente ou subjacente.

Frente à insuperável contraposição, inerente à relação capital *versus* trabalho, o que resta é aprender a viver o conflito, sem deixar de reconhecer o trabalhador como sujeito de direitos e obrigações, sujeito ético, com capacidade para exercer e construir cidadania.

Nesse ponto, cidadania se eleva como conceito chave do trabalho, entendida como produto do vínculo entre pessoas e, portanto, conflitivo, assim como as relações sociais em comunidade o são(60).

Cidadania é posse de direitos, enquanto ética traduz-se em um ideal de conduta humana que orienta cada pessoa sobre o que é bom, o que é correto e o que deveria fazer, deliberando sua vida em relação ao semelhante, em busca do bem comum.

Ou seja, cidadania significa tomar parte e fazer parte da sociedade, evidenciando-se vínculo entre pessoas-Estado-sociedade; importa prática de direitos civis e políticos, individuais e coletivos e também cumprimento de deveres, o que leva, afortunadamente, a um aperfeiçoamento cívico generalizado, caminho para uma Democracia sólida, com respeito e dignidade ao cidadão. Ética, no entanto, é um valor moral.

Exatamente por ser um valor moral, regido por normas axiológicas, colhe-se do ensinamento de FÁBIO CONDER COMPARATO(61) que toda "vida ética é fundada em valores, que supõem a liberdade de escolha e criam deveres de conduta", daí porque "não existe ética neutra, cega aos valores". Em arremate diz o citado jurista, "na ética refletimos sobre o que é bom e justo". Mas, como o pensar não é uniforme, não coincide, pode haver grande divergência de opinião e grande incerteza na concepção do que venha ser ética, pelo que adequado seria tratar o tema com uma visão aproximada da verdade.

Refletindo, enfim, o catedrático de direito do trabalho da Universidad Nacional Mayor de San Marcos(62), sobre a necessária correlação, formulou conceito de cidadania e ética como sendo o conjunto de valores, normas e princípios refletidos no centro do trabalho em geral, para alcançar uma maior sintonia com a sociedade e permitir uma melhor adaptação a todos os ambientes em condições que supõem respeitar os direitos reconhecidos pela sociedade e os valores que compartilha.

Assim, a dignidade do trabalhador — e não só do empregado — é juridicamente reconhecida no plano nacional e internacional, aspirando a Constituição Federal de

---

(60) *Ibidem*, 17.

(61) Fábio Konder Comparato. *Ética:* direito, moral e religião no mundo moderno. 3. ed. São Paulo: Companhia das Letras, 2016. p. 509-510.

(62) Leopoldo Gamarra, *cit. op.*, p. 39.

1988, na maior medida, a concretização de seus valores, máxime os éticos e de cidadania ruma à dignidade do trabalhador.

Ademais, em momento de profundo abalo social e econômico, cidadania e ética são aspectos da maior relevância, sem deixar de lado, por óbvio, solidariedade e cooperação. Essa conjugação, indiscutivelmente, é fundamental na busca de mecanismos eficazes que garantam, a uma só vez, direito ao trabalho e condições justas e adequadas para exercê-lo, em suma, para concretização do almejado trabalho decente.

Considerações finais

O Direito do Trabalho, como disciplina jurídica que rege a particular relação de complementariedade e conflito entre capital e trabalho, conflitualidade essa matizada pelo drama por que passa a humanidade, em decorrência da pandemia pela Covid-19, a solapar emprego e renda, deve necessariamente seguir o rumo da inclusão social.

Inclusão que arraste para o centro ou para seu raio de tutela o trabalhador, e não só ao empregado; que assegure, em tempos tão cambiantes, um trabalho decente.

Diante do formato rígido, que parece colocar à prova os pilares do Direito do Trabalho, indica o horizonte que, na busca desse novo direito tutelar, não se deve afastar de seus princípios fundantes, nem do *status* do homem cidadão e, nessa condição, merecedor de vida digna.

Rumo à concretização do ideal de inclusão social por meio de trabalho digno, não há dúvida, que, com ou sem o renovado direito tutelar, o exercício da cidadania e da ética laboral, além da solidariedade, é o porto seguro para evitar retrocessos em relação aos direitos sociais e enfrentar a recessão econômica em curso.

Daí porque, no cumprimento de obrigações próprias da relação de trabalho, os atores sociais — empregado ou empregador — não devem se afastar dos postulados da ética e da cidadania, a fim de, numa sociedade complexa e marcada pela desigualdade, se não eliminar, mas neutralizar situações com potencial para aniquilar o *status* de cidadão.

Ética e cidadania, quando se idealiza trabalho decente, são indissociáveis; uma prática não exclui a outra, nem só a ética é suficiente.

Se existem, por força de pacto, obrigações recíprocas, por um lado, o empregado deve a prestação dos serviços com dedicação, lealdade, fidelidade e respeito; por outro, o empregador — e seus representantes — deve contraprestação pelos serviços prestados, ambiente de trabalho adequado, além do cumprimento dos direitos e das garantias fundamentais positivados, sem se afastar de princípios fundamentais gerais inerentes, como solidariedade, boa-fé e prevalência dos direitos humanos.

Assim, credita-se que, para prosseguir no caminho trilhado a partir da segunda metade do Século XX e início do XXI, marcado por polarização política sem horizonte para síntese e por transformações sócio-econômicas, preservando a ideia de ser humano, sujeito de direitos fundamentais, a solução vem da observância do catálogo de direitos positivados em documentos internacionais, nas modernas constituições e nas leis gerais e especiais, oferece resposta jurídica a necessária concretização do ideal do "trabalho decente".

Em tal incumbência, em direção ao trabalho humanizado, decente, cidadania e ética são imprescindíveis, verdadeiro suporte moral para o grande desafio, nas palavras de LEOPOLDO GAMARRA: "por um lado, ser excelentes trabalhadores para serem bons cidadãos e ser excelentes cidadãos para serem bons trabalhadores; por outro lado, orienta nossa ação diária nos mantendo ´moral elevada` e sem desmoralizações", no sentido posto por JOSÉ ORTEGA e GASSET: Um homem desmoralizado é simplesmente um homem que não está em posse de si mesmo, que está fora de sua autenticidade radical e, portanto, não vive sua vida e, portanto, não cria, não fertiliza ou inflaciona seu destino.(63)

Referências

ANDRADE, José Carlos Vieira de. *Os Direitos Fundamentais na Constituição Portuguesa de 1976.* Coimbra: Almedina, 1987.

AVILÉS, Antonio Ojeda. L*a desconstrución del Derecho del Trabajo.* Madrid: Claves La Ley Editor, 2010.

BARBOSA, Rui. A questão social e política no Brasil. *Conferência pronunciada no Teatro Lírico, do Rio de Janeiro, a 20 de março de 1919.* São Paulo: LTr – Rio de Janeiro: Fundação Casa de Rui Barbosa, 1983.

BORBA, Joselita Nepomuceno. Atuação sindical em tempos de Coronavirus. In: Direito do Trabalho na crise da Covid-19. E-Book. Salvador: JusPodivm Editora, 2020. Coords.: Alexandre Agra Belmonte, Luciano Martinez e Ney Maranhão.

BORBA, Joselita Nepomuceno. Prefácio à obra coletiva *Direitos Fundamentais nas Relações de Trabalho.* Coords.: Yone Frediani e Rúbia Zanotellli de Alvarenga. São Paulo: LTr, 2015.

BRITO FILHO, José Claudio monteiro de. *Trabalho Decente. Análise jurídica da exploração do trabalho* — trabalho escravo e outras formas de trabalho indigno. 3. ed. São Paulo: LTr, 2013.

COMPARATO, Fábio Konder. *Ética:* direito, moral e religião no mundo moderno. 3. ed. São Paulo: Companhia das Letras, 2016.

DÁVALOS, José. *Derecho Individual del Trabajo.* 24. ed. Mexico: Editora Porrúa, 2018.

E. P. TOMPSON. *A formação da classe operária inglesa, a força dos trabalhadores.* Rio de Janeiro: Terra e Paz, 1987. Tradução de Denise Bottmann.

FRANCO FILHO, Georgenor de Sousa. A irretroatividade dos Direitos Humanos, a teoria dos sistemas Luhmanniana e a reforma trabalhista. In: *O mundo do trabalho em debate.* Estudos em

(63) Extraído do título *La ética laboral y cidadania, op. cit.*, p. 100.

Homenagem aoProfessor Georgenor de Souza Franco Filho. (Cord.: José Cláudio Monteiro de Brito Filho *et al.*). São Paulo: LTr, 2019.

GAMARRA, Leopoldo. L*a ética laboral y ciudadana.* Guía para formadores. 1. ed. Lima: Centro de Estudios y Publicaciones (CEP), 2012. Serie Jóvenes y Empleabilidad. Modulo 3.

VIANNA, Segadas. *Instituições de Direito do Trabalho.* 11. ed. Arnaldo Süssekind, Delio Maranhão e Segadas Vianna. São Paulo: LTr, 1991. Vol. I.

GOMES, Orlando; GOTTSCLALK. *Curso de Direito do Trabalho.* 12. ed. Rio de Janeiro: Forense, 1991.

HOBSBAWM, Eric J. Tradução de Waldea Barcellos e Sandra Bedran. *Mundos do Trabalho. Novos estudos sobre historia operária.* 3. ed. Rio de Janeiro: Terra e Paz, 2000.

LA CUEVA, Mario de. *El Nuevo DerechoMexicano del Trabalho.* 6. ed. México: Editorial Porrúa, 1980.

NUÑEZ, Rorix Javier; URIBE, Iván Jiménez. Prologo. *Guía de Medidas Laborales frente al Covid-19 em Iberoamérica.* Bogotá: Tirant Lo Blanch, 2020.

REALE JR., Miguel. O escravo como não sujeito no direito brasileiro do séc. XIX. In: *Código.* Dimensão Histórica e Desafio Contemporâneo. Estudos em Homenagem ao Professor Paolo Grossi. Coords.: Judith Martins-Costa e Laura Beck Varela. Porto Alegre: Sergio Antonio Fabris Editor, 2013.

VIANNA, Segadas. *Instituições de Direito do Trabalho.* Arnaldo Süssekind, Delio Maranhão e Segadas Vianna. 11. ed. São Paulo:LTr, 1991. Vol. I.

https://www.who.int/es/dg/speeches/detail/who-director-general-s-statement-on-ihr-emergency-committee-on-novel-coronavirus-(2019-ncov)

https://www.paho.org/bra/index.php?option=com_content&view=article&id=6100:oms-declara-emergencia-de-saude-publica-de-importancia-internacional-em-relacao-a-novo-coronavirus&Itemid=812

https://d335luupugsy2.cloudfront.net/cms/files/61621/1591129678Belmonte_et_al-O_Dir_do_Trab_na_ Crise_da_Covid19-1ed-eBook_1.pdf

https://www.ilo.org/global/about-the-ilo/lang--en/index.htm

https://www.ilo.org/wcmsp5/groups/public/---dgreports/---dcomm/documents/briefingnote/wcms_749470. pdf

https://www.ilo.org/wcmsp5/groups/public/---ed_norm/---normes/documents/publication/wcms_739939. pdf

https://www.ilo.org/wcmsp5/groups/public/---ed_norm/---normes/documents/publication/wcms_739939. pdf. Cf. página 5 do documento.

https://www.ilo.org/global/standards/introduction-to-international-labour-standards/conventions-and-recommendations/lang--es/index.htm

https://www.ilo.org/global/standards/introduction-to-international-labour-standards/conventions-and-recommendations/lang--es/index.htm

https://www.ilo.org/public/spanish/standards/relm/ilc/ilc87/rep-i.htm

https://www.ilo.org/public/spanish/standards/relm/ilc/ilc87/rep-i.htm

Atuação Sindical em Tempos de Coronavírus[1]

Breves considerações

Foi como num sonho... no dia em que a terra parou... no dia em que todas as pessoas do planeta inteiro resolveram que ninguém ia sair de casa[2].

Incrédula uma geração inteira, que, só de longe, em um passado distante e remoto, ouvira falar em semelhante ameaça à vida humana: "peste negra"[3] e "gripe espanhola"[4], testemunha a estagnação do mundo, ameaçado por um ser invisível, maléfico, altamente contagioso e mortal: a Covid-19[5].

Logo o mundo, seguindo orientação da Organização Mundial da Saúde (OMS)[6], como que em uma incontida cascata revolta, levou os diversos governos a declarar estado de emergência de saúde e calamidade pública, como o fizera o Brasil. Era preciso poupar vidas ou recuperar a saúde de quem foi atingido pela doença altamente contagiosa e letal. Para tanto, foi determinado o isolamento social, com paralização de diversas atividades econômicas, mantidas as essenciais, mesmo assim com cuidados específicos para

---

(1) Nota do organizador: Texto originalmente publicado na obra *Direito do Trabalho na Crise da Covid-19*. (Orgs. Alexandre Agra Belmonte; Luciano Martinez e Ney Maranhão). *E-Book*. Salvador: JusPodivm, 2020.

(2) Como profetizara o visionário poeta Raul Seixas, na canção *"O dia que a terra parou"*.

(3) Colhe-se de enciclopédia global, disponível na rede mundial de computadores, que a "Peste Negra", também conhecida como "Peste Bubónica", "Grande Peste" ou "Peste", foi a pandemia mais devastadora registrada na história humana, tendo resultado na morte de 75 a 200 milhões de pessoas na Eurásia, atingindo o pico na Europa entre os anos de 1347 e 1351. [...] A Peste Negra provavelmente teve a sua origem na Ásia Central ou na Ásia Oriental, de onde viajou ao longo da Rota da Seda, atingindo a Crimeia em 1343. De lá, era provavelmente transportada por pulgas que viviam nos ratos que viajavam em navios mercantes genoveses, espalhando-se por toda a bacia do Mediterrâneo, atingindo o resto da Europa através da península italiana. Estima-se que a "Peste Negra" tenha matado entre 30% a 60% da população da Europa. Disponível em: https://pt.wikipedia.org/wiki/Peste_Negra.

(4) Da mesma forma, a **"Gripe espanhola"**, dizimou 1/3 da população mundial — Esse nome que recebeu uma **pandemia** de vírus influenza que se espalhou pelo mundo entre **1918 e 1919**. Os historiadores e especialistas da área da saúde até hoje não sabem o local exato onde aquele novo tipo de gripe surgiu. O surto em plena **Primeira Guerra Mundial** e espalhou-se rapidamente pelo mundo, causando a morte de cerca de **50 milhões de pessoas**, embora algumas estatísticas falem em até 100 milhões de mortos. Disponível em: https://brasilescola.uol.com.br/historiag/i-guerra-mundial-gripe-espanhola-inimigos-visiveis-invisiveis.htm.

(5) Disponível em: https://www.who.int/es/director-general/speeches/detail/who-director-general-s-statement-on-ihr-emergency-committee-on-novel-coronavirus-(2019-ncov).

(6) Disponível em: https://www.paho.org/pt/news/30-1-2020-who-declares-public-health-emergency-novel-coronavirus.

proteger os profissionais envolvidos no esforço para garantir atendimento à saúde e ao abastecimento.

E, como é público e notório, o governante do país ou da região que duvidou do potencial da letalidade do agressor, experimentou colapso no sistema de saúde, com incontável número de mortes, enquanto os que acreditaram nas providências de contenção ou impuseram barreiras sanitárias enfrentaram problemas menos caóticos.

Imerso nesse mundo atípico, o direito positivo não poderia ficar alheio. Afinal, o direito não é dádiva ou produto da natureza, ao contrário, advém da atividade humana e só existe enquanto produzido(7). Como construção do homem, o jurídico é sentido e significação que se empresta a determinados atos dos homens(8) , daí a norma objeto da interpretação não pode ser separada dos fatos e valores que a constituem(9).

No âmbito das relações de trabalho, com medidas de contensão social e quarentena decretada, os reflexos foram imediatos, substancialmente afetadas direta ou diretamente, seja pela impossibilidade de manutenção da maioria das atividades empresariais, seja pela redução da demanda e do consumo.

Sem atividade, as micro e pequenas empresas, maiores empregadores do Brasil, não têm capacidade de pagar salário; sem salário, principal fonte de subsistência, empregados isolados não têm como sobreviver.

Vivenciando-se a repentina realidade, experimentada em âmbito global, a Organização Mundial da Saúde (OMS) cuidou de sugerir providências urgentes e incitar à ação humanitária, notadamente em defesa dos vulneráveis, com atenção especial aos países subdesenvolvidos ou em desenvolvimento. Para se enfrentar o cenário, assentado no drama humano, tem-se como certo que ideologia, valores pessoais, visão política e social, preceitos inerentes à condição de cidadão devem, mesmo que por um instante, ceder espaço à técnica, como ora tenta-se fazer no desenvolvimento deste ensaio, como forma essencial e indispensável a uma maior efetividade à dignidade humana.

O certo é que, em meio à instabilidade política que coloca à prova as instituições brasileiras, o Governo Federal, cético e após breve vacilo, tomou providências para repatriar brasileiros que se encontravam no epicentro da pandemia(10), entre outras medidas.

---

(7) Sobre o tema conferir, entre outros, Calmon de Passos. *Direito, poder, justiça e processo:* julgando os que nos julgam. Rio de Janeiro: Forense Universitária, 2005. p.15.

(8) Joselita Nepomuceno Borba. *Efetividade da Tutela Coletiva.* São Paulo: LTr, 2008. p. 31.

(9) Cf. Luís Carlos Robortella e Antônio Peres Galvão.Coronavírus e relações de trabalho. Paradigmas de interpretação em tempos de calamidade publica. in: *Comentários a MP 927/2020 e MP 936/2020.* Medidas urgentes visando a estabilidade das relações de trabalho. (Cood.) Guilherme Miguel Gantus. *e-Book.* Disponível em: https://www.amazon.com.br/dp/B0877B7TQB/ref=cm_sw_r_wa_apa_i_lD2MEbE6MNWTZ.

(10) Disponível em: https://www.noticiasaominuto.com/mundo/1406168/brasil-ira-repatriar-todos-os-seus-cidadaos-quequiseremsair-de-wuhan.

Depois, convenceu-se de que era premente a necessidade de concentrar esforços não só campo da saúde, da economia, da infraestrutura, mas também na esfera trabalhista, passando a adotar medidas para o enfrentamento sistêmico desse estado de emergência em saúde pública determinado pelo novo coronavírus (Covid-19). Nessa direção, entre outras providências, editou-se o Decreto Legislativo n. 6, de 20 de março de 2020 e a Lei n. 13.979, de 06 de fevereiro de 2020, com diretrizes para que, de modo previsível e homogêneo, as pessoas pudessem enfrentar os tempos de pandemia.

Mas, a só regulação da vida em sociedade não era suficiente, pois não apenas o cidadão inserido no mercado formal de trabalho (empregado) necessitava de garantir a subsistência (salário), mas indistintamente todo cidadão: desempregado, subempregado, autônomo, informal, chefe de família, enfim, todo aquele que perdeu sua fonte de subsistência.

Era preciso voltar-se ao cidadão.

Consciente — e vislumbrando o todo — o Governo Federal editou a Medida Provisória n. 927, de 22 de março de 2020[(11)], dispondo sobre medidas trabalhistas para o enfrentamento do estado de calamidade pública e da emergência de saúde pública decorrente do coronavírus (Covid-19) e a Medida Provisória n. 936, de 1º de abril de 2020[(12)], instituindo programa emergencial de manutenção do emprego e renda, além de medidas trabalhistas complementares para enfrentamento do reconhecido estado de emergência de saúde pública decorrente do coronavírus (Covid-19).

Outras Medidas Provisórias foram editadas, disciplinando importantes questões de apoio e logística no contexto da crise: uma, instituindo programa de suporte a empregos[(13)]; outra, dispondo sobre medidas temporárias em resposta à pandemia decorrente da Covid-19, no setor portuário e cessão de pátios sob administração militar[(14)].

---

(11) Previu a MP 927 a possibilidade de alteração contratual, por iniciativa do empregador, para implantar o modo de trabalho (teletrabalho, trabalho remoto, utilizando-se meio telemático); de antecipação de férias individuais ou coletivas, com prioridade para grupo de risco; de suspensão do contrato de trabalho mediante acordo individual escrito; de antecipação de feriados não religiosos; de flexibilização de jornada por acordo individual em estabelecimentos de saúde; previsão de o empregador conceder ajuda financeira ou benefícios em valores para o período de afastamento, a serem negociados pelas partes, entre outros. Disponível em: http://www.planalto.gov.br/ccivil_03/_ato2019-2022/2020/Mpv/mpv927.htm.

(12) Em meio à crise na saúde e incertezas jurídicas, em meio insegurança à generalizada, a Medida Provisória n. 936, buscou complementar a normativa anterior, pertinentes às relações de trabalho, notadamente no âmbito de segurança e saúde no ambiente de trabalho e, ainda, entre outras medidas, as inerentes à paralização de atividades, férias coletivas, licença remunerada, redução de salário, teletrabalho e rescisão do contrato de trabalho. Disponível em: http://www.planalto.gov.br/ccivil_03/_Ato2019-2022/2020/Mpv/mpv936.htm.

(13) MP 944, de 03.04.2020. Disponível em: http://www.planalto.gov.br/ccivil_03/_Ato2019-2022/2020/Mpv/mpv944.htm.

(14) MP 945, de 04.04.2020. Disponível em: http://www.planalto.gov.br/ccivil_03/_Ato2019-2022/2020/Mpv/mpv945.htm.

Enquanto isso, o Congresso Nacional agiu, apreciando projeto de Lei n. 1.066/2020[15], instituindo "renda básica de emergência", com previsão de benefício de R$ 600,00 mensais a trabalhadores informais e pessoas em geral que preenchessem requisitos legais (Lei n. 8.972/1993, art. 20 e art. 20-A). Em meio à profusão da chamada "legislação de crise" um aspecto atraiu a atenção: o sindicato não foi chamado a atuar. A flexibilização de direitos trabalhistas, em tempos de pandemia, poderia ser por meio de acordo individual entre empregado e empregador. Isso seria possível sem afronta direta à Constituição Federal? O sistema jurídico permite flexibilizar direitos sociais, mesmo em tempos de calamidade, sem a participação do sindicato? Qual a função do sindicato em tempos da Covid-19? Haveria razão plausível para o sindicato não ser chamado a exercer sua função? Os interesses em jogo não se fazem conflituosos, vale dizer, nesse estado de crise não faz presente conflito entre capital e trabalho, mas convergência de interesses, em que, por um lado, o empregador quer salvar o seu negócio, por outro, o empregado preservar o emprego e, ainda, por sua vez, o governo tenciona evitar desemprego em massa, com consequência desastrosa para a economia?

Tantos, pois, são os questionamentos a serem enfrentados, ainda que superficialmente, sem desviar a atenção de aspecto fundamental: papel do sindicato, que, por determinação constitucional, tem a missão de defender os interesses individuais e coletivos dos trabalhadores, administrativa e judicialmente[16], e que, a "legislação de crise", deixou à margem.

Assim, com ligeira e substancial variante na visão do poeta, o mundo parou (não por vontade da pessoa) por imperiosa necessidade de preservar vidas, o sonho se tornou realidade, competindo-me diante desse quadro fazer breve reflexão sobre o papel do sindicato.

1. Reconhecimento do sindicato como agente essencial à democracia e seu papel

Sindicato é pessoa jurídica de natureza associativa de caráter trabalhista, constituído para defesa de interesse de seus associados e para regular condições de trabalho[17].

---

(15) Projeto de Lei que altera a Lei n. 8.742, de 7 de dezembro de 1993, da Organização da Assistência Social, para dispor sobre parâmetros adicionais de caracterização da situação de vulnerabilidade social, para fins de elegibilidade ao Benefício de Prestação Continuada (BPC), e estabelece medidas excepcionais de proteção social a serem adotadas durante o período de enfrentamento da emergência de saúde pública de importância internacional decorrente do coronavírus (Covid-19). Disponível em: http://www6g.senado.leg.br/busca/?q=projeto+de+lei+n.+1066.

(16) Constituição Federal, art. 8º, III.

(17) Cf. Joselita Nepomuceno Borba. *Legitimidade concorrente na defesa dos direitos e interesses coletivos e difusos: sindicato, associação, Ministério Público, entes não sindicais*. São Paulo: LTr, 2013. p. 143.

Com embrião plantado na Revolução Industrial[18], ao longo do tempo, a associação, que tem por finalidade proteger os interesses profissionais de quem a integra, ganha reconhecimento pelo destacado papel e pela fundamental atuação frente à realidade social, econômica e política contemporânea[19].

Firma-se o sindicato como instituição com função de mitigar a fraqueza individual do empregado frente ao patrão, transformando-se em ente associativo juridicamente relevante na defesa e melhoria de condições de trabalho.

Decorre dessa realidade a firme posição de Délio Maranhão[20], quando afirma que o sindicato é elemento imprescindível para o desenvolvimento e à vida democrática, não sem experimentar revezes em razão de ideologias e regimes de exceção, como mostra o exemplo pretérito do movimento corporativista, com repercussões que se espraiaram e que persistem, ainda que parcialmente, no nosso sistema constitucional.

No entanto, apesar da anomalia do sistema sindical brasileiro, o que não se pode negar é a importância do sindicato como expressão mais atual de promoção coletiva dos trabalhadores[21]. Evidencia-se também como instituição essencial à democracia com destacado relevo em causas humanitárias, econômicas e políticas[22], sendo de toda pertinência a palavra de Nestor de Buen[23] para quem "entender a vida sindical à margem da vida política é impossível".

Com esse perfil, para além da "questão social", o sindicato internacionaliza-se e ganha *status* de direito fundamental, figurando nos textos de diversas constituições[24], ao

(18) Conforme Mariani F., deixando-se de lado discussões sobre os mais remotos antecedentes, a origem do sindicato tem matriz histórica na "questão social", resultado do conflito entre as classes sociais, especialmente, entre trabalhadores e empregadores. (Mariani, L. *Compendio de dirrito sindacale.* 11. ed. Sedizione Simone, 2003, p. 5). *Organización y funcionamento de los sindicatos, op. cit.*, p. 147.

(19) Alfredo Montoya Melgar. *Derecho del Trbajo.* 19. ed. Madrid: Tecnos. 1998. p. 110.

(20) *Direito do Trabalho.* In: Délio Maranhão e Luiz Inácio B. Carvalho. 17. ed. Rio de Janeiro: Editora Fundação Getúlio Vargas, 1993. p. 308.

(21) Cf. expressão de Alfredo Montoya Melgar. *Derecho del Trabajo, op. cit.*, p. 109.

(22) Segada Vianna. *Direito Coletivo do Trabalho.* São Paulo: LTr, 1972. p. 29.

(23) Nestor de Buen L. *Organización y funcionamento de los sindicatos.* 2. ed. México: Porrúa. p. 136-137.

(24) Do passado histórico do sindicato, tem-se que "no final do século XIX, começam a ser editadas leis, reconhecendo o sindicato sem restrições. Generaliza-se o reconhecimento: a França despreza movimento de reação voltado às tradições anteriores e, com a edição da Lei Waldeck-Rousseau (1884), derroga a Lei *Le Chapelier* e o art. 416 do Código Penal; na Inglaterra, lei sindical de 1871 põe fim à consideração de sindicato como organização criminal ou como entidade civilmente ilícita; nos Estados Unidos, a lei *Cayton Act* (1914) afasta a possibilidade de proibir a existência de organizações sindicais" (Cf. Joselita Nepomuceno Borba. *Legitimidade concorrente, op. cit.*, p. 146). Ainda sobre o marco evolutivo, destaca Alfredo Montoya Melgar, que plenitude do reconhecimento do sindicato pelo Estado se alcança quando os direitos sindicais básicos são reconhecidos pelas Constituições: Constituição mexicana de 1917, Constituição alemã de Weimar de 1919, Constituição Federal da Alemanha, de 1949; Constituição francesa, de 1958; Constituição italiana, de 1947 e Constituição espanhola, de 1978, quando os Estados não só reconhecem o direito à fundação e filiação sindicais, mas elevam tais direitos à categoria de fundamentais dentro da comunidade nacional. (*Derecho del Trabajo,op. cit.*, p. 113-114)

tempo em que, sob o abrigo da Organização Internacional do Trabalho (OIT), consagra a primeira das liberdades públicas: a de livre associação[25].

O sindicato tem, portanto, destacado papel não só nas relações de trabalho, mas na vida social, não havendo dúvida na doutrina[26] de que, a despeito de outras funções, seu principal papel é a negociação coletiva.

2. Sindicato no sistema jurídico brasileiro. Monopólio da representação

O sindicato, por natureza, é associação voluntária e espontânea, estruturado como coletividade de indivíduos que se unem para alcançar objetivo comum: melhores condições de trabalho para os representados.

O seu fundamento normativo tem assento no princípio geral da liberdade de associação, conforme disposto na Convenção n. 87, da OIT.

Decorrem daí características naturais do sindicato que é a liberdade, a autonomia e o autogoverno, não se admitindo sob qualquer pretexto a intervenção do Poder Público na organização e na atividade sindical.

Entretanto, oportuna a observação de Nestor de Buen[27], no sentido de que a liberdade sindical tem estreita correlação com o sistema democrático. Neste, a interferência do Estado na vida sindical é nula. Entretanto, pondera o mencionado jurista, que pode a liberdade sindical não existir ou ser mitigada, a depender de como cada Estado lida com a liberdade sindical, de forma que tanto "maior liberdade sindical, menor regulamentação" e quanto "menor liberdade sindical, maior regulamentação"[28], havendo, na sua percepção, relação necessária entre liberdade sindical e regulamento.

Particularmente no Brasil, embora a Constituição Federal de 1988, tenha assegurado ao sindicato liberdade de organização, reconhecendo-lhe a importante função de proteção dos interesses coletivos relacionados à atividade trabalhista, manteve características do sindicato corporativo, como poder de tributar, unicidade sindical e poder normativo.

(25) Na luta incessante pela democracia e condições de trabalho dignas, o sindicato consagra a primeira das liberdades públicas. Nesse sentido, consultar Renato Rua de Almeida (As contribuições sindicais e a composição da diretoria versos autonomia. In: *Revista Pós-Graduação em Direito da PUC-SP*, n. 1, Direito, São Paulo: Max Limonad. p. 174), para quem, em decorrência da relevância, é considerada pela Constituição da OIT como fundamental à sua própria existência (Da intervenção administrativa em sindicato. A estrutura da CLT em face das normas internacionais. In: *Revista LTr*, n. 38, São Paulo, p. 795).

(26) Cf. NASCIMENTO, Amauri Mascaro. *Compêndio de direito sindical.* 2. ed. São Paulo: LTr, 2000. p. 268; MELGAR, Alfredo Montoya. *Derecho del trabajo.* 19. ed. Madrid: Tecnos, 1998. p. 112.

(27) *Organización y funcionamento de los sindicatos, op. cit.*, p. 147.

(28) *Ibidem*, p. 147.

A liberdade sindical no nosso sistema jurídico, portanto, não é plena e irrestrita, o que, aliás, torna-a incompatível com a Convenção n. 87 da OIT. Ainda que a Reforma Trabalhista, implantada pela Lei n. 13.647/2017, tenha modificado substancialmente a fonte de custeio do sindicato, tornando facultativa a contribuição sindical (ex-imposto sindical), ainda permanece tanto a unicidade sindical quanto o poder normativo.

Por isso, frente a esse paradoxo, toda legislação que disciplinava um sindicato atrelado ao Estado continua em plena vigência, exceto no que implicar, de alguma forma, ingerência do Estado na organização sindical e em seu custeio. Apesar do importante avanço experimentado pela liberdade associativa, ainda persiste (aparente) monopólio de representação em virtude da sobrevivência do sindicato único[29].

Evidente o arraigado corporativismo, inoculado na vida sindical, notadamente no terceiro quarto do Século XX, levou à proliferação de sindicatos[30] sem representatividade. Esses acabaram sendo apelidados de "pelegos", "amarelos" ou simplesmente "inúteis", na expressão de Luís Carlos Robortella e Antônio Peres Galvão[31].

A essa anomalia funcional do sindicato brasileiro — e, por óbvio, estrutural — alia-se, ainda, o fato de o sindicalismo, de forma geral, enfrentar conjuntura de adversidades, oriundas das transformações no mundo do trabalho, ocasionadas por avanços

(29) [...] "é vedada a criação de mais de uma organização sindical, em qualquer grau, representativa de categoria profissional ou econômica, na mesma base territorial, que será definida pelos trabalhadores ou empregadores interessados, não podendo ser inferior à área de um Município" (CF. art. 8º, II).

(30) Passa de 17.000 o número de sindicatos com registro ativo no Ministério do Trabalho. Disponível em: http://www3.mte.gov.br/sistemas/cnes/relatorios/painel/GraficoTipo.asp#. Com base nessa realidade, reportando-se ao reconhecimento legal dado às centrais sindicais, Adalberto Cardoso, Diretor do Instituto de Estudos Sociais e Políticos (IESP) da Universidade Estadual do Rio de Janeiro, ao tratar da "ação sindical em números", reporta-se a números e expõe o que chamou de "mercado sindical", nesses termos: "Antes de mais nada, é útil lembrar que havia no Brasil, em 2013, pouco mais de dez mil sindicatos de trabalhadores com registro ativo no Ministério do Trabalho em Emprego (MTE), e quase cinco mil de empregadores. Havia, também, três mil entidades de trabalhadores com registros ainda por serem validados pelo MTE. Dos sindicatos ativos de trabalhadores, 75% eram filiados a uma das centrais sindicais existentes, e dos que eram filiados, 30% estavam na Central Única dos Trabalhadores (CUT), 22% na Força Sindical, 14% na Nova Central Sindical dos Trabalhadores (NTSC) e outros 14% na União Geral dos Trabalhadores (UGT). Os demais se distribuíam por outras oito centrais sindicais. O registro dos sindicatos no Cadastro Nacional de Entidades Sindicais (CNES), do MTE, voluntário por lei, acaba sendo compulsório para aqueles que pretendem acesso ao imposto sindical, já que decisão do Tribunal Superior do Trabalho (TST) de 2002 atribuiu ao ministério a faculdade de "zelar pela unicidade sindical" prevista na Constituição de 1988 (Cardoso e Lage, 2007). Além disso, a legislação de 2008 facultou o acesso das centrais sindicais a uma fatia (10%) do mesmo imposto, repartido entre elas segundo o número de sindicatos filiados. Isso estimulou o movimento de registro das entidades sindicais no mesmo sistema do MTE, no qual informam, também, a qual central se filiam. Mudanças no âmbito da lei, portanto, estimularam um novo processo de alinhamento do "mercado sindical" no país, fazendo com que a maioria dos sindicatos existentes se vinculasse a uma das centrais que disputam a lealdade das entidades de base. Ou seja, a disputa pelo imposto sindical tornou esse mercado ainda mais competitivo, com várias organizações mudando de mãos em eleições concorridas, fruto da competição entre as entidades de cúpula". Disponível em: http://repositorio.ipea.gov.br/bitstream/11058/3765/1/bmt56_nt01_sindicatos_brasil.pdf. Acesso em: 27 abr. 2020.

(31) Disponível em: https://www.poder360.com.br/opiniao/pandemia-e-pandemonio-juridico-por-amorim-robortella-e-galvao-peres/.

tecnológicos, pela mundialização da economia e pela da reengenharia empresarial, cita-se, ainda, fatores da maior relevância nos dias atuais: o desamparo ao desemprego, ao trabalho informal, as novas formas atípicas de trabalho e a precarização das relações de trabalho.

Ora, em ambiente de baixa representatividade sindical, e mais, em tempos de transição de sistema de custeio do sindicato de obrigatório para facultativo, em que está se adaptando à nova forma, seria razoável o trabalhador esperar pela ação sindical (e a referência aqui, reafirma-se, é ao sindicato "pelego", "amarelo" ou "inútil", que infelizmente é a maioria), enquanto presencia seu vínculo empregatício ser consumido pela situação de força maior?

Seria razoável esperar, na emergência, por um sindicato que, porventura, viesse se mostrar sem o necessário comprometimento com a causa social, comprovadamente ausente ou negligente ou omisso, na defesa dos interesses dos integrantes da categoria?

Haveria de se zelar por um privilégio sindical em detrimentos da efetiva garantia de direitos fundamentais dos trabalhadores, entre os quais autodeterminação, saúde, emprego, meio de subsistência mínimo para sobrevivência do trabalhador e de sua família?

Sem atenção aos mais expressivos valores constitucionais, ponderando-os frente à realidade que se apresenta, à situação concreta, a efetiva tutela, sem dúvida, apresentará desfocada.

Certamente a Constituição Federal, lei fundamental que é, será o porto seguro do Estado de Direito Democrático, como o nosso. E não se ignora que a Carta da República repartiu competências, incumbindo ao sindicato não mera faculdade, mas o dever de defender os interesses ou direitos de seus representados[(32)].

O sindicato tem, sim, representação legal. No entanto, o sistema deve operar em harmonia, apresentando-se a hermenêutica como elemento essencial de interação, máxime em tempos de exceção, a fim de se realizar, na maior medida, a vontade da Constituição.

Partindo-se da premissa maior — realizar a vontade da Constituição — não se pode perder de vista também que a Carta da República de 1988 trouxe o legado das modernas constituições, que é ser principiológica e normativa de direitos e garantias fundamentais, os quais devem ser garantidos na maior medida do possível.

Acompanhando-se abalizada doutrina de Ingo Sarlet, há de se ressaltar, ainda, que a Constituição brasileira, no seu pluralismo, "advém basicamente do seu caráter marcadamente compromissário, já que o Constituinte, na redação final dada ao texto, optou por acolher e conciliar posições e reivindicações nem sempre afinadas entre si,

(32) CF. Art. 8º É livre a associação profissional ou sindical, observado o seguinte: [...] III – ao sindicato cabe a defesa dos direitos e interesses coletivos ou individuais da categoria, inclusive em questões judiciais ou administrativas.

resultantes das fortes pressões políticas exercidas pelas diversas tendências envolvidas pelo processo Constituinte"[(33)].

Assim, frente à arquitetura do sistema constitucional, não seria de toda pertinência indagar se há espaço para privilégio de representação de trabalhadores apenas por sindicato? A representação legal repele qualquer outra?

Acredita-se que não.

Isso porque, a Constituição Federal assegurou, com ênfase, o princípio da dignidade humana e, também, outros: valor social do trabalho e da livre-iniciativa, liberdade, autodeterminação, associação, representação sindical.

Chega, então, o momento em que, diante do caso revelador de aparente conflito, decidir qual o princípio ou o valor a prevalecer: dignidade humana do cidadão trabalhador ou o monopólio da representação sindical?

Por ora, fica assentado, com apoio em sólida e consistente hermenêutica constitucional[(34)], que o só fato de a ordem constitucional colocar em relevo a dignidade já seria suficiente para, em um juízo de ponderação, concluir-se acerca da prevalência da dignidade sobre o monopólio da representação sindical, convicção que se potencializa se se levar em conta outras garantias como direito social ao trabalho, autodeterminação, liberdade de associação e de reunião, só para exemplificar.

Assim, mesmo diante de um modelo jurídico que garante a unicidade sindical, sem chance — se observada a literalidade do texto legal — para o trabalhador exercer sua liberdade e autodeterminação na escolha do seu representante, a hermenêutica conduz à impossibilidade de se manter um privilégio em detrimento da efetiva defesa de direitos e garantias de integrantes de categoria profissional violados ou ameaçados de lesão.

Não fosse a utilização do juízo de ponderação, reverencia-se, em adendo, o pensamento de Amauri Mascaro Nascimento[(35)]. Com respaldo na doutrina italiana, recorda o saudoso mestre que representação é "critério de qualificação ou de seleção de um sujeito coletivo", vale dizer, a legitimação é natural, fruto da autonomia da vontade.

---

(33) SARLET Ingo Wolfgang. *A eficácia dos direitos fundamentais.* 8. ed. Porto Alegre: Livraria do advogado, 2007. p. 77.

(34) Conferir por todos Interpretação no Direito do Trabalho, Washington Luiz da Trindade (*Regras de aplicação e de interpretação no Direito do Trabalho.* São Paulo: LTr, 1995) e no Direito Constitucional, Luis Roberto Barroso (*Interpretação e aplicação da Constituição.* 7. ed. 2. tir. São Paulo: Saraiva, 2010); Celso Ribeiro Bastos (*Hermenêutica e Interpretação Constitucional.* 4. ed. São Paulo: Malheiros Editores, 2014); Eros Roberto Grau, *Ensaio e discurso sobre a interpretação/aplicação do direito.* 4. ed. São Paulo: Malheiros Editores, 2006).

(35) *Compêndio de direito sindical.* 4. ed. São Paulo: LTr, 2005. p. 189.

Daí porque, "entre a representação imposta pela lei e a natural, esta deve prevalecer, até porque nem tudo que é legal é legítimo. Legal é o poder de representar, mas ilegítimo é o monopólio com finalidade que não seja a de assegurar direitos ou defendê-los eficazmente".(36)

Nesse contexto — e de acordo com princípios instrumentais de interpretação constitucional(37) —, acredita-se ser a mais adequada a interpretação capaz de, no plano individual ou coletivo, assegurar uma democracia social, plural e participativa, tendente à realização, na maior medida, dos reconhecidos direitos constitucionais das massas, típico fenômeno século XX e, da mesma forma, no maior grau possível os direitos individuais.

Sopesados direitos e garantias individuais constitucionais *versus* direito coletivo constitucional de representação sindical, a prevalência pode ser dos direitos e garantias individuais, a despeito da importância dos elevados valores coletivos, até porque estes continuam intactos na moldura constitucional, apenas cedem para, *in concreto*, dar lugar a outro valor de igual ou maior estatura. Na aplicação, um princípio não aniquila o outro: ambos preservam seu vigor no sistema constitucional.

Inobstante tal assertiva, na doutrina reina viva divergência, na medida em que, uns defendem a representação dos trabalhadores como privilégio do sindicato(38), outros não(39); para estes a legitimidade seria concorrente com entes associativos não sindicais(40).

Recorda-se, por oportuno, que Ivani Contini Bramante(41), há muito, sinalizava para a inexistência de monopólio de representação, pela possibilidade trazida pela lei de greve para, excepcionalmente, os trabalhadores formarem Comissão para representar os interesses da categoria inorganizada em sindicato nas negociações ou perante a Justiça do Trabalho (Lei n. 7.783/89, art. 4º, § 5º).

Não fosse o precedente da citada lei de greve, a jurisprudência(42) vem consolidando tese acerca da inexistência de monopólio na representação sindical.

---

(36) Joselita Nepomuceno Borba. *Legitimidade concorrente... op. cit.*, p. 171.

(37) Luis Roberto Barroso. *Interpretação e aplicação da Constituição, op. cit.*, p. 370.

(38) Reinaldo Francisco Fernandes. *A legitimação para as demandas coletivas no processo do trabalho.* A legitimidade sindical privilegiada. USP: Dissertação de Mestrado, 2010. p.109.

(39) Fernando Alves de Oliveira. *O sindicalismo brasileiro clama por socorro:* um alerta aos sindicalistas e aos contribuintes dos sindicatos. São Paulo: LTr, 2001. p. 5.

(40) Tese defendida na Pontifícia Universidade Católica de São Paulo (PUC/SP) em 2008, com o título: "*A representação fragmentada do sindicato, com possibilidade de legitimidade concorrente*".

(41) A legitimação para instauração de dissídio coletivo. *Jornal do Congresso.* São Paulo:LTr, 1993.

(42) Da jurisprudência do Tribunal Superior do Trabalho (TST) destaca-se: (i) ao julgar questão envolvendo acordo coletivo de trabalho 2004/2005 (cláusula 4ª), firmado entre Sindicato dos Petroleiros e a Petrobras, prevendo progressão funcional para empregados da ativa, ficando os inativos sem direito ao acréscimo salarial. Diante do **visível prejuízo causado pelo sindicato à categoria dos aposentados** o Tribunal Superior do Trabalho (TST) firmou entendimento no sentido de que a vantagem constituiu aumento geral de salário e, por isso, devia ser estendida também à complementação de aposentadoria dos inativos (cf. OJ-SDI1T-62). (ii) No

O Tribunal Superior do Trabalho (TST), sem negar eficácia ao art. 8º, III, da Constituição Federal, admite que, na hipótese de certeza da inoperância ou comprovada recusa ou omissão do sindicato a legitimidade é concorrente; se, no entanto, o caso for de interesses conflitantes, a legitimidade se esvai.

Como se vê, desfaz-se em juízo de ponderação o aparente conflito de princípios, para prevalecer valores constitucionais que visam à dignidade humana. Aniquilar essa carga de valores em prol de um monopólio não teria sentido nem foi este o objetivo do legislador constituinte"(43).

Nesse ambiente caótico, imposto pela grave crise de emergência de saúde pública, Maria Cristina Peduzzi, com autoridade de quem defendeu tese sobre dignidade, materializada no título *O princípio da dignidade da pessoa humana: na perspectiva do direito como integridade*(44), respondendo à imprensa sobre medidas emergenciais do Governo Federal, afirmou que compartilha da visão de que, na hipótese, "o princípio da dignidade da pessoa humana está absolutamente atendido"(45).

Portanto, sem compatibilizar bens e valores constitucionais, tendo como baliza a unicidade da Constituição, não se chegará a conclusão, no sentido de que, excepcionalmente, inexiste monopólio de representação sindical(46). Nesse caso, interesses envolvidos poderão ser defendidos por ente não sindical ou diretamente por quem vai suportar possível lesão.

01253-2008-016-05-00-4-RT ficou evidente que o **sindicato que causou o prejuízo não tem legitimidade para defender os inativos em razão do visível choque de interesses.** Não fosse o conflito interesses, diante da omissão ou recusa do sindicato, a jurisprudência, numa posição de vanguarda, vem admitindo a produção de norma coletiva por entes não sindicais. Na verdade, embora controvertida a matéria, o TST vem admitindo a supressão da vontade coletiva quando evidenciada recusa à negociação. Foi o que ocorreu nos autos do processo ROAD 045.784/2002-900-09-00.0, em que o Ministro Relator deixou consignado que **se o sindicato não cumpriu a "atribuição que dá sentido à sua existência, que é ser o verdadeiro representante da categoria e em nome dela tentar, por todos os meios lícitos e sensatos, obter melhorias de condições de trabalho",** o privilégio da representação deixa de existir. Em outro julgamento, ratifica o TST o seu entendimento ao **validar acordo coletivo de trabalho firmado diretamente entre empregador e empregados, sem intermediação do sindicato da categoria profissional**, por ficarem demonstradas a livre manifestação de vontade dos empregados em assembleia e a efetiva recusa da entidade sindical em consultar a coletividade interessada (ROAA 746/2002-000-12-00.8). E mais, a **falta de razoabilidade na negociação coletiva, que impede a solução do impasse, em prejuízo para os trabalhadores**, também tem sido motivo para o TST validar norma coletiva. Diante de dificuldades financeiras do empregador e da recusa do Sindicato da categoria profissional, e respectiva Federação, negociarem, os empregados instituíram comissão de negociação, firmaram acordo, validado pela mais alta instância trabalhista (RODC 163/2005-000-03-00.9). [negritos acrescidos ao original]

(43) Joselita Nepomuceno Borba. *Legitimidade concorrente...* p. 215.

(44) Maria Cristina Irigoyen Peduzzi. *O princípio da dignidade da pessoa humana: na perspectiva do direito como integridade,* São Paulo:LTr. 2009.

(45) Disponível em: https://www.folhavitoria.com.br/economia/noticia/04/2020/dignidade-do-trabalhador-esta-atendidadiz-presidente-do-tst "Dignidade do trabalhador está atendida", diz presidente do TST.

(46) Tese defendida por nos defendida, corporificada no título "*Legitimidade concorrente ...*", op.cit. p. 215.

3. Necessidade de o sindicato assumir sua relevante função de agente social em meio ao estado de força maior. Declínio e rumo para um despertar respaldado pela lei

Não falta convicção acerca da importância do sindicato, mas, para não ver sua representação compartilhada com outros entes não sindicais precisa exercer sua função.

Todavia, vencida a questão da anomalia do sistema, há de se perquirir se, como outrora, em tempos de seu florescimento e de sua consolidação, ainda exerce sua atividade com o mesmo vigor.

A resposta nos é dada por Oscar Ermida Uriarte(47), na constatação de que o sindicato ingressou no século XXI, enfrentando grave crise. As razões, diz o jurista(48), são oriundas de várias causas, vindo a primeira para da política neoliberal do século XX, que, como nunca, soube pender para a individualização das relações laborais; por um lado, pela saída do Estado da regulamentação protetora do trabalhador individual e, por outro, pela intervenção estatal na regulação restritiva ou limitativa da ação coletiva; em ambas as hipóteses, até o limite do politicamente possível.

Também Amauri Mascaro Nascimento(49) afirma que o fenômeno da globalização — e seus reflexos nas relações de trabalho — tem sido determinante na desconstrução do movimento sindical.

Alia-se a tais causas (ambiente de flexibilização da legislação trabalhista e tendência de privatização da seguridade social — próprias do neoliberalismo) a debilidade da posição dos trabalhadores — e suas organizações – em decorrência não só desse ambiente individualista ou não solidário, mas, também, da introdução massiva de tecnologias substitutivas de mão de obra, gerando desemprego e segmentando a base sindical.

Debilitado e atordoado, presencia ainda o sindicato crise de credibilidade e, em consequência, o decréscimo da taxa de associação e redução de fonte de custeio, o que potencializa necessidade de encontrar forma de soerguer.

Frente às vicissitudes, para Mário Pasco Cosmópolis(50), o "pecado mortal" do sindicato foi não perceber — e buscar ampliar sua representatividade — até porque a realidade se apresenta, mostrando que em muitos países os desocupados ou subempregados são em maior número do que aqueles que possuem empregos formais(51) insistindo em representar exclusivamente aqueles que têm emprego.

---

(47) *Sindicatos em libertad sindical.* 5. ed. Montevideu: Fundación de Cultura Universitária, 2016. p. 191-192.

(48) *Ibidem*, p. 192.

(49) NASCIMENTO, Amauri Mascaro. *Compêndio de direito sindical.* 4. ed. São Paulo: LTr, 2005. p. 66-67.

(50) A organização sindical do século XXI, In: *O Direito do Trabalho e da Seguridade Social nos países Ibero-Americanos e Itália.* (Coords.: Cassio Mesquita Barros, Domingos Sávio Zainaghi e Yone Frediani), Curitiba: Decisório Trabalhista Editora, 2008. p. 401.

(51) Mário Pasco Cosmópolis. *A organização sindical no século XX, op. cit.*, p. 401.

É, portanto, em meio a esse "caldeirão efervescente", na expressão de Reginaldo Melhado[52], que a crise tem sua gênese, a exigir dos sindicatos novas e mais amplas formas de organização e estruturas mais abertas, que viabilizem não só espaços maiores à participação das representações de trabalhadores, mas que agreguem também outros setores da comunidade, como os informais, os autônomos, os temporários e os aposentados[53].

Dessa forma, como já afirmara[54], "para o sindicato não dar as costas à realidade social, acentuando-se mais e mais seu declínio, cumpre a ele empreender esforços voltados à realização do bem comum, que imponha não o choque ou tensão que nada transforma, mas a mobilização de toda sociedade e do Estado em busca de meios que permitam o desenvolvimento econômico, a preservação da empresa (e, portanto, dos postos de trabalho), enfim, a efetiva proteção dos interesses dos trabalhadores". Ou, na síntese de Nelson Mannrich[55], a atuação sindical há de ser marcada hoje por forte apelo ao diálogo social.

No que tange ao modelo sindical brasileiro, a necessidade de o sindicato se adequar aos tempos atuais é urgente, imperiosa e de maior alcance a fim de, afastando os resquícios do corporativismo, implantar a liberdade sindical.

É certo que, a já referida Reforma Trabalhista de 2017[56], eliminou a obrigatoriedade da contribuição sindical, mas ainda persistem a unicidade sindical e o poder normativo, retroalimentando o paradoxo: liberdade de organização *versus* unicidade sindical, com previsão de os conflitos coletivos de natureza econômica poderem ser decididos pelo Judiciário.

E assim, andando lado a lado com a ambiguidade, caminha a realidade a revelar, fato público e notório, em muitas das vezes, um sindicato sem o devido e necessário comprometimento com a causa social.

Inobstante as vicissitudes e anomalias do nosso sistema, a atuação sindical foi — e será — decisiva no enfrentamento de crise, a fim de minimizar seus efeitos, sejam econômicos, como os de 2008, sejam os decorrentes do estado de emergência em saúde pública provocados pelo novo coronavírus (Covid-19).

---

(52) MELHADO, Reginaldo. Os sindicatos e a mundialização do capital: desafios, horizontes e utopias. In: Tarcio Vidotti e José Francisco da Motta Peixoto Giordani (Coords.). *Direito coletivo do trabalho em uma sociedade pós-industrial.* São Paulo: LTr, 2003. p. 81-82.

(53) Amauri Mascaro Nascimento. *Compendio... op. cit.*, p. 69.

(54) Joselita Nepomuceno Borba. *Legitimidade concorrente...* p. 166.

(55) Sindicato e crise econômica: heróis ou vilões? In: Arion Saião Romita *et al* (Coords.). *Revista Magister de Direito do Trabalho*, n. 41, mar./abr. 2011, p. 15.

(56) Lei n. 13.467/2017.

Aliás, é nesse momento que o sindicato, entidade civil de tamanha estatura, deve exercer sua função, seja na negociação coletiva, a fim de amenizar o flagelo do trabalhador, seja exercendo seu papel como ator social, participando do diálogo social acerca de importantes questões do direito do trabalho.

Se é assim, não necessita o sindicato de menção ou autorização legal, notadamente se se trata de "legislação de crise" — Medida Provisória — para, diante do reconhecido estado de força maior, exercer seu relevante papel na vida social.

O seu agir, em qualquer situação (normalidade ou calamidade), está respaldado pela Constituição Federal e seus atos normativos (acordo ou convenção coletiva) reconhecidos constitucionalmente(57), de forma que a lei que ingerir na atuação do sindicato é inconstitucional e a lei que não fizer menção inadmissível, só pela omissão, inferir proibição de atuar. Da mesma forma, lei que valida a vontade individual não derroga a vontade coletiva; se ambas atuarem concomitante, prevalece o que for mais vantajoso, conforme princípio elementar do Direito do Trabalho.

Por isso, firme é a convicção de que, mesmo que Medida Provisória tenha, em contexto de crise, previsto validade da negociação individual diretamente entre patrão e empregado, por si, não seria causa para a letargia sindical ou inoperância do sindicato ou causa para possível inconstitucionalidade.

Entretanto, se futuramente deparar-se com acordo individual pactuado com menores condições que as previstas em norma coletiva, prevalecem estas, e não as piores negociadas diretamente. Ou seja, a vontade coletiva prevalece sobre a vontade individual.

O campo de atuação do sindicato é – e está – livre, de forma que, antes de tudo, deve ter consciência de que é representante legal da categoria e defensor dos interesses de seus integrantes e que, para tanto, tem assegurada garantia constitucional da liberdade e da validade de seus atos.

Inexiste razão plausível para inércia, ainda mais em meio a calamidade que se avizinhava, quando o agir deveria ser pronto e urgente, como, aliás, o fizera diversos sindicatos representativos antes mesmo da edição de Medidas Provisórias.

Questão relevante, portanto, não é o desprezo da "legislação de crise" à função sindical, mas a inércia, o alheamento, a desatenção do sindicato, que leva, por óbvio, à inação.

4. Entre a crise gerada pela Covid-19 do plano global ou local: legislação de suporte e a exposição da fragilidade do sindicato

Como abordado inicialmente, o ambiente de crise, gerada pelo surto do novo coronavírus (Covid-19), além de fato público e notório, foi declarado pela Organização

(57) CF. art. 8º, III; art. 7º.

Mundial de Saúde (OMS) estado de emergência de saúde pública de importância internacional, o mais alto nível de alerta daquele ente da Organização das Nações Unidas (ONU), para, a partir do estado de pandemia, buscar coordenação, cooperação e solidariedade global com o propósito de interromper a propagação do vírus.

Prontamente a Organização Internacional do Trabalho (OIT), agência multilateral da Organização das Nações Unidas (ONU) para questões trabalhistas, pediu adoção de medidas urgentes e em larga escala, com o propósito de proteger os trabalhadores no local de trabalho, estimular a economia e o emprego e garantir postos de trabalho e renda.

Medidas coordenadas mais largas, que contemplassem ampla proteção social, não só com apoio à manutenção do emprego, mas também com suporte financeiro e desoneração fiscal, especialmente micro, pequena e média empresa, além de grupos formados por trabalhadores autônomos, subempregados, desempregados, informais, jovens, mulheres e imigrantes[(58)].

Deparando-se a OIT com múltiplos e os mais variados questionamentos, relacionados às normas internacionais do trabalho e a Covid-19, esclareceu didática e exaustivamente acerca de medidas jurídicas ou políticas que poderiam ser adotadas, lembrando que as normas internacionais do trabalho já proporcionam uma base de comprovada eficiência em resposta a aspecto de política, voltada para uma recuperação sustentável e equitativa, como também, deixou claro que tais normas trabalhistas são ponto de referência no contexto de resposta à crise provocada pela Covid-19[(59)].

Sob a perspectiva da Organização, portanto, o conjunto da normativa que se formou no século passado[(60)], examinada periodicamente e revisada, cada vez que necessário, dá resposta à evolução do mundo do trabalho, com o propósito de proteger os trabalhadores e sem perder de vista as necessidades das empresas. E assim, todos os instrumentos jurídicos da OIT estabelecem um quadro básico de normas sociais mínimas acordadas por todos os atores da economia mundial, de forma que os países poderão implementar padrões mais altos de proteção e medidas ampliadas a fim de mitigar as repercussões da crise[(61)].

(58) Rorix Javier Nuñez e Iván Jiménez Uribe. Prologo. *Guía de Medidas Laborales frente al Covid-19 em Iberoamérica*. Bogotá: Tirant Lo Blanch. 2020.

(59) *As normas da OIT e a Covid-19 (coronavírus)* — Perguntas frequentes. Disponível em: https://www.ilo.org/sites/default/files/wcmsp5/groups/public/@ed_norm/@normes/documents/publication/wcms_739939.pdf.

(60) Sobre a importância da normativa, destacou a OIT no referido documento que, em 2019, por ocasião da Declaração do Centenário da OIT para o Futuro do Trabalho, reafirmou-se que a elaboração, a promoção, a ratificação e o controle do cumprimento das normas internacionais do trabalho, tinha importância fundamental para a OIT.

(61) Disponível em: https://www.ilo.org/sites/default/files/wcmsp5/groups/public/@ed_norm/@normes/documents/publication/wcms_739939.pdf.

Para o Conselho de Administração da OIT as Convenções essenciais para o enfrentamento da crise são as que tratam de direitos fundamentais do trabalhador: liberdade de associação e liberdade sindical, reconhecimento efetivo do direito a negociação coletiva, eliminação de todas as formas de trabalho forçado ou obrigatório, abolição efetiva do trabalho infantil, eliminação da discriminação em matéria de emprego e ocupação63[(62)], além de outras Convenções que se revestem da maior importância para a governança[(63)].

Contando com normativa básica para o plano global, e frente à situação concreta do estado caótico e de força maior, cuidou o Brasil de buscar solução conjunta e comunitária para enfrentar a emergência, objetivando não só conter a propagação da enfermidade, mas preservar o emprego e a renda e, também, garantira continuidade das atividades empresariais.

Na tentativa de contornar os efeitos da Covid-19, começa a ser produzida a "legislação da crise".

A Portaria n. 188, de 03 de fevereiro de 2020, do Ministério da Saúde, declara emergência em saúde pública de importância nacional, em decorrência da infecção humana pelo novo coronavírus (Covid-19), seguida do Decreto Legislativo n. 6, de 20 de março de 2020, reconhecendo estado de calamidade, decorrente da emergência em saúde pública de importância internacional decorrente da (Covid-19).

A Lei n. 13.979, de 06 de fevereiro de 2020, dispõe sobre medidas para o enfrentamento da emergência, objetivando a proteção da coletividade, com determinação para cumprimento de quarentena e de isolamento social, além de providências inerentes ao campo da saúde (art. 3º).

Em adendo às medidas urgentes e necessárias à preservação, controle e contenção dos riscos, danos e agravos à saúde pública, foi editada Medida Provisória n. 927, de 22 de março de 2020, com medidas trabalhistas, a fim de, amenizando danos à economia, preservar o emprego e a renda durante o período excepcional, conforme Exposição de Motivos[(64)].

---

(62) Direitos fundamentais: Convenção n. 87 – Liberdade sindical e proteção ao direito de sindicalização; Convenção n. 98 – Direito de sindicalização e de negociação coletiva; Convenção n. 29 – Trabalho forçado; Convenção n. 105 – Abolição do trabalho forçado; Convenção n. 138 – Idade mínima; Convenção n. 182 – Piores formas de trabalho infantil; Convenção n. 100 – Igualdade de remuneração; Convenção n. 111 – Discriminação (emprego e ocupação). Disponível em: https://www.ilo.org/es/normas-internacionales-del-trabajo/convenios-protocolos-y-recomendaciones.

(63) Instrumentos prioritários de governança: Convenção n. 81 – Inspeção do trabalho; Convenção n. 122 – Política de emprego; Convenção n. 129 – Inspeção do trabalho (agricultura); Convenção n. 144 – Consulta tripartite (normas internacionais do trabalho). Disponível em: https://www.ilo.org/global/standards/introduction-to-international-labour-standards/conventions-and-recommendations/lang--es/index.htm.

(64) EM n. 00081/2020 ME, de 22.03.2020.

Assim, estritamente para o período de força maior[65] "qualificado", na precisa adjetivação de Georgenor de Sousa Franco Filho e Ney Maranhão[66],foram flexibilizadas alguns aspectos trabalhistas, estando entre as alternativas postas para o enfrentamento da crise, a adoção pelo empregador do teletrabalho, além da possibilidade de conceder férias individuais e coletivas, antecipar feriados, instituir banco de horas e encaminhar o trabalhador para qualificação profissional e, ainda, a possibilidade de acordo individual entre patrão e empregado com preponderância sobre outros instrumentos normativos, legais e negociais.

Diante da gravidade da ameaça à saúde pública, o bem a ser protegido com maior relevância foi a vida. Por isso, obedecendo a determinações de autoridades federais, estaduais e municipais, contidas em normativas próprias, a atividade não essencial parou.

No rastro das determinações aflorou-se extrema urgência em assegurar efetivo meio de sobrevivência a todos os cidadãos que dependem de seu trabalho como meio de subsistência e não só daqueles que possuem emprego.

Já não estava mais em risco apenas a saúde pública, mas também a estabilidade econômica e social, seja pelo desamparo social, seja pela queda na atividade econômica, seja pelo risco iminente de dispensa em massa.

O capital e o trabalho, talvez como nunca, viram-se clamando por providências para a própria sobrevivência.

Diante desse quadro, o Governo Federal, como forma de mitigar os danos sociais e econômicos — e sabedor de que não poderia deixar o cidadão à própria sorte — e nem manter isolados os trabalhadores em suas residências sem meio de subsistência — editou a Medida Provisória n. 936, de 1º de abril de 2020, dessa vez, instituindo programa emergencial de manutenção do emprego e da renda, além de medidas trabalhistas complementares ao enfrentamento do estado de calamidade.

O objetivo da Medida Provisória n. 936, conforme consta de seus termos, foi preservar emprego e renda, garantir a continuidade das atividades laborais e empresariais e reduzir

---

(65) Nos termos do art. 501, da CLT, "Entende-se como força maior todo acontecimento inevitável, em relação à vontade do empregador, e para a realização do qual este não concorreu, direta ou indiretamente", hipótese em que "É lícita, em caso de força maior ou prejuízos devidamente comprovados, a redução geral dos salários dos empregados da empresa, proporcionalmente aos salários de cada um, não podendo, entretanto, ser superior a 25% (vinte e cinco por cento), respeitado, em qualquer caso, o salário mínimo da região", conforme dicção do art. 503 consolidado.

(66) Diante da polêmica questão de força maior, trazida pela MP. n. 927, Georgenor de Souza Franco Filho e Ney Maranhão trazem relevantes esclarecimentos, quando afirmam que, na hipótese, não se trata de **força maior simples,** de que cuida a CLT, mas de "**força maior qualificada",**porque capaz, não de afetar a saúde financeira da empresa, mas gerador de impacto financeiro tão desastroso que constituirá causa determinante para o próprio encerramento da atividade empresarial", (Covid-19: FORÇA MAIOR E FATO DO PRINCIPE, p. 4-5). Disponível em: chrome-extension://efaidnbmnnnibpcajpcglclefindmkaj/https://andt.org.br/wp-content/uploads/2021/04/COVID-19-FORC%CC%A7A-MAIOR-E-FATO-DO-PRI%CC%81NCIPE.pdf.

o impacto social pelo estado de calamidade e emergência de saúde. Para tanto, instituiu pagamento de benefício emergencial e flexibilizou jornada e salário, além de contemplar a possibilidade de suspensão temporária do contrato de trabalho.

Ou seja, o raio de proteção foi amplo: subsistência para quem enfrentou flexibilização de jornada e salário, bem como para quem teve o contrato suspenso ou quem estava privado dele (o desempregado), subempregado, informal ou autônomo.

Esses dois instrumentos (MP. n. 927 e MP. n. 936), entre outros que tratam de questões mais específicas (MP n. 944[(67)] e MP n. 945)[(68)], até o momento, formam o sistema jurídico do contexto de crise, chamada de "legislação de crise".

Como se vê, extrai-se da normativa internacional, a recomendação para que se cumpram direitos fundamentais assegurados nas Convenções, declarativos a direitos humanos.

Entre elas, a primeira é a de n. 87, não contemplada pela normativa constitucional brasileira.

Essa omissão tem reflexos negativos importantes na representação dos trabalhadores nacionais. De fato, a liberdade sindical é o primeiro dos direitos fundamentais. Como legítimo representante dos trabalhadores — e agindo com autonomia —, está o sindicato apto mais que ninguém a defender os interesses dos representados, notadamente em contexto de crise como a que se enfrenta.

Quando a atenção se volta para o sistema nacional a realidade é outra: inexistência de liberdade e sindicatos frágeis, em regra.

Tanto que ao abordar a questão da organização sindical brasileira Luís Carlos Robortella não tem dúvida de que o "modelo sindical corporativista de unicidade sindical, amarrado a categorias previamente definidas, mesmo com a supressão da contribuição obrigatória continua a ferir compromissos internacionais assumidos pelo Brasil: o art. 16 do Pacto de São José da Costa Rica, o art. 22 , § 1º, do Pacto de Direitos Civis e Políticos da ONU (1966) e o art. 8º, *a*, Pacto Internacional de Direitos Econômicos, Sociais e Culturais da ONU (1966)"[(69)].

Mais uma vez se recorre a doutrina de Luís Carlos Robortella, quando, em precisa e oportuna reflexão acerca do direito coletivo na Reforma Trabalhista de 2017, registrou: "Os críticos da reforma não entendem o papel do Estado, dos sindicatos e das empresas nas relações de trabalho do século XXI. Duvidam da capacidade negociadora das partes.

(67) Institui o Programa Emergencial de Suporte a Empregos.

(68) Dispõe sobre medidas temporárias em resposta à pandemia decorrente da Covid-19 no âmbito do setor portuário e sobre a cessão de pátios sob administração militar.

(69) Perspectivas do Direito Coletivo com a Reforma de 2019. In: *Revista da Academia Brasileira de Direito do Trabalho (ABDT)*. São Paulo: LTr. 2017, n. 22, p. 151.

Não percebem que a realidade se revoltou contra a CLT e lhe deu as costas. Não enxergam o mercado informal, que institui a pior das flexibilidades.

Não se interessam pelos desempregados, mas apenas pelos empregados com carteira assinada"[(70)].

Essa a realidade.

Não seria o momento, então, diante da ênfase dada pela OIT à liberdade sindical, de união da comunidade acadêmica para implantar a liberdade sindical?

Trilhar o caminho da liberdade, deixando para a história resquícios de uma regulação que tende ao controle autoritário sobre a liberdade, indesejada intervenção que só alimenta a debilidade sindical, como, aliás, não nos deixa esquecer Sergio Gamonal Contreras[(71)].

Não seria a oportunidade de retomar os esforços da comunidade jurídica nacional de outrora e de tempos recentes[(72)] para, vencida a pandemia, concretizar o ideal da liberdade como forma de revigorar o sindicato por meio da representatividade natural?

Por ora, o desafio!

5. Autonomia sindical e condição para agir: Protagonismo. Democracia *versus* prática antissindical

O sindicato, com a autonomia que detém, está habilitado a exercer o protagonismo que a sociedade dele espera. O exercício da função sindical nesse momento de crise, melhor e mais efetivo, como assegura Raimundo Simão de Mello, seria o "diálogo social maduro e responsável na busca de soluções conjuntas para o bem comum"[(73)].

Entretanto, uma das grandes questões advindas com a edição da Medida Provisória n. 927 foi, sem sobra de dúvida, a previsão da possibilidade do acordo individual entre patrão e empregado (MP. n. 927, art. 2º), sem participação sindical.

---

(70) Perspectivas do Direito Coletivo com a Reforma de 2019. In: *Revista da Academia Brasileira de Direito do Trabalho (ABDT)*. São Paulo: LTr. 2017, n. 22, p. 153.

(71) *Derecho colectivo del trabajo.* 2. ed. Santiago: Abeledo Perrot, 2011. p. 57.

(72) Georgenor de Sousa Franco Filho recorda a falta de comprometimento com necessárias reformas trabalhistas, quando faz referência ao fato de "Diversas tentativas de mudança legislativa foram feitas. Todas infrutíferas. Nada deu certo porque acredito que tenha faltado coragem parlamentar e houveram discussões estéreis que não levaram a nada. Em 2008, quando presidente da Academia Brasileira de Direito do Trabalho, designei comissão presidida por Amauri Mascaro Nascimento e composta por Nelson Mannrich e Luís Carlos Amorim Robortella, que elaborou um alentado anteprojeto de Lei de Relações Individuais do Trabalho. Igualmente não deu resultado e não passou de mais um documento para discussões em nível Acadêmico". (Reforma trabalhista: O futuro do trabalho, do Direito do Trabalho e da Justiça do Trabalho. In: *Revista da Academia Brasileira de Direito do Trabalho (ABDT)*. São Paulo: LTr. 2017. n. 22, p. 85).

(73) *Negociações coletivas na crise do coronavírus.* Disponível em: https://www.conjur.com.br/2020-abr-17/negociacoes-coletivas-crise-coronavirus/.

Motivo?

Falta de consciência do importante papel do sindicato, ou não; descuido do Governo Federal ao redigir o ato, ou não; excepcional urgência ante a necessidade de se preservar empregos, ou não, o certo é que a ausência da representação sindical para, de forma complementar, construir a "legislação de crise" trouxe à tona muitas conjecturas.

Não raro ouviu-se que o sindicato, para participar do processo de negociação emergencial, condicionaria sua participação ao custeio sindical[(74)], consistindo o fator condicionante na exigência de pagamento de valor fixo pela empresa (prática antissindical) ou do retorno da contribuição sindical de forma impositiva (ilegal)[(75)], o que gerou o alerta de membros do Governo Federal no sentido de que o "momento era de salvar vidas, salvar empregos, não o momento de se lucrar com a crise ou nada do tipo"[(76)].

Inconcebível prática, até no meio sindical, provocou repúdio, com notícia de que a atitude ilegal e antissindical seria denunciada[(77)].

Por ora, a certeza evidente é aquela sentida — e injustificada — ausência do sindicato na concertação social ou mesmo na defesa efetiva dos interesses dos trabalhadores.

E nem se esvaem as conjecturas postas, apresentam-se outras, de natureza diversa: qual a razão para o sindicato ser deixado à margem? Seria sua fragilidade? Seria o estado

---

(74) Disponível em: https://www1.folha.uol.com.br/mercado/2020/04/empresas-afirmam-que-sindicatos-cobram-ate-r-500-para-fechar-acordo-trabalhista.shtml. De matéria assinada por Fernanda Irigatte, publicada no jornal *Folha de S. Paulo*, de 14 abr. 2020, consta que "Empresas que aderiram ao programa do governo federal que permite a redução de salário e jornada e suspensão de contratos relatam ter recebido cobranças de até R$ 240,00 por funcionário para que os sindicatos de trabalhadores dessem o aval aos acordos". Ainda segundo a matéria "A prática, segundo especialistas, é ilegal. Associações patronais falam também em cobrança de R$ 500,00 por empresa e de percentuais da folha de pagamento entre 4% e 5 %". Diante da voracidade de certos sindicatos, potencializada por decisão liminar do Ministro Ricardo Lewandowski (ADIn n. 6363), no sentido de que o acordo individual somente teria validade se passasse pelo crivo do sindicato, a Associação Brasileira de Bares e Restaurantes (Abrasel) e a Associação dos Lojistas de Shoppings (Alshop), ainda segundo a mesma matéria, denunciaram a cobrança ilegal. A reação, segundo a jornalista, levou as centrais sindicais, em nota conjunta, a orientarem os sindicatos associados a não fazer a cobrança no momento.

(75) Disponível em: https://abrasel.com.br/noticias/noticias/decisoes-abusivas-de-sindicatos-aceleram-demissoes-no-brasil-durante-a-crise-do-coronavirus/. Sindicatos laborais de diversas cidades estão cobrando taxas ou impondo condições abusivas para validar acordos individuais após decisão do ministro do Supremo, Ricardo Lewandowski.

(76) Disponível em: https://abrasel.com.br/noticias/noticias/decisoes-abusivas-de-sindicatos-aceleram-demissoes-no-brasil-durante-a-crise-do-coronavirus/. Durante webinar, os secretários do Ministério da Economia, Bruno Bianco e Bruno Dalcolmo, foram claros em seus recados: "esse é o momento de salvar vidas, salvar empregos. Não é o momento de se lucrar com a crise ou nada do tipo".

(77) 78. Ainda da matéria jornalística assinada por Fernanda Inrigatte, observa-se que "As seis centrais sindicais orientaram os sindicatos associados a não fazer qualquer cobrança no momento. Em nota conjunta, CUT (Central Única dos Trabalhadores), Força Sindical, CSB (Confederação dos Sindicatos do Brasil), UGT (União Geral dos Trabalhadores), CTB (Confederação dos Trabalhadores do Brasil) e NCST (Nova Central) disseram considerar a cobrança criminosa e que sindicatos serão denunciados ao MPT (Ministério Público do Trabalho) caso insistam na prática.O "pedágio" para aderir ao programa do governo é mais um capítulo da luta do sistema sindical brasileiro por receitas, iniciado em 2018 com a decisão do governo Michel Temer (PMDB) de acabar com o imposto sindical". Disponível em: https://www1.folha.uol.com.br/mercado/2020/04/empresas-afirmam-que-sindicatos-cobram-ate-r-500-para-fechar-acordo-trabalhista.shtml.

de emergência que não recomendaria perder tempo com formalidades que envolvem a negociação coletiva e o consequente ajuste (acordo ou convenção)? Seria receio de o sindicato colocar entrave à negociação?

Nada justifica!

O que se esperava — e espera — é a participação do sindicato, como importante ator social que é, em medidas tendentes ao socorro imediato do trabalhador, da empresa e da sociedade. Aliás, em ambiente de calamidade pública, diante da impossibilidade de assegurar o *status quo*, o que todos almejam é a sobrevivência.

Daí o retorno à doutrina de Raimundo Simão de Mello[(78)], quando, sintetizando o sentir da comunidade acadêmica, assegura que o diálogo social seria o meio mais apropriado na "busca de soluções conjuntas para o bem comum e, particularmente, para amenizar os males decorrentes dessa pandemia, que está atingindo a todos, especialmente castigando os mais pobres e vulneráveis, incluindo os trabalhadores de baixa renda".

Nesse agir, o histórico conflito de interesses entre capital e trabalho, não existe, como, aliás, afirmam Antônio Carlos Aguiar e Otávio Calvet[(79)]. Para os citados juristas, no estado de calamidade pública vivenciado, inexiste "conflito coletivo de trabalho que exige a negociação coletiva"[(80)].

Ainda que não se tenha tal percepção, o certo é que a ideia de conflito, se não desaparece, mas fica mitigada e, assim, a concertação social seria mais apropriada.

Mas, essa é uma visão que não encontra unanimidade no ambiente jurídico[(81)], sendo digno de registro percalços deparados por sindicatos representativos — são exceção,

---

(78) *Negociações coletivas na crise do coronavírus.* Disponível em: https://www.conjur.com.br/2020-abr-17/negociacoes-coletivas-crise-coronavirus.

(79) Justificam os juristas a assertiva, por entender necessário relembrarem "o conceito de conflito coletivo, de forma a se verificar se a questão posta na atualidade advém de uma insatisfação dos trabalhadores para com os seus empregadores, em razão de um desequilíbrio econômico derivado da pactuação contratual do fornecimento contínuo da energia de trabalho, aproveitada no interesse da produção (do capital), ou de algo completamente diferente e novo". In: *Negociação individual para redução de salário e jornada de trabalho.* Disponível em: https://www.conjur.com.br/2020-abr-08/aguiar-calvet-negociacao-individual-reducao-salario-jornada/.

(80) *Idem.*

(81) MPT-PRT2. Notícia de Fato n. 001624.2020.02.000 / NF n. 001846.2020.02.000/1-138. Em audiência por videoconferência, em 07.04.2020, constou da Ata de Audiência, recomendação para os sindicatos (de empregados x de empregadores) não aplicarem o aditivo, considerado inválido, e que continuassem negociação coletiva, saindo notificados para: (1) que empresas do setor sejam orientadas a aguardarem o resultado da negociação coletiva entre categorias profissional e econômica, com base nas recentes alterações legislativas, para adoção de quaisquer medidas relacionadas a direitos trabalhistas, especialmente dispensas, suspensões de contrato, redução de salários e jornada; (2) que os sindicatos promovam a negociação coletiva, observando os parâmetros mínimos legislativos, com efetiva consulta às categorias profissional e econômica, mediante realizações de assembleias, conforme os estatutos sindicais e ante a impossibilidade de reunião física , que sejam viabilizadas por meios telemáticos; (3) que a norma coletiva, observados os requisitos legais, seja juntada aos autos no prazo de 10 dias.

sim, mas existem — na sua atuação, inclusive com judicialização, sob o argumento de que aditivo à convenção coletiva de trabalho vigente, firmado antes da edição da Medida Provisória n. 927, era prejudicial aos trabalhadores e não atendia a requisito formal relativo à observância de prazo para realização de assembleia, a fim de os representados autorizarem a negociação emergencial.

Portanto, em situações pontuais, antes mesmo da "legislação de crise", com medidas para o enfrentamento da emergência em saúde pública decorrente do coronavírus (Covid-19), inúmeros sindicatos prontamente se lançaram ao campo da negociação coletiva emergencial(82), ainda que, lamentavelmente, com injustificável ingerência do poder público na atuação sindical dos poucos entes atuantes.

E assim agiram prontamente os sindicatos que sabiam que, com a decretada emergência em saúde pública, a empresa não estaria apta a assegurar as mesmas condições de trabalho ou mesmo manter o contrato de trabalho, ficando o empregado sem o emprego, ou seja, tinham plena consciência de que deveriam agir pela manutenção do emprego e garantia dos meios de subsistência a seus representados.

Era tempo de ceder a fim de evitar mal maior: desemprego em massa.

Todavia, além da difícil negociação para preservar o emprego e assegurar o mínimo de renda para a sobrevivência, houve situações em que o sindicato foi acusado de desrespeitar direitos fundamentais do trabalhador. Isso ocorreu em algumas situações, porque cláusula normativa previa compensação de salário com proporcional redução de jornada ou a suspensão contratual com pagamento de valor equivalente à metade do piso salarial.

A acusação foi levada a juízo(83), potencializando-se a insegurança jurídica, a configurar enfrentamento de, verdadeiramente, "pandemia ou pandemônio", a que se referiu ensaio assinado por Luís Carlos Robortella e Antônio Galvão Peres"(84).

A firme atuação do Estado, ainda que em defesa da integridade da ordem jurídica, sequer levou em consideração disposições da Medida Provisória n. 927, editada após a assinatura do aditivo anulado, que igualmente dispôs sobre a possibilidade de flexibilizar jornada com proporcional redução de salário ou a suspensão do contrato de trabalho.

(82) *HYPERLINK*: https://extra.globo.com/noticias/economia/sindicatos-assinam-acordos-emergenciaispara reducao-de-jornada-de-trabalho-salario-24313339.html. No Rio de Janeiro sindicatos assinam acordos emergenciais para redução de jornada de trabalho e salário para evitar demissões, no setor da construção civil e de bares e restaurantes. Em São Paulo o mesmo ocorreu com o Sindicato dos trabalhadores no comércio hoteleiro e similares de São Paulo e Região (SINTHORESP).

(83) ACP, ajuizada no dia 16.04.2020, sob n. 1000433-90.2020.5.02.0038, pelo Ministério Público do Trabalho/ Procuradoria Regional da 2ª Região contra Sindicato dos empregados no comércio hoteleiro e similares de São Paulo, Sindicato de Hotéis Restaurantes Bares e similares de São Paulo, Federação de Hotéis Restaurantes Bares e Similares do Estado de São Paulo e CNTUR Confederação Nacional de Turismo.

(84) Disponível em: https://www.poder360.com.br/opiniao/pandemia-e-pandemonio-juridico-por-amorim-robortella-e-galvao-peres/.

Ou seja, logo após a atuação sindical foi editada a "legislação de crise", dispondo sobre a possibilidade de flexibilizar direitos – os mesmos direitos contemplados nas cláusulas da norma coletiva questionada. Dessa forma, da vislumbrada ilegalidade restou a acusação de negociação *in pejus* e aspecto de democracia interna sindical(85).

Em outras palavras, o procedimento do Poder Público colocou o sindicato como representante, e não como substituto processual, subtraindo-lhe a garantia constitucional (representação), interferindo claramente na atuação sindical, ignorando regras do estatuto sindical relativamente a prazos (em caso de emergência, o estatuto não pode prevê a redução ou eliminação de prazos ou mesmo a dispensa de burocracia, por mais relevante que pareça?), além de duvidar da capacidade negocial (aditivo à convenção coletiva sem contrapartida), não encontra respaldo na ordem jurídica(86).

Ainda que não se ignore a anomalia do sistema sindical brasileiro, admitindo a existência, em regra, de sindicatos frágeis e pouco representativos, como se vê no item 4, supra, nada justifica a intervenção na atividade sindical, mesmo sob a percepção de que, assim como o trabalhador a quem se dirige o relevante princípio protetor, o sindicato, por não saber ou não está apto a discernir o que é melhor para seus representados, também precisa de tutela.

Não é demais lembrar, como o fizera Nelson Mannrich, reproduzindo doutrina de Ives Gandra Martins da Silva Filho, que ultimamente a imparcialidade do Órgão do

(85) Diante da alegação do Ministério Público do Trabalho, na causa de pedir, de que foram firmados aditivos à convenção coletiva de trabalho entre sindicatos, em decorrência da Covid-19, cujos termos seriam prejudiciais aos trabalhadores, sem nenhuma contrapartida, além de serem os aditivos firmados pelos sindicatos de empregado e de empresas de forma irregular e sem legitimidade para tanto, tutela inibitória de urgência foi deferida pela Justiça do Trabalho.

(86) Vício insanável, declarado pela Justiça do Trabalho, em medida cautelar de urgência de autoria do MPT, teve como fundamento: [...] "Requer a concessão de **tutela inibitória de urgência** para que os termos aditivos não produzam efeitos sem que aja convocada assembleia específica para tratar das medidas ali previstas, bem como aprovação em negociação coletiva correspondente. Requer, também tutela inibitória consistente na obrigação de não fazer, para que os sindicatos sem questão não venham a firmar novos termos aditivos sem a que as medias necessárias sejam observadas, quais sejam, a convocação de assembleia geral específica e negociação coletiva posterior. Requer ainda, seja determinado aos sindicatos a imediata comunicação aos empregadores de que as medidas previstas nos termos aditivos não produzirão efeitos até final negociação coletiva precedida de convocação de assembleia geral. Os termos aditivos firmados deveriam observar as formalidades pertinentes à convenção coletiva de trabalho, no tocante ao conhecimento das categorias envolvidas e à própria convocação de assembleia específica para essa finalidade. A aprovação constante do item 14 da ata de assembleia realizada em 20.05.2019 (ID32da333) para constituição de comissão negociadora com poderes para conciliar, assinar acordos e convenções coletivas e termos aditivos às convenções coletivas se sobrepõe ao disposto no art. 615 da CLT, que dispões que os processos de revisão, denúncia ou revogação, total ou parcial devem ser procedidos de assembleia geral [...] Se as alterações de normas coletivas, com previsões própria de determinada categoria, necessitam de prévia convocação de assembleia para legitimar as propostas, assim também aquelas que tem por objeto a supressão ou mitigação de direitos constitucionais e legais e não tão somente de benefícios d e normas coletivas. As entidades sindicais pactuaram os termos aditivos sem a observância das formalidades necessárias. Tal irregularidade, demonstra documentalmente e de plano, acarreta vício de invalidade dos respectivos termos aditivos [...], tudo conforme inicial e decisão, no formato pdf, fornecida pelas partes.

Ministério Público, mesmo com poder de polícia administrativa e da prerrogativa para agir em juízo conferido constitucionalmente[87], "vem se perdendo ultimamente, "pela 'ideologização de segmentos do Ministério Público, que confundem a defesa da ordem jurídica a com a defesa exclusiva dos trabalhadores, afeta aos sindicatos'".[88]

Numa pertinente reflexão constata o citado professor: "Aliás, observam-se, ultimamente, duras intervenções do Ministério Público no processo de negociação, felizmente de forma pontual, tendo chegado mesmo a obter liminar, em determinada ação civil pública, para impedir a celebração de convenção coletiva, quando, ao contrário, deveria fomentar o aprimoramento da negociação"[89].

Por vezes, e longe de retratar o todo institucional[90], distanciamento da realidade, indisponibilidade para a mediação de conflitos, sobreposição da necessidade de se cumprir democracia sindical mínima, com inflexível aplicação de regras próprias de tempos de normalidade, ao invés de solidificar a democracia delegada, acaba por aniquilar direitos dos representados.

Imagine o sindicato que, emergencialmente, negocia condições de trabalho em meio a declarado estado de calamidade pública qualificada, a fim de evitar desemprego em massa e, a seguir, defronta-se com nulidade do ato normativo, sem chance, sequer, de buscar *ad referendum* autorização assemblear da categoria? Simplesmente considerado irregular e "leonino".

Em busca de razão plausível à mínima compreensão, colhe-se da doutrina italiana[91] a constatação de que o referendo não ocorre no vácuo, está ligado a algum ato precedente (como decisão de conselho, solicitação de grupo de trabalhadores, previsão

(87) CF. art. 129, III.

(88) Enoque Ribeiro dos Santos. *Prefácio.* O microssistema de tutela coletiva: Precarização Trabalhista. São Paulo: LTr, 2012. p. 19.

(89) Enoque Ribeiro dos Santos. *Prefácio,* p. 19.

(90) Não resta dúvida que possível falta de temperança ou excesso no agir é pontual, vez que a Instituição, alinhada com as recomendações da OIT emitiu Nota Técnica Conjunta PGT/CONALIS, n. 06, de 22.03.2020. Dos termos desta Nota consta que, diante do quadro socioeconômico decorrente da Covid-19, o Ministério Público do Trabalho reputa essencial medidas para proteção do emprego e da ocupação, bem como de sustentabilidade das atividades econômicas das empresas, de forma que os atores sociais, entre outros, deveriam observar a "promoção de diálogo social tripartite, consoante preconizado pela OIT", observar a "primazia da negociação coletiva e/ou diálogo com as entidades sindicais", além de privilegiar "métodos de autocomposição de conflitos", tudo conforme itens I, VII e XI, do mencionado texto. Prosseguindo na elevada missão de defensor da ordem jurídica (CF. art. 127), dia 28.04.2020, editou Norma Técnica sobre a Medida Provisória n. 927, intentando obter, respeitada a independência funcional que é assegurada ao Órgão agente, homogeneidade de interpretação acerca "legislação de crise". Da mesma forma, a Associação Nacional dos Procuradores do Trabalho (ANPT), divulgou Nota Pública, externando preocupação com a falta de previsão de atuação sindical na flexibilização de direitos prevista inicialmente na MP n. 927 e complementada pela MP n. 936.

(91) MANGHI, Bruno. *Democrazia minima: regole e costumi del nostro sindacalismo, in* Potere e responsabilità e Democrazia Minima: contributo allo studio della democrazia nel sindacato.Roma: Edizioni Lavoro, 1981. p. 35.

em estatuto sindical, etc.) e, ainda que constitua experiências difíceis, são bem-vindas, mesmo em tempos de normalidade. E por estar falando de tempos normais lembra Bruno Manghi, que a solução democrática para a utilização de tal recurso exige, mais cedo ou mais tarde, uma revisão do sistema de representações e dos instrumentos ordinários de decisão.

Nesse contexto, há de se recordar a convicção de José Carlos Arouca[(92)], para quem, não resta dúvida que a prática antissindical pode vir também do Poder Judiciário — e com maior certeza do agente do Estado na esfera administrativa —, em razão da politização que carrega o Direito Sindical e da liberdade do juiz, com o peso se seus valores[(93)], na subsunção do direito aos fatos.

Ora, requerer – e obter provimento judicial – invalidando norma decorrente de negociação coletiva, além da afronta direta a preceitos constitucionais, configurada estaria também conduta antissindical, assim compreendidas "práticas desleais como toda ação ou omissão que atente contra a liberdade sindical, especialmente aquelas que afetam a negociação coletiva, seus procedimentos e o direito de greve", na conceituação de Sergio Gamonal Contreras[(94)].

Mas, se não há liberdade sindical plena no sistema nacional, como então configurar conduta antissindical por agente público na esfera administrativa ou na judicial?

Decerto, o sindicato brasileiro ainda não goza de liberdade plena, mas aquela assegurada pela Constituição Federal — organização e atuação — é suficiente para não ser ele impedido de realizar toda atividade relativa à defesa dos interesses dos membros da organização[(95)] por ser o exercício da atividade sindical, como afirma Cesar Toledo Corsi[(96)], a dimensão mais dinâmica da liberdade sindical. Exatamente dentro dessa dimensão é que se encontra a faculdade de agir do sindicato no exercício de sua função primordial: negociação coletiva em defesa dos interesses dos representados.

---

(92) *Organização sindical no Brasil:* passado-presente-futuro(?). São Paulo: LTr, 2013. p. 392.

(93) A partir de uma visão ampla, após profunda reflexão, indaga Washington Luiz da Trindade se o mundo da hermenêutica não seria "o sentimento dessa universal fragilidade humana que acena para o perdão e para a solidariedade", ou, "enfim, para ver além das aparências"? Em resposta diz o citado magistrado "A questão da hermenêutica é, preliminarmente, uma questão epistemológica na busca de o que convém para salvar a principiologia do valor universal na miríade de casos concretos, de homem a homem, de comunidade a comunidade, guardando seus mitos, suas crenças, seu modo de ser e agir segundo as circunstâncias" e, em arremate, constata que "O hermeneuta vive essas tensões, "viajando" para o seio do axiológica principal, mesmo que, para tanto, haja de torcer a vontade do Profeta, do Papa, dos Líderes Políticos, porque, em verdade, em verdade, a Justiça em si mesma é *um valor revolucionário". (*O *weltanschauung* da hermenêutica. São Paulo: LTr. *Revista da Academia Nacional de Direito do Trabalho* [atual da Academia Nacional de Direito do Trabalho — ABDT]: O Direito e o Processo do Trabalho em Transformação e outros estudos, n. 16, 2008, p. 206-217.

(94) *Derecho colectivo del trabajo.* 2. ed. Santiago: Abeledo Perrot, 2011. p. 468.

(95) Cf. Gamonal Contreras. *Derecho colectivo del trabajo, op. cit.*, p. 96.

(96) *Tutela de la libertad sindical.* Santiago: Abeledo Perrot/Thomson Reuters, 2013. p. 29.

E assim, segue o paradoxo: ou o sindicato brasileiro não despertou da inércia ou enfrenta o descrédito do poder público.

O tempo oportuniza, com certeza, o recompor da democracia sindical e da ordem jurídica, todavia, prejuízos suportados pela aplicação da norma destinada a reger relações trabalhistas em tempos "normais" às relações em tempos "anormais" de pandemia, causa dano de difícil ou impossível reparação. Os mais vulneráveis são os que mais sofrem as desastrosas consequências da paralisação total ou parcial da atividade econômica.

A realidade vivida, apesar das nuances, não diminui a certeza da constatação: o sindicato é essencial à vida em sociedade, como direito humano que é. Independentemente de anomalias do sistema ou vicissitudes eventualmente enfrentadas, nada e ninguém deve — ou pode — cercear a legitima atuação do sindicato.

Em defesa de interesses de representados ou no campo da concertação social, máxime em tempos de calamidade e estado de emergência de saúde pública, a proteção primordial a ser perseguida pelo ente sindical — e por todos os atores sociais — é a vida e, por óbvio, a integridade física, com manutenção de meio de sobrevivência.

A reconhecida necessidade de protagonismo do sindicato não deve se conter nos limites da representação de interesses de integrantes da categoria, mas espraiar-se até o diálogo social.

6. Para o sindicato agir faz-se necessária previsão legal?

O sindicato tem reconhecido papel e deve assumir seu protagonismo.

Entretanto, a "legislação de crise", mais especificamente o art. 2º, da MP. n. 927, assegurou que "Durante o estado de calamidade pública a que se refere o art. 1º, o empregado e o empregador poderão celebrar acordo individual escrito", com preponderância sobre "os demais instrumentos normativos, legais e negociais".

Essa previsão legal subsistiria se confrontados direitos e garantias individuais e coletivas de *status* constitucional com princípios norteadores do Direito do Trabalho?

Ou, posta a questão de outra forma, para o sindicato atuar é necessário lei autorizar?

Acredita-se que o primeiro aspecto a se observar é que, do mesmo dispositivo legal, vem o alerta de que "os limites estabelecidos na Constituição" devem ser respeitados.

Portanto, em hipótese alguma, como relembrado pela "legislação de crise" a Constituição deve ser ignorada.

E, a propósito, a matéria controvertida tem assento constitucional, tanto a legitimidade do sindicato para agir — e expresso reconhecimento de seu ato —, quanto a possibilidade de flexibilizar jornada e salário[97].

---

(97) CF. arts. 8º, III; 7º, VI, XIII, XXVI.

A par disto, a suspensão do contrato de trabalho encontra respaldo na ordem infraconstitucional[(98)].

O sistema jurídico oferece, pois, condição suficiente para o sindicato atuar, independentemente de autorização legal específica, assim como agiram determinados sindicatos, antes mesmo da edição da MP n. 927.

Se tem autonomia e condição para atuar livremente, com maior razão deveria fazê-lo em tempos de coronavírus (Covid-19).

A inércia na atuação sindical, a que se observa, não vem de restrição imposta pela "legislação de crise", mas de sua desconformidade com a Convenção n. 87 da OIT, que leva, com exceção, por óbvio, à fragilidade e inoperância por falta de representatividade.

Ademais, acredita-se que esse momento excepcional se revela como oportunidade marcante para o sindicato brasileiro recuperar seu espaço, se fortalecer e assumir seu papel como entidade essencial ao exercício da democracia.

De qualquer forma, abstraindo-se a razão (ou razões) determinante para não contemplação da vontade coletiva pela Medida Provisória n. 927, o certo é que o dispositivo legal[(99)] de duvidosa constitucionalidade passou pelo crivo do Supremo Tribunal Federal (STF). A Corte, cautelarmente, declarou sua conformidade com a Constituição, como se abordará a seguir.

Resta, então, deduzir que o sindicato, para exercer sua função, não necessita de autorização ou permissão legal. Suas garantias permanecem intactas, competindo-lhe apenas a exercer a missão constitucional na negociação normal, emergencial ou na concertação social.

No mais, agir é ato de vontade. Suficiente o querer. Respeitada a Constituição Federal, não há possibilidade de qualquer interferência na vontade coletiva[(100)]. E ainda, para que as condições de trabalho negociadas – e constantes de instrumentos normativos -prevaleçam sobre a vontade individual dos representados, suficiente que sejam mais favoráveis.

7. A lógica interpretativa da "legislação de crise" e jurisprudência correlata

Como anota a doutrina, bem sintetizada por Luís Carlos Robortella e Antônio Galvão Peres, "O direito não é neutro. A lei deve ser útil à sociedade na prosperidade e

(98) Conf. Capítulo V da CLT – Da suspensão e da interrupção arts. 471-476-A.

(99) Medida Provisória n. 927, art. 2º – Durante o estado de calamidade pública a que se refere o art. 1º, o empregado e o empregador poderão celebrar acordo individual escrito, a fim de garantir a permanência do vínculo empregatício, que terá preponderância sobre os demais instrumentos normativos, legais e negociais, respeitados os limites estabelecidos na Constituição.

(100) CF. art. 8º, I – "a lei não poderá exigir autorização do Estado para a fundação de sindicato, ressalvado o registro no órgão competente, vedadas ao Poder Público a interferência e a intervenção na organização sindical".

na catástrofe e, para isto, existem técnicas interpretativas"[101]. Em tempos excepcionais, prosseguem os citados juristas[102], "A lógica interpretativa dessas normas não é e não pode ser a usual" a interpretação é a de "exceção".

Vale-se aqui também da oportuna e abalizada doutrina de Antônio Carlos Aguiar e Otávio Calvet[103]. Com a atenção voltada à necessidade de negociação coletiva, ou não, no contexto da MP. n. 927, constatam: "em 'condições normais de temperatura e pressão', em tese, a Constituição da República exigiria sempre a via da negociação coletiva como forma de se estabelecer a redução de salários".

Decerto, a situação excepcional está gerando medidas igualmente excepcionais, medidas temporárias e excepcionais, em resposta à Covid-19, daí porque a partir da certeza de que a Constituição tem dimensão tridimensional que ilumina e inspira o ordenamento jurídico[104], há de se manejar, em processo de hermenêutica, cuidadosa articulação de instrumental de interpretação, notadamente princípios constitucionais de interpretação constitucional para, a partir de um todo, eleger o valor constitucional de maior peso a ser preservado.

Eis que, no universo do sistema jurídico nacional — constitucional e infraconstitucional — o sindicato não obteve condição de ente associativo totalmente livre, revelando-se "inúteis", na expressão de Luis Carlos Robortella e Antônio Galvão Peres[105], sequer se dando conta, com exceção, da catástrofe que se avizinhava e a todos atingia.

Aspecto digno de registro é que, proposital ou não, no enfrentamento da Reforma Trabalhista de 2017, e agora no contexto da crise gerada pela Covid-19, o sindicato foi deixado à margem, como se desprovido de autonomia coletiva, no todo, e de autonomia negocial, no particular. Ilustra bem tal percepção a precisa e oportuna reflexão de Luís Carlos Robortella[106], acerca do distanciamento do sindicato brasileiro da realidade que o cerca, como também da constatação de Antônio Carlos Aguiar e Otávio Calvet de premente necessidade, em meio ao caos, de uma visão sob a ótica global e concreta do estado de força maior instalada.

Inobstante isso, em meio ao acalorado debate que se instalou na comunidade jurídica decorrente da "legislação de crise", menor parte dos juristas, mas nem por isso irrelevante,

---

(101) *Pandemia e pandemônio jurídico*, por Amorim Robortela e Galvão Peres. Disponível em: https://www.poder360.com.br/opiniao/pandemia-e-pandemonio-juridico-por-amorim-robortella-e-galvao-peres/.

(102) *Iidem.*

(103) "Negociação" individual para redução de salário e jornada de trabalho. Disponível em: https://www.conjur.com.br/2020-abr-08/aguiar-calvet-negociacao-individual-reducao-salario-jornada.

(104) *Pandemia e pandemônio jurídico.* Disponível em: https://www.poder360.com.br/opiniao/pandemia-e-pandemonio-juridico-por-amorim-robortella-e-galvao-peres/.

(105) *Pandemia e pandemônio jurídico.* Disponível em: https://www.poder360.com.br/opiniao/pandemia-e-pandemonio-juridico-por-amorim-robortella-e-galvao-peres/.

(106) *Perspectiva do Direito Coletivo com a Reforma de 2017, op. cit.*, p.153.

teme que se aproveite da oportunidade para se implementar retrocesso social, com incorporação definitiva da flexibilização do período de força maior aos contratos de trabalho.

São os adeptos da "teoria do oportunismo", na medida em que se valeriam os oportunistas do momento de calamidade pública para concretizar redução de direitos que não se alcançaria em termos normais, sem atentar para o que, no seu todo, assegura a Constituição Federal e sem acreditar nos princípios da *boa-fé, razoabilidade* e *transparência*.

Entretanto, o que não se concebe é ignorar o estado de calamidade e legislação correlata, devendo-se acreditar, mais que nunca, nos postulados da Constituição Federal.

Partindo-se dessa premissa, sem amarras, à vontade individual e à vontade coletiva, podem ser postas em prática, enquanto o Judiciário permanece à postos para, cumprindo seu papel, extirpar o que estiver em desacordo com o sistema jurídico.

O certo é que, sem a exata compreensão da gravidade do estado de perigo por que passa a humanidade — e nós também — com o propósito de vencer tempos sombrios, todos os integrantes da comunidade jurídica haverão de atentar para a aplicação da lei dos tempos de força maior, excepcionais, temporárias e próprias do momento excepcional.

Aqui, mais uma vez, socorre-se da maestria de Luís Carlos Robortella e Antônio Peres, quando, amparados na doutrina de Celso Lafer e Miguel Reale, colocam em relevo que "O ato de interpretação deve ocorrer numa estrutura que é sincrônica ou homóloga à do ato normativo; 'entre um e outro não pode haver solução de continuidade; quando este se dá a vida jurídica entra em crise pela verificação da insuficiência dos modelos normativos'"[(107)].

Na atividade hermenêutica segue-se o alerta de Celso Ribeiro Bastos, para quem "é seguro advertir que uma das missões que o intérprete possui é a de ordenar a pluralidade de elementos interpretativos que existem à sua disposição"[(108)], sendo que "os princípios constitucionais também ingressam no processo de interpretação"[(109)], notadamente os princípios da presunção de constitucionalidade das leis e dos atos do Poder Público, da interpretação conforme a Constituição, da unidade da Constituição, da razoabilidade e da proporcionalidade e da efetividade, conforme sistematização de Luís Roberto Barroso[(110)].

(107) *Coronavirus e relações de trabalho.* Paradigmas de Interpretação em tempos de calamidade pública, *op. cit.*, p. 7.

(108) *Hermenêutica e interpretação constitucional.* 4. ed. São Paulo: Malheiros, 2014. p. 120. "Os instrumentais hermenêuticos de que se fala aqui são aquelas fórmulas compreendidas como os expedientes, procedimentos, recursos de interpretação fornecidos pela teoria do Direito".

(109) *Ibidem*, p.121.

(110) *Interpretação e Aplicação da Constituição.* 7. ed., 2. tir. São Paulo: Saraiva, 2010.

Mais próximo do mundo do trabalho — e suas relações — Ives Gandra Martins da Silva Filho[(111)], indagado sobre desafios em cenário da Covid-19 e de crise econômica, disse o Ministro que, além de a Justiça do Trabalho continuar funcionando em serviço remoto, outro desafio seria "decidir com rapidez e ponderação as demandas que recebe, percebendo que a fragilização não é apensas dos trabalhadores, mas também dos empregadores, não se podendo desconhecer que a lei deverá ser aplicada levando em conta a força maior advinda da pandemia, com quadro inimaginado pelo legislador"[(112)].

Acresça-se a tais diretrizes que norteiam, dando precisa direção ao intérprete, o valor ético na busca da verdade, não a que é fixada pela tradição ou decorrente de revelação divina, mas exclusivamente a verdade que se apresenta como fruto do esforço racional do ser humano[(113)].

Afinal, com o relevo dado por Miguel Reale Junior, "O direito é reflexo da compreensão de vida em um determinado momento histórico-cultural"[(114)], referindo-se o citado jurista à sua doutrina corporificada no título "*Antijuricidade concreta*", é enfático em ao afirmar que "uma consciência jurídica relativa a cada momento histórico, sendo o direito um instrumento condicionador da realização concreta destes valores"[(115)].

Como afirmado em considerações supra, o direito não é dádiva, não é neutro, ao revés, é próprio de momento histórico e, por isso, sua aplicação aos fatos da vida, em perfeita sintonia na subsunção, condiciona a realização concreta dos valores daquele momento histórico.

Por isso, acompanhando-se o posicionamento lançado em estudo de referência, já mencionado[(116)], é oportuno reafirmar que "estado de calamidade pública exige interpretação especial do capítulo dos direitos sociais dos trabalhadores", devendo-se "promover cuidadosa articulação com outros princípios e normas constitucionais, principalmente aqueles voltados aos direitos e deveres individuais e coletivos que, como se sabe, são cláusulas pétreas da Constituição (art. 60, § 4º, IV)".

---

(111) Diponível em: https://www.conjur.com.br/2020-abr-26/entrevista-ives-gandra-silva-martins-filho-ministro-tst.

(112) Ives Gandra Martins da Silva Filho. Entrevista. 26 abr. 2020. Disponível em: https://www.conjur.com.br/2020-abr-26/entrevista-ives-gandra-silva-martins-filho-ministro-tst.

(113) Cf. Fábio Konder Comparato. *Ética*: direito, moral e religião no mundo. 3. ed. São Paulo: Companhia das Letras, 2016. p. 699.

(114) O escravo como não sujeito no direito brasileiro do Séc. XIX. *Código*. Dimensão histórica e desafio contemporâneo. Estudos em Homenagem ao Professor Paolo Grossi. Porto Alegre: Sergio Antonio Fabris Editor, 2013. p. 148.

(115) *Ibidem*, p. 149.

(116) *Coronavirus e relações de trabalho*. Paradigmas de Interpretação em tempos de calamidade pública, *op. cit.*, p. 4.

Se, como visto, o direito é reflexo da compreensão da vida em um determinado momento histórico-cultural e instrumento condicionador da realização concreta de valores, agiu com acerto o Supremo Tribunal Federal (STF) quando, em sessão realizada por videoconferência, concluiu pela constitucionalidade da regra do art. 2º da MP. n. 927[117].

De fato, a dúvida sobre a constitucionalidade da Medida Provisória que, em meio à força maior decretada, prevê possibilidade de acordo individual entre empregado e empregador com a finalidade de resguardar o emprego, foi levada à Corte constitucional por meio de ação direta de inconstitucionalidade (ADIn) n. 6363[118].

Abstraindo-se a incerteza e, por óbvio, a insegurança jurídica gerada pela concessão de liminar pelo Ministro Relator[119], decisão essa integrada por outra em decorrência de embargos de declaração[120], o STF, pela maioria de seus Ministros, não referendou a medida liminar, afastando, pois, a necessidade de aval dos sindicatos para celebração de acordo entre patrão e empregado[121].

---

(117) Disponível em: http://portal.stf.jus.br/noticias/verNoticiaDetalhe.asp?idConteudo=441651&ori=1.

(118) Disponível em: http://portal.stf.jus.br/processos/detalhe.asp?incidente=5886604.

(119) *Ad referendum* do Tribunal o Ministro Ricardo Lewandowski, em 06.04.2020, deferiu liminar, cuja conclusão foi lançada nos seguintes termos: "(...) Isso posto, com fundamento nas razões acima expendidas, defiro em parte a cautelar, *ad referendum* do Plenário do Supremo Tribunal Federal, para dar interpretação conforme à Constituição ao § 4º do art. 11 da Medida Provisória n. 936/2020, de maneira a assentar que "[os] acordos individuais de redução de jornada de trabalho e de salário ou de suspensão temporária de contrato de trabalho [...] deverão ser comunicados pelos empregadores ao respectivo sindicato laboral, no prazo de até dez dias corridos, contado da data de sua celebração", para que este, querendo, deflagre a negociação coletiva, importando sua inércia em anuência com o acordado pelas partes. Disponível em: http://portal.stf.jus.br/processos/detalhe.asp?incidente=5886604.

(120) Embora prestando relevantes esclarecimentos o Ministro Relator, em 13.04.2020, concluiu: "(...) Em conclusão, conheço do recurso, nos termos do art. 1.024, § 2º, do CPC, admitindo a legitimidade do Advogado-Geral da União para opor os embargos declaratórios, porém os rejeito, por entender que não se encontram presentes os vícios apontados, sem prejuízo dos esclarecimentos supra explicitados". A seguir, na sessão plenária de 17.04.2020, o Ministro relatou fundamentou decisão em que mantinha a liminar deferida, nos seguintes termos extraídos da justificativa de voto "... deferia em parte a cautelar "para dar interpretação conforme à Constituição ao § 4º do art. 11 da Medida Provisória n. 936/2020, de maneira a assentar que '[os] acordos individuais de redução de jornada de trabalho e de salário ou de suspensão temporária de contrato de trabalho [...] deverão ser comunicados pelos empregadores ao respectivo sindicato laboral, no prazo de até dez dias corridos, contado da data de sua celebração', para que este, querendo, deflagre a negociação coletiva. Nesse ínterim, são válidos e legítimos os acordos individuais celebrados na forma da MP n. 936/2020, os quais produzem efeitos imediatos, valendo não só no prazo de 10 dias previsto para a comunicação ao sindicato, como também nos prazos estabelecidos no Título VI da Consolidação das Leis do Trabalho, agora reduzidos pela metade pelo art. 17, III, daquele ato presidencial. Ressalvo, contudo, a possibilidade de adesão, por parte do empregado, à convenção ou acordo coletivo posteriormente firmados, os quais prevalecerão sobre os acordos individuais, naquilo que com eles conflitarem, observando-se o princípio da norma mais favorável. Na inércia do sindicato, subsistirão integralmente os acordos individuais tal como pactuados originalmente pelas partes", o julgamento foi suspenso. DIsponível em: http://portal.stf.jus.br/processos/detalhe.asp?incidente=5886604.

(121) Da certidão de julgamento consta que " O Tribunal, por maioria, negou referendo à medida cautelar, indeferindo-a, nos termos do voto do Ministro Alexandre de Moraes, redator para o acórdão, vencidos o Ministro Ricardo Lewandowski (relator), que deferia em parte a cautelar, e os Ministros Edson Fachin e Rosa Weber, que a deferiam integralmente [...])". Disponível em: http://portal.stf.jus.br/processos/detalhe.asp?incidente=5886604.

O Supremo Tribunal Federal (STF), mantendo eficácia da referida Medida Provisória, chancelou a possibilidade de redução de salário com proporcional redução de horário ou a suspensão temporária do contrato de trabalho por meio de acordos individuais em decorrência da pandemia pelo novo coronavírus, independentemente da participação do sindicato.

Ao conduzir voto de divergência, acatada por maioria[(122)], o Ministro Alexandre de Moraes, atento ao momento excepcional, entendeu razoável a previsão de acordo individual, na medida em que garante renda mínima ao trabalhador, preserva o vínculo empregatício até o fim da crise e assegura garantia de emprego por 90 dias a partir do retorno ao trabalho, além deixar claro que "a exigência de atuação do sindicato, abrindo negociação coletiva ou não se manifestando no prazo legal, geraria insegurança jurídica e aumentaria o risco de desemprego".

E mais, acrescentou o Ministro na justificação de voto, "a regra não fere princípios constitucionais, pois não há conflito entre empregados e empregadores, mas uma convergência sobre a necessidade de manutenção da atividade empresarial e do emprego", por isso, considerou que, "diante da excepcionalidade e da limitação temporal, a regra está em consonância com a proteção constitucional à dignidade do trabalhador e à manutenção do emprego"[(123)].

Daí concluiu a Corte, por maioria, pela conformidade do preceito legal questionado com a Constituição.

Ponderáveis também foram os fundamentos, embora vencidos, sobre a prevalência da supremacia da Constituição, lançados pelo Ministro relator, quando no plenário da Corte, reiterando a decisão liminar, não teve dúvida de que, após a comunicação aos sindicatos dos acordos individuais previstos na norma excepcional, as entidades deveriam se manifestar sobre sua validade, valendo o silêncio do sindicato, após o decurso dos prazos legais, como anuência com o acordo[(124)].

Com essas superficiais considerações, mas necessárias ao enfrentamento do tema proposto — e considerando que não há espaço para aprofundar discussões sobre a constitucionalidade, ou não, da "legislação da crise" —, certo é que a manifestação do STF sobre a questão traz alguma segurança jurídica para implementação das medidas emergenciais editadas até o momento.

---

(122) Conforme divulgado pelo portal de notícias do STF, sob o título: "Julgamento de liminar que determina consulta a sindicato para acordos de redução salarial continua nesta sexta (17)". Disponível em: http://portal.stf.jus.br/noticias/verNoticiaDetalhe.asp?idConteudo=441544&ori=1.

(123) Conferir essas referências no portal STF-Notícias, sob o título: "Julgamento de liminar que determina consulta a sindicato para acordos de redução salarial continua nesta sexta (17)". Disponível em: http://portal.stf.jus.br/noticias/verNoticiaDetalhe.asp?idConteudo=441544&ori=1.

(124) Conferir essas referências no portal STF-Notícias, sob o título: "Julgamento de liminar que determina consulta a sindicato para acordos de redução salarial continua nesta sexta (17)". Disponível em: http://portal.stf.jus.br/noticias/verNoticiaDetalhe.asp?idConteudo=441544&ori=1.

Alguma segurança jurídica, por certo, vez que não se pode esquecer, que a manifestação da Corte se deu em juízo acautelatório, somente podendo afirmar sobre estabilidade e segurança jurídica ao final, com julgamento do mérito da questão.

Conclusão

A atuação sindical, no Brasil, é daquelas tormentosas questões que, ainda, entre a tese e a antítese, não logrou, para o bem da sociedade, chegar a uma síntese, ou seja, à tão almejada implantação da liberdade sindical.

Liberdade de organização, liberdade de agir, liberdade para representar, enfim, "liberdade" ampla e irrestrita tal qual recomendado pela Organização Internacional do Trabalho (OIT).

A liberdade, condição necessária para fortalecimento da representação, ao invés de enfraquecer o sindicato como pensam aqueles que defendem o sindicato atrelado à base territorial, com privilégio de representação legal, fortalece o ente associativo, na medida em que com a atuação, os resultados colhidos e a proximidade do representado, tudo leva ao reconhecimento e à contrapartida, ponto tão sensível: o custeio.

Agora, de uma coisa não se tem dúvida: com a liberdade sindical ampla só os verdadeiros sindicatos sobreviverão. A inflação de "sindicato por conveniência" de alguns tende a desaparecer no correr do tempo.

Como se reconhece também que, a despeito das constatações acerca de sindicatos débeis e inoperantes, existem sindicatos representativos. Inclusive, em ambiente de crise, agiram imediatamente em defesa de seus representados.

Se essa fosse a regra — e não a exceção — toda controvérsia acerca da constitucionalidade, ou não, da "legislação de crise" perderia sentido. Ganhava o trabalhador, ganharia a sociedade.

Mas, enquanto isso, por causa de privilégio de representação — e de prováveis consequências — a que se acredita ser fato decisivo para baixa representatividade, reina a insegurança jurídica.

Portanto, o estado de emergência de saúde e calamidade pública vivenciado serviu para trazer à toma, à toda evidência, premente necessidade de se implantar a liberdade sindical no nosso sistema. Trata-se de anseio há muito reclamado, mas sem forças e condições, até o momento, de quebrar a resistência de tantos. Agora, fato é que, em tempos de Covid-19, a falta de atuação sindical foi mais sentida, entretanto, a debilidade vem de há muito.

A atuação do sindicato não depende de previsão expressa em lei para autorizá-lo a agir, ao revés, a função negocial é a razão maior de sua existência.

Por isso, a despeito de a "lei de crise" ter ignorado a vontade coletiva, só por isso, não estava impedido de atuar, como atuaram sindicatos representativos, mesmo antes das medidas editadas.

Aqueles que atuaram, por certo, se voltassem à mesa de negociação, seria apenas para adequar o instrumento normativo firmado emergencialmente aos ditames de Medidas Provisórias editadas posteriormente.

Sem reforma sindical, verdadeiro pressuposto para efetiva reforma trabalhista, deixando-se prevalecer interesses cartorários sobre os interesses coletivos, o círculo vicioso permanece com todo vigor: o sindicato faz de conta que representa, o trabalhador, em regra, o desconhece, e a sociedade, por sua vez, duvida da capacidade negociadora das partes (sindicato fraco x trabalhador hipossuficiente x Estado presente).

Sob essa perspectiva, e considerando um dos princípios elementares do Direito do Trabalho, — condição mais benéfica — a qualquer tempo(antes ou na vigência da "legislação de crise") em que o sindicato negociar melhores condições de trabalho, prevalecem estas e não as pactuadas em contrato individual.

Por fim, não se pode ignorar, como constatado na condução do voto divergente — e tese vencedora — quando do julgamento da ADI n. 6363, que na hipótese sequer havia verdadeiro conflito de interesses entre empregados e empregadores, mas convergência sobre a necessidade de, por um lado, manter a atividade empresarial, por outro, salvar empregos.

Mesmo assim, não se admite a ausência do sindicato nas negociações. Embora seja possível afirmar sobre uma conflituosidade rarefeita, ainda falta a realização da justiça social.

Isso porque, não há dúvida, o maior empregador no nosso país (a micro, pequena e até a média empresa), sem suporte de caixa, pereceria, assim como os empregos. Mas, a grande empresa, presumindo-se detentora de sólida situação financeira, poderia não ter a mesma necessidade de flexibilizar direitos que aquelas.

E aí, somente o sindicato tem condição de negociar a não flexibilização ou em que medida ela deveria ocorrer, de forma que, utilizando-se dos princípios da transparência, razoabilidade e boa-fé, as condições de trabalho, *in concreto*, seriam equacionadas da melhor forma tanto para o trabalhador quanto para a empresa.

Em ligeiras palavras: urge a reforma sindical, para viabilizar a Convenção n. 87, da OIT. Essa agenda é de extrema urgência e nesse sentido devem ser retomados os esforços que, outrora, não vingaram.

Enfim, fica a inabalável convicção, respaldada nas palavras do Ministro Luiz Fux[125], do Supremo Tribunal Federal, para quem "nesse quadro sem retoques, a tarefa do Judiciário é fazer escolhas trágicas, máxime porque tudo é novo e surpreendente", de forma que os juízes "devem ser responsivos ao provo e mensurar as consequências de suas decisões".

E explica o magistrado: "não é hora de apregoarmos a *máxima 'dura lex, sed lex'*; ao revés, obedecer o sábio aforisma de Santo Agostinho: '*necessitas non habet legem*'. Vale dizer: Diante da necessidade, deve cessar a letra fria da lei".

Por tudo, a liberdade! Isso mesmo, aquele enigma a que se referiu Platão:

> Conheço bem o homem, diz Deus,
> Fui eu que o fiz. É um ser curioso,
> Porque nele atua a liberdade, que é o mistério dos mistérios[126].

Referência utilizada e/ou consultada

ALMEIDA, Renato Rua. As contribuições sindicais e a composição da diretoria versos autonomia. In: *Revista Pós-Graduação em Direito da PUC-SP*, n. 1, Direito, São Paulo: Max Limonad.

ALMEIDA, Renato Rua. Da intervenção administrativa em sindicato. A estrutura da CLT em face das normas internacionais. in: *Revista LTr*, n. 38, São Paulo.

AROUCA, José Carlos. *Organização sindical no Brasil:* passado-presente-futuro(?). São Paulo: LTr, 2013.

BARROSO, Luís Roberto. *Interpretação e aplicação da Constituição.* 7. ed. 2. tir. São Paulo: Saraiva, 2010.

BASTOS, Celso Ribeiro Bastos. *Hermenêutica e Interpretação Constitucional.* 4. ed. São Paulo: Malheiros Editores, 2014.

BORBA, Joselita Nepomuceno. *Efetividade da Tutela Coletiva.* São Paulo: LTr, 2008.

BORBA, Joselita Nepomuceno. *Legitimidade concorrente na defesa dos direitos e interesses coletivos e difusos:* sindicato, associação, Ministério Público, entes não sindicais. São Paulo: LTr, 2013.

BRAMANTE, Ivani Contini. A legitimação para instauração de dissídio coletivo. *Jornal do Congresso*, São Paulo: LTr, 1993.

CALMON DE PASSOS. *Direito, poder, justiça e processo:* julgando os que nos julgam. Rio de Janeiro: Forense Universitária, 2005.

COMPARATO, Fábio Konder. *Ética:* direito, moral e religião no mundo. 3. ed. São Paulo: Companhia das Letras, 2016.

CONTRERAS, Sergio Gamonal. *Derecho colectivo del trabajo.* 2. ed. Santiago: Abeledo Perrot, 2011.

(125) A lição de Santo Agostinho. Jornal a *Folha de S. Paulo*. Opinião, 10 abr. 2020. Disponível em: https://www1.folha.uol.com.br/opiniao/2020/04/a-licao-de-santo-agostinho.shtml.

(126) Do filósofo Platão. *O Banquete, apud;* Fábio Konder Comparato. *Ética... op. cit.*, 698-699.

CORSI, Cesar Toledo. *Tutela de la libertad sindical.* Santiago: Abeledo Perrot/Thomson Reuters, 2013.

COSMÓPOLIS, Mário Pasco. A organização sindical do século XXI. In: *O Direito do Trabalho e da Seguridade Social nos países Ibero-Americanos e Itália.* (Coords.: Cassio Mesquita Barros, Domingos Sávio Zainaghi e Yone Frediani). Curitiba: Decisório Trabalhista Editora, 2008.

ETALA, Carlos Alberto. *Derecho colectivo del trabajo.* Associaciones sindicales. Convenios colectivos. Conlictos. Conciliación y arbitraje. Huelga. Bogotá:Astrea Editora, 2017.

FERNANDES, Reinaldo Francisco. *A legitimação para as demandas coletivas no processo do trabalho.* A legitimidade sindical privilegiada. USP: Dissertação de Mestrado, 2010.

FRANCO FILHO, Georgenor de Souza. Reforma trabalhista: O futuro do trabalho, do Direito do Trabalho e da Justiça do Trabalho. In: *Revista da Academia Brasileira de Direito do Trabalho (ABDT)*, São Paulo: LTr, 2017, n. 22.

FRANCO FILHO, Georgenor de Sousa. MARANHÃO, Ney. Covid-19: *FORÇA MAIOR E FATO DO PRINCIPE.* Disponível em: https://andt.org.br/wp-content/uploads/2021/04/COVID-19-FORC%CC%A7A-MAIOR-E-FATO-DO-PRI%CC%81NCIPE.pdf.

GRAU, Eros Roberto. *Ensaio e discurso sobre a interpretação/aplicação do direito.* 4. ed. São Paulo: Malheiros Editores, 2006.

MANGHI, Bruno. Democrazia mínima: regole e costumi del nostro sindacalismo. In: *Potere e esponsabilità e Democrazia Minima:* contributo allo studio dela democrazia nel sindacato. Roma: Edizioni Lavoro, 1981.

MANNRICH, Nelson. Sindicato e crise econômica: heróis ou vilões? In: Arion Saião Romita *et al* (Coords.). *Revista Magister de Direito do Trabalho*, n. 41.

MANNRICH, Nelson. Reforma Trabalhista. Que reforma? In: *Reforma Trabalhista.* Aspectos relevantes. (Coord.) Antonio Carlo Aguiar. São Paulo: Editora Quartier Latin do Brasil, 2017.

MARANHÃO, Délio. *Direito do Trabalho.* In: Délio Maranhão e Luiz Inácio B. Carvalho. 17. ed. Rio de Janeiro: Editora Fundação Getúlio Vargas, 1993.

MARIANI, L. *Compendio de dirrito sindacale.* 11. ed. Sedizione Simone, 2003.

MELGAR, Alfredo Montoya. *Derecho del Trabajo.* 19. ed. Madrid: Tecnos, 1998.

MELHADO, Reginaldo. Os sindicatos e a mundialização do capital: desafios, horizontes e utopias. In: Tarcio Vidotti e José Francisco da Motta Peixoto Giordani (Coords.). *Direito coletivo do trabalho em uma sociedade pós-industrial.* São Paulo: LTr, 2003.

NASCIMENTO, Amauri Mascaro. *Compêndio de direito sindical.* 2. ed. São Paulo: LTr, 2000.

NESTOR de Buen L. *Organización y funcionamento de los sindicatos.* 2. ed. México: Porrúa.

NUÑEZ, Rorix Javier; URIBE, Iván Jiménez. *Prologo.* Guía de Medidas Laborales frente al Covid-19 em Iberoamérica. Bogotá: Tirant Lo Blanch, 2020.

OLIVEIRA, Fernando Alves de. *O sindicalismo brasileiro clama por socorro: um alerta aos sindicalistas e aos contribuintes dos sindicatos.* São Paulo: LTr, 2001.

PEDUZZI, Maria Cristina Irigoyen. *O princípio da dignidade da pessoa humana: na perspectiva do direito como integridade.* São Paulo: LTr, 2009.

REALE JR., Miguel. O escravo como não sujeito no direito brasileiro do Séc. XIX. *Código*. Dimensão histórica e desafio contemporâneo. Estudos em Homenagem ao Professor Paolo Grossi. Porto Alegre: Sergio Antonio Fabris Editor, 2013.

ROBORTELLA, Luís Carlos. Perspectivas do Direito Coletivo com a Reforma de 2019. In: *Revista da Academia Brasileira de Direito do Trabalho (ABDT)*, São Paulo: LTr. 2017, n. 22.

ROBORTELLA, Luís Carlos; PERES, Antônio Galvão. Coronavírus e relações de trabalho. Paradigmas de interpretação em tempos de calamidade pública. In: *Comentários a MP n. 927/2020 e MP n. 936/2020*. Medidas urgentes visando à estabilidade das relações de trabalho. (coord.) Guilherme Miguel Gantus. *e-Book*. Dispnível em: https://www.amazon.com.br/dp/B0877B7TQB/ref=cm_sw_r_wa_apa_i_lD2MEbE6MNWTZ.

ROBORTELLA, Luís Carlos; PERES, Antônio Galvão. *Pandemia e pandemônio jurídico*. Por Amorim Robortela e Galvão Peres.

SARLET Ingo Wolfgang. *A eficácia dos direitos fundamentais*. 8. ed. Porto Alegre: Livraria do advogado, 2007.

TRINDADE, Washington Luiz da. *Regras de aplicação e de interpretação no Direito do Trabalho*, São Paulo: LTr, 1995.

URIARTE,Oscar Ermida. *Sindicatos em libertad sindical*. 5. ed. Montevideu: Fundación de Cultura Universitária, 2016.

VIANNA, Segadas. *Direito Coletivo do Trabalho*. São Paulo: LTr, 1972.

Espaço de domínio público:

http://portal.stf.jus.br/jurisprudencia/.

http://portal.stf.jus.br/noticias/verNoticiaDetalhe.asp?idConteudo=441651&ori=1.

http://portal.stf.jus.br/processos/detalhe.asp?incidente=5886604.

http://www.tst.jus.br/.

http://www.andt.org.br/f/Covid-19%20-%20FOR%C3%87A%20MAIOR%20E%20
FATO%20DO%20PR%C3%8DNCIPE.pdf.

http://www4.planalto.gov.br/legislacao/.

http://www.planalto.gov.br/ccivil_03/_ato2019-2022/2020/Mpv/mpv927.htm.

http://www.planalto.gov.br/ccivil_03/_Ato2019-2022/2020/Mpv/mpv936.htm.

http://www.planalto.gov.br/ccivil_03/_Ato2019-2022/2020/Mpv/mpv945.htmhttp://
www6g.senado.leg.br/busca/?q=projeto+de+lei+n.+1066.

https://www.ilo.org/global/standards/introduction-to-international-labour-standards/
conventions-and-recommendations/lang--es/index.htm.

https://www.ilo.org/wcmsp5/groups/public/---ed_norm/---normes/documents/publication/wcms_739939.pdf.

https://www.who.int/es/dg/speeches/detail/who-director-general-s-statement-on-ihr-emergency-committee-on-novel-coronavirus-(2019-ncov).

https://www.paho.org/bra/index.php?option=com_content&view=article&id=6100:oms-declara-emergencia-de-saude-publica-de-importancia-internacional-em-relacao-a--novo-coronavirus&Itemid=812.

https://www.noticiasaominuto.com/mundo/1406168/brasil-ira-repatriar-todos-os-seus--cidadaos-que-quiserem-sair-de-wuhan.

https://www.conjur.com.br/2020-abr-26/entrevista-ives-gandra-silva-martins-filho-ministro-tst.

https://www.conjur.com.br/2020-abr-17/negociacoes-coletivas-crise-coronavirus.

https://www.conjur.com.br/2020-abr-08/aguiar-calvet-negociacao-individual-reducao--salario-jornada.

https://www1.folha.uol.com.br/mercado/2020/04/empresas-afirmam-que-sindicatos-cobram-ate-r-500-para-fechar-acordo-trabalhista.shtml.

https://www1.folha.uol.com.br/opiniao/2020/04/a-licao-de-santo-agostinho.shtml.

https://www.folhavitoria.com.br/economia/noticia/04/2020/dignidade-do-trabalhador--esta-atendida-diz-presidente-do-tst.

https://extra.globo.com/noticias/economia/sindicatos-assinam-acordos-emergenciais-para-reducao-de-jornada-de-trabalho-salario-24313339.html.

https://www.poder360.com.br/opiniao/justica/pandemia-e-pandemonio-juridico-por-amorim-robortella-e-galvao-peres/.

https://abrasel.com.br/noticias/noticias/decisoes-abusivas-de-sindicatos-aceleram-demissoes-no-brasil-durante-a-crise-do-coronavirus/.

https://pt.wikipedia.org/wiki/Peste_Negra.

https://brasilescola.uol.com.br/historiag/i-guerra-mundial-gripe-espanhola-inimigos-visiveis-invisiveis.htm.

https://brasilescola.uol.com.br/historiag/i-guerra-mundial-gripe-espanhola-inimigos-visiveis-invisiveis.htm.

A Covid-19 e Fragilidade do Sindicato Durante a Epidemia[1]

Os tempos são de incerteza e insegurança. O mundo parou. Um vírus novo (Covid-19), ser invisível, maléfico e mortal, estava a ameaçar — e a ceifar — vidas, do crepúsculo de 2019 — momento em que apareceu no continente asiático e iniciou sua jornada — até o alvorecer de 2020, quando plantou no mundo a certeza de que, efetivamente, ameaçava a humanidade, deixando uma geração inteira incrédula.

Diante do inimigo desconhecido e sem armas para combatê-lo, seguindo orientação da Organização Mundial de Saúde, os diversos governos declararam estado de emergência de saúde e calamidade pública, com determinação de isolamento social e paralisação de atividades econômicas, exceto as essenciais, como o fizera também o Brasil.

Mesmo frente ao desconhecido e à incerteza era preciso, emergencialmente, poupar vidas ou recuperar a saúde de quem foi atingido pela doença e, também, assegurar condição mínima de sobrevivência à população reclusa.

Imerso nesse mundo atípico o direito positivo, construído para tempos "normais", não dava conta da realidade vivenciada. Então, para enfrentar o cenário pautado pelo drama humano, foi editada toda uma "legislação de crise".

Legislação apenas e tão somente para os tempos "anormais".

Nesse contexto, foi editado o Decreto Legislativo n. 06, de 20.03.2020 e promulgada a Lei n. 13.979, de 06.03.2020, contendo diretrizes para as pessoas poderem enfrentar os tempos de pandemia.

Mas, a só regulação da vida em sociedade não era suficiente, necessário igualmente garantir a subsistência. Não apenas a do cidadão trabalhador com vínculo formal de emprego, mas de todo aquele que perdeu sua fonte de subsistência (autônomo, informal, desempregado, subempregado, chefe de família).

Por isso, com a atenção voltada à sociedade como um todo, o Governo Federal editou a Medida Provisória n. 927, de 22.03.2020, dispondo sobre medidas para o enfrentamento do estado de calamidade pública e da emergência de saúde pública decorrente do coronavírus (Covid-19), entre elas trabalhistas.

(1) Nota do organizador: texto originalmente publicado na revista eletrônica *CONJUR* em 19 de maio de 2020.

Esta, foi seguida pela Medida Provisória n. 936, de 1º.04.2020, instituindo programa emergencial de manutenção do emprego e renda, além de medidas trabalhistas complementares, entre outros textos legais.

Todavia, relativamente às relações de trabalho, um aspecto da "legislação de crise" chamou atenção: a inevitável flexibilização de direitos trabalhistas, como forma de preservar empregos, poderia se dar por meio do acordo individual entre empregado e empregador; ou seja, válido o ato sem a participação do sindicato.

Ao reconhecer a substancial alteração do contrato de trabalho, com permissão de redução de jornada com proporcional redução de salário, ou, sua suspensão, sem intervenção do sindicato, a Medida Provisória n. 927 seria inconstitucional?

Logo, o Supremo Tribunal Federal (STF) foi chamado a se pronunciar. E a Corte, em sede cautelar, pela maioria de seus Ministros, declarou a conformidade da regra do art. 2º da referida Medida Provisória n. 927 com a ordem constitucional, afastando, assim, a insegurança jurídica que envolveu a questão. Mas, sem antes, o Ministro Relator, na condução do voto vencido, potencializar a insegurança com decisão liminar, sinalizando inconstitucionalidade.

Por ora, e enquanto não julgada em definitivo a ação direta de inconstitucionalidade (ADI 6.363) ou lei dispuser em sentido contrário, válido é o acordo, flexibilizando aspectos trabalhistas, firmado entre empregado e patrão.

O acordo individual somente não prevalece se norma coletiva, pactuada em decorrência dos efeitos da Covid-19, contemplar condições mais benéficas. Neste caso, em razão de princípio basilar do Direito do Trabalho, aplica-se a condição mais vantajosa.

Independentemente, pois, da "legislação de crise" o direito tutelar do trabalho assegura a prevalência da condição mais benéfica. Isso significa — continuará significando — que, objetiva e concretamente, confrontando-se termos de alteração contratual por meio de contrato individual e termos de cláusula normativa firmada em virtude das mesmas razões que levaram o trabalhador aquiescer, o mais vantajoso prevalece.

E assim, a proteção do interesse do trabalhador se dá na maior medida do possível e a relevante função sindical permanece intacta. Não é necessário que o direito pereça por se julgar que o trabalhador, na emergência, não tem condição de saber o que é melhor: flexibilizar ou ficar sem emprego. Se, doravante, for constatado que o sindicato na negociação coletiva angariou melhor condição, está que será aplicada.

A liberdade individual e a liberdade coletiva não sofrem qualquer abalo.

Partindo-se de tais premissas, acredita-se que a questão não é de omissão ou descuido do legislador com a função sindical, que levaria à inconstitucionalidade do art. 2º da Medida Provisória n. 927, mas que querer. Ou seja, para o sindicato agir não necessita de lei que autorize, ao revés, sua função constitucional e o reconhecimento do seu ato típico está — e continua — constitucionalmente assegurado (CF. art. 7º, XXVI; art. 8, III).

Com a liberdade que lhe é própria, ainda que parcial, imune à ingerência em sua organização e atuação (CF. art. 8º, I), o sindicato brasileiro está apto a atuar não só na "questão social", em busca de melhores condições de trabalho de integrantes da categoria, mas também, a partir do reconhecido *status* de direito fundamental, a praticar o diálogo e a concertação social.

De fato, a sociedade contemporânea, frente a realidade social, econômica e política, não prescinde da atuação sindical no diálogo e na concertação social.

É certo que, faz algum tempo, em âmbito global, vem o sindicato perdendo vigor de tempos do seu florescimento e consolidação como direito humano de primeira grandeza, ressentido, entre outras causas, pelo ambiente de flexibilização da legislação trabalhista e da tendência de privatização da seguridade social, além da introdução massiva de tecnologias substitutivas de mão de obra a gerar desemprego e segmentação da base sindical. E mais, por não se dá conta da realidade que o circunda, reinventando-se para representar outros trabalhadores (p. ex.: desempregado, subempregado e informal) e não apenas os que detém vínculo formal de trabalho.

No Brasil não é diferente. O sindicato não está imune a tais adversidades. A elas ainda se agrega a anomalia do sistema, na medida em que o ente sindical é livre para agir e se organizar, mas dependente notadamente por manter representação atrelada a base territorial (CF art. 8º, II).

Tal paradoxo inviabiliza a implantação da liberdade ampla e debilita ainda mais o sindicato. Se o ente associativo nasceu sob a aura da liberdade, como assentado na Convenção n. 81, da OIT, será a liberdade com efetiva atuação que, a partir dos resultados colhidos e da proximidade com o representado — e com a sociedade —, que restabelecerá seu protagonismo.

De recordação de tempos de glória não se vive. Imperioso o trabalho com afinco, pois dele advirá a contrapartida, ponto tão sensível: o custeio sindical.

Outro ponto sensível, com a compleição da liberdade, seria a redução, ou mesmo eliminação, do sindicato "por conveniência", expurgando-se do sistema sindical os denominados sindicatos "pelegos", "amarelos" ou "inúteis".

À margem o sindicato — e suas vicissitudes — o certo é que, em meio aos mais de 17.000 sindicatos que se encontram na base de dados da Secretaria do Trabalho do Ministério da Economia como ativos regulares, existe sindicato representativo, exceção à regra, mas existe.

E o que se vê de mais relevante nesse momento caótico e de crise, acredita-se não ser omissão da "legislação de crise" em relação à vontade coletiva, mas, sim, a falta de liberdade sindical e sua fragilidade.

Debilidade que atinge o sindicato ao ponto de o próprio poder público duvidar de sua capacidade representativa. Foi exatamente o que se testemunhou, ainda que atuação pontual de órgão institucional (MPT-PRT2 NF n. 0016242020.02.000/NF n. 001846.2020.02.000/1-138) e de decisão monocrática liminar (ACP 1000433-90.2020.5.02.0038), na declarada nulidade de aditivo a convenção coletiva de trabalho, firmado entre sindicatos das categorias profissional e econômico, com o objetivo de preservar empregos.

Segundo a percepção dos agentes públicos envolvidos, por um lado, a assinatura da norma coletiva emergencial não foi precedida de autorização da categoria; por outro, o aditivo era "leonino".

O que se viu na prática, e em última análise, foi intolerável ingerência na atuação sindical. A vontade coletiva mitigada pelo agente público, com sobreposição de sua vontade sobre a coletiva. Com isso, operando-se total inversão de parâmetros e valores, em que o sindicato é que passa a ser tutelado, pois sem capacidade de discernir o que é melhor e mais apropriado para seus representados.

E dessa forma, assim como o empregado hipossuficiente, o sindicato também precisa de tutela por não saber defender interesses que lhe foram confiados, nem possuir forças para resistir ao patrão.

Nesse ambiente potencialmente caótico e inseguro, a evidenciar, na lúcida percepção de Luís Carlos Robortella e Antônio Galvão Peres, verdadeiro estado de "pandemia e pandemônio"(2), ainda reina a teoria do "oportunismo".

Esta, seria revelada por aqueles que, ignorando instrumental de hermenêutica constitucional e princípios essenciais à vida em sociedade: ponderação, boa-fé e transparência, acredita que a "legislação de crise" servirá de pretexto para se implantar, em definitivo, reforma trabalhista com retrocesso social.

Nada justifica! E o que fazer?

Imagina-se não haver dúvida quanto à imperiosidade de se voltar à Constituição Federal, porto seguro do Estado Democrático de Direito.

E a partir de sua normatividade, em primeiro lugar, acreditar em seus postulados; observar competências por ela distribuídas, cumprindo cada órgão ou ator social a sua função específica, bem como não esquecer que a Constituição Federal, principiológica

(2) Disponível em: https://www.poder360.com.br/opiniao/pandemia-e-pandemonio-juridico-por-amorim-robortella-e-galvao-peres/.

como as modernas constituições, trouxe como valor fundante a dignidade humana, colocando ainda trabalho e capital no mesmo patamar, entre outros relevantes princípios.

Depois, partindo-se dessa premissa (realizar a vontade da Constituição), não se afastar da sólida e consistente hermenêutica constitucional que, a partir de princípios instrumentais de interpretação constitucional, sopesar valores, direitos e garantias a fim de determinar, em juízo de ponderação, qual princípio vai prevalecer *in concreto*, a despeito da importância dos elevados valores em aparente choque.

Assim, diante do inacreditável e repentino mundo novo, reaviva-se a certeza, que vem de há muito, de que a reforma sindical é imprescindível e urgente, a fim de viabilizar a Convenção n. 87, da OIT, condição necessária para o sindicato se refundar e, por óbvio, fortalecer e assumir seu relevante papel na sociedade, tal como concebido pela ordem constitucional.

E mais, diante do estado declarado de calamidade, reconhecer, como lembrou o Ministro Luiz Fux(3), que "a tarefa do Judiciário é fazer escolhas trágicas", devendo os juízes "ser responsivos ao povo e mensurar as consequências de suas decisões" ou, ainda, como acentuou o Ministro Ives Gandra Martins da Silva Filho(4), em cenário de Covid-19 e de crise econômica, o desafio da Justiça do Trabalho é "decidir com rapidez e ponderação as demandas que recebe, percebendo que a fragilização não e apenas dos trabalhadores, mas também dos empregadores".

Enfrentando, pois, objetivamente a questão posta: em qualquer tempo — e com maior razão em tempos "anormais" — os agentes públicos, sem exceção, devem responder às demandas, mensurando o alcance e as consequências de seus atos, inexistindo qualquer base legal para, simplesmente, o Poder Público interferir na função sindical. O ato normativo (acordo ou convenção coletiva de trabalho ou respectivos aditivos) somente perde a validade após a certeza jurídica advinda da coisa julgada que o declare inválido ou nulo. Enquanto essa certeza não se apresentar o ato normativo produz seus efeitos, exceto se a nulidade declarada for com efeito *ex tunc*, caso em que retroage à época da origem do ato.

---

(3) Disponível em: https://www1.folha.uol.com.br/opiniao/2020/04/a-licao-de-santo-agostinho.shtml.

(4) Disponível em: https://www.conjur.com.br/2020-abr-26/entrevista-ives-gandra-silva-martins-filho-ministro-tst.

Proteção Social de Grupos Vulneráveis na Pós-Pandemia[(1)]

Resumo: O trabalho ocupa — e sempre ocupou — posição de destaque na vida humana. Primeiro, com conotação individual, voltado à subsistência e segurança. Depois, com conotação social, quando, sobrando força trabalho, passou a ser despendida em favor de outrem e, como tal, elemento de produção. A essencialidade do trabalho na vida humana foi causa determinante de subjugo não só na exploração capitalista sem limite, causa de miséria e degradação, mas pela servidão e escravidão. Resgate da humanidade no trabalho consolidou-se no Século XX, com o Tratado de Versalhes e criação da Organização Internacional do Trabalho (OIT). A legislação social consolida e expande-se. Constantemente revisitada e revisada, encontra-se apta e com força suficiente para enfrentar as transformações no mundo do trabalho e os abalos decorrentes de catástrofes, como o desastre natural em saúde que se abate sobre a humanidade. Essa é a conclusão da Conferência Internacional do Trabalho (2021), sobre aspectos inerentes ao mundo do trabalho em tempos de Covid-19. A abordagem foi centrada no ser humano, com chamado global à ação de recuperação, ficando evidenciado que não haverá desenvolvimento sustentável se não for dada atenção especial ao vulnerável, de cujo universo de vulnerabilidade se destaca a tentativa de o Brasil proteger a mulher gestante e o nascituro.

Palavras-chave: proteção social; grupos vulneráveis; OIT; chamada global; ação; recuperação; trabalho; homem; pós-pandemia; Lei brasileira n. 14.151/2021; proteção à gestante e ao nascituro.

Abstract: Work occupies — and has always occupied — a prominent position in human life. First, with individual connotation, focused on subsistence and security. Then, with social connotation, when, with the remaining workforce, it began to be spent in favor of others and, as such, an element of production. The essentiality of work in human life was a determining cause of subjugation not only in capitalist exploitation without limit, cause of misery and degradation, but by servitude and slavery. The rescue of humanity at work was consolidated in the 20th century with the Treaty of Versailles and the creation of the International Labour Organization (ILO). Social legislation consolidates and expands. Constantly revisited and revised, it is able and strong enough to face the transformations in the world of work and the shocks resulting from disasters, such as the natural disaster in health that is being struck down on humanity. This is the conclusion of the International Labour Conference (2021), on aspects inherent to the world of work in times of Covid-19. The approach was centered on the human being, with a global call to recovery action, and it is evident that there will be no sustainable development if special attention

(1) Nota do organizador: Texto originalmente publicado nos *Anais do XI Congresso Internacional de Direito do Trabalho*. São Paulo. A proteção social na encruzilhada. São Paulo: Lex, 2021. v. 1.

is not given to the vulnerable, whose universe of vulnerability stands out the attempt of Brazil to protect pregnant women and the unborn child.

Keywords: social protection; vulnerable groups; ILO; Global call; share; recovery; work; man; post-pandemic; Brazilian Law No. 14,151/2021; protection for pregnant women and the unborn child.

Introdução

O trabalho é condição vital para o homem, pois através dele garante sua subsistência e, por consequência, sua sobrevivência. Registra a história da humanidade, com cores indeléveis, que o trabalho, por sua essencialidade à vida, desde sempre, foi causa de subjugo do homem, que passou a depender do sistema político/econômico de cada época, pela condição de escravo, servo, operário, até galgar a condição de cidadão, no marco das modernas democracias e da declaração de direitos tradicionais do homem pelo Tratado de Versalhes, no Século XX.

A Organização Internacional do Trabalho (OIT), integrante do Tratado de Versalhes (1919), tem a missão de impulsionar a justiça social e promover o trabalho decente por meio de um conjunto de normas e recomendações internacionais. Tais documentos, ao plantarem as bases filosóficas para os direitos do homem, humanizaram o trabalho.

A par disso, vinha a OIT, no correr dos anos, acompanhando atentamente as transformações no mundo do trabalho e desse empenho e dedicação resultou um lastro normativo, permanente revisitado, suficiente para atravessar intempéries.

O desastre em saúde pública, que não se sabe o quão duradouro será, atinge escala global, com drásticos impactos no mundo do trabalho. Então, em pleno estado de emergência, realiza-se a Conferência Internacional do Trabalho (2021),(2) com o propósito de cuidar de aspectos inerentes ao mundo do trabalho em tempos de Covid-19.

Nessa ocasião, mais uma vez, reafirma a Conferência Internacional do Trabalho que o sólido legado da Declaração da Filadélfia seria suficiente para enfrentar o estado de crise aguda no mundo do trabalho, lançando forte apelo à ação global para uma recuperação centrada nas pessoas da crise da Covid-19.(3)

Na abordagem, centrada no ser humano, a OIT deixa claro que ao cumprir o objetivo da ONU para o desenvolvimento sustentável não se pode esquecer da população que mais está sofrendo os efeitos da crise, que são os jovens, mulheres, migrantes, entre outros, a merecer atenção especial. Os vulneráveis, na visão da OIT, deverão ter atenção especial, mesmo porque sem isso não haverá desenvolvimento sustentável.

---

(2) Cf. Memoria del Director General: El trabajo en tiempos de la COVID. *Oficina Internacional do Trabalho.* Genebra/Suíça. Primeira Edição.

(3) *Idem.*

Assim, considerando o largo universo de vulnerabilidade, destaca-se a proteção à mulher grávida no sistema nacional que, em certas circunstâncias, não pode exercer a atividade laboral sem risco extremo para si e para o nascituro.

1. Proteção social no contexto do *direito das necessidades*

O trabalho, desde sempre, ocupou posição fundamental na vida humana,[(4)] servindo pela essencialidade de instrumento de opressão do mais forte, conforme o sistema político-econômico imperante em cada época.

Foi causa de subjugo do homem, levando-o a suportar o trabalho escravo, ou servil, o operário, até galgar a condição de direito humano,[(5)] no marco do Estado-Social das modernas democracias do Século XX.

A conquista importou, como assinala José Marín Marín,[(6)] em *Los trabajos, los días... y el derecho,* na passagem do contrato do modelo *liberal* para *estatuto* do Estado reformista.

Tal mudança significou o resgate da humanidade no trabalho, pois, como afirmara Rui Barbosa,[(7)] o "capital é inteligente, mas não tem direito sobre a humanidade".[(8)]

Consolida-se o Direito do Trabalho, integrado a documentos do pós-Segunda Grande Guerra que, selando a paz, plantou bases filosóficas para os direitos tradicionais do homem.

Como parte integrante do Tratado de Versalhes (1919), a Organização Internacional do Trabalho (OIT) carrega, entre seus fundamentos, a persecução da paz universal alicerçada na justiça social e na necessidade de mudar o estado de miséria e injustiça social imperante no mundo.

Para cumprir sua finalidade — a de criar regime de trabalho humanizado — a Organização Internacional do Trabalho (OIT) oferece, em sua síntese, um conjunto de princípios, normas, convenções e recomendações, cujo conteúdo essencial é formado pelas declarações universais dos direitos do trabalhador.

Todavia, a instabilidade não tarda, surgindo os primeiros abalos ainda naquele século, inicialmente com a crise energética (década de 1970), que levou setores produtivos, que

(4) Sobre a história operária consultar, por todos, Eric J. Hobsbawm, em *Mundos do Trabalho.* Novos estudos sobre história operária.

(5) *Los trabajos, los días... y el derecho:* una aproximación a la "prehistoria" del Drecho del Trabalho. Albacete/Espanha: Editorial Bomarzo, 2000.

(6) *Ibidem*, p. 364

(7) *A questão social e política no Brasil.* Conferência pronunciada no Teatro Lírico, do Rio de Janeiro, a 20 de março de 1919. São Paulo: LTr – Rio de Janeiro: Fundação Casa de Rui Barbosa, 1983.

(8) *Ibidem*, p. 16-17.

dependiam do combustível fóssil, a empreender esforços para reduzir custos de produção e distribuição e a buscar novas alternativas; depois o desenvolvimento da *internet*, da informática, da robótica, fazendo surgir o que se chamou de 3ª Revolução Industrial.

Tamanho o impacto da tecnologia no mundo do trabalho, com o recrudescimento, cada vez mais fulgurante, da externalização produtiva e mundialização da economia, que se chegou a imaginar não haver futuro possível(9) para recuperar o direito tutelar originário.

Os direitos sociais derivados da normativa internacional para o padrão industrial de outrora e modelo produtivo correlato não eram mais suficientes. A nova realidade, modificada a cada instante pelo extraordinário avanço da tecnologia e das comunicações, mudou totalmente o padrão organizativo da empresa e a forma de prestar o trabalho, a exigir a adequação dos direitos sociais.

A onda de flexibilização e a difusão da solidariedade teve, entre suas causas, o armazenamento instantâneo de informações, a comunicação remota pela transferência de voz e dados e a possibilidade de produção sem intervenção direta do ser humano.

Significativos impactos também foram suportados pelo setor produtivo de bens e serviços, com o surgimento de vendas *online* no comércio, a utilização do computador pelas empresas e pelos consumidores finais, o uso do celular, da *internet*, com substancial interferência no segmento fotográfico, musical, entretenimento, turismo, transporte, só para exemplificar.

Frente a tão profundas e significativas transformações Antônio Carlos Aguiar(10) não deixa esquecer: o mundo mudou. Mudança marcada por intensa informatização e robotização do processo produtivo, que vai da substituição da mão de obra humana por robôs no dia a dia laboral até a dinâmica de acompanhamento do trabalho subordinado, dentro e fora das dependências do empregador (uso de meios telemáticos), por intermédio dos mais diversos tipos tecnológico-digitais, e mais, pelo surgimento na última década de plataformas digitais de trabalho *on-line*.

Instala-se a 4ª Revolução e, com ela, a máquina passa a competir com o homem, subtraindo lugar e diminuindo-lhe oportunidades de trabalho e chances de reivindicar direitos trabalhistas.

E assim os influxos próprios das transformações vivenciadas, aliados à natureza do direito que, na expressão de Washington Luiz da Trindade,(11) submete-se às "leis das necessidades", abalou a consistência do direito tutelar.

---

(9) Ilustrativamente, nesse contexto, lembra-se aqui obra de Jeremy Rifkin (*Fim dos Empregos*. Makron Books) e, em contraponto, a de Domenico de Mais (*O ócio criativo*. Rio de Janeiro: Sextante).

(10) *Direito do trabalho 2.9 digital e disruptivo*. São Paulo: LTr, 2018. p. 16.

(11) A avulsividade e o declínio do salário. *Revista Trabalho & Doutrina*. Diretor: Valentin Carrion, v. 19, dez. 1998.

Em xeque as conquistas sociais dos trabalhadores; para piorar o cenário, emerge situação de calamidade pública decretada em virtude da doença provocada pelo novo coronavírus (Covid-19).

A calamidade pela pandemia levou a imperiosa necessidade de se adotar contenção social como forma de prevenir a doença, levando as mais desastrosas consequências ao mundo do trabalho.

2. Legado da Declaração da Filadélfia. Capital a serviço do homem

É certo que o mundo do trabalho encontra-se em constantes e progressivas modificações, sendo certo também que a sociedade moderna, que se põe sob a luz da normativa internacional dos Direitos do Homem, não admite retrocesso: o homem jamais voltará a servir ao capital. A supremacia do homem (humanidade) é conquista permanente e condição para a paz e a justiça social.

Nem mesmo os mais consistentes e sistêmicos abalos gerados pelas transformações no mundo do trabalho, potencializados pela tragédia humanitária decorrente da Covid-19, seriam capazes de aniquilar enunciado base da Declaração Universal dos Direitos do Homem (DUDH) e da normativa da Organização Internacional do Trabalho (OIT), voltada à persecução da dignidade humana.

O caminho a seguir, sem chance para retrocesso de direitos sociais, é o da dignidade e da justiça social e, para tanto, a solução é perseguir a inspiração da Declaração da Filadélfia.

Com esse legado, se o sistema de tutela sofreu — e está sofrendo — abalos, a solidez da Declaração Universal dos Direitos do Homem (DUDH) é suficiente para conter qualquer dialética com potencial desintegrador".[12]

3. Resposta global a uma recuperação centrada nas pessoas

O que se percebe, com clareza, é que a OIT está vigilante e agindo prontamente no contexto das rápidas e progressivas mudanças econômico-sociais, oriundas das mais diversas e até improváveis causas, que, necessariamente, impactam o mundo do trabalho.

De fato, em qualquer cenário, por mais substanciais que foram os abalos, a normativa internacional dos Direitos Humanos e dos Direitos Fundamentais do Trabalhador deu — e continuará dando — resposta adequada.

---

(12) Joselita Nepomuceno Borba. *Sistema social e econômico.* Do Estado Social ao Estado pós-Social ou Moderno. Perspectiva para um trabalho decente pós-Covid-19, sob a perspectiva dos Direito Humanos e observância dos elevados valores: solidariedade, cidadania e ética. Atualidades e Tendencias do Direito e Processo do Trabalho. (Coords.: Amanda Barbosa, Andreia Chiquini Bugalho e Luiza Miessa dos Santos). Salvador: JusPodivm, 2021. No prelo.

Não fosse a Declaração de Filadélfia se apresentar apropriada e pertinente para os desafios do século XXI, a normativa contida na Declaração da Organização Internacional do Trabalho (OIT) sobre Justiça Social para uma Globalização Equitativa de 2008,[(13)] a clarividência da Administração da Organização Internacional do Trabalho (OIT), Convenções e Recomendações, que tratam de direitos fundamentais,[(14)] além de outras que se revestem da maior importância para a governança,[(15)] são suficientes para o enfrentamento das questões inerentes ao trabalho.

Alie-se a tudo isso, frente cenário sombrio instalado pela pandemia,[(16)] os esforços da Organização Internacional do Trabalho (OIT),[(17)] tendentes a avançar no objetivo da justiça social, que é condição indispensável para obter uma paz duradoura em todo o mundo.

A Agenda Mundial para políticas econômicas e sociais, que vinha priorizando formas de alcançar o pleno emprego,[(18)] viu-se diante de premente necessidade de defender trabalho e renda.

Seguramente, no cinquentenário da Declaração Universal dos Direitos do Homem (DUDH), a Declaração de Direitos Fundamentais dos Trabalhadores adotada pela Organização Internacional do Trabalho (OIT) reafirmou a obrigação dos países membros de cumprir, mediante mecanismos de controle, os direitos fundamentais inerentes à liberdade sindical, abolir o trabalho forçado e erradicar o trabalho infantil e eliminar toda e qualquer modalidade de discriminação no trabalho.[(19)]

---

(13) Disponível em: https://www.ilo.org/wcmsp5/groups/public/---americas/---ro-lima/---ilo-brasilia/documents/genericdocument/wcms_336918.pdf.

(14) Convenções da Organização Internacional do Trabalho (OIT) sobre direitos fundamentais: Convenção n. 87 – Liberdade sindical e proteção ao direito de sindicalização; Convenção n. 98 – Direito de sindicalização e de negociação coletiva; Convenção n. 29 – Trabalho forçado; Convenção n. 105 – Abolição do trabalho forçado; Convenção n. 138 – Idade mínima; Convenção n. 182 – Piores formas de trabalho infantil; Convenção n. 100 – Igualdade de remuneração; Convenção n. 111 – Discriminação (emprego e ocupação). Ver: https://www.ilo.org/global/standards/introduction-to-international-labour-standards/conventions-and-recommendations/lang--es/index.htm.

(15) Convenções da Organização Internacional do Trabalho (OIT) sobre governança: Convenção n. 81 – Inspeção do trabalho; Convenção n. 122 – Política de emprego; Convenção n. 129 – Inspeção do trabalho (agricultura); Convenção n. 144 – Consulta tripartite (normas internacionais do trabalho). Ver: https://www.ilo.org/global/standards/introduction-to-international-labour-standards/conventions-and-recommendations/lang--es/index.htm.

(16) Disponível em: https://www.ilo.org/wcmsp5/groups/public/---dgreports/---dcomm/documents/briefingnote/wcms_749470.pdf.

(17) Disponível em: https://www.ilo.org/global/about-the-ilo/lang--en/index.htm.

(18) Cf. Cúpula Mundial sobre Desenvolvimento social (Copenhagem/1995); da Conferência Interministerial da OMC — Organização Mundial do Comércio, (Cingapura/1996); da Declaração de Direitos Fundamentais dos Trabalhadores da Organização Internacional do Trabalho — OIT (junho/1988), quando se comemorou os 50 anos da Declaração Universal dos Direitos do Homem.

(19) Naquela oportunidade os países membros foram conclamados a implantar a liberdade sindical (Convenção 87); abolir toda forma de trabalho forçado (Convenções ns. 29 e 105); erradicar todo tipo de trabalho infantil (Convenção n. 138) e eliminar qualquer modalidade de discriminação no trabalho (Convenções ns. 100 e 111).

Na sequência, reveste-se da maior relevância a Conferência Internacional do Trabalho, de 1999, acerca do *trabalho decente*, como forma de "melhorar a situação dos seres humanos no mundo do trabalho".[(20)]

Em 2017, por ocasião da 106ª reunião da Organização Internacional do Trabalho (OIT), em Genebra, a atenção se voltou para o emprego e trabalho decente em situações de *crise* causadas por *conflitos e desastres*. Nessa oportunidade, princípios foram reafirmados para, sobre tal alicerce, emitir a Conferência Geral da Organização e a Recomendação n. 205 sobre Emprego e Trabalho Decente para a Paz e Resiliência.[(21)]

Já em tempos de pandemia, com o futuro radicalmente transformado pela pandemia da Covid-19, reúne-se a Conferência Internacional do Trabalho,[(22)] em sua 109ª (2021), ocupando-se do tema "O trabalho em tempos de COVID".

Na *Memoria del Director General*[(23)] ficou assentado que o impacto social e econômico e, por consequência, a crise sem precedente no mundo do trabalho em decorrência da Covid-19, reclama resposta global para uma recuperação centrada nas pessoas, constando, ainda, do documento final da Conferência "apelo à ação global para uma recuperação centrada nas pessoas da crise da Covid-19, que seja inclusiva, sustentável e resiliente".

Esse documento – e seu anexo —, como ali esclarecido, tem o propósito de dar resposta à crise a partir das lições aprendidas até o momento e enfrentar o desafio de construir o melhor para o futuro no marco de uma recuperação centrada nas pessoas.[(24)]

Estima o Conselho de Administração, conforme consignado no referido Relatório, que esse é um grande passo para definir o rumo para o mundo cumprir os objetivos comuns da Agenda 2030 das Nações Unidas para o Desenvolvimento Sustentável e para a OIT promover a justiça social e o trabalho decente para todos.[(25)]

A resposta global para uma recuperação centrada nas pessoas está alicerçada em sólido lastro normativo, permanentemente revisitado e de comprovada eficácia, a ele agregado a implantação da Agenda 2030 das Nações Unidas para o Desenvolvimento Sustentável e o cumprimento da meta da OIT para o alcance da justiça social e o trabalho decente para todos, é suficiente para atravessar as intempéries.

---

(20) Cf. *Memoria del Director General: Trabalho decente.* Oficina Internacional del Trabajo Ginebra. Conferência Internacional del Trabajo. 87ª reunião. Ginebra, junio de 1999. Disponível em: https://www.ilo.org/public/spanish/standards/relm/ilc/ilc87/rep-i.htm.

(21) Disponível em: https://www.ilo.org/dyn/normlex/es/f?p=NORMLEXPUB:12100:0::NO::P12100_ILO_CODE:R205.

(22) Cf. *Memoria del Director General:* El trabajo em tempos de la COVID. Oficina Internacional do Trabalho. Genebra/Suíça. Primeira Edição.

(23) *Prefácio.*

(24) *Memoria del Director General:* El trabajo em tempos de la COVID. Oficina Internacional do Trabalho. Genebra/Suíça. Primeira Edição, p. 4.

(25) *Ibidem*, p. 4.

4. O trabalho em tempos de Covid-19. 109ª Conferência Internacional do Trabalho (2021)

Os atores sociais que participaram da 109ª Conferência Internacional do Trabalho (2021),[(26)] à unanimidade, lançaram um chamado global à ação para facilitar a resposta do mundo do trabalho à crise da Covid-19.

O conclave se ocupou da tragédia abatida sobre a humanidade decorrente da Covid-19 e as drásticas consequências sobre as relações de trabalho, além de apontar saídas capazes de impedir retrocesso social, com agravo à justiça social e potencialização do estado de miséria e injustiça social imperantes no mundo.

O documento final da Conferência, de forma concisa, clara e sistemática, enfrenta a questão da calamidade que está atingindo o mundo do trabalho em transformação, aponta medidas para superar a crise, indica o caminho e a ação da OIT27 para a recuperação, além de apresentar um projeto intitulado "Apelo à ação global para uma recuperação centrada nas pessoas da crise Covid-19 que seja inclusiva, sustentável e resiliente"[(27)], que, doravante, norteará as ações da Organização sobre o tema.

A abordagem constante do Relatório está centrada no ser humano e envolve três áreas de ação: (i) aumento do investimento nas capacidades das pessoas, (ii) aumento do investimento nas instituições de trabalho e (iii) aumento do investimento em trabalho decente e sustentável, refletindo, portanto, as principais recomendações da Comissão Global sobre o Futuro do Trabalho (2019).

A chamada global à ação de que trata o mencionado Relatório contém um chamado aos Estados-membros para garantir emprego a todas as pessoas em um mundo do trabalho em transformação, garantir proteção adequada aos trabalhadores e promover o crescimento econômico sustentado, pleno emprego e trabalho decente.

E esse chamado global recomendou o cumprimento da Agenda 2030 para o Desenvolvimento Sustentável das Nações Unidas (2015), consistindo esta em um plano de ação para pessoas, planeta e prosperidade, dela constando três dimensões da sustentabilidade: econômica, social e ambiental, com 17 objetivos globais de desenvolvimento e metas a serem alcançadas.

Entre as metas enumeradas, destaca-se a importância do trabalho decente para o desenvolvimento sustentável, propósito almejado também em tempos de incertezas geradas pela pandemia decorrente da Covid-19, agravadas por informações conflitantes e falta de conhecimento científico sobre a moléstia. Nesse cenário nebuloso, decidiram

---

(26) *Memoria del Director General:* El trabajo em tempos de la COVID. Oficina Internacional do Trabalho. Genebra/Suíça. Primeira Edição, p. 3-27.

(27) *Ibidem*, p. 29.

os autores do Relatório da Conferência Internacional do Trabalho (2021) atuar com o mesmo pragmatismo daqueles autores da Agenda 2030, para realizar o processo de recuperação da Covid-19.(28)

Quando apontam o caminho da recuperação, são incisivos em lembrar que, em quase todos os países, inclusive aqueles em melhor situação, a população está sofrendo desproporcionalmente os efeitos da crise: jovens, mulheres, migrantes, trabalhadores de baixa qualificação e pessoas que trabalham nos setores mais afetados.(29) Ou seja, os vulneráveis são os mais atingidos.(30) E deixá-los à margem não estaria conforme a visão de crescimento inclusivo, emprego produtivo e trabalho decente, defendida pela Agenda 2030.

Também alicerça-se a Conferência Internacional do Trabalho (2021) na Declaração do Centenário da OIT, que tem como um de seus eixos estimular todos os Estados-membros a desenvolverem uma abordagem centrada nas pessoas para o futuro do trabalho, apostando em três áreas: (i) capacidades de todas as pessoas, por meio de medidas voltadas para: igualdade de gênero, aprendizagem ao longo da vida e educação de qualidade para todos; acesso universal à proteção social abrangente e sustentável e apoio efetivo para que as pessoas lidem com transições ao longo da vida profissional; (ii) instituições de trabalho, a fim de proporcionar proteção adequada a todos os trabalhadores em relação a: respeito aos seus direitos fundamentais; um salário mínimo adequado; limites máximos no tempo de trabalho, e segurança e saúde no trabalho, e (iii) crescimento econômico sustentado, inclusivo e sustentável, emprego pleno e produtivo e trabalho decente, por meio de políticas públicas.(31)

Como se vê, os instrumentos normativos de eficácia comprovada, aliados às ações da OIT, são suficientes para enfrentar os tempos de crise e, em consequência, a Conferência Internacional do Trabalho (2021) lançou o "chamamento mundial à ação para

---

(28) *Memoria del Director General:* El trabajo em tempos de la COVID. Oficina Internacional do Trabalho. Genebra/Suíça. Primeira Edição, p. 67.

(29) *Ibidem*, item 84, p.

(30) Esse declínio na produtividade e na participação no mercado de trabalho, juntamente com o impacto econômico e social desproporcional da pandemia sobre grupos desfavorecidos e vulneráveis e a irregularidade e incerteza das trajetórias de crescimento esperadas em detrimento dos países emergentes e em desenvolvimento, oferece um contraponto muito sombrio à perspectiva de "*una repetición de los «locos años veinte», que algunos pronostican para las economías avanzadas bajo el impulso de la aplicación continuada de estímulos fiscales y la liberación de la demanda contenida durante los períodos de confinamiento. Tampoco debe olvidarse que tras los «locos años veinte» las cosas acabaron mal*" (perspectiva de uma repetição dos "anos 20 loucos", que alguns prevêem para economias avançadas sob o impulso de estímulos fiscais contínuos e a liberação da demanda subjugada durante períodos de confinamento. Também não se deve esquecer que depois dos "anos loucos" as coisas terminaram mal).

(31) *Idem*.

uma recuperação centrada nas pessoas da crise causada pela Covid-19 que seja inclusiva, sustentável e resiliente".[32]

Os objetivos perseguidos no compromisso são: (a) emprego pleno, produtivo e livremente escolhido e trabalho decente, às necessidades dos mais vulneráveis e mais afetados pela pandemia e o apoio a empresas sustentáveis, trabalhando para (b) crescimento econômico inclusivo e emprego; (c) proteger todos os trabalhadores, (d) proteção social universal e (e) diálogo social.[33]

Proteção aos trabalhadores, com especial atenção aos vulneráveis, e proteção social universal são aspectos relevantes, como visto, fazem parte dos objetivos do compromisso assumido em 2021 pela OIT.

5. Proteção social aos vulneráveis

Uma das funções primordiais, senão a principal, da OIT é a adoção de convenções e recomendações sobre questões relacionadas ao trabalho e a política social. Estas (Recomendações) não têm caráter obrigatório, servem para orientar as políticas e ações das autoridades nacionais; aquelas (Convenções), quando ratificadas pelos países membros, são de observância obrigatória.

O plexo dessas normas internacionais importa, sem sombra de dúvida, conquista da humanidade e um legado indestrutível.

No espaço das Convenções, voltou-se a OIT, com toda ênfase, para a tutela do trabalho dos vulneráveis: mulher,[34] criança e adolescente,[35] maternidade,[36] enfermagem,[37] idade avançada e sobreviventes[38] e aquele sujeito a trabalho forçado, além da seguridade social,[39] só para exemplificar.

Vulnerabilidade é termo que aparece nas discussões de Direitos Humanos, geralmente vinculado à defesa dos direitos de grupos ou indivíduos fragilizados jurídica

(32) Cf. Projeto anexo ao Relatório, p. 29.

(33) *Ibidem*, p. 29-33.

(34) Convenção n. 45, sobre trabalho subterrâneo/mulheres (1935), Recomendação n. 4, sobre o saturnismo/mulheres e crianças (1919), entre outras.

(35) Convenção n. 138, sobre a idade mínima (1973), Recomendação n.146, sobre a idade mínima (1973), Convenção n. 182, sobre as piores formas de trabalho infantil (1999), Recomendação n. 190, sobre as piores formas de trabalho infantil (1999), entre outras.

(36) Convenção n. 3, sobre proteção à maternidade (1919), Recomendação n. 191, sobre proteção à maternidade (2000), Convenção n. 183, sobre proteção à maternidade (2000).

(37) Convenção n.149, sobre equipe de enfermaria (1977), Recomendação n. 157, sobre equipe de enfermaria (1977).

(38) Convenção n. 128, sobre idade avançada e sobreviventes (1967), atualizada (Convenção C128 – Convenção de Benefícios da Velhice, Velhice e Sobreviventes, 1967 (n. 128) (ilo.org).

(39) Convenção n. 102, sobre seguridade social (1952).

e politicamente ou ainda de quem se encontra suscetível à exposição a danos físicos ou morais.

Pode estar em condição de vulnerabilidade a pessoa ou grupo, conforme a capacidade de prevenir, resistir ou contornar potenciais agressões ou impactos. As razões que levam à condição de fragilidade são as mais diversas, todavia para a qualificação ou inserção nessa conjuntura o risco é fator determinante.

No grupo dos vulneráveis, pode-se identificar algumas categorias: mulher, crianças e adolescentes, idosos, pessoas com deficiência ou sofrimento mental, orientação sexual (lésbicas, gays, bissexuais, travestis e transsexuais).

Além destes, há grupos classificados como minorias, em decorrência de características específicas (religião, etnia, linguística própria, migração), que os colocam em posição diferente em relação à população, como: índios, remanescentes de quilombolas, ciganos e migrantes.

6. Vulnerabilidade da gestante e a intenção de protegê-la na pandemia

Todo esse universo de vulnerabilidade recebe atenção da OIT, por meio de normas gerais ou específicas, merecendo destaque o âmbito de tutela da criança e da mulher.

Alie-se a esse estado de fragilidade, ainda, o fato de em tempos de pandemia serem, segundo informe da OIT, as mais atingidas no mercado de trabalho, por perda de emprego.

O risco de demissão ou de redução de horas de trabalho no período de isolamento social em decorrência do estado de calamidade em saúde pública é alto e, ainda, se perdem a renda continuam com o peso do trabalho não remunerado do cotidiano, desdobrando-se nos cuidados com filhos, família e casa.

Se não perdem o emprego, a vulnerabilidade se potencializa pela possibilidade de exposição ao vírus no local de trabalho, especialmente em serviços de saúde e de atendimento a necessidades essenciais.

Todavia, o mais impactante — e que merece toda atenção — é o período de gestação, para que a gestante tenha saúde e para o bom e saudável desenvolvimento do feto; passado esse período, persistem motivos para a mesma atenção, em virtude do período reconhecido como ideal para amamentação ou enquanto durar o estado de puérpera da mulher.

Exatamente esse premente estado de necessidade de tutela, agregando-se ao conjunto de leis que protegem a maternidade,[40] foi causa determinante para a edição Lei

(40) O capítulo III da Consolidação das Leis do Trabalho cuida da proteção do trabalho da mulher (art. 372 e seguintes), enquanto a Seção V deste mesmo Capítulo dispõe sobre a proteção à maternidade (arts. 391/400).

n. 14.151/2021,[41] que dispõe, no sistema nacional, sobre o afastamento da empregada gestante das atividades de trabalho presencial, durante a emergência de saúde pública, decorrente do novo coronavírus.

A esse grupo de risco ficou assegurado o trabalho à distância, em *home office*, o que retira as beneficiárias dos espaços e locais de prováveis contágios. A alteração fica por conta da modalidade de prestar o trabalho, ativando-se a gestante normalmente em suas atribuições normais.

A dificuldade surge no momento em que, estando a gestante em condições de trabalhar, as atividades a serem desempenhadas não permitem a execução à distância e se enquadrem em atividade de risco. Dessa forma, além de exposição ao risco na locomoção por meio de transporte público, local de alta probabilidade de contágio, nos serviços de saúde e de cuidados com infectados, só para ficar em um exemplo, o perigo de contágio se apresenta em grau máximo.

A referida Lei não cuidou desse aspecto, apenas assegurou que o trabalho fosse na modalidade teletrabalho, deixando lacuna quanto à possibilidade ou não de a gestante trabalhar de forma presencial em serviços ou atividades que requerem necessariamente a presença da trabalhadora gestante no local de trabalho.

Se o objetivo da lei, conforme precisa observação de Otávio Torres Calvet,[42] foi reduzir a possibilidade de contaminação da gestante, inconcebivelmente falhou, quando deixou à margem da disciplina a gestante que trabalha em serviços de saúde (hospitais) e em atividades essenciais (supermercado, farmácias, abastecimento, entre outras), onde a presença é condição necessária.

Pode-se até imaginar que o Judiciário venha dar interpretação ampliada à referida lei, estendendo a proteção à gestante em quaisquer situações. Mas se — e quando — o fizer terá antes de ponderar entre interesses que envolvem o atendimento a vítimas da doença e o interesse à proteção à maternidade, além de definir quem arcará com os custos do trabalho no período.

De qualquer forma, recomendou o Conselho Nacional de Saúde (CNS)[43] aos governos estaduais, municipais e distrital o implemento de medidas com ações de cuidado

---

O afastamento, com garantia de salário-maternidade, é de 120 dias, podendo chegar a 180 dias. Por tempo não superior a seis meses, a mulher tem direito a duas pausas por dia, de meia hora cada, para amamentar. O STF, chamado a dar interpretação a dispositivo da Lei n. 13.467/2017, já pacificou que é proibido o trabalho de gestante e lactante em atividade considerada insalubre. Entre as garantias, está garantia de emprego, visto que o Ato das Disposições Constitucionais Transitórias da Constituição Federal de 1988, no art. 10, II, *b*, assegura estabilidade à empregada gestante, desde a confirmação da gravidez até 5 meses após o parto.

(41) Lei n.14151 (Disponível em: planalto.gov.br).

(42) Disponível em: https://www.conjur.com.br/2021-mai-18/trabalho-contemporaneo-remuneracao-gestante-durante--pandemia-quem-filho. Acesso em: 1º ago. 2021.

(43) Recomendação CNS n. 039, de 12/05/2020, em suas considerações, destaca: [...] que até o dia 17 de abril de 2020 havia cerca de 8.265 profissionais de saúde afastados do trabalho desde o começo da pandemia

pré-natal de todas as gestantes assintomáticas; a criação de políticas emergenciais de combate e de mitigação de riscos de violência contra a mulher; a criação de medidas emergenciais de proteção à mulher trabalhadora, incluindo mulheres com deficiência, especialmente no setor de saúde; a garantia de serviços essenciais de saúde para mulheres e meninas; a destinação de recursos orçamentários para as redes de proteção às mulheres vítimas de violência, contemplando a acessibilidade a mulheres com deficiência nesses serviços e espaços, entre outros.

O que se vê, pois, são tentativas de se proteger a gestante, no entanto, se incompletas as leis nacionais, as normas da OIT são suficientes e apropriadas para suprir as lacunas.

Conclusão

O homem conquistou a humanidade no trabalho no Século XX. Os direitos sociais consolidaram-se e o Direito do Trabalho, direito social que é, floresceu e levou estabilidade às relações de trabalho, enquanto duraram as características sociais do ambiente de trabalho. Alteradas as características sociais nas quais fora gestado e operado radical mudança no modelo produtivo, os direitos sociais foram duramente impactados.

Inobstante isso, a OIT vem empreendendo todos os esforços no sentido de atualizar e manter a normativa internacional apta e capaz de responder aos desafios que, a cada momento, apresentam-se com vigor.

E assim, enquanto os esforços visavam soluções para o descompasso entre direitos sociais e econômicos, depara-se com os desafios do mundo em decorrência da Covid-19.

Diante da tragédia humanitária em matéria de saúde, com duros reveses às relações de trabalho, a OIT reafirma a Declaração da Filadélfia, conclama o cumprimento da Agenda Mundial, reporta-se à Declaração da Conferência Internacional do Trabalho sobre trabalho decente e trabalho em situações de crise decorrentes de conflitos e desastres, para concluir que o legado da normativa internacional, permanente revisitado, possui força suficiente para atravessar intempéries.

---

por apresentarem sintomas suspeitos para o coronavírus, que, entre os que conseguiram fazer o teste, pelo mais de 1.400 estavam infectados e só na Enfermagem, categoria prevalentemente feminina, existem cerca de 4 mil profissionais afastados pela doença, sendo 552 com diagnóstico confirmado e mais de 3,5 mil em investigação e 30 óbitos; [...] evidências de que os impactos econômicos do Covid-19 afetarão mais as mulheres, à medida que trabalham em empregos mal remunerados, inseguros e informais, nos quais as restrições de movimento comprometem a sua capacidade e atender às necessidades básicas de suas famílias, por serem, em sua maioria, cuidadoras e/ou provedoras da subsistência de suas famílias e que o risco à exploração sexual com fins comerciais aumenta; [...] a Nota Técnica n. 7/2020-COSMU/CGCIVI/DAPES/SAPS/MS que trata da atenção às gestantes no contexto da infecção SARS-COV-2 e determina que "todas as demais gestantes, assintomáticas ou sem síndrome gripal, deverão ter preservado seu atendimento, posto o caráter autolimitado da gestação, cujo desfecho em parto é inexorável, de tal modo que a suspensão ou o adiamento despropositado podem culminar em perda de oportunidades terapêuticas de atenção à mulher, ao bebê, e à família, inclusive para eventos graves, como infecções sexualmente transmissíveis. Disponível em: Conselho Nacional de Saúde – RECOMENDAÇÃO n. 039, DE 12 DE MAIO DE 2020 (saude.gov.br). Acesso em: 30 jul. 2021.

Por ocasião da Conferência Internacional do Trabalho (2021), em tempos de pandemia, mais uma vez a OIT ratifica a posição de suficiência do seu conjunto normativo para fazer frente à calamidade que atinge o mundo do trabalho.

A abordagem, conforme Relatório de tal Conferência, é centrada no ser humano e traz um chamado global de ação de recuperação com base na sustentabilidade, inclusive em sua dimensão social.

Sob essa perspectiva, um dos objetivos é a proteção da população que mais está sofrendo os efeitos da crise: mulheres, jovens, migrantes, entre outros, a merecer atenção especial.

Sem atenção especial ao vulnerável, na percepção da OIT, não haverá desenvolvimento sustentável.

No contexto da vulnerabilidade, a situação da mulher grávida merece especial atenção, pois nem sempre as condições na prestação permitem o trabalho sem risco extremo para si e para o nascituro.

Por isso, com o intuito de oferecer proteção à maternidade, foi editada a Lei n. 14.151/2021, que permite o afastamento da trabalhadora gestante do trabalho presencial. Não tratou a lei brasileira do trabalho da mulher, quando a atividade pressupõe prestação pessoal, como ocorre em unidades de saúde, espaços próprios ao atendimento de contaminados.

Se o trabalho da gestante somente pode ser feito de forma remota, isso significa que ela estaria liberada do trabalho em atividade de saúde — e de saúde pública? A puérpera também se beneficiaria dessa proteção?

Essa viva controvérsia ocupa a doutrina nacional, esperando-se que a Justiça venha dar a melhor interpretação à lei e, no preenchimento de lacunas, que adote a normativa internacional, inclusive a recente, advinda da Conferência Internacional do Trabalho (2021), que busca facilitar a resposta do mundo do trabalho à crise da Covid-19.

Referências

BARBOSA, Ruy. *A questão social e política no Brasil.* Conferência pronunciada no Teatro Lírico, do Rio de Janeiro, a 20 de março de 1919. São Paulo: LTr – Rio de Janeiro: Fundação Casa de Rui Barbosa, 1983.

BARROS FILHO, Clóvis de. *A filosofia explica grandes questões da humanidade.* 2. ed. Rio de Janeiro: Casa do Saber – São Paulo: Casa do Saber, 2014.

BORBA, Joselita Nepomuceno. Trabalho e emprego na reconstrução do Direito do Trabalho. Recomendação 205 da OIT. Covid-19. Ensaio para o *VIII Congresso Iberoamericano y Europeo de Derecho del Trabajo y Seguridad Social* virtual, 2020. Bogotá/Co-Anais.

BORBA, Joselita Nepomuceno. Trabalho decente. *X Congresso Internacional da ABDT:* crise econômica e social e o futuro do direito do trabalho – Anais do Congresso. Coordenação Alexandre Agra Belmonte et al. São Paulo: Matrioska Editora, 2020. [livro eletrônico]

BORBA, Joselita Nepomuceno. Atuação sindical em tempos de coronavírus. Direito do Trabalho na crise da Covid-19. Coordenação Alexandre Agra Belmonte *et al.* Salvador: JusPodivm, 2020. [livro eletrônico] CAMPILONGO, Celso Fernandes. Crise do Estado, mudança social e transformação do direito no Brasil. In: *O Direito na Sociedade Complexa.* São Paulo: Max Limonad, 2000.

CAMPILONGO, Celso Fernandes. *Direito e Democracia.* 2. ed. São Paulo: Max Limonad, 2000.

CAMPILONGO, Celso Fernandes. Os desafios do judiciário: um enquadramento teórico. In: FARIA, José Eduardo (Org.). *Direitos humanos, direitos sociais e justiça.* São Paulo: Malheiros Editores, 1998.

DE GIORGI, Raffaele. Apresentação. In: CAMPILONGO, Celso Fernandes. *O Direito na Sociedade Complexa.* São Paulo: Max Limonad, 2000.

DE GIORGI, Raffaele. *Direito, tempo e memória.* Tradução de Guilherme Leite Gonçalves. São Paulo: Quartier Latin, 2006.

HOBSBAWM, Eric J. *Mundos do Trabalho.* Novos estudos sobre história operária. 3. ed. Tradução de Waldea Barcellos e Sandra Bedran. Rio de Janeiro: Terra e Paz, 2000.

MANNRICH, Nelson. Novo debate sobre tema antigo. Congresso Internacional Novos Temas e Desafios no Mundo do Trabalho (2012/São Paulo). In: *Novos Temas e Desafios no Mundo do Trabalho:* Anais da Academia Brasileira de Direito do Trabalho. Coord. Nelson Mannrich [*et.al.*] São Paulo: LTr, 2013.

MARÍN MARÍN, José. *Los trabajos, los días... y el derecho.* Una aproximación a la "prehistoria"del Derecho del Trabajo. Albacete: Bomarzo, 2000.

MONEREO PÉRES, Luis. Los presupuestos histórico-institucionales de la seguridad social en la constitución social del trabajo. In: *Orígenes del contrato de trabajo y nacimiento del Sistema de Protección Social.* (Coord.) Gloria Rojas Rirevo. Albacete: Bomarzo S.L., 2012.

OFICINA INTERNACIONAL DO TRABALHO. *Memoria del Director General:* El trabajo em tiempos de la COVID. ILC.109/Report I(B). Genebra/Suíça. Primeira Edição. Disponível em: captura wcms_793265.pdf (ilo.org). Acesso em: 30 jul. 2021.

OFICINA INTERNACIONAL DO TRABALHO. *Proposta de resolução relativa a um chamado global à ação para uma recuperação centrada no ser humano da crise Covid-19 que é inclusiva, sustentável e resiliente.* ILC.109/Registro n. 5. Disponível em: wcms_803428.pdf (ilo.org). Acesso em: 30 jul. 2021.

OJEDA AVILÉS, Antônio. *La deconstrucción del Derecho del Trabajo.* Madrid: Claves La Ley Editor, 2010.

RASO DELGUE, Juan. *X Congresso Internacional virtual da Academia Brasileira de Direito do Trabalho (ABDT),* sobre o mundo do trabalho pós-Covid-19, de 12-14 ago. 2020. 4º painel (https://www.youtube.com/watch?v=rHzEOm-cLGU&list=PLPD41Uho76vG7szY7avP4S4cgnNUMdEuv&index=2).

SUPIOT, Alain. *El espíritu de Filadelfia:* La justicia social frente al mercado total. Tradução de Jordi Terré. Barcelona: Edições Península, 2011.

TRINDADE, Antônio Augusto Cançado. A interação entre o direito internacional e o direito interno na proteção dos direitos humanos. In: *A incorporação das normas internacionais de proteção dos direitos humanos no direito brasileiro*. 2. ed. São José da Costa Rica: Instituto Interamericano de Derechos Humanos, 1996.

TRINDADE, Washington Luiz da. A avulsividade e o declínio do salário. *Revista Trabalho & Doutrina*. Diretor: Valentin Carrion, v. 19, dez. 1998.

ZYLBERSTAJN, Hélio. *X Congresso Internacional virtual da Academia Brasileira de Direito do Trabalho (ABDT)*, sobre o mundo do trabalho pós-Covid-19, de 12-14.08.2020. 12º painel. (https://www.youtube.com/watch?v=rHzEOm-cLGU&list=PLPD41Uho76vG7szY7avP4S4cgnNUMdEuv&index=2).

Capítulo III

Direito Constitucional do Trabalho e Direitos Humanos

Art. 5º, Inciso XXXII, da Constituição Federal de 1988: Defesa do Consumidor: Sistema Tutelar e sua Correlação com o Direito do Trabalho[(1)]

Introdução

É motivo de honra e alegria poder contribuir com esta obra da Academia Brasileira de Direito do Trabalho (ABDT), que tem como propósito abordar direitos e garantias positivados pelo art. 5º — e incisos — da Constituição Federal de 1988, ficando sob o encargo deste capítulo o tema defesa do consumidor, de que cuida o inciso XXXII, do referido artigo.

Além de ligeira síntese de aspecto geral, far-se-á destaque dos aspectos mais relevantes nessa relação entre Direito do Consumidor e Direito do Trabalho. Em especial, no ponto central de interseção entre eles: a vulnerabilidade. Esse desequilíbrio, pela natural supremacia do econômico sobre o consumidor e do capital sobre o trabalho, implica políticas públicas e mesmo mecanismos de compensação, e assim criar condições de igualdade contratual.

A manifesta fraqueza, tanto do consumidor quanto do empregado, é compensada pela célebre regra de igualdade, segundo a qual os desiguais devem ser tratados desigualmente na medida das desigualdades, princípio-base inclusive desses dois ramos do direito. E para que, de fato, o reequilíbrio contratual ocorra, cabe, desde logo, ressaltar: está-se diante de regras cogentes e por se tratar de ordem pública, impera a teoria das nulidades. Esse é o aspecto central da abordagem.

1. A cultura dos direitos coletivos no nosso sistema jurídico

As transformações sociais levaram à passagem do Estado de sua vertente liberal para a Social.[(2)] Enquanto Estado Liberal, o centro era o indivíduo, focado em si mesmo,

(1) Nota do organizador: Texto originalmente publicado na obra: *Art. 5º da Constituição da República:* Os Direitos Constitucionais Inespecíficos Aplicados às Relações de Trabalho. (Orgs.: Luciano Martinez; Alexandre Agra Belmonte e Thereza Christina Nahas). 1. ed. Porto Alegre: Lex ABDT, 2023.

(2) As transformações sociais impactam não só o Estado, mas também os direitos e o processo. Por óbvio, o homem, na trajetória de reconhecimento de seus direitos, teve assegurado em primeiro lugar os direitos

mas, seguindo a trajetória do reconhecimento dos diretos do homem, o foco mudou. Evoluiu para o viés social, com centralidade no ser humano, pela sua condição como tal.

Proliferam-se direitos do homem como fenômeno social.[3] O Estado sai da inércia própria do liberalismo para atuar como o grande responsável pela harmonização social e fiador de alguns direitos, a fim de assegurar sociabilidade democrática na denominada sociedade de massa.

Impactada pela diretiva internacional da Declaração Universal dos Direitos Humanos (DUDH), a Constituição Federal de 1988 traz como marco democrático a incorporação dos diretos humanos, com inserção de direitos e garantias fundamentais na ordem jurídica nacional, ente eles a previsão de que "o Estado promoverá, na forma da lei, a defesa do consumidor", exatamente como inscrito no inciso XXXI, do art. 5º, da Carta da República.[4]

Uma das inovações trazidas pelo sistema constitucional, na percepção de Ada Pellegrini Grinover[5], foi a metaindividualidade.

---

individuais, qualificados como direitos civis, para, em segundo lugar, serem-lhe assegurados os subjetivos públicos. Nesse momento, ou seja, quando o Estado não só reconhece, mas tem também o dever de assegurar direitos ao indivíduo, inclusive os sociais, a concepção de indivíduo evolui para a de cidadão. Acompanhando essa evolução, registra Bobbio que "no Estado despótico, os indivíduos singulares só têm deveres e não direitos. No Estado absoluto, os indivíduos possuem, em relação ao soberano, direitos privados. No estado de Direito, o indivíduo tem, em face do Estado, no só direitos privados, mas também direitos públicos. Estado de direito é o Estado dos cidadãos". (BOBBIO, Norberto. *A era dos direitos*. 16. tir. Tradução Carlos Nelson Coutinho. Rio de Janeiro: Campus, 1992. p. 61). Direitos e instrumentos de defesa, como o complexo de leis consumerista. Nesse sentido, nosso título: BORBA, Joselita Nepomuceno. *Efetividade da tutela coletiva*. São Paulo: LTr, 2008. p. 21-24.

(3) No momento em que o Estado adquire feição de Estado de Direito, o ser humano deixa sua individualidade para integrar uma coletividade: o individual parte do coletivo. Todavia, essa condição de cidadão e, como tal, sujeito de direito — inclusive de direito público — não é estanque. Ela se encontra em plena evolução, rumo à generalização e à internacionalização, inclusive, com tendência ampliativa baseada na "especificação", como acentua Bobbio (*op. cit.*, p. 62). Ou seja, numa progressão gradual aos direitos civis e políticos (inerentes ao indivíduo considerado em si mesmo) passam a ser incorporados direitos sociais (inerentes ao ser humano, homem enquanto gênero), direitos estes, cada vez mais numerosos pela especificidade, seja em razão da idade (infância e velhice) debilidade física (doentes, deficientes), falta de discernimento (doença mental), vulnerabilidade, hipossuficiência, etc. Emerge sociedade com mais direitos, mais bens, mais consumo, tendo como característica direitos de massa em uma sociedade de massa, tal qual, como vislumbrou Bobbio, quando consignou que "a multiplicação de direitos [...] ocorreu de três modos: a) porque aumentou a quantia de bens considerados merecedores de tutela; b) porque foi estendida a titularidade de alguns direitos típicos a sujeitos diversos do homem; c) porque o próprio homem não é mais considerado como ente genérico, um homem em abstrato, mas é visto na especificidade ou na concreticidade de suas diversas maneiras de ser em sociedade, como criança, velho, doente, etc." e, arremata: "Em substância: mais bens, mais sujeitos, mais *status* do indivíduo" (BOBBIO, *op. cit.*, p. 68).

(4) BRASIL. Constituição da República Federativa do Brasil, de 5 de outubro de 1988. Brasília, DF: Presidência da República, 1988. Disponível em: https://www.planalto.gov.br/ccivil_03/constituicao/constituicaocompilado.htm. Acesso em: 15 abr. 2022.

(5) GRINOVER, Ada Pellegrini. A tutela jurisdicional dos interesses difusos. *Revista de Direito Mercantil, Industrial, Econômico e Financeiro*, São Paulo, Revista dos Tribunais, v. 21, n. 45, p. 67-86, jan./mar. 1982, p. 68.

Alarga-se a dimensão dos direitos para neles incluir, ao lado dos direitos civis e políticos, os direitos sociais, econômicos e culturais[(6)], com destaque, ainda, nesse campo, para coletivizações das ações e a legitimação de corpos intermediários para atuar nas lides intersubjetivas. Aliás, a preocupação com a tutela coletiva antecede a Assembleia Nacional Constituinte. Com lembra Nelson Nery Junior,[(7)] já havia positivação pelo legislador infraconstitucional no âmbito o processo do trabalho, com previsão do dissídio coletivo.

Só depois passou a ocupar a atenção da doutrina, liderada por notáveis professores e juristas,[(8)] e por diligências desses — e sólido apoio popular. A tutela foi contemplada pela Constituição Federal.

De fato, no âmbito dos direitos humanos, ou, mais especificamente, dos direitos fundamentais, a cultura dos direitos coletivos[(9)] já estava presente na academia pela atuação pioneira de Barbosa Moreira. Desde 1977, e com amparo nas reflexões de Mauro Capelletti, publicou trabalho científico sobre tutela coletiva de interesses difusos, sobretudo proteção do meio ambiente, preservação de valores estéticos e históricos.

Também na academia, Waldemar Mariz de Oliveira Junior apontava a necessidade de se estudar e planejar novos mecanismos de acesso à justiça para defesa de direitos e interesses de natureza coletiva.[(10)] Contribuição decisiva foi prestada também por Ada Pellegrini Grinover,[(11)] que defendeu a tese da tutela jurisdicional dos interesses difusos.

---

(6) PIOVESAN, Flávia. *Direitos humanos e o direito constitucional internacional*. 6. ed. São Paulo: Max Limonad, 2004. p. 57-58.

(7) NERY JUNIOR, Nelson. Ação civil pública no processo do trabalho. In: MILARÉ, Edis (Coord.). *Ação civil púbica:* Lei n. 7.347/85: 15 anos. São Paulo: Revista dos Tribunais, 2001. p. 557-558.

(8) Segundo Nelson Nery Jr., quem primeiro escreveu sobre defesa dos interesses difusos em juizo foi Waldemar Mariz de Oliveira Junior, cabendo ao professor da PUC/SP, juntamente com outros estudiosos do tema, quais sejam, Ada Pellegrini Grinover, Cândido Rangel Dinamarco e Kazuo Watanabe, a iniciativa de apresentarem projeto de lei regulamentar do direito de defesa do meio ambiente, projeto este ampliado por iniciativa dos membros do Ministério Público de São Paulo para a tutela, não só do meio ambiente, mas, também, dos interesses difusos, que culminou com a chamada Lei da Ação Civil Pública — Lei n. 7.347/85. (NERY JUNIOR, Nelson; NERY, Rosa Maria de Andrade. *Código de Processo Civil comentado e legislação extravagante*. 7. ed. rev., ampl. e atual. São Paulo: Revista dos Tribunais, 2003. p. 1.308.

(9) Esse tema foi objeto de nossa tese corporificada no título: *Efetividade da tutela coletiva*. São Paulo: LTr, 2008. p. 21 e ss.

(10) O estudo do Prof. da PUC/SP, Tutela jurisdicional dos interesses coletivos. *Revista de Processo*, São Paulo: Revista dos Tribunais, v. 9, n. 33, p. 7-25, jan./mar. 1984, consolidava palestras e conferências proferidas desde 1976. Neste sentido, Fiorillo (*Ação civil pública e a defesa dos direitos constitucionais difusos, cit.*, p. 166). Nelson Nery Jr. e Rosa Maria de Andrade Nery (*op. cit.*, p. 1.308).

(11) Em 1978, apresenta na VII Conferência Nacional da Ordem dos Advogados do Brasil (OAB) tese sobre a tutela dos direitos coletivos. Seu trabalho, marcante para o desenvolvimento da doutrina dos direitos difusos, foi publicado sob o título A tutela jurisdicional dos interesses difusos.

O aprimoramento dessa cultura foi decisivo para os passos seguintes, até a edição da lei da ação civil pública.(12)

Com a autoridade de quem agiu ativamente, do embrião à maturidade do direito coletivo nacional, Ada Pellegrini Grinover e Antônio Herman de Vasconcellos e Benjamin(13) asseguram que, mesmo antes da Constituição Federal teve início a elaboração de Anteprojeto com vista à defesa do consumidor. Deixaram registrado citados juristas,(14) na introdução da obra Código de Defesa do Consumidor, relevantes elementos de informação acerca do Anteprojeto, que fora iniciado no ambito do Conselho Nacional de Defesa do Consumidor, por ato de seu presente Flávio Flores da Cunha Bierrenbach.

A missão de apresentar Anteprojeto versando sobre direito do consumidor foi confiada, por referido presidente, a uma Comissão(15) coordenada por Ada Pellegrini Grinover. O Anteprojeto de Defesa do Consumidor veio, doravante, com tal denominação a ser recebido pelos trabalhos da Assembleia Nacional Constituinte.

2. Os trabalhos na Assembleia Nacional Constituinte

Registra o Centro de Documentação e Informação da Câmara dos Deputados (CEDI), no título "A voz do cidadão na constituinte",(16) iniciativas em busca da promoção dos direitos do consumidor. Destaca-se a aprovação, em 1985, da Resolução n. 39/148/85, pela Organização das Nações Unidas. Foi conferida dimensão internacional ao tema.

A partir daí, a sociedade civil brasileira se mobilizou para incluir tais direitos na futura Constituição do país. O ápice da mobilização, esclarece o informe, ocorreu em abril de 1987. Ocorreu, em Brasília, o 8º Encontro Nacional de Entidades de Defesa do Consumidor.

Desse encontro resultou a Carta de Brasília. Segundo esse documento, caberia à Assembleia Nacional Constituinte garantir aos cidadãos direito ao consumo, à escolha,

---

(12) BRASIL. *Lei n. 7.347, de 24 de julho de 1985*. Disciplina a ação civil pública de responsabilidade por danos causados ao meio-ambiente, ao consumidor, a bens e direitos de valor artístico, estético, histórico, turístico e paisagístico (VETADO) e dá outras providências. Brasília, DF: Presidência da República, 1985. Disponível em: https://www.planalto.gov.br/ccivil_03/leis/l7347orig.htm. Acesso em: 07 nov. 2024.

(13) GRINOVER, Ada Pellegrini; BENJAMIN, Antônio Herman de Vasconcellos e. *Código Brasileiro de Defesa do Consumidor comentado pelos autores do Anteprojeto*. 8. ed. rev., ampl. e atual. conforme o novo Código Civil. Rio de Janeiro: Forense, 2005. p. 1.

(14) *Idem*.

(15) A comissão foi composta pelos juristas: Ada Pellegrini Grinover (Coord.), Daniel Roberto Fink, José Geraldo Brito Filomeno, Kazuo Watanabe e Zelmo Denari e Zelmo Denari, tendo a comissão contado com a assessoria de Antônio Herman de Vasconcelos e Benjamin, Eliana Cáceres, Marcelo Gomes Sodré, Mariângela Sarrubo, Nelson Nery Junior e Régis Rodrigues Bonvicino, além de valiosos subsídios dos promotores de Justiça de São Paulo Marco Antônio Zanellato, Roberto Durço, Walter Antônio Dias e Renato Marins Costa (GRINOVER; BENJAMIN, *op. cit.*, p. 1).

(16) LACERDA, Ana Beatriz de Castro Carvalho *et al. A voz do cidadão na constituinte*. Brasília: Câmara dos Deputados; Edições Câmara, 2018. p. 107.

à informação, a ser ouvido, a ser indenizado e a ser educado para o consumo. Entre suas propostas, inclusive que deram origem aos dispositivos existentes, destacam-se: garantia dos direitos do consumidor na nova Constituição e consolidação dos instrumentos legais em um código de direito do consumidor.

Na Comissão de Sistematização da Assembleia Nacional Constituinte — Emenda Popular sob o n. PE-45/1997, subscrita por 38.696 eleitores e apresentada por dez entidades associativas, recebeu parecer do Relator Bernardo Cabral. A Comissão deveria se pronunciar pelo recebimento da Emenda, abrigando a proteção ao consumidor, a partir de princípios de proteção.(17)

O caminho foi árduo e longo, (18)mas a defesa do consumidor, tema da maior relevância social, política e econômica, pela primeira vez, foi inserida na disposição do inciso XXXII do art. 5º da Constituição Federal.(19) Na sequência, como previsto no art. 48, do Ato das Disposições Constitucionais Transitórias (ADCT), foi editado o Código de Defesa do Consumidor. Trata-se de uma das legislações mais completas e modernas do mundo.(20)

3. Base do sistema de proteção

A conquista da sociedade, positivada no inciso XXXII do art. 5º da Constituição Federal, encerra clara opção legislativa: equilibrar o dirigismo contratual em busca de harmonia nas relações de consumo.

Não uma política voltada apenas para o consumidor, mas para as relações de consumo. Trata-se, na observação de José Geraldo Brito Filomeno,(21) de uma filosofia de ação. Ou

---

(17) Cf. ASSEMBLEIA NACIONAL CONSTITUINTE. Comissão de Sistematização: EMENDA PE00045-8. Relator. Bernardo Cabral. In: *ASSEMBLEIA NACIONAL CONSTITUINTE*. Anais da Assembleia Nacional Constituinte, Brasilia, DF: Senado Federal, 13 ago. 1987. p. 41. Disponivel em: https://www.senado.leg.br/publicacoes/anais/constituinte/sistema.pdf. Acesso em: 07 nov. 2022.

(18) Sobre os movimentos sociais, especificamente dos direitos coletivos, consta do livro *Audiências Públicas na Assembleia Nacional Constituinte:* a sociedade na tribuna (BAKES, Ana Luiza *et al*. (Org.). Brasilia: Câmara dos Deputados; Edições Câmara, 2009. (Série Coleções Especiais: Obras Comemorativas; n. 3). p. 36), que ocorreu na Subcomissão dos Direitos Políticos, dos Direitos Coletivos e Garantias, o primeiro registro de debates sobre direitos do consumidor, em que depuseram grandes entidades nacionais; lideranças estudantis, juristas e especialistas, movimentos de gênero, consumidores, meio ambiente, mínimos de rua e deficientes físicos; e algumas autoridades, parlamentares, estaduais e municipais, reitores, etc.

(19) O presidente da Câmara dos Deputados, Henrique Eduardo Alves, informa na apresentação do livro *A construção do art. 5º da Constituição Federal de 1988* (Brasília: Câmara dos Deputados; Edições Câmara, 2013 (Série Obras Comemorativas: Homenagem; n. 9). p. 11 que tal estudo traz a construção do art. 5º da Constituição e mostra a transformação do seu texto durante o processo legislativo.

(20) Nessa mesma obra (p. 124), o Presidente da Câmara registra a constatação: um moderno, pioneiro e avançado, Código.

(21) FILOMENO, José Geraldo Brito. Dos direitos do consumidor. In: GRINOVER, Ada Pellegrini; BENJAMIN, Antônio Herman de Vasconcellos e. *Código Brasileiro de Defesa do Consumidor comentado pelos autores do Anteprojeto*. 8. ed. rev., ampl. e atual. conforme o novo Código Civil. Rio de Janeiro: Forense, 2005. p. 17.

seja, ação em que se compreendem as complexas relações de consumo e não o consumidor isoladamente.

Isso significa[(22)] que, por um lado, está a necessidade do respeito à dignidade, saúde, segurança dos consumidores e a proteção de seus direitos econômicos, por serem os mais fracos no mercado de consumo;[(23)] por outro, está o imperativo de se compatibilizar a mencionada tutela com a necessidade de desenvolvimento econômico e tecnológico, parte mais forte da relação. O dirigismo contratual deveria ser equilibrado por meio de tratamento desigual para partes manifestamente desiguais.

Para o citado jurista, consumidor é o personagem que, no mercado de consumo, adquire bens ou então contrata prestação de serviços, como destinatário final. Ele age com vista ao atendimento de uma necessidade sua, e não para o desenvolvimento de outra atividade negocial.[(24)]

4. Origem e elemento essencial na configuração dos sistemas de defesa

A partir dessa conceituação, o autor do Anteprojeto do Código de Defesa do Consumidor faz comentários aos arts. 1º, 2º e 3º da lei respectiva (CDC). Para ele, o traço marcante da conceituação de consumidor é a vulnerabilidade,[(25)] mesma condição que levou o trabalhador a reivindicar melhores condições de trabalho e melhoria da qualidade de vida, em meados do Século XIX.[(26)] Nessa época surgiram os movimentos "consumerista" e "trabalhista".[(27)]

---

(22) Como explica José Geraldo Brito Filomeno (*op. cit.*, p. 18), o Código visa atender aos reclamos advindas das relações de consumo, e não apenas do consumidor final isolado.

(23) Regra geral, como coloca em relevo o citado jurista José Geraldo Brito Filomeno (op. cit, p. 25), é sob o império da necessidade que o indivíduo contrata, dai facilmente ceder ante a pressão das circunstâncias e premido pelas dificuldades do momento. Tal circunstância é suficiente para o economicamente mais fraco cede sempre às exigências do economicamente mais forte, exatamente como ocorre nas relações de consumo e nas de trabalho.

(24) 24 Cf. FILOMENO, *op, cit.*, p. 18 e 27).

(25) Consta do CDC que a política nacional de relações de consumo objetiva "o atendimento das necessidades dos consumidores, o respeito à sua dignidade, saúde e segurança, a proteção de seus interesses econômicos, a melhoria da sua qualidade de vida, bem como a transparência e harmonia das relações de consumo, atendidos os seguintes princípios: I – reconhecimento da vulnerabilidade do consumidor no mercado de consumo" (art. 4º. I). (BRASIL. *Lei n. 13.105, de 16 de março de 2015*. Código de Processo Civil. Brasilia, DF: Presidência da República, 2015. Disponivel em: https://www.planalto.gov.br/ccivil_03/_ato2015-2018/2015/lei/l13105.htm. Acesso em: 07 nov. 2024).

(26) Nas palavras de José Geraldo Brito Filomeno, o traço marcante da conceituação de consumidor "está na perspectiva que se deve adotar, ou seja, no sentido de se considerar como vulnerável, não sendo, aliás, por acaso, que o mencionado 'movimento consumerista' apareceu ao mesmo tempo que [sic] o sindicalista, principalmente a partir da segunda metade do século XIX, em que se reivindicavam melhores condições de trabalho e melhoria da qualidade de vida, e, pois, em plena sintonia com o binômio poder aquisitivo/aquisição de mais e melhores bens e serviços" (*op. cit.*, p. 31).

(27) Cf. FILOMENO, *op. cit.*, p. 31.

A vulnerabilidade — e a consequente subordinação — foi, portanto, o elemento essencial e ponto de partida para o concomitante movimento social em defesa do trabalhador e do consumidor. Este, subordinado à força do poder econômico; aquele, à força do capital. Justifica-se tal subordinação pela existência de legislação cogente e de ordem pública a reger, primeiro as relações de trabalho, depois, mais recentemente, as relações de consumo.

5. Necessário equilíbrio contratual nas relações trabalhistas e de consumo

O movimento social, em decorrência do desequilíbrio contratual e maior fragilidade de um dos contratantes, como já ressaltado, foi simultâneo e baseado na mesma circunstância: fraqueza manifesta do consumidor e do trabalhador.

Cindiram-se os movimentos, tendo sido o trabalhista, com a Declaração Universal dos Direitos do Homem (DUDH), contemplado com avançada legislação social de regência, que, corporificado nas disposições da Organização Internacional do Trabalho (OIT) se espraiou em nível internacional. Antes mesmo desse legado que delineou direitos humanos básicos (1948), no plano nacional, o empregado já contava (1943) com a Consolidação das Leis do Trabalho (CLT).

Embora também vulnerável, o consumidor somente foi contemplado, no sistema brasileiro, com disciplina própria de tutela de seus interesses a partir da Constituição Federal de 1988 e edição do microssistema de direito coletivo (CDC). Decerto, houve cisão de movimentos sociais (trabalhista-consumerista), mas, pela similitude, ambos, na atualidade, têm instrumentos de tutela de seus interesses alicerçados no princípio da isonomia de tratamento, colocado em relevo por Ruy Barbosa em sua Oração aos Moços,(28) segundo o qual a efetiva igualdade se obtém pela desigualdade dos desiguais na medida das desigualdades. Dessa forma, pela superioridade jurídica conferida ao sujeito mais fraco, obtém-se o equilíbrio contratual.

6. A base da *mens legis*

Esse princípio está na gênese de uma e de outra legislação tutelar. A fórmula isonômica é a base e o suporte para conferir-lhes natureza cogente e de ordem pública, daí a adoção da teoria das nulidades.

De fato, segundo o art. 9º da CLT, são nulos os atos praticados com o objetivo de desvirtuar, impedir ou frustrar a aplicação das normas trabalhistas,(29) enquanto, de

---

(28) Na brilhante reflexão de Ruy Barbosa, em um se seus mais célebres discursos, ao paraninfar os formandos da turma de 1920 da Faculdade de Direito do Largo de São Francisco, em São Paulo (BARBOSA, Rui. *Oração aos moços*. Brasília: Edições Senado Federal; Conselho Editorial, 2019. v. 271.

(29) BRASIL. *Decreto-lei n. 5.452, de 1º de maio de 1943*. Aprova a Consolidação das Leis do Trabalho. Rio de Janeiro, RJ: Presidência da República, 1943. Disponível em: https://www.planalto.gov.br/ccivil_03/decreto-lei/del5452.htm. Acesso em: 07 nov. 2024.

acordo com o art. 51 do CDC, são nulas, entre outras, as cláusulas contratuais relativas ao fornecimento de produtos e serviços, nas condições que especifica.

7. Empregado e consumidor sob a perspectiva legal

A partir daí, a bifurcação, em decorrência do sujeito de tutela, é clara e evidente. Empregado, nos termos do art. 3º da CLT, é toda pessoa física que presta serviços para outrem de forma subordinada e mediante remuneração. Consumidor, segundo o art. 2º do CDC, é toda pessoa física ou jurídica que adquire ou utiliza produto ou serviço como destinatário final.

Um e outro — empregado/consumidor — têm pontos de aproximação e repulsa: aproximam-se pela vulnerabilidade; afastam-se pela subordinação. O empregado trabalha com subordinação, mediante salário, em proveito de outrem. O consumidor atua como prestador de serviços em proveito de si.

Entretanto, em determinadas situações, o labor coloca os dois agentes (empregado/consumidor) em condições de similitude, com zona fronteiriça tênue e nebulosa. Quando, de fato, surge dúvida acerca da natureza da prestação, e a solução não vem de meios extrajudiciais, impõe-se a solução da lide pelo Órgão jurisdicional.

Conclusão

As condições sociais que levaram, em meados do Século XIX, à instituição, consolidação e difusão de direitos básicos do homem foram decisivas também para a instituição de tutelas específicas nas relações trabalhistas e consumeristas. A época, trabalhadores e consumidores tinham as mesmas aspirações: vencer a vulnerabilidade. Mas os movimentos sociais, tendentes a vencer a mesma fraqueza manifesta, dissociaram-se, cada qual tomando sua direção.

O movimento trabalhista, no plano nacional, foi contemplado ainda em 1943, com a vigência da CLT. O ápice da mobilização consumerista somente ocorreu em 1987, quando, por Emenda Popular, o tema sobre proteção do consumidor foi recebido pela Assembleia Nacional Constituinte, passando a integrar o rol de direitos e garantias fundamentais da Constituição Federal de 1988. O passo seguinte, conforme previsão do Ato das Disposições Constitucionais Transitórias, foi a edição do Código de Defesa do Consumidor.

A vulnerabilidade, causa do desequilíbrio contratual nas relações de trabalho e de consumo, é também a base para a mens legis de tutela de natureza cogente e de ordem pública.

Relações bifurcaram-se, seguindo caminhos diversos. Mas, pela força atrativa de elemento essencial comum — a vulnerabilidade ou hipossuficiência de uma das partes do contrato —, voltaram a se reencontrar no sistema jurídico nacional. Entretanto, na convergência, cada qual mantém seus conceitos, características e especificidades, de forma que a própria lei se encarrega das diferenças fundamentais entre prestador de serviços e empregado.

Referências

ALVES, Henrique Eduardo. Apresentação. BRASIL. *A construção do art. 5º da Constituição de 1998*. Brasília: Câmara dos Deputados; Edições Câmara, 2013. (Série Obras Comemorativas: Homenagem; n. 9). p. 11. Disponível em: https://www.sinesp.org.br/images/A_CONSTRU%C3%87%C3%83O_DO_ARTIGO_5%C2%BA_DA_CONSTITUI%C3%87%C3%83O_FEDERAL_198.pdf. Acesso em: 07 nov. 202.

ASSEMBLEIA NACIONAL CONSTITUINTE. Comissão de Sistematização: EMENDA PE00045-8. Relator: Bernardo Cabral. In: *ASSEMBLEIA NACIONAL CONSTITUINTE*. Anais da Assembleia Nacional Constituinte, Brasilia, DF: Senado Federal, 13 ago. 1987. Disponível em: https://www.senado.leg.br/publicacoes/anais/constituinte/sistema.pdf. Acesso em: 14 abr. 2022.

BAKES, Ana Luiza *et al.* (Org.). *Audiências Públicas na Assembleia Nacional Constituinte: a sociedade na tribuna*. Brasília: Câmara dos Deputados; Edições Câmara, 2009. (Série Coleções Especiais: Obras Comemorativas; n. 3).

BARBOSA, Rui. *Oração aos moços*. Brasilia: Edições Senado Federal; Conselho Editorial, 2019. v. 271.

BOBBIO, Norberto. *A era dos direitos*. 16. tir. Tradução Carlos Nelson Coutinho. Rio de Janeiro: Campus, 1992.

BORBA, Joselita Nepomuceno. *Efetividade da tutela coletiva*. São Paulo: LTr, 2008.

BRASIL. *Constituição da República Federativa do Brasil, de 5 de outubro de 1988*. Brasilia, DF: Presidência da República, 1988. Disponível em: https://www.planalto.gov.br/ccivil_03/constituicao/constituicaocompilado.htm. Acesso em: 15 abr. 2022.

BRASIL. *Decreto-lei n. 5.452, de 1º de maio de 1943*. Aprova a Consolidação das Leis do Trabalho. Rio de Janeiro, RJ: Presidência da República, 1943. Disponível em: https://www.planalto.gov.br/ccivil_03/decreto-lei/del5452.htm. Acesso em: 16 abr. 2022.

BRASIL. *Lei n. 7.347, de 24 de julho de 1985*. Disciplina a ação civil pública de responsabilidade por danos causados ao meio-ambiente, ao consumidor, a bens e direitos de valor artístico, estético, histórico, turístico e paisagístico (VETADO) e dá outras providências. Brasília, DF: Presidência da República, 1985. Disponivel em: https://www.planalto.gov.br/ccivil_03/leis/l7347orig.htm#:~:text=LEI%20No%207.347%2C%20DE%2024%20DE%20JULHO%20DE%201985.&text=Disciplina%20a%20a%C3%A7%C3%A3o%20civil%20p%C3%BAblica,VETADO)%20e%20d%C3%A1%20outras%20provid%C3%AAncias.. Acesso em: 23 abr. 2022.

BRASIL. *Lei n. 13.105, de 16 de março de 2015*. Código de Processo Civil. Brasília, DF: Presidência da República, 2015. Disponível em: https://www.planalto.gov.br/ccivil_03/_ato2015-2018/2015/lei/l13105.htm. Acesso em: 15 abr. 2022.

FILOMENO, José Geraldo Brito. Dos direitos do consumidor. In: GRINOVER, Ada Pellegrini; BENJAMIN, Antônio Herman de Vasconcellos e. *Código Brasileiro de Defesa do Consumidor comentado pelos autores do Anteprojeto.* 8. ed. rev., ampl. e atual. conforme o novo Código Civil. Rio de Janeiro: Forense, 2005.

GRINOVER, Ada Pellegrini. A tutela jurisdicional dos interesses difusos. *Revista de Direito Mercantil, Industrial, Econômico e Financeiro*, São Paulo: Revista dos Tribunais, v. 21, n. 45, p. 67-86, jan./mar. 1982.

GRINOVER, Ada Pellegrini; BENJAMIN, Antônio Herman de Vasconcellos e. *Código Brasileiro de Defesa do Consumidor comentado pelos autores do Anteprojeto.* 8. ed. rev., ampl. e atual. conforme o novo Código Civil. Rio de Janeiro: Forense, 2005.

LACERDA, Ana Beatriz de Castro Carvalho *et al. A voz do cidadão na constituinte.* Brasília: Câmara dos Deputados; Edições Câmara, 2018.

NERY JUNIOR, Nelson; NERY, Rosa Maria de Andrade. *Código de Processo Civil comentado e legislação extravagante.* 7. ed. rev., ampl. e atual. São Paulo: Revista dos Tribunais, 2003.

NERY JUNIOR, Nelson. Ação civil pública no processo do trabalho. In: MILARÉ, Edis (Coord.). *Ação civil pública:* Lei n. 7.347/85: 15 anos. São Paulo: Revista dos Tribunais, 2001.

OLIVEIRA JUNIOR, Waldemar Mariz de. Tutela jurisdicional dos interesses coletivos. *Revista de Processo*, São Paulo, Revista dos Tribunais, v. 9, n. 33, p. 7-25, jan./mar. 1984.

PIOVESAN, Flávia. *Direitos humanos e o direito constitucional internacional.* 6. ed. São Paulo: Max Limonad, 2004.

Breves Considerações sobre a Teoria dos Sistemas de Niklas Luhmann e sua Correlação com o § 2º, do Art. 8º, da CLT, que Veda o Ativismo Judicial[1]

Quando aluna do Professor Celso Campilongo na PUC-SP, no curso de pós graduação *stricto sensu*, tive contato com a obra do sociólogo Niklas Luhmann. O intento era compreender seu pensamento para, a partir dele, entender temas tormentosos, como judicialização da política e politização da justiça.

Os esforços de então continuam, sem eu poder dizer do domínio da teoria na sua amplitude e complexidade, daí continuar incessante busca. Nesse *iter*, registros foram assentados[2] e palavras proferidas sobre o tema, aliás, essas breves considerações constam dos Anais de Seminário[3] promovido, em 11.11.2022, pela Academia Brasileira de Direito do Trabalho (ABDT), sobre os 5 Anos da Reforma Trabalhista.

Naquela oportunidade, desenvolveu-se noções gerais acerca do positivismo jurídico sob a perspectiva da teoria dos Sistemas de Niklas Luhmann e a limitação imposta aos tribunais trabalhistas pelo § 2º, do art. 8º, da CLT, introduzido pela Lei n. 13.467/2017, breves considerações que se reproduz nesse pequeno texto.

Decerto, estabelece o referido § 2º, do art. 8º, da CLT, que "súmulas e outros enunciados de jurisprudência editados pelo Tribunal Superior do Trabalho e pelos Tribunais Regionais do Trabalho não poderão restringir direitos legalmente previstos nem criar obrigações que não estejam previstas em lei".

O tema é complexo e altamente controvertido, a potencializar o risco da síntese que se intenta. Mesmo assim serão abordadas noções elementares para, ao menos, uma compreensão geral.

---

(1) Nota do organizador: Texto originalmente publicado na *Revista LTr*, Legislação do Trabalho, ano 86, vol. 6, 2022.

(2) A tentativa de aproximação da teoria do positivismo jurídico resultou no registro da arquitetura teórica das teorias de Kelsen e Luhmann, ainda que de forma sucinta, em nosso título *Efetividade da tutela coletiva* (São Paulo: LTr. 2008).

(3) Disponível em: www.abdt.org.br.

O primeiro passo para o enfrentamento da vedação contida no citado § 2º do art. 8º da CLT é rememorar as bases teóricas do **positivismo jurídico**[4] e da manutenção da **integralidade do sistema**[5] a partir de sua operacionalidade.

O que é o Direito e como foi o centro de atenção de Hans Kelsen, que culminou com sua autonomia frente a outras ciências? O teórico do positivismo jurídico, para tanto, expurgou do Direito todo e qualquer aspecto ético, moral, religioso, político e sociológico, de forma que ele se apresenta de modo puro.

Essa base — Teoria pura do direito — já indica o isolamento, advindo de tal construção uma dogmática para o direito positivo e formal, com estrutura operativa. Essa operatividade se dá com base em uma "norma fundamental".

A norma é algo pressuposto, que antecede a própria ordem, conferindo-lhe sentido. Essa ordem, na dinâmica teórica, posiciona-se abaixo de uma norma fundamental, plena, completa, coerente, válida e aplicável por todos os tribunais.

O Direito, portanto, é concebido como um sistema de normas que regula a conduta humana, onde uma norma sempre deposita seu fundamento de validade em outra norma de nível superior e, assim, sucessivamente, até o patamar da norma fundamental, que põe fim ao escalonamento.

Nesse dinamismo, o direito positivo é imposto por decisão de autoridade, podendo ser produzido tanto pelo legislativo (lei), quanto pelo judiciário (sentença), observando-se sempre, rigorosamente, a lei fundamental.

Direito é autônomo, positivo, formal e rígido. Essa, a base do nosso sistema jurídico. Exatamente pelas características do formalismo e da rigidez, na atualidade, não se mostra mais suficiente ao fim a que se propôs.

Certamente, a sociedade, conforme precisa observação de Raffaele de Giorgi[6], não se conclui; não se acaba. Ao revés, na sua incontida dinâmica se reproduz. A cada dia a vida e os fatos se tornam mais complexos e, na maioria, de lenta apreensão pelo sistema legislativo.

Nesse cenário, emoldura-se uma sociedade mundial dinâmica e imersa numa enorme expansão da complexidade e da contingência do processo decisório a exigir, de pronto, decisões não rotineiras e com consequências imprevisíveis[7]. Alie-se a isso,

---

(4) *Teoria pura do direito*. 5. ed. Tradução de João Baptista Machado. Coimbra: Armenio Amado, 1979.

(5) *O direito da sociedade*. (Tradução provisória para o espanhol de Javier Torres Nafarrate). México: Universidad Iberoamericana, 2002.

(6) Apresentação da obra *Direito na Sociedade Complexa*. Celso Campilongo. São Paulo: Max Limonad, 2011.

(7) Nesse sentido, conf. Celso Campilongo. *Política, sistema jurídico e decisão judicial*. São Paulo: Max Limonad, 2002; *Direito e democracia*. 2. ed. São Paulo: Max Limonad, 2000; *O direito na sociedade complexa*. São Paulo: Max Limonad. 2000.

ainda, a possibilidade de interferência recíproca dos sistemas político, econômico e jurídico, que, embora particulares e funcionalmente isolados, podem excepcionalmente trocar prestações.

Frente a essa realidade, a comunidade científica não tem poupado esforços em busca de resposta, não mais para o que é o Direito, mas para qual a sua função.

Luhmann[(8)], então, imaginou fazer algo similar ao que já existia (direito positivo autônomo), mas de forma diferente. Seu aporte se assentou na premissa segundo a qual seria necessário buscar a transparência dos instrumentos de estudo e teorizar a partir da observação, em que o mundo fosse visto também pelo prisma do observador: descrição da sociedade que se expõe à observação e à descrição.

A partir da observação, da descrição e da diferenciação, o sociólogo constrói a "Teoria dos sistemas", fazendo distinção entre o todo e a parte, entre sistema e ambiente. Toma, ainda, por empréstimo da biologia, o conceito de autorreprodução (*autopoiésis*), como mecanismo para se alcançar a unidade.

A concepção dessa teoria é engenhosa e altamente complexa, de difícil aproximação. Não fossem as características específicas e o caminho peculiar do aporte teórico, as dificuldades se elevam em decorrência da escassez bibliográfica e do elevado número de conceitos utilizados em sua articulação interna.

Os conceitos que justificam a construção teórica, embora existentes — como: função, programa, código, sistema, sentido, contingencia, complexidade, entre tantos outros — foram aprimorados, reelaborados e interligados, tanto que o próprio teórico elaborou um Glossário[(9)] contendo o sentido em que aqueles conceitos existentes foram empregados. Daí não se poder tomar na acepção comum tais conceitos. Impõe-se releitura deles à luz do "glossário", de forma que, sem tal recurso, difícil se chegaria, sem riscos de desvios, à gênese da tese.

Outra dificuldade decorre do fato de o entendimento sobre o aporte teórico não poder ser formulado simplesmente a partir de um trabalho, mas do conjunto da obra do sociólogo. Ele, em cada uma de suas obras (salvo raras exceções) elabora uma distinção em relação a um programa especifico, pressupondo, contudo, o conjunto da teoria.

Mas, afinal, qual a arquitetura operativa da teoria e sua imbricação com possível ativismo judicial, de que cuida o § 2º do art. 8º da CLT?

---

(8) Sobre a teoria conf. Raffaele de Giorgi. Luhmann e a teoria jurídica dos antos 70. In: Campilongo, Celso. *O direito na sociedade complexa*; Luhmann e o direito autopoiéico. In: ______. *Direito e democracia*; Raffaele de Giorge. *Direito, Tempo e Memória*. Trad. de Guilherme Leite Gonçalves. São Paulo: Quartier Latin, 2006.

(9) Sobre glossário: Giancarlo Corsi; Elena Esposito; Cláudio Baraldi. *Glossário sobre a teoria social de Niklas Luhmann*. (Tradução de Miguel Romero Peréz e Carlos Villalobos, sob a coordenação de Javier Torres Nafarrate). México: Universidad Iberoamericana, 1996.

Para enfrentar essa correlação, recorre-se à precedente tentativa de aproximação do aporte teórico(10), lembrando que o ponto de partida da observação de Luhmann é o todo (plano terrestre), dele distinguindo, sob a perspectiva da observação, a diferenciação entre seres inanimados e animados.

Estes, no ambiente (bio), caracterizam-se pela capacidade de produzir e reproduzir a partir de si memos os elementos que o constituem e, assim, construir sua própria unidade ou de autorreproduzir-se, de onde advém o conceito de *autopoiesis,* colhido da obra de Humberto Maturana e Francisco Varela.

Luhmann, a partir da teoria daqueles biólogos chilenos, observou que o sistema social, assim como a "máquina humana", tem a mesma capacidade de, pela autorreprodução, chegar à unidade. E assim, observando e diferenciando, distinguiu do todo (animado) os sistemas: psíquico (consciência), social (comunicação) e biológico (vida), cada qual com operações próprias e que os distinguem. Operações particularizadas de cada subsistema que, no interior deste, levam a imensuráveis possibilidades e que, num movimento reverso, levam à necessidade de reduzi-las. O imperativo de reduzir incontáveis possibilidades reclama, por sua vez, premente necessidade de uma nova linguagem comunicativa.

Desse pressuposto (comunicação), Luhmann extrai a cientificidade do direito, deslocando-a, ao menos em parte, do monopólio da Filosofia para o campo da Sociologia, de forma que, graças à miríade de comunicações, o sistema se autorreproduz.

O ponto de partida da teoria, portanto, é a distinção pela diferenciação, a exigir nova linguagem para as ciências sociais.

Se é assim, mediante operações próprias, os sistemas se distinguem uns dos outros: o sistema psíquico reproduz consciência (consciência do que se faz); o sistema social reproduz comunicação, que envolve ato de comunicar + informação + compreensão (comunicação gera comunicação mediante comunicação) e o sistema biológico se autorreproduz (célula que produz célula por meio de célula).

Na arquitetura teórica de Luhmann, o sistema social (sociedade) está acoplado a outros: psíquico e biológico. O que o distingue é a linguagem especializada. Equivale dizer que o critério básico é a especialização da comunicação. Cada sistema tem sua linguagem: o jurídico (direito positivo), o econômico (economia de mercado) e o político (democracia). Estes são parciais do sistema social, identificados a partir da especialização da comunicação social, no interior do sistema social.

Aspecto também da maior relevância é a técnica argumentativa. Ela é codificada, vale dizer, a linguagem comunicativa se dá por meio de código. Cada sistema tem seu

---

(10) A tentativa de aproximação da teoria do positivismo jurídico resultou no registro da arquitetura teórica das teorias de Kelsen e Luhmann, ainda que de forma sucinta, em nosso título *Efetividade da tutela coletiva* (São Paulo: LTr, 2008).

código. O do sistema jurídico é lícito/ilícito, direito/não direito. Exatamente esse código que, juntamente com a função jurídica, vai fechar o sistema jurídico. Da mesma forma, o sistema político gira em torno do binômio comunicativo: governo/oposição, minoria/maioria, enquanto o sistema econômico se organiza em torno do código ter/não ter, possuir/não possuir. Com essa técnica argumentativa codificada, os sistemas parciais se fecham.

E assim, do ponto de vista do sistema político, a complexidade e o excesso de possibilidades de escolha conduzem à democracia; do ponto de vista do sistema econômico, leva à economia de mercado e, do ponto de vista jurídico, leva à ideia de direito, fruto de decisão — direito positivo.

Cada sistema, portanto, fecha-se com seu código e sua função. Mas, embora fechado, ele pode sofrer irritações ou experimentar problemas ou perturbações advindas de um outro sistema. Cognitivamente eles se apercebem.

Isso significa que um sistema não ignora o outro. São capazes de auto sensibilizarem-se. O que não se admite é um abandonar seu código para decidir com o código do outro, sob pena de invasão de espaço alheio.

Ilustrativamente, lembra-se aqui da veloz mudança no modelo produtivo e consequentemente na forma de prestar o trabalho por meio do processo de terceirização. Essa situação concreta, como tantas que se apresentam na dinâmica das relações de trabalho, sem lei que a regulamente, como foi o caso do trabalho por interposta pessoa, antes da Reforma Trabalhista de 2017, empurram incertezas e controvérsias, aos milhares, para a Justiça do Trabalho, que, sem alternativa, teve prestar a jurisdição.

A irritação ou a perturbação entre sistemas (econômico: nova realidade no mundo do trabalho; político: inércia legislativa e, jurídico: dizer o direito sem regulamento específico) é visível, advindo, como solução possível, a consolidação da jurisprudência.

Situação como a que se apresenta, certamente, levou à construção da teoria dos Sistemas em que Luhmann, na articulação interna da teoria, lidou com conceitos já existentes (código, função, programa, *autopoiésis*, acoplamento estrutural, complexidade, sistema, comunicação, sociedade etc), aprimorando-os a fim de compreender, em meio à multiplicidade de relações recíprocas, a operacionalidade fechada dos sistemas (economia/política/direito), mas cognitivamente abertos.

Quando esses sistemas operacionalmente fechados com sua linguagem codificada própria sofrem irritações ou perturbações, devem responder com o seu código. Este código nunca pode ser ultrapassado, ignorado ou desrespeitado, visto que se isso vier a ocorrer, o sistema se corrompe. Ou seja, o jurídico responde a possível irritação ou perturbação com o seu código (lícito/ilícito; direito/não direito), jamais com o código do sistema político (minoria/maioria), ou econômico (ter/não ter), sob pena de configurar judicialização da política ou a politização da justiça ou ativismo judicial.

O próprio sistema jurídico positivo, por seu estatuto maior (norma fundamental), reparte os Poderes, independentes e harmônicos entre si, define o ato próprio de cada um e delega-lhes competências. Não é por outro motivo que, sistematicamente, o Supremo Tribunal Federal, em ação direta de inconstitucionalidade por omissão, deixa de suprir a falta do Poder legislador, notificando-o para agir, ao invés de ele mesmo, Poder jurisdicional, atuar com código que não é seu, suprindo falta ou a omissão legislativa.

Entretanto, não se pode perder de vista que o Direito advém de construção social, que atende a contingência e conjuntura do tempo e do espaço em que, pela correlação de forças políticas contrapostas na sociedade, se institucionalizou. Não bastasse, resulta da ação mais significativa do homem[11], qual seja, da palavra, do discurso, da comunicação.

Direito é, portanto, fruto da ação do homem e opera no mundo do dever ser. E assim, concebido como conjunto de normas sancionadoras emanadas do Estado, fruto de processo sistemático e formal, sua aplicação fica a cargo de um núcleo duro.

Nestes aspectos, a visão de Hans Kelsen e a percepção de Niklas Luhmann convergem: o direito é positivo e deve ser aplicado pelo tribunal. Todavia, o sociólogo avança para, com base num sistema ambiente, reconhecer que o sistema jurídico não é imune às provocações ou interferências dos outros sistemas que harmonicamente com ele convive, mas que, apesar disso, mantém-se íntegro pela atuação alicerçada em seu código. Se a base operacional não é observada o sistema se corrompe.

Assentadas tais premissas teóricas, quando a atenção se volta para o sistema jurídico nacional, percebe-se claramente que a Lei n. 13.467/2017, que há cinco anos instituiu a Reforma Trabalhista, vedou o ativismo judicial, visto que consta do § 2º do art. 8º da CLT, acrescido por referida lei, que os tribunais não podem restringir direitos legalmente previstos nem criar obrigações que não estejam previstas em lei.

A correlação de tal enunciado com a teoria pura do Direito, bem como com a dos Sistemas, é evidente, na medida em que explicita que, sem lei, não se retira e nem se concede direito.

Corporifica o comando normativo da Reforma Trabalhista uma regra geral, de cuja *mens legis* ressai, com clareza, que o sistema jurídico (positivo autônomo) deve se manter íntegro, por operar unicamente seu código base (operatividade do sistema), apesar da possibilidade de irritações e perturbações em relação a outros sistemas.

Não tratou a lei, por óbvio, de casuística nem de reação pontual a ativismo judicial na Justiça do Trabalho. Certo que, não raro, contundentes reações à jurisprudência trabalhista são registradas, como ocorre com o entendimento uniformizado acerca da terceirização (Súmula n. 331 do TST), como já referido.

(11) Cf.Hannah Arendt. *A condição humana.* (Trad. de Roberto Raposo) 10. ed. Rio de Janeiro: Forense Universitária, 2005.

No entanto, há de se distinguir entre ativismo e imprescindível prestação jurisdicional, notadamente em virtude da premissa base do positivismo jurídico segundo a qual o sistema é coerente e completo. Em função deste (completude), diante da lacuna da lei, o tribunal faz a integração (como na hipótese lembrada: terceirização), o que se mostra diferente de o tribunal vir a decidir com base em critério (código) político ou econômico.

Sistemas Social e Econômico. Do Estado Social ao Estado Pós-Social ou Moderno. Perspectiva para Um Trabalho Decente Pós-Covid-19, sob a Perspectiva dos Direitos Humanos e Observância dos Elevados Valores: Solidariedade, Cidadania e Ética[1]

1. Introdução

Os riscos sociais, pela relevância que encerram, convertem-se em riscos políticos. Decerto, da conjuntura, contingência e complexidade das ações humanas emergem riscos sociais, compondo-os, com elevada potencialidade, o homem, quando, com suas mãos, produz bens para sua subsistência e seu desenvolvimento ao longo da história.

Quando se vai do passado ao presente, o que se retém como legado é que a necessária atividade humana produtiva constituiu — e constitui — fator decisivo na formação cultural e, por óbvio, de instrumento de ordenação da vida social. O porvir está à espera da ordenação da vida social, ordenação que desfaça a viva tensão ou o risco instalado atualmente no mundo do trabalho, antes que se converta em risco político[2].

A historicidade nos mostra que o homem, desde sempre, levado pela razão, que o distingue dos demais animais, trabalhou para sobreviver e para subsistir. Inicialmente, o

---

(1) Nota do organizador: Texto originalmente publicado na obra: *Atualidades e tendências do direito e processo do trabalho*. (Orgs. Amanda Barbosa; Andreia Chiquini Bugalho; Luiza de Oliveira Garcia Miessa dos Santos). 3ed. São Paulo: JusPodivm, 2022. v. 3.

(2) Conf. nesse sentido JOSÉ LUIS MONEREO PÉREZ. Los (pre)supuestos histórico-institucionales de la seguridade social em la constitución social del trabajo. In: *Orígenes del contrato de trabajo y nacimiento del Sistema de Protección Social*. (Coord.) Gloria Rojas Rirevo. Albacete: Editorial Bomarzo S.L., 2012. p. 208.

trabalho foi utilizado para defesa e alimentação. Depois, com o desenvolver do conhecimento e o emprego de novas habilidades, o homem alcançou estado de suficiência na produção.

O trabalho não tinha mais por objetivo apenas defesa ou subsistência, passou também a ser fonte geradora de riqueza, pelo excesso de produção.

Opera-se, com isso, importante transformação, pois o trabalho de sua conotação individual (fator de subsistência/defesa), passa à social (fator de riqueza). Nesta acepção, a força-trabalho despendida em proveito de outrem constitui um dos elementos da produção de riqueza.

Desde então o trabalho compõe o centro de tensões sociais, com a marca de cada época.

O primeiro aspecto relevante a se destacar, portanto, é que trabalho não é causa inevitável advinda da natureza. Ao contrário, é condição social determinante de transformações sociopolíticas.

Outro aspecto é que a essencialidade do trabalho para a vida e para a sociedade, conforme a história, fez o homem enfrentar — no trabalho ou em razão dele — tempos sombrios de escravidão, servidão e semiescravidão, sob o jugo do mais forte.

Quando se livra do sistema de escravidão e da servidão, depara-se o homem com a tão almejada liberdade, atributo da personalidade de cunho eminentemente formal, que não impediu a submissão do trabalhador aos interesses da sociedade industrial.

No sistema capitalista do Estado Liberal, suportou o operário as agruras do abandono à própria sorte, da miséria e da condição de semiescravo, até, desvendado o véu da ignorância e da ideologia do liberalismo, esvair-se o modelo do *laissez-fair*.

Simples expectador do paradoxo — progresso pela industrialização *versus* pobreza extrema — o Estado Liberal não se dava conta do risco político gerado pela opressão do proletariado. Quando despertou da inércia, frente à potencialidade dos riscos sociais presentes, desintegrou-se, cedendo lugar ao Estado Social.

O operário, que habitava o espaço da insensatez e experimentava a semiescravidão pela carência e miserabilidade, sem a mínima regulação do trabalho, passa a desfrutar de moderna democracia organizada e estruturada sob a premissa de que o capital deveria estar a serviço do homem, e não mais o contrário, conforme a Declaração de Filadélfia, de 1944.

Assim, na primeira metade do século XX, foi instituído um marco para a civilização humana. Baniu-se o sistema anterior. Estruturou-se outro modelo de Estado sob a proteção social e a cidadania. Direitos e garantias do homem passaram a fazer parte da Declaração Universal dos Direitos do Homem, a partir de quando teria "existência conforme a dignidade humana (DHDH, art. 23). Os direitos sociais foram elencados pela Organização Internacional do Trabalho (OIT).

As relações socioeconômicas experimentaram tempos de equilíbrio.

Entretanto, como é próprio do desenvolvimento, progressivo, incessante e veloz, ainda na segunda metade do século XX, o garantismo jurídico-social da democracia social do Estado Social começa a dar sinais de insuficiência para regular os fatos sociais oriundos notadamente dos novos conhecimentos e dos novos métodos de produção.

A tensão social reinstala-se e, a partir dela, segue incessante busca por um direito mais abrangente, capaz de tutelar a nova realidade que se aflorava, notadamente com a descentralização produtiva, com repercussões que continuam com ondas sucessivas[(3)].

De qualquer forma, embora sentida a tensão, a firme reação em defesa do legado contido no catálogo internacional dos Direitos do Homem se sobrepunha, sem qualquer possibilidade de interesses econômicos pairar sobre os interesses sociais. Por mais sentido que fossem os desequilíbrios sociais, não teriam potencial para desintegrar o Estado Social e seu legado para a humanidade.

Possível e imaginado retrocesso social, acredita-se, encontraria barreira formada pela higidez dos direitos sociais. Todavia, nos dias em curso, o mundo enfrenta os efeitos da profunda crise humanitária, decorrentes da Covid-19, com drásticas consequências para as relações de trabalho.

O profundo abalo social causado pela tragédia humanitária seria capaz de desintegrar o Estado Social, adequando-o a nova matiz? Inobstante a higidez da diretiva internacional dos direitos humanos, ao final de tamanho revés, qual será o papel reservado para o Estado?

O futuro é inacessível, porque ainda não aconteceu, mas a intuição pode nos levar a uma probabilidade; a uma despretensiosa perspectiva.

---

(3) Na progressiva e dinâmica transformação do modelo produtivo, em que se evidencia, segundo ANTÔNIO OJEDA AVILÉS, uma Nova Economia, de forma que "Apesar do desemprego no velho continente; apesar também do fabuloso superávit do Japão e de outros países asiáticos; em suma, apesar dos enormes lucros dos países produtores de petróleo, houve uma redistribuição favorável da economia mundial desde o início dos anos 1980. A causa é bem conhecida hoje, pois suas repercussões continuam em ondas sucessivas: a invenção dos circuitos integrados se traduz na Nova Economia, com a computação e a microeletrônica como primeiros passos, seguidos por uma longa sequência de setores industriais surpreendentes; telecomunicações, nanotecnologia, biotecnologia, produção de transgênicos, aviônica, genética, automação de escritório etc", e isso significa muito para o Direito do Trabalho, pois, na afirmação do referido professor, "os processos mudam rapidamente, fazendo com que as empresas não sejam estáveis, nem os empregos, nem as tarefas, e o conceito de "mínimo" acompanha todas as atividades, configurando uma filosofia" (*La deconstrucción del Derecho del Trabajo, op. cit.*, p.77) [Tradução livre].

2. Direito do trabalho: Um direito sensível aos influxos sociais e econômicos

Quando se revisita a história, não é difícil perceber que o trabalho sempre ocupou posição fundamental na vida humana(4) e que, apesar disso, serviu de instrumento de opressão do mais forte, conforme o sistema político-econômico imperante em cada época. Até a Idade Moderna, quando a consciência de classe, iluminada pela noção de solidariedade,

levou à formação dos direitos sociais e ao surgimento do Direito do Trabalho, o homem amargou o trabalho escravo, servil e semiescravo.

Como rememora JOSÉ MARÍN MARÍN(5), em *Los trabajos, los días... y el derecho,* o Direito do Trabalho resultou de longa evolução, de longo trajeto, de sua pré-história, onde prevaleceu o *status* próprio dos sistemas feudais, absolutistas e gremiais, até o contrato do modelo liberal; deste, com as leis do Estado reformista, o "contrato" passou ao "estatuto" no marco do Estado social das modernas democracias do século XX(6).

Essa mudança significou, acima de tudo, resgate da humanidade, do homem frente ao capital. Afinal, como afirmara RUI BARBOSA(7), o capital é inteligente, mas não tem direito sobre a humanidade(8).

Significou a submissão do contrato individual a um ordenamento público, emanado da heteronomia estatal e, também, da autonomia coletiva, que regularia global e automaticamente as relações individuais do trabalho.

Com isso, o poder empresarial foi limitado e o assalariado dotado de amplo sistema de proteção social. A fragilidade de ordem contratual do operário foi superada.

Nasce e consolida-se o Direito do Trabalho na primeira metade do Século XX, integrado ele em documentos do pós-Guerra que, selando a paz, plantou bases filosóficas para os direitos tradicionais do homem.

A Organização Internacional do Trabalho (OIT), criada em 1919, integrante do Tratado de Versalhes, carrega entre seus fundamentos a persecução da paz universal alicerçada na justiça social e na necessidade de mudar o estado de miséria e injustiça social imperante no mundo.

---

(4) Sobre a história operária consultar, por todos, Eric J. Hobsbawm, em *Mundos do Trabalho*. Novos estudos sobre história operária.

(5) *Los trabajos, los días... y el derecho:* uma aproximación a la "prehistoria" del Drecho del Trabalho. Albacete/ Espanha: Editorial Bomarzo, 2000.

(6) *Ibidem*, p. 364.

(7) *A questão social e política no Brasil.* Conferência pronunciada no Teatro Lírico, do Rio de Janeiro, a 20 de março de 1919. São Paulo: LTr – Rio de Janeiro: Fundação Casa de Rui Barbosa, 1983.

(8) *Ibidem*, p. 16-17.

Com esta finalidade — a de criar regime de trabalho humanizado — a Organização Internacional do Trabalho (OIT) oferece, em sua síntese, um conjunto de princípios, normas, convenções e recomendações, cujo conteúdo essencial é formado pelas Declarações Universais dos direitos do trabalhador.

Assim, o trabalho passa a ter status de direito humano, atravessando tempos de estabilidade, até sofrer consistentes abalos, ainda no século XX.

A consistência do direito tutelar não resistiu a abalos oriundos de influxos inerentes às transformações econômico-sociais e, notadamente, do modelo produtivo, substancialmente modificado a partir de 1970, aliado, a tudo isso, à natureza do direito que, na expressão de WASHINGTON LUIZ DA TRINDADE(9), submete-se às "leis das necessidades".

A partir desse marco, cada vez mais fulgurante, instala-se a tensão entre capital e trabalho, ao ponto de, na década de 1990, frente ao incontido processo de globalização, imaginar-se não haver futuro possível(10) para recuperar o direito tutelar dos tempos de sua origem aos anos de 1970.

Inobstante isso, não há lugar para se pensar em retrocesso, em que poderia, como no sombrio passado, prevalecer a necessidade de o homem servir ao capital. Ao revés, a supremacia do homem, a humanidade, é conquista permanente e condição para a paz e a justiça social, tal como previsto na normativa internacional de tutela dos direitos humanos: Declaração Universal dos Direitos do Homem (DUDH) e Organização Internacional do Trabalho (OIT), como organismo internacional mais importante junto à Organização das Nações Unidas (ONU) para a persecução da dignidade humana.

É certo que o abalo foi tão consistente – e sistêmico – ao ponto de ANTÔNIO OJEDA AVILÉS(11) não ter dúvida de que o Direito do Trabalho, como concebido, se "agoniza, mas não temos claro qual o substitui"(12).

Há de se lembrar que na implosão dos mercados financeiros em 2008, qualificada por ALAIN SUPIOT(13) como a crise mais profunda até então, aproveitou o catedrático de Nantes para alertar que a atenção normativa haveria de se dirigir para a "ordem de fins e meios" com o propósito de atender às necessidades dos homens e à organização econômico-financeira.

---

(9) A avulsividade e o declínio do salário. *Revista Trabalho & Doutrina*. Diretor: Valentin Carrion. Vol. 19. dez. 1998.

(10) Ilustrativamente, nesse contexto, lembra-se aqui obra de Jeremy Rifkin (*Fim dos Empregos*. Editora Makron Books) e, em contraponto, a de Domenico de Mais (*O ócio criativo*. Rio de Janeiro: Editora Sextante).

(11) *La desconstrución del Derecho del Trabajo*. Madrid: Claves La Ley Editor, 2010.

(12) *Ibidem*, p. 15.

(13) *El espíritu de Filadelfia:* La justicia social frente al mercado total. Barcelona: Edições Península, 2011. Tradução Jordi Terré. p. 92.

Ou seja, sob essa perspectiva deveria, nas palavras do citado professor, ser recuperada a "inspiração da Declaração de Filadélfia que, no final da guerra, tentou colocar a economia e o mundo financeiro a serviço dos princípios da dignidade humana e da justiça social"(14).

Afinal, a partir da lição de humanismo de RUI BARBOSA(15) — o capital é inteligente, mas não tem direitos contra a humanidade; da percepção de ALAIN SUPIOUT(16) — não importa os revezes da economia o guia e a inspiração devem ser sempre a Declaração de Filadélfia; e da constatação de ANTÔNIO OJEDA VILÉS(17) — na adversidade dos últimos tempos o direito tutelar saiu alentado com mais legislação que nunca, a tensão gerada no mundo do trabalho pela mundialização da economia, pelo extraordinário desenvolvimento tecnológico e das comunicações e pela substancial mudança no sistema produtivo não será capaz de inverter a carga de valores do sistema tutelar para que o homem volte a servir o capital, e não o capital ao homem.

Essa é a reflexão que já se fez(18): se o capital deve servir ao homem; se o Direito do Trabalho desponta da crise arejado e alentado com legislação suficiente; se é preciso perseguir a inspiração da Declaração da Filadélfia, isso significa que o sistema de tutela sofreu — e está sofrendo — abalos, mas a solidez da Declaração Universal dos Direitos do Homem (DHDH) é suficiente para conter qualquer dialética com potencial desintegrativa.

Aliás, a Declaração da Organização Internacional do Trabalho (OIT)(19) sobre Justiça social para uma Globalização Equitativa, de 2008, proclamou a suficiência da Declaração de Filadélfia como apropriada e pertinente para o século XXI, a qual conjugada com todos os instrumentos jurídicos da Organização, delineiam quadro básico de normas sociais mínimas que, se cumpridas, conferem padrão alto de proteção e medidas a fim de mitigar efeitos de crises.

Da mesma forma, considera a Administração da Organização Internacional do Trabalho (OIT) que a normativa internacional, revisada periodicamente e de comprovada eficiência, é o essencial no enfrentamento de crise.

---

(14) *El espíritu de Filadelfia:* La justicia social frente al mercado total. Barcelona: Edições Península, 2011. Tradução Jordi Terré. p. 96.

(15) *A questão social... op. cit.*

(16) *El espiritu de Filadelfia... op. cit.*

(17) *La deconstrucción... op. cit.*

(18) É o que se lê no nosso ensaio: *Trabalho e emprego na reconstrução do Direito do Trabalho.* Recomendação 205 da OIT. Covid-19. Trabalho base para palestra no VIII Congreso Iberoamericano y Europeo de Drecho del Trabajo y Seguridad Social virtual, 2020. Anais.

(19) Disponível em: https://www.ilo.org/wcmsp5/groups/public/---americas/---ro-lima/---ilo-brasilia/documents/genericdocument/wcms_336918.pdf.

Portanto, seja na concepção de ALAN SUPIOUT[20], para quem o fundamental, na recuperação dos sentidos que adequam o mundo financeiro às necessidades do homem, é ser fiel à Declaração de Filadélfia; seja na clarividência da Administração da Organização Internacional do Trabalho (OIT), para a qual as Convenções e Recomendações, que tratam de direitos fundamentais[21], além de outras que se revestem da maior importância para a governança[22], completam a normativa internacional de direitos sociais suficiente para o enfrentamento de crises, inclusive a maior de todas até o momento, ocasionada pelo coronavírus (Covid-19).

3. O impacto da pandemia decorrente da Covid-19 e o futuro do direito do trabalho. A sólida normativa sobre direitos humanos e direitos fundamentais. Inadmissibilidade de retrocesso social

Quando se está em meio ao estado de calamidade e emergência em saúde pública, provocada pelo novo coronavírus (Covid-19), e, iniludivelmente, a pensar na severidade do impacto da catástrofe nas relações de trabalho, a primeira reflexão se volta necessariamente para razoável previsibilidade de futuro, sem se esquecer da heteronomia das relações de trabalho, da suficiência do sistema normativo e da resistência do alicerce do Estado Social.

O futuro, para SANTO AGOSTINHO[23], só se pode apreender nas dimensões do espírito. Futuro é porvir; passado já se foi. No presente — e em meio a essas duas dimensões do tempo — o aprendizado do passado leva a intuir o futuro[24].

Volvendo-se no tempo, com o propósito de intuir o futuro, a teoria do professor GLÁUCIO VEIGA[25] se mostra essencial, quando constata que a economia, assim

(20) *El espiritu de Filadelfia... op. cit.*, p. 97.

(21) Convenções da Organização Internacional do Trabalho (OIT) sobre direitos fundamentais: Convenção n. 87 – Liberdade sindical e proteção ao direito de sindicalização; Convenção n. 98 – Direito de sindicalização e de negociação coletiva; Convenção n. 29 – Trabalho forçado; Convenção n. 105 – Abolição do trabalho forçado; Convenção n. 138 – Idade mínima; Convenção n. 182 – Piores formas de trabalho infantil; Convenção n. 100 – Igualdade de remuneração; Convenção n. 111 – Discriminação (emprego e ocupação). Disponível em: https://www.ilo.org/global/standards/introduction-to-international-labour-standards/conventions-and-recommendations/lang--es/index.htm.

(22) Convenções da Organização Internacional do Trabalho (OIT) sobre governança: Convenção n. 81 – Inspeção do trabalho; Convenção n. 122 – Política de emprego; Convenção n. 129 – Inspeção do trabalho (agricultura); Convenção n. 144 – Consulta tripartite (normas internacionais do trabalho). Disponível em: https://www.ilo.org/es/normas-internacionales-del-trabajo/convenios-protocolos-y-recomendaciones.

(23) *Confissões*. Tradução de J. Oliveira e A. Ambrósio de Pina. 5. ed. Petrópolis/RJ: Editora Vozes. p. 310/320.

(24) *100 Obras-chave de Filosofia*. Sébastien Camus... [*et.al*]. Tradução de Lucia Mathilde Endlich Orth. 3. ed. Petróplis/RJ: Editora Vozes, 2012. p.143.

(25) *Integração Econômica:* problemática histórica e atual. Tese: Concurso à cátedra de Economia Política da Faculdade de Direito do Recife/PE. 1961. p. 7.

como todos os sistemas, sujeita-se a irresistível movimento pendular e mutável, que configura movimento de integração e desintegração.

Em sua tese de economia política, o catedrático da Universidade Federal do Recife[26] comprova que, na raiz das relações econômicas, há incontida tendência de integração e desintegração, como, aliás, verificou ele exemplificando com a polaridade qualitativa do trabalho: senhor e escravo, patrício e plebeu, barão e servo, mestre e companheiro, operário e patrão[27].

Com o devido recorte metodológico, esclarece o citado professor[28], que o ângulo de sua observação é externo à estrutura econômica; que a interpretação econômica marxista, embora válida, reconhecida e eficaz, foi feita sob o ângulo interno, daí seu ponto de observação ser diverso. Sob tal perspectiva, o que se leva em conta não é apenas e simplesmente a *dinâmica de luta de classe*, mas de *extremidades* da divisão social do trabalho, de forma que "antes, elas empurram através da integração realizada às custas de desintegração da estrutura anterior".

Nessa perspectiva, tese e antítese, sem chance para síntese, desintegram-se para integrar-se. Assim, a tensão elevada ao máximo no Estado Liberal levou à sua desintegração para integração de um Estado Social. Esse o exemplo mais próximo e significativo.

Exatamente esse Estado Social, corporificado na primeira metade do século XX, com resgate do operário da opressão capitalista da segunda metade do século XIX, vem cumprindo seu papel, de priorizar a humanidade como forma de alcançar paz e justiça social.

Entretanto, apesar da tutela conferida pela normativa internacional, nomeadamente as mais representativas em direitos humanos (Declaração Universal dos Direitos do Homem/DUDH e Organização internacional do Trabalho/OIT), irradiada e impactante de legislações nacionais, a tensão entre capital e trabalho é inerente, em maior ou menor grau, conforme o elemento de atrito na interdisciplinaridade entre economia e trabalho.

Certo é que o Direito do Trabalho, nascido e consolidado no pós-Guerra do século XX, atravessou período de calmaria, por cerca de trinta anos, até que a mundialização da economia e o desenvolvimento tecnológico e das comunicações alteraram de tal modo o sistema de produção que ANTÔNIO OJEDA AVILÉS[29] não teve dúvida ao afirmar

(26) *Integração Econômica:* problemática histórica e atual. Tese: Concurso à cátedra de Economia Política da Faculdade de Direito do Recife/PE. 1961. p.10.

(27) *Idem.*

(28) Gláucio Veiga (*op. cit.*, p. 10).

(29) *La deconstrucción... op. cit.*

que, diante das provas a que se submetera, o Direito do Trabalho agoniza, sem se ter claro qual o substitui[30].

ALAIN SUPIOUT[31], por sua vez, destaca a necessidade de a atenção normativa se dirigir à "ordem de fins e meios", para atender as necessidades dos homens e a organizção econômico-financeira, recuperando-se a "inspiração da Declaração de Filadélfia"[32].

Eis que, enquanto a comunidade científica estava em busca de um Direito do Trabalho renovado — e ampliado —, capaz de dar conta da realidade das relações do trabalho, na atualidade, depara-se com estagnação mundial em decorrência dos nefastos efeitos do novo coronavírus (Covid-19) sobre a economia e sobre as relações de trabalho.

Adicionando-se os efeitos do desastre humanitário à debilidade pré-existente do Direito do Trabalho, os direitos sociais resistirão? Ou haverá incontido retrocesso social?

Acredita-se que os direitos sociais não sucumbirão.

Isso porque, com a intuição do presente, iluminada pela historicidade, mesmo não tendo como prever o futuro, ao menos se a situação de crise seguirá por longo ou breve período, uma coisa é certa: não há a menor possibilidade de o capital se sobrepor ao homem; de o homem voltar a servir ao capital, como no passado. Pode haver abalos substanciais, mas a normativa internacional dos Direitos Humanos e dos Direitos Fundamentais do Trabalhador esteve — e estará — vigilante, ainda que a cada abalo seja necessário, como adverte ALAIN SUPIOUT, ser recuperada a "inspiração da Declaração de Filadélfia que, no final da guerra, tentou colocar a economia e o mundo financeiro a serviço dos princípios da dignidade humana e da justiça social"[33].

Esse legado — do Estado Social — é sólido.

Tanto que, diante do cenário sombrio ocasionado pelo desastre da Covid-19 — e devidamente reconhecido pela Organização Mundial da Saúde (OMS)[34] — prontamente a Organização Internacional do Trabalho (OIT)[35] lança o alerta de que o mundo do trabalho passaria por duro revés.

E assim, a Agenda Mundial para políticas econômicas e sociais, que vinha priorizando formas de alcançar o pleno emprego[36], depara-se com premente necessidade de defender trabalho e renda.

---

(30) *La deconstrucción... op. cit.*, p. 15.

(31) *El espíritu de Filadelfia... (op. cit.*, p. 92).

(32) *Ibidem*, p. 96.

(33) *Idem*.

(34) Disponível em: https://www.ilo.org/wcmsp5/groups/public/---dgreports/---dcomm/documents/briefingnote/wcms_749470.pdf.

(35) Disponível em: https://www.ilo.org/global/about-the-ilo/lang--en/index.htm.

(36) É o que se verificou por ocasião da Cúpula Mundial sobre Desenvolvimento social (Copenhagen/1995); da Conferência Interministerial da OMC — Organização Mundial do Comércio, (Cingapura/1996); da Declaração de Direitos Fundamentais dos Trabalhadores da Organização Internacional do Trabalho — OIT (jun. 1988), quando se comemorou os 50 anos da Declaração Universal dos Direitos do Homem.

Na dinâmica dessa Agenda Mundial, ainda em 1988, quando do cinquentenário da Declaração Universal dos Direitos do Homem (DUDH), a Declaração de Direitos Fundamentais dos Trabalhadores adotada pela Organização Internacional do Trabalho (OIT) reafirmou a obrigação dos países membros de cumprir, mediante mecanismos de controle, os direitos fundamentais inerentes à liberdade sindical, abolir o trabalho forçado e erradicar o trabalho infantil e eliminar toda e qualquer modalidade de discriminação no trabalho[(37)].

Também da maior relevância na adoção de mecanismos de controle de direitos fundamentais dos trabalhadores se reveste a Conferência Internacional do Trabalho, de 1999, no que diz respeito ao *trabalho decente,* como forma de "melhorar a situação dos seres humanos no mundo do trabalho"[(38)].

Mais recentemente, por ocasião da 106ª reunião, realizada em 5 de julho de 2017, em Genebra, a Organização Internacional do Trabalho (OIT), voltou sua atenção para o emprego e trabalho decente em situações de *crise* causadas por *conflitos* e *desastres.*

Nessa reunião, princípios foram reafirmados, a normativa internacional recordada e a Agenda positiva mundial relembrada para, sobre tal alicerce, emitir a Conferência Geral da Organização a Recomendação n. 205 sobre Emprego e Trabalho Decente para a Paz e Resiliência[(39)].

Portanto, o lastro normativo, permanentemente revisitado e de comprovada eficácia, é sólido e com força agregada suficiente para atravessar intempéries, como, aliás, já afirmado pelo Conselho de Administração da Organização Internacional do Trabalho (OIT). Mas, o Estado Social será o mesmo ou outro se apresentará?

4. Um novo estado-social. Será?

Partindo-se da premissa de que há sólido sistema de tutela de direitos sociais, consolidados, quando o liberalismo cedeu lugar ao Estado Social, poderia este modelo de Estado tomar outra feição, seja em decorrência da complexidade social, seja pelos influxos do mundo econômico, seja pelo severo abalo provocado pela Covid-19, que estagnou o mundo?

Na observação de RAFFAELE DE GIORGI[(40)], na prática, da sociedade se sabe muito pouco, e menos ainda, da sociedade moderna, a única de que se dispõe no presente.

---

(37) Naquela oportunidade os países membros foram conclamados a implantar a liberdade sindical (Convenção n. 87); abolir toda forma de trabalho forçado (Convenções ns. 29 e 105); erradicar todo tipo de trabalho infantil (Convenção n. 138) e eliminar qualquer modalidade de discriminação no trabalho (Convenções ns. 100 e 111).

(38) 38. Cf. *Memoria del Director General:Trabalho decente*. Oficina Internacional del Trabajo Ginebra. Conferência Internacional del Trabajo. 87ª reunião. Ginebra, junio de 1999. Disponível em: https://www.ilo.org/public/spanish/standards/relm/ilc/ilc87/rep-i.htm.

(39) Disponível em: https://www.ilo.org/dyn/normlex/es/f?p=NORMLEXPUB:12100:0::NO::P12100_ILO_CODE:R205.

(40) Apresentação. In: *O Direito na Sociedade Complexa*. Celso Fernandes Campilongo. São Paulo: Editora Max Limonad, 2000. p. 11.

Entretanto, seja na dimensão ou "fenomenologia do espírito ou resultado da luta de classes, a sociedade não se conclui: se reproduz. O problema é: como?"[(41)].

Como?

Para enfrentar o enigma levantado pelo professor italiano, depois de ele ser categórico também no sentido de que a "sociedade não se conclui; não se realiza; não acaba"[(42)], ao revés, na sua dinâmica se reproduz, a certeza não tem lugar.

Assim, diversamente da certeza apreendida pela sensibilidade do poeta[(43)] de que, no curso incontido das águas, o Rio Corrente vai despejar no Rio São Francisco e este vai bater no meio do mar, a inevitabilidade da dinâmica social leva ao recanto das incertezas. Incerteza conduzida pelo veloz progresso e pela elevada complexidade social, características da sociedade moderna: um navio a propulsão que tem ponto de partida, mas não tem ao certo o ponto de chegada; tudo dependerá de variantes, do homem e sua ação.

Incursionando sobre as características da sociedade moderna e seus impactos no Estado e no Direito, CELSO FERNANDES CAMPILONGO[(44)] constata que "o *sistema social* passa por um processo de desintegração muito acentuado", assim como "o sistema cultural", de forma que, somadas as crises social e cultural, "chega-se a uma *crise de hegemonia*, caracterizada pela ausência de projetos capazes de gerar o mínimo de consenso e suporte quer entre as elites quer entre a população"[(45)].

Na visão do citado autor[(46)], ainda que não haja consenso mínimo e suporte, certo é que uma fase posterior à do Estado Social se avizinha e, à míngua de expressão mais precisa, denomina-a de pós-Social.

Essa percepção, afeita à teoria do Estado, no âmbito das relações de trabalho fora apreendida por JOÃO JOSÉ ABRANTES[(47)], quando do enfrentamento do tema "contrato de trabalho e os direitos fundamentais".

Aliás, não foi só a passagem de tempo ou a positivação de direitos fundamentais por modernas Constituições que levou a comunidade jurídica *jus* laboralista a perceber a insuficiência do princípio protetor como paradigma e razão de ser do Direito do Trabalho,

---

(41) Apresentação. In: *O Direito na Sociedade Complexa*. Celso Fernandes Campilongo. São Paulo: Editora Max Limonad, 2000. p. 11.

(42) *Idem*.

(43) A poesia do nordestino LUIZ GONZAGA retrata, de forma ineludível, o forçoso curso das águas, mas com previsão do local de chegada. Disponível em: https://www.letras.mus.br/luiz-gonzaga/47101/.

(44) Crise do Estado, mudança social e transformação do direito no Brasil. In: *O Direito na Sociedade Complexa*. Celso Fernandes Campilongo. São Paulo: Max Limonad, 2000, p. 53.

(45) *Ibidem*, p. 54-55.

(46) Celso Fernandes Campilongo. Os desafios do judiciário: um enquadramento teórico. In: FARIA, José Eduardo (Org.). *Direitos humanos, direitos sociais e justiça*. São Paulo: Malheiros Editores, 1998. p. 32.

(47) *Contrato de trabalho e direitos fundamentais*. Coimbra: Coimbra Editora, 2005. p. 22.

mas também — e precisamente — a vertiginosa inovação tecnológica, com inimagináveis aplicações no campo da robótica, da cibernética e das comunicações, da informação, a alterar substancialmente o padrão produtivo e a forma de prestar o trabalho.

Retoma-se aqui a doutrina de ANTÔNIO OJEDA AVILÉS(48) no ponto em que chama a atenção para o vivo dissenso entre a firme doutrina que coloca em evidência o retrocesso de garantias trabalhistas e a que distingue, frente à realidade, entre empresa virtual e emprego virtual, capaz de conduzir a um Direito do Trabalho virtual.

"Direito tencionado" ou "Direito virtual" (garantista ou flexionado), o sistema binário que tenciona as duas realidades não leva à solução, segundo o Professor da Universidade de Servilla(49), porque o velho segmentado (clássico) e o novo volátil (flexível) não estariam imunes às inflexões do porvir. E, no futuro, a probabilidade seria a balança pender para o volátil (flexível).

E enquanto se busca um novo paradigma para a reconstrução do Direito do Trabalho, um direito tutelar capaz de proteger o trabalho, de conferir ampla proteção social ao trabalhador, e não apenas ao empregado, as incertezas se potencializam pela estagnação do mundo, decorrente do estado de emergência em saúde pública ocasionada pelo novo coronavírus (Covid-19).

O drama humano, que levou à contenção social, com severos reflexos na economia e na renda dos trabalhadores, obrigou os Governos a não só regular a vida em sociedade, mas garantir, indistintamente, a subsistência a todo cidadão: desempregado, subempregado, autônomo, informal, chefe de família, enfim, todo aquele que perdeu sua fonte de subsistência.

A atenção, ao menos no Brasil — e dentro de suas possibilidades — voltou-se para o cidadão(50), a revelar que, se a pandemia se apresentou como desastre jamais visto pela geração atual, ela foi capaz de apontar para uma vertente de Estado diferente.

A profunda crise trouxe, com ela, um raio de luz a nortear o comandante rumo a um porto seguro, ou um pouco mais seguro, qual seja, aquele que leve proteção substancial ao cidadão.

---

(48) *La deconstrucción...* (*op. cit.*, p. 15).

(49) *Ibidem*, p. 94.

(50) Do conjunto normativo emergencial, destaca-se: Decreto Legislativo n. 6, de 20 de março de 2020 (http://www.planalto.gov.br/ccivil_03/portaria/DLG6-2020.htm); Lei n. 13.979, de 06 de fevereiro de 2020 (http://www.planalto.gov.br/ccivil_03/_ato2019-2022/2020/lei/l13979.htm); MP n. 927 (http://www.planalto.gov.br/ccivil_03/_ato2019-2022/2020/Mpv/mpv927.htm); MP n. 936 (http://www.planalto.gov.br/ccivil_03/_Ato2019-2022/2020/Mpv/mpv936.htm); MP 944 (http://www.planalto.gov.br/ccivil_03/_Ato2019-2022/2020/Mpv/mpv944.htm); MP n. 945 (http://www.planalto.gov.br/ccivil_03/_Ato2019-2022/2020/Mpv/mpv945.htm); Lei n. 13.982, de 02 de abril de 2020 (http://www.planalto.gov.br/ccivil_03/_ato2019-2022/2020/lei/l13982.htm); MP 1000 (http://www.planalto.gov.br/ccivil_03/_Ato2019-2022/2020/Mpv/mpv1000.htm).

Aliás, esse raio de luz fora percebido por JUAN RASO DELGUE[51] quando, no X Congresso Internacional virtual da Academia Brasileira de Direito do Trabalho (ABDT), discorrendo sobre o mundo do trabalho pós-Covid-19, afirmou que, frente a esse panorama, desenha-se "um novo Estado Social".

Naquele espaço acadêmico, observou o catedrático da Universidade de Montevideo[52], que aspectos políticos ficariam à margem, entretanto era relevante falar que em seu país o Governo pode ser considerado mais de centro-direita e, nessa condição, não tinha o propósito de aumentar a dimensão do Estado Social; que o discurso político de centro-direita leva à redução da burocracia e à redução do Estado.

Mas, em decorrência dos efeitos da pandemia, esse mesmo Governo, frente aos novos desafios, está mais presente: mais políticas públicas; mais políticas de emprego, de subsídios, de renda para as pessoas que não têm meios de subsistência; políticas de saúde para os excluídos. E é nesse debate, na percepção — e na expressão — do referido Professor[53], que surge a discussão da *renda básica universal.*

No mesmo espaço acadêmico HÉLIO ZYLBERSTAJN[54], fazendo uso de dados estatísticos inerentes ao nosso país, afirma que a Covid-19 fez aflorar um *iceberg* no mundo do trabalho, quando revela o todo: população ocupada, desocupada, a que está procurando trabalho, a que está fora da força trabalho.

No campo de tantas e tamanhas incertezas, a racionalidade dos dados estatísticos segmentados, captados nos anos 2012 e 2020, respectivamente, levou o economista da Universidade de São Paulo (USP)[55] a advertir que o recado deixado pela Covid-19 é muito forte: absoluta necessidade de políticas públicas de defesa da ocupação e da renda. O olhar deve abranger também um conjunto de políticas que abranjam os desocupados e um outro conjunto que abranjam os que estão fora do mercado, ou seja, os que nem desocupados são.

Como se vê, seja sob o olhar humanista do Professor JUAN RASO DEGLUE, seja sob a observação do economista, Professor HÉLIO ZYLBERSTAJN, o que se vislumbra, independentemente de ser governo de esquerda, de centro ou de direita, é a pavimentação do caminho rumo a um novo Estado mais presente.

Uma pavimentação que, por meios de programas e políticas públicas, ampare o cidadão, resgatando a legião de desamparados e excluídos do fosso e da desesperança em que vivem.

---

(51) X Congresso Internacional virtual da Academia Brasileira de Direito do Trabalho (ABDT), sobre o mundo do trabalho pós-Covid-19, de 12-14 ago. 2020. 4º painel.

(52) *Idem.*

(53) *Idem.*

(54) X Congresso Internacional virtual da Academia Brasileira de Direito do Trabalho (ABDT), sobre o mundo do trabalho pós-Covid-19, de 12-14 ago. 2020. 12º painel.

(55) *Idem.*

Ora, se a pandemia se traduz, é evidente, em tragédia humanitária sem precedentes, ao menos, trouxe à luz o flagelo dos sem trabalho e dos desassistidos que era sabido — todos sabiam deles, mas estavam encobertos.

E, com isso, há perspectiva de fazer-se a passagem, sem desintegração e sem retrocesso social, para um Estado Moderno ou Estado pós-Social, que assegure a todos, indistintamente, condição mínima de cidadania e de vida digna.

5. Estado pós-social: Diálogo social, cidadania e ética

A vida em sociedade é regida por leis, que vão compor "códigos". E as codificações de regras e condutas em normas jurídicas são elaboradas pelo homem. O direito, portanto, não é dádiva ou produto da natureza, ao revés, advém da atividade humana e só existe enquanto produzido[(56)].

Daí a exatidão do pensamento de CALMON DE PASSOS[(57)] quando afirma que direito é construção social que atende à contingência e à conjuntura do tempo e do espaço em que o poder político atua.

O direito traz consigo — no espaço que se institucionalizou — o legado de seu tempo.

Voltando-se um pouco no nosso tempo alcançamos o legado da normativa internacional da Organização das Nações Unidas (ONU) que, em meados do século XX, proclamou direitos universais do homem, resgatando-o de sua individual subjetividade para a posição de cidadão titular de direitos e garantias fundamentais.

A positivação dos direitos do homem-cidadão, concretizou-se com o processo de generalização da proteção dos direitos do homem, quando a preocupação não era mais proteger o indivíduo sob certas condições, mas proteger o ser humano como tal.

Esse legado[(58)] impactou, como fonte poderosa de inspiração, legislações nacionais no sentido de combater e eliminar injustiças. É dessa impressão generalizada que falam CANÇADO TRINDADE[(59)], mirando o âmbito internacional, e FLÁVIA PIOVESAN[(60)], voltada ao sistema nacional.

---

(56) Nesse sentido já nos posicionamos no título *Efetividade..., op. cit.*, 31.

(57) *Direito, poder, justiça e processo:* julgando os que nos julgam. Rio de Janeiro: Forense, 2003. p. 4.

(58) Disponível em: https://www.ilo.org/wcmsp5/groups/public/---ed_norm/---normes/documents/publication/wcms_384368.pdf

(59) O Legado da Declaração Universal e o Futuro da Proteção Internacional dos Direitos Humanos. In: *O Cinquentenário da Declaração Universal dos Direitos do Homem.* (Coords.) Alberto do Amaral Junior e Cláudia Perrone-Moisés. Editora da Universidade de São Paulo/EdUSP: Biblioteca EdUSP de Direito 6. p. 13.

(60) *Direitos Humanos e o Direito Constitucional Internacional.* 5. ed. São Paulo: Max Limonad, 2002.

Decerto, a Declaração Universal dos Direitos do Homem (DUDH) deu base filosófica para se assegurar o respeito à dignidade humana, enquanto a Organização Internacional do Trabalho (OIT), incorporada ao Tratado de Versalhes, de 1919, aportou fundamentos para a persecução da paz universal, alicerçada na justiça social.

O catálogo de direitos do homem originário da fonte internacional se apresenta firme e suficiente para enfrentar os revezes a que é submetido o mundo do trabalho, além de situações causadas por conflitos e desastres.

Certamente, como recentemente afirmara(61), e aqui se reproduz, os instrumentos jurídicos da OIT formam um quadro básico de normas sociais mínimas, acordadas de forma tripartite (empregado-empregador-governo)(62), conferindo o implemento desse corpo normativo padrões mais altos de proteção e medidas ampliadas a fim de mitigar as repercussões da crise.

Com lastro normativo de longo alcance, revisado periodicamente e já dotado de comprovada eficiência, o Conselho de Administração da Organização Internacional do Trabalho (OIT)(63), considera que o essencial no enfrentamento da crise é seguir as Convenções que tratam de direitos fundamentais e de governança.

No espaço interno, o impacto do catálogo dos direitos humanos é uma constante, conforme evidencia a Constituição Federal de 1988, com sua carga de princípios e valores, que tem o homem como centro de atenção e proteção. A carga de direitos individuais e coletivos, de direitos civis e políticos, de direitos sociais e econômicos, é consistente, suficiente para atravessar intempéries e abalos, inclusive decorrentes de desastres naturais e humanitários.

Exatamente a base sólida do sistema jurídico, aliada a atenção às orientações dos organismos internacionais em matéria de saúde e trabalho (OMS e OIT), permitiu a adoção de uma legislação emergencial(64) a fim de enfrentar as consequências sociais, econômicas e de saúde pública, ocasionas pela pandemia da Covid-19.

Sobre adoção de medidas e políticas públicas para o enfrentamento da calamidade e emergência em saúde pública decorrente da Covid-19, constata o já citado Professor

(61) Em conformidade com o exposto em nosso título Trabalho e emprego na reconstrução do Direito do Trabalho. Recomendação n. 205 da OIT. Covid-19. *VIII Congreso Iberoamericano y Europeo de Derecho del Trabalho y Seguridade Social, op. cit.*

(62) A OIT é a única agência tripartite da ONU. Reúne governos, empregadores e trabalhadores de Estados membros, com o propósito de estabelecer normas de trabalho, formular políticas e elaborar programas de promoção do trabalho decente para todos. Disponível em: https://www.ilo.org/global/about-the-ilo/lang--es/index.htm.

(63) Disponível em: https://www.ilo.org/dyn/normlex/es/f?p=NORMLEXPUB:12100:0::NO::P12100_ILO_CODE:R205.

(64) Acessível nos endereços eletrônicos, mencionados em nota supra, de n. 50.

HÉLIO ZYLBERSTAJN[(65)], que "o Brasil é caso de absoluto sucesso", posto que "em questão de um mês o Governo conseguiu segurar mais de nove milhões de empregos formais e dar assistência a 40% dos domicílios brasileiros".

Uma das lições que se afloram desse desastre — e providências inerentes para socorrer o homem de grave abalo à saúde ou da perda da vida — é a da premente necessidade de se proteger pessoas que experimentam alto grau de vulnerabilidade social. O Estado Social, independentemente da forma de governo, não poderá mais ignorar essa legião de "excluídos" e "desamparados"; afinal, todos são cidadãos.

Se é assim, a matiz do Estado tem de, não exatamente mudar, mas avançar. Não se desintegrar para integrar-se em novo modelo, mas avançar para, mediante um conjunto de políticas públicas, assegurar ocupação e renda, ao menos, na magnitude que se tem agora em tempos "anormais", transpondo-o para tempos de normalidade.

Em suma, o Estado Social permanece originário, porém reformulado a fim de, estendendo seu olhar sobre todos, garantir cidadania, vida digna, em um Estado que poderá muito bem ser denominado de Moderno ou pós-Social.

Para que o Estado Social avance para um Estado Moderno ou pós-Social, indo de uma democracia formal para substancial, os esforços dos governantes não são suficientes. A sociedade civil organizada tem papel decisivo. O cidadão precisar agir com espírito de solidariedade, deve praticar cidadania e ética.

Em uma ligeira síntese, tem-se que solidariedade é um dos objetivos fundamentais da República, como forma, inclusive, de erradicar pobreza, de reduzir desigualdades sociais e promover o bem de todos[(66)], enquanto cidadania significa tomar parte e fazer parte de uma sociedade. Importa a prática de direitos e cumprimento de obrigações.

O cidadão, conforme o estatuto jurídico do seu Estado, usufrui direitos civis e políticos e cumpre obrigações, o que leva a um aperfeiçoamento cívico generalizado, caminho seguro para uma Democracia sólida, com respeito e dignidade.

No que diz respeito a direitos e garantias fundamentais, o nosso sistema, impactado pela normativa internacional dos direitos humanos[(67)], adota o Estado de Direito Democrático, trazendo a Constituição Federal[(68)] a dignidade humana como fundamento da República.

---

(65) X Congresso Internacional virtual... *cit.*

(66) Art. 3º da Constituição Federal: "Constituem objetivos fundamentais da República Federativa do Brasil: I - construir uma sociedade livre, justa e solidária; II - garantir o desenvolvimento nacional; III - erradicar a pobreza e a marginalização e reduzir as desigualdades sociais e regionais; IV - promover o bem de todos, sem preconceitos de origem, raça, sexo, cor, idade e quaisquer outras formas de discriminação."

(67) É o que se vê na Carta das Nações Unidas, de 26.6.1945; no Estatuto da Unesco, de 16.11.1945; na Declaração Universal dos Direitos Humanos, de 10.12.1948; no Pacto Internacional sobre Direitos Civis e Políticos (PIDESC), de 19.12.1966 e em texto das modernas Constituições, como a do Brasil de 1988.

(68) Art. 1º da Constituição Federal: "A República Federativa do Brasil, formada pela união indissolúvel dos Estados e Municípios e do Distrito Federal, constitui-se em Estado Democrático de Direito e tem como fundamentos: [...] III - a dignidade da pessoa humana".

A dignidade foi elevada à condição de princípio fundante, base de todos os direitos constitucionalmente consagrados, sejam eles individuais, coletivos, sociais, econômicos ou de participação política.

Mas, como falar em dignidade de um povo se parte da população, diante de carências, notadamente materiais, sequer tem o mínimo para sobreviver? Quem experimenta privação e desamparo, por consequência, não está em condições adequadas de, como membro de um Estado, gozar de direitos civis e políticos. Não tem como interagir na sociedade, saber de seus direitos e como exercê-los e de seus deveres e como colocá-los em prática.

Para a realização da cidadania, o primeiro passo é dar concretude ao enunciado da Declaração Universal do Direitos do Homem (DUDH) e, no caso, da Constituição Federal (CF/1988), é amparar o ser humano, pela atenção do Estado à humanidade, de forma que seu cidadão tenha, no mínimo, meio de subsistir. Na ausência desse pressuposto, não se pode falar em dignidade.(69)

A dignidade, portanto, tal como proclamada pelos sistemas positivos nacional e internacional, passa pela concretização de valores.

Ética, por sua vez, é ideal de conduta humana, que orienta cada pessoa sobre o que é bom, o que é correto e o que deveria fazer; conduz ao melhor viver e conviver. "Quase tudo que nos acontece está relacionado com alguma intervenção alheia", dizem CLÓVIS DE BARROS FILHO e JÚLIO POMPEU(70), depois de afirmarem que "convivendo melhor supomos viver melhor também".

No ensinamento de FÁBIO CONDER COMPARATO(71), ética é valor moral regido por normas axiológicas. Para ele, toda "vida ética é fundada em valores, que supõem a liberdade de escolha e criam deveres de conduta", daí porque "não existe ética neutra, cega aos valores". E, em arremate, conclui o citado jurista: "na ética refletimos sobre o que é bom e justo", sem antes advertir que, diante da viva divergência do que venha a ser "ética", o mais adequado seria tratar o tema com uma visão aproximada da verdade.

---

(69) Mas, o que vem a ser dignidade? Para se delimitar o conteúdo de dignidade, na percepção de FÁBIO KONDER COMPARATO, necessário tomar posição sobre a essência do ser humano. Para o citado jurista, definir a especificidade ontológica do ser humano — sobre a qual funda sua dignidade no mundo — é essencial, havendo largo consenso acerca de algumas características do homem, como liberdade, autoconsciência, sociabilidade, historicidade e unicidade existencial do ser humano, de forma que, sem tais atributos inerentes à natureza própria do homem, a noção de dignidade fica comprometida. Assim, dignidade é respeito e observância a atributos do homem na sua especificidade ontológica, inerentes à natureza humana, destituída de qualidades, como cor da pele, olhos, formato físico, gênero, orientação sexual, só para ilustrar, atributos esses assegurados, tantos em dimensão positivada dos direitos humanos, quanto na extensão dos direitos fundamentais constitucionalmente assegurados (*Cultura dos Direitos Humanos.* São Paulo: LTr, 1998. Coleção Instituto Jacques Maritain. p. 61).

(70) *A filosofia explica grandes questões da humanidade.* 2. ed. rev. e ampl. Rio de Janeiro: Casa da Palavra, São Paulo: Casa do Saber, 2014. p. 17.

(71) Fábio Konder Comparato. *Ética: direito, moral e religião no mundo moderno.* 3. ed. São Paulo: Companhia das Letras, 2016. p. 509-510.

No âmbito das relações de trabalho, LEOPOLDO GAMARRA(72), após analisar o trabalho como componente e fundamento de significação ética, enfatiza a importância da cidadania e da ética no trabalho.

Por ser o trabalho atividade humana, fonte de recursos econômicos para quem trabalha, é também meio de inserção na sociedade, seja pelo sustento da família, seja pelo desenvolvimento do trabalhador como cidadão(73).

O trabalho é, portanto, um aspecto perene e fundamental, mas, apesar da essencialidade, revela a história, esteve sempre envolto em problemas e novos questionamentos e, assim, no tablado de seu *habitat*, sempre se mostrou um ator que se divide entre novas esperanças e o temor de ameaças relacionadas à essa dimensão fundamental da existência humana.(74)

Em meio a esperanças e temores encerra a relação de trabalho, ao mesmo tempo, uma contradição: cooperação e conflito. Significa dizer que o conflito é natural e da essência da relação de trabalho por existir interesses contrapostos, ânimo sempre presente, ainda que em estado latente ou subjacente(75).

Mais uma vez recorre-se aos ensinamentos do catedrático da Universidad Nacional Mayor de San Marcos(76), quando elabora o conceito de cidadania e ética como sendo o conjunto de valores, normas e princípios refletidos no centro do trabalho em geral, para alcançar uma maior sintonia com a sociedade e permitir uma melhor adaptação a todos os ambientes em condições que supõem respeitar os direitos reconhecidos pela sociedade e os valores que compartilha.

É, portanto, nesse espaço de convívio e de viver o conflito, por ser inerente — que se potencializa a necessidade do viver ético, onde o trabalhador como sujeito de direitos e obrigações, vai exercer e construir a cidadania.

Por fim, há de se ressaltar a importância do sindicato para as relações de trabalho e para a sociedade, na condição de ente associativo, que compõe a sociedade civil organizada.

Tamanha importância que chegou a levar a liberdade sindical a ser um dos primeiros direitos reconhecidos pela Declaração Universal dos Direitos do Homem (DUDH) e considerado direito fundamental pela Organização Internacional do Trabalho (OIT).

(72) *La ética laboral y ciudadana*. Guía para formadores. 1. ed. Lima: Centro de Estudios y Publicaciones (CEP), 2012. Serie Jóvenes y Empleabilidad. Modulo 3.

(73) Nesse sentido nossas considerações, quando da abordagem "ética trabalhista e cidadania", no título *Trabalho decente... op. cit.*, p. 44.

(74) *Idem*.

(75) *Idem*.

(76) Leopoldo Gamarra, *op. cit.*, p. 39.

Sua atuação ultrapassa as relevantes funções de defesa de direitos e interesses dos representados nas relações de trabalho para atingir a concertação social.

De fato, a função mais relevante do sindicato no âmbito das relações de trabalho é a negociação coletiva. É dessa percepção que NELSON MANNRICH[(77)], ao abordar a questão da flexibilização, deixa claro que, no âmbito das relações coletivas de trabalho, a negociação coletiva se torna "fonte criadora da necessária adaptação"[(78)].

Para além do protagonismo na negociação, visando à celebração de normas coletivas adequadas à realidade, no âmbito e nos limites de sua representação, compete também ao sindicato empreender esforços voltados à realização do bem comum [(79)].

Atuação que, ao mesmo tempo, amenize tensão que nada transforma e que mobilize a sociedade e o Estado em busca de meios que permitam o desenvolvimento econômico e a preservação da empresa, com isso, a preservação de postos de trabalho.

Ou seja, a atuação sindical há de ser marcada hoje por forte apelo ao diálogo social, conforme NELSON MANNRICH[(80)].

Nada melhor que o diálogo entre as partes interessadas, entre os atores sociais, para se chegar ao melhor resultado, como, aliás, expressamente recomenda a Organização Internacional do Trabalho (OIT), na forma enunciada no item IX da mencionada Recomendação n. 205[(81)].

Essa percepção, no entanto, não deixa de colocar em relevo a fragilidade do ente sindical nos tempos atuais[(82)], que, se não aniquila, impede-o de bem desempenhar sua missão institucional.

Ainda que com *status* de direitos humanos, o sindicato não se deu conta das profundas mudanças no mundo do trabalho, daí a dificuldade de se praticar a solidariedade no sistema trabalhista (gênero), impactado por sua heterogeneidade. O foco continua sendo o emprego (espécie), enquanto o trabalho espera por representatividade.

---

(77) Novo debate sobre tema antigo. In: *Anais da Academia Nacional de Direito do Trabalho*. 2012. p. 89. Eis as palavras do Professor da USP, "A flexibilização encontra nas relações coletivas espaço adequado para sua manifestação, tornando a negociação coletiva fonte criadora da necessária adaptação, ainda que contrariando a lei, sem afrontar a ordem pública absoluta". Novo debate sobre tema antigo. In: *Anais da Academia Nacional de Direito do Trabalho*. 2012.

(78) *Ibidem*, p. 89.

(79) Cf. Joselita Nepomuceno Borba. Atuação sindical em tempos de coronavírus. In: *O Direito do Trabalho na crise da Covid-19..., op. cit.*, p. 537.

(80) Sindicato e crise econômica: heróis ou vilões? In: Arion Sayão Romita *et al* (Coords.) *Revista Magister de Direito do Trabalho*, Magister, n. 41, mar./abr. 2011, p. 15.

(81) https://www.ilo.org/dyn/normlex/es/f?p=NORMLEXPUB:12100:0::NO::P12100_ILO_CODE:R205

(82) Acerca dessa questão, abordagem mais completa, em "Atuação sindical em tempos de coronavírus". *Op. cit.*

Isso é indicativo de que o sindicato se perdeu, deixando à margem a heterogeneidade das relações de trabalho. E assim, enquanto sua atenção se volta com exclusividade para o emprego (espécie), demais formas de trabalho (gênero) ficam fora de sua base de atuação.

Por certo, o diálogo social fica comprometido. Esse efeito danoso se acentua no sistema sindical brasileiro, por padecer, ainda, de resquícios do corporativismo em que o sindicato de apresentava como braço auxiliar do Estado.

A par disto, em momento de profundo abalo social e econômico, a conjugação de fatores, como solidariedade, concertação social, cidadania e ética, certamente conduzirá a uma democracia substancial.

6. Conclusão

Direitos sociais são direitos de humanidade. O Direito do Trabalho, direito social que é, tem por função regularas relações de trabalho, constituindo instância de gestão política dos conflitos e garante dos direitos fundamentais do trabalhador.

Essa expressão do Direito Social do Trabalho, que floresceu em meados do século XX durou enquanto duraram características sociais do ambiente no qual foi gestado. Com o advento da sociedade altamente complexa, de risco e com a mudança do modelo produtivo cada vez mais acentuada, seja pela globalização, seja pelo desenvolvimento da tecnologia e das comunicações, sua compleição começa a derivar para o estabelecimento de políticas sociais flexíveis do trabalho.

A essa altura, já se buscava paradigma mais significativo para enfrentar o fenômeno indutor de exclusão social, em que vulneráveis e excluídos compõem números alarmantes, sem excepcionar categorias. Eles estão por toda parte a evidenciar importante problema social.

A desestabilização já sentida levava a um porvir nebuloso, em que se buscava empurrar os direitos sociais em direção a um "Estado Mínimo", garantidor apenas de prestações mínimas do Estado Social.

Enquanto o estado de tensão ganhava corpo, pelo descompasso entre direitos sociais e econômicos, depara-se a humanidade com novo vírus (Covid-19), potencialmente capaz de ceifar vidas ou comprometer seriamente a saúde, restando aos Governos decretarem contensão e isolamento social como forma de conter a grave ameaça.

Isolamento de pessoas e redução de atividades econômicas, permitindo apenas o funcionamento de atividades essenciais, levou igualmente à perda de horas de trabalho e ao fechamento de empresas, com consequências desastrosas para o mundo do trabalho.

E assim, aos anteriores desafios, somam-se novos.

Desafio de o Estado Social, emergencialmente, fazer-se mais presente, não só perante o trabalhador, mas perante o cidadão que dependia do trabalho para sobreviver, além de fornecer o necessário suporte para que as pequenas e médias empresas possam persistir e continuar ofertando posto de trabalho.

Dessa forma, a tendência de Governos mais alinhados com o novo liberalismo, tencionando implantar Estado Social de prestação mínima, vê-se nas circunstâncias de, sem alternativa, seguir os postulados do Estado Social, modificado para uma vertente mais ampla: Estado pós-Social ou Estado Moderno.

Um Estado que formule políticas que contemplem emprego e renda, favorecendo pessoas desocupadas ou sem meio de subsistência e oferecendo saúde para os excluídos. Há, ainda, questões envolvendo políticas de amparo e previdência.

Certamente, a partir da lição que o novo coronavírus (Covid-19) está a transmitir, o Estado não pode continuar ignorando o iceberg do trabalho, que aporta em sua base submersa o homem trabalhador e suas carências decorrentes da condição humana. Afinal, trabalho é direito social e os direitos e garantias fundamentais tem como destinatário o trabalhador.

Também o vulnerável, o menos válido, deve ser destinatário de programas e políticas públicas, que resgatem sua cidadania.

A questão social, com a dramaticidade com que se apresenta, exige o avanço do Estado Social, fiador de uma democracia formal, para um Estado Social Moderno ou pós-Social, garantidor de uma democracia substancial.

Não é mais suficiente instituir e garantir direitos sociais (nominais); impõe-se que tais direitos sejam colocados em prática (efetivos). O Estado, de garantidor-espectador, passaria a um Estado garantidor-presente, garantidor de uma renda básica universal, em valor e segundo suas possibilidades.

Referência citada e/ou consultada

ABRANTES, José João. *Contrato de trabalho e direitos fundamentais.* Coimbra: Coimbra Editora.

AGOSTINHO, Santo, Bispo de Hipona. *Confissões.* Tradução de J. Oliveira e A. Ambrósio de Pina. 5. ed. Petrópolis/RJ: Editora Vozes.

BARBOSA, Ruy. *A questão social e política no Brasil.* Conferência pronunciada no Teatro Lírico, do Rio de Janeiro, a 20 de março de 1919. São Paulo: LTr – Rio de Janeiro: Fundação Casa de Rui Barbosa, 1983.

BARROS FILHO, Clóvis de. *A filosofia explica grandes questões da humanidade.* Clovis de Barros Filho e Júlio Pompeu. 2. ed. Rio de Janeiro: Casa do Saber; São Paulo: Casa do Saber. 2014.

BORBA, Joselita Nepomuceno. Trabalho e emprego na reconstrução do Direito do Trabalho. Recomendação 205 da OIT. Covid-19. Ensaio para o *VIII Congreso Iberoamericano y Europeo de Drecho del Trabajo y Seguridad Social* virtual, 2020. Bogotá/Co-Anais.

BORBA, Joselita Nepomuceno. Trabalho decente. *X Congresso Internacional da ABDT:* crise econômica e social eo futuro do direito do trabalho – Anais do Congresso [livro eletrônico]. Coordenação Alexandre Agra Belmonte et al. São Paulo: Matrioska Editora, 2020.

BORBA, Joselita Nepomuceno. Atuação sindical em tempos de coronavírus". *Direito do Trabalho na crise da Covid-19* [livro eletrônico]. Coordenação Alexandre Agra Belmonte *et al.* Salvador: JusPodivm, 2020.

BORBA, Joselita Nepomuceno. *Efetividade da tutela coletiva.* São Paulo: LTr, 2008.

CALMON DE PASSOS. *Direito, poder, justiça e processo:* julgando os que nos julgam. Rio de Janeiro: Forense, 2003.

CAMPILONGO, Celso Fernandes. Crise do Estado, mudança social e transformação do direito no Brasil. In: *O Direito na Sociedade Complexa.* São Paulo: Max Limonad, 2000.

CAMPILONGO, Celso Fernandes. *Direito e Democracia.* 2. ed. São Paulo:Max Limonad, 2000.

CAMPILONGO, Celso Fernandes. Os desafios do judiciário: um enquadramento teórico.In: FARIA, José Eduardo (Org.). *Direitos humanos, direitos sociais e justiça.* São Paulo: Malheiros Editores, 1998.

COMPARATO, Fábio Konder. *Cultura dos Direitos Humanos.* São Paulo: LTr, 1998. Coleção Instituto Jacques Maritain.

COMPARATO, Fábio Konder. *Ética:* direito, moral e religião no mundo moderno. 3. ed. São Paulo: Companhia das Letras, 2016.

DE GIORGI, Raffaele. Apresentação. In: *O Direito na Sociedade Complexa.* Celso Fernandes Campilongo. São Paulo: Max Limonad, 2000.

DE GIORGI, Raffaele. *Direito, tempo e memória.* Tradução de Guilherme Leite Gonçalves. São Paulo: Quartier Latin, 2006.

GAMARRA. Leopoldo. *La ética laboral y ciudadana.* Guía para formadores. 1. ed. Lima: Centro de Estudios y Publicaciones (CEP), 2012. Serie Jóvenes y Empleabilidad. Modulo 3.

HOBSBAWM, Eric J. *Mundos do Trabalho.* Novos estudos sobre história operária. Tradução de Waldea Barcellos e Sandra Bedran. 3. ed. Rio de Janeiro: Terra e Paz, 2000.

MANNRICH, Nelson. Novo debate sobre tema antigo. Congresso Internacional Novos Temas e Desafios no Mundo do Trabalho (2012/São Paulo). In: *Novos Temas e Desafios no Mundo do Trabalho:* Anais da Academia Brasileira de Direito do Trabalho. Coords. Nelson Mannrich [*et. al.*]. São Paulo: LTr. 2013.

MANNRICH, Nelson. Sindicato e crise econômica: heróis ou vilões? In: Arion Saião Romita *et al* (Coords.). *Revista Magister de Direito do Trabalho*, Magister, n. 41.

MARÍN MARÍN, José. *Los trabajos, los dias... y el derecho.* Uma aproximación a la "prehistoria" del Derecho del Trabajo. Albacete (Espanha): Editoria Bomarzo. 2000.

MONEREO PÉRES, Luis. Los (pre)supostos histórico-institucionales de la seguridade social em la constitución social del trabajo. In: *Orígenes del contrato de trabajo y nacimiento del Sistema de Protección Social.* (Coord.) Gloria Rojas Rirevo. Albacete: Editorial Bomarzo S.L., 2012.

OJEDA AVILÉS, Antônio. *La desconstrución del Derecho del Trabajo.* Madrid: Claves La Ley Editor, 2010.

PIOVESAN, Flávia. *Direitos humanos e o direito constitucional internacional.* 6. ed. São Paulo: Max Limonad,, 2004.

RASO DELGUE, Juan. *X Congresso Internacional virtual da Academia Brasileira de Direito do Trabalho (ABDT)*, sobre o mundo do trabalho pós-Covid-19, de 12-14 ago. 2020.

4º painel. Disponível em: https://www.youtube.com/watch?v=rHzEOm-cLGU&list=PLPD41Uho7.

SÉBASTIEN CAMUS... [*et.al*]. *100 Obras-chave de Filosofia*. Tradução de Lucia Mathilde Endlich Orth. 3. ed. Petróplis/RJ: Editora Vozes, 2012.

SUPIOT, Alain. *El espíritu de Filadelfia:* La justicia social frente al mercado total. Barcelona: Edições Península, 2011. Tradução Jordi Terr.

TRINDADE, Antônio Augusto Cançado. A interação entre o direito internacional e o direito interno na proteção dos direitos humanos. In: *A incorporação das normas internacionais de proteção dos direitos humanos no direito brasileiro*. 2. ed. São José da Costa Rica: Instituto Interamericano de Derechos Humanos, 1996.

TRINDADE, Washinton Luiz da. A avulsividade e o declínio do salário. *Revista Trabalho & Doutrina*. Diretor: Valentin Carrion. Vol. 19, dez. 1998.

VEIGA, Gláucio. *Integração Econômica:* problemática histórica e atual. Tese:Concurso à cátedra de Economia Política da Faculdade de Direito do Recife/PE. 1961.

ZILBERSTAJN, Hélio. *X Congresso Internacional virtual da Academia Brasileira de Direito do Trabalho (ABDT)*, sobre o mundo do trabalho pós Covid-19, de 12-14.08.2020. 12º painel. (https://www.youtube.com/watch?v=rHzEOm-cLGU&list=PLPD41Uho76vG7szY7avP4S4cgnNUMdEuv&index=2)

Sites/domínio público

https://www.ilo.org/wcmsp5/groups/public/---americas/---ro-lima/---ilo-brasilia/documents/genericdocument/wcms_336918.pdf

https://www.ilo.org/global/standards/introduction-to-international-labour-standards/conventions-and-recommendations/lang--es/index.htm

https://www.ilo.org/global/standards/introduction-to-international-labour-standards/conventions-and-recommendations/lang--es/index.htm

https://www.ilo.org/wcmsp5/groups/public/---dgreports/---dcomm/documents/briefingnote/wcms_749470.pdf

https://www.ilo.org/global/about-the-ilo/lang--en/index.htm

https://www.ilo.org/public/spanish/standards/relm/ilc/ilc87/rep-i.htm

https://www.ilo.org/global/standards/introduction-to-international-labour-standards/conventions-and-recommendations/lang--es/index.htm

https://www.ilo.org/global/standards/introduction-to-international-labour-standards/conventions-and-recommendations/lang--es/index.htm

https://www.letras.mus.br/luiz-gonzaga/47101/

https://www.ilo.org/sites/default/files/wcmsp5/groups/public/@ed_norm/@normes/documents/publication/wcms_384368.pdf

https://www.ilo.org/global/standards/introduction-to-international-labour-standards/conventions-and-recommendations/lang--es/index.htm

https://www.ilo.org/global/standards/introduction-to-international-labour-standards/conventions-and-recommendations/lang--es/index.htm

https://www.ilo.org/wcmsp5/groups/public/---ed_norm/---normes/documents/publication/wcms_739939.pdf. Cf. página 5 do documento.

Capítulo IV

Descentralização Produtiva. Terceirização

Terceirização. Lei n. 13.467/2017. Os Novos Contornos da Terceirização[1]

Preocupa saber como as mudanças serão implementadas, mas devemos todos, patrões e empregados, magistrados e advogados, membros do Ministério Público do Trabalho, Auditores Fiscais do Trabalho e dirigentes sindicais, tanto das categorias econômicas como das categorias profissionais, ter sempre na lembrança que, se enfrentadas com ética, honestidade, correção, dignidade, as dificuldades, se existirem, serão superadas.

Georgenor de Sousa Franco Filho

Introdução

Muito já se falou sobre terceirização, também conhecida como subcontratação ou externalização de serviços, e suas implicações negativas nas relações de trabalho.

Tida como sinônimo de incremento de precariedade do emprego, rebaixamento de nível de condições de laborais ou trabalho com menor proteção, aumento de índices de acidente de trabalho, entrave para sindicalização, empecilho à negociação coletiva, insolvência do terceiro empregador, entre outros, acabou a terceirização sendo olhada com desconfiança, inclusive pelo Judiciário.

O Direito do Trabalho reage na tentativa de limitar os efeitos negativos do fenômeno, que se apresenta como realidade irreversível.

Importante instrumento de política econômica, consiste em técnica administrativa que facilita o processo gerenciado de transferência de execução de atividade empresarial a terceiros.

Terceirizam-se operações, o que ocorre quando uma empresa principal encarrega ou delega a uma empresa auxiliar uma obra ou serviço. É diferente, portanto, de terceirização

(1) Nota do organizador: Texto originalmente publicado na obra *Reforma Trabalhista em Perspectiva:* desafios e possibilidades. 1. ed. São Paulo: LTr, 2018.

de mão de obra, processo que ocorre quando uma empresa provê outra com força trabalho, utilizada de forma direta pela contratante.

No nosso sistema, a prática da terceirização era disseminada, mas não havia lei que a regulasse especificamente. O embasamento jurídico para a prática decorria do princípio constitucional da livre-iniciativa e de regulamentação pela jurisprudência, admitindo-a o Judiciário trabalhista com restrição.

Imperava o vazio legislativo até que, em lei que disciplina o trabalho temporário, foi instituído o marco legal da terceirização.

Mas, a previsão legal não afastou incertezas sobre o alcance do instituto, havendo inclusive teses no sentido de que a terceirização, por estar inserida em lei especial, referia-se apenas ao regime de trabalho temporário.

Para afastar dúvidas e incertezas, a seguir, a lei que instituiu a reforma trabalhista, aperfeiçoando a redação da lei anterior, dispôs de forma clara sobre a possibilidade de terceirização na atividade finalística da empresa, autorizando, assim, a terceirização geral e irrestrita.

Diante dos contornos da lei, dois aspectos, no momento, chamam a atenção: necessidade de se identificar o instituto conforme a *mens legis* e a possibilidade de haver empresa sem empregado.

1. Externalização produtiva. Processo de parceria. Contratação de serviços *versus* contratação de mão de obra. Fraude

É fato indiscutível que mudanças na composição da força-trabalho e a desintegração dos empregos produziu abalos no clássico contrato de trabalho. Numa relação direta, o empregado presta serviços a um empregador, pessoa física ou jurídica ou ente despersonalizado, com quem possui vínculo empregatício.

Com efeito, na passagem do Século XIX até meados do Século XX, floresce o Direito do Trabalho, desvinculado do Direito Civil, com suas instituições fundamentais: o trabalhador, o empregador e o contrato.

Sob a afluência das transformações, o Estado, de sua vertente liberal para a social, passa a reconhecer direitos sociais, apresentando-se como o grande responsável pela harmonização social e fiador de alguns direitos.

O Direito do Trabalho experimenta o esplendor, com a consolidação da unidade industrial gigante, hierarquizada e condicionantes econômico capazes de conferir segurança e estabilidade no emprego.

Mas, já no último terço do século XX, surgem desafios, advindos de impactante crise econômica cumulada com processo inflacionário, além das transformações no mundo do trabalho em decorrência da globalização e do veloz e extraordinário desenvolvimento da ciência, da tecnologia e das comunicações.

A empresa, que serviu de referência para a estruturação do Direito do Trabalho, esvaiu-se. Aquela unidade empresarial que, cada uma, controlava o ciclo produtivo com autonomia nas relações externas com outras empresas e ao mesmo tempo dirigia seus empregados, sofreu profundos abalos.

As complexas estruturas das grandes corporações não guardam relação com as de outrora.

Muda-se substancialmente a lógica de produção, que passa a observar a externalização do processo produtivo, integrado por meio de redes de empresas. Não se está mais frente a uma organização única, mas diante de redes de subcontratação.

A execução da atividade empresarial é delegada, mediante processo de parceria, firmada com base em contrato civil de prestação de serviços.

Até aí, a **desvinculação de atividade para delegação**, mediante parceria entre empresas, cada qual, **sujeitos reais e idôneos**(2), exercendo sua atividade e responsáveis por seus empregados, **não é ilegal**. Como ressalta Gustavo Felipe Barbosa Garcia(3), a **contratação é de serviços** e **não de mão de obra** ou de pessoas por meio de intermediários.

A questão central quando se está diante do fenômeno da descentralização ou da externalização produtiva é a **fraude**, ou seja, quando a subcontratação ou a terceirização é adotada como meio para reduzir custos do trabalho, seja para obter maior lucro, seja para a empresa enfrentar competitividade.

Portanto, o processo de **externalização produtiva não passa pela noção de precarização das relações de trabalho**. Adotada a subcontratação ou a terceirização com esse propósito será sempre ilícita, independentemente do tempo em que ocorreu a contratação, ou seja, antes ou depois do marco legal da terceirização(4).

Se a hipótese for de fraude às relações de trabalho, tem plena aplicação o princípio da nulidade, um dos pilares da CLT, segundo o qual "Serão nulos de pleno direito os

---

(2) Nesse sentido, conferir Nelson Mannrich. Terceirização: Luzes e sombras. In: *Empresa e Trabalho*. Estudos em Homenagem a Amador Paes de Almeida. (Coords. Sergio Pinto Martins e Ana Flávia Messa). São Paulo: Saraiva, 2010. p. 184.

(3) Destaca Gustavo Felipe Barbosa Garcia, no título "*Terceirização não é intermediação de mão de obra*", que "[...] quanto ao tema em exame, um dos aspectos de maior relevância é a distinção que deve ser feita entre *terceirização* e *intermediação de mão de obra*. Na verdadeira terceirização, a empresa tomadora contrata um *serviço especializado* da empresa prestadora, e não sua mão de obra (trabalho humano). A empresa contratada, por seu turno, presta um serviço especializado, e não fornece mão de obra. A terceirização, portanto, *não pode servir para intermediar mão de obra*". Disponível em: http://genjuridico.com.br/2015/04/13/terceirizacao-nao-e-intermediacao-de-mao-de-obra/.

(4) Lei n. 13.429, de 31.03.2017, alterada pela Lei n. 13.467, da reforma trabalhista.

atos praticados com o objetivo de desvirtuar, impedir ou fraudar a aplicação dos preceitos contidos na presente Consolidação"[5].

2. Enfrentamento da terceirização pelos tribunais. Marco legal regulatório

A subcontratação no nosso sistema jurídico não é prática nova, pois contempla a Consolidação das Leis do Trabalho a possibilidade de se transferir atividade-fim, caracterizada por etapa de processo produtivo, a terceiro, mediante contrato de empreitada[6].

A terceirização[7], no entanto, é fenômeno mais recente e ainda enfrenta processo de regulamentação específica[8]. As recentes leis, uma que alterou a lei do trabalho temporário[9], outra que instituiu a reforma trabalhista[10], estabeleceram o marco legal da terceirização, admitindo o fenômeno, mas não trouxe um regulamento para a tormentosa questão.

O certo é que, num primeiro momento, ante o vazio legislativo — e frente ao elevado contingente de ações judiciais — viu-se o Tribunal Superior do Trabalho compelido a enfrentar a matéria.

A primeira diretriz advinda do Tribunal Superior foi restritiva, na medida em que somente admitia o trabalho por meio de empresa interposta nos casos de trabalho temporário (Lei n. 6.010/1974) e de serviço de vigilância (Lei n. 7.102/1983)[11]. Depois, essa orientação foi amenizada para permitir a terceirização, exceto na atividade-fim da empresa[12].

---

(5) CLT. Art. 9º

(6) CLT art 455. Nos contratos de subempreitada responderá o subempreiteiro pelas obrigações derivadas do contrato de trabalho que celebrar, cabendo, todavia, aos empregados, o direito de reclamação contra o empreiteiro principal pelo inadimplemento daquelas obrigações por parte do primeiro.

(7) Na doutrina, colhe-se a percepção de Luiz Carlos Robortella acerca do fenômeno, para quem a palavra terceirização indica "*a existência de um terceiro que, com competência, especialidade e qualidade, em condição de parceria, presta serviços ou produz bens para a empresa contratante*", classificando, ainda, o jurista tal fenômeno como prática de exteriorização de emprego inerente ao rol das subcontratações (*O moderno direito do trabalho.* São Paulo: LTr, 1994. p. 236).

(8) O Projeto de Lei n. 30/2015, originário da Câmara dos deputados (PL 4330), que tem por fim regulamentar contratos de terceirização e as relações de trabalho deles decorrentes encontra tramitando no Senado Federal, na Comissão de Assuntos Econômicos. Disponível em: https://www25.senado.leg.br/web/atividade/materias/-/materia/120928. Acesso em: 10 nov. 2017.

(9) Lei n. 13.249/2017.

(10) Lei n. 13.467/2017.

(11) Súmula n. 256 do TST. Salvo os casos de trabalho temporário e de serviço de vigilância, previstos nas Leis ns. 6.019, de 03.01.1974, e 7.102, de 20.06.1983, é ilegal a contratação de trabalhadores por empresa interposta, formando-se o vínculo empregatício diretamente com o tomador dos serviços. Cancelada pela Res. n. 121/2003, *DJ* 19, 20 e 21.11.2003.

(12) Súmula n. 331 do TST. CONTRATO DE PRESTAÇÃO DE SERVIÇOS. LEGALIDADE. I – A contratação de trabalhadores por empresa interposta é ilegal, formando-se o vínculo diretamente com o tomador dos

Assim, na visão do Tribunal Superior do Trabalho, continua ilegal a descentralização produtiva na modalidade de terceirização na atividade-fim da empresa. A permissão fica restrita à atividade de apoio.

Essa jurisprudência consolidada na Súmula n. 331 do TST carecia de atualização[13], a fim de adequar seus termos à Lei Geral das Telecomunicações[14], que admitiu terceirização de atividades inerentes no segmento.

Enquanto isso, ainda firme a jurisprudência do Tribunal Superior do Trabalho, chega a matéria à apreciação do Supremo Tribunal Federal (STF), admitida em sede de repercussão geral, com o tema "terceirização de serviços para a consecução da atividade-fim da empresa".

A repercussão ao tema[15] foi reconhecida com base em premissa, segunda a qual, proibir terceirização de forma generalizada na atividade-fim, alicerçada em interpretação jurisprudencial, viola o princípio da liberdade de contratar, inerente ao princípio constitucional da legalidade[16]. Contudo, a sinalização apontada pelo Supremo Tribunal Federal, no sentido de permitir terceirização de forma ampla, ainda está sujeita a confirmação quando do julgamento do Recurso Extraordinário.

---

serviços, salvo no caso de trabalho temporário (Lei n. 6.019, de 03.01.1974). II – A contratação irregular de trabalhador, mediante empresa interposta, não gera vínculo de emprego com os órgãos da Administração Pública direta, indireta ou fundacional (art. 37, II, da CF/1988). III – Não forma vínculo de emprego com o tomador a contratação de serviços de vigilância (Lei n. 7.102, de 20.06.1983) e de conservação e limpeza, bem como a de serviços especializados ligados à atividade-meio do tomador, desde que inexistente a pessoalidade e a subordinação direta. [...]

(13) ARE 791.932/DF, tendo o tema específico recebido n. 739 no catálogo de Repercussão Geral do STF.

(14) Lei n. 9.472/1997. Art. 94. No cumprimento de seus deveres, a concessionária poderá, observadas as condições e limites estabelecidos pela Agência: [...] II – contratar com terceiros o desenvolvimento de atividades inerentes, acessórias ou complementares ao serviço, bem como a implementação de projetos associados.

(15) RE 713.211/MG, tendo o tema recebido n. 725 no catálogo de Repercussão Geral do STF.

(16) "RECURSO EXTRAORDINÁRIO COM AGRAVO. ADMINISTRATIVO. AÇÃO CIVIL PÚBLICA. POSSIBILIDADE DE TERCEIRIZAÇÃO E SUA ILICITUDE. CONTROVÉRSIA SOBRE LIBERDADE DE TERCEIRIZAÇÃO. FIXAÇÃO DE PARÂMETROS PARA A IDENTIFICAÇÃO DO QUE REPRESENTA ATIVIDADE-FIM. POSSIBILIDADE. 1. A proibição genérica de terceirização calcada em interpretação jurisprudencial do que seria atividade-fim pode interferir no direito fundamental de livre-iniciativa, criando, em possível ofensa direta ao art. 5º, II, da CRFB, obrigação não fundada em lei capaz de esvaziar a liberdade do empreendedor de organizar sua atividade empresarial de forma lícita e da maneira que entenda ser mais eficiente. 2. A liberdade de contratar prevista no art. 5º, II, da CF é conciliável com a terceirização dos serviços para o atingimento do exercício do exercício-fim da empresa. 3. O *thema decidendum, in casu*, cinge-se à delimitação das hipóteses de terceirização de mão de obra diante do que se compreende por atividade-fim, matéria de índole constitucional, sob a ótica da liberdade de contratar, nos termos do art. 5º, II, da CRFB. 4. Patente, assim, a repercussão geral do tema, diante da existência de milhares de contratos de terceirização de mão de obra em que subsistem dúvidas quanto à sua legalidade, o que poderia ensejar condenações expressivas por danos morais coletivos semelhantes àquela verificada nestes autos. 5. Diante do exposto, manifesto-me pela existência de Repercussão Geral do tema, *ex vi* art. 543 do CPC. (STF, j. 15.05.2014 *DJE* n. 109 divulgado em 05.06.2014 publicado 06.06.2014. Disponível em: www.stf.jus.br)

Nesse cenário, enquanto se aguardava revisão da jurisprudência do Tribunal Superior do Trabalho, consequência inevitável diante de possível confirmação do tema da repercussão geral pela Corte constitucional, o legislador assumiu seu papel, inserindo na ordem jurídica o marco legal da terceirização.

E o marco veio com a edição da Lei n. 13.429, de 31.03.2017, que alterou dispositivos da Lei n. 6.019/1974, do trabalho temporário, como acima já referido.

Todavia, essa lei não afastou a insegurança jurídica que envolve a matéria, primeiro porque inseriu o marco legal em lei que disciplina trabalho temporário, depois porque, ao invés de ser clara e objetiva, elegeu como pressuposto de licitude do processo de terceirização a contratação de serviços "determinados" e "específicos"(17).

Essas expressões, que encerram conceitos abertos e indeterminados, embora remetam à noção de delimitação e especialização, com peculiaridades próprias, são passíveis, assim como a distinção entre atividade-meio e atividade-fim, de inconciliável controvérsia, o que poderia levar não à segurança jurídica, mas ao acirramento de polêmica agora sob a perspectiva do que venha ser, no processo produtivo, serviços determinados e específicos.

Exatamente por isso, chama a atenção Ricardo José Macêdo Britto Pereira(18) para o fato de o marco legal da terceirização, inserido no contexto da lei que disciplina o trabalho temporário, contemplar dois regimes: contratação temporária e contratação de prestação de serviços. Consequentemente, na percepção do referido autor, assim como já assentado na jurisprudência, a Lei n. 13.429/2017 não contempla terceirização geral, referindo-se "a possibilidade de contratação de prestação de serviços tanto em atividade meio como em atividade fim, referidas apenas no regime de trabalho temporário"(19).

Vê-se que a lei, ao invés de dissipar controvérsias, veio agregar mais incertezas, a exigir seu aperfeiçoamento. Isso veio a ocorrer com a Lei n. 13.467, de 13.07.2017, que instituiu a reforma trabalhista.

Essa lei modificou a redação do art. 4º-A da Lei n. 6.010/1974 (introduzido pela Lei n. 13.429/2017)(20) para, afastando quaisquer dúvidas, autorizar a terceirização na atividade-fim.

---

(17) Lei n. 6.010/1974, art. 4º-A. Empresa prestadora de serviços a terceiros é a pessoa jurídica de direito privado destinada a prestar à contratante serviços determinados e específicos (incluído pela Lei n. 13.249/2017).

(18) A inconstitucionalidade da Liberação generalizada da terceirização. Interpretação da Lei n. 13.429, de 31.3.2017. In: *Terceirização de serviços e direitos sociais trabalhistas* (Coords. Gustavo Felipe Barbosa Garcia e Rubia Zanotelli de Alvarenga). São Paulo: LTr. 2017. p. 96.

(19) *Idem.*

(20) Lei n. 13.467/2017, art. 2º. A Lei n. 6.019, de 3 de janeiro de 1974, passa a vigorar com as seguintes alterações: Art. 4º-A. Considera-se prestação de serviços a terceiros a transferência feita pela contratante da execução de quaisquer de suas atividades, inclusive sua atividade principal, à pessoa jurídica de direito privado prestadora de serviços que possua capacidade econômica compatível com a sua execução.

A intenção do legislador ainda aparece de forma clara nas disposições dos art. 4º-C[21], quando expressamente admite que os serviços terceirizados "podem ser de qualquer uma das atividades da contratante" e no art. 5º-A[22] ao estipular que contratante é aquele que celebra contrato com empresa de prestação de serviços "relacionados a quaisquer de suas atividades, inclusive atividade principal".

Não resta mais dúvida que terceirização, assim entendida como instrumento de política econômica, técnica administrativa que facilita o processo gerenciado de transferência de execução de atividade empresarial a terceiros/parceiros, agora tem previsão legal.

Isso vai interferir diretamente na força normativa da Súmula n. 331, do TST, a reclamar sua pronta revisão[23].

Portanto, terceirização lícita está ligada a fenômeno de desconcentração produtiva e econômica, sinônimo de parceria, e não terceirização de tarefas com intuito de reduzir custos. A *contratação de tarefas* (mão de obra) corresponde a tipo ilegal e, como tal, devia — e deve — ser banida. Essa modalidade é típica de fraude às relações de trabalho.

E, se a hipótese for de fraude, a lei tem mecanismo eficiente para combatê-la.

À margem discussões acerca da precarização das relações de trabalho e retrocesso social, decorrente da lei da reforma trabalhista, o certo é que nenhuma lei sancionada até o momento atingiu quaisquer dos pilares do Direito do Trabalho, continuando intacta a noção de empregado e empregador[24], bem como a afirmação do princípio das nulidades[25] e da inalterabilidade prejudicial do contrato de trabalho[26].

---

(21) "Art. 4º-C. São asseguradas aos empregados da empresa prestadora de serviços a que se refere o art. 4º-A desta Lei, quando e enquanto os serviços, que podem ser de qualquer uma das atividades da contratante, forem executados nas dependências da tomadora, as mesmas condições [...]

(22) Art. 5º-A. Contratante é a pessoa física ou jurídica que celebra contrato com empresa de prestação de serviços relacionados a quaisquer de suas atividades, inclusive sua atividade principal.

(23) A revisão da jurisprudência do TST já é esperada, como, aliás, noticiara o Presidente da Corte, que adotará providências tendentes à atualização do regimento interno do TST e a revisão das súmulas que serão atingidas pelas novas regras. Notícia "A sensatez do presidente do TST". *O Estado de S. Paulo*. Opinião. 29 out. 2017.

(24) CLT. Art. 2º Considera-se empregador a empresa, individual ou coletiva, que, assumindo os riscos da atividade econômica, admite, assalaria e dirige a prestação pessoal de serviço. § 1º Equiparam-se ao empregador, para os efeitos exclusivos da relação de emprego, os profissionais liberais, as instituições de beneficência, as associações recreativas ou outras instituições sem fins lucrativos, que admitirem trabalhadores como empregados. § 2º Sempre que uma ou mais empresas, tendo, embora, cada uma delas, personalidade jurídica própria, estiverem sob a direção, controle ou administração de outra, ou ainda quando, mesmo guardando cada uma sua autonomia, integrem grupo econômico, serão responsáveis solidariamente pelas obrigações decorrentes da relação de emprego. § 3º Não caracteriza grupo econômico a mera identidade de sócios, sendo necessárias, para a configuração do grupo, a demonstração do interesse integrado, a efetiva comunhão de interesses e a atuação conjunta das empresas dele integrantes. (parágrafo terceiro acrescido ao texto original. Art. 3º Considera-se empregado toda pessoa física que prestar serviços de natureza não eventual a empregador, sob a dependência deste e mediante salário.

(25) CLT. Art. 9º Serão nulos de pleno direito os atos praticados com o objetivo de desvirtuar, impedir ou fraudar a aplicação dos preceitos contidos na presente Consolidação.

(26) Art. 468 – Nos contratos individuais de trabalho só é lícita a alteração das respectivas condições por mútuo consentimento, e ainda assim desde que não resultem, direta ou indiretamente, prejuízos ao empregado, sob pena de nulidade da cláusula infringente desta garantia.

Certamente, evidenciado no caso concreto que não se trata de terceirização na forma como instituída pelo marco legal, mas de intermediação ilegal de mão de obra, a nulidade se impõe, na medida em que essa não era a terceirização permitida antes pela ordem jurídica[(27)] e nem agora pela expressa disposição da lei[(28)].

3. Inconstitucionalidade. Retrocesso social e precarização das relações de trabalho. Primeiras impressões

Em meio ao debate social, que precedeu a edição da lei da reforma trabalhista, ponderáveis razões já apontavam para existência de inconstitucionalidades[(29)], por imprimir o projeto, da forma como tramitava no Legislativo, retrocesso social e de precarização das relações de trabalho.

Ultrapassada aquela fase, com a edição da Lei n. 13.467/2017, cumpre ao Judiciário, pelo controle direto ou concentrado de constitucionalidade, depurar o sistema, declarando inconstitucional dispositivos da referida lei que violar diretamente a Constituição Federal, entre os quais aquele que conferiu nova redação ao art. 4º-A da Lei n. 6.019/1974, permitindo terceirização irrestrita.

Mas, como primeira impressão, tem-se a observer dois aspectos: primeiro, que inconstitucionalidade não comporta acepção política; depois, o que vem a ser inconstitucionalidade.

Sucinta e objetivamente, inconstitucional é o que viola de forma clara, direta e irreconciliável, algum artigo da Constituição. Assim, aprovada a lei não há espaço para o uso político do termo, porquanto inconstitucional não é aquilo que se discorda politicamente, mas o que viola a Constituição.

A par disso, a base teórica do sistema jurídico nacional repousa na Norma Fundamental[(30)], cuja dinâmica jurídica é concebida como um sistema em que "uma norma sempre deposita seu fundamento de validade em outra norma de nível superior e, assim,

---

(27) No sistema anterior à Lei n. 13.429/2017 a terceirização era admitida, com reserva, na atividade de apoio, ressalvada a hipótese de fraude, quando o vínculo era reconhecido diretamente com tomador dos serviços.

(28) Lei n. 13.429/2017 — modificada pela Lei n. 13.467/2017 — institui o marco legal da terceirização, mas não autoriza intermediação de mão de obra. Fraude, se constatada, continua a ser reprimida.

(29) Em meio ao debate discussões, o que se observou de mais concreto foi a emissão de parecer pela Ordem dos Advogados do Brasil (OAB), proposição n. 49.0000.2017.004049—7/COP, em que aponta inconstitucionalidades contidas no projeto de reforma trabalhista, a permitir uma reflexão acerca dos defeitos que padece, agora, não mais projeto, mas a Lei n. 13.467/2017. Disponível em: http://s.oab.org.br/arquivos/2017/06/reforma-trabalhista-preliminares-inconstitucionalidades.pdf.

(30) Cf. por todos Hans Kelsen. *Teoria Pura do Direito.* 5. ed. Tradução de João Batista Machado. Coimbra: Armênio Amado, 1979. Lineamentos acerca da base teórica conf. Joselita Nepomuceno Borba. São Paulo: LTr. 2008. p. 31-38.

sucessivamente, até o patamar de uma norma fundamental, que põe termo ao escalonamento"[(31)]: a Constituição.

A consequência, em virtude da hierarquia das normas, é que a lei guarda consonância com a Constituição, e não o contrário.

Dessa forma, lei nova pode altera lei anterior, mesmo porque as relações sociais são dinâmicas, notadamente numa sociedade policontextual e impactada pelo avanço da ciência e da tecnologia, com surgimento de novas tensões, desafios e necessidades, a reclamar ajustes por parte do legislador.

Partindo-se de tal premissa — e levando-se em consideração o modelo de sistematização do poder adotado pela Constituição Federal brasileira, de tripartição independente e harmônico —, nenhum óbice se impõe ao Legislativo no exercício de suas funções típicas, mesmo que a lei, ao contemplar nova realidade, imponha algum tipo de prejuízo.

O que não é permitido ao legislador é violar a Constituição Federal.

Assim, observados os ditames constitucionais, tem o Legislativo o dever de elaborar leis que regem a conduta e os fatos sociais, seja disciplianando novas realidades, seja adequando situações reguladas que se modificaram, a exigir intervenção do legislador.

O fato de essa nova lei contrariar a lei anterior não é, só por isso, inconstitucional. A inconstitucionalidade, como já destacado, decorre objetivamente da desconformidade da lei com a Constituição Federal.

Ademais, o inconstitucional reside não na ação, mas na omissão[(32)], seja porque o legislador deixa de regulamentar direito cujo exercício depende de edição de lei, seja porque deixa de assegurar política minimamente razoável de proteção.

E, para averiguar a conformidade da Lei n. 13.429/2017 com a ordem constiucional, na parte em que liberou terceirização na atividade finalística da empresa, o Supremo Tribunal Federal já foi acionado por meio de várais ações abstratas[(33)].

Na arguição de descumprimento de preceito fundamental (ADPF)[(34)], que tem como requerente Associação Brasileira do Agronegócio (ABAG) — com intervenção

---

(31) Cf. por todos Hans Kelsen. *Teoria Pura do Direito*. 5. ed. Tradução de João Batista Machado. Coimbra: Armênio Amado, 1979. Lineamentos acerca da base teórica conf. Joselita Nepomuceno Borba. São Paulo: LTr. 2008. p. 38

(32) Conf. Flávia Piovesan. *Proteção judicial contra omissões legislativas*. Ação Direta de Inconstitucinalidade por omissão e Mandado de Injunção. 2. ed. 2003. São Paulo: Revista dos Tribunais.

(33) ADI 5685/DF, de autoria da Rede Sustentabilidade, que tem como Ministro relator Gilmar Mendes. A essa ADI foram apensadas as seguintes: ADI 5735, ADI 5695, ADI 5686 e ADI 5687.

(34) ADPF 324/DF.

de diversos *amicus curiae* — a Procuradoria Geral da República posiciona-se contra a terceirização de forma geral.

Da mesma forma, na ação direta de inconstitucionalidade (ADI) 5685 (a ela apensas as ADI 5735 , ADI 5695 , ADI 5686 , ADI 5687), de autoria da Rede Sustentabilidade — com intervenção de diversos *amicus curiae* — o parecer da Procuradoria Geral da República (PGR) é pela inconstitucionalidade da Lei n. 13.429/2017, na parte em que autoriza terceirização em qualquer atividade, inclusive na atividade principal.

Em sua manifestação a PGR opina pela inconstitucionalidade formal da Lei n. 13.429/2017 e, sucessivamente, pela inconstitucionalidade sem redução de texto dos arts. 4º-A, 5º-A e 9º, § 3º, da Lei n. 6.019/1974, inseridos pela Lei n. 13.429/2017, para afastar interpretação que permita terceirização de atividades finalísticas de empresas privadas e entidades da administração pública.

Alinhado à doutrina de Gabriela Neves Delgado e Helder Santos Amorim[35], o opinativo do *Parquet* federal é pela inconstitucionalidade da Lei n. 13.429/2017, pelas seguintes razões sintetizadas na ementa do parecer:

> CONSTITUCIONAL E TRABALHO. AÇÕES DIRETAS DE INCONSTITUCIONALIDADE. LEI N. 13.429/2017, QUE ALTERA A LEI N. 6.019/1974. PROJETO DE LEI. INICIATIVA DO PRESIDENTE DA REPÚBLICA. REQUERIMENTO DE RETIRADA FORMULADO PELO AUTOR. AUSÊNCIA DE DELIBERAÇÃO PELA CÂMARA DOS DEPUTADOS. VIOLAÇÃO DE PRERROGATIVA REFLEXA AO PODER DE INICIATIVA. ARTS. 61, § 1º, E 84, III, DA CONSTITUIÇÃO. AFRONTA À DIVISÃO DO PODER. ART. 2º DA CR. VÍCIO NÃO SANÁVEL POR SANÇÃO PRESIDENCIAL. INCONSTITUCIONALIDADE FORMAL. CONTRATAÇÃO INTEREMPRESARIAL DE SERVIÇOS. ARTS. 4º-A E 5º-A DA LEI N. 6.019/1974. RISCO DE INTERPRETAÇÃO QUE ADMITA TERCEIRIZAÇÃO DE ATIVIDADES FINALÍSTICAS DE EMPRESAS PRIVADAS E PÚBLICAS. VIOLAÇÃO DO REGIME CONSTITUCIONAL DE EMPREGO SOCIALMENTE PROTEGIDO. ARTS. 1º, III E IV, 6º, 7º A 11, 170 E 193 DA CR. VIOLAÇÃO DA FUNÇÃO SOCIAL CONSTITUCIONAL DA EMPRESA. ARTS. 1º, IV, 5º, XXIII, E 170, III, 7º, XII, 24, XIV, 212, § 5º, 218, § 4º, E 227 DA CR. VIOLAÇÃO AO CONCURSO PÚBLICO EM ENTIDADES DA ADMINISTRAÇÃO PÚBLICA. ART. 37, II, DA CR. VULNERAÇÃO DAS CONVENÇÕES NS. 29 E 155 DA OIT. INCONSTITUCIONALIDADE SEM REDUÇÃO DE TEXTO. TRABALHO TEMPORÁRIO. ARTS. 20º E 10 DA LEI N. 6.019/1974. LOCAÇÃO DE MÃO DE OBRA. AMPLIAÇÃO PARA ATIVIDADES PERMANENTES DE EMPRESAS. DEMANDAS INTERMITENTES, PERIÓDICAS E SAZONAIS. AMPLIAÇÃO AO SETOR RURAL. TRIPLICAÇÃO DO PRAZO CONTRATUAL. QUEBRA DA NATUREZA EXCEPCIONAL DO REGIME DE LOCAÇÃO DE MÃO DE OBRA. VIOLAÇÃO DO REGIME CONSTITUCIONAL DE EMPREGO SOCIALMENTE PROTEGIDO. VIOLAÇÃO DA FUNÇÃO SOCIAL CONSTITUCIONAL DAS EMPRESAS. OFENSA AO PRINCÍPIO DA PROPORCIONALIDADE. LEGISLAÇÃO ABUSIVA. VULNERAÇÃO DAS CONVENÇÕES NS. 29 E 155 DA OIT. VEDAÇÃO DE RETROCESSO SOCIAL DESARRAZOADO. VULNERAÇÃO DA

(35) Inconstitucionalidade da terceirização na atividade-fim: o valor social da livre-iniciativa e a função social da empresa". In: *Terceirização de Serviços e Direitos Sociais Trabalhistas*. (Coords. Gustavo Felipe Barbosa Garcia e Rúbia Zanotelli de Alvarenga). São Paulo: LTr, 2017. p. 13-19.

DECLARAÇÃO DA FILADÉLFIA. PACTO DE SÃO JOSÉ DA COSTA RICA. CARTA DA ORGANIZAÇÃO DOS ESTADOS AMERICANOS. PACTO INTERNACIONAL DE DIREITOS ECONÔMICOS, SOCIAIS E CULTURAIS. INCONSTITUCIONALIDADE MATERIAL.

1. Constitui prerrogativa reflexa do poder de iniciativa legislativa o requerimento de retirada de projeto de lei formulado pelo Presidente da República à Câmara dos Deputados, relativamente a projeto de sua autoria, enquanto não concluídas as votações da fase deliberativa parlamentar. Ocorrência no PL n. 4.302/1988, proposição do Presidente da República. Deliberação parlamentar de requerimento de retirada constitui questão prejudicial ao mérito da proposição. Ausência de deliberação implica usurpação de poder, não sanável por sanção presidencial. Inconstitucionalidade formal. Arts. 2º, 61, § 1º, e 84, III, da Constituição da República (CR).

2. Contratação interempresarial de serviços — terceirização. Arts. 4º-A, 5º-A e art. 9º, § 3º, da Lei n. 6.019/1974, na redação da Lei n. 13.429/2017. Interpretação que admita terceirização irrestrita de atividades finalísticas viola o regime constitucional de emprego socialmente protegido (CR, arts. 1º, IV, 7º a 11, 170, VII e VIII, e 193), a função social constitucional da empresa (arts. 1º, IV, 5º, XXIII, e 170, III, c/c arts. 7º, XII, 24, XIV, 212, § 5º, 218, § 4º, e 227), o princípio isonômico nas relações de trabalho (arts. 5º, *caput*, e 7º, V) e a regra constitucional do concurso público nas empresas estatais exploradoras de atividade econômica (arts. 37, II, e 173, § 1o, II), bem como a Declaração da Filadélfia (art. I.a) e as Convenções ns. 29 e 155 da Organização Internacional do Trabalho (OIT). Inconstitucionalidade sem redução de texto.

3. As categorias mais modernas do domínio e do programa normativo acerca do trabalho na Constituição de 1988 recusam intermediação irrestrita de mão de obra, por agredir o conceito de "relação de emprego" acolhido pelo art. 7º, I, da CR, como meio técnico-jurídico de atribuir frutos do trabalho de alguém a outrem, sem reificar o trabalhador, por supressão total ou parcial de sua liberdade, como nos regimes precedentes de escravidão e servidão. Reiteração do parecer lançado no recurso extraordinário com agravo 713.211/MG, com repercussão geral (convertido no RE 958.252/MG), caso-líder do tema de repercussão geral 725 ("terceirização de serviços para consecução da atividade-fim de empresa").

4. A interpretação jurisprudencial consolidada na Súmula n. 331 do Tribunal Superior do Trabalho, que reconhece legalidade de terceirização de atividades de apoio administrativo e nega efeitos trabalhistas à de atividades finalísticas, compatibiliza-se plenamente com a ordem jurídica constitucional, que garante direitos fundamentais dos trabalhadores e limita a contratação de serviços, na administração pública, a atividades materiais acessórias, instrumentais e auxiliares de órgãos e entes públicos. Aplica-se idêntico limite a empresas privadas e estatais exploradoras de atividade econômica. Art. 173, § 1º, II, da CR. Impõe-se preservar o regime constitucional do concurso público. Art. 37, II, da CR; art. 10, § 7º, do Decreto-lei n. 200/1967; art. 1º do Decreto n. 2.271/1997.

5. Trabalho temporário. Arts. 2º e 10 da Lei n. 6.019/1974, na redação da Lei n. 13.429/2017. Viola o regime constitucional de emprego socialmente protegido e a função social constitucional da empresa a ampliação do regime de locação de mão de obra temporária para atividades permanentes de empresas, ainda que de natureza intermitente, periódica ou sazonal (art. 2º, *caput* e § 1º, da Lei n. 6.019/1974). Aliada à triplicação do prazo contratual, de 90 para 270 dias (art. 10 da Lei n. 6.019/1974), a extensão do regime permite ampla substituição de postos de emprego por mão de obra intermediada, superprestigiando interesses econômicos privados em detrimento do valor social do trabalho

> (art. 1º, IV, da CR) e do princípio constitucional da proporcionalidade. Arts. 1º, 7º a 11, 170, VII e VIII, e 193, da CR.
>
> 6. Esvazia o conteúdo dos direitos fundamentais sociais dos trabalhadores, especialmente o conceito de relação de emprego (art. 7º, I, da CR), interpretação que autorize irrestrita subcontratação de serviços de atividades finalísticas e legislação que torne ordinário regime de comercialização de mão de obra temporária, para além das demandas imprevisíveis e extraordinárias das empresas tomadoras. Medidas que retraem em muito o padrão civilizatório de utilização do trabalho livre, constitucionalmente conquistado à custa de intensos conflitos sociais. Legislação socialmente opressiva, desproporcional, que incorre em desvio de finalidade, ao subverter os fins que regem o desempenho da função estatal, em violação do interesse público. Afronta à cláusula constitucional de vedação de retrocesso social desarrazoado. Vulneração da Declaração da Fildadélfia (art. I.a) e das Convenções ns. 29 e 155 da OIT. Ofensa a normas internacionais de direitos humanos, ao Pacto de São José da Costa Rica, à Carta da Organização dos Estados Americanos, ao Pacto Internacional de Direitos Econômicos, Sociais e Culturais. Inconstitucionalidade material.
>
> 7. Parecer por declaração de inconstitucionalidade formal da Lei n. 13.429/2017; sucessivamente, por declaração de inconstitucionalidade sem redução de texto dos arts. 4º-A, 5º-A e 9º, § 3º, da Lei n. 6.019/1974, inseridos pela Lei n. 13.429/2017, para afastar interpretação que permita terceirização de atividades finalísticas de empresas privadas e entidades da administração pública, e por declaração de inconstitucionalidade dos arts. 2º e 10 da Lei n. 6.019/1974, na redação da Lei n. 13.429/2017, que amplie o regime e o prazo dos contratos de trabalho temporário. (Parecer PGR acostado aos autos da ADI 5685/DF).

Das razões do opinativo vê-se que a vislumbrada inconstitucionalidade decorre basicamente dos seguintes aspectos: (i) "ausência de deliberação implica usurpação de poder, não sanável por sanção presidencial"; (ii) a "interpretação que admita terceirização irrestrita de atividades finalísticas viola o regime constitucional de emprego socialmente protegido (CR, arts. 1º, IV, 7º a 11, 170, VII e VIII, e 193)"; violando também (iii) "a função social constitucional da empresa (arts. 1º, IV, 5º, XXIII, e 170, III, c/c arts. 7º, XII, 24, XIV, 212, § 5º, 218, § 4º, e 227)" e, ainda, o "princípio isonômico nas relações de trabalho (arts. 5º, *caput*, e 7º, V) e a regra constitucional do concurso público nas empresas estatais exploradoras de atividade econômica (arts. 37, II, e 173, § 1º, II)".

Ainda que a afronta à Constituição tenha sido alegada com base em dispositivo alterado (art. 4º-A da Lei n. 6.019/1974, com redação da Lei n. 13.429/2017), a nova lei, na essência, em nada modificou em essência a lei anterior, apenas teve o propósito de, dissipando dúvidas e divergências, deixar clara a autorização para terceirizar a atividade finalística, inclusive da atividade principal da empresa.

Certamente, o vazio legislativo em relação à possibilidade de terceirizar atividade-fim da empresa foi suprido, mas a última palavra acerca da conformidade da prática com a ordem constitucional está nas mãos do Supremo Tribunal Federal.

As ações abstratas (ADI e ADPF) em curso poderão perder o objeto em decorrência da nova redação do art. 4º-A da Lei n. 6.019/1974, pela Lei n. 13.467/2017, mas a matéria é a mesma e, acredita-se, o STF será acionado.

4. Terceirização de produto ou serviço. Empresa sem empregado. Possibilidade

Aspecto relevante, se constitucional for a autorização para a empresa terceirizar atividade finalística, envolve a possibilidade de existir empresa sem empregados.

Com a atenção voltada para essa questão, lembram Gabriela Neves Delgado e Helder Santos Amorim, em substancioso estudo sobre inconstitucionalidade da terceirização na atividade finalística da empresa[36], que a "prática da terceirização na atividade-fim esvazia a dimensão comunitária da empresa", na medida em que a "radicalização desse mecanismo pode viabilizar a extrema figura da **empresa sem empregados**". E assim, por liberalidade, exime-se a empresa de responsabilidades sociais, trabalhistas previdenciárias e tributárias.

Ademais, seria nesse espaço da atividade-fim, destacam os referidos autores, que a "Constituição reserva à empresa **a função social de promover emprego direto com o trabalhador, com máxima proteção social, tendo em conta a dupla qualidade protetiva desse regime de emprego**: uma proteção temporal, que remete à pretensão de máxima continuidade do vínculo de trabalho, e uma proteção especial, de garantia de integração do trabalhador à vida da empresa"[37].

De fato, se por um lado, não há dúvida de que a terceirização frustra o princípio da continuidade do vínculo de emprego direto com o tomador dos serviços e também aniquila a possibilidade de integração do trabalhador na vida da empresa cliente, por outro, evidenciam os termos do art. 4º-A, da Lei n. 6.019/1974 (com redação da Lei n. 13.467/2017[38]) que é irrestrita liberdade de contratar.

Sendo assim, em tese, nada impede que a empresa entregue a terceiro a execução de toda sua atividade produtiva, se esta permitir e for sua vontade. Trata-se de inevitável conclusão frente aos termos da lei. Aliás, já havia possibilidade de existir empresa sem empregado — e ela de fato existe, independentemente de previsão do legislador[39].

---

(36) Inconstitucionalidade da terceirização na atividade-fim: o valor social da livre-iniciativa e a função social da empresa". In: *Terceirização de Serviços e Direitos Sociais Trabalhistas*. (Coords. Gustavo Felipe Barbosa Garcia e Rúbia Zanotelli de Alvarenga). São Paulo: LTr, 2017. p. 15.

(37) Gabriela Neves Delgado e Helder Santos Amorim. *Inconstitucionalidade da terceirização... op. cit.*, p. 13 (negrito no original).

(38) "Art. 4º-A. Considera-se prestação de serviços a terceiros a transferência feita pela contratante da execução de quaisquer de suas atividades, inclusive sua atividade principal, à pessoa jurídica de direito privado prestadora de serviços que possua capacidade econômica compatível com a sua execução.

(39) Indústria automobilística e da construção civil podem oferecer exemplos de empresa sem empregado, onde se terceiriza todo o processo produtivo.

Todavia, essa não foi deliberada intenção do legislador, na medida em que instituiu regras de isonomia entre empregados da contratante e da contratada, a evidenciar que o propósito, ao admitir a terceirização, não foi admitir empresa sem empregado.

Com efeito, nos termos do art. 4º-C da mesma Lei n. 13.467/2017[(40)], há expressa referência à extensão de mesmas condições relativas a alimenação, transporte, atendimento medico e ambulatorial, treinamento, além de consições sanitárias e ambiente de trabalho adequado, a empregados da contratada, quando forem os serviços executados nas dependências da tomadora dos serviços. Além disso, no § 1º do mencionado art. 4º-C, também há previsão de, mediante consenso, instituir-se isonamia salarial entre empregados da contratante e os da contratada.

Assim, de uma análise sistemática da lei chega-se à conclusão de que o legislador autorizou ampla liberdade de contratar, em razão da qual poderá a empresa operacionalizar a descentralização produtiva, inclusive da atividade finalística. Isso não significa autorização legislativa que contemple hipótese de empresa sem empregados, ao revés, foram instituidas regras de isonomia entre empregados da contratante e da contratada, a evidenciar que a tomadora de serviços também possui empregados.

A primeira impressão, portanto, é que só excepcionalmente poderá a empresa operar sem empregados.

Conclusão

O marco legal da terceirização foi instituído. Doravante, incertezas quanto à possibilidade de terceirizar de forma irrestrita não existem, salvo se o Supremo Tribunal Federal vir a declarar inconstitucionalidade do art. 4º-A da Lei n. 6.019/1974, com redação da Lei n. 13.467/2017.

A questão não é mais o que terceirizar (atividade-apoio/atividade-fim), mas a fraude. Terceiriza-se atividade inerente à produção e serviço, mas não se terceiriza mão de obra. Intermediação de força trabalho é — e continua — vedado.

Daí a necessidade de se identificar, com acuidade, o instituto com seus elementos e características, a fim de terceirizar-se operação e não mão de obra. A permissão legal é para empresa principal encarregar ou delegar a uma empresa auxiliar execução de obra ou serviço. Isso é diferente de empresa principal encarregar a empresa auxiliar da incumbência de fornecer-lhe mão de obra.

---

(40) Art. 4º-C. São asseguradas aos empregados da empresa prestadora de serviços a que se refere o art. 4º-A desta Lei, quando e enquanto os serviços, que podem ser de qualquer uma das atividades da contratante, forem executados nas dependências da tomadora, as mesmas condições: I – relativas a: *a)* alimentação garantida aos empregados da contratante, quando oferecida em refeitórios; *b)* direito de utilizar os serviços de transporte; *c)* atendimento médico ou ambulatorial existente nas dependências da contratante ou local por ela designado; d) treinamento adequado, fornecido pela contratada, quando a atividade o exigir. II – sanitárias, de medidas de proteção à saúde e de segurança no trabalho e de instalações adequadas à prestação do serviço. [destaques acrescidos]

Referências

ABDALA, Vantuil. Aperfeiçoamento de regras para terceirização. *Notas Trabalhistas*. Sistema FIRJAN, ano VI, n. 57, jul./ago. 2008, p. 1-2.

BORBA. Joselita Nepomuceno. Terceirização sob a perspectiva do Supremo Tribunal Federal (STF). Repercussão Geral. Edição da Lei n. 13.429, de 31.03.2017. Aspectos processuais. In: *Conselho Jurídico Sinduscon-SP 15 anos*. São Paulo: BB Editora. 2017

BORBA. Joselita Nepomuceno. Externalização produtiva: subcontratação e terceirização. Como não precarizar? Necessária aplicação do princípio da igualdade de tratamento e da responsabilidade solidária em aspectos de direitos inderrogáveis. In: *Terceirização de serviços e direitos sociais trabalhistas*. (Coords. Gustavo Felipe Barbosa Garcia e Rúbia Zanotelli de Alvarenga). São Paulo: LTr, 2017.

BORBA. Joselita Nepomuceno. *Efetividade da Tutela Coletiva*. São Paulo: LTr, 2008.

CASTRO, Maria do Perpétuo Socorro W. de. *Terceirização*. Uma expressão do direito flexível do trabalho na sociedade contemporânea. *São Paulo:* LTr, 2014.

COUTINHO, Grijalbo Fernandes. *Terceirização*. Máquina de Moer Gente Trabalhadora. *São Paulo:* LTr, 2015.

DELGADO, Gabriela Neves; AMORIM, Helder Santos. *Os limites constitucionais da terceirização*. São Paulo: LTr, 2014.

DELGADO, Gabriela Neves; AMORIM, Helder Santos. A inconstitucionalidade da terceirização na atividade-fim: O valor social da livre-iniciativa e a função social da empresa. In: *Terceirização de serviços e direitos sociais trabalhistas*. (Coords. Gustavo Felipe Barbosa Garcia e Rúbia Zanotelli de Alvarenga). São Paulo: LTr, 2017.

GARCIA. Gustavo Felipe Barbosa. *Terceirização não é intermediação de mão de obra*. Disponível em: http://genjuridico.com.br/2015/04/13/terceirizacao-nao-e-intermediacao-de-mao-de-obra/.

KELSEN, Hans. *Teoria Pura do Direito*. 5. ed. Tradução de João Batista Machado. Coimbra: Armênio Amado. 1979.

MANNRICH, Nelson. A terceirização e os novos desafios do Direito do Trabalho. *Revista da Academia Brasileira de Direito do Trabalho*, v. 20, 2015.

MANNRICH, Nelson. Terceirização: Luzes e sombras. In: *Empresa e Trabalho*. Estudos em Homenagem a Amador Paes de Almeida. (Coords. Sergio Pinto Martins e Ana Flávia Messa). São Paulo: Sariava, 2010.

MELGAR, Alfredo Montoya. *Derecho del Trabajo*. 36. ed. Madrid: Tecnos, 2015.

MELO FILHO, Luiz Felippe Vieira de. Não se pode vender como mercadoria o trabalho humano. *Informativo da Associação Nacional dos Procuradores do Trabalho – ANPT*, ano VI, n. 61, mar. 2011. Entrevista.

PERERIRA, Ricardo José Macêdo de Britto. A inconstitucionalidade da liberação generalizada da terceirização. Interpretação da Lei n. 13.429, de 31.03.2017. In: *Terceirização de serviços e direitos sociais trabalhistas*. (Coords. Gustavo Felipe Barbosa Garcia e Rúbia Zanotelli de Alvarenga). São Paulo: LTr, 2017.

ROBORTELLA, Luiz Carlos. *O moderno direito do trabalho*. São Paulo: LTr, 1994.

SILVA, Antônio Alvares da. *Terceirização:* um tigre de papel. Editora RTM, 2015.

SOUTO MAIOR, Jorge Luiz. *A terceirização e a lógica do Mal*. Dignidade Humana e Inclusão Social. (Coord.) Gabriela Delgado. São Paulo: LTr, 2010.

Externalização Produtiva: Subcontratação e Terceirização. Como Não Precarizar? Necessária Aplicação do Princípio da Igualdade de Tratamento e da Responsabilidade Solidária em Aspectos de Direitos Inderrogáveis[1]

Introdução

Em decorrência das profundas transformações no mundo da produção, a organização do trabalho vem passando por significativas reformulações. O padrão organizativo da atividade, centrado e vertical, cede lugar à autonomia e descentralização, onde prevalece a desconcentração produtiva e econômica.

Para essa transformação também exerce papel decisivo o extraordinário avanço da ciência e da tecnologia, sofrendo, ainda, a empresa os impactos da globalização.

Nesse contexto, são muitas as empresas que tomam decisão estratégica de externalizar alguns de seus processos produtivos e, mediante *parceria*, descentralizar parte da atividade empresarial para, em razão da *especialização*, obter produtividade e qualidade do produto.

E o processo de delegação desponta como uma das técnicas de administração do trabalho reconhecidamente crescente e irreversível, em que a relação de emprego, bilateral e direta, entre empregador e empregado, experimentando substancial alteração, passa a ser trilateral por envolver o prestador de serviços, o fornecedor e tomador de serviços.

O trabalho é prestado ao contratante por força de contrato civil de prestação de serviços celebrado com o parceiro.

---

(1) Nota do organizador: Texto originalmente publicado na obra *Terceirização de Serviços e Direitos Sociais Trabalhistas*. 1. ed. São Paulo: LTr, 2017.

Em nosso sistema jurídico, a *subcontratação* não é prática nova, pois já contemplada pela Consolidação das Leis do Trabalho ao prever, no seu art. 455, a possibilidade de se transferir atividade-fim, caracterizada por etapa do processo produtivo, a terceiro mediante contrato de empreitada. A empreitada tem previsão também na lei civil comum, conforme disposições do Capítulo VIII do Código Civil.

A *terceirização*, no entanto, é fenômeno[(2)] mais recente, ainda sem regulamentação específica no sistema jurídico nacional.

Diante do vazio legislativo — e frente à premente necessidade de o Judiciário trabalhista dar vasão à elevada litigiosidade envolvendo processo de terceirização, com inaceitável retrocesso social nas relações de trabalho — a mais alta Corte trabalhista firmou entendimento jurisprudencial admitindo o procedimento da terceirização, mas com restrição.

O reconhecimento voltou-se para a aplicação administrativa do fenômeno[(3)], como parte da estratégia das empresas para externalização do processo produtivo ou de realização de serviços, nas hipóteses excepcionalmente contempladas por leis esparsas, nos serviços de conservação e limpeza, bem como nos serviços especializados ligados à atividade-meio[(4)]

O contratado *especialista* tem autonomia e executa serviços claramente definidos ou produção particular, enquanto o contratado de *tarefa tradicional* não possui processo de controle desenvolvido. Geralmente subcontrata mão de obra como forma padrão de absorver força trabalho. Essa modalidade é vedada, por caracterizar fraude à legislação trabalhista, a ser transportada à órbita do ilícito.

No entanto, colocando à parte o debate apaixonado acerca da terceirização, tanto daqueles que a defendem com fervor, quanto de quem a repudiam com veemência, o certo é que não se pode admitir, frente à ordem jurídica imperante, que a terceirização seja instrumento de precarização das relações de trabalho, com contrato menos favorável ou desvantajoso para o empregado; que seja instrumento de redução ou aniquilamento de direitos inclusive pela inidoneidade financeira do contratado/parceiro; que sirva para enfraquecer as relações coletivas de trabalho pela pulverização da representação sindical ou que leve insegurança ao ambiente de trabalho, com real ameaça à saúde e à vida do trabalhador.

---

(2) Na doutrina, colhe-se a percepção de Luiz Carlos Robortella acerca do fenômeno, para quem a palavra terceirização indica *"a existência de um terceiro que, com competência, especialidade e qualidade, em condição de parceria, presta serviços ou produz bens para a empresa contratante"*, classificando, ainda, o jurista tal fenômeno como prática de exteriorização de emprego inerente ao rol das subcontratações (*O moderno direito do trabalho.* São Paulo: LTr, 1994. p. 236).

(3) Cf. Maria do Perpétuo Socorro W. de Castro. *Terceirização.* Uma expressão do Direito Flexível do trabalho na sociedade contemporânea. São Paulo: LTr, 2014. p. 138.

(4) Súmula n. 331 do TST.

1. Externalização produtiva: Modelo espanhol. Cessão de empregado por empresa de trabalho temporário com isonomia de tratamento. Subcontratação com responsabilidade solidária

As mudanças na composição da força-trabalho e a desintegração dos empregos têm produzido abalos no centenário modelo clássico do contrato de trabalho, em que o empregado, numa relação direta, presta serviços ao empregador, pessoa física ou jurídica ou ente despersonalizado, com quem possui vínculo empregatício(5).

Ao tempo em que se busca outra construção teórica que possa marcar a passagem do contrato de trabalho subordinado a outro modelo capaz de dar proteção ao trabalho, e não só no emprego, ganha destaque, com força e ares de irreversibilidade, a desconcentração produtiva, como bem se sabe, na maioria dos casos para reduzir custos trabalhistas.

Mas, a grande transformação do trabalho, com tentativas de precarização das relações de trabalho, por um lado, e esforços para a regulamentação da externalização produtiva, por outro, não se traduz em fenômeno isolado.

Na regulamentação da Comunidade Europeia, ressalta Anna Ginès i Fabrellas, em substancioso ensaio(6), que não existe uma regulamentação global em matéria de externalização produtiva. A regulamentação é parcial, apenas em matéria de sucessão de empresas, mobilidade internacional de trabalhadores, cessão de trabalhadores mediante Empresa de Trabalho Temporário (ETT) e subcontratação na contratação pública(7).

No âmbito da Comunidade Europeia não há regulamentação que estabeleça normas de proteção mínima em relação à subcontratação e suas consequências trabalhistas, a fim de proteger os trabalhadores e evitar que a descentralização produtiva redunde em maior precariedade dos trabalhadores(8).

Não existe regulamentação específica, mas princípios que regem a matéria, referindo-se Maria do Rosário Palma Ramalho(9), ao empreender estudo sobre a evolução do direito comunitário e a emergência do direito social na União Europeia, entre outros,

---

(5) Cf. disposições do art. 3º da CLT.

(6) Anna Ginès i Fabrellas. Externalización productiva y elusión de compromissos laborales. La necessidade de revisar la normativa europea em matéria de subcontratación y sus consecuencias laborales. *Revisa Internacional y Comparada de Relaciones Laborales y Derecho del empleo*, Vol.4, n. 1, ene./mar. 2016, ADAPT University Press, p.4.

(7) Diretiva 2001/23/CE do Conselho de 12 de março de 2001 — sucessão de empresas; Diretiva 96/71/CE de 16 de dezembro de 1996 e 2014/67/EU de 15 de maio do Parlamento Europeo e do Conselho - mobilidade internacional de trabalhadores; Diretiva 2008/104/CE do Parlamento Europeo e do Conselho de 19 de novembro de 2008 — cessão de trabalhador por meio de empresa de Trabalho Temporário; Diretiva 2014/24/EU do Parlamento Europeo e do Conselho de 26 de fevereiro — contratação pública.

(8) Cf. Anna Ginès i Fabrellas, *cit.* p. 4.

(9) *Direito Social da União Europeia*. Coimbra: Almedina, 2009. p. 30.

aos princípios fundamentais que vão constituir o ponto de partida para o desenvolvimento das matérias sociais ao nível comunitário, como igualdade de remuneração entre trabalhadores e trabalhadoras por trabalho igual ou de igual valor, dever dos Estados Membros de promoverem a melhorias das condições de trabalho e as normas que determinam a harmonização dos sistemas nacionais em áreas como emprego, direito ao trabalho e a boas condições de trabalho, a segurança social e proteção contra acidentes e doenças profissionais, bem como princípio da livre circulação de trabalhadores, em termos materiais, uma decorrência do princípio geral da liberdade de estabelecimento.

O direito comunitário, consolidando a dimensão social da União Europeia, por seus mais importantes instrumentos normativos — diretivas e regulamentos comunitários — constitui o eixo central das legislações nacionais.

Exatamente sob o influxo do direito comunitário — e em busca de resposta para situação decorrente de crise econômica e seus reflexos no mercado de trabalho[(10)] — a Espanha, que considerava ilegal a cessão de trabalhador por meio de empresa interposta, passou a admitir a prática por intermédio de empresa de trabalho temporário, devidamente autorizada conforme previsto em lei.

E assim a atividade da empresa de trabalho temporário deveria ser regulamentada por lei, cujo projeto apresentado[(11)] redundou na alteração do art. 43, do Estatuto do Trabalhador espanhol[(12)].

---

(10) Conforme se verifica da exposição de motivos do Real Decreto Lei n. 18/1993 a mudança na situação jurídica foi motivada pela crise econômica e seus reflexos no mundo do trabalho, a exigir mudança no Estatuto do Trabalhador espanhol capaz de gerar emprego.

(11) Lei n. 14, de 1º.06.1994, de cuja exposição de motivos evidenciam-se, com clareza, a necessidade de mudança de paradigma legal, justificada inclusive pela tendência de Estados Membros da União Europeia em aceitar cessão temporária de empregado e o compromisso estatal no sentido de o mercado espanhol funcionar levando em conta as regras do jogo existentes na União Europeia.

(12) Art. 43. Cesión de trabajadores. 1. La contratación de trabajadores para cederlos temporalmente a outra empresa sólo podrá efectuarse a través de empresas de trabajo temporal debidamente autorizadas en los términos que legalmente se establezcan. 2. Em todo caso, se entende que se incurre em la cesión ilegal de trabajadores contemplada em lo presente artículo cuando se produzca alguna de las seguintes circunstancias: que el objeto de los contratos de servicios entre as empresas se limite a uma mera puesta a disposici´n de los trabajadores de la empresa cedente a la empresa cesionaria, o que la empresa cedente carezca de uma actividad o de uma organización propia y estable, o no cuente com los médios necessários para el desarrollo de su actividad, o no ejerza las funciones inherentes a su condición de empresário. 3. Los empresários, cedente e cessionário, que infrinjan lo señalado em los apartados anteriores responderán solidariamente de las obligaciones contraídas com los trabajadores y com la Seguridad Social, sin prejuicio de las demás responsabilidades, incluso penales, que procedan por dichos actos. 4. Los trabajadores sometidos al tráfico prohibido tendrán derecho a adquirir la condición de fijos, a su elección, em la empresa cedente o cesionaria. Los derechos y obligaciones del trabajador em la empresa cesionaria serán los que correspondan em condiciones ordinárias a um trabajador que preste servicios en el mismo o equivalente puesto de trabajo, si bien la antiguedad se computará desde el inicio de la cesión ilegal.

De acordo com o sistema espanhol a contratação de trabalhador para cessão temporária a outra empresa somente pode ocorrer por meio de empresa de trabalho temporário, a qual para se constituir necessita de autorização administrativa da Direção Provincial de Trabalho e Seguridade Social.

A autorização prévia, no entanto, não traduz mera formalidade burocrática, vez que somente é concedida se cumpridos os seguintes requisitos: disposição de estrutura organizada que permita cumprir as obrigações que assumir como empregador em relação ao objeto social; desenvolver exclusivamente a atividade objeto da empresa de trabalho temporário (objetivo único); inexistência de pendencias fiscais ou de Seguridade Social; garantia financeira para cumprimento de obrigações salariais, indenizações e Seguridade Social; ausência de sanção com suspensão de atividades em duas ou mais ocasiões e inclusão da expressão *empresa de trabalho temporário* na razão social da empresa(13).

Verifica-se naquele sistema jurídico, ainda, que empresa de trabalho temporário é aquela cuja atividade consiste em por a disposição de outra empresa usuária, com caráter temporário, trabalhadores por ela contratados. A contratação de trabalhadores para cessão temporária a outra empresa somente poderá ocorrer através de empresas de trabalho temporário devidamente autorizadas nos termos previstos nesta Lei(14).

Por isso, como ressalta Anna Ginès i Fabrellas, em estudo já referido(15), a subcontratação de obras e serviços de uma parte ou toda a atividade produtiva é modalidade lícita de organização da produção, decorrendo a licitude da liberdade de iniciativa reconhecida pelo art. 38 da Constituição espanhola(16).

Com essa previsão legal, passou a Espanha a admitir outras formas de descentralização da atividade laboral, incorporando ao Estatuto do Trabalhador a possibilidade de cessão de trabalhador por pessoa interposta (ETT).

Mas, essa permissão vem acompanhada de exigência de idoneidade financeira da empresa de trabalho temporário(17) e da garantia de isonomia de tratamento(18), como

---

(13) Cf. art. 2º da Lei n. 14/1994, que regula a empresa de trabalho temporário.

(14) Art.1º da Lei n. 14/1994.

(15) *Idem.*

(16) Capitulo II. Direitos e Liberdades. Art. 38. Se reconoce la liberdad de empresa em el marco de la economia de mercado. Los poderes públicos garantizan y protegen su ejercicio y la defensa de la productividad, de acuerdo com las exigências de la economia general y, em su caso, de la planificación.

(17) Ley 14/1994, de 1 de junio, vigente hasta el 31 de diciembre de 2006. Artículo 3. Garantía financeira. 1. Las empresas de trabajo temporal deberán constituir uma garantia, a disposición de la autoridade laboral que conceda la autorización administrativa, que podrá consistir em: Depósito en dinero efectivo o em valores públicos em la Caja General de Depósitos o em sus sucursales. Aval o fianza de caráter solidário prestado por um Banco, Caja de Ahorros, Cooperativa de Crédito, Sociedad de Garantía Recíproca o mediante póliza de seguros contratada al efecto.

(18) Ley 14/1994, de 1 de junio, vigente hasta el 31 de diciembre de 2006. Artículo 11. Derechos de los trabajadores. 1. Los trabajadores contratados para ser cedidos a empresas usuárias tendrán derecho durante

forma de o sistema garantir mediante os adequados requisitos, limitações e controles, a manutenção dos direitos trabalhistas e de proteção social[(19)].

Ocorre, no entanto, que ao lado desse sistema de cessão de empregado por meio de empresa de trabalho temporário, prevê também o Estatuto do Trabalhador espanhol, com base no menciona mencionada regra constitucional, que cuida dos direitos e liberdades, a possibilidade de contratação e subcontratação de obras ou serviços correspondentes à própria atividade.

Assim, nos termos do art. 42[(20)], do referido Estatuto, os empresários podem contratar ou subcontratar outros empresários para realização de obras ou serviços correspondentes à própria atividade.

Do comando legal sobressaem duas diretrizes essenciais: a contratação ou subcontratação somente pode ocorrer entre empresas e o objeto da descentralização produtiva, na modalidade que equivale à chamada terceirização no nosso sistema, volta-se para a própria atividade[(21)].

---

los períodos de prestación de servicios em las miesmas a percebir, como mínimo, la retribuición total estabelecida para el puesto de trabajo a desarrollar em lo convenio colectivo aplicable a la empresa usuária, calculada por unidad de tempo. Dicha remuneración deberá incluir, em su caso, la parte proporcional correspondiente al descanso semanal las pagas extraordinárias, los festivos y las vacaciones, siendo responsabilidade de la empresa usuária la certificación de las percepciones finales del trabajador. A tal efecto, la empresa usuária deberá consignar dicho salario em lo contrato de puesta a disposición del trabajador.

(19) Cf. consta da exposição de motivos da Lei espanhola n. 14/1994.

(20) Art. 42. Subcontratación de obras y servicios. 1. Los empresários que contraten o subcontraten com otros la realización de obras o servicios correspondientes a la propia actividad de aquéllos deberán comprovar que dichos contratistas estén al corriente em el pago de las cuotas de la Seguridad Social. Al efecto, recabarán por escrito, com identificación de la empresa afectada, certificación negativa por descumbiertos en la Tesorería General de la Seguridad Social, que deberá librar inexcusablemente dicha certificación en el término de treinta dias improrrogables y em los teminos que reglamentariamente se establezcan. Transcurrido este plazo, quedrá exonerado de responsabilidade el empresário solicitante.

(21) Própria atividade ou atividade inerente é a que faz parte do ciclo produtivo e se incorpora ao produto ou ao resultado final, conforme interpretação do Tribunal Supremo, constante do seguinte julgado: *Caben em princípio dos interpretaciones de dicho concepto: a) la que entende que propia actividad es la actividad indispensable, de suerte que integrarán el concepto, además de las que constituyen el ciclo de producción de la empresa, todas aquellas que resulten necessárias para la organización del trabajo;b) la que úniunicamentetegra em el concepto las atividades inherentes, de modo que sólo las tareas que corresponden al ciclo produtivo de la empresa principal se entenderán "própria actividad" de ella. Em el primer caso, se incluyen como propias las tareas complementarias. Em el segundo, estas labores no "nucleares" quedan excluídas del concepto y, em consecuencia de la regulación del artículo 42 del Estatuto de los Trabajadores. Como sañala la Sentencia de esta Sala de 18 enero 1995 (RJ 1995/514) "si se exige que las obras y servicios que se contratan o subcontratan deben corresponder a la propia actividad empresarial del comitente, es porque el legislador está pensando em uma limitación razonable que excluya uma interpretación favorable a cualquier classe de actividad empresarial". Es obvio que la primera de las interpretaciones posibles anula el efecto del mandato del artículo 42 del Estatuto de los Trabajadores que no puede tener outra finalidade que reducir los supostos de responsabilidade del empresário comitente. Por tanto há de acogerse la interpretación que entende que propia actividad de la empresa es la que engloba las obras y servicios nucleares de la comitente, entendendo, de acuerdoncon la sentencia referida que "nos encontraríamos ante uma contrata de este tipo cuando de no haberse concertado ésta, las obras y servicios debieran realizarse por el próprio empresário comitente so pena de prejudicar sensiblemente su actividad empresarial"* (STS, 4ª, 24.11.1998 (RJ 1998/10034). (Jurisprudência extraída do texto de Anna Ginès i Fabrellas Externalización... *op. cit.*, p. 6).

Além disso, como evidencia a formulação normativa espanhola[(22)], a empresa que subcontrata sua própria atividade responde solidariamente por obrigações inerentes a salário, seguridade social e prevenção de riscos trabalhistas a fim de proteger o trabalhador das empresas contratadas.

A responsabilidade é, portanto, limitada à hipótese de contratação ou subcontratação da própria atividade, assim compreendida a atividade nuclear ou inerente, e, *contrario sensu*, a contratação ou subcontratação de atividade complementar, ou seja, aquela não qualificada como própria atividade, não dá lugar a nenhum tipo de responsabilidade da empresa principal em relação aos trabalhadores das empresas por ela contratada[(23)].

Essa distinção, originária da lei — como visto, devidamente interpretada pelo Judiciário espanhol —, deixa à margem o trabalhador que, por força de contratação ou subcontratação, presta serviços a empresa contratante ou usuária, no entanto, a doutrina[(24)] já aponta a premente necessidade de introduzir de *lege ferenda* o princípio da igualdade de tratamento para a hipótese de externalização da produção também para atividades complementares, como forma adequada de proteger o trabalhador.

A invocada condição de paridade teria respaldo na normativa comunitária, como, aliás, previsto na Diretiva 2008/104/CE, do Parlamento Europeo e do Conselho, relativa ao trabalho por meio de Empresas de Trabalho Temporário.

Em síntese, no sistema jurídico espanhol, mais especificamente arts. 42 e 43 do Estatuto dos Trabalhadores, há previsão de externalização produtiva por meio de empresa de trabalho temporário ou por contratação ou subcontratação para realização de obra ou serviços correspondentes à própria atividade.

Na primeira hipótese — empresa de trabalho temporário —, há isonomia de tratamento, de forma que as condições de trabalho e de emprego de trabalhadores cedidos por empresa de trabalho temporário, durante a prestação dos serviços na empresa contratante, serão pelo menos correspondentes às contratadas diretamente pela empresa para ocupar o mesmo posto.

Na segunda — subcontratação de obras e serviços —, aplica-se o princípio da responsabilidade solidária entre as empresas contratante e contratada relativamente a direitos indisponíveis (salário, seguridade e riscos do trabalho). Mas, como a proteção somente beneficia a subcontratação correspondente à própria atividade os trabalhadores de empresas contratadas para execução de obra ou serviço em atividades qualificadas como complementares ficam desprotegidos.

---

(22) Estatuto do Trabalhador, art. 42.2 – El empresário principal, salvo el transcurso del plazo antes señalado respecto a la Seguridad Social, y durante el año siguiente a la terminación de su encargo, responderá solidariamente de las obligaciones de naturaliza salarial contraídas por los contratistas y subcontratistas com sus trabajadores y de las referidas a la Seguridad Social durante el período de vigência de la contrata.

(23) Nesse sentido Anna Ginès i Fabrellas, *cit.*, p. 6.

(24) Cf. Anna Ginès i Fabrellas, *cit.*, p. 10.

Essa desigualdade de tratamento tem sido questionada pela doutrina(25) a fim de, revisando a norma, estender a responsabilidade solidária a toda hipótese de subcontratação, seja da própria atividade, seja de atividade complementar, evitando-se com isso surgimento de trabalhador, que se imagina, de segunda categoria.

Nesse contexto, lembra-se ainda que o sistema de cessão de trabalhador por empresa de trabalho temporário, em virtude da aplicação do princípio da isonomia e de garantias inerentes à idoneidade financeira levou, em consequência, a modalidade ter elevado custo, o que desestimula esse tipo de contratação, levando à preferência pela modalidade de subcontratação.

Por isso, na percepção da citada professora catalã(26), faz-se necessária reforma legislativa a fim de se introduzir no sistema jurídico o princípio da igualdade de tratamento na hipótese de externalização produtiva de modo geral, e não só na externalização da própria atividade, para proteger adequadamente os trabalhadores, evitando supressão de direitos trabalhistas por meio de subcontratação.

2. Externalização produtiva: Terceirização no sistema brasileiro

Diversamente do modelo espanhol (subcontratação/responsabilidade solidária limitada ou ETT/isonomia), a que se reportou, a externalização da atividade produtiva no sistema nacional se dá por meio do processo de terceirização, (i) sem observância do critério de isonomia de tratamento entre os empregados da empresa contratada, cedente da mão de obra, e empregados da empresa contratante, tomadora dos serviços, (ii) sem exigência de regras mínimas para criação e operacionalização de empresas de terceirização e (iii) sem efetivo e rigoroso controle de idoneidade.

A consequência é a adoção do processo de terceirização irresponsável, com inquestionável atentado a direitos e garantias do trabalhador, inclusive à segurança no trabalho e à previdência social, além do reflexo no Judiciário trabalhista, chamado a solucionar o altíssimo grau de litigiosidade inerente.

Em meio à externalização produtiva no Brasil pode-se contextualizar que a subcontratação por meio de empreitada tem previsão legal, mas a terceirização ainda não recebeu regulamentação específica.

Terceirização assimilada como subespécie do fenômeno da desconcentração produtiva e econômica, por meio de parceria, e não terceirização de tarefas com intuito de reduzir custos, como sinônimo de fraude, na forma em que é praticada, salvo raras exceções.

De fato, colocando em paralelo a terceirização como parte da estratégia das empresas para *externalização* do processo produtivo ou de realização de serviços (especialista com

(25) Cf. proposição de Anna Ginès i Fabrellas, *op. cit.*, p. 12.

(26) Anna Ginès i Fabrellas, *cit.*, p. 9.

autonomia) e a inerente a *contratação de tarefas* (mão de obra), corresponde a tipo ilegal e, como tal, deve ser banido.

Mas, externalização do processo produtivo ou de realização de serviços, encontra respaldo na ordem jurídica.

É o que se depreende das disposições da Lei n. 6.019/1974, que dispõe sobre trabalho temporário em empresas urbanas; da Lei n. 7.102/1983 alterada pela Lei n. 8.863/1994, que regulamenta a contratação de serviços de segurança bancária e vigilância, entre outras contratações que podem ser enquadradas no conceito de terceirização: Lei n. 11.788/2008, que regulamenta o estágio; Lei n. 5.889/1973, relativa a trabalhadores rurais; Lei n. 8.897/1995, relativa a concessão de serviços públicos, entre outras.

Na prática, os litígios decorrentes de situações de terceirização, assim como a noção de licitude ou ilicitude do processo, estão sedimentados na Súmula n. 331, da jurisprudência do Tribunal Superior do Trabalho (TST).

A referida súmula considera como lícita a subcontratação de serviços em grupos: trabalho temporário, atividades de vigilância, conservação e limpeza e serviços especializados ligados à atividade meio do tomador, este ainda cercado de viva controvérsia pela dificuldade, ante à complexidade e multiplicidade do processo produtivo, de se distinguir o que é atividade-meio e o que atividade-fim.

Mais recentemente, as Leis n. 8.987/1995 e 9.472/1997 passaram a admitir a contratação de terceiros para desenvolver atividades inerentes, acessórias ou complementares no âmbito das atividades por elas disciplinadas.

Essa base legal vem respaldada pelos princípios constitucionais da livre-iniciativa e dos que regem a ordem econômica (CF art. 1º, IV e 170), que autorizam o livre empreender desde que respeitada a dignidade da pessoa humana/trabalhador e observados os ditames da justiça social.

O alicerce de legalidade impede possível argumento, puro e simples, de que terceirização é prática ilegal e, por isso, deve ser banida, como aliás, consta de decisão do TST após realização de audiência pública(27).

A ilegalidade reside, sim, na fraude. Essa deve ser combatida com firmeza.

---

(27) **I) AGRAVO DE INSTRUMENTO DO BANCO RECLAMADO – TERCEIRIZAÇÃO DE SERVIÇOS BANCÁRIOS – SUBORDINAÇÃO JURÍDICA – SÚMULA N. 126 DO TST.** 1. Após a audiência pública realizada pelo TST para aprofundamento sobre os aspectos técnicos do fenômeno da terceirização, com vistas à análise jurídica de sua licitude e dos meios de se coibirem os abusos quanto aos direitos dos trabalhadores, pode-se desenhar a moldura dentro da qual enquadrar os casos concretos a serem analisados por esta Corte, com seus quatro critérios bem definidos: a) a modalidade de terceirização que demanda atenção da Justiça do Trabalho é a da locação de mão de obra, em que o trabalhador labora ombro a ombro com os trabalhadores da empresa principal, nas dependências desta, diferentemente da prestação de serviços, que se dá nas dependências da empresa terceirizada, com entrega final dos bens ou serviços; b) é lícita a locação de mão de obra para

3. Esforço político para regulamentação da terceirização

A falta de regulamentação da terceirização no Brasil não decorre de simples ausência de vontade política, mas de compreensível dificuldade em se regulamentar aspecto que envolve Direito Material do Trabalho, com garantia de ampla participação da sociedade, assegurando-se que não ocorra retrocesso em direitos sociais e garantias fundamentais do trabalhador.

Dentro do esforço legislativo, o Projeto de Lei que mais avançou foi o de n. 4.330/2004, atualmente tramitando no Senado Federal[28].

Entretanto, o certo é que possível regulamentação, liberando indistinta e indiscriminadamente a terceirização, não atende, primeiro, porque não contempla sistema de proteção do trabalhador, com a positivação, no mínimo, do sistema de responsabilidade solidária para toda intermediação de mão de obra por interposta pessoa; depois porque como se tratar de fenômeno econômico e multidisciplinar — e não fenômeno jurídico —, deixa à margem questão central do debate voltada a atividade.

Ademais, a externalização produtiva, como praticada, tem gerado precarização das relações de trabalho, com notória desigualdade entre trabalhadores contratados por empresa principal e trabalhadores contratados por empresa prestadora de serviços, além de ser responsável, em certa medida[29], pelo elevadíssimo índice de acidentes de trabalho,

---

atividade-meio da empresa tomadora dos serviços, desde que não caracterizada a subordinação direta ou a pessoalidade em relação à empresa principal, estabelecendo-se o vínculo direto com a empresa principal caso o conteúdo ocupacional do trabalho do empregado enquadre-se na atividade-fim de especialização da empresa principal; c) no setor privado, o inadimplemento das obrigações trabalhistas por parte da prestadora dos serviços impõe a responsabilidade subsidiária objetiva da tomadora dos serviços; d) no setor público, a responsabilidade subsidiária é subjetiva, dependendo da demonstração de culpa -in vigilando- ou -in eligendo- da administração pública. 2. No caso das instituições financeiras, os serviços típicos de bancário, pelo seu conteúdo ocupacional, são de natureza burocrática, ligados ao depósito de dinheiro, saque e compensação de cheques, abertura de contas, realização de operações de crédito, financiamento e investimento, pois o que caracteriza um banco é o comércio com a mercadoria de maior fluidez do mundo, que é o dinheiro, captando-o, guardando-o e fazendo-o multiplicar-se através da atividade creditícia. Ora, no setor bancário, essas atividades de cunho burocrático que compõem o dia a dia do bancário, nas agências, nos balcões ou nos bastidores da sede ou das filiais das instituições financeiras, integram o núcleo da atividade-fim dos bancos. [...] 5. Assim, a terceirização de atividade-fim da tomadora dos serviços só se admite na hipótese de real prestação de serviços fora do estabelecimento da empresa principal, como ocorre no caso dos correspondentes bancários, em que estes possuem seus próprios estabelecimentos, operam com seus próprios equipamentos e contratam e dirigem o trabalho de seus próprios empregados. [...] Processo: ARR - 128200-43.2007.5.15.0129. Relator Ministro: Ives Gandra Martins Filho, *DEJT* 02.12.2011. Disponível em: https://jurisprudencia.tst.jus.br/#d16c72a1e02de8fa75c6392e7a30b8eb.

(28) PLC 30/2015

(29) O índice de acidente de trabalho é inerente a todos os setores da atividade produtiva, mas destaca-se com percentuais elevados o setor da construção civil. Todavia, o setor formal da indústria da construção civil rebate a estatística, sob o argumento de que é no setor informal (que opera à margem da lei ou no âmbito particular) da construção onde há maior incidência de acidentes de trabalho. E, ao final, todo o infortúnio é creditado indistintamente ao setor.

como, aliás, revelado em audiência pública realizada pelo Tribunal Superior do Trabalho[30].

A delicada situação do Brasil em matéria de acidentes do trabalho, imputados na grande maioria à precarização das relações de trabalho, em decorrência da terceirização ilegal, já foi comparado a "*tsunami brasileiro*",[31] a merecer não só atenção, mas providências urgentes que venham tutelar o trabalhador que emprega sua mão de obra por meio de interposta pessoa como forma de subsistência.

Assim, liberar externalização da atividade não significa caminho livre para aniquilar direitos e garantias dos trabalhadores de empresas terceirizadas, mesmo porque está na base do sistema jurídico, inclusive o trabalhista, direitos e garantias constitucionais, dentre eles isonomia e dignidade humana, que não aceitam retrocessos.

Dessa forma, dispor lei regulamentar, na forma como posta à análise do Senado Federal, sem sistema de responsabilidade solidária e sem adotar princípio da isonomia, só potencializará os conflitos nas relações de trabalho.

Portanto, o empresário que, por opção estratégica, quer delegar atividade inerente ao ciclo produtivo não pode ser impedido em razão garantia da autonomia da vontade e do livre empreender assegurada pela Constituição Federal, mas, para equilibrar o sistema o empreendedor deve atender aos princípios da isonomia e da responsabilidade solidária.

Afinal, não existe liberdade sem responsabilidade. Quanto mais livre, mais responsabilidade há de se fazer presente. Nessa direção, aliás, a legislação espanhola[32], que, ao regular parcialmente os efeitos das subcontratações sob a perspectiva do Direito do Trabalho, estabelece que as empresas que subcontratem sua própria atividade respondem solidariamente pelas obrigações salariais, de seguridade social e riscos do trabalho[33].

A legislação espanhola, como se vê, não estende a responsabilidade solidária entre empresa contratante e contratada de forma ampla e irrestrita, para todas as hipóteses, mas apenas nos casos de subcontratação da própria atividade e no que diz respeito a direitos essenciais do trabalhador.

---

(30) Audiência pública sobre terceirização, realizada no TST, nos dias 4 e 5 de outubro de 2011, com o objetivo de coletar elementos técnicos necessários à melhor compreensão sócio-econômica do fenômeno da terceirização, levando subsídio e embasamento fático às decisões judiciais inerentes ao tema. Nesse espaço de tempo cerca de 40 especialistas, falando para mais de 500 assistentes dos variados setores da sociedade, expuseram sobre pontos positivos e negativos, vantagens e desvantagens e necessidade de adequar a terceirização.

(31) Fernando Maciel. Acidentes de trabalho: tsunami brasileiro. Jornal *Correio Brasiliense*, de 12 abr. 2011. Disponível em: www.agu.gov.br.

(32) Estatuto do Trabalhador espanhol, art. 42.

(33) Cf. Anna Ginès i Fabrellas. *Op cit.*, p. 5.

Como o restante dos direitos trabalhistas ficam fora do alcance da responsabilidade solidária, esforços doutrinários se voltam, naquele país, para a inserção no sistema jurídico do princípio da igualdade de tratamento a fim de evitar externalização produtiva com base em redução de custos e para evitar precarização nas relações de trabalho.

Voltando ao nosso sistema, há muito firmei convicção no sentido de que, na reconhecida impossibilidade de refrear o fenômeno econômico com negativos impactos nas relações de trabalho, restava-nos admiti-lo, estabelecendo regras e fixando limites, essencialmente com previsão legal do princípio da isonomia entre empregados da empresa contratante e empregados da empresa parceira contratada.

Adotar tal princípio, juntamente com a garantia da responsabilidade solidária, ainda que para direitos de primeira grandeza, como meio ambiente de trabalho, seguridade social e salário, como ocorre na legislação espanhola, já seria um avanço, capaz de afastar a reinante precarização das relações de trabalho.

Argumentos contrários e resistências, nesse caso, residiram na inevitável elevação de custos. Mas, há de se ter sempre em mente que externalização da atividade produtiva não visa reduzir custo. O seu importante e destacado papel no mercado é reconhecidamente melhorar a produtividade pela maior especialização das empresas. Ou seja, produtividade com competência das empresas, jamais intermediação de mão de obra.

4. Base legal para a terceirização

Sob o ponto de vista da legalidade, como destacado, embora não possua regulamentação específica, a externalização produtiva na modalidade terceirização encontra base no sistema jurídico.

Em primeiro lugar, a subcontratação não é prática nova, pois já contemplada pela Consolidação das Leis do Trabalho, que prevê possibilidade de se transferir atividade-fim, caracterizada por etapa do processo produtivo a terceiros mediante contrato de empreitada.(34)

Depois, a terceirização é fenômeno mais recente através do qual a empresa transfere a terceiro processo produtivo ou realização de serviços especializados. O subcontratante especialista tem autonomia e executa serviços claramente definidos ou produção particular.

Como não há lei específica regulamentando a terceirização, admitindo-a, expressamente, a jurisprudência apenas na atividade-meio.

(34) CLT Art. 455: Nos contratos de subempreitada responderá o subempreiteiro pelas obrigações derivadas do contrato de trabalho que celebrar, cabendo, todavia, aos empregados, o direito de reclamação contra o empreiteiro principal pelo inadimplemento daquelas obrigações por parte do primeiro. Art. 652 [...] III – os dissídios resultantes de contratos de empreitadas em que o empreiteiro seja operário ou artífice.

Enquanto isso, acirram-se apaixonados debates ideológicos envolvendo terceirização, tanto daqueles que a defendem com fervor, quanto de quem a repudiam com veemência.

Diante da viva polêmica, o certo é que, se por um lado, não se pode admitir, frente à ordem jurídica, que a terceirização — e também a subcontratação — seja instrumento de precarização das relações de trabalho ou que seja instrumento de redução ou aniquilamento de direitos, por outro, também não se pode banir a autonomia contratual e do livre empreender por meio de externalização produtiva, na subespécie terceirização, taxando-a simplesmente de ilegal.

Isso porque, a legalidade advém da ordem jurídica, tanto do invocado princípio da livre-iniciativa, quanto do sistema infraconstitucional.

Assim, a subcontratação tem respaldo na CLT[(35)] e no Código Civil[(36)] e a terceirização em disposições de leis esparsas[(37)] e Súmula n. 331[(38)] da jurisprudência do Tribunal Superior do Trabalho (TST).

---

(35) Empreitada e pequena empreitada, arts. 455 e 652, III, supratranscritos.

(36) Contrato de prestação de serviços e empreitada Código Civil, Art. 593. A prestação de serviço, que não estiver sujeita às leis trabalhistas ou a lei especial, reger-se-á pelas disposições deste Capítulo. Art. 594. Toda a espécie de serviço ou trabalho lícito, material ou imaterial, pode ser contratada mediante retribuição. Art. 610. O empreiteiro de uma obra pode contribuir para ela só com seu trabalho ou com ele e os materiais.

(37) Lei n. 6.019/1974, que institui o regime de trabalho temporário. Trabalho temporário é aquele prestado por pessoa física a uma empresa, para atender à necessidade transitória de substituição de seu pessoal regular e permanente ou à acréscimo extraordinário de serviços (não pode exceder de 3 meses - art 10). A Lei n. 7.102/1983 estabelece normas para constituição e funcionamento das empresas particulares que exploram serviços de vigilância de transporte de valores e dá outras providências. A Lei n. 9.472/1997 (art. 94, II), que organiza serviços de telecomunicações: No cumprimento de seus deveres, a concessionária poderá, observadas as condições e limites estabelecidos pela Agência:[...]contratar com terceiros o desenvolvimento de atividades inerentes, acessórias ou complementares ao serviço, bem como a implementação de projetos associados. Mais recentemente as Leis ns. 8.987/1995 e 9.472/1997 admitem a contratação de terceiros para desenvolver atividades inerentes, acessórias ou complementares no âmbito das atividades por elas disciplinadas.

(38) Súmula n. 331 do TST. CONTRATO DE PRESTAÇÃO DE SERVIÇOS. LEGALIDADE (nova redação do item IV e inseridos os itens V e VI à redação) - Res. n. 174/2011. I - A contratação de trabalhadores por empresa interposta é ilegal, formando-se o vínculo diretamente com o tomador dos serviços, salvo no caso de trabalho temporário (Lei n. 6.019, de 03.01.1974). II - A contratação irregular de trabalhador, mediante empresa interposta, não gera vínculo de emprego com os órgãos da Administração Pública direta, indireta ou fundacional (art. 37, II, da CF/1988). III - Não forma vínculo de emprego com o tomador a contratação de serviços de vigilância (Lei n. 7.102, de 20.06.1983) e de conservação e limpeza, bem como a de serviços especializados ligados à atividade-meio do tomador, desde que inexistente a pessoalidade e a subordinação direta. IV - O inadimplemento das obrigações trabalhistas, por parte do empregador, implica a responsabilidade subsidiária do tomador dos serviços quanto àquelas obrigações, desde que haja participado da relação processual e conste também do título executivo judicial. V - Os entes integrantes da Administração Pública direta e indireta respondem subsidiariamente, nas mesmas condições do item IV, caso evidenciada a sua conduta culposa no cumprimento das obrigações da Lei n. 8.666, de 21.06.1993, especialmente na fiscalização do cumprimento das obrigações contratuais e legais da prestadora de serviço como empregadora. A aludida responsabilidade não decorre de mero inadimplemento das obrigações trabalhistas assumidas pela empresa regularmente contratada. VI - A responsabilidade subsidiária do tomador de serviços abrange todas as verbas decorrentes da condenação referentes ao período da prestação laboral.

Essa base legal vem respaldada pelos princípios constitucionais da livre-iniciativa e dos que regem a ordem econômica (CF art. 1º, V e 170)[(39)], que autorizam o livre empreender desde que respeitada a dignidade da pessoa humana/trabalhador e observados os ditames da justiça social.

Entretanto, embora seja importante prestigiar a regulamentação específica da terceirização, preservando-se os avanços da legislação social e, acima de tudo, a dignidade do trabalhador, o sistema jurídico é suficiente para impedir a precarização das relações de trabalho e retrocesso social.

De fato, as disposições da CLT[(40)], que tratam da nulidade do ato que tem por objetivo desvirtuar, impedir ou fraudar a legislação trabalhista e as regras do Código Civil[(41)], que prestigia a liberdade de contratar, mas exige a observância da função social do contrato e que as partes atuem com boa-fé, tem plena aplicabilidade em processo fraudulento de terceirização e prevalece em caso de fraude. Por fim, a Constituição Federal[(42)] traz como princípio maior, fundamento da própria República, a dignidade humana.

5. Aspectos jurisprudenciais: Tribunal Superior do Trabalho (TST)

Diante do vazio legislativo — e para enfrentar as consequências da externalização produtiva, cada vez mais frequente — a primeira reação do Judiciário foi proibi-la[(43)], exceto nos casos de trabalho temporário e de vigilância.

---

(39) Constituição Federal, art. 1º, V. A República Federativa do Brasil, formada pela união indissolúvel dos Estados e Municípios e do Distrito Federal, constitui-se em Estado Democrático de Direito e tem como fundamentos: [...] IV – os valores sociais do trabalho e da livre-iniciativa. Art. 170. A ordem econômica, fundada na valorização do trabalho humano e na livre-iniciativa, tem por fim assegurar a todos existência digna, conforme os ditames da justiça social, observados os seguintes princípios: I – soberania nacional; II – propriedade privada; III – função social da propriedade; IV – livre concorrência; V – defesa do consumidor; VI – defesa do meio ambiente, inclusive mediante tratamento diferenciado conforme o impacto ambiental dos produtos e serviços e de seus processos de elaboração e prestação; redução das desigualdades regionais e sociais; VIII – busca do pleno emprego; IX – tratamento favorecido para as empresas de pequeno porte constituídas sob as leis brasileiras e que tenham sua sede e administração no País. Parágrafo único. É assegurado a todos o livre exercício de qualquer atividade econômica, independentemente de autorização de órgãos públicos, salvo nos casos previstos em lei.

(40) Art. 9º São nulos de pleno direito os atos praticados com o objetivo de desvirtuar, impedir ou fraudar a aplicação dos preceitos contidos na presente Consolidação.

(41) Art. 41 – A liberdade de contratar será exercida em razão e nos limites da função social do contrato. Art. 422 – Os contratantes são obrigados a guardar, assim na conclusão do contrato, como em sua execução, os princípios de probidade e boa-fé.

(42) Art. 1º A República Federativa do Brasil, formada pela união indissolúvel dos Estados e Municípios e do Distrito Federal, constitui-se em Estado Democrático de Direito e tem como fundamentos: [...] III – a dignidade da pessoa humana [...].

(43) Súmula n. 256/TST

Essa orientação jurisprudencial sofreu modificação, passando a impedir a intermediação de mão de obra por interposta pessoa na atividade-fim[44].

Assim, a contraprestação de trabalho por empresa interposta continua ilegal. A exceção fica por conta do trabalho temporário, sendo lícito também celebrar contrato de prestação de serviço de vigilância, de conservação e limpeza e de serviços especializados.

No entanto, apesar do enunciado da Súmula n. 331, do TST, reinstalou-se a divergência jurisprudencial em virtude de a Lei Geral das Telecomunicações trazer autorização para terceirizar atividade inerente nesse segmento.

Assim, a transferência de determinada atividade ou de específico ciclo produtivo a ser executado por terceiro continua polêmico.

6. Aspectos jurisprudências: Supremo Tribunal Federal (STF)

Embora o fenômeno da externalização produtiva se apresente de forma disseminada, com consequências nefastas nas relações de trabalho, a matéria é controvertida nos tribunais e ainda sem consenso no âmbito politico.

Mas, a matéria foi levada à apreciação do Supremo Tribunal Federal (STF), onde recebeu repercussão geral[45] com o tema "terceirização de serviços para a consecução da atividade-fim da empresa", oportunidade em que propôs-se a mais alta Corte do país a apreciar a constitucionalidade da restrição imposta pela Justiça do Trabalho à terceirização.

O fundamento adotado para o acolhimento da repercussão geral foi possível violação à liberdade de contratar no âmbito do princípio constitucional da legalidade, de que cuida o art. 5º, inciso II, da Constituição Federal.

A repercussão geral ao tema da terceirização foi admitida[46] sob premissa, segundo a qual, proibir terceirização de forma generalizada na atividade-fim com base

(44) Cf. Sumula n. 331/TST

(45) RE.713.211/MG, tendo o tema recebido n. 725 no catalogo de repercussão geral do STF.

(46) "RECURSO EXTRAORDINÁRIO COM AGRAVO. ADMINISTRATIVO. AÇÃO CIVIL PÚBLIA. POSSIBILIDADE DE TERCEIRIZAÇÃO E SUA ILICITUDE. CONTROVERSIA SOBRE LIBERDADE DE TERCEIRIZAÇÃO. FIXAÇÃO DE PARÂMETROS PARA A IDENTIFICAÇÃO DO QUE REPRESENTA ATIVIDADE-FIM. POSSIBILIDADE. 1. A proibição genérica de terceirização calcada em interpretação jurisprudencial do que seria atividade-fim pode interferir no direito fundamental de livre-iniciativa, criando, em possível ofensa direta ao art. 5º, inciso II, da CRFB, obrigação não fundada em lei capaz de esvaziar a liberdade do empreendedor de organizar sua atividade empresarial de forma lícita e da maneira que entenda ser mais eficiente. 2. A liberdade de contratar prevista no art. 5º, II, da CF é conciliável com a terceirização dos serviços para o atingimento do exercício do exercício-fim da empresa. 3. O *thema decidendum, in casu*, cinge-se à delimitação das hipóteses de terceirização de mão de obra diante do que se compreende por atividade-fim, matéria de índole constitucional, sob a ótica da liberdade de contratar, nos termos do art. 5º, inciso II, da CRFB. 4. Patente, assim, a repercussão geral do tema, diante da existência de milhares de contratos de terceirização de mão de obra em que subsistem dúvidas quanto à sua legalidade, o que poderia ensejar condenações expressivas por danos morais coletivos semelhantes àquela verificada nestes autos. 5. Diante do exposto, manifesto-me pela existência de Repercussão Geral do tema, *ex vi* art. 543 do CPC. (STF, j. 15.05.14 *DJE* n. 109 divulgado em 05.06.2014 publicado 06.06.14. Disponível em: www.stf.jus.br).

em interpretação jurisprudencial viola o princípio da liberdade de contratar, inerente ao princípio constitucional da legalidade, vez que inexiste lei vedando a prática(47).

Assim, terceirização de atividade-fim, sob a ótica do TST, continua vedada, enquanto a tormentosa questão do mundo do trabalho no país encontra-se sob o crivo constitucional do STF e na iminência de regulamentação pelo Poder Legislativo.

Enquanto isso, ante o efeito *erga omnes*(48) da repercussão geral, o STF tem admitido ação a fim de cassar decisão do Tribunal Superior do Trabalho, como, aliás, ocorreu nos autos da Reclamação 10.132/PR(49). Essa ação foi julgada procedente pelo STF para cassar a decisão do TST que, com apoio na Súmula n. 331, considerou terceirização ilegal.

Instado a complementar a prestação jurisdicional, reafirmou o STF, em sede de Embargos de Declaração, que a liberdade de contratar é conciliável com a terceirização dos serviços para o atingimento da atividade-fim(50).

---

(47) **ARE 713211 RG/MG.** RECURSO EXTRAORDINÁRIO COM AGRAVO. ADMINISTRATIVO. AÇÃO CIVIL PÚBLICA. POSSIBILIDADE DE TERCEIRIZAÇÃO E SUA ILÍCITUDE. CONTROVÉRSIA SOBRE A LIBERDADE DE TERCEIRIZAÇÃO. FIXAÇÃO DE PARÂMETROS PARA A IDENTIFICAÇÃO DO QUE REPRESENTA ATIVIDADE-FIM. POSSIBILIDADE.

1. A proibição genérica de terceirização calcada em interpretação jurisprudencial do que seria atividadefim pode interferir no direito fundamental de livre-iniciativa, criando, em possível ofensa direta ao art. 5º, inciso II, da CRFB, obrigação não fundada em lei capaz de esvaziar a liberdade do empreendedor de organizar sua atividade empresarial de forma lícita e da maneira que entenda ser mais eficiente.

2. A liberdade de contratar prevista no art. 5º, II, da CF é conciliável com a terceirização dos serviços para o atingimento do exercício-fim da empresa.

3. O thema decidendum, in casu, cinge-se à delimitação das hipóteses de terceirização de mão de obra diante do que se compreende por atividade-fim, matéria de índole constitucional, sob a ótica da liberdade de contratar, nos termos do art. 5º, inciso II, da CRFB.

4. Patente, assim, a repercussão geral do tema, diante da existência de milhares de contratos de terceirização de mão de obra em que subsistem dúvidas quanto à sua legalidade, o que poderia ensejar condenações expressivas por danos morais coletivos semelhantes àquela verificada nestes autos [...].

(48) CPC Art. 1.035. O Supremo Tribunal Federal, em decisão irrecorrível, não conhecerá do recurso extraordinário quando a questão constitucional nele versada não tiver repercussão geral, nos termos deste artigo. § 1º Para efeito de repercussão geral, será considerada a existência ou não de questões relevantes do ponto de vista econômico, político, social ou jurídico que ultrapassem os interesses subjetivos do processo. [...] § 5º Reconhecida a repercussão geral, o relator no Supremo Tribunal Federal determinará a suspensão do processamento de todos os processos pendentes, individuais ou coletivos, que versem sobre a questão e tramitem no território nacional.

(49) Reclamação Constitucional 10132 PR. [...]. De fato, ao afastar a terceirização da atividade de *call center* por parte das empresas de telecomunicação, por entendê-las compreendidas no conceito de atividade-fim, o Tribunal de origem acaba por negar vigência ao disposto no art. 94, II, da Lei n. 9.472/97, que expressamente as autoriza a contratar com terceiros o desenvolvimento de atividades inerentes, acessórias ou complementares ao serviço. Assim, resta caracterizada a situação de não observância do art. 97 da Constituição e da Súmula Vinculante n. 10 do STF. Ante o exposto, julgo procedente a presente reclamação, para cassar a decisão do Tribunal Superior do Trabalho proferida nos autos do Recurso de Revista n. 6749/2007-663-09-00 e determinar que outra seja proferida em seu lugar, com observância do princípio da reserva de plenário [...]. Rel. Min. Gilmar Mendes. Pub. *DJe* de 08.05.2014.

(50) **AÇÃO CIVIL PÚBLICA. TERCEIRIZAÇÃO ILÍCITA. OMISSÃO. DISCUSSÃO SOBRE A LIBERDADE DE TERCEIRIZAÇÃO. FIXAÇÃO DE PARÂMETROS PARA A IDENTIFICAÇÃO DO QUE REPRESENTA ATIVIDADE-FIM.**

Com razão, portanto, Helder Amorim e Gabriela Neves Delgado, quando colocam em relevo que o STF chama a si e "assume a crua dimensão da luta de classes, desta vez judicializada com pretensão de definitividade, quando, no plano político, o tema é objeto de uma acirrada disputa que se arrasta há mais de dez anos no Congresso Nacional, sem que tenham as partes envolvidas, representantes do capital e do trabalho, conseguido almejar o mínimo consenso"(51).

Nesse cenário de controvérsias e incertezas, considerando que a questão é constitucional e que está sob a apreciação do STF e, ainda, se não há lei regulamentar que, decididamente, assume feição da mais acirrada luta de classes, os agentes de fiscalização(52) e de defesa(53) da ordem jurídica trabalhista ficam com atuação limitada ou mesmo prejudicada pela ausência de lei a defender, além de atuar a posição do STF como questão prejudicial a ser enfrentada nas demandas.

Conclusão

Subcontratar ou terceirizar em determinadas circunstâncias, com observância estrita dos direitos sociais e absoluta preservação da dignidade do trabalhador, é lícito.

Mas, para tanto, é preciso que tenhamos um ponto de concórdia: com ou sem regulamentação específica desse fenômeno não se admite precarização.

Retrocesso não pode ser tolerado, mesmo porque, o desenvolvimento econômico não pode se sustentar à custa da força de trabalho em estado precário. Aliás, o sistema jurídico, constitucional e infraconstitucional, dispõe de regras para impedir a ilicitude, até que o poder político seja capaz de normatizar a matéria.

Assim, conclui-se com o Ministro Luiz Philippe Vieira de Mello, no sentido de que o problema é a extensão e o modo como é feita a terceirização, de forma que, para

POSSIBILIDADE. PROVIMENTO DOS EMBARGOS DE DECLARAÇÃO PARA DAR SEGUIMENTO AO RECURSO EXTRAORDINÁRIO.1. A liberdade de contratar prevista no art. 5º, II, da CF é conciliável com a terceirização dos serviços para o atingimento do exercício-fim da empresa. O *thema decidendum, in casu*, cinge-se à delimitação das hipóteses de terceirização de mão de obra diante do que se compreende por atividade-fim, matéria de índole constitucional, sob a ótica da liberdade de contratar, nos termos do art. 5º, inciso II, da CRFB. Patente, outrossim, a repercussão geral do tema, diante da existência de milhares de contratos de terceirização de mão de obra em que subsistem dúvidas quanto à sua legalidade, o que poderia ensejar condenações expressivas por danos morais coletivos semelhantes àquela verificada nestes autos. 3. Embargos de declaração providos, a fim de que seja dado seguimento ao Recurso Extraordinário, de modo que o tema possa ser Supremo Tribunal Federal Documento assinado digitalmente conforme MP n. 2.200-2/2001 de 24/08/2001, que institui a Infraestrutura de Chaves Públicas Brasileira — ICP-Brasil. STF ARE 713211 AGR-ED/MG. Disponível em: www.tst.jus.br.

(51) *Os limites constitucionais a terceirização.* São Paulo: LTr, 2014. p. 72.

(52) CF. Art. 21. Compete à União: [...] XXIV – organizar, manter e executar a inspeção do trabalho. CLT. Art. 626 – Incumbe às autoridades competentes do Ministério do Trabalho, Industria e Comercio, ou àquelas que exerçam funções delegadas, a fiscalização do fiel cumprimento das normas de proteção ao trabalho

(53) CF. Art. 127. O Ministério Público é instituição permanente, essencial à função jurisdicional do Estado, incumbindo-lhe a defesa da ordem jurídica, do regime democrático e dos interesses sociais e individuais indisponíveis.

a normatização em curso não empurrar, cada vez mais, as relações de trabalho para a precarização, para não ser porta de entrada da degradação dos direitos trabalhistas e para que não fomente mais litigiosidade contida, indispensável a introdução na lei que venha regular a terceirização e suas consequências nas relações de trabalho(54) do princípio da isonomia de tratamento entre empregados da empresa contratante e empregados da empresa contratada ou subcontratada e da responsabilidade solidária.

Referências

ABDALA, Vantuil. Aperfeiçoamento de regras para terceirização. *Notas Trabalhistas*. Sistema FIRJAN, ano VI, n. 57, jul./ago. 2008, p. 1-2.

AMORIM, Helder Santos. *Terceirização no serviço público*. Uma análise à luz da nova hermenêutica constitucional. São Paulo: LTr, 2009.

CARMENA, Maria Pons. *Modelo social europeo y protección de los derechos sociales fundamentales*. Madrid: Editora Reus, 2015.

CASTRO, Maria do Perpétuo Socorro W. de. *Terceirização*. Uma expressão do direito flexível do trabalho na sociedade contemporânea. São Paulo: LTr, 2014.

COUTINHO, Grijalbo Fernandes. *Terceirização*. Máquina de Moer Gente Trabalhadora. São Paulo: LTr, 2015.

DAU, Denise Motta; RODRIGUES, Iram Jácome; CONCEIÇÃO, Jefferson José da (Orgs.). *Terceirização no Brasil*. Do discurso da inovação à precarização do trabalho. (Atualização do debate e perspectivas). Editora Annablume, 2009.

DELGADO, Gabriela Neves; AMORIM, Helder Santos. *Os limites constitucionais da terceirização*. São Paulo: LTr, 2014.

FABRELLAS, Anna Ginès i. Externalización productiva y elusioón de compromissos laborales. La necessidade de revisar la normativa europea em matéria de subcontratación y sus consecuencias laborales. *Revista Internacional y Comparada de Relaciones Laborales y Derecho del Empleo*, Vol. 4, n. 1, ene./mar. 2016. ADAPT University Press, p. 2-16.

MAIOR, Jorge Luiz Souto. *A terceirização e a lógica do Mal*. Dignidade Humana e Inclusão Social. (Coord.) Gabriela Delgado. São Paulo: LTr, 2010. p. 45-55.

MARÍN MARÍN, José. *Los trabalhos, os dias... e o direito*. Uma aproximación a la "pehistoria" del Derecho del Trabajo. Albacete/Espanha: Editora Bomarzo.

MELGAR, Alfredo Montoya. *Derecho del Trabajo*. 36. ed. Madrid: Editora Tecnos, 2015.

MELO FILHO, Luiz Felippe Vieira de. Não se pode vender como mercadoria o trabalho humano. *Informativo da Associação Nacional dos Procuradores do Trabalho — ANPT*, ano VI, n. 61, mar. 2011. Entrevista. p. 11.

ORIONE, Marcus. Crescimento brasileiro e operário em construção. *Folha de S. Paulo*. Opinião A3. 10 maio 2011.

PÉREZ BUSTAMANTE, Rogelio. *Instituciones de la Unión Europea (1951-2007)*. Madrid: Editora Edisofer, 2007.

(54) PL 30 Senado. Disponível em: https://www25.senado.leg.br/web/atividade/materias/-/materia/120928. Acesso em: 1º maio 2016.

RIRAGLIA, Lígia Mendes Moreira. *A terceirização trabalhista no Brasil*. Editora Quartier Latin, 2008.

RIVERO, Gloria Rojas (Coord.). *Origens del contrato de trabajo y nacimento del Sistema de Protección Social*. Albacete/Espanha: Editora Bomarzo, 2012.

ROBORTELLA, Luiz Carlos. *O moderno direito do trabalho*. São Paulo: LTr, 1994. p. 236.

Terceirização sob a Perspectiva do Supremo Tribunal Federal (STF). Repercussão Geral. Edição da Lei n. 13.429, de 31.01.2017. Aspectos Processuais[1]

Introdução

As transformações na atividade produtiva impactaram substancialmente a organização do trabalho, imprimindo profundas modificações nas relações de trabalho.

Para essas transformações também exerce papel decisivo o extraordinário avanço da ciência e da tecnologia, sofrendo, ainda, a empresa os impactos da globalização.

Nesse contexto, surge a externalização produtiva sob a forma de subcontratação e da chamada terceirização.

A subcontratação não é prática nova, pois já contemplada pela Consolidação das Leis do Trabalho, com expressa possibilidade de se transferir a terceiro a execução de atividade-fim, caracterizada por etapa do processo produtivo, mediante contrato de empreitada. A empreitada tem previsão também na lei civil comum.

A terceirização, no entanto, é fenômeno[2] mais recente, ainda enfrentando processo de regulamentação específica no sistema nacional.

Até recentemente havia completo vazio legislativo[3] acerca da nova forma de administração — e frente à premente necessidade de o Judiciário trabalhista dar vasão

---

(1) Nota do organizador: texto originalmente publicando na *Revista do Conselho Jurídico do Sinduscon – 15 Anos*, São Paulo, 1º jan. 2017.

(2) Na doutrina, colhe-se a percepção de Luiz Carlos Robortella acerca do fenômeno, para quem a palavra terceirização indica "a existência de um terceiro que, com competência, especialidade e qualidade, em condição de parceria, presta serviços ou produz bens para a empresa contratante", classificando, ainda o jurista tal fenômeno como prática de exteriorização de emprego inerente ao rol das subcontratações (*O moderno direito do trabalho*. São Paulo: LTr, 1994. p. 236).

(3) O Projeto de Lei n. 30/2015, originário da Câmara dos deputados (PL n. 4.330), que tem por fim regulamentar contratos de terceirização e as relações de trabalho deles decorrentes, encontra-se tramitando no Senado Federal, na Comissão de Assuntos Econômicos e, em 03.04.2017, aguarda designação de Relator. Dessa forma, mesmo a recente Lei n. 13.429, de 31.01.2017, dispondo sobre relações de trabalho na empresa de prestação de serviços a terceiros, a regulamentação do instituto da terceirização depende da aprovação de lei própria, sendo o referido PLC n. 30/3015 o mais avançado na tramitação no Legislativo.

à elevada litigiosidade, envolvendo processo de terceirização com inaceitável retrocesso social nas relações de trabalho — a mais alta Corte trabalhista firmou entendimento jurisprudencial, admitindo o procedimento da terceirização, mas com restrição.

O reconhecimento voltou-se para a aplicação administrativa do fenômeno[(4)] como parte da estratégia das empresas para externalização do processo produtivo ou de realização de serviços, nas hipóteses excepcionalmente contempladas por leis esparsas, nos serviços de conservação e limpeza, bem como nos serviços especializados ligados à atividade-meio.

Entretanto, a matéria e altamente controvertida, máxime em dias atuais com o avanço de tentativas de admissão do instituto e de sua regulamentação.

Mas, colocando-se à parte o debate apaixonado acerca da terceirização[(5)], tanto daqueles que a defendem com fervor, quanto dos que a repudiam com veemência, o certo é que não se pode admitir, frente à ordem jurídica imperante, que a terceirização seja instrumento de precarização das relações de trabalho, com contrato menos favorável ou desvantajoso para o empregado; que seja instrumento de redução ou aniquilamento de direitos inclusive pela inidoneidade financeira do contratado/parceiro; que sirva para enfraquecer as relações coletivas de trabalho pela pulverização da representação sindical ou que leve insegurança ao ambiente de trabalho, com real ameaça à saúde e à vida do trabalhador.

Certamente, a edição da Lei n. 13.429, de 31.03.2017, não pacifica a questão, ao revés, incorpora mais incertezas, pois apenas previu a possibilidade de terceirizar, mas não delimitou o alcance e nem regulamentou o instituto, tarefa ainda a cargo do Congresso Nacional (PLC n. 30/2015) e do Supremo Tribunal Federal (STF).

---

(4) Cf. Maria do Perpétuo Socorro W. de Castro. *Terceirização.* Uma expressão do Direito Flexível do trabalho na sociedade contemporânea. São Paulo: LTr, 2014. p. 138.

(5) Em entrevista sobre necessidade de marco regulatório para a terceirização o Ministro Ives Gandra da Silva Martins Filho, Presidente do Tribunal Superior do Trabalho, destacou que: "O ultraprotecionismo foi de tal ordem no TST que esse projeto de lei correndo no Congresso Nacional puxa o radicalismo para o outro lado. E o próprio Supremo Tribunal Federal, que já havia reconhecido repercussão geral em um determinado aspecto da terceirização, na questão das teles e de *call center*, acabou reconhecendo repercussão geral em tema genérico de terceirização com base em eventual violação ao art. 5º, II. Para o Supremo ter aberto essa porta de admitir repercussão geral por violação do princípio da legalidade, é que o TST está exagerando demais, Hoje, o tema da terceirização virou bandeira ideológica. Encontrei desembargador publicando livro sobre terceirização com o subtítulo: "Máquina de moer gente trabalhadora" [de autoria do desembargador do TRT-10 Grijalbo Fernandes Coutinho]. Para alguém dizer que terceirização é máquina de moer carne humana é porque já não tem mais argumento jurídico. Aí qualquer coisa vale. Então, se você começa a interpretar de forma a exagerar uma proteção que já existe na lei, a partir daí você vai ter a reação do outro lado". Disponível em: http://www.conjur.com.br/2015-abr-30/entrevista-ives-gandra-martins-filho-vice-presidente-tst. Acesso em: 24 maio 2016.

1. Externalização produtiva: Terceirização e subcontratação

A externalização da atividade produtiva no sistema nacional se dá por meio do processo de terceirização, (i) sem observância do critério de isonomia de tratamento entre os empregados da empresa contratada, cedente da mão de obra, e empregados da empresa contratante, tomadora dos serviços, (ii) sem exigência de regras mínimas para criação e operacionalização de empresas de terceirização e (iii) sem efetivo e rigoroso controle de idoneidade.

A consequência é, regra geral, a adoção do processo de terceirização irresponsável, com inquestionável atentado a direitos e garantias do trabalhador, inclusive à segurança no trabalho e à previdência social, além do reflexo no Judiciário trabalhista, chamado a solucionar o altíssimo grau de litigiosidade inerente.

Contudo, mesmo diante dessa realidade, o primeiro aspecto a destacar é que terceirização, foco da atenção, é a assimilada com subespécie do fenômeno da desconcentração produtiva e econômica, por meio de parceria, e não terceirização de tarefas com intuito de reduzir custos, como sinônimo de fraude, na forma em que é praticada, salvo raras exceções.

Vale destacar que a dicotomia identificada, por um lado, por tentativas de precarização das relações de trabalho, por outro, esforços para a regulamentação da externalização produtiva, não se traduz em fenômeno isolado.

Pela abrangência supra nacional, recorda-se que, na Comunidade Europeia, não existe uma regulamentação global em matéria de externalização produtiva, como, aliás, ressalta Anna Ginès i Fabrellas, em substancioso ensaio[(6)]. A regulamentação é parcial, apenas em matéria de sucessão de empresas, mobilidade internacional de trabalhadores, cessão de trabalhadores mediante Empresa de Trabalho Temporário (ETT) e subcontratação na contratação pública[(7)].

Inexiste, portanto, regulamentação que estabeleça normas de proteção minima em relação à subcontratação e suas consequências trabalhistas, a fim de evitar que a descentralização produtiva redunde em maior precariedade dos trabalhadores[(8)]

---

(6) Anna Ginès i Fabrellas. Externalización productiva y elusión de compromissos laborales. La necessidade de revisar la normativa europea em matéria de subcontratación y sus consecuencias laborales. *Revista Internacional y Comparada de Relaciones Laborales y Derecho del empleo*, vol. 4, n. 1, ene./mar. 2016. ADAPT University Press, p. 40.

(7) Diretiva 2001/23/CE do Conselho de 12 de março de 2001 — sucessão de empresas; Diretiva 96///Ce de 16 de dezembro de 1996 e 2014/67/EU de 15 de maio do Parlamento Europeu e do Conselho — mobilidade internacional de trabalhadores; Diretiva 2008/104/CE do Parlamento Europeu e do Conselho de 19 de novembro de 2008 — cessão de trabalhador por meio de empresa de Trabalho Temporário; Diretiva 2014/24/EU do Parlamento Europeu e do Conselho de 26 de fevereiro — contratação pública.

(8) Cf. Anna Ginès i Fabrellas, *cit.*, p. 4.

Existem princípios que regem a matéria, referindo-se Maria do Rosário Palma Ramalho(9), ao empreender estudo sobre a evolução do direito comunitário e a emergência do direito social na União Europeia, entre outros, aos princípios fundamentais que vão constituir o ponto de partida para o desenvolvimento das matérias sociais ao nível comunitário, como igualdade de remuneração entre trabalhadores e trabalhadoras por trabalho igual ou de igual valor, dever dos Estados Membros de promoverem melhorias das condições de trabalho e as normas que determinam a harmonização dos sistemas nacionais em áreas como emprego, direito ao trabalho e a boas condições de trabalho, a segurança social e proteção contra acidentes e doenças profissionais, bem como princípio da livre circulação de trabalhadores, em termos materiais, uma decorrência do princípio geral da liberdade de estabelecimento.

Frente à Diretiva da UE, a Espanha, que considerava ilegal a cessão de trabalhador por empresa interposta, passou a admitir a prática por intermédio de empresa de trabalho temporário(10), a qual para se constituir necessita de autorização administrativa da Direção Provincial de Trabalho e Seguridade Social.

A autorização prévia, no entanto, não traduz mera formalidade burocrática, pois somente se habilita se cumpridos requisitos legais(11).

Assim, naquele sistema jurídico, contratação de trabalhadores para cessão temporária a outra empresa somente poderá ocorrer por meio de empresa de trabalho temporário,

---

(9) *Direito Social da União Europeia*. Coimbra: Edições Almedina, 2009. p. 30.

(10) Lei n. 14, de 19.06.1994, de cuja exposição de motivos evidenciam-se, com clareza, a necessidade de mudança de paradigma legal, justificada inclusive pela tendência de Estados Membros da União Europeia em aceitar cessão temporária de empregado e o compromisso estatal no sentido de o mercado espanhol funcionar levando em conta as regras do jogo existentes na União Europeia. Dispõe o art. 43, Cesión de trabajadores. 1. La contratación de trabajadores para cederlos temporalmente a outra empresa sólo podrá efectuarse a través de empresas de trabajo temporal debidamente autorizadas en los términos que legalmente se establezcan. 2. Em todo caso, se entende que se incurre em la cesión ilegal de trabajadores contemplada em lo presente artículo cuando se produzca alguna de lás seguintes circunstancias: que el objeto de los contratos de servicios entre as empresas se limite a uma mera puesta a disposici n de los trabajadores de la empresa cedente a la empresa cesionaria, o que la empresa cedente carezca de uma actividad o de uma organización propia y estable, o no cuente com los médios necessários para el desarrollo de su actividad, o no ejerza las funciones inherentes a su condición de empresário. 3. Los empresários, cedente e cessionário. que infrinjan lo señalado em los apartados anteriores responderán solidariamente de las obligaciones contraídas com los trabajadores y com la Seguridad Social, sin prejuicio de las demás responsabilidades, incluso penales, que procedan por dichos actos. 4. Los trabajadores sometidos al tráfico proibido tendrán derecho a adquirir la condición de fijos, a su elección, em la empresa cedente o cesionaria. Los derechos y obligaciones del trabajador em la empresa cesionaria serán los que correspondan em condiciones ordinárias a um trabajador que preste servicios en el mismo o equivalente puesto de trabajo, si bien la antiguedad se computará desde el inicio de la cesión ilegal.

(11) Disposição de estrutura organizada que permita cumprir as obrigações que assumir como empregador em relação ao objeto social; desenvolver exclusivamente a atividade objeto da empresa de trabalho temporário (objetivo único); inexistência de pendências fiscais ou de Seguridade Social; garantia financeira para cumprimento de obrigações salariais, indenizações e Seguridade Social; ausência de sanção com suspensão de atividades em duas ou mais ocasiões e inclusão da expressão empresa de trabalho temporário na razão social da empresa.

não mais cogitando de vedação de externalização produtiva nem da natureza da atividade, se fim, nuclear ou complementar(12).

Por isso, conforme Anna Ginès i Fabrellas, em estudo já referido(13), a subcontratação de obras e serviços de uma parte ou toda a atividade produtiva e modalidade lícita de organização da produção, decorrendo a licitude da liberdade de iniciativa reconhecida pelo art. 38 da Constituição espanhola(14).

Essa mesma direção e com base no mesmo principio -liberdade de contratar, inerente à livre-iniciativa , em sede de repercussão geral, sinalizou o Supremo Tribunal Federal pela inconstitucionalidade imposta pelo Tribunal Superior do Trabalho à restrição de terceirizar atividade-fim, contida na Súmula n. 331.

Enquanto a causa aguarda julgamento do mérito na Corte Constitucional, dentro do esforço legislativo, acaba de ser editada a Lei n. 13.429, de 31.03.2017, que, acrescentando o art. 4º-A à Lei n. 6.019/1974, sobre trabalho temporário, introduziu no sistema jurídico a terceirização ampla(15).

Trata-se apenas da possibilidade de terceirizar, introduzida no contexto de lei que trata de matéria diversa — trabalho temporário —, mas sem dispor acerca da indispensável regulamentação própria.

Por isso, na percepção de Georgenor de Sousa Franco Filho(16), a terceirização não deveria ser tratada como parte da lei que trata do trabalho temporário, mas em lei própria, até porque se trata de institutos diferentes, com naturezas completamente distintas. E conclui o citado jurista: “Esse fato não altera sua existência”.

Quanto à regulamentação, no contexto dos esforços legislativos, o projeto de lei que mais avançou foi o de n. 4.330/2004, atualmente tramitando no Senado Federal com PLC n. 30/2015(17).

---

(12) Cf. art. 2º da Lei n. 14/1994, que regula a empresa de trabalho temporáio e nos termos do art. 15 da mesma lei, que regula as ETT, a direção e o controle da atividade se dá pela empresa tomadora dos serviços, *verbis*: Artículo 15. Dirección y control de la atividade laboral. 1. Cuando los trabalhadores desarrollen tareas em el ámbito de la empresa usuária, de acuerdo com lo previsto em esta norma, las facultades de dirección y control de la actividad laboral serán ejercidas por aquélla durante el tempo de prestación de servicios em su ámbito. 2. Em tales supuestos, y sin perjuicio del ejercicio por la empresa de trabajo temporal de la facultad disciplinaria atribuída por el artículo 58 del Estatuto de los Trabajadores, cuando uma empresa usuária considere que por parte del trabajador se hubiera producido un imcumplimiento contractual lo pondrá en conocimiento de la empresa de trabalho temporal a fin de que por ésta se adopten las medidas sancionadoras correspondientes.

(13) *Idem*.

(14) Capitulo II. Direitos e Liberdades. Art. 38. Se reconoce la liberdad de empresa em el marco de la economia de mercado. Los poderes públicos garantizan y protegen su ejercicio y la defensa de la productividad, de acuerdo com las exigências de la economia general y, em su caso, de la planificación.

(15) Cf, arts. 4º-A e seguintes da citada Lei.

(16) Mudanças: Terceirização (2). Belém/PA. Jornal *O Liberal*. Opinião, Edição de 16 abr. 2017, fl.2.

(17) *PLC n. 30/2015*. Disponível em: https://www25.senado.leg.br/web/atividade/materias/-/materia/120928. Acesso em: 20 abr. 2017.

Entretanto, o certo é que autorização legal como ocorre, liberando indistinta e indiscriminadamente a terceirização, não atende, primeiro, porque não contempla proteção ao trabalhador, com a positivação, no mínimo, de regras de isonomia e de sistema de responsabilidade solidária para toda intermediação de mão de obra por interposta pessoa; depois, porque como se trata de fenômeno econômico e multidisciplinar — e não fenômeno jurídico — deixa à margem questão central do debate voltada à natureza da atividade.

Isso significa que a polêmica insista, se não dirimida por lei regulamentar (PLC n. 30/2015 ou outro), assim como no sistema espanhol, admitida a contratação e a subcontratação de obras ou serviços correspondentes à própria atividade, por força de princípios constitucionais, a concepção do sistema necessariamente deve mudar.

E com isso, como ocorre no sistema espanhol, desloca-se o eixo de vedação: da natureza da atividade/atividade-fim para precarização das relações de trabalho. Admite-se a contratação e a subcontratação na atividade-fim, mas, em contra partida, assegura-se direitos e garantias ao trabalhador, vedando-se a precarização das relações de trabalho com ofensa a dignidade.

A mudança eliminaria, inclusive, discussão acerca de expressões vagas, imprecisas ou vaporosas, como "atividade-fim" e "especialização". Aliás, como ressalta Maria do Rosário Palma Ramalho(18), no sistema espanhol, não se fala em terceirização e sim em *outsourcing*(19) e em lugar de tais expressões utiliza-se "fuga lícita" e "fuga ilícita" para distinguir entre externalização produtiva lícita ou fraude ao Direito do Trabalho.

2. Esforços para regulamentação da terceirização

A falta de regulamentação da terceirização no Brasil não decorreu — ou decorre — de simples ausência de vontade política, mas de compreensível dificuldade em se regulamentar aspecto que envolve Direito Material do Trabalho, com garantia de ampla participação da sociedade, assegurando-se que não ocorra retrocesso em direitos sociais e garantias fundamentais do trabalhador.

Dentro do esforço legislativo, acaba de ser editada a Lei n. 13.429, de 31.03.2017, que, acrescentando o art. 4º-A à Lei n. 6.019/1974, prevê terceirização ampla, por meio

---

(18) Cf. *Anais do 14º Colóquio da Academia Brasileira de Direito do Trabalho*, realizado em 23.03.2017, no Maksoud Plaza Hotel, versando sobre Terceirização: Novos debates de temas antigos, onde a Acadêmica discorreu sobre o sistema na União Europeia e também na Espanha.

(19) Como ressalta Maria do Rosário Palma Ramalho "terceirização" não é tema da Europa, onde se adota a expressão do inglês *"outsourcing"*, para indicar o fenômeno da externalização produtiva (Cf. *Anais do 14º Colóquio da Academia Brasileira de Direito do Trabalho*, realizado em 23.03.2017), lembrando Georgenor de Souza Franco Filho que a terceirização no Brasil equivale a *"outsourcing"*. do inglês, que, literalmente, é "fornecimento vindo de fora, ocorrendo quando o trabalho é desenvolvido dentro de uma empresa por outra com autonomia" (Mudanças: Terceirização (2). Belém/PA. Jornal *O Liberal*. Opinião. Edição de 16 abr. 2017, fl.2).

de empresa prestadora de serviços a terceiros, mas sem regulamentação específica. Quanto à regulamentação, no contexto dos esforços legislativos, o projeto de lei que mais avançou foi o de n. 4.330/2004, atualmente tramitando no Senado Federal com n. PLC n. 30/2015[20]

Entretanto, o certo é que autorização legal como ocorre, liberando indistinta e indiscriminadamente a terceirização, não atende, primeiro, porque não contempla proteção ao trabalhador, com a positivação, no mínimo, de regras de isonomia e de sistema de responsabilidade solidária para toda intermediação de mão de obra por interposta pessoa; depois, porque como se trata de fenômeno econômico e multidisciplinar — e não jurídico — deixa à margem questão central do debate voltada à natureza da atividade.

Assim, liberar externalização da atividade não significa caminho livre para aniquilar direitos e garantias dos trabalhadores de empresas terceirizadas, mesmo porque está na base do sistema jurídico, inclusive o trabalhista, direitos e garantias constitucionais, dentre eles isonomia e dignidade humana, que não aceitam retrocessos.

Dessa forma, disciplinar lei regulamentar sem prever sistema de responsabilidade solidária e sem adotar princípio da isonomia, acredita-se, só potencializará os conflitos nas relações de trabalho.

Portanto, o empresário que, por opção estratégica — e doravante com base na Lei n. 13.429/2017 —, delegar atividade inerente ao ciclo produtivo não pode ser impedido em razão da autonomia da vontade e do livre empreender assegurada pela Constituição Federal, mas, para equilibrar o sistema, o empreendedor deve atender aos princípios da isonomia e da responsabilidade solidária.

Afinal, não existe liberdade sem responsabilidade.

Essa a razão pela qual há muito firmei convicção no sentido de que, na reconhecida impossibilidade de refrear o fenômeno econômico com negativos impactos nas relações de trabalho, restava-nos admiti-lo, estabelecendo regras e fixando limites, essencialmente com adoção do princípio da isonomia entre empregados da empresa contratante e empregados da empresa parceira contratada.

Adotar tal princípio, juntamente com a responsabilidade solidária, ainda que para direitos de primeira grandeza, como meio ambiente de trabalho, seguridade social e salário, já seria um avanço, capaz de afastar a reinante precarização das relações de trabalho.

Argumentos contrários e resistências, nesse caso, residiriam na inevitável elevação de custos. Mas, há de se ter sempre em mente que externalização da atividade produtiva

(20) *PLC n. 30/2015*. Disponível em: https://www25.senado.leg.br/web/atividade/materias/-/materia/120928. Acesso em: 20 abr. 2017.

não visa reduzir custo. O seu importante e destacado papel no mercado é reconhecidamente melhorar a produtividade pela maior especialização das empresas. Ou seja, produtividade com competência das empresas, jamais intermediação de mão de obra.

3. Terceirização sob a perspectiva do STF. Repercussão geral. Aspectos jurisprudenciais

A contraprestação de trabalho por empresa interposta, na visão do TST, continua ilegal. A exceção fica por conta do trabalho temporário, sendo lícito também celebrar contrato de prestação de serviço de vigilância, de conservação e limpeza e de serviços especializados ligados à atividade meio.

No entanto, apesar do enunciado da Súmula n. 331 do TST(21), a partir de agora, com a vigência da Lei n. 13.429, de 31.03.2017, não é mais possível afirmar que a terceirização é vedada no nosso ordenamento jurídico, embora a regulamentação da matéria ainda continue tramitando no Senado Federal (PLC n. 30/2015).

Nesse cenário, necessariamente, acredita-se, o TST reavaliará sua jurisprudência.

Aspecto relevante é que, em decorrência da restrição imposta pelo TST à terceirização, a matéria havia sido levada à apreciação do Supremo Tribunal Federal (STF), admitida repercussão geral(22), com o tema "terceirização de serviços para a consecução da atividade-fim da empresa", oportunidade em que se propôs a mais alta Corte do país a apreciar a constitucionalidade da restrição genérica imposta pela Justiça do Trabalho à terceirização na atividade fim da empresa.

O fundamento adotado para o acolhimento da repercussão geral foi possível violação à liberdade de contratar no âmbito do princípio constitucional da legalidade, de que cuida o art. 5º, II, da Constituição Federal.

A repercussão geral ao tema da terceirização foi admitida(23) sob premissa, segundo a qual, proibir terceirização de forma generalizada na atividade-fim com base em interpretação jurisprudencial viola o princípio da liberdade de contratar, inerente ao princípio constitucional da legalidade(24), posicionamento em conformidade com a nova ordem legal.

---

(21) Súmula n. 331, do TST, está em plena vigência.

(22) ARE 791.932/DF, tendo o tema específico recebido n. 739 no catálogo de Repercussão Geral do STF.

(23) RE 713.211/MG, tendo o tema recebido n. 725 no catálogo de Repercussão geral do STF.

(24) "RECURSO EXTRAORDINÁRIO COM AGRAVO. ADMINISTRATIVO. AÇÃO CIVIL PÚBLICA, POSSIBILIDADE DE TERCEIRIZAÇÃO E SUA ILICITUDE. CONTROVÉRSIA SOBRE LIBERDADE DE TERCEIRIZAÇÃO. FIXAÇÃO DE PARÂMETROS PARA A IDENTIFICAÇÃO DO QUE REPRESENTA ATIVIDADE-FIM. POSSIBILIDADE. 1. A proibição genérica de terceirização calcada em interpretação jurisprudencial do que seria atividade-fim pode interferir no direito fundamental de livre-iniciativa, criando, em possível ofensa direta ao art. 5º, II, da CRFB, obrigação não fundada em lei capaz de esvaziar a liberdade do empreendedor de organizar sua atividade empresarial de forma lícita e da maneira que entenda ser mais eficiente. 2. A liberdade de contratar prevista no art. 5º, II, da CF é conciliável com a terceirização dos serviços para o atingimento do exercício do exercício-fim da empresa. 3. O thema decidendum, in casu, cinge-se à delimitação das hipóteses de terceirização de mão

Assim, terceirização de atividade-fim, sob a ótica do TST[25], continua vedada, enquanto a tormentosa questão do mundo do trabalho no país encontra-se sob o crivo constitucional do STF e na iminência de regulamentação pelo

Poder Legislativo. Enquanto isso, ante o efeito *erga omnes*[26] da repercussão geral, o STF tem admitido ação a fim de cassar decisão do Tribunal Superior do Trabalho, como, aliás, ocorreu nos autos da Reclamação n. 10.132/PR[27]. Essa ação foi julgada procedente pelo STF para cassar a decisão do TST que, com apoio na Súmula n. 331, considerou terceirização ilegal na atividade de *call center*.

O sobrestamento de processos, no entanto, não é restrito a tal atividade. Instado a complementar a prestação jurisdicional reafirmou o STF que a liberdade de contratar é conciliável com a terceirização dos serviços para o atingimento da atividade-fim, abrangendo a repercussão geral todo o tema "terceirização de serviços para a consecução da atividade-fim". Ou seja, o objeto da repercussão geral é a constitucionalidade ou não da restrição imposta pela Justiça do Trabalho[28] à terceirização por meio da Súmula n. 331.

---

de obra diante do que se compreende por atividade-fim, matéria de índole constitucional, sob a ótica da liberdade de contratar, nos termos do art. 5º, II, da CRFB. 4. Patente, assim, a repercussão geral do tema, diante da existência de milhares de contratos de terceirização de mão de obra em que subsistem dúvidas quanto à sua legalidade, o que poderia ensejar condenações expressivas por danos morais coletivos semelhantes aquela verificada nestes autos. 5. Diante do exposto, manifesto-me pela existência de Repercussão Geral do tema, ex vi art. 543 do CPC. (STF, j. 15.05.2014 *DJE* n. 109 divulgado em 05.06.2014 publicado 06.06.2014. Disponível em: www.stf.jus.br)

(25) A Lei n. 13.429, de 31.03.2017, que dispôs sobre terceirização foi editada recentemente, portanto, sem tempo suficiente para o TST colocar em pauta a questão da compatibilidade do teor de sua Súmula n. 331 com o comando da referida Lei.

(26) CPC Art. 1.035. O Supremo Tribunal Federal, em decisão irrecorrível, não conhecerá do recurso extraordinário quando a questão constitucional nele versada não tiver repercussão geral, nos termos deste artigo. § 1ª Para efeito de repercussão geral, será considerada a existência ou não de questões relevantes do ponto de vista econômico, político, social ou jurídico que ultrapassem os interesses subjetivos do processo. [...] § 5º Reconhecida a repercussão geral, o relator no Supremo Tribunal Federal determinará a suspensão do processamento de todos os processos pendentes, individuais ou coletivos, que versem sobre questões que tramitem no território nacional.

(27) Reclamação Constitucional n. 10132 PR [...]. De fato, ao afastar a terceirização da atividade *call center* por parte das empresas de telecomunicação, por entendê-las compreendidas no conceito de atividade--fim, o Tribunal de origem acaba por negar vigência ao disposto no art. 94, 11, da Lei n. 9.472/1997, que expressamente as autoriza a contratar com terceiros o desenvolvimento de atividades inerentes, acessórias ou complementares ao serviço. Assim, resta caracterizada a situação de não observância do art. 97 da Constituição e da Súmula Vinculante n. 10 do STF. Ante o exposto, julgo procedente a presente reclamação, para cassar a decisão do Tribunal Superior do Trabalho proferida nos autos do Recurso de Revista n. 6749/2007-663-09-00 e determinar que outra seja proferida em seu lugar, com observância do principio da reserva de plenário [...]. Rel. Min. Gilmar Mendes. Pub. *DJe* de 08.05.2014.

(28) TST, conforme disponibiliza no Núcleo de Repercussão Geral e Recursos Repetitivos (NURER), indica que a repercussão geral, conferida pelo STF diz respeito à terceirização de serviços para consecução de atividade-fim da empresa (Tema 725), o que pode ser acessado no *link*: https://portal.stf.jus.br/jurisprudenciaRepercussao/verAndamentoProcesso.asp?incidente=4952236&numeroProcesso=958252&classeProcesso=RE&numero

Assim, com a edição da Lei n., 13.429, de 31.03.2017, observa-se que a posição do STF em sede de repercussão geral coincide com a mens legis, ao admitir a terceirização de modo geral, restando à Corte Constitucional dirimir possíveis controvérsias acerca de termos imprecisos e vagos adotados – ou que venham a ser adotados —, como "atividade-fim" de que trata a jurisprudência consolidada do TST, "serviços específicos" mencionados pela lei recém-editada ou mesmo "atividade inerente"

Nesse cenário de controvérsias e incertezas, considerando que a questão é constitucional e que está sob a apreciação do STF e, ainda, considerando a recente modificação legislativa, se não há lei regulamentar, os agentes de fiscalização(29) e de defesa(30) da ordem jurídica trabalhista ficam, em meio à luta de classes, com atuação limitada ou mesmo prejudicada, antes por ausência de lei a defender(31), doravante pela existência de permissivo legal para a terceirização, além de atuar a posição do STF como questão prejudicial(32) a ser enfrentada nas demandas.

Conclusão

Até recentemente, subcontratar ou terceirizar em determinadas circunstâncias, com observância estrita dos direitos sociais e absoluta preservação da dignidade do trabalhador, era lícito.

Tema=725 e não apenas restrito ao segmento econômico de *call center*. O foco da Repercussão Geral 725 foi a Súmula n. 331 do TST na parte em que proibe terceirização na atividade-fim.

(29) CF, Art. 21. Compete à União: [...] XXIV – organizar, manter e executar a inspeção do trabalho. CLT. Art. 626. Incumbe às autoridades competentes do Ministério do Trabalho, Indústria e Comércio, ou aquelas que exerçam funções delegadas, a fiscalização do fiel cumprimento das normas de proteção ao trabalho.

(30) CF. Art. 127. O Ministério Público é instituição permanente, essencial à função jurisdicional do Estado, incumbindo-lhe a defesa da ordem jurídica, do regime democrático e dos interesses sociais e individuais indisponíveis.

(31) O Ministro Presidente do TST Barros Levenhagen, ao falar em audiência pública no Senado Federal acerca da terceirização, nega que o Tribunal tenha legislado sobre o tema, lembrando que "essa modalidade de contratação surgiu nos Estados Unidos e na Inglaterra no bojo do Consenso de Washington, durante os governos Margareth Thatcher e Ronald Reagan, "uma época de sobrevalorização do capital". A prática foi adotada pelo Brasil "sem grandes discussões" também num período de maior exacerbação do capitalismo. "Empresas surgiram do dia para a noite, contratando trabalhadores pouco qualificados que não tinham as mesmas vantagens dos empregados diretos, configurando uma situação de rematada injustiça", para, a seguir, registrar que "foi nesse contexto de "terceirização predatória" que, na ausência de legislação específica, o TST começou a construir sua jurisprudência sobre a matéria". Por isso, o Presidente do TST "definiu como equivocada a ideia de que o TST teria legislado o tema. Ele citou os arts. 4º da Lei de Introdução ao Código Civil (LICC) e 126 do Código de Processo Civil (CPC) para explicar que o juiz não pode deixar de decidir alegando lacuna na lei, e, nesses casos, deve recorrer à analogia, aos costumes e aos princípios gerais de direito. "Com uma quantidade enorme de processos decorrentes da terceirização, o Tribunal tinha de se posicionar", afirmou. O posicionamento adotado foi sendo aperfeiçoado ao longo dos anos, com as mudanças introduzidas na Súmula n. 331". Cf. notícia do TST. Acesso em: 24 maio 2016 em: http://www.tst.jus.br/noticias/-/asset_publisher/89Dk/content/presidente-do-tst-abre-audiencia-publica-sobre-terceirizacao-no-senado.

(32) Nesse sentido nossa posição ao tratar do tema: Externalização produtiva: subcontratação e terceirização. Como não precarizar? Necessária aplicação do princípio da igualdade de tratamento e da responsabilidade solidária em aspectos de direitos inderrogáveis. In: *Terceirização de Serviços e Direitos Sociais Trabalhistas*. (Coords.) Gustavo Filipe Barbosa Garcia e Rúbia Zanotelli de Alvarenga. São Paulo: LTr, 2017.

Mas, para tanto, era preciso — e continua sendo — um ponto de concórdia: com ou sem regulamentação específica desse fenômeno não se admite precarização.

Certamente, retrocesso não pode ser tolerado, mesmo porque o desenvolvimento econômico não pode se sustentar à custa da força de trabalho em estado precário. Aliás, o sistema jurídico, constitucional e infraconstitucional, dispõe de regras para impedir a ilicitude, até que o poder político seja capaz de normatizar, por completo, a matéria.

Ademais, do ponto de vista da legalidade, embora não possua regulamentação específica — cujo PLC n. 30/2015, ainda tramita no Senado Federal, a externalização produtiva, nas modalidades terceirização e subcontratação, encontra base no sistema jurídico e, doravante, especificamente na Lei n. 13.429/2017.

Entretanto, enfatiza-se, embora seja importante prestigiar a regulamentação específica da terceirização — e não só a previsão legal do instituto (Lei n. 13.429/2017) —, preservando-se os avanços da legislação social e, acima de tudo, a dignidade do trabalhador, o certo é que, enquanto não vem lei regulamentar, o sistema jurídico dispõe de mecanismo suficiente para enfrentar precarização das relações de trabalho e impedir retrocesso social.

Regras da CLT[(33)], por um lado, ditam que o ato que tiver por objetivo desvirtuar, impedir ou fraudar a legislação trabalhista é nulo, por outro, a Constituição Federal traz como princípios basilares isonomia e dignidade[(34)].

Nesse cenário, a externalização produtiva deve ser mantida sob rigoroso controle, sendo outra relevante consequência decorrente do alicerce de legalidade o impedimento de possível argumento, puro e simples, de que terceirização é prática ilegal[(35)] e, por isso, deve ser banida.

A par disso, diante da tormentosa questão, a despeito da recente Lei n. 13.429, de 31.03.201, a posição do STF continua de extrema relevância.

---

(33) Art. 9º São nulos de pleno direito os atos praticados com o objetivo de desvirtuar, impedir ou fraudar a aplicação dos preceitos contidos na presente Consolidação.

(34) Art. 1º A República Federativa do Brasil, formada pela união indissolúvel dos Estados e Municípios e do Distrito Federal, constitui-se em Estado Democrático de Direito e tem como fundamentos: [..] III – a dignidade da pessoa humana [...]. Art. 5º Todos são iguais perante a lei, sem distinção de qualquer natureza, [...]

(35) Ives Gandra da Silva Martins Filho, ao enfrentar especificamente essa questão, concluiu: "... não se pode pretender impedir a terceirização a todo custo, inclusive contra legem, nem distorcer realidades fáticas que demonstram a possibilidade, viabilidade e conveniência da terceirização de serviços. O que, sim, é necessário é a adoção de medidas que protejam adequadamente os trabalhadores terceirizados, assegurando-lhes não apenas os direitos trabalhistas mínimos, mas também as condições de trabalho seguras e dignas". (O fenômeno da terceirização e suas implicações jurídicas. DPU n. 43 – jan.-fev.2012. Assunto especial. Acesso em: 24 maio 2016. Disponível em: https://www.portaldeperiodicos.idp.edu.br/direitopublico/article/view/2054.

Com efeito, compete a Corte Constitucional dar a última palavra não só sobre a liberdade de contratar, mas também ao seu alcance e exata compreensão acerca de expressões vagas que possam restringir ou alargar o instituto, bem como violação de direitos e garantias constitucionais relativas ao tema.

E assim, em razão da repercussão geral e, doravante, em razão da lei n. 13.249/2017, as demandas judiciais por certo serão sobrestadas, nos termos do art. 1.035, § 5º, do CPC, sem limite de prazo em virtude da revogação do § 10, do referido artigo, se não julgado o mérito do tema dentro de um ano.

Referências

ABDALA, Vantuil. Aperfeiçoamento de regras para terceirização. *Notas Trabalhistas*. Sistema FIRJAN, ano VI, n. 57, jul./ago. 2008, p. 1-2.

AMORIM, Helder Santos. *Terceirização no serviço público*. Uma análise à luz da nova hermenêutica constitucional. São Paulo: LTr, 2009.

BORBA, Joselita Nepomuceno. Externalização produtiva: subcontratação e terceirização. Como não precarizar? Necessária aplicação do princípio da igualdade de tratamento e da responsabilidade solidária em aspectos de direitos inderrogáveis. In: *Terceirização de Serviços e Direitos Sociais Trabalhistas*. (Coords.) Gustavo Filipe Barbosa Garcia e Rúbia Zanotelli de Alvarenga. São Paulo: LTr. No prelo, 28 abr. 2017.

CARMENA, Maria Pons. *Modelo social europeo y protección de los derechos sociales fundamentales*. Madrid: Editora Reus, 2015.

CASTRO, Maria do Perpétuo Socorro W. de. *Terceirização*. Uma expressão do direito flexível do trabalho na sociedade contemporânea. São Paulo: LTr, 2014.

COUTINHO, Grijalbo Fernandes. *Terceirização*. Máquina de Moer Gente Trabalhadora. São Paulo: LTr, 2015.

DAU, Denise Motta; RODRIGES, Iram Jácome; CONCEIÇÃO, Jefferson José da (Orgs.). *Terceirização no Brasil*. Do discurso da inovação à precarização do trabalho. (Atualização do debate e perspectivas). Editora Annablume, 2009.

DELGADO, Gabriela Neves; AMORIM, Helder Santos. *Os limites constitucionais da terceirização*. São Paulo: LTr, 2014.

FABRELLAS, Anna Ginès i. Externalización productiva y elusión de compromissos laborales. La necesidade de revisar la normativa europea em matéria de subcontratación y sus consecuencias laborales. *Revista Internacional y Comparada de Relaciones Laborales y Derecho del Empleo*, vol. 4, n. 1, ene./mar. 2016, ADAPT University Press.

MANNRICH, Nelson. A terceirização e os novos desafios do Direito do Trabalho. *Revista da Academia Brasileira de Direito do Trabalho*, v. 20, 2015, p. 1.

MARÍN, José Marín. *Los trabalhos, os dias... e o direito*. Uma aproximación a la "pehistoria" del Derecho del Trabajo. Albacete/Espanha: Editora Bomarzo.

MELGAR, Alfredo Montoya. Derecho del Trabajo. 36. ed. Madrid: Editora Tecnos, 2015.

MELO FILHO, Luiz Felippe Vieira de. Não se pode vender como mercadoria o trabalho humano. *Informativo da Associação Nacional dos Procuradores do Trabalho — ANPT*, ano VI, n. 61, mar. 2011. Entrevista, p. 11.

MINISTÉRIO DE TRABAJO Y ASSUNTOS SOCIALES. *Edita y distribuye Subdirección General de Publicaciones*. El dialogo social en la Union Europea. Madrid, 1997.

ORIONE, Marcus. Crescimento brasileiro e operário em construção. *Folha de S. Paulo*. Opinião A3, 10 maio 2011.

PEREZ-BUSTAMANTE, Rogelio. *Instituciones de la Unión Europea (1951-2007)*. Madrid: Editora Edisofer, 2007.

RIRAGLIA, Lígia Mendes Moreira. *A terceirização trabalhista no Brasil*. Editora Quartier Latin, 2008.

RIVERO, Gloria Rojas (Coord.). *Origens del contrato de trabajo y nacimento del Sistema de Protección Social*. Albacete/Espanha: Editora Bomarzo, 2012.

ROBORTELLA, Luiz Carlos. *O moderno direito do trabalho*. São Paulo: LTr, 1994.

SILVA, Antônio Alvares da. *Terceirização:* um tigre de papel. Editora RTM, 2015.

SOUTO MAIOR, Jorge Luiz. *A terceirização e a lógica do Mal*. Dignidade Humana e Inclusão Social. (Coord.) Gabriela Delgado. São Paulo: LTr, 2010.

Capítulo V

Processo Individual do Trabalho

Recurso de Revista nos Dissídios Individuais do Trabalho. Lei n. 13.015/2014. Cabimento e Requisitos Formais[1]

Introdução

O processo trabalhista ressente da falta de uma legislação própria, condizente com as peculiaridades do Direito material. Para complementar as poucas disposições de normas processuais insertas na Consolidação das Leis do Trabalho — e em leis processuais trabalhistas esparsas — vale-se da lei processual comum.

O Código de Processo Civil, com as renovações experimentadas em 1973 e em 2015, serve de fonte supletiva ao processo trabalhista, desde que haja compatibilidade, conforme exigência do art. 769 da CLT.

Exatamente no exame dessa compatibilidade reside a maior dificuldade do operador do direito, pelas discussões e incertezas, potencializadas pela paralisia do processo trabalhista frente aos avanços incorporados pelo processo civil, inclusive de princípios constitucionais do processo.

É certo que o inconveniente (incerteza) que tanta insegurança gera, com irreparáveis prejuízos para o jurisdicionado e para a Justiça, pode ser amenizado — ou até mesmo neutralizado — pela sedimentação jurisprudencial, mas isso só ocorre a médio prazo.

Nesse contexto de evolução da legislação processual o legislador ordinário, por meio da Lei n. 13.015/2014, alterou o art. 896 da CLT, que cuida do Recurso de Revista, para introduzir requisitos formais de admissibilidade, a fim de esclarecer como o apelo deve ser elaborado e evitar que dificultem ou inviabilizem a análise da controvérsia, que somente tem acesso à instância extraordinária matéria eminentemente de direito, devidamente prequestionada, condição necessária à uniformização da jurisprudência trabalhista, sua missão precípua.

Essa modernização legislativa levou o Tribunal Superior do Trabalho a editar duas Instruções Normativas e a cancelar súmula e orientação jurisprudencial (Súmula n. 285 e OJ n. 377) por incompatibilidade.

---

(1) Nota do organizador: Texto originalmente publicado na obra *Atualidades e Tendências do Direito e Processo do Trabalho*. São Paulo: LTr, 2017.

A primeira Instrução Normativa TST, de n. 39, dispõe sobre normas do novo Código de Processo Civil aplicáveis ao Processo do Trabalho. No entanto, essa normatização interna tem como motivação principal a segurança jurídica, e não dar a última palavra sobre subsidiariedade ou supletividade, mesmo porque tratou de relacionar disposições não aplicáveis, aplicáveis ou aplicáveis em parte. Trata-se, portanto, de rol não taxativo.

O norte seguro e definitivo em matéria recursal é — e continua sendo — a regra do art. 769, da CLT, porta de entrada ao Processo do Trabalho para outros sistemas processuais, seja o civil comum, administrativo e coletivo, só para exemplificar.

No momento que essa regra essencial deixar de ser aplicada, até mesmo sob a justificativa de que a CLT deve ceder frente à norma processual mais benéfica — se essa tese viesse a prevalecer — o Processo do Trabalho se descaracterizaria, migrando de uma vez para o sistema comum.

Portanto, de acordo com a exposição de motivos e nos termos do art. 1º da referida IN-TST n. 39, "aplica-se o Código de Processo Civil, subsidiária e supletivamente, ao Processo do Trabalho, em caso de omissão e desde que haja compatibilidade com as normas e princípios do Direito Processual do Trabalho, na forma dos arts. 769 e 889 da CLT e do art. 15 da Lei n. 13.105, de 17.03.2015".

A segunda Instrução Normativa TST, de n. 40, dispõe sobre o cabimento de agravo de instrumento em caso de "admissibilidade parcial" de Recurso de Revista.

Por meio de tal instrução o Tribunal Superior do Trabalho, a bem da segurança jurídica dos jurisdicionados e visando a orientação e planejamento dos Tribunais Regionais, explicita a necessidade de prequestionamento de matéria de direito objeto de Recurso de Revista também na admissibilidade, sendo ônus da parte o preparo do apelo até a instância extraordinária.

Levando-se em conta que a missão do Tribunal Superior do Trabalho é uniformizar a jurisprudência trabalhista, a tese deve ser posta de forma objetiva e fundamentada, com indicativo, por tema, da divergência jurisprudencial e da violação literal de dispositivo de lei ou direta e literal para a Constituição.

Por isso é ônus da parte opor (i) Embargos de Declaração para complementação da prestação jurisdicional se o acórdão que julgou o Recurso Ordinário for omisso; (ii) arguir nulidade do acórdão se, porventura, não entregou a prestação jurisdicional em condição de viabilizar o Recurso de Revista.

De igual sorte, exercido o juízo de admissibilidade, se denegado seguimento ao apelo, mais uma vez, é ônus da parte averiguar se a decisão de admissibilidade enfrentou todos os "temas", na medida em que nessa espécie de recurso a devolutividade não é ampla. Com efeito, todos os capítulos deverão ser analisados, com os respectivos fundamentos pelos quais foram admitidos ou denegados. Admitido o recurso por um "fundamento", os argumentos não apreciados, inerentes àquele capítulo, serão devolvidos ao TST, nos termos do art. 12 da IN n. 39/2016.

Ainda pela nova sistemática normatizada pela IN-TST n. 40/2016, abriu-se a possibilidade de, concomitantemente, serem interpostos dois apelos: Recurso de Revista que segue com temas admitidos; Agravo de Instrumento de temas não admitidos.

Vê-se, portanto, a complexidade que envolve a questão e a habilidade exigida no momento da interposição de Recurso de Revista, razão pela qual se faz uma tentativa de sistematização mais de ordem prática de matéria tão desafiadora.

1. Recursos nos dissídios individuais do trabalho

Na sistemática do Processo do Trabalho, quando a atenção se volta especificamente para o Recurso de Revista, o primeiro aspecto a compreender é a organização judiciária trabalhista e a natureza do recurso.

1.1. Organização judiciária trabalhista

A Justiça Especializada do Trabalho teve seu embrião fora do âmbito do Poder Judiciário(2), somente integrando esse Poder a partir da Constituição Federal de 1946, quando se tornou plena sua autonomia.

A organização da Justiça do Trabalho começou com os Conselhos Permanentes de Comissões e Arbitragem. A partir de 1932 surgiram as Juntas de Conciliação e Julgamento (JCJs), as Comissões Mistas de Conciliação e o Conselho Nacional do Trabalho (CNT), funcionando este como tribunal arbitral.

A CLT entrou em vigor em 1943, permanecendo, linhas gerais, a integração dos órgãos da Justiça do Trabalho no Poder Judiciário: a representação classista e três graus de jurisdição, com previsão de dois recursos ordinários (JCJ e TRT) e um extraordinário (TST)(3).

As JCJs (hoje, Varas do Trabalho, conforme art. 112, da CF, com EC. 45/2004) são órgãos trabalhistas de primeiro grau, com competência e atribuições delimitadas por lei, encarregadas de conciliar, instruir e julgar as demandas trabalhistas (CLT art. 652) e, aos TRTs, em segundo grau de jurisdição, compete julgar ações de sua competência originária e recursos oriundos da primeira instância (CLT art. 678). A competência dos

(2) A Constituição Federal de 1937 não incluiu a Justiça do Trabalho entre os órgãos do Poder Judiciário.

(3) Sobre a organização judiaria trabalhista conferir, por todos, Coqueijo Costa. *Direito Processual do Trabalho.* Revista, atualizada e adaptada à Constituição de 1988. Atualizada por Washington Luiz da Trindade. 4. ed. Rio de Janeiro: Forense, 1995. p. 689/696.

TRTs é ampla, funcionando como instância revisional de questões de direito e de fato levadas à apreciação em decorrência da aplicação do princípio da ampla defesa e do duplo grau de jurisdição.

Nos TRTs se encerram as instâncias ordinárias da estrutura legal organizacional da Justiça do Trabalho.

Na estrutura organizacional trabalhista o TST (CLT art. 690) — que corresponde ao antigo Conselho Nacional do Trabalho (CNT) — ocupa espaço de instância extraordinária com missão institucional de uniformizar a jurisprudência.

Wilson de Souza Campos Batalha, ao traçar esboço histórico do recurso de revista, deixa claro que a competência recursal do TST (recurso de revista)(4) sempre esteve limitada à *questio juris* não podendo envolver *questio facti*. E conclui com apoio na doutrina de Toste Malta que: "a competência do Tribunal Superior do Trabalho era ampla no que tange ao *direito em tese;* mas quanto à matéria de fato os Tribunais Regionais são soberanos, como o são também as Juntas nos casos de sua exclusiva alçada"(5).

Na organização judiciária trabalhista o Tribunal Superior do Trabalho ocupa, portanto, posição de instância extraordinária encarregada de uniformizar a jurisprudência trabalhista.

1.2. Recurso de estrito direito

Recurso em uma acepção ampla é, na síntese de José Augusto Rodrigues Pinto(6), "remédio jurídico para reparar agravo a direito", em uma visão processual é "instrumento conferido à parte ou a terceiro para reformar decisão contrária ao seu interesse", advertindo o citado autor para o fato de os processualistas adotarem definições analíticas de recurso, ante a complexidade substancial da figura a definir, embora todos os estudiosos se orientem numa única direção, o seu fundamento(7).

E o fundamento do recurso alicerça, primeiro, na consciência da falibilidade humana(8), depois, em princípios fundamentais, como amplo direito de defesa, contraditório e duplo grau de jurisdição(9).

---

(4) Cf. Wilson de Souza Campos Batalha. *Tratado de Direito Judiciário do Trabalho.* 3. ed. rev., aum. e atual. São Paulo: LTr.1995. 610-620.

(5) *Ibidem*, p. 621.

(6) *Recursos nos Dissídios do Trabalho.* 3. ed. Rio de Janeiro: Forense, 1993. p. 3; *Manual dos recursos nos dissídios do trabalho.* São Paulo: LTr, 2006. p. 37.

(7) *Manual... Op. cit.*, p. 24-25.

(8) Cf. Wagner Giglio, *Direito Processual do Trabalho.* 13. ed. São Paulo: Saraiva, 2003. p. 407.

(9) Cláusula do devido processo legal, CF. art. 5º, LV.

Na mais ampla das compreensões, os recursos têm finalidades diversas, concebendo-os a sistemática recursal comum[(10)] em ordinários, especiais e extraordinários.

São ordinários os recursos que permitem o livre reexame de substrato fático ou de prova que serviu de base para a fundamentação da sentença impugnada, com o propósito de mantê-la ou substituí-la por outra, enquanto os recursos especiais e extraordinários têm em vista impugnar questões de direito[(11)], motivo pelo qual recurso extraordinário, na visão de Fredie Didier Jr. e Leonardo Carneiro Cunha[(12)], é recurso de *estrito direito.*

Nessa espécie de recurso não se admite reexame de fatos e provas, como, aliás, pacificou o TST[(13)] em relação ao Recurso de Revista.

O caráter de controle do direito objetivo inerente ao recurso extraordinário, voltado à interpretação do direito em tese aplicável ao caso concreto e, com essa elevada função, à preservação da unidade do direito, evita divergências ou disparidades de julgados com base na mesma norma.

Na sistemática recursal do Processo do Trabalho o Recurso de Revista é recurso de *estrito direito* e cumpre a mesma finalidade: preservar a unidade do direito.

É certo que o Direito Processual do Trabalho tem suas especificidades, mesmo porque é da essência adaptações destinadas a atender a peculiaridades e exigências do direito especial (Direito do Trabalho) e opera numa organização judiciária diversa (trabalhista), mas segue linhas gerais do Processo Civil.

Aliás, revela a síntese histórica de José Augusto Rodrigues Pinto[(14)], sobre sistema recursal, que o "Recurso de Revista, é, hoje, o equivalente trabalhista do Recurso Especial cível".

Assim, insere-se o Recurso de Revista na ordem dos recursos especiais de fundamentação vinculada, lembrando o professor baiano que o recurso extraordinário "é de cabimento vinculado a certos requisitos especiais essencialmente de direito, que o tornam severamente restrito"[(15)], para quem, apoiado na doutrina de José Carlos Barbosa Moreira,

(10) CPC/2015, art. 994: "São cabíveis os seguintes recursos: I – apelação; II – agravo de instrumento; III – agravo interno; IV – embargos de declaração; V – recurso ordinário; VII – agravo em recurso especial ou extraordinário; VII – embargos de divergência.

(11) Cf. nesse sentido José Augusto Rodrigues Pinto. *Manual... op. cit.*, p.162

(12) *Curso de Direito Processual Civil.* Meios de impugnação às decisões judiciais e processo nos tribunais. 10. ed. Salvador: JusPodivm. Vol. 3, p. 270.

(13) Súmula n. 126 "Incabível o recurso de revista ou de embargos (arts. 896 e 894, *"b"*, da CLT) para reexame de fatos e provas".

(14) José Augusto Rodrigues Pinto. *Manual... Op. cit.*, p. 165.

(15) *Manual dos recursos nos dissídios do trabalho.* São Paulo: LTr, 2006. p. 163.

"Recurso de Revista não é um recurso extraordinário, mas sim um recurso de natureza extraordinária na jurisprudência trabalhista"[(16)].

O Recurso de Revista, próprio do sistema recursal trabalhista, é, pois, de natureza extraordinária, em decorrência de sua finalidade (unificação da interpretação do direito federal de forma que as leis federais sejam observadas e interpretadas de maneira unívoca em todo território nacional) e da possibilidade de tribunal — no caso o Tribunal Superior do Trabalho — exercer formulação uniformizadora da jurisprudência[(17)].

2. Recurso de Revista

No Processo do Trabalho os recursos serão interpostos por simples petição[(18)], mesmo porque a devolução do conhecimento da matéria discutida à instância revisional era, como lembra Wagner Giglio, inerente ao recurso em si, concluindo o citado jurista que se não houvesse especificação ainda assim, "considera-se que o apelo abrange todo o pronunciamento adverso ao recorrente, contido no julgado"[(19)].

Esse entendimento, no entanto, não é mais aplicado, à luz do princípio do contraditório, vez que implica prejuízo à defesa da parte adversa, na medida em que alegações genéricas não permitem impugnação específica, comprometendo, consequentemente, o direito a influir na formação do convencimento do órgão julgador. A prevalência hoje é do princípio da dialeticidade, conforme expressão das Súmulas ns. 393[(20)] e 422[(21)], do

(16) *Manual dos recursos nos dissídios do trabalho.* São Paulo: LTr, 2006. p. 163.

(17) Acerca da uniformização de jurisprudência, a fim de mantê-la estável, íntegra e coerente, de que tata o art. 926, do CPC/2015, colhe-se da doutrina de Cláudio Brandão que da "**Unidade Sistêmica**, introduzida na Lei n. 13.015/2014 e relacionada à imprescindibilidade de fixação de **tese jurídica prevalente** nos tribunais sobre uma mesma questão jurídica. A partir da análise dos novos incidentes processuais por ela criados, ou dos antigos que foram alterados, pode-se concluir que, uma vez provocado, caberá ao tribunal eliminar a diversidade de interpretações possíveis em torno da questão jurídica posta ao seu exame e fixar uma única a qual se imporá, de modo obrigatório, nos planos **horizontal** (internamente ao tribunal) e vertical (instâncias inferiores)". (Cláudio Brandão. "Incidente de julgamento de recursos de revista repetitivos". In: *Processo do Trabalho.* (Coords. Cláudio Brandão e Estêvão Mallet. Salvador: JusPodivm, 2015. p. 613)

(18) CLT art. 899 – Os recursos serão interpostos por simples petição e terão efeito meramente devolutivo, salvo as exceções previstas neste Título, permitida a execução provisória até a penhora.

(19) *Direito processual...*, p. 408.

(20) **Súmula n. 393 do TST.** RECURSO ORDINÁRIO. EFEITO DEVOLUTIVO EM PROFUNDIDADE. ART. 1.013, § 1º, DO CPC DE 2015. ART. 515, § 1º, DO CPC DE 1973 *(nova redação em decorrência do CPC de 2015)* – Res. n. 208/2016, *DEJT* divulgado em 22, 25 e 26.04.2016. I – O efeito devolutivo em profundidade do recurso ordinário, que se extrai do § 1º do art. 1.013 do CPC de 2015 (art. 515, § 1º, do CPC de 1973), transfere ao Tribunal a apreciação dos fundamentos da inicial ou da defesa, não examinados pela sentença, ainda que não renovados em contrarrazões, desde que relativos ao capítulo impugnado. II – Se o processo estiver em condições, o tribunal, ao julgar o recurso ordinário, deverá decidir desde logo o mérito da causa, nos termos do § 3º do art. 1.013 do CPC de 2015, inclusive quando constatar a omissão da sentença no exame de um dos pedidos.

(21) **Súmula n. 422 do TST.** RECURSO. FUNDAMENTO AUSENTE OU DEFICIENTE. NÃO CONHECIMENTO (redação alterada, com inserção dos itens I, II e III) - Res. n. 199/2015, DEJT divulgado em 24, 25 e 26.06.2015.

TST. Por outro lado, o Recurso de Revista, devido à sua finalidade e natureza, tem cabimento e requisitos de admissibilidade específicos previstos em lei[(22)].

2.1. Cabimento

Estabelece o art. 896 da CLT que "cabe Recurso de Revista para Turma do Tribunal Superior do Trabalho das decisões proferidas em grau de recurso ordinário em dissídio individual de trabalho, pelos Tribunais Regionais do Trabalho"[(23)], nas hipóteses que

---

Com errata publicado no *DEJT* divulgado em 1º.07.2015. I. Não se conhece de recurso para o Tribunal Superior do Trabalho se as razões do recorrente não impugnam os fundamentos da decisão recorrida, nos termos em que proferida. II – O entendimento referido no item anterior não se aplica em relação à motivação secundária e impertinente, consubstanciada em despacho de admissibilidade de recurso ou em decisão monocrática.

(22) CLT art. 896 e parágrafos.

(23) Nos termos da Súmula n. 214, do TST, as decisões interlocutórias não ensejam recurso, mas há exceção, como se infere da ementa do seguinte julgado: I. AGRAVO DE INSTRUMENTO EM RECURSO DE REVISTA. CONTRATO NULO. EFEITOS. DECISÃO REGIONAL APARENTEMENTE CONTRÁRIA À SÚMULA N. 363 DO TST. SÚMULA N. 214 DO TST. Caso em que a Corte Regional reconheceu o direito de o Autor reclamar todos os direitos advindos da relação de emprego instituída com descumprimento da solenidade inscrita no art. 37, II, da CF, determinando o retorno dos autos à origem para análise integral das pretensões formuladas. Cumprida a determinação regional e esgotado o ofício judicante em primeira instância, sobreveio novo recurso ordinário, interposto pelo ente público, que foi desprovido, com fundamento na preclusão *"pro judicato"* (CLT, art. 836). Na sequência, foi aviado recurso de revista com fundamento em contrariedade à Súmula n. 363 do TST, sobrevindo a decisão interlocutória censurada no presente agravo de instrumento, na qual assentadas as teses da preclusão — pois não aviado o recurso de revista contra o acórdão regional inicialmente lavrado, com esteio na Súmula n. 214 do TST – e ainda da ausência de exame na decisão regional recorrida da questão jurídica suscitada com lastro no art. 37, II, § 2º, da CF (Súmula n. 297 do TST). Na forma do § 1º do art. 893 da CLT, no âmbito da Justiça do Trabalho, as decisões interlocutórias são irrecorríveis de imediato, admitindo-se o exame do merecimento correspondente por ocasião do recurso cabível contra a decisão final proferida. No entanto, por imposição dos princípios da celeridade e da economia processuais, a jurisprudência desta Corte flexibilizou o rigor da dicção legal, passando a admitir recursos aviados contra acórdãos regionais que resolvem, em caráter interlocutório, capítulos prejudiciais dos litígios e determinam o retorno dos autos à primeira instância para continuação do julgamento. Tal exceção, no entanto, apenas é admissível nas situações em que a questão jurídica resolvida, em sede interlocutória, é objeto de pacificação mediante inscrição em Súmula ou Orientação Jurisprudencial deste Tribunal Superior do Trabalho. Nesses casos, não se justificaria, evidentemente, permitir a dilação da marcha processual, com a prática – verdadeiramente inútil – de atos pelas partes e pelos órgãos judiciários, em clara afronta aos postulados da economia processual (CPC, art. 125, II), razoável duração dos processos e eficiência (CF, arts. 5º, LXXVIII, e 37). Nada obstante, a franquia do acesso imediato à instância superior, outorgada por interpretação jurisprudencial, não parece justificar a negativa de acesso à senda recursal em instante diferido, sob pena de ofensa ao art. 5º, II e LIV, da CF. No caso dos autos, a tese recursal está fundada em afronta ao art. 37, II e § 2º, da CF e em contrariedade à Súmula n. 363 do TST, quando o gravame que lhe foi imposto pela última decisão regional recorrida assumiu feição processual, decorrente da aplicação da preclusão "pro judicato". Nada obstante, cumpre considerar que a unidade do julgamento há de ser compreendida sob a perspectiva ideológica, e não meramente física, de tal sorte que a decisão regional originária, na qual admitida a amplitude de efeitos de contrato de trabalho nulo, compõe a ulterior decisão regional proferida, como, aliás, foi por essa última, expressamente, ressalvado. Assim, por aparente contrariedade à Súmula n. 363 do TST, impõe-se prover o agravo de instrumento. Agravo de instrumento conhecido e provido. [...] (RR – 61000-54.2009.5.09.0666 , relator Ministro: Douglas Alencar Rodrigues, Data de Julgamento: 17.02.2016, 7ª Turma, Data de Publicação: *DEJT* 26.02.2016). Disponível em: https://jurisprudencia-backend2.

menciona: (a) julgado regional der interpretação a lei federal diversa de outro Tribunal Regional ou Seção de Dissídios Individuais do TST ou súmula do TST ou súmula vinculante do STF; (b) o julgado regional divergir de interpretação dada por esses mesmos órgãos a lei estadual, norma coletiva e sentença normativa ou regulamento de empresa de observância obrigatória em área territorial excedente da sua jurisdição e (c) o julgado regional violar literal disposição de lei federal ou afronta direta e literal à Constituição Federal.

Nos termos do art. 896 da CLT, alínea *"a"*, o cabimento do recurso se restringe a divergência jurisprudencial, desde que o dissenso ocorra entre Tribunais Regionais ou Seção de Dissídios Individuais do Tribunal Superior do Trabalho, ou contrarie Súmula, devendo a jurisprudência indicada para efeito de divergência, se não acostados os textos ou juntada certidão ou cópia autêntica dos acórdãos paradigmas ao apelo, ser extraída de fonte oficial[24] ou repertório autorizado[25].

---

tst.jus.br/rest/documentos/7e955f800455515e118ef38d037cc522.

(24) EMBARGOS. DIVERGÊNCIA JURISPRUDENCIAL. VALIDADE FORMAL. ARESTOS EXTRAÍDOS DE REPOSITÓRIO OFICIAL NA INTERNET. AUSÊNCIA DE INDICAÇÃO DA FONTE OFICIAL DE PUBLICAÇÃO. SÚMULA N. 337, IV, "c", DO TST 1. Consoante sinaliza a diretriz sufragada na Súmula n. 337, IV, "c", do TST, afiguram-se formalmente inválidos arestos que, muito embora extraídos de repositório oficial na internet, limitam-se a informar a data de publicação da decisão, sem, contudo, reportar-se à respectiva fonte oficial. Precedentes da SbDI-1 do TST. 2. Embargos não conhecidos. (E-RR – 73900-74.2007.5.07.0026 , relator Ministro: João Oreste Dalazen, Data de Julgamento: 12.02.2015, Subseção I Especializada em Dissídios Individuais, Data de Publicação: *DEJT* 27.02.2015). Disponível em: https://jurisprudencia-backend2.tst.jus.br/rest/documentos/737aff3e22250b-306f5560b4b617c9a4.

(25) Súmula n. 337 do TST COMPROVAÇÃO DE DIVERGÊNCIA JURISPRUDENCIAL. RECURSOS DE REVISTA E DE EMBARGOS (redação do item IV alterada na sessão do Tribunal Pleno realizada em 14.09.2012) – Res. 185/2012, *DEJT* divulgado em 25, 26 e 27.09.2012. I – Para comprovação da divergência justificadora do recurso, é necessário que o recorrente: *a) Junte certidão ou cópia autenticada do acórdão paradigma ou cite a fonte oficial ou o repositório autorizado em que foi publicado; e b) Transcreva, nas razões recursais, as ementas e/ou trechos dos acórdãos trazidos à configuração do dissídio, demonstrando o conflito de teses que justifique o conhecimento do recurso, ainda que os acórdãos já se encontrem nos autos ou venham a ser juntados com o recurso.* II – A concessão de registro de publicação como repositório autorizado de jurisprudência do TST torna válidas todas as suas edições anteriores. III – A mera indicação da data de publicação, em fonte oficial, de aresto paradigma é inválida para comprovação de divergência jurisprudencial, nos termos do item I, "a", desta súmula, quando a parte pretende demonstrar o conflito de teses mediante a transcrição de trechos que integram a fundamentação do acórdão divergente, uma vez que só se publicam o dispositivo e a ementa dos acórdãos; IV – É válida para a comprovação da divergência jurisprudencial justificadora do recurso a indicação de aresto extraído de repositório oficial na internet, desde que o recorrente: a) transcreva o trecho divergente; b) aponte o sítio de onde foi extraído; c) decline o número do processo, o órgão prolator do acórdão e a data da respectiva publicação no Diário Eletrônico da Justiça do Trabalho. (destaque em itálico acrescido ao item I). Sobre a questão também dispôs a Lei n. 13.015/2014, que acresceu o § 8º, ao art. 896, da CLT: Quando o recurso fundar-se em dissenso de julgados, incumbe ao recorrente o ônus de produzir prova da divergência jurisprudencial, mediante certidão, cópia ou citação do repositório de jurisprudência, oficial ou credenciado, inclusive em mídia eletrônica, em que houver sido publicada a decisão divergente, ou ainda pela reprodução de julgado disponível na internet, com indicação da respectiva fonte, mencionando, em qualquer caso, as

Embora essa alínea faça referência à lei federal, o cabimento do Recurso de Revista por divergência interpretativa de lei estadual tem previsão na alínea *"b"*, do mesmo dispositivo legal, de forma que, apesar das inúmeras reformas em matéria de recurso de revista[26], foi mantida a previsão de Recurso de Revista tanto em referência à lei federal quanto à estadual.

Também foi mantida pela Lei n. 13.015/2014 a previsão do art. 896, § 7º (antes § 4º do mesmo artigo), da CLT, que exige que o apelo fundado na alínea *"a"* seja amparado em jurisprudência, a ensejar o recurso de revista, assim considerada a não superada, iterativa e notória.

Esclarece o texto legal que "atual" é a jurisprudência não ultrapassada por súmula do TST e do STF, numa referência a jurisprudência conforme o entendimento predominante no TST. Dessa forma, o requisito é o predomínio, de forma que um tema jurídico pode ter entendimento firmado há muito tempo e ser atual, porque não ultrapassado, enquanto outro tema jurídico firmado mais recentemente pode não ser atual, porque já revisto.

Outro aspecto da exigência legal é a iteratividade e a notoriedade. Mas, o que vem a ser jurisprudência "iterativa e notória" a lei não especificou.

Uma vez mais recorre-se à doutrina de José Augusto Rodrigues Pinto para quem a compreensão do novo conceito não passa pela noção de cronologia, como vem sugerido, mas de "caducidade por superação, diante da existência de interpretação mais recente do TST, desde que iterativa e notória, ainda não sumulada"[27].

Voltando-se a atenção para a evolução[28] da jurisprudência consolidada do TST, verifica-se que aquele Tribunal já entendeu que jurisprudência "iterativa e notória" seria aquela conforme entendimento consagrado em Orientação Jurisprudencial, posição conforme o teor da OJ-SBDI-2 n. 77, convertida no item II da Súmula n. 83[29].

---

circunstâncias que identifiquem ou assemelhem os casos confrontados. (Incluído pela Lei n. 13.015, de 2014)

(26) Sobre a origem e evolução do Recurso de Revista, conferir por todos, Campos Batalha... *op. cit.*, p. 609 e ss.

(27) *Manual...*, p. 172.

(28) Revela o histórico da jurisprudência do TST acerca da exigência legal da notoriedade e iteratividade: **n. 333. Recursos de Revista e de Embargos. Conhecimento.** Não ensejam recursos de revista ou de embargos decisões superadas por iterativa, notória e atual jurisprudência do Tribunal Superior do Trabalho. Redação original (revisão da Súmula n. 42) – Res. n. 25/1994, *DJ* 12, 16 e 18.05.1994. **n. 333. Recurso de Revista. Embargos. Não conhecimento. Revisão do Enunciado n. 42.** Não ensejam recursos de revista ou de embargos decisões superadas por iterativa, notória e atual jurisprudência da Seção Especializada em Dissídios Individuais. **n. 333 do TST – RECURSOS DE REVISTA. CONHECIMENTO** (alterada) – Res. n. 155/2009, *DEJT* 26 e 27.02.2009 e 02.03.2009. Não ensejam recurso de revista decisões superadas por iterativa, notória e atual jurisprudência do Tribunal Superior do Trabalho.

(29) Súmula n. 83 do TST – AÇÃO RESCISÓRIA. MATÉRIA CONTROVERTIDA [...] II – O marco divisor quanto a ser, ou não, controvertida, nos Tribunais, a interpretação dos dispositivos legais citados na ação rescisória é a data da inclusão, na Orientação Jurisprudencial do TST, da matéria discutida. (ex-OJ n. 77 da SBDI-2)

Mas a jurisprudência evoluiu no sentido de também considerar "iterativa e notória" julgados do TST em matéria acerca da qual não haja divergência entre as Turmas e nem entre estas e a Seção de Dissídios Individuais (TST), a ensejar o recurso de revista, considerada atual a não superada. Incide, nestes casos, o teor da Súmula n. 333[(30)], na sua atual redação.

Mais uma alteração significativa no cabimento do recurso de revista se deu com base na letra *"a"*, do art. 896, da CLT, foi a determinação, de forma obrigatória, aos Tribunais Regionais para a uniformização de sua jurisprudência, com edição de suas próprias súmulas ou teses jurídicas prevalecentes.

Organizadas as súmulas ou tese jurídicas prevalecentes nos Tribunais Regionais, na forma do § 3º[(31)] do art. 896 da CLT, destas[(32)] caberá Recurso de Revista se houver atrito. Se o entendimento consolidado no Tribunal Regional, acerca da matéria, estiver em conformidade com a jurisprudência da Corte superior não caberá recurso.

E para que a uniformização de jurisprudência se efetive previu a lei que, constatando o Tribunal Superior do Trabalho "a existência de decisões atuais e conflitantes no âmbito do mesmo Tribunal Regional do Trabalho sobre o tema objeto de recurso de revista"[(33)], determinará o retorno dos autos à Corte de origem, a fim de que proceda à uniformização da jurisprudência. Somente depois do procedimento de uniformização

---

(30) RECURSOS DE REVISTA. CONHECIMENTO (alterada) – Res. n. 155/2009, *DEJT* 26 e 27.02.2009 e 02.03.2009. Não ensejam recurso de revista decisões superadas por iterativa, notória e atual jurisprudência do Tribunal Superior do Trabalho.

(31) § 3º Os Tribunais Regionais do Trabalho procederão, obrigatoriamente, à uniformização de sua jurisprudência e aplicarão, nas causas da competência da Justiça do Trabalho, no que couber, o incidente de uniformização de jurisprudência previsto nos termos do Capítulo I do Título IX do Livro I da Lei n. 5.869, de 11 de janeiro de 1973 (Código de Processo Civil). *(Redação dada pela Lei n. 13.015, de 2014)*

(32) Destas, no caso concreto, e não em tese. Também caberá recurso se divergir de súmula/tese de Incidente de Uniformização de Jurisprudência (IUJ) de outro Regional ou, se ainda não teve IUJ, de paradigma apto e específico. Incide, pois, o § 6º, do art 896, da CLT. Assim, só para exemplificar, não se pode citar um julgado do Tribunal Regional do Trabalho da 15ª Região como paradigma de divergência sobre um tema que já teve IUJ, quando já existe súmula ou tese prevalecente. Neste caso só a súmula ou a tese pode ser usada como paradigma, desde que não seja contra a súmula ou orientação jurisprudencial do TST. Tem aplicação o § 7º, do art. 496, da CLT e súmula n. 333, do TST. Divergência surge quando se começa a defender, com apoio no § 6º, da mesma disposição legal, que o resultado do IUJ não poderia ser contra o entendimento do TST, mas isso importaria conferir efeito vinculante a jurisprudência consolidada, ainda que não oriunda de procedimento qualificado que garante a legitimidade do efeito vinculante. Mas, o entendimento prevalente é no sentido de que isso não procede, mesmo porque os incidentes suscitados pelo TST costumam ter por base IUJs julgados contra sua jurisprudência.

(33) § 4º Ao constatar, de ofício ou mediante provocação de qualquer das partes ou do Ministério Público do Trabalho, a existência de decisões atuais e conflitantes no âmbito do mesmo Tribunal Regional do Trabalho sobre o tema objeto de recurso de revista, o Tribunal Superior do Trabalho determinará o retorno dos autos à Corte de origem, a fim de que proceda à uniformização da jurisprudência. *(Redação dada pela Lei n. 13.015, de 2014)*

no Tribunal Regional o recurso de revista será apreciado pelo Tribunal Superior do Trabalho, se a súmula do Regional afrontar a jurisprudência do Tribunal Superior.

A intenção é que o TST exerça sua função precípua de uniformização de jurisprudência entre os TRTs, no âmbito nacional, e não mais entre os órgãos fracionários de cada Regional.

Nesse passo, doravante, somente "súmula regional ou a tese prevalente no Tribunal Regional do Trabalho e não conflitante com a súmula ou orientação jurisprudencial do Tribunal Superior do Trabalho servirá como paradigma para viabilizar o conhecimento do recurso de revista, por divergência".[(34)]

Sendo assim, caso determinada controvérsia já tenha sido objeto de incidente de Uniformização em um TRT, um julgado, ainda que seja específico, tratando de idêntica controvérsia, não servirá de paradigma para cotejo de teses[(35)].

Caberá ao recorrente indicar, portanto, a súmula ou tese jurídica prevalente respectiva, que sintetiza as razões de decidir do Regional.

Traz o art. 896 da CLT, letra "b", o cabimento de recurso de revista também por divergência jurisprudencial, nos mesmos moldes do da alínea "a", quando os Tribunais Regionais derem ao "mesmo dispositivo de lei estadual, Convenção Coletiva de Trabalho, Acordo Coletivo, sentença normativa ou regulamento empresarial de observância obrigatória em área territorial que exceda a jurisdição do Tribunal Regional prolator da decisão recorrida, interpretação divergente"[(36)].

Essa alínea é, portanto, desdobramento da anterior (alínea "a") no que diz respeito à divergência de interpretação de normas estaduais, de sentença normativa, e também que originam da autonomia privada (norma coletiva e regulamento empresarial).

Por fim, a última hipótese de cabimento de recurso de revista inserida na regra do art. 896, alínea "c", da CLT: violação literal de dispositivo de lei federal ou afronta direta e literal à Constituição Federal[(37)].

---

(34) § 6º Após o julgamento do incidente a que se refere o § 3º, unicamente a súmula regional ou a tese jurídica prevalecente no Tribunal Regional do Trabalho e não conflitante com súmula ou orientação jurisprudencial do Tribunal Superior do Trabalho servirá como paradigma para viabilizar o conhecimento do recurso de revista, por divergência. (Redação dada pela Lei n. 13.015, de 2014). Frente à expressão legal a intenção é que o TST não mais sirva para uniformizar a jurisprudência dentro dos próprios TRTs, e passe a uniformizar apenas entre eles.

(35) Nesse caso, apesar de específica, considera-se ultrapassada a jurisprudência pelo teor da súmula.

(36) CLT art 896, b) derem ao mesmo dispositivo de lei estadual, Convenção Coletiva de Trabalho, Acordo Coletivo, sentença normativa ou regulamento empresarial de observância obrigatória em área territorial que exceda a jurisdição do Tribunal Regional prolator da decisão recorrida, interpretação divergente, na forma da alínea a; (Redação dada pela Lei n. 9.756, de 1998)

(37) CLT art. 896, c) proferidas com violação literal de disposição de lei federal ou afronta direta e literal à Constituição Federal. (Redação dada pela Lei n. 9.756, de 1998)

A lei cuja violação possibilita a interposição de recurso de revista é a federal, o que restringe significativamente a hipótese de cabimento. Tal restrição é potencializada ao exigir também a lei que a violação da norma atingida deve, além de literal, direta.

Wilson de Souza Campos Batalha, com a atenção voltada para a expressão legal, faz crítica à exigência legal, porque, nas suas palavras, raramente a decisão viola de maneira expressa o direito ou é proferida contra a letra expressa da lei; as violações quase sempre são indiretas, por erros de interpretação ou pela maneira equivocada de aplicar textos legais nem sempre claros e expressos(38).

Buscando afastar argumentos críticos(39) à exigência da "literalidade" na violação da lei como condição para viabilidade do Recurso de Revista, José Augusto Rodrigues Pinto esclarece que "requisito da literalidade não é o mesmo que seria o requisito da frontalidade"(40), na medida em que é perfeitamente possível estabelecer a *mens legis* de texto de lei malferido sem ser preciso, na percepção do citado jurista, que o "agressor declare sua intenção, detectando-a no interior da ´argumentação viciosa´, que por isso mesmo não resistirá à racionalidade de sua análise"(41).

De fato, o enunciado legal afirma que a violação autorizadora de Recurso de Revista é inerente ao conteúdo normativo, e não ao texto legal. Por essa razão doutrina contemporânea esclarece que

> Ressalvados os casos em que o dispositivo tem baixo teor valorativo e não dá margem a maior investigação hermenêutica a interpretação passou a ser marcadamente principiológica, expressão linguística do dispositivo (continente) não se confunde com a sua essência normativa (conteúdo); o texto tem o significado linguístico que ganha o significado jurídico que lhe dá o intérprete; a figura central da atividade hermenêutica não é o texto, mas o intérprete que cria e atualiza o seu sentido e alcance, não de maneira voluntariosa, mas, sim, dentro dos limites que lhe são impostos no próprio ordenamento e na decisão fundada na juridicidade que reveste a força de seus argumentos(42).

(38) *Tratado...*, p. 615.

(39) Contraponto feito ao posicionamento do jurista Estêvão Mallet, extraído *"Do Recurso de Revista no Processo do Trabalho"*. São Paulo: LTr, 1995. p. 116.

(40) *Manual..., cit.*, p. 175.

(41) *Idem.*

(42) ARRUDA, Katia Magalhães; MILHOMEN, Rubem. *A Jurisdição Extraordinária do TST na Admissibilidade do Recurso de Revista"*. 2. ed. São Paulo: LTr, 2014. p. 279.

A par disso, violação de literal disposição de lei, na percepção de Coqueijo Costa, respaldado pela doutrina de Carlos Maximiliano, ocorre quando

> [...] se deixa de aplicar um texto positivo; quando a sentença abandona a regra evidentemente apta a reger a hipótese em apreço e invoca outra que não a disciplina; ou comete erro flagrante, manifesto, de interpretação; quando contraria a tese, o princípio, que a norma vigente exprime; ou faz invocação desapropriada ou insincera de postulado peremptório; enfim, quando se orienta por um preceito inaplicável à espécie vertente em vez de claramente adequado(43).

Em suma, quando é que a lei é violada? Para Vantuil Abdala é: (i) quando se afirma o que a lei nega; (ii) quando se nega o que a lei afirma; (iii) quando se aplica a lei à hipótese que ela não rege e (iv) quando não se aplica a lei à hipótese que ela rege(44).

No âmbito da jurisprudência, quanto ao cabimento do Recurso de Revista com apoio na letra *"c"*, do art. 896, da CLT, exige o Tribunal Superior do Trabalho expressa indicação do dispositivo legal ou da Constituição tido como violado, a teor da Súmula n. 221.

Acerca do referido verbete, em que pese o cancelamento do seu item II, percebe-se, na prática, que a jurisprudência do TST continua a se valer da ideia de "interpretação razoável"(45).

Com efeito, ao dispor sobre cabimento de ação rescisória, firmou aquela Corte entendimento no sentido de ser inadmissível corte rescisório se a decisão rescindenda estiver baseada em texto legal infraconstitucional de interpretação controvertida nos Tribunais, apontando como marco final da controvérsia a data da inclusão da matéria discutida em Orientação Jurisprudencial(46).

---

(43) Coqueiro Costa. *Direito processual...*, p. 512.

(44) ABDALA, Vantuil. Pressupostos intrínsecos de conhecimento do Recurso de Revisa. *Revista do TST*. Brasília, v. 65, n. 1, out./dez. 1999, p. 41 ss.

(45) SÚMULA N. 221 – Recursos de revista ou de embargos. Violação de lei. Indicação de preceito. Interpretação razoável. I – A admissibilidade do recurso de revista e de embargos por violação tem como pressuposto a indicação expressa do dispositivo de lei ou da Constituição tido como violado. (ex-OJ n. 94 da SBDI-1 – inserida em 30.05.1997). *II – Interpretação razoável de preceito de lei, ainda que não seja a melhor, não dá ensejo à admissibilidade ou ao conhecimento de recurso de revista ou de embargos com base, respectivamente, na alínea "c" do art. 896 e na alínea "b" do art. 894 da CLT. A violação há de estar ligada à literalidade do preceito.* (cancelado o item II e conferida nova redação na sessão do Tribunal Pleno realizada em 14.09.2012) – Res. n. 185/2012, *DEJT* divulgado em 25, 26 e 27.09.20120)

(46) SÚMULA N. 83 DO TST AÇÃO RESCISÓRIA. MATÉRIA CONTROVERTIDA (incorporada a Orientação Jurisprudencial n. 77 da SBDI-2) – Res. n. 137/2005, *DJ* 22, 23 e 24.08.2005. I – Não procede pedido formulado na ação rescisória por violação literal de lei se a decisão rescindenda estiver baseada em texto legal infraconstitucional de interpretação controvertida nos Tribunais. (ex-Súmula n. 83 – alterada pela Res. n. 121/2003, *DJ* 21.11.2003). II – O marco divisor quanto a ser, ou não, controvertida, nos Tribunais, a interpretação dos dispositivos legais citados na ação rescisória é a data da inclusão, na Orientação Jurisprudencial do TST, da matéria discutida. (ex-OJ n. 77 da SBDI-2 – inserida em 13.03.2002)

Ademais, não ensejam recurso de revista decisões superadas por iterativa, notória e atual jurisprudência do Tribunal Superior do Trabalho[47].

Se o TST já pacificou o entendimento em relação à determinada controvérsia, inclusive no que concerne à interpretação do direito aplicado à espécie, não cabe Recurso de Revista (jurisprudência em conformidade). Em relação às demais interpretações, por divergirem do entendimento uniformizado pela Corte superior (jurisprudência em desconformidade) serão rechaçadas. As interpretações divergentes, por conseguinte, não serão consideradas "razoáveis"[48].

De outro lado, se a matéria não está pacificada no TST, nos termos da Súmula n. 333, entende-se que a divergência jurisprudencial eventualmente existente é atual, pois não superada. Neste caso, a Revista fundada apenas em violação à lei possui menor probabilidade de êxito em decorrência do princípio do livre convencimento motivado ou fundamentado daquele a quem o sistema jurídico atribuiu competência para dizer sobre o alcance da lei — o Estado/juiz. Isso porque, mesmo na hipótese de o texto legal não deixar grande margem para que o intérprete extraia dele a norma aplicável ao caso, a configuração ou não da ofensa literal à lei dependerá do livre convencimento motivado dos julgadores.

Ou seja, havendo uniformização de jurisprudência do TST (Súmula n. 333) sobre a interpretação do direito, as demais interpretações ensejariam violação literal por "não razoável" dos dispositivos pertinentes.

Em consequência, a admissibilidade do Recurso de Revista pode se dar por violação, vez que lei tem o sentido que lhe fora conferido pela jurisprudência pacífica do TST, mas não necessariamente provido.

Uma vez admitido o Recurso de Revista, a tese será objeto de exame pala Corte, a ensejar provimento ou não do apelo, ressalvada, contudo a hipótese de casos em que o texto não deixa significativa margem para o interprete delimitar a norma que dele se extrai (cobrança custas da União ou Estado, p. ex).

Assim se a interpretação do dispositivo legal já foi pacificada pelo TST por meio de OJ, qualquer outra enseja violação "literal", para efeito de Recurso de Revista e para Ação Rescisória.

---

(47) SÚMULA N. 333 DO TST RECURSOS DE REVISTA. CONHECIMENTO (alterada) – Res. n. 155/2009, *DEJT* 26 e 27.02.2009 e 02.03.2009. Não ensejam recurso de revista decisões superadas por iterativa, notória e atual jurisprudência do Tribunal Superior do Trabalho.

(48) Um referencial nesse contexto é o cabimento de honorários de advogado na Justiça do Trabalho. Já pacificou o TST (Súmulas ns. 229 e 329, do TST) no sentido de não ser cabível. Mas, inobstante isso, surgiu jurisprudência condenando em honorários, sob o fundamento de que, ao não cumprir o empregador a legislação trabalhista, obrigou o trabalhador recorrer à Justiça. A atitude do empregador foi a causa e, por isso, com base nos arts. 186, 187 e 927, do Código Civil, art. 85 § 2º, do CPC — art. 20 do CPC revogado) devia ressarcir o prejuízo pela contratação de advogado. Essa interpretação não é razoável; totalmente em afronta à súmula.

Nota-se que a probabilidade de êxito do Recurso de Revista por divergência jurisprudencial é maior, ainda mais se se tratar de controvérsia já uniformizada pelo TST.

De qualquer sorte, seja qual for a hipótese de cabimento, a Revista demanda uma técnica específica de elaboração, sob pena de não conhecimento do apelo, ainda que, em tese, ele preencha os requisitos intrínsecos de admissibilidade acima tratados.

2.2. Requisitos formais

Dispõe a lei[(49)] que, sob pena de não conhecimento, é ônus da parte indicar o trecho da decisão recorrida e, de forma explícita e fundamentada, contrariedade a dispositivo de lei, súmula ou orientação jurisprudencial e, ainda, expor as razões do pedido de reforma, impugnando todos os fundamentos jurídicos da decisão recorrida.

Trata-se de requisito formal sem o qual o Recurso de Revista não será conhecido.

O encargo é do recorrente, a quem compete também buscar junto ao Tribunal Regional a explicitação de tese, de forma que o Órgão julgador enfrente expressamente a questão – ou questões – que a parte pretende ver reformada.

Mas, se é certo que a parte tem o encargo de buscar a explicitar a tese jurídica, como exige a Lei n. 13.015/2014, é certo também que a entrega da prestação jurisdicional deve ser completa, seja em razão da cláusula do devido processo legal[(50)], seja em razão da exigência legal, expressa no novo CPC, de fundamentação, como tal não se considerando a (i) decisão que limitar à indicação, reprodução ou paráfrase de ato normativo, sem explicitar sua relação com a causa ou questão decidida; (ii) utilizar de conceitos jurídicos indeterminados, sem explicitar o motivo concreto de sua incidência ao caso; (iii) invocar motivos que se prestariam a justificar qualquer outra decisão e (iv) não enfrentar todos os argumentos deduzidos no processo capazes de, em tese, infirmara conclusão adota pelo julgador[(51)].

---

(49) CLT. Art 896, com acréscimos da Lei n. 13.015/2014, [...] § 1º-A. Sob pena de não conhecimento, é ônus da parte: I – indicar o trecho da decisão recorrida que consubstancia o prequestionamento da controvérsia objeto do recurso de revista; II – indicar, de forma explícita e fundamentada, contrariedade a dispositivo de lei, súmula ou orientação jurisprudencial do Tribunal Superior do Trabalho que conflite com a decisão regional; III – expor as razões do pedido de reforma, impugnando todos os fundamentos jurídicos da decisão recorrida, inclusive mediante demonstração analítica de cada dispositivo de lei, da Constituição Federal, de súmula ou orientação jurisprudencial cuja contrariedade aponte.

(50) Constituição Federal, art. 93. Lei complementar, de iniciativa do Supremo Tribunal Federal, disporá sobre o Estatuto da Magistratura, observados os seguintes princípios: [...] IX – todos os julgamentos dos órgãos do Poder Judiciário serão públicos, e fundamentadas todas as decisões, sob pena de nulidade, podendo a lei limitar a presença, em determinados atos, às próprias partes e a seus advogados, ou somente a estes, em casos nos quais a preservação do direito à intimidade do interessado no sigilo não prejudique o interesse público à informação.

(51) CPC, art. 489. São elementos essenciais da sentença: [...] § 1º Não se considera fundamentada qualquer decisão judicial, seja ela interlocutória, sentença ou acórdão, que: I – se limitar à indicação, à reprodução ou à paráfrase de ato normativo, sem explicar sua relação com a causa ou a questão decidida; II – empregar

Assim, diante de omissão do julgado acerca de questões relevantes ao direito de defesa na instância superior, é obrigação da parte, sob pena de preclusão, opor Embargos de Declaração, buscando a explicitação, de forma fundamentada, da tese que configura violação direta e literal à lei e direta à Constituição.

Opostos Embargos de Declaração de acórdão proferido em Recurso Ordinário[52], se não explicitados os fundamentos como exigido pelo § 1º-A, do art. 496, da CLT, a solução é, no Recurso de Revista, arguir preliminar de nulidade por negativa de prestação jurisdicional, observando-se à restrição imposta pela Súmula n. 459[53] do TST, ante a impossibilidade de obrigar o Órgão, que não vislumbrou omissão, a se manifestar.

Quanto à omissão, há de se destacar que o defeito a ser sanado é tanto aquele inerente à matéria de fato e provas, indispensável à subsunção da lei à espécie (Súmula n. 126), quanto o relacionado à tese jurídica.

No primeiro caso, deverá ser alegada, necessariamente, nulidade da decisão por negativa de prestação jurisdicional, sob pena de incidir o óbice da Súmula n. 126 do TST.

No segundo, desde que embargado, e por não demandar revolvimento de fatos e provas, embora não pacífica a matéria, configura-se prequestionamento ficto (Súmula n. 297, III).

Pode-se valer também o recorrente da exceção prevista teor da OJ-SBDI-I n. 119, quando o vício impugnado surge no próprio acórdão recorrido, como, por exemplo, o julgamento *extra, ultra* ou *citra petita.*

A exigência do prequestionamento deve ser observada, igualmente, no juízo de admissibilidade originário. Pelo que se depreende da Instrução Normativa n. 40/2016, do TST[54], não resta dúvida que a devolutividade no Recurso de Revista é restrita[55], devendo a parte interpor Embargos de Declaração para o Órgão prolator da decisão de

---

conceitos jurídicos indeterminados, sem explicar o motivo concreto de sua incidência no caso; III - invocar motivos que se prestariam a justificar qualquer outra decisão; IV - não enfrentar todos os argumentos deduzidos no processo capazes de, em tese, infirmar a conclusão adotada pelo julgador.

(52) **SÚMULA N. 184 - EMBARGOS DECLARATÓRIOS. OMISSÃO EM RECURSO DE REVISTA . PRECLUSÃO (mantida) - Res. n. 121/2003, *DJ* 19, 20 e 21.11.2003.** Ocorre preclusão se não forem opostos embargos declaratórios para suprir omissão apontada em recurso de revista ou de embargos.

(53) SÚMULA N. 459 DO TST. RECURSO DE REVISTA. NULIDADE POR NEGATIVA DE PRESTAÇÃO JURISDICIONAL (conversão da Orientação Jurisprudencial n. 115 da SBDI-1) - Res. n. 197/2015, *DEJT* divulgado em 14, 15 e 18.05.2015. O conhecimento do recurso de revista, quanto à preliminar de nulidade por negativa de prestação jurisdicional, supõe indicação de violação do art. 832 da CLT, do art. 458 do CPC ou do art. 93, IX, da CF/1988.

(54) TST INSTRUÇÃO NORMATIVA N. 40/2016. Dispõe sobre o cabimento de agravo de instrumento em caso de admissibilidade parcial de recurso de revista no Tribunal Regional do Trabalho e dá outras providências.

(55) IN n. 40/2016 Art. 1º Admitido apenas parcialmente o recurso de revista, constitui ônus da parte impugnar, mediante agravo de instrumento, o capítulo denegatório da decisão, sob pena de preclusão.

admissibilidade a fim de afastar omissão inerente ao tema[56] — ou temas — do apelo não apreciados[57]. Se não afastada a alegada omissão relativa ao tema, compete à parte, sob pena de preclusão, Embargar de Declaração especificamente quanto à omissão da decisão de admissibilidade[58] como forma necessária ao atendimento do requisito especial[59].

A decisão regional que não sanar o vício apontado fica passível de nulidade[60], a ser arguída, também sob pena de preclusão, em Agravo de Instrumento para o TST. Nestes, como solução preliminar, é facultado ao Ministro Relator determinar o retorno do Agravo de Instrumento à origem para que o Tribunal Regional complemente o juízo de admissibilidade, isso se interposto Embargos de Declaração[61].

Em sede de juízo de admissibilidade, o Recurso de Revista pode não ser conhecido exatamente por não preencher requisitos formais do art. 896, § 1º-A, I, da CLT, ou por falta de prequestionamento.

Contudo, na hipótese de a parte sistematicamente, por um lado, requerer a complementação da prestação jurisdicional com a finalidade de explicitar tese (para atender ao requisito formal do apelo), sem êxito, alegando, preliminarmente, nulidade pela negativa; por outro, prevalecer exigência do Tribunal Regional, em juízo de admissibilidade, para transcrição do trecho do acórdão que prequestiona a controvérsia, evidencia-se erro, sendo, aliás, esse um fundamento para oposição de Embargos de Declaração contra decisão que aprecia pressupostos de admissibilidade de recurso[62].

---

(56) A omissão a ser afastada é quanto ao "tema" e não a argumentos (art. 896, letras *"a"* e *"c"*, por exemplo). A IN n. 39/2016 prevê que o efeito devolutivo devolve os argumento não analisados sobre o tema tratado na admissibilidade no TRT: "art. 12. Aplica -se ao Processo do Trabalho o parágrafo único do art. 1.034 do CPC. Assim, admitido o recurso de revista por um fundamento, devolve -se ao Tribunal Superior do Trabalho o conhecimento dos demais fundamentos para a solução apenas do capítulo impugnado".

(57) IN n. 40, art. 1º, § 1º Se houver omissão no juízo de admissibilidade do recurso de revista quanto a um ou mais temas, é ônus da parte interpor embargos de declaração para o órgão prolator da decisão embargada supri-la (CPC, art. 1.024, § 2º), sob pena de preclusão.

(58) A OJ n. 377 foi cancelada pela mesma IN n. 40.

(59) IN n. 40, art. 1º, § 2º Incorre em nulidade a decisão regional que se abstiver de exercer controle de admissibilidade sobre qualquer tema objeto de recurso de revista, não obstante interpostos embargos de declaração (CF/88, art. 93, inciso IX e § 1º do art. 489 do CPC de 2015).

(60) IN n. 40, art. 1º, § 3º No caso do parágrafo anterior, sem prejuízo da nulidade, a recusa do Presidente do Tribunal Regional do Trabalho a emitir juízo de admissibilidade sobre qualquer tema equivale à decisão denegatória. É ônus da parte, assim, após a intimação da decisão dos embargos de declaração, impugná-la mediante agravo de instrumento (CLT, art. 896, § 12), sob pena de preclusão.

(61) IN n. 40, art. 1º, § 4º Faculta se ao Ministro Relator, por decisão irrecorrível (CLT, art. 896, § 5º, por analogia), determinar a restituição do agravo de instrumento ao Presidente do Tribunal Regional do Trabalho de origem para que complemente o juízo de admissibilidade, desde que interpostos embargos de declaração.

(62) CLT Art. 897-A Caberão **embargos de declaração** da sentença ou acórdão, no prazo de cinco dias, devendo seu julgamento ocorrer na primeira audiência ou sessão subseqüente a sua apresentação, registrado na certidão, admitido efeito modificativo da decisão nos casos de omissão e contradição no julgado e **manifesto equívoco no exame dos pressupostos extrínsecos do recurso** (destaque acrescido).

A par disso, em decorrência da controvérsia contida no apelo, pode a parte se valer dos termos da Súmula n. 297, do TST, por se tratar de matéria de direito invocada no recurso principal sobre a qual o Tribunal se recusou pronunciar, inobstante a oposição de Embargos de Declaração.

Nesse caso, configura-se prequestionamento ficto, capaz de considerar "prequestionada a questão jurídica invocada no recurso principal sobre a qual se omite o Tribunal de pronunciar tese" (Súmula n. 297, III, TST).

Como se vê, há encargo tanto para a parte quanto para o Órgão jurisdicional; este, entregando a prestação jurisdicional por completo; aquela, prequestionando a matéria a fim de explicitar tese jurídica, sob pena de preclusão, mesmo porque aplica-se ao juiz o princípio da inércia da jurisdição, de forma que se a parte não provocar não lhe é dado agir em defesa de interesse da parte.

Não optando o Ministro Relator pelo retorno dos autos para complementação do juízo de admissibilidade, compete a parte pedir o conhecimento do Recurso de Revista em razão de não existir o vício formal apontado e, evidentemente, de estarem presentes os demais pressupostos de admissibilidade.

Quanto à admissibilidade parcial do Recurso de Revista cabe destacar a possibilidade da coexistência deste apelo com o Agravo. Um, leva à instância extraordinária o conhecimento do "capítulo" admitido; outro, o que não fora admitido.

A possibilidade de a parte interpor Agravo de Instrumento[(63)] para viabilizar o conhecimento do Recurso de Revista, em relação a capítulo cujo seguimento foi negado, encontra previsão na regra do art. 1.034 e parágrafo único, do CPC[(64)], aplicável ao Processo do Trabalho[(65)], o que levou inclusive ao cancelamento da Súmula n. 285, do TST[(66)], que dispunha em sentido contrário.

Dessa forma há possibilidade de coexistirem Agravo de Instrumento e Recurso de Revista interpostos pela mesma parte contra acórdão de Tribunal Regional, sendo ônus da parte atender aos requisitos de ambos os apelos.

---

(63) CLT, art. 896, art. 1º, § 12. Da decisão denegatória caberá agravo, no prazo de 8 (oito) dias. (Incluído pela Lei n. 13.015, de 2014)

(64) Art. 1.034. Admitido o recurso extraordinário ou o recurso especial, o Supremo Tribunal Federal ou o Superior Tribunal de Justiça julgará o processo, aplicando o direito. Parágrafo único. Admitido o recurso extraordinário ou o recurso especial por um fundamento, devolve-se ao tribunal superior o conhecimento dos demais fundamentos para a solução do capítulo impugnado.

(65) IN/TST n. 39/2016 (Resolução n. 203, de 15.03.2016).

(66) **SÚMULA N. 285 DO TST RECURSO DE REVISTA. ADMISSIBILIDADE PARCIAL PELO JUIZ-PRESIDENTE DO TRIBUNAL REGIONAL DO TRABALHO. EFEITO (cancelada) – Res. n. 204/2016, *DEJT* divulgado em 17, 18 e 21.03.2016.** O fato de o juízo primeiro de admissibilidade do recurso de revista entendê-lo cabível apenas quanto a parte das matérias veiculadas não impede a apreciação integral pela Turma do Tribunal Superior do Trabalho, sendo imprópria a interposição de agravo de instrumento.

Em suma, o Recurso de Revista possui fundamentação vinculada e visa à uniformização de jurisprudência. A argumentação deve se limitar aos pressupostos específicos previstos no art. 896 da CLT (violação à Constituição e/ou à lei ou divergência jurisprudencial) e às teses explicitamente adotadas pelo Regional, inclusive sobre os fatos e provas, que devem estar delimitados e valorados pela decisão recorrida(67).

Será irrelevante qualquer argumentação desvinculada dos pressupostos específicos (art. 896 da CLT) ou dos fundamentos adotados pela decisão recorrida, por não observar, neste último caso, o princípio da dialeticidade, nos termos da Súmula n. 422 do TST.

Portanto, a "justiça" do julgamento em grau de Recurso de Revista, assim considerada a que mais se adeque à verdade real dos fatos, é secundária e estará diretamente relacionada com a clareza e especificidade com que o conjunto fático probatório, e as controvérsias de direito sobre estes incidentes foram tratados no âmbito ordinário.

Sendo um apelo de fundamentação vinculada, voltado a discutir teses, o Recurso de Revista é uma medida que demanda uma técnica específica de argumentação. Com já ressaltado, o objetivo não é demonstrar a justeza ou não da decisão recorrida, mas sim demonstrar o conflito de teses no entre os TRTs. Para tanto, a exposição deve ser analítica.

Deve-se delimitar o tema ou capítulo, definir qual a controvérsia jurídica, transcrever (assim deve ser interpretado o verbo "indicar" constante da lei) a tese firmada pela Turma que prequestiona a controvérsia, e, vinculando-se estritamente aos argumentos da decisão, discorrer sobre os pressupostos intrínsecos pertinentes, demonstrando, de forma clara e sucinta, porque a decisão viola a legislação e porque diverge dos paradigmas colacionados para cotejo de teses.

Quanto à divergência, a exposição demanda uma argumentação comparativa, demonstrando tratar-se da mesma situação (Súmulas ns. 296 e 23) com teses distintas firmadas pelos Tribunais Regionais, além de observar os requisitos formais descritos na Súmula n. 337 e na OJ-SBDI-I n. 111.

Ademais, os requisitos formais inseridos pelo § 1º-A do art. 896 da CLT apenas explicitam e consolidam a forma como o Recurso de Revista deve ser redigido. Não por acaso, tais requisitos já constavam da IN TST n. 23/2003.

(67) **SÚMULA N. 442 DO TST.** PROCEDIMENTO SUMARÍSSIMO. RECURSO DE REVISTA FUNDAMENTADO EM CONTRARIEDADE A ORIENTAÇÃO JURISPRUDENCIAL. INADMISSIBILIDADE. ART. 896, § 6º, DA CLT, ACRESCENTADO PELA LEI N. 9.957, DE 12.01.2000 (conversão da Orientação Jurisprudencial n. 352 da SBDI-1) – Res. n. 185/2012, *DEJT* divulgado em 25, 26 e 27.09.2012. Nas causas sujeitas ao procedimento sumaríssimo, a admissibilidade de recurso de revista está limitada à demonstração de violação direta a dispositivo da Constituição Federal ou contrariedade a Súmula do Tribunal Superior do Trabalho, não se admitindo o recurso por contrariedade a Orientação Jurisprudencial deste Tribunal (Livro II, Título II, Capítulo III, do RITST), ante a ausência de previsão no art. 896, § 6º, da CLT.

De igual sorte, qualquer argumento relevante para o deslinde da causa e que caracterize controvérsia recorrível por meio de Recurso de Revista deve ser devolvido por meio do Recurso Ordinário e, em caso de omissão, inclusive sobre argumento fático-probatório, deve ser embargado, para fins de prequestionamento.

Caso mantida a omissão, configura-se prequestionamento ficto (297, III), em caso de matéria de direito, ou negativa de prestação jurisdicional, cuidando-se de fatos e provas, que deverá ser alegada em preliminar no Recurso de Revista, sob pena de incidência da Súmula n. 126 do TST.

Não observadas tais exigências acerca do prequestionamento, não haverá tese a ser levada à uniformização e, por conseguinte, o Recurso de Revista estará desaparelhado.

Conclusão

O Recurso de Revista possui natureza extraordinária. Por seu caráter de controle do direito objetivo, volta-se, com exclusividade, a interpretação do direito em tese aplicável ao caso concreto e, com essa elevada função, a preservação da unidade do direito.

Unifica a interpretação do direito de forma que as leis sejam observadas e interpretadas de forma unívoca em todo território nacional. Essa é a razão da estrita via de admissibilidade do recuso, limitado seu cabimento às hipóteses expressamente previstas em lei e condicionado a requisitos formais.

Os requisitos formais, inclusive para o cabimento de agravo de instrumento em caso de admissibilidade parcial de recurso de revista, foram introduzidos pelo novo Código de Processo Civil e pela Lei n. 13.015/2015, o que levou ao cancelamento da Súmula n. 285 e OJ-SBDI-I n. 377, do TST, sobre embargos de declaração em admissibilidade de Recurso de Revista nos Tribunais Regionais, e edição da Instrução Normativa n. 40.

A par disso, não resta dúvida que, na sistemática do Recurso de Revista atual e de acordo com a orientação do Tribunal Superior do Trabalho, há encargo processual tanto para a parte quanto para o Órgão jurisdicional; este, entregando a prestação jurisdicional por completo; aquela, prequestionando a matéria a fim de explicitar tese jurídica, sob pena de preclusão.

Portanto, ante a natureza do Recurso de Revista, não apenas os pressupostos específicos, mas também os requisitos formais devem ser observados na redação do apelo, de modo a devolver, de forma técnica e precisa, a matéria impugnada ao Tribunal Superior do Trabalho e, por conseguinte, viabilizar seu conhecimento e a consecução do seu objetivo, que é a uniformização da jurisprudência, tão prestigiada pelas recentes inovações legislativas no âmbito do direito processual.

Referências

ABDALA, Vantuil. Pressupostos intrínsecos de conhecimento do Recurso de Revisa. *Revista do TST,* Brasília, v. 65, n. 1, out./dez. 1999

ARRUDA, Kátia Magalhães; MILHOMEM, Rubem. *A Jurisdição Extraordinária do TST na Admissibilidade do Recurso de Revista*". 2. ed. São Paulo :LTr, 2014.

BATALHA, Wilson de Souza Campos. *Tratado de Direito Judiciário do Trabalho*. 3. ed. rev., aum. e atual. São Paulo: LTr, 1995.

BRANDÃO, Cláudio. "Incidente de julgamento de recursos de revista repetitivos". In: *Processo do Trabalho*. (Coords.) Cláudio Brandão e Estêvão Mallet. Salvador: JusPodivm, 2015.

CÔRTES, Osmar Mendes Paixão. *Recursos para os tribunais superiores*. Recurso extraordinário, recurso especial, embargos de divergência e agravos. Rio de Janeiro: Editora GZ, 2012.

COSTA, Coqueijo. *Direito Processual do Trabalho*. Revista, atualizada e adaptada à Constituição de 1988. Atualizada por Washington Luiz da Trindade. 4. ed. Rio de Janeiro: Forense, 1995.

DIDIER JR., Fredie; CUNHA, Leonaldo Carnero da. *Curso de Direito Processual Civil. Meios de impugnação às decisões judiciais e processo nos tribunais*. 10. ed. Salvador: JusPodivm. Vol. 3.

FUX, Luiz. "O Novo Processo Civil". In: *O novo processo civil brasileiro (Direito em expectativa)*. (Coord.) Luiz Fux. Rio de Janeiro: Gen/Forense, 2011.

GIGLIO, Wagner. *Direito Processual do Trabalho*. 13. ed. São Paulo: Saraiva, 2003.

JORGE NETO, Francisco Ferreira; CAVALCANTE, Jouberto de Quadros Pessoa. *Direito Processual do Trabalho*. Tomo II. 3. ed. Rio de Janeiro: Lumen Juris, 2007.

MOREIRA, José Carlos Barbosa. *Novo Processo civil brasileiro*. 22. ed. rev. e atual. Rio de Janeiro: Forense, 2002.

PINTO, José Augusto Rodrigues. *Recursos nos Dissídios do Trabalho*. 3. ed. Rio de Janeiro: Forense, 1993.

PINTO, José Augusto Rodrigues. *Manual dos Recursos nos Dissídios do Trabalho*. São Paulo: LTr, 2006.

PINTO, Raymundo Antônio Carneiro. *Súmulas do TST comentadas*. 12. ed. São Paulo: LTr, 2011.

PINTO, Raymundo Antônio Carneiro; BRANDÃO, Cláudio. *Orientações Jurisprudenciais do TST. Comentadas*. 3. ed. São Paulo: LTr, 2011.

TEODORO JUNIOR, Humberto; NUNES, Dierle; BAHIA, Alexandre Melo Franco; PEDRON, Flavio Quinaud. *Novo CPC Fundamentos e sistematização*. Lei n. 13.105, de 16.03.2015. 2. ed. rev., atual. e ampl. Rio de Janeiro: Gen/Forense, 2015.

Desconsideração da Personalidade Jurídica da Empresa no Âmbito do Direito do Trabalho. Responsabilidade de Sócio e Sócio Retirante[1]

Introdução

A responsabilidade pela dívida trabalhista é da empresa empregadora, de seu sucessor, ou do grupo econômico. Se, no entanto, o devedor, responsável direto, não honrar o compromisso, desconsidera-se a personalidade jurídica para se imputar responsabilidade a sócio ou ao sócio retirante.

Mas, a transferência de responsabilidade não é automática. Depende da observância de permissivos legais e da garantia da ampla defesa, não só no exercício do devido processo substancial e material, mas também para garantir o direito ao benefício de ordem próprio da responsabilidade subsidiária.

Entretanto, nem sempre esses direitos e garantias são assegurados, optando frequentemente o juiz, diante da dificuldade de encontrar bens do devedor, em transferir automaticamente a execução para o sócio ou ex-sócio, sob presunção de fraude ou mesmo de presunção de insolvência do devedor.

Sequer assegura o benefício de ordem para, em primeiro lugar, executar bens do devedor, como prevê a lei. E assim, não raro, imputa-se responsabilidade ao sócio, ou ex-sócio, que somente toma conhecimento através do bloqueio de seus recursos financeiros.

Como então assimilar essa situação frente à cláusula do devido processo, máxime se a responsabilidade do sócio, segundo a ordem jurídica aplicável, é subsidiária?

Em resposta, a jurisprudência buscou base na natureza do direito e nas chamadas *teoria maior* (Código Civil) e *teoria menor* (Código de Defesa do Consumidor e Lei Ambiental), esta que agasalha a responsabilidade objetiva.

---

(1) Nota do organizador: Texto originalmente publicado *Revista da Academia Nacional de Direito do Trabalho*, v. 21, 2016.

A partir da formulação — e adoção — da *teoria menor* (responsabilidade objetiva) não haverá necessidade de averiguar a ocorrência de elementos subjetivos, suficiente que não se encontre bens da sociedade ou que seja de difícil liquidez para que se transfira a responsabilidade ao sócio.

Mas, ainda que não haja necessidade de comprovar fraude ou abuso de poder em virtude da aplicação da responsabilidade objetiva o devido processo legal não pode ser negligenciado, pois não fosse a indeclinabilidade da garantia, trata-se de responsabilidade subsidiária.

Assim, a partir do contexto fático-jurídico sinteticamente delineado, rotina no cotidiano profissional, faz-se as reflexões seguintes, visando minimamente contribuir para o debate de tão relevante questão.

1. Responsabilidade como fenômeno jurídico

Ao enfrentar a questão da responsabilidade como fenômeno jurídico em outro momento(2) restou evidenciado que o conceito de responsabilidade está conectado sempre ao conceito de norma. A responsabilidade nasce exatamente de um comportamento contrário à norma, ou seja, do que é vedado.

A norma, diz Vittorio de Giorgi(3), "põe uma linha de conduta, a violação dessa norma produz responsabilidade". Assim, para o citado jurista o conceito de responsabilidade é, em primeiro lugar, um conceito essencialmente relativo.

Relativo porque são conceitos intimamente conectados: a regra, disciplina de relações humanas, é obrigatória para os indivíduos envolvidos; a obrigatoriedade manifesta-se precisamente na responsabilidade pela inobservância dela(4).

Dessa forma, na síntese do citado jurista, "subjetivamente considerada, responsabilidade é obrigação do autor da violação de sofrer consequência posta pela sanção para efeito da violação mesma"(5).

Conclui-se, pois, com base na doutrina italiana, que a norma é pressuposto de responsabilidade e a responsabilidade é o complemento e a integração da mesma norma.

(2) BORBA, Joselita Nepomuceno. Responsabilidade pelos danos decorrentes do direito de greve. *Revista LTr*, n. 75, maio 2011, p. 530 e ss.

(3) GIORGI, Vittorio de. *La responsabilità dellàssociazione sindacale.* Per l'esecuzione del contratto collettivo di lavoro. Firenze: Vallecchi Editore Firenze,1933. p. 2.

(4) *Ibidem*, p. 3.

(5) *Ibidem*, p. 5.

A responsabilidade como fenômeno jurídico[6] deriva da violação de uma norma jurídica e, como acentua Vittorio de Giorgi, "pressupõe necessariamente uma 'injúria', uma ação ou uma omissão, isto é, que violando uma norma jurídica, viole direitos humanos em que o seu objeto queria conceder jurídica proteção"[7].

Pressupõe, portanto, dois elementos: um elemento subjetivo, outro objetivo. Este, traduzido pela violação da norma jurídica, ou seja, um comportamento contrário ao direito; aquele, consistente em um sujeito imputável e a condição necessária para a aplicação da sanção. Existe no sujeito que praticou o ato ou a ação contrária à norma condição necessária para aplicar-lhe a sanção, evidenciando-se capacidade de valor e de agir e culpa[8].

2. Responsabilidade civil

A base da responsabilidade reside no sistema jurídico. Ou seja, a norma é pressuposto de existência de responsabilidade.

Voltando-se a atenção para a nossa lei civil comum[9] verifica-se que a disciplina do instituto, até recentemente, baseava-se na culpa. O atual Código Civil não se afasta dessa diretriz, pois a responsabilidade civil subjetiva é a regra; a objetiva exceção.

O sistema geral se funda na teoria da culpa, conforme disposições do art. 186, do Código Civil, de 2002[10]. Assim, para que haja o dever de indenizar é necessária a presença dos seguintes elementos: dano, nexo de causalidade entre o fato e o dano e culpa *lato sensu* (imprudência, negligência ou imperícia) ou dolo.

Ao lado desse sistema geral previu o legislador sistema excepcional, da responsabilidade objetiva, que se funda na teoria do risco[11].

---

(6) Inicialmente a única responsabilidade era religiosa, nesta compreendida a moral e a jurídica, ante a confusão reinante entre direito, moral e religião. Mas, com a cientificidade da ciência jurídica, destacou-se a responsabilidade jurídica, não pela substância intrínseca do critério de avaliação, mas pela forma, na medida em que a norma advém de fonte (estatal ou contratual) revestida de caráter coativo.

(7) GIORGI, *op. cit.*, p. 7.

(8) A culpa para a imputação de responsabilidade se evidencia em sentido lato, havendo a possibilidade de se responsabilizar inclusive sem a existência de culpa, conforme previsão do art. 927, parágrafo único do novo Código Civil brasileiro.

(9) Código Civil de 1916, revogado pelo de 2002.

(10) CC art. 186 – aquele que, por ação ou omissão voluntária, negligência ou imprudência, violar direito e causar dano a outrem, ainda que exclusivamente moral, comete ato ilícito.

(11) O elemento subjetivo da conduta não é levado em conta em razão do risco da atividade do agente (NERY JUNIOR, Nelson. NERY, Rosa Maria de Andrade. Código Civil Anotado..., *op. cit.*, p. 239). Tal exceção à regra geral está positivada no parágrafo único do art. 927, do Código Civil (CC art. 927 – Aquele que, por ato ilícito (arts. 186 e 187), causar dano a outrem, fica obrigado a repará-lo. Parágrafo único – Havendo obrigação de reparar o dano, independentemente de culpa, nos casos especificados em lei, ou quando a atividade normalmente desenvolvida pelo autor do dano implicar, por sua natureza, risco para os diretos de outrem.)

E ainda, como lembram Nelson Nery Junior e Rosa Maria de Andrade Nery(12), ao lado desses dois sistemas de responsabilidade existem outros subsistemas deles derivados, que se encontram tanto no Código Civil como em leis extravagantes(13).

Em sede de doutrina, na síntese de Giselda Maria Fernandes Novaes Hironaka, "responsabilidade nada mais é do que o dever de indenizar o dano, que surge sempre quando alguém deixa de cumprir um preceito estabelecido num contrato, ou quando deixa de observar o sistema normativo que rege a vida do cidadão(14). Ou, ainda, numa dimensão mais extensa, conforme lição de Álvaro Villaça Azevedo, citado por Giselda Hironaka, consistente na "a aplicação de medidas que obriguem uma pessoa a reparar o dano moral ou patrimonial causado a terceiros, em razão de um ato por ela mesma praticado, por pessoa por quem ela responde, por alguma coisa a ela pertencente ou por simples imposição legal"(15).

3. Responsabilidade trabalhista

No âmbito do Direito do Trabalho a responsabilidade vem das disposições do art. 2º, § 2º, da CLT(16). Assim, o ordenamento jurídico nacional, que disciplina as relações de trabalho, sem descuidar do princípio da continuidade da relação de emprego, acolhe o princípio da responsabilidade quanto aos contratos de trabalho do sucedido, de forma

---

(12) NERY JUNIOR, Nelson. NERY, Rosa Maria de Andrade. *Código Civil Anotado..., op. cit.*, p. 239.

(13) Na Constituição Federal (art. 36 §6º) está positivada a responsabilidade civil da Administração Pública. A responsabilidade ali adotada é a objetiva, como também a da teoria do risco administrativo, na medida em que, para ser devida indenização, necessária a existência de dano e do nexo causal entre o ato (omissivo ou comissivo) e o fato. A responsabilidade da Administração Pública em relação a terceiros é objetiva, enquanto em relação ao seu agente ou preposto causador do dano é subjetiva. Também o Código de Defesa do Consumidor adotou responsabilidade objetiva e do risco da atividade. Ocorrendo o dano e se configurando o nexo de causalidade entre o fato e o dano impõe-se so fornecedor o dever de indenizar (CDC art. 6º, IV, 12/25). Em matéria de meio ambiente, lembra Maria Helena Diniz (Responsabilidade civil por dano ao meio ambiente. In: *Responsabilidade Civil*. Estudos em homenagem ao professor Rui Geraldo Camargo Viana. NERY, Rosa Maria de Andrade; DONNINI, Rogério (Coords.). São Paulo: RT,2009. p 391), a responsabilidade funda no risco integral, porque visa a recomposição ou reconstituição do *status quo* ante ou recuperação do meio ambiente vulnerado ou lesado, com a interrupção da causa depredatória (CF art 225, § 2º e Lei n. 6938/81, art. 14, § 1º).

(14) HIRONAKA, Giselda Maria Fernandes Novaes. Responsabilidade civil: o estado da arte, no declínio do segundo milênio e albores de um novo tempo. In: *Responsabilidade Civil*. Estudos em homenagem ao professor Rui Geraldo Camargo Viana. NERY, Rosa Maria de Andrade; DONNINI, Rogério (Coords.). São Paulo: RT, 2009. p. 201.

(15) Apoiada na doutrina de Álvaro Villaça (In: *Teoria geral das obrigações*. 6. ed. São Paulo: RT, 1997. p. 272). Giselda Hironaka traz a compreenção ampliada da responsabilidade jurídica posta por aquele civilista.

(16) CLT, art. 2º: Considera-se empregador a empresa, individual ou coletiva, que, assumindo os riscos da atividade econômica, admite, assalaria e dirige a prestação pessoal de serviço. [...] § 2º Sempre que uma ou mais empresas, tendo, embora, cada uma delas, personalidade jurídica própria, estiverem sob a direção, controle ou administração de outra, constituindo grupo industrial, comercial ou de qualquer outra atividade econômica, serão, para os efeitos da relação de emprego, solidariamente responsáveis a empresa principal e cada uma das subordinadas.

que o empregado se vincula à empresa ou ao empreendimento econômico, considerado para todos os efeitos centro de imputação de direitos e obrigações em relação ao contratado.

Além dessa relevante diretriz nas relações de trabalho optou também o legislador pela teoria da despersonalização, quando estabelece que mudanças que possam vir a ocorrer em sua composição ou estrutura não interferem nos contratos de trabalho, conforme disposições dos arts. 10 e 448, do Texto consolidado(17).

Portanto, empregador é a empresa e a sucessão de empregador em nada afeta os contratos de trabalho, ficando o sucessor inteiramente responsável pelas obrigações do sucedido, pouco importando, como destaca Evaristo de Moraes Filho(18), "aos exercentes de uma relação de emprego as transformações subjetivas que se operem na estrutura jurídica do organismo patronal".

3.1. Responsabilidade de sócio e de ex-sócio

A partir do sistema jurídico trabalhista, com a indispensável supletividade(19), tem-se que nele reside base e fundamento para, se não honrados compromissos patrimoniais pela empresa, desconsiderar a personalidade jurídica da empresa, a fim de se imputar responsabilidade de sócio e de ex-sócio.

É certo que o ente abstrato (empresa) tem personalidade distinta da de seus sócios(20), entretanto a separação não é absoluta, comporta exceção, de forma que os bens patrimoniais dos sócios respondem pelas dívidas da sociedade nos casos previstos em lei, conforme previsão do direito processual civil(21).

Todavia, a imputação de responsabilidade ao sócio não é automática, ao revés, submeter-se às regras do devido processo legal, com observância de direitos e garantias,

(17) CLT. Art. 10 – Qualquer alteração na estrutura jurídica da empresa não afetará os direitos adquiridos por seus empregados. Art. 448 – A mudança na propriedade ou na estrutura jurídica da empresa não afetará os contratos de trabalho dos respectivos empregados.

(18) *Introdução ao Direito do Trabalho*. São Paulo: LTr, 1991. p. 239.

(19) CLT. Art 889. Aos trâmites e incidentes do processo da execução são aplicáveis, naquilo em que não contravierem ao presente Título, os preceitos que regem o processo dos executivos fiscais para a cobrança judicial da dívida ativa da Fazenda Pública Federal. Lei n. 6.830/80. Art. 1º A execução judicial para cobrança da Dívida Ativa da União, dos Estados, do Distrito Federal, dos Municípios e respectivas autarquias será regida por esta Lei e, subsidiariamente, pelo Código de Processo Civil.

(20) A existência da sociedade começa com a inscrição de seus atos constitutivos no respectivo registro, conforme disposições dos art. 45, do Código Civil.

(21) CPC. Art. 795. Os bens particulares dos sócios não respondem pelas dívidas da sociedade, senão nos casos previstos em lei. § 1º O sócio réu, quando responsável pelo pagamento da dívida da sociedade, tem o direito de exigir que primeiro sejam excutidos os bens da sociedade. § 2º Incumbe ao sócio que alegar o benefício do § 1º nomear quantos bens da sociedade situados na mesma comarca, livres e desembargados, bastem para pagar o débito.

por meio do instrumento próprio, o incidente de desconsideração da personalidade jurídica[22].

Através desse instrumento assegura-se ao sócio a ser responsabilizado por dívida da empresa o direito de "exigir que primeiro sejam excutidos os bens da sociedade"[23] e alegar benefício de ordem, indicando em primeiro lugar bens da sociedade para a quitação da dívida[24]. Sem a observância dessas garantias a responsabilidade que é subsidiária passaria, sem base legal, a ser direta ou solidária.

Ainda nos termos da lei processual civil, aplicável subsidiariamente ao processo de execução trabalhista[25], a imputação de responsabilidade será precedida de incidente de desconsideração de personalidade jurídica[26], a ser instaurado a pedido da parte, ficando o processo suspenso durante a instrução, com solução do incidente mediante decisão interlocutória.

Esse incidente poderá ser desencadeado na fase de execução também por iniciativa do juiz, conforme expressa previsão da Instrução Normativa n. 39, editada pela Resolução n. 203, de 15.03.2016, do TST[27], que dispõe sobre as normas do Código de Processo Civil de 2015 aplicáveis e inaplicáveis ao Processo do Trabalho.

O deslocamento da obrigação da pessoa jurídica para a pessoa do sócio, ou a imputação de responsabilidade, não se dá por meio de ato discricionário da jurisdição ou mesmo sem fundamento, ao contrário, há de ser precedido de garantias constitucionais e por meio de decisão fundamentada.

Portanto, o sócio deve responder pela dívida trabalhista da empresa na forma da lei, mas a ele é assegurado o direito de defesa, por meio de incidente de desconsideração

---

(22) CPC. Art. 795, § 4º. Para a desconsideração da personalidade jurídica é obrigatória a observância do incidente previsto neste Código.

(23) CPC. Art. 795, § 1º.

(24) CPC. Art. 795, § 2º.

(25) Cf. dupla subsidiariedade: CLT. Art. 889 e Lei n. 6.830/80. Art. 1º.

(26) CPC. Art. 133. O incidente de desconsideração da personalidade jurídica será instaurado a pedido da parte ou do Ministério Público, quando lhe couber intervir no processo. § 1º O pedido de desconsideração da personalidade jurídica observará os pressupostos previstos em lei. [...] § 3º A instauração do incidente suspenderá o processo, salvo na hipótese do § 2º. § 4º O requerimento deve demonstrar o preenchimento dos pressupostos legais específicos para desconsideração da personalidade jurídica. [...] Art. 135. Instaurado o incidente, o sócio ou a pessoa jurídica será citado para manifestar-se e requerer as provas cabíveis no prazo de 15 (quinze) dias. Art. 136. Concluída a instrução, se necessária, o incidente será resolvido por decisão interlocutória.

(27) Instrução Normativa n. 39, editada pela Resolução n. 203, de 15.03.2016, do TST. Art. 6º Aplica-se ao Processo do Trabalho o incidente de desconsideração da personalidade jurídica regulado no Código de Processo Civil (arts. 133 a 137), assegurada a iniciativa também do juiz do trabalho na fase de execução (CLT, art. 878).

de personalidade jurídica, com garantia do exercício de direitos fundamentais inerentes à cláusula do devido processo lega material e substancial(28).

3.2. Requisitos legais para imputação de responsabilidade

Regra geral o sócio não responde com seu patrimônio por dívida da empresa. A distinção ou separação patrimonial, no entanto, não é absoluta. Comporta exceções, em razão das quais podem os sócios responder com seus patrimônios particulares por obrigações da pessoa jurídica.

Já dispunha o art. 10, do Decreto-lei n. 3.708/2019, que regula a constituição de sociedade por cota de responsabilidade limitada, que o sócio-gerente ou o que der nome a firma somente responde solidária e ilimitadamente se agir com excesso de mandato e pelos atos praticados, violando o contrato e a lei.

Na mesma direção o art. 117, da Lei n. 6.404/1976, que disciplina as sociedades por ações, ao prever responsabilidade do acionista controlador por atos praticados com abuso de poder.

Essa previsão legal passou a coexistir com a Lei n. 8.078/1990 (CDC) e com o Código Civil (CC).

O Estatuto do Consumidor prevê que "o *juiz poderá desconsiderar a personalidade jurídica da sociedade quando, em detrimento do consumidor, houver abuso de direito, excesso de poder, infração da lei, fato ou ato ilícito ou violação dos estatutos ou contrato social*" e também "*quando houver falência, estado de insolvência, encerramento ou inatividade da pessoa jurídica provocados por má administração*" ou quando a "*personalidade for, de alguma forma, obstáculo ao ressarcimento de prejuízos causados aos consumidores*"(29).

O Código Civil estabelece que "*em caso de abuso da personalidade jurídica, caracterizado pelo desvio de finalidade, ou pela confusão patrimonial, pode o juiz decidir, a requerimento da parte, [...] que os efeitos de certas e determinadas relações de obrigações sejam estendidos aos bens particulares dos administradores ou sócios da pessoa jurídica*"(30).

(28) CF. Art 5º [...] LIV – ninguém será privado da liberdade ou de seus bens sem o devido processo legal; LV – aos litigantes, em processo judicial ou administrativo, e aos acusados em geral são assegurados o contraditório e ampla defesa, com os meios e recursos a ela inerentes

(29) CDC. Art. 28. O juiz poderá desconsiderar a personalidade jurídica da sociedade quando, em detrimento do consumidor, houver abuso de direito, excesso de poder, infração da lei, fato ou ato ilícito ou violação dos estatutos ou contrato social. A desconsideração também será efetivada quando houver falência, estado de insolvência, encerramento ou inatividade da pessoa jurídica provocados por má administração. [...] § 5º Também poderá ser desconsiderada a pessoa jurídica sempre que sua personalidade for, de alguma forma, obstáculo ao ressarcimento de prejuízos causados aos consumidores.

(30) CC. Art. 50. Em caso de abuso da personalidade jurídica, caracterizado pelo desvio de finalidade, ou pela confusão patrimonial, pode o juiz decidir, a requerimento da parte, ou do Ministério Público quando lhe couber intervir no processo, que os efeitos de certas e determinadas relações de obrigações sejam estendidos aos bens particulares dos administradores ou sócios da pessoa jurídica.

Também a Lei n. 9.605/1998, art. 4º, que dispõe sobre condutas lesivas ao meio ambiente, traz hipótese de responsabilidade, quando estabelece que "*Poderá ser desconsiderada a pessoa jurídica sempre que sua personalidade for obstáculo ao ressarcimento de prejuízos causados à qualidade do meio ambiente*".

Nessas circunstâncias, há possibilidade de o magistrado, relativizando a autonomia entre pessoa jurídica e seus sócios, deixar de aplicar a tradicional regra da separação entre sociedade e seus sócios e ex-sócios, ou acionista controlador, para responsabilizar integrantes da pessoa jurídica por obrigações por ela contraídas, com o propósito de evitar eventuais fraudes e abusos na utilização da pessoa jurídica, a fim de satisfazer crédito de terceiros.

3.3. Responsabilidade solidária e subsidiária

Entende-se por responsabilidade subsidiária aquela que se apresenta quando o devedor da obrigação não for capaz de satisfazê-la. O responsável subsidiário arca com a obrigação que o causador do dano não foi capaz de honrar. Em consequência, o sujeito responsável subsidiário só responde com seu patrimônio pela dívida depois que, comprovadamente, os bens do devedor principal não forem suficientes para o pagamento.

Já a responsabilidade solidária decorre da lei ou do contrato, podendo-se concluir a partir da leitura do art. 264, do Código Civil, que será solidaria a responsabilidade quando em uma mesma obrigação houver mais de um responsável pelo seu cumprimento. O responsável solidário arca com a obrigação em condições de igualdade com o causador do dano, inexistindo benefício de ordem. Em consequência, o credor pode exigir a satisfação de seu crédito de qualquer um: devedor principal ou responsável solidário.

Não resta dúvida que no âmbito do Direito do Trabalho, em se tratando de grupo econômico, a responsabilidade é solidária, conforme expressa previsão do § 2º, do art. 2º, da CLT.

Tal certeza perde intensidade quando a hipótese não é de sucessão de empregador, e sim de imputação de responsabilidade a sócio ou sócio retirante, que deixa a sociedade em decorrência de venda, transferência, doação ou qualquer outro motivo de sua participação.

Nesse caso, aspecto relevante a ser levado em consideração é que a CLT não trata especificamente de desconsideração da personalidade jurídica, com imposição de responsabilidade a sócio, deixando a solução de controvérsias acerca da responsabilidade civil em decorrência da desconsideração da personalidade a cargo de outros ramos do Direito, aplicáveis ao Processo do Trabalho[31].

(31) CLT. Art. 8º As autoridades administrativas e a Justiça do Trabalho, na falta de disposições legais ou contratuais, decidirão, conforme o caso, pela jurisprudência, por analogia, por equidade e outros princípios e normas gerais de direito, principalmente do direito do trabalho, e, ainda, de acordo com os usos e costumes,

3.4. Responsabilidade subjetiva (teoria maior) e objetiva (teoria menor)

A responsabilidade do sócio cotista e do acionista controlador, nos termos das leis próprias, depende da ocorrência de situações subjetivas apontadas.

A imputação de responsabilidade depende, pois, de comprovação de condutas subjetivas, quais sejam, excesso de mandato e atos que violem a lei e o contrato ou atos praticados com abuso de poder, a indicar que a responsabilidade é subjetiva.

Da mesma forma, a desconsideração da personalidade jurídica com base na lei civil comum e esparsas depende da existência de conduta subjetiva: abuso de personalidade caracterizada por desvio de finalidade ou pela confusão patrimonial.

Diversamente, pela compreensão das disposições da Lei n. 8.078/1990 (CDC), que tutela o consumidor, levando-se em conta sua condição de parte mais fraca da relação, a desconsideração da personalidade jurídica se dá não só nas hipóteses de abuso de direito, excesso de poder, infração da lei, fato ou ato ilícito ou violação dos estatutos ou contrato social e, ainda, em caso de falência, estado de insolvência, encerramento ou inatividade da pessoa jurídica por má administração, mas também quando a personalidade for, de alguma forma, obstáculo ao cumprimento da obrigação, a indicar que a responsabilidade é objetiva e, dessa forma, não depende da comprovação de conduta, sendo suficiente apenas a ocorrência do inadimplemento da obrigação.

Contempla também a Lei n. 9.605/1998, que versa sobre proteção ao meio ambiente, hipótese de responsabilidade objetiva, na medida em que prevê a desconsideração da personalidade jurídica sempre que a personalidade for obstáculo ao ressarcimento do prejuízo causado ao meio ambiente.

Com base nesse sistema normativo sistematiza a jurisprudência a desconsideração da personalidade jurídica em duas teorias: *teoria maior*, representante da responsabilidade subjetiva; *teoria menor*, representante da responsabilidade objetiva.

A *teoria maior* tem como pressuposto para o afastamento da autonomia patrimonial da sociedade o uso abusivo ou fraudulento da sociedade, estando relacionada à intenção do sócio, do sócio retirante ou sócio administrador em frustrar o legítimo interesse de seus credores. Além disso, o pressuposto da desconsideração evidencia-se também na ocorrência de confusão patrimonial, em que, no plano patrimonial, não há distinção entre sócio e sociedade.

Assim, de acordo com o tratamento dispensado pelo Código Civil (art. 50), a desconsideração da personalidade jurídica só tem cabimento quando se configurarem casos de

---

o direito comparado, mas sempre de maneira que nenhum interesse de classe ou particular prevaleça sobre o interesse público. Art. 769 – Nos casos omissos, o direito processual comum será fonte subsidiária do direito processual do trabalho, exceto naquilo em que for incompatível com as normas deste Título.

confusão patrimonial ou de desvio de finalidade. Isso significa que, de acordo com essa formulação, haverá necessidade de se averiguar a ocorrência de elementos subjetivos inerentes ao abuso da personalidade jurídica.

A *teoria menor* tem como pressuposto para o afastamento da autonomia patrimonial da sociedade a ausência de satisfação do crédito. Suficiente apenas que não se encontre bens da sociedade para saldar seus débitos para que os sócios passem a responder com seus próprios bens, independentemente de abuso ou fraude. A inadimplência pressupõe falta de condição de cumprir a obrigação, insolvência.

Assim, conforme previsão do CDC (§ 5º art. 28), a desconsideração da personalidade jurídica tem cabimento quando, de alguma forma, a personalidade jurídica for obstáculo à satisfação de obrigação assumida pela sociedade. Da mesma forma, essa teoria encontra previsão no art. 4º, da Lei n. 9.605/1998. Isso significa que, de acordo com essa formulação, não haverá necessidade de se averiguar a ocorrência de quaisquer elementos subjetivos; suficiente apenas a ocorrência de situação objetiva: insolvência.

4. Adoção da *teoria menor* no sistema jurídico trabalhista e o direito de defesa

Em razão da natureza da relação jurídica (hipossuficiência do trabalhador) e da natureza da contraprestação (alimentar), consolida-se a jurisprudência trabalhista(32) no

(32) [...] Oportuno ressaltar que no âmbito processual trabalhista opera-se a desconsideração da personalidade, jurídica pelo mero inadimplemento da pessoa jurídica (Teoria Menor), sendo desnecessária a verificação de abuso da personalidade jurídica, pelo desvio de finalidade ou pela confusão patrimonial (Teoria Maior), podendo, inclusive, ocorrer a desconsideração de ofício pelo Magistrado, não sendo necessário requerimento das partes. É certo, também; que na seara trabalhista afere-se a responsabilidade do sócio ou administrador considerando sua permanência no quadro societário ou administração da empresa durante a vigência do contrato de trabalho. Assim, o ex-sócio de empresa pertencente ao grupo econômico do empregador, cuja participação societária ocorreu durante a vigência do contrato de trabalho do empregado, responde pelo crédito trabalhista, por meio da desconsideração da personalidade jurídica. Não obstante, o agravante poderá proceder à correta nomeação de bens da sociedade e sócios atuais, livres e desembargados, situados no foro da execução e suficientes para o pagamento do débito, nos termos do art. 596, § 1º do CPC. Nesse contexto, o agravante é responsável pelo crédito trabalhista, posto que foi sócio de empresa do grupo econômico do real empregador do agravado durante a vigência do contrato de trabalho, beneficiando-se de sua força de trabalho, pelo que restam mantidas sua inclusão no polo passivo da execução, bem como a penhora efetuada. (trecho do Acórdão proferido no processo TST-AIRR-46400-53.2002.5.02.0024. julg.28.10.15. Des. Convocado JOSÉ REGO JUNIOR). [...] Essa tendência doutrinária e jurisprudencial, há muito consolidada, veio depois a integrar o nosso direito positivo, tendo o legislador pátrio inserido no caput e § 5º do art. 28 do Código de Defesa do Consumidor (Lei n. 8.078/90) e art. 50 do novo CC, subsidiariamente aplicáveis à esfera trabalhista, por força do parágrafo único do art. 8º e do art. 769 da CLT, normas cuja simples transcrição demonstram sua inteira pertinência ao caso presente: "Art. 28. O juiz poderá desconsiderar a personalidade jurídica da sociedade quando, em detrimento do consumidor, houver abuso de direito, excesso de poder, infração da lei, fato ou ato ilícito ou violação dos estatutos ou contrato social. A desconsideração também será efetivada quando houver falência, estado de insolvência, encerramento ou inatividade da pessoa jurídica provocados por má administração. (...) § 5º Também poderá ser desconsiderada a pessoa jurídica sempre que sua

personalidade for, de alguma forma, obstáculo ao ressarcimento de prejuízos causados aos consumidores". "Art. 50 – Em caso de abuso da personalidade jurídica, caracterizado pelo desvio de finalidade, ou pela confusão patrimonial, pode o juiz decidir, a requerimento da parte, ou do Ministério Público quando lhe couber intervir no processo, que os efeitos de certas e determinadas relações de obrigações sejam estendidos aos bens particulares dos administradores ou sócios da pessoa jurídica". O art. 50 do Código Civil tem suporte na Teoria Maior da desconsideração da personalidade jurídica, enquanto o art. 28 do CDC é explicado pela Teoria Menor. A Teoria Maior (art. 50 do CC/02) indica que para haver a desconsideração, instituto de exceção, é indispensável a insuficiência patrimonial somada a um motivo, que pode ser o comportamento dos sócios ou o desvio de finalidade – que é uma das formas de abuso da personalidade, juntamente com a confusão patrimonial. Por outro lado, para a Teoria Menor (art. 28 do CDC) basta apenas a insuficiência patrimonial. Por isso, a desconsideração da sociedade empresária, neste caso concreto, deve ser deferida, vez que o aumento patrimonial dos sócios pela exploração econômica do empreendimento é o que se presume. Registro que não há óbice à desconsideração da personalidade jurídica de sociedade anônima fechada (caso dos autos, fls. 237, 2ºv, e 2349, frente e verso,12ºv), conforme vem reiteradamente decidindo este Colegiado. Ilustrativamente, peço vênia para transcrever acórdão da lavra do Des. Heriberto de Castro, in verbis: EMENTA: DESCONSIDERAÇÃO DA PERSONALIDADE JURÍDICA – SOCIEDADE ANONIMA FECHADA. A jurisprudência trabalhista há muito já se consolidou acerca da possibilidade de desconsideração da personalidade jurídica no caso de sociedade limitada, com responsabilização inclusive de sócios minoritários, com pequena participação social, visando impedir a consumação de fraudes e abusos de direito cometidos através da sociedade. A controvérsia permanece no tocante às sociedades anônimas, cujos acionistas muitas vezes vêem-se livres de qualquer responsabilidade trabalhista em razão, unicamente, da figura societária escolhida, o que foge à razoabilidade. Cabe verificar especialmente se a sociedade anônima é aberta ou fechada, pois o Código Civil de 2002 aproximou bastante o funcionamento da sociedade limitada ao da sociedade anônima de capital fechado, praticamente inexistindo razão para diferenciá-las no tocante à responsabilidade dos sócios e acionistas (00750-2007-132-03-00-2- *AP, data publicação: 09.01.2012).(trecho do Acórdão proferido no processo TST-AIRR-21100-57.2008.5.05.0651. julg. 27.04.2016. Min. Roberto Freire Pimenta).*

[...] Além disso, a natureza alimentar do crédito trabalhista é tida como justificativa para a ampliação dos meios capazes de proporcionar a efetividade processual, conjugada com a imunidade do empregado aos riscos do empreendimento sedimentado no principio da alteridade, nos termos do art. 2º, da CLT. Neste sentido, vêm os Tribunais Trabalhistas estabelecer entendimentos visando resguardar o trabalhador em virtude da representatividade do seu crédito, e da efetividade da prestação jurisdicional: *AP – 2283/95 Órgão Julgador: Terceira Turma Tema: PENHORA – BENS DO SÓCIO Relator: José Roberto Freire Pimenta Revisor: Levi Fernandes Pinto EMENTA: EMBARGOS DE TERCEIRO – SÓCIO DE FATO – APLICAÇÃO DA DESCONSIDERAÇÃO DA PESSOA JURÍDICA À EXECUÇÃO TRABALHISTA. Ao tratar da questão do abuso de direito e fraude através da personalidade jurídica, Rubens Requião conclui que "é justo perguntar se o Juiz, deparando-se com tais problemas, deve fechar os olhos ante o fato de que a pessoa jurídica é utilizada para fins contrários ao direito, ou se em semelhante hipótese deve prescindir da posição da personalidade jurídica e equiparar o sócio e a sociedade para evitar manobras fraudulentas" (in Revista dos Tribunais 410:12 – 24, p. 14). Se a pessoa jurídica executada não tem patrimônio suficiente para satisfação do crédito trabalhista do exequente-embargado e restou cabalmente provado que o embargante de terceiro era seu único sócio de fato, embora nunca de direito, deve ainda assim seu patrimônio pessoal ser penhorado e responder por seus débitos trabalhistas, em direta aplicação do princípio da desconsideração da personalidade jurídica, consagrado de forma expressa no art. 28, § 5º, da Lei n. 8078/90 (Código de Defesa do Consumidor), subsidiariamente aplicável às esferas materiais.' '00336-2007-052-03-00-0 AP Órgão Julgador: Turma Recursal de Juiz de Fora Tema: DESCONSIDERAÇÃO DA PERSONALIDADE JURÍDICA – ALCANCE Relator: Convocado Marcelo Furtado Vidal Revisor: Heriberto de Castro EMENTA: DESCONSIDERAÇÃO DA PERSONALIDADE JURÍDICA – IMPASSE NA SOLUÇÃO DO CRÉDITO TRABALHISTA – ALCANCE DOS SÓCIOS. Cediço ser a desconsideração da pessoa jurídica medida extrema prevista no art. 596 do CPC, e que a legislação que a autoriza, aplicada no âmbito do Direito do Trabalho por analogia, condiciona a hipótese ao abuso de direito, excesso de poder, infração da lei, fato ou ato ilícito, violação dos estatutos, falência, insolvência ou inatividade provocada por má-administração. E uma vez averiguado impasse na solução do crédito trabalhista pelas devedoras anteriores e a inviabilidade do procedimento executório em bens destas, impõe-se lídima a aplicação*

sentido de que a teoria adequada a esse ramo do Direito seria a *teoria menor* — ou objetiva — ante a similaridade da ordem tutelar: trabalhador e consumidor.

A par disso, entre os fundamentos a justificar a aplicação da teoria objetiva encontram-se, além da hipossuficiência do trabalhador e natureza alimentar do crédito, o princípio da proteção do empregado que guia o Direito do Trabalho, do risco da atividade exclusivo do empregador, o de que a parte mais fraca da relação é o empregado (assim como o consumidor), daí a maior adequação.

Essas as razões pelas quais, na execução, não quitada a obrigação trabalhista espontaneamente e, a seguir, se não encontrados bens suficientes ao adimplemento da obrigação, o juiz do trabalho determina a desconsideração da personalidade jurídica, imputando responsabilidade ao sócio ou sócio retirante sem investigar se estes, de alguma forma, concorreram para a insolvência; basta a inadimplência.

Entretanto, adotar a teoria da responsabilidade objetiva não importa transformar automaticamente, por discricionário[33], quem não é devedor em devedor, quem é terceiro

---

*da teoria do disregard of the legal entity, como medida hábil à satisfação do crédito trabalhista apurado, promovendo, assim, a efetividade da tutela trabalhista. Deste modo, a responsabilidade pelas dívidas empresariais não pode se circunscrever à pessoa jurídica, alcançando, portanto, as pessoas dos associados.*Bem como, no mesmo sentido, já se posicionou a E.Turma da qual faço parte. *Ementa: RESPONSABILIDADE DOS SÓCIOS. DESPERSONALIZAÇÃO DA PESSOA JURIDICA. Constatada a fraude, é incontroversa a responsabilidade dos sócios em caso de inadimplência dos débitos trabalhistas da pessoa jurídica, consoante o art. 50 do CC, representativo da teoria maior da desconsideração da personalidade jurídica. Ainda que não estivesse demonstrado o ardil, seria cabível a desconsideração, diante da teoria menor da desconsideração, por aplicação analógica do art. 28, §5º, do CDC. Processo 0046200- 07.2008.5.05.0039 RecOrd, ac. n. 007790/2010, relatora Desembargadora MARIA ADNA AGUIAR, 5ª. TURMA, DJ 05.04.2010.* Assim, nada a reformar." (fls. 3099/3102). O Tribunal Regional manteve a condenação subsidiária dos sócios da ré, ressaltando a possibilidade da aplicação da teoria de desconsideração da personalidade jurídica ao processo do trabalho, sobretudo em caso de fraude. Salientou, ainda, que a condição societária da acionada autoriza a medida, a qual objetiva resguardar o trabalhador em virtude da representatividade do seu crédito, e da efetividade da prestação jurisdicional. (*trecho do Acórdão proferido no processo* TST-AIRR-21100-57.2008.5.05.0651. julg. 27.04.2016. Min. Cláudio Brandão)

(33) Por ato discricionário, sem processo e sem defesa prévia, só para exemplificar, lembra-se a ocorrência de imputação de responsabilidade a uma *Factoring* por dívida trabalhista de cliente, com penhora *on line* de ativos financeiros da empresa (e de seus sócios), causando-lhe irreparáveis prejuízos em razão da apreensão de seus recursos, inclusive do capital social. A decisão judicial levou à impetração de mandado de segurança e de embargos de terceiro, além de correição parcial (cf. MS 0007003-42.2015.5.15.0000, Embargos de Terceiro n.s 0010081-04.2016.5.15.0099 e 0010081-04.2016.5.15.0099, Ação Correicional 0000296-77.2015.5.15.0899 CorPar e 0000652-36.2016.5.00.0000 CorPar), ainda sem solução definitiva. Mas, o certo é que o redirecionamento da execução ocorreu em decorrência da adoção de procedimento chamado de "processo piloto", em que todas as execuções foram direcionadas para determinado processo a fim de se processar o universo das execuções em apenas um processo, ao invés de seguir cada uma nos seus próprios autos. O procedimento seria legal e tem até correspondente na chamada "penhora no rosto dos autos" de que cuida a lei civil, pela qual um juiz pode solicitar a outro que, sobrando dinheiro de hasta pública, reserve quantia suficiente para pagar dívida do processo que indica. Só que, nesse caso, o devedor é o mesmo e a solicitação do juiz da execução está amparada na certeza da coisa julgada. Isso, no entanto, não ocorre, ao menos no caso em referência, na formação do "processo piloto", na medida em que terceiro (*factoring*), que não é parte, nunca foi sócio do devedor, não faz parte de grupo econômico, não foi chamado previamente a se defender em razão do redirecionamento da execução, passa direta e automaticamente

em parte, a responsabilidade subsidiária em solidária, negando ao sócio ou sócio retirante garantias fundamentais, como direito de propriedade, benefício de ordem, prescrição, ilegitimidade de parte (se inexistente condição de sócio), embargos (se não discutida a condição de parte), alcance de responsabilidade, enfim toda a defesa pertinente que caiba na dimensão da ampla defesa e do contraditório.

Nesse contexto, seria inimaginável num Estado de Direito Democrático, com seus fundamentos e garantias à pessoa, decisão que impute responsabilidade patrimonial sem base em pressupostos legais ou decisão judicial passada em julgado, fazendo integrar de ofício a processo de execução quem não foi demando nem detém a condição de responsável solidário no cumprimento da obrigação.

Inimaginável para a mais alta Corte trabalhista que ocorra integração de polo passivo de demanda *ex officio*, assentando: "*Não é dado ao Magistrado integrar ao polo passivo outrem que não foi demandado no processo. Repugna, do ponto de vista processual, tal procedimento, de natureza inquisitiva, e que, em última análise, acaba por criar outra ação, considerando-se a parte como um dos seus elementos caracterizadores*"(34).

Vários são, portanto, os pressupostos que autorizam a desconsideração da personalidade jurídica da empresa para imputar responsabilidade aos sócios ou sócios retirantes, sendo que no âmbito do Direito do Trabalho predomina a teoria da desconsideração da personalidade jurídica que tem base o CDC e Lei n. 9.605/1998, ou seja, a chamada *teoria menor*, em virtude da hipossuficiência do credor e da natureza alimentícia do crédito, mas observado o devido processo legal.

---

a responder pela dívida total de seu cliente, sob alegação, sem respaldo em coisa julgada, de existência de grupo econômico oculto. E, com base em presunção e nesse procedimento inquisitório designado de "processo piloto", a empresa foi surpreendida com penhora *on line*, com graves prejuízos. Isso porque, com capital bloqueado a empresa ficou em poder da Justiça, agonizando lentamente em direção à falência, pois sem capital o empreendimento não funciona normalmente, máxime se se tratar de entidade financeira, cujo objeto é dinheiro. Aliás, tal situação não é desconhecida do TST que, em situação como a reportada, assim se pronunciou: RECURSO ORDINÁRIO INTERPOSTO PELA EMPRESA THN FABRICAÇÃO DE AUTO PEÇAS BRASIL S.A. DISSÍDIO COLETIVO DE NATUREZA JURÍDICA. DEMISSÃO COLETIVA. INTEGRAÇÃO À LIDE DE EMPRESA NO POLO PASSIVO "EX OFFICIO". RECONHECIMENTO DE TERCEIRIZAÇÃO ILÍCITA. RESPONSABILIDADE SOLIDÁRIA. NULIDADE DO PROCESSO EM RELAÇÃO À PARTE INTEGRADA "EX OFFICIO" À LIDE. Não é dado ao Magistrado integrar ao polo passivo outrem que não foi demandado no processo. Repugna, do ponto de vista processual, tal procedimento, de natureza inquisitiva, e que, em última análise, acaba por criar outra ação, considerando-se a parte como um dos seus elementos caracterizadores. Tal aspecto não ganha contorno diferente se considerada a demanda de natureza coletiva, como colocado no acórdão recorrido. Ainda sob a perspectiva dos elementos identificadores da ação, soma-se ao caso concreto a consideração de causa de pedir não invocada na representação — fraude à legislação trabalhista em decorrência de terceirização da atividade-fim —, para se alcançar a responsabilidade solidária — condenação estranha ao objeto do pedido. A Corte de Origem julgou lide diversa da que foi proposta, em todos os seus aspectos, no que diz respeito à empresa THN Fabricação de Auto Peças Brasil S.A. A nulidade do processo em relação à referida Empresa não contamina todo o processo, na medida em que se afigura possível o exame da causa, na forma como proposta, decotando-se do acórdão tudo o que excedeu aos limites subjetivos e objetivos da lide. Recurso Ordinário a que se dá provimento. [...] (RO – 6155-89.2014.5.15.0000, relatora Ministra: Maria de Assis Calsing, Data de Julgamento: 22.02.2016, Seção Especializada em Dissídios Coletivos, Data de Publicação: *DEJT* 26.02.2016).

(34) Cf. TST 6155-89.2014.5.15.0000 , relatora Ministra: Maria de Assis Calsing, Data de Julgamento: 22.02.2016, Seção Especializada em Dissídios Coletivos, Data de Publicação: *DEJT* 26.02.2016, ementa supratranscrita.

4.1. Responsabilidade entre sócios

A responsabilidade em caso de desconsideração da personalidade jurídica é objetiva, no entanto, a ser aplicada de forma subsidiária, a indicar que o sócio somente responde se a empresa não cumprir a obrigação ou for insolvente. Por isso, tem o sócio — e o sócio retirante — benefício de ordem, ou seja, primeiro executa-se bens da empresa.

Entretanto, uma vez desconsiderada a personalidade jurídica da empresa, a responsabilidade entre sócios é solidária, podendo o patrimônio de qualquer um responder pela obrigação trabalhista.

Quanto ao sócio retirante, que tenha participado do quadro societário ao longo de todo o contrato de trabalho, trazem os arts. 1.003 e 1.032, do Código Civil[(35)] hipótese de prescrição, limitando a dois anos a responsabilidade.

No entanto, essa questão é altamente controvertida na jurisprudência trabalhista, com entendimentos divergentes.

O Tribunal Superior do Trabalho (TST) [(36)], ao enfrentar a questão deixou patente que o aspecto a ser considerado é se a dívida trabalhista tenha como fato gerador o período em que o sócio retirante ainda fazia parte do quadro societário, mantendo a

---

(35) Art. 1.003. A cessão total ou parcial de quota, sem a correspondente modificação do contrato social com o consentimento dos demais sócios, não terá eficácia quanto a estes e à sociedade. Parágrafo único. Até dois anos depois de averbada a modificação do contrato, responde o cedente solidariamente com o cessionário, perante a sociedade e terceiros, pelas obrigações que tinha como sócio. Art. 1.032. A retirada, exclusão ou morte do sócio, não o exime, ou a seus herdeiros, da responsabilidade pelas obrigações sociais anteriores, até dois anos após averbada a resolução da sociedade; nem nos dois primeiros casos, pelas posteriores e em igual prazo, enquanto não se requerer a averbação.

(36) **RECURSO DE REVISTA. RESPONSABILIDADE SUBSIDIÁRIA. EX-SÓCIOS (SÓCIOS RETIRANTES) DA SOCIEDADE REGIONAL SUDOESTE DE ENSINO S/C LTDA. LIMITE. ART. 1.032 DO CÓDIGO CIVIL BRASILEIRO.** Recurso de revista fundamentado em violação dos arts. 1.003 e 1.032 do Código Civil Brasileiro e 7º, XXIX, da Constituição da República e em divergência jurisprudencial. O e. Tribunal manteve a r. sentença que condenara subsidiariamente os ex-sócios recorrentes da Sociedade Regional Sudoeste de Ensino S/C Ltda. O art. 1032 do Código Civil Brasileiro estabelece que o sócio retirante, ou os seus herdeiros, continuam sendo responsáveis pelas obrigações sociais anteriores, até dois anos após averbada a sua saída da sociedade. A responsabilidade tem por objetivo distender o alcance das suas responsabilidades em relação ao inadimplemento das obrigações da sociedade, porquanto se aplica ao sócio que se retira da sociedade o princípio consagrado no art. 28 do Código de Defesa do Consumidor e no art. 50 do Código Civil Brasileiro, qual seja, o — *disregard of the legal entity* —; princípio da desconsideração da pessoa jurídica. No entanto, a doutrina e a jurisprudência trabalhista têm por princípio a proteção do trabalhador — art. 8º da CLT — adotando a teoria acima descrita - princípio da desconsideração da pessoa jurídica —, na hipótese em que a sociedade não possui bens suficientes para garantir a execução, visando a garantir os interesses contratuais do empregado, assim como preconizam que a responsabilidade do sócio retirante deve ser declarada caso o empregado tenha trabalhado durante a gestão do ex-sócio, ou seja, que efetivamente tenha o ex-sócio se beneficiado da força de trabalho do trabalhador. Deve ser considerado e analisado se os sócios remanescentes possuem, ou não, condições de suportar a dívida trabalhista e que tenha como fato gerador o período em que o sócio retirante ainda fazia parte do quadro societário. Com efeito, é fato incontroverso nos autos que os ex-sócios deixaram a sociedade em 30 de julho de 2003 (fl. 1752 - sentença), e que o empregado recorrido laborou para a 1ª ré de março de 2001 até 23/08/2006 (fl. 16), assim como ajuizou a reclamação trabalhista

condenação de sócio retirante que havia deixado a sociedade há mais de dois anos, ou seja, não aplicou os art. 1.003, parágrafo único, e art. 1.032, do CC. Além disso, firmou entendimento no sentido de que o princípio de proteção do trabalhador impõe que, inexistindo bens da sociedade suficientes para garantir a execução, a responsabilidade do sócio retirante deve ser declarada.

Entre os Tribunais Regionais impera viva controvérsia, conforme se depreende da jurisprudência da 2ª e 4ª Regiões, só para exemplificar.

O Tribunal Regional do Trabalho do Rio Grande do Sul consolidou sua jurisprudência, adotando tese segundo a qual o referido prazo prescricional não se aplica à obrigação trabalhista[(37)].

Nos termos dessa orientação jurisprudencial o prazo prescricional não se aplica à obrigação trabalhista porque inerente à responsabilidade do sócio pelas dívidas da sociedade, pelo lapso de tempo que o sócio retirante constou do contrato social, computadas ainda as dívidas que ocorreram no período de dois anos após sua retirada e que da sua atuação decorreram[(38)]. Assim, a prescrição não teria aplicação no Direito do Trabalho.

Posição diversa verifica na jurisprudência do Tribunal Regional do Trabalho de São Paulo, que aplica a prescrição da lei civil, por entender que o sócio retirante responde pelas dívidas da sociedade por até dois anos após sua retirada, desde que devidamente averbada a alteração contratual. Entre os fundamentos adotados estão a segurança jurídica, na medida em que não se pode eternizar a responsabilidade e também porque, uma vez afastado da sociedade, não tem o sócio mecanismo de controle sobre negócios e saúde financeira da sociedade[(39)]:

---

em 09.11.2006. Logo, os sócios retirantes devem ser responsabilizados subsidiariamente pelos créditos devidos ao autor da demanda. (Recurso de revista conhecido por divergência jurisprudencial e não provido. RR – 122300-71.2006.5.15.0143 Data de Julgamento: 02.10.2013, relator Ministro: Alexandre de Souza Agra Belmonte, 3ª Turma, Data de Publicação: *DEJT* 04/10/2013).

(37) TRT4 – Seção Especializada em Execução. ORIENTAÇÃO JURISPRUDENCIAL N. 48 – REDIRECIONAMENTO DA EXECUÇÃO. SÓCIO RETIRANTE. A responsabilidade do sócio retirante é proporcional ao período em que se beneficiou do trabalho do credor, constituindo o valor devido no resultado obtido pela divisão do total da condenação pelo número de meses do período objeto do título executivo e multiplicado pelo período relativo à participação do sócio retirante na empresa. ORIENTAÇÃO JURISPRUDENCIAL N. 51 – REDIRECIONAMENTO DA EXECUÇÃO. RESPONSABILIDADE DO SÓCIO. PRAZO DO Art. 1032 DO CÓDIGO CIVIL. A responsabilização do sócio retirante independe da limitação de prazo prevista no art. 1032 do Código Civil. Disponível em: https://www.trt4.jus.br/portais/trt4/orientacoes-seex.

(38) No mesmo sentido o julgado no processo TST-AIRR-364-76.2011.5.04.0251.

(39) RESPONSABILIDADE DO EX-SÓCIO. REDIRECIONAMENTO DA EXECULÇÃO. Arts. 1003 E 1032 DO CÓDIGO CIVIL BRASILEIRO. Os ex-sócios respondem pelas dívidas da sociedade por até dois anos após sua retirada ou averbação da alteração contratual, nos termos dos arts. 1003 e 1032 , todos do Código Civil brasileiro. Não se pode eternizar a responsabilidade dos ex-sócios ou de seus herdeiros, porque uma vez afastados da sociedade não possuem mecanismos de controle sobre os negócios e a saúde financeira da empresa. AGRAVO DE PETICAO TRT2 122600-81.2004.5.02.0202. Pub. 06.11.2013. RESPONSABILIDADE DOS EX-SÓCIOS. APLICAÇÃO DOS ARTIGOS 1.003 E 1.032 DO CÓDIGO CIVIL. PRAZO SUPERIOR A DOIS ANOS ENTRE A RETIRADA DOS EX-SÓCIOS E A PROPOSITURA DA DEMANDA. Os sócios retirantes respondem pelas obrigações descumpridas

Portanto, quanto à aplicação da prescrição não há consenso, de forma que pode prevalecer uma ou outra tese. Assim, enquanto não pacificada a tese por procedimento de uniformização de jurisprudência, só o caso concreto vai determinar se o sócio retirante, que averbou a alteração contratual, fica isento de obrigação trabalhista depois de dois anos que deixar a sociedade.

Conclusão

A empresa tem personalidade jurídica distinta, não se confundido patrimônio da sociedade com o de seus sócios. Mas, a separação não é absoluta. Excepcionalmente, na forma da lei, os sócios respondem por dívidas da empresa.

No âmbito do Direito do Trabalho a responsabilidade, em decorrência da desconsideração da personalidade jurídica, é subsidiária, o que assegura ao sócio ou sócio retirante o direito de exigir que se execute primeiro os bens da empresa.

E em razão da natureza da relação jurídica (hipossuficiência do trabalhador) e da contraprestação (alimentar) acolheu a jurisprudência a responsabilidade objetiva ou a tese da *teoria menor* como a mais adequada, de forma que não há necessidade de se comprovar situações subjetivas (fraude, abuso de poder, má administração, atuação contra a lei e o contrato, etc.), bastando apenas a insolvência ou descumprimento da obrigação para que o sócio ou sócio retirante responda com seu patrimônio pela dívida da sociedade.

Todavia, adotar a teoria da responsabilidade objetiva não importa transformar automática e discricionariamente quem não é devedor em devedor, quem

---

pela sociedade pelo prazo de dois anos, contados de sua saída da sociedade, nos termos dos arts. 1.003 e 1.032, do Código Civil . Na hipótese, os ex-sócios retiraram-se do quadro societário da empresa Restaurante e Pizzaria Flori Ltda. em 23.11.1998, consoante a ficha cadastral simplificada às fls. 337/338, e a ação principal somente foi interposta em 27.08.2002. Decorrido o prazo de dois anos previsto nos artigos mencionados, os ex-sócios não podem ser responsabilizados pelos débitos decorrentes desta ação. Agravo de petição a que se nega provimento. AGRAVO DE PETIÇÃO TRT2 0173400-84.2002.5.02.0008. Pub. 30.09.2013. PROSSEGUIMENTO DA EXECUÇÃO CONTRA EX-SÓCIO - APLICAÇÃO DOS ARTS. 1003 E 1032 DO CÓDIGO CIVIL. É certo que os sócios retirantes respondem pelas obrigações descumpridas pela sociedade. Contudo, há de ser respeitada a disposição legal imposta pelos arts. 1003 e 1032 , do Código Civil , no tocante à limitação da responsabilidade do sócio, em dois anos após a sua retirada do quadro societário da empresa. O ex-sócio, ora agravante, retirou-se do quadro societário da empresa em 1999; fato devidamente registrado na JUCESP, consoante a ficha cadastral acostada aos autos. Nesse compasso, considerando que a ação principal somente foi interposta em 2004, mais de dois anos após a saída do sócio, perfeitamente aplicáveis, na espécie, os termos dos arts. 1.003 e 1.032 , do Código Civil atual, em plena vigência, portanto, no tocante à limitação da responsabilidade do ex-sócio. Assim, a pretensão do exequente no tocante ao prosseguimento da execução contra o ex-sócio, deduzida em plena vigência do Código Civil atual, somente pode ser apreciada à luz dos dispositivos legais ali constantes. Entendimento contrário acarretaria a responsabilidade perpétua dos ex-sócios, atentando contra a tranquilidade social e segurança dos negócios jurídicos, o que não se pode admitir. Agravo de petição interposto pelo ex-sócio a que se dá provimento. TRT2 AGRAVO DE PETIÇÃO 0180300-29.2004.5.02.0068 Pub. 05.11.2013.

é terceiro em parte, a responsabilidade subsidiária em solidária, negando ao sócio ou sócio retirante garantias fundamentais.

Aliás, hipótese de cabimento de defesa não se confunde com procedimento. Este é instrumento que viabiliza defesa em sentido lato (como direito de propriedade, benefício de ordem, prescrição, ilegitimidade de parte etc) e não apenas situações subjetivas relacionadas à culpa ou dolo.

Assim, em respeito ao princípio do devido processo legal (processual e material), a desconsideração da pessoa jurídica deve ser precedida necessariamente de procedimento em que, antes da constrição de bens, se assegure ao sócio ou ao sócio retirante ampla defesa.

Nos termos da lei processual civil o procedimento próprio é o incidente de desconsideração da personalidade jurídica, a ser adotado também na esfera trabalhista, conforme expressa previsão da Instrução Normativa n. 39, editada pela Resolução n. 203, de 15.03.2016, do TST.

Referências

BELMONTE, Alexandre Agra. *Curso de Responsabilidade Trabalhista.* Danos Morais e Patrimoniais nas Relações de Trabalho. São Paulo: LTr, 2008.

BORBA, Joselita Nepomuceno. Responsabilidade pelos danos decorrentes do direito de greve. *Revista LTr*, n. 75, maio, 2011.

DINIZ, Maria Helena. *Curso de direito civil brasileiro:* responsabilidade civil. 21. ed. São Paulo: Saraiva, 2007.

DINIZ, Maria Helena. Responsabilidade civil por dano ao meio ambientr. In: *Responsabilidade Civil.* Estudos em homenagem ao professor Rui Geraldo Camargo Viana. (Coords.) NERY, Rosa Maria de Andrade; DONNINI, Rogério. São Paulo: RT, 2009.

GIORGI, Vittorio de. *La responsabilità dellàssociazione sindacale.* Per l'esecuzione del contratto collettivo di lavoro. Firenze: Vallecchi Editore Firenze,1933.

HIRONAKA, Giselda Maria Fernandes Novaes. Responsabilidade civil: o estado da arte, no declínio do segundo milênio e albores de um novo tempo. In: *Responsabilidade Civil.* Estudos em homenagem ao professor Rui Geraldo Camargo Viana. (Coords.) NERY, Rosa Maria de Andrade; DONNINI, Rogério. São Paulo: RT, 2009.

NERY JUNIOR, Nelson; NERY, Rosa Maria de Andrade. *Código Civil Comentado e legislação extravagante.* 2. ed. São Paulo: RT, 2003.

VILAÇA, Álvaro. *Teoria geral das obrigações e responsabilidade civil.* 12. ed. São Paulo: Atlas, 2011. (Curso de direito civil).

Capítulo VI

Direito e Processo Coletivo do Trabalho

Breves Reflexões sobre o Processo Coletivo[1]

Introdução

Convidada a participar de obra em homenagem ao Professor, Jurista e Magistrado, Georgenor de Sousa Franco Filho, aceitei prazerosamente a oportunidade de reverenciar méritos e virtudes ímpares desse eminente jurista, que tanto contribui para a solidez e engrandecimento do Direito do Trabalho.

E não só. O ilustre homenageado, uma referência não apenas para a Região Norte, mas para todo Brasil, é um exemplo de vida dedicada magistratura do trabalho, às letras jurídicas, aos seus alunos, leitores, amigos e à família.

Ainda quando estudante seus ensinamentos na especialidade que abraçou — Direito Internacional — foram de grande valia para mim, pelo que, sem dúvida, pode-se afirmar, que Geo, assim como muitos carinhosamente o chamam, inclusive os amigos, entre os quais orgulhosamente me incluo, com a dimensão do seu conhecimento e brilho de sua inteligência, é mestre de gerações.

É, portanto, motivo de honra e alegria poder contribuir nessa obra em homenagem ao grande amigo, com algumas reflexões sobre aspectos pontuais do *processo coletivo,* objeto de preocupação geral da sociedade e que se insere no dia a dia do operador do direito em geral.

O processo coletivo, no nosso sistema jurídico, é uma realidade, sendo certo que, no campo do direito civil, a tutela coletiva se deu gradativamente: nos idos de 1965, para defesa do patrimônio público; a partir de 1981, do meio ambiente e de bens e direitos de valor artístico, estético, histórico, turístico e paisagístico.

A Constituição Federal de 1988, com a coletivização das ações, eleva a base da tutela coletiva a patamar constitucional, viabilizando-se a defesa de direitos difusos e coletivos. Complementa o microssistema de direito processual coletivo, em 1990, normas de proteção do consumidor.

Nesse estágio, mostra-se firme a doutrina ao assegurar a plena autonomia do processo coletivo, ainda que reconheça necessidade de se aperfeiçoar o microssistema brasileiro de processos coletivos.

---

(1) Nota do organizador: Texo originalmente publicado na obra *O Mundo do Trabalho em Debate:* Estudos em homenagem ao professor Geogenor de Sousa Franco Filho. 1. ed. São Paulo: LTr, 2019.

1. O acesso coletivo à Justiça(2)

O processo coletivo é instrumento de atuação de certas fórmulas constitucionais, transformando o direito declarado em direito assegurado. Não o direito ou interesse individual, mas direito ou interesse alicerçado na ideia de solidariedade; direito ou interesse que, embora pertença ao indivíduo singular, não lhe é exclusivo, porque em igual extensão e natureza é deferido a todos que integram o grupo social.

E assim, a partir do momento que os direitos ou interesses adquirem feição de direitos fundamentais, que se agregam e se cumulam (civis, políticos, sociais, econômicos e cultuais), a forma de acesso à justiça para tutelar os chamados "novos direitos" sofre substancial transformação, consolidando-se o processo coletivo.

Por meio dele democratiza-se o acesso à justiça, que passa a ser feito de forma coletiva. A nova forma viabiliza grupos sociais e a sociedade a ingressam em juízo para defesa coletiva de seus direitos ou interesses.

A possibilidade de tutela dos chamados direitos de massa levou à *consolidação do novo ramo do processo, com seus princípios e institutos próprios ou readaptados do processo civil clássico*.

Nessa afirmação como ramo autônomo do direito processual, sem desmerecer a relevância do microssistema formado por leis processuais, notadamente a lei da Ação Civil Pública e do Código de Defesa do Consumidor, aspecto de enorme peso decorre do fato de o direito processual coletivo ter seu fundamento constitucional, o que lhe confere unidade e autonomia pela aplicação da cláusula do devido processo legal.

Mesmo se tratando de ramo de direito processual dotado de unidade e autonomia não está ele isento do recurso à subsidiariedade do processo civil clássico, no entanto, diz-se da incapacidade de o Código de Processo Civil trazer solução, em virtude da complexidade e especialização que envolvem a tutela dos direitos difusos, coletivos e individuais homogêneos.

Aliás, as incontornáveis dificuldades na aplicação subsidiária, como também a busca pela modernização e aperfeiçoamento do microssistema de direito coletivo, levou o Poder Executivo a encaminhar ao Congresso Nacional projeto de lei que tinha por objetivo disciplinar a ação civil pública para tutela de interesses difusos, coletivos ou individuais homogêneos.

---

(2) Quando escrevi Dissertação de Mestrado na Pontifícia Universidade Católica de São Paulo, sob o título *Efetividade da Tutela Coletiva*, publicada pela LTr Editora em 2008, com o mesmo título, o centro de atenção foi com a efetividade da tutela no processo coletivo, pois, como argumentado à época, inclusive a partir da vivência profissional, aquele que sofreu prejuízo muitas das vezes não recebia o bem da vida ou recebia de forma incorreta. Esse trabalho é a base primordial desse artigo.

A proposta, conforme se infere do Projeto de Lei n. 5.139/2009, além de adequar a legislação à ordem constitucional, "também objetivava ser uma adequação à significativas e profundas transformações econômicas, políticas, tecnológicas e culturais em âmbito global, significativamente aceleradas nesta virada do século XX, para o fim de prever a proteção de direitos que dizem respeito à cidadania, não consubstanciada pela atual lei da ACP de 1985"(3).

Esse projeto, entre outras relevantes questões processuais, previa consolidação do sistema próprio de tutela coletiva, estabelecia princípios pertinentes ao processo coletivo, aperfeiçoava regras de competência, indicava expressamente legitimados, positivava distribuição dinâmica do ônus da prova pelo juiz, tratava da coisa julgada e aperfeiçoava a liquidação e a execução coletiva.

Entretanto, o referido Projeto foi rejeitado pela Comissão de Constituição e Justiça e de Cidadania (CCJ) da Câmara dos Deputados(4), de forma que, remanesce o microssistema de direito processual coletivo, integrado, principalmente, pela Lei da Ação Civil Pública e pelo Código de Defesa do Consumidor.

Esse microssistema rege a ação civil pública, que constitui o principal e rotineiro instituto processual para defesa dos direitos fundamentais, inclusive da classe trabalhadora.

2. Ação civil pública

Ação civil pública é instrumento de acesso à justiça em defesa dos direitos difusos, coletivos e individuais homogêneos. Diversamente da ação individual, em que o direito subjetivo de ação é exclusivo do titular do direito material lesado ou ameaçado de lesão, na ação civil pública, em razão de o direito que se busca tutelar pertencer à coletividade, esse direito subjetivo à jurisdição passa a ser conferido, por força de lei, a terceira pessoa jurídica chamada de corpo intermediário ou autor ideológico.

Opera-se desconexão entre direito subjetivo material (direito objetivo) e direito subjetivo (direito processual), de forma que, por um lado, aquele que sofre o prejuízo individual não pode, em seu nome, buscar a reparação da lesão global que, a um só tempo, atinge seu interesse e o de outros na mesma medida e extensão; e, por outro, o ente legitimado (corpo intermediário), que, embora não tenha sido individualmente atingido pela lesão que se busca reparar, recebeu do legislador a incumbência de fazer atuar a jurisdição em defesa de todos, vale dizer, dos direitos transindividuais.

---

(3) Cf. Projeto de Lei n. 5.139/2009 e EM n. 00043 – MJ, de 08.04.2009. Disponível em: https://www.camara.leg.br/proposicoesWeb/prop_mostrarintegra?codteor=653619&filename=Avulso%20PL%205139/2009.

(4) Cf. Relatório de autoria do Deputado José Carlos Aleluia, de 17.03.2010. Disponível em: https://www.camara.leg.br/proposicoesWeb/fichadetramitacao?idProposicao=432485. Acesso em: 1º jul. 2019.

A partir dessa desconexão, o corpo intermediário (Ministério Público, associação, sindicato, entre outros) tem legitimidade para defesa dos chamados direitos de massa. Direitos estes, em sentido amplo (difusos, coletivos e individuais homogêneos), que, na forma como definidos pelo art. 81, da Lei n. 8.078/1990, são abrangentes, antes de mais nada, dos assegurados pela Constituição Federal, fonte de norma substantiva que assegura igualdade de todos perante a lei; direito a vida digna; uso da propriedade; a higiene e segurança no trabalho; educação, incentivo à pesquisa e ao ensino científico e amparo a cultura; saúde; o maio ambiente natural; consumidor; proteção ao patrimônio cultural; família, criança, adolescente e idoso, só para exemplificar.

Além da abrangência constitucional, na ordem infraconstitucional, notadamente no contexto das Leis n. 7.347/1985 e n. 8.078/1990, não há limitação ao objeto da ação civil pública, ao revés, pode se dizer que é o mais amplo possível pela defesa coletiva de quaisquer outros interesses difusos, coletivos ou individuais homogêneos.

A pretensão, nessa espécie de ação, visa sempre a uma obrigação de fazer ou de não fazer que recomponha *in specie* a lesão do interesse transindividual atingido. Na universalização do acesso à justiça, assim como a pretensão, são pontos importantes o objeto e a legitimidade, aspectos que levam, necessariamente, à adequação de outro importante instituto do processo clássico: a coisa julgada.

A coletivização do processo pelo microssistema processual das ações coletivas institui o sistema de coisa julgada *ultra partes* ou coisa julgada *erga omnes*. Ou seja, a coisa julgada atinge toda a coletividade, titular do direito lesado ou ameaçado de lesão. Os limites subjetivos da coisa julgada não ficam restritos às partes, como ocorre nas lides individuais, ao contrário, espraiam-se para alcançar, ao final, todo aquele que for opto a se beneficiar do resultado favorável do processo.

Por isso, observa Rodolfo de Camargo Mancuso(5), com apoio na doutrina de Luís Roberto Barroso, que a ação civil pública da Lei n. 7.347/1985 representou extraordinário avanço do direito brasileiro para a contemporaneidade, equiparando-se a ela "as formulações mais avançadas dos diferentes sistemas jurídicos", sendo que, na "sua disciplina, merecem solução pelo menos razoável três intricadas complexidades processuais: a legitimação ativa, o tipo de tutela a ser proporcionada e os efeitos da decisão e da coisa julgada".

Assim, a partir desse novo canal de acesso à justiça, são pontos sensíveis, entre outros institutos próprios ou adaptados do processo civil clássico, legitimidade e coisa julgada, além da liquidação da sentença coletiva.

---

(5) *Ação Civil Pública em Defesa do Meio Ambiente, do Patrimônio Cultural e dos Consumidores.* 9. ed. São Paulo: Revista dos Tribunais, 2004. p. 135.

3. Legitimação

A legitimação está intrinsecamente ligada ao direito e a quem pode exercê-lo, advertindo *Pontes de Miranda*[(6)], que capacidade de *ser* parte (ou capacidade de direito) não se confunde com capacidade de *estar* em juízo (ou capacidade processual). Esta, insere-se na categoria de direito público subjetivo, que deve ser exercida não por qualquer um, mas por quem detém a condição de sujeito de direito, quem tem a faculdade — e pode — promover a ação e em face de quem vai promovê-la.

Havendo coincidência entre a titularidade do direito e quem vai defendê-lo (por si ou por seu representante) a legitimação é comum ou ordinária. A pessoa que participa da relação jurídico-processual é a mesma da relação de direito material controvertida, consequentemente, aquele que reclama — e, em caso de êxito — é o mesmo que recebe o bem da vida.

Ocorre, no entanto, que, em casos excepcionais, pode alguém postular em juízo, em seu nome, direito de outrem. Mas, para tanto, necessária previsão legal e conexidade de interesses.

A legitimação de ordinária (regra) passa a extraordinária (exceção), como expressamente disposto na lei processual comum ao consignar que "o processo começa por iniciativa da parte", não sendo dado a ninguém "pleitear direito alheio em nome próprio, salvo quando autorizado pelo ordenamento jurídico" (CPC arts. 2º e 18).

Assim, no processo civil clássico *legitimação normal* significa que o sujeito da relação substantiva coincide com o sujeito da relação processual, e, quando, excepcionalmente, não há essa coincidência à *legitimação extraordinária* ou *anômala*.

A legitimação extraordinária, afirmam Nelson Nery Junior e Rosa Maria Nery[(7)], é fenômeno que se dá no âmbito das relações intersubjetivas, vez que se substitui pessoa determinada ou plural. O instituto pertence, pois, exclusivamente ao direito singular.

Se é assim, não se pode falar em substituição processual no âmbito do direito processual coletivo, mas em verdadeira legitimação autônoma.

A defesa dos direitos coletivos, dadas às suas características (indisponibilidade, indivisibilidade objetiva e indeterminação subjetiva), fica por conta de pessoa jurídica designada pela lei.

---

(6) *Ação Civil Pública em Defesa do Meio Ambiente, do Patrimônio Cultural e dos Consumidores*. 9. ed. São Paulo: Revista dos Tribunais, 2004. p. 243-246.

(7) *CPC e legislação extravagante...*, 9. ed.,, v. 3 e 5, p. 152.

O regime de legitimação é o estabelecido pelo sistema jurídico[8], sendo regra a tutela a direito ou interesse lesado ou ameaçado de lesão ser exercida pelo titular do direito. Mas, excepcionalmente, quando houver autorização legal e conexidade de interesse a tutela pode ser exercida por outrem. E, em se tratando de interesses transindividuais, a tutela será exercida por quem a lei autorizar.

Nesse contexto, as espécies de legitimação são sistematizadas pela doutrina em *ordinária* e *extraordinária*, a estas, em razão da tutela coletiva, acrescendo-se uma legitimação especial[9], divisada pela doutrina como legitimação autônoma[10], ordinária[11], própria[12] ou institucional, se o órgão agente for o Ministério Público ou a Defensoria Pública.

No processo coletivo, a doutrina majoritária divisa que a legitimação é autônoma[13].

4. Sentença coletiva

Sentença, na acepção clássica, era entendida como pronunciamento jurisdicional que acarretava extinção do processo com julgamento do mérito. Esse conceito evoluiu, passando sentença a ser ato do juiz que põe fim ao processo, com ou sem julgamento de mérito[14]. A nova legislação processual comum conceitua sentença como pronunciamento judicial que põe fim à fase de cognição do procedimento comum, com ou sem julgamento de mérito, e extingue a execução[15].

(8) Prevê o nosso sistema processual: CPC, art. 3º Para propor ou contestar ação é necessário interesse e legitimidade; art. 6º Ninguém poderá pleitear, em nome próprio, direito alheio, salvo quanto autorizado por lei; art. 267. Extingue-se o processo, sem resolução de mérito: [...] VI – quando não concorrer qualquer das condições da ação, como a possibilidade jurídica, a legitimidade de parte e o interesse processual. No âmbito do direito coletivo a legitimação é conferida a pessoas jurídicas ou instituições, como se infere da regra do art. 8º, III, da Constituição Federal; do art. 5º, I a V, da Lei n. 7.347/85 e art. 82, I a IV, da Lei n. 8.078/90.

(9) Para José Almagro Nosete a legitimação é especial em razão do interesse geral a ser tutelado, tipo, aliás, segundo o jurista, reconhecido com maior ou menor amplitude pela doutrina em geral, a depender no modelo legislativo de cada sistema. *Derecho procesal.* Madrid: Trivium, 1995. v. 1, p. 388, tradução livre. t. I: Parte geral. Processo civil.

(10) Esclarecem os autores que direitos coletivos e difusos não podem ser regidos pelo mesmo sistema, porque não se pode substituir coletividade ou pessoas indeterminadas, situando-se o fenômeno no campo do direito processual civil coletivo (*Código de Processo Civil Comentado*... 9. ed., *cit.*, p. 152 v. 5).

(11) Cf. Nelson Nery Junior e Rosa Maria de Andrade Nery, nota 2 ao art. 5º da LACP (*Constituição Federal Comentada*..., *cit.*, p. 487).

(12) Tereza Alvim. *O direito processual de estar em juízo.* São Paulo: RT, 1996, p. 118 ss.

(13) Conf. Nesse sentido Joselita Nepomuceno Borba. *Efetividade da tutela coletiva, cit.*, p. 73-74.

(14) CPC1973 art. 162 [...] § 1º Sentença é o ato do juiz qu implica alguma das situações previstas nos arts. 267 e 269 desta Lei.

(15) CPC/2015, art. 203 [...]. § 1º Ressalvadas as disposições expressas dos procedimentos especiais, sentença é o pronunciamento por meio do qual o juiz, com fundamento nos arts. 485 e 487 , põe fim à fase cognitiva do procedimento comum, bem como extingue a execução.

Importante alteração legislativa foi introduzida pela n. 11.232/2005, que acabou com a autonomia do processo de execução, incorporando-o à fase de conhecimento. Doravante, em se tratando de título judicial, converte-se a execução em mera fase do processo cognitivo, *unitário* (conhecimento-liquidação), adquirindo a sentença liquidez e certeza. Tais atributos (liquidez e certeza) constituem pressupostos de existência de procedimento futuro — o de cumprimento da sentença.

Especificamente ao processo do trabalho essa sistemática do processo civil comum não se aplica(16), por existir dispositivo específico no processo do trabalho que estrutura a execução trabalhista(17). Nesta, conforme as disposições do § 3º do art. 884 da CLT, somente na fase de constrição pode-se impugnar a sentença de liquidação.

Assim, na sistemática do processo do trabalho a autonomia do processo de execução persiste, a despeito do esforço, hoje imperante, no sentido de se proferir sentença líquida. Nessa hipótese, se a sentença trabalhista for dotada de liquidez e a certeza, o efeito prático é o mesmo: eliminar percalços inerentes ao complemento do *an debeatur* da fase de liquidação, tornando a entrega da prestação jurisdicional mais célere.

Entretanto, considerando que normas relativas à execução, constantes da CLT, disciplinam o processo individual, a estrutura delineada pela Consolidação não rege o processo de execução coletiva.

De fato, no âmbito do processo coletivo a execução tem disciplina própria, constante do microssistema de direito coletivo, integrado pelas Leis ns. 8.078/1990 (CDC) e 7.347/1985 (LACP).

Institutos como *res judicata*, sentença e liquidação são próprios.

A coletiva fixa responsabilidade por danos causados a direitos transindividuais e sua natureza é genérica(18), enquanto a autoridade da coisa julgada atinge toda a coletividade titular do direito lesado ou ameaçado de lesão, vale dizer, possui efeito *erga omnes* ou *ultra partes*(19).

---

(16) Art. 889. Aos trâmites e incidentes do processo da execução são aplicáveis, naquilo em que não contravierem ao presente título, os preceitos que regem o processo dos executivos fiscais para a cobrança judicial da dívida ativa da Fazenda Pública Federal.

(17) Art. 884. Garantida a execução ou penhorados os bens, terá o executado 5 (cinco) dias para apresentar embargos, cabendo igual prazo ao exequente para impugnação.

(18) CDC Art. 95. Em caso de procedência do pedido, a condenação será genérica, fixando a responsabilidade do réu pelos danos causados.

(19) CDC Art. 103. Nas ações coletivas de que trata este código, a sentença fará coisa julgada: I - *erga omnes*, exceto se o pedido for julgado improcedente por insuficiência de provas, hipótese em que qualquer legitimado poderá intentar outra ação, com idêntico fundamento valendo-se de nova prova, na hipótese do inciso I do parágrafo único do art. 81; II - *ultra partes*, mas limitadamente ao grupo, categoria ou classe, salvo improcedência por insuficiência de provas, nos termos do inciso anterior, quando se tratar da hipótese prevista no inciso II do parágrafo único do art. 81; III - *erga omnes*, apenas no caso de procedência do pedido, para beneficiar todas as vítimas e seus sucessores, na hipótese do inciso III do parágrafo único do art. 81.

A sentença nas ações civis públicas ou coletivas é genérica e a coisa julgada se espraia para atingir quem não fez parte da relação jurídico-processual, de forma que, diversamente das ações individuais — em que a imutabilidade do *decisum* fica restrito as partes formais da relação processual — a coisa julgada coletiva pode se estender a todo o grupo, calasse ou categoria de lesados, cujos integrantes foram substituídos ou apresentados processualmente pelos chamados corpos intermediários.

Assim, tendo em vista natureza da sentença e a extensão da coisa julgada (*erga omnes* ou *ultra partes*) a execução se dá de duas formas: (i) para recomposição do bem coletivo lesado e (ii) para reparação dos prejuízos individualmente suportados.

Na primeira (recomposição do bem coletivo que, pelo predomínio do interesse social ou público, é bem indivisível) a tutela é específica[(20)] e sua execução prescinde de liquidação. O comando da sentença relativamente a esse aspecto é do tipo mandamental, de forma que para a tutela dos direitos coletivos, *stricto senso*, suficiente a adoção de providências que assegurem o resultado prático equivalente ao adimplemento, pois o objetivo maior é a prestação *in natura* da obrigação.

Na segunda (reparação de possíveis prejuízos individuais) sentença coletiva é ilíquida e incerta em virtude do predomínio de interesses particulares individuais. Nesse caso, por natureza, o bem é divisível, ficando a cargo de cada prejudicado a iniciativa de promover a liquidação individual.

Entretanto, não se trata de liquidação nos moldes do que ocorre no processo civil, mas liquidação com peculiaridades próprias, expressamente delineadas pelo processo coletivo (CDC arts. 94 a 97), especialmente ao processo de habilitação e à legitimidade[(21)].

5. Liquidação da sentença coletiva

No sistema do direito processual coletivo o condenado por danos provocados sujeita-se a pagar as vítimas o prejuízo que lhes causara, encontrando-se a regência nas disposições do art. 95 do CDC, ao explicitar que "*Em caso de procedência do pedido, a condenação será genérica, fixando a responsabilidade do réu pelos danos causados*", danos que serão invocados, apontados e quantificados pelos prejudicados, na medida em que, também nos termos do art. 82, do mesmo CPC, "*A liquidação e a execução de sentença poderão ser promovidas pela vítima e seus sucessores, assim como pelos legitimados de que trata o art. 82*".

Ada Pellegrini Grinover, com a atenção voltada para a regra do art. 95 do CPC, não deixa margem de dúvida para o fato de que há contornos bem delineados, na fase de liquidação, para atuação do autor processual (restauração da situação jurídica violada)

(20) CDC. Art. 84. Na ação que tenha por objeto o cumprimento da obrigação de fazer ou não fazer, o juiz concederá a tutela específica da obrigação ou determinará providências que assegurem o resultado prático equivalente ao do adimplemento.

(21) Joselita Nepomuceno Borba. *Efetividade...*, p. 143.

e do titular do direito material (danos individualmente suportados), na medida em que "declarada a responsabilidade civil do réu e a obrigação de indenizar, sua condenação versará sobre o ressarcimento dos danos causados e não dos prejuízos sofridos."(22) Ou seja, distingue a lei entre dano à coletividade (bem indivisível) e prejuízo individualmente suportado (bem divisível).

Somente depois de fixadas as indenizações em sentença de liquidação é que poderá a execução ser promovida pelo autor processual legitimado (CDC art. 82).

Essa a diretriz constante do art. 98 do CDC, quando preceitua que "*A execução poderá ser coletiva, sendo promovida pelos legitimados de que trata o art. 82, abrangendo as vítimas cujas indenizações já tiveram sido fixadas em sentença de liquidação, sem prejuízo do ajuizamento de outras execuções*".

Assim, nos termos da lei, somente após a liquidação das indenizações individuais pelos respectivos titulares é que terá legitimidade o autor processual (ou ente coletivo de que trata o art. 82 do CDC) para a execução do prejuízo individualmente suportado.

Sem que possíveis vítimas se apresentem e digam quanto foi seu prejuízo não tem como o autor que age por mandato legal pedir reparação de danos individualmente suportados.

No procedimento de liquidação ocorrerá habilitação das vítimas e sucessores, transformando-se a condenação em prejuízos globais em indenizações pelos danos individualmente suportados, daí porque cada liquidante, no processo de liquidação deverá comprovar o seu dano pessoal e o nexo causal com o dano globalmente causado (ou seja, o *an debeatur*), além de quantifica-los (ou seja, o *quantum*).

Vê-se que o relevante não é apenas a quantificação do prejuízo individual, mas também a legitimidade de cada vítima, o nexo com o prejuízo globalmente reconhecido pela sentença e o dano concretamente suportado, mesmo porque cada vítima pode ter sido afetada de maneira diversa, o que certamente gera dano qualitativa e quantitativamente diferentes.

Sendo assim, o procedimento na liquidação de sentença coletiva é próprio, disciplinado pelos arts. 95 a 98, do CDC, procedimento este que possui estreita relação com liquidação por artigos disciplinada pela lei processual comum.

Firmada premissa segundo a qual a liquidação, pela própria natureza das coisas, dar-se-á de forma articulada, remanesce a lei processual comum como fonte subsidiária(23).

---

(22) GRINOVER, Ada Pellegrini *et al. Código Brasileiro de Defesa do Consumidor comentado pelos autores do Anteprojeto, cit.*, p. 883.

(23) CPC arts. 262, 141, 491 §1º, 509 II e 511.

Dessa forma, compete ao prejudicado tomar a iniciativa para, dando cumprimento a sentença coletiva, quantificar os prejuízos individualmente suportados ou, se preferir, eleger o autor processual como seu representante para essa fase preliminar de habilitação e liquidação do julgado, munindo-o de todos os dados e elementos necessários para se chegar ao *quantum debeatur*.

Complementando-se o processo — e diante da certeza jurídica indicativa de quem, efetivamente, é o titular do bem da vida e o valor do prejuízo que suportou — segue-se a execução coletiva, relativamente aos atos de expropriação reservados a fase de cumprimento da sentença.

Essa etapa da execução pode ser promovida pelo autor processual (corpo intermediário), quando terá plena condição de entregar o bem da vida a quem lhe pertença.

Relevante destacar que se não ignora a posição do Supremo Tribunal Federal quando firmou tese no sentido de que a substituição processual é ampla, aplicando-se aos processos de conhecimento e execução.

Mas, para que não se esvazie a tutela no momento da entrega do bem da vida a quem não é o titular do direito, indispensável a observância da sistemática do processo coletivo, notadamente o do art. 95 do CPC, vez que somente mediante processo de habilitação poder-se-á chegar ao universo de pessoas atingidas em seus patrimônios, avaliar a extensão dos prejuízos suportados e aferir o nexo causal entre os alegados prejuízos individuais e os danos globalmente certificados pela sentença genérica.

Uma vez realizada a liquidação da sentença coletiva relativamente aos danos individualmente suportados, abre-se oportunidade para cumprimento da sentença, que pode ser exigido individual ou coletivamente. Ou seja, a execução pode se dar por meio substituição processual, conforme posição do STF.

Aliás, tal posição, já defendida em oportunidade pretérita[(24)], está em perfeita consonância não só com regras do processo coletivo, mas também com disposições do Código de Processo Civil de 2015, subsidiário, que, incorporando reforma processual empreendida em 2005, simplificou procedimento, eliminando dualidade entre processo de conhecimento e processo de execução.

Liquida e certa a sentença condenatória em obrigação de dar passa a ter plena exigibilidade, viabilizando-se ao substituto processual entregue o bem a quem lhe pertença.

Conclusão

No momento em que o sistema jurídico assegura direito de solidariedade, onde evidencia não o indivíduo, mas o cidadão, sujeito universal de direito e, nessa condição,

---

(24) Joselita Nepomuceno Borba. *Efetividade...*, p. 78 ss.

titular de direitos fundamentais pertencentes ao mesmo tempo a um e a todos os indivíduos do grupo, categoria ou classe de pessoas, surge e consolida-se mecanismos de tutela coletiva, a autorizar a tutela conjunta de interesses ou direitos.

Tais mecanismos integram microssistema de Direito Processual Coletivo, formado basicamente pela Lei da Ação Civil Pública e do Código de Defesa do Consumidor, e iluminado pelo Direito Processual Constitucional. E assim, ao lado da ação individual, com seus princípios, regras e institutos concebidos para a tutela individual, consolida-se a ação coletiva, com feição própria, princípios e institutos inerentes ou readaptados, para a defesa dos interesses e direitos da coletividade.

Quando se está diante do processo coletivo, dada a peculiaridade da titularidade da ação (autor é terceiro não titular do direito material), a atenção se volta com afinco para a efetividade, não apenas do processo, mas também da tutela. Certamente a autorização legal se direciona à tutela formal, nessa não se inserindo prática de atos de disposição do patrimônio alheio.

Por isso, na atualidade, a preocupação se volta não só para o acesso à justiça, mas também à satisfação dos direitos. Dessa forma, sem perder de vista o processo em si, a atenção deve ser direcionada também à sua finalidade externa, qual seja, a de propiciar a efetividade da tutela jurisdicional com a entrega do bem postulado ao seu verdadeiro titular.

Referências

ALMEIDA, Gregório Assagra de. *Direito processual coletivo brasileiro:* um novo ramo do direito processual. São Paulo: Saraiva, 2003.

ALVIM. Tereza. *O direito de estar em juízo.* São Paulo: Revista dos Tribunais, 1996.

BORBA. Joselita Nepomuceno. Legitimação, coisa julgada e liquidação de sentença no processo coletivo. Efetividade da Tutela Coletiva. In: BRAMANTE, Ivani Contini; CALVO, Adriana. (coord.) *Aspectos Polêmicos e Atuais do Direito do Trabalho.* Homenagem ao Professor Renato Rua de Almeida. São Paulo: LTr, 2007.

BORBA. Joselita Nepomuceno. *Efetividade da tutela coletiva.* São Paulo: LTr, 2008.

BOTTINI, Pierpaolo Cruz; RENAULT, Sérgio. Os caminhos da reforma. *Revista do Advogado,* São Paulo, ano 26, n. 85, p. 8-9, maio 2006. Novas Reformas do Código de Processo Civil.

CAPELLETTI, Mauro. O acesso à justiça e a função do jurista em nossa época. *Revista de Processo,* São Paulo, n. 61, 1991.

CAPELLETTI, Mauro. Formações sociais e interesses coletivos diante da justiça civil. *Revista de Processo,* São Paulo, ano 2, n. 5, p. 128-159, jan./mar. 1977.

CHIOVENDA, Giuseppe. *Princippii di diritto processuale civile:* le azioni, il processo di cognizione. Napoli: Jovene, 1980.

GIDI, Antonio. *Coisa julgada e litispendência em ações coletivas.* São Paulo: Saraiva, 1995.

GRINOVER, Ada Pellegrini. A ação civil pública refém do autoritarismo. *Revista de Processo*, São Paulo, n. 96, p. 29-36, out./dez. 1999.

GRINOVER, Ada Pellegrini. A ação civil pública no STJ. In: *STJ:* 10 anos — obra comemorativa 1989-1999. Brasília: Superior Tribunal de Justiça, 1999.

GRINOVER, Ada Pellegrini. Aparente restrição da coisa julgada na ação civil pública: ineficácia da modificação ao art. 16 pela Lei n. 9494/97. In: FIGUEIREDO, Guilherme José Purvim (Coord.). *Temas de direito ambiental e urbanístico*. São Paulo: Max Limonad, 1998.

GRINOVER, Ada Pellegrini. Apresentação do Anteprojeto de Código Brasileiro de Processos Coletivos. In: MAZZEI, Rodrigo Reis; NOLASCO, Rita Dias (Coords.). *Processo civil coletivo.* São Paulo: Quartier Latin, 2005.

GRINOVER, Ada Pellegrini. Comentários ao 93 do CDC. In: ______ *et al. Código Brasileiro de Defesa do Consumidor comentado pelos autores do Anteprojeto*. 8. ed. Rio de Janeiro: Forense, 2005.

GRINOVER, Ada Pellegrini. Das ações coletivas para a defesa de interesses individuais homogêneos/Comentários aos arts. 91 a 100 do CDC. In: ______ *et al. Código Brasileiro de Defesa do Consumidor comentado pelos autores do Anteprojeto*. 8. ed. rev. ampl. e atual. conforme o novo Código Civil. Rio de Janeiro: Forense, 2005.

GRINOVER, Ada Pellegrini. *A tutela dos interesses difusos.* São Paulo: Max Limonad, 1984.

GRINOVER, Ada Pellegrini. A tutela jurisdicional dos interesses difusos. *Revista de Direito Mercantil, Industrial, Econômico e Financeiro*, São Paulo, n. 45, jan./mar. 1982.

GRINOVER, Ada Pellegrini. Rumo a um Código Brasileiro de Processos Coletivos. In: MILARÉ, Édis (Coord.). *A ação civil pública após 20 anos:* efetividade e desafios São Paulo: Revista dos Tribunais, 2005.

MANCUSO, Rodolfo de Camargo. *A ação civil pública em defesa do meio ambiente, do patrimônio cultural e dos consumidores*: Lei n. 7.347/85 e legislação complementar. 9. ed. São Paulo: Revista dos Tribunais, 2004.

MANCUSO, Rodolfo de Camargo. *Jurisdição coletiva e coisa julgada.* 2005. Tese (Titular) — Faculdade de Direito da Universidade de São Paulo, São Paulo, 2005.

MAZZILLI, Hugo Nigro. *O acesso à justiça e o Ministério Público.* 3. ed. rev., ampl. e atual. São Paulo: Saraiva, 1998.

MAZZILLI, Hugo Nigro. *A defesa dos interesses difusos em juízo.* 13. ed. rev., ampl. e atual. São Paulo: Saraiva, 2001.

NERY JUNIOR, Nelson. Ação civil pública no processo do trabalho. In: MILARÉ, Edis (Coord.). *Ação civil pública:* Lei n. 7.347/85 — 15 anos. São Paulo: Ed. Revista dos Tribunais, 2001.

NERY JUNIOR, Nelson. *Princípios do processo civil na Constituição Federal.* 8. ed. São Paulo: Revista dos Tribunais, 2004.

NERY JUNIOR, Nelson; NERY, Rosa Maria de Andrade. *Código Civil comentado.* 7. ed. São Paulo: Revista dos Tribunais, 2003.

NERY JUNIOR, Nelson; NERY, Rosa Maria de Andrade. *Código de Processo Civil comentado e legislação extravagante.* 7. ed. rev., ampl. e atual. São Paulo: Revista dos Tribunais, 2003.

NERY JUNIOR, Nelson; NERY, Rosa Maria de Andrade. *Código de Processo Civil comentado e legislação extravagante.* 3 ed. rev., ampl. e atual. São Paulo: Revista dos Tribunais, 2005.

NERY JUNIOR, Nelson; NERY, Rosa Maria de Andrade. *Código de Processo Civil comentado e legislação extravagante.* 9. ed. rev., ampl. e atual. São Paulo: Revista dos Tribunais, 2006.

NOSETE, José Almagro. *Derecho procesal.* Madrid: Trivium, 1995. v. 1, p. 388, tradução livre. t. I: Parte general. Processo civil.

OLIVEIRA, Adriane Fernandes de. *Execução nas ações coletivas.* Curitiba: Juruá, 2004.

SUPREMO TRIBUNAL FEDERAL. Disponível em: www.stf.gov.br. Acesso em: 13 jun. 2006.

THEODORO JR. *A reforma da execução do título extrajudicial. Lei n. 11.382, de 6 de dezembro de 2006.* Rio de Janeiro: Forense, 2007.

WATANABE, Kazuo. Demandas coletivas e os problemas emergentes da práxis forense. *Revista de Processo*, São Paulo, n. 67, jul./set. 1992.

WATANABE, Kazuo. Disposições gerais/comentários aos arts. 81 a 90 do CDC. In: ______ *et al. Código Brasileiro de Defesa do Consumidor comentado pelos autores do Anteprojeto.* 8. ed. São Paulo: Forense Universitária, 2004.

WATANABE, Kazuo. Tutela jurisdicional dos interesses difusos: a legitimação para agir. *Revista de Jurisprudência do Tribunal de Justiça do Estado de São Paulo*, São Paulo, v. 88, maio/jun. 1984.

ZAVASCKI, Teori Albino. *Comentários ao Código de Processo Civil:* processo de execução. São Paulo: Revista dos Tribunais, 2004. v. 8.

ZAVASCKI, Teori Albino. Defesa de direitos coletivos e defesa coletiva de direitos. *Revista de Informação Legislativa*, Brasília, ano 32, n. 127, jul./set. 1995.

Liquidação e Execução no Processo Coletivo[1]

Introdução

Convergem doutrina e jurisprudência, na atualidade, para a afirmação de que o processo como instrumento de realização da justiça deve ter função precípua na consecução do direito material, devendo teoria e técnica estar alinhadas a serviço de objetivo maior, numa dimensão prática, representando o processo meio justo, seguro, eficiente e rápido não só na entrega da prestação jurisdicional, mas também na efetividade da tutela, com entrega do bem da vida ao seu titular.

Nas lides intersubjetivas, nas quais o autor é o titular do direito material, a entrega da prestação jurisdicional conduz à efetividade da tutela, porque o bem reclamado e tutelado vai incorporar ou reincorporar ao patrimônio do titular.

O mesmo não ocorre em relação à lide coletiva, em que esse elo se rompe. O autor processual ou parte ideológica não é o titular do direito lesado ou ameaçado de lesão, que pertence à coletividade (interesse público) e a seus integrantes que, em decorrência do ilícito, suportaram individualmente prejuízos (interesse privado).

Em razão do surgimento, consolidação e tutela dos novos direitos, direitos de massa ou direito das coletividades ou de grupos, ganha autonomia, ao lado do direito processual clássico, o direito processual coletivo, com teoria e institutos próprios ou adaptados.

Porém, o microssistema de direito coletivo representa o ideal a ser alcançado, mas ainda um modelo incapaz de dar conta da realidade desse novo ramo do Direito, especialmente no que tange à execução e efetividade dos julgados coletivos.

Tentativa de complementar o sistema processual foi empreendida, resultando no Projeto de Lei n. 5.139, rejeitado na Câmara dos Deputados, onde aguarda deliberação de recurso na Mesa Diretora[2].

O certo e inquestionável é que, a fim de viabilizar a tutela do direito ou interesse por quem não detém direito de propriedade — e que vai atuar em defesa da coletividade — a lei adotou o instituto da legitimação extraordinária ou legitimação autônoma.

---

(1) Nota do organizador: Texto originalmente publicado na *Revista da Academia Brasileira de Direito do Trabalho*, v. 22, 2017.

(2) Informação de andamento capturada em: https://www.camara.leg.br/proposicoesWeb/fichadetramitacao?idProposicao=432485#:~:text=PL%205139%2F2009%20Inteiro%20teor,Projeto%20de%20Lei&text=-Disciplina%20a%20a%C3%A7%C3%A3o%20civil%20p%C3%BAblica,homog%C3%AAneos%2C%20e%20d%C3%A1%20outras%20provid%C3%AAncias.. Acesso em: 11 ago. 2017.

Frente à realidade da massificação das ações, com a intervenção de terceiro designado pela lei para postular em nome da coletividade, quem vai ter acesso ao bem da vida tutelado é o titular do direito ou o autor processual ou parte ideológica?

A peculiaridade relativa à descoincidência entre direito material e direito público subjetivo de ação leva a dificuldades quase intransponíveis, com a jurisprudência trabalhista, num primeiro momento, conferindo interpretação restritiva ao instituto da substituição processual para, a seguir, ser revista, inclusive com cancelamento de súmula, em virtude da consolidação da jurisprudência do Supremo Tribunal Federal afirmativa de que a substituição processual é ampla e irrestrita.

Em razão do posicionamento do Supremo Tribunal Federal, a quem compete, em última instância, dar a palavra final acerca de controvérsia que envolve matéria constitucional, a jurisprudência se firmou pela admissão da legitimidade do corpo intermediário da forma mais ampla possível.

Contudo, resta ainda a dialética em torno do *alcance dessa legitimação extraordinária no processo de execução.* Admitida a substituição processual também para o processo de execução, com essa certeza o autor processual ou parte ideológica estaria autorizado a levantar em juízo o bem de propriedade de terceiro? A tutela resultante da sentença genérica quanto aos prejuízos individualmente sofridos não pode resultar inefetiva exatamente pela possibilidade da perda do direito ou incorporação do bem ao patrimônio do proprietário de forma incompleta ou incorreta?

Por isso a renovada preocupação não apenas com a essencial instrumentalidade do processo, mas também da tutela.

1. Tutela coletiva. Especificidades

A tutela do direito coletivo no Brasil não é fenômeno novo, aliás, é inerente ao Direito do Trabalho em sua fase embrionária e consolidada(3) com a representação sindical e autorização do ente coletivo para postular em juízo direito de integrante da categoria.

Ao lado desse direito coletivo, também compreendido como direito sindical, em que a classe trabalhadora passa a ter consciência de suas necessidades, interesses comuns

(3) Art. 513. São prerrogativas dos sindicatos: a) representar, perante as autoridades administrativas e judiciárias os interesses gerais da respectiva categoria ou profissão liberal ou interesses individuais dos associados relativos á atividade ou profissão exercida. [...]. Art. 872 – Celebrado o acordo, ou transitada em julgado a decisão, seguir-se-á o seu cumprimento, sob as penas estabelecidas neste Título. Parágrafo único – Quando os empregadores deixarem de satisfazer o pagamento de salários, na conformidade da decisão proferida, poderão os empregados ou seus sindicatos, independentes de outorga de poderes de seus associados, juntando certidão de tal decisão, apresentar reclamação à Junta ou Juízo competente, observado o processo previsto no Capítulo II deste Título, sendo vedado, porém, questionar sobre a matéria de fato e de direito já apreciada na decisão. *(Redação dada pela Lei n. 2.275, de 30.7.1954)*

e, acima de tudo, do poder coletivo, surge o direito das coletividades e dos grupos[4] assegurado pela Constituição Federal e pelo sistema infraconstitucional.

Esses direitos transindividuais[5], a que Mauro Cappelletti e Bryant Garth[6] identificaram como "terceira onda renovatória" do processo civil, exigem representação adequada.

Assim, para o acesso à justiça em defesa desses novos direitos surge a "parte coletiva" ou "parte ideológica" ou "corpo intermediário" ao lado da parte individual e, como destaca Mauro Cappelletti[7], opera-se profunda metamorfose no Direito Judiciário Civil, para quem regras e estruturas desenhadas em vista de um processo civil de conteúdo individualístico revelam-se impotentes, havendo necessidade de novos ou renovados institutos, de regras próprias de legitimação, de representação processual, de notificação, de contraditório e de limites subjetivos e objetivos da coisa julgada.

A forma de acesso à justiça modifica-se substancialmente e, com a prestação jurisdicional, também de entrega do bem da vida ao titular dos direitos ou interesses lesados. Isso porque, reconhecendo-se novos direitos, não de uma pessoa (o titular do direito material), mas de uma coletividade, o autor passa a ser um terceiro designado pela lei (ente coletivo) não titular do direito material.

Diante da notável transformação, o processo civil clássico não se mostra capaz de dar conta da tutela dos novos direitos. A instrumentalidade requer mudanças, fazendo surgir o processo coletivo com regras próprias ou adaptadas do processo clássico, como instrumento de realização dos direitos da coletividade.

Identificado o novo ramo do Direito, de sua teoria geral aflora moderna concepção de legitimidade, com implicações diretas nos institutos da conexão, continência, litispendência e liquidação da sentença, ante a inexistência de similitude da ação coletiva em relação à individual[8].

Tais institutos do processo civil clássico são adaptados ao sistema de direito processual coletivo, dentre os quais a atenção se volta para a legitimação e a liquidação da sentença coletiva.

2. Acesso à Justiça. Legitimidade. Substituição processual

Como se vê, no processo coletivo o autor processual não é o titular do direito material, mas um ente coletivo ou corpo intermediário, designado pela lei, para a tutela do interesse da sociedade, da coletividade ou do grupo.

(4) Expressão de Wilson de Souza Campos Batalha (BATALHA, Wilson de Sousa Campos. *Direito processual das coletividades e dos grupos*. 2. ed. São Paulo: LTr, 1992. p. 152).

(5) Cf. expressão adotada pela Lei n. 8.078/90, art. 81.

(6) Conferir por todos CAPELLETTI, Mauro; GARTH, Bryant. *Acesso à justiça..., cit.*, p. 67.

(7) Formações sociais e interesses coletivos diante da justiça civil. *RePro* 5, p. 128-129 e 151.

(8) Joselita Nepomuceno Borba. *Efetividade da Tutela Coletiva*. São Paulo: LTr. p. 124.

Cada ente coletivo, no seu âmbito de atuação, tem legitimidade definida. Ao sindicato é assegurada legitimidade coletiva ampla[(9)] para defesa dos interesses de integrantes da categoria, enquanto ao Ministério Público é conferida legitimidade para defesa da ordem jurídica[(10)], sem exclusão de outros legitimados[(11)].

A atuação em defesa de direitos ou interesses transindividuais se dá, portanto, através de "corpos intermediários", por meio de legitimação autônoma[(12)], substituição processual ou de representação[(13)].

A legitimação envolve necessariamente o reconhecimento de um direito geral de acionar, passando-se pelo filtro do órgão jurisdicional a fim de averiguar o legítimo interesse, até o esgotamento da atividade jurisdicional no caso concreto. Legitimação, portanto, não é qualidade natural, mas, como adverte José Almagro Nosete[(14)], qualidade adicional indispensável ao sujeito promovente da ação, um atributo derivado da lei, daí a pertinente observação de Andrea Meroi[(15)] indicativa de que legitimação é reconhecimento outorgado pelo Direito para realização de determinado ato com eficácia.

No âmbito do processo coletivo a legitimação, por opção de política legislativa, é extraordinária, em que terceiro, em nome próprio, pode defender direito alheio.

---

(9) CF, art. 8º É livre a associação profissional ou sindical, observado o seguinte: [...] III – ao sindicato cabe a defesa dos direitos e interesses coletivos ou individuais da categoria, inclusive em questões judiciais ou administrativas.

(10) CF, art. 127. O Ministério Público é instituição permanente, essencial à função jurisdicional do Estado, incumbindo-lhe a defesa da ordem jurídica, do regime democrático e dos interesses sociais e individuais indisponíveis. Art. 129. São funções institucionais do Ministério Público: [...] III – promover o inquérito civil e a ação civil pública, para a proteção do patrimônio público e social, do meio ambiente e de outros interesses difusos e coletivos.

(11) Nesse sentido, conferir título de nossa autoria *"Legitimidade concorrente na defesa dos direitos e interesses coletivos e difusos".* São Paulo: LTr.

(12) Em decorrência dos traços característicos dos direitos e interesses sociais (indeterminação subjetiva e indivisibilidade objetiva) surge uma legitimação autônoma como concebido por Nelson Nery Junior e Rosa Maria de Andrade Nery, o que seria para Teresa Alvim uma legitimação ordinária (*Código de Processo Civil Comentado*, 9. ed., p. 152; *Constituição Federal comentada e legislação constitucional.* São Paulo: Revista dos Tribunais, 2006. p. 487; ALVIM, Thereza Celina Diniz de Arruda. *O direito processual de estar em juízo.* São Paulo: Revista dos Tribunais, 1996. p. 118; BORBA, Joselita Nepomuceno. *Efetividade da tutela coletiva.* São Paulo: LTr, 2008. p. 72).

(13) Depreende-se da fonte de poder da legitimação extraordinária constante do sistema jurídico, como já explicitado em defesa de tese corporificada no nosso título *Legitimidade Concorrente na Defesa dos Direitos e Interesses Coletivos e Difusos:* Sindicato, Associação, Ministério Público. Entes não Sindicais (São Paulo: LTr, 2013. p. 187), que "substituição processual e representação são institutos diversos. Nesta (representação), parte é o representado titular do direito ou interesse a ser defendido; naquela (substituição), parte é o substituto que atua não porque é titular do direito ou interesse a ser defendido, mas porque para tanto recebeu autorização legal em razão de conexidade de interesses. A consequência marcante da diversa forma de atuar é que o efeito do ato praticado pelo representante repercute diretamente na esfera jurídica do representado, incorporando ao seu patrimônio. O mesmo não ocorre com a substituição processual. Nesta, o ato praticado pelo substituto repercute indistintamente no coletivo, beneficiando um e, na mesma medida e extensão, todos que estejam em idêntica situação.

(14) *Derecho procesal.* Madrid: Trivium, 1995. v. 1, p. 402-403. t. I: Parte general. Processo civil.

(15) MEROI, Andrea A. *Processos coletivos..., cit.*, p. 65.

Mas, qual o alcance da substituição processual? O reconhecimento outorgado pelo Direito para a tutela do interesse geral é o mesmo para o interesse particular envolvido?

A fonte de poder da legitimação posicionada em nível constitucional socializou a legitimidade autônoma, conferindo-a a pessoas físicas e jurídicas(16) e, nesse contexto, o Supremo Tribunal Federal, ao delimitar o alcance da regra do inciso III, do art. 8º, da Constituição Federal, explicitou que a substituição processual é ampla e irrestrita, inclusive para o processo de execução(17). A partir dessa orientação os Tribunais pacificaram sua jurisprudência(18)(19).

(16) Conferiu a Constituição Federal legitimidade ao cidadão para agir na defesa de interesse da coletividade (CF, art. 5º, LXXIII); partido político com representação no Congresso Nacional, para proteger direito líquido e certo, quando o abuso ou a ilegalidade ofenderem direitos transindividuais, assim entendidos os coletivos e difusos (CF, art. 5º, LXX); (3) sindicato, na defesa de interesses da categoria (CF, art. 8º, III). Assim, é extraordinária a legitimação: (1) das entidades de classe ou associações, entre elas o sindicato, na defesa de interesses de seus membros ou associados (CF, art. 5º, XXI); (2) do sindicato, na defesa dos interesses individuais homogêneos de integrantes da categoria ou de interesses coletivos da categoria (CF, art. 8º, III).

(17) PROCESSO CIVIL. SINDICATO. ART. 8º, III DA CONSTITUIÇÃO FEDERAL. LEGITIMIDADE. SUBSTITUIÇÃO PROCESSUAL. DEFESA DE DIREITOS E INTERESSES COLETIVOS OU INDIVIDUAIS. RECURSO CONHECIDO E PROVIDO. O art. 8º, III da Constituição Federal estabelece a legitimidade extraordinária dos sindicatos para defender em juízo os direitos e interesses coletivos ou individuais dos integrantes da categoria que representam. Essa legitimidade extraordinária é ampla, abrangendo a liquidação e a execução dos créditos reconhecidos aos trabalhadores. Por se tratar de típica hipótese de substituição processual, desnecessária qualquer autorização dos substituídos. Recurso conhecido e provido. (STF do RE-210029, pub. *DJ* 17.08.2007). No mesmo sentido, julgados nesta data, REs ns. 193.503; 193.579; 208.983; 211.874; 213.111; 214.668; 214.830 e 211.152. Ao RE n. 211.303, interposto pela União, negou-se provimento. (Informativo STF. SUPREMO TRIBUNAL FEDERAL. Disponível em: <http://www.stf.gov.br>. Acesso em: 13 jun. 2006)

(18) A Seção Especializada em Dissídios Individuais do TST, em obediência à tese do STF acerca da extensão da substituição processual, a partir de inúmeros precedentes (dentre os quais E-RR – 43200-50.2006.5.04.0571, relator Ministro: Augusto César Leite de Carvalho, Data de Julgamento: 09.02.2012, Subseção I Especializada em Dissídios Individuais, Data de Publicação: 24.02.2012; AIRR -1135-77.2010.5.03.0102, relator Ministro: Mauricio Godinho Delgado, Data de Julgamento: 26.06.2013, 3ª Turma, Data de Publicação: 1º.07.2013; RR – 122700-53.2009.5.09.0303, relator Ministro: Augusto César Leite de Carvalho, Data de Julgamento: 26.06.2013, 6ª Turma, Data de Publicação: 28.06.2013), passou a reconhecer a legitimidade ampla do sindicato para a defesa dos direitos coletivos e até individuais de integrantes da categoria, como se infere dos seguintes julgados: EMBARGOS INTERPOSTOS NA VIGÊNCIA DA LEI N. 11.496/2007. LEGITIMIDADE ATIVA *AD CAUSAM*. SINDICATO. SUBSTITUIÇÃO PROCESSUAL. DIREITOS INDIVIDUAIS HOMOGÊNEOS. NÃO PROVIMENTO. 1. Depreende-se do v. acórdão proferido no julgamento do RE 210.029-3/RS que, para o Supremo Tribunal Federal, a legitimidade sindical posta no art. 8º, III, da Constituição Federal é ampla e alcança não apenas os direitos coletivos amplo sensu (direitos difusos, direitos coletivos strictu sensu e individuais homogêneos), mas, ainda, os direitos individuais subjetivos dos trabalhadores integrantes da categoria. Precedentes do STF e desta Corte. 2. Assim, é forçoso reconhecer que a substituição processual não se restringe às hipóteses em que se discutam direitos e interesses coletivos, podendo a entidade sindical defender, inclusive, direitos individuais subjetivos da categoria que representa. 3. Recurso de embargos de que se conhece e a que se nega provimento. [destaques acrescidos] (E-ED-RR – 920-63.2010.5.09.0093, relator Ministro: Guilherme Augusto Caputo Bastos, Data de Julgamento: 22.09.2016, Subseção I Especializada em Dissídios Individuais, Data de Publicação: *DEJT* 30.09.2016) AGRAVO REGIMENTAL. EMBARGOS INTERPOSTOS NA VIGÊNCIA DA LEI N. 13.015/2014. ART. 894, § 2º, DA CLT. ITERATIVA E NOTÓRIA JURISPRUDÊNCIA DA SbDI-1 DO TST. LEGITIMIDADE ATIVA AD CAUSAM. SINDICATO PROFISSIONAL. SUBSTITUIÇÃO PROCESSUAL. DIREITO INDIVIDUAL HOMOGÊNEO. EQUIPARAÇÃO SALARIAL 1. O Supremo Tribunal Federal, em inúmeras demandas originárias da Justiça do Trabalho, vem de manifestar-se reiteradamente acerca da legitimidade ampla dos sindicatos, na substituição processual, seja para a

Depois, diante da certeza de que a substituição processual é ampla e irrestrita, inclusive para a liquidação e execução da sentença coletiva, o autor processual estaria legitimado também, por força do alcance da substituição processual, a receber o bem objeto da tutela para, a seguir, entregá-lo a quem de direito?

Para enfrentar a questão, mesmo de forma aligeirada, necessário relembrar requisitos da sentença coletiva e espécie de interesses tutelados.

Liquidez e certeza são requisitos não só da sentença individual, mas também da coletiva.

---

defesa de direitos coletivos, individuais homogêneos ou mesmo de direitos subjetivos específicos. Exemplificativamente, no julgamento do Agravo em Recurso Extraordinário n. ARE 810185/DF, o Exmo. Ministro Ricardo Lewandowski manteve acórdão do TST que ratificou a legitimidade ativa ad causam do sindicato da categoria profissional para postular, mediante reclamação trabalhista, equiparação salarial em relação a um único substituído (publicação no *DJe* de 26.5.2014). 2. Presentemente, na trilha da jurisprudência do STF, a SbDI-1 do TST reconhece a legitimidade ativa ad causam do Sindicato da categoria profissional para postular o direito à equiparação salarial. Precedentes. 3. A partir da vigência da Lei n. 13.015/2014, nos termos da redação do art. 894, § 2º, da CLT, não viabiliza a admissibilidade de embargos, por divergência jurisprudencial, a indicação de arestos cuja tese jurídica encontre-se superada por atual, iterativa e notória jurisprudência da Subseção I Especializada em Dissídios Individuais do TST. 4. Agravo regimental a que se nega provimento. [destaques acrescidos] (AgR-E-ED-RR – 939-38.2010.5.09.0459, relator Ministro: João Oreste Dalazen, Data de Julgamento: 08.09.2016, Subseção I Especializada em Dissídios Individuais, Data de Publicação: *DEJT* 16.09.2016). A conseqüência inevitável foi o cancelamento da Súmula n. 310/TST, que tinha o seguinte teor: "SUBSTITUIÇÃO PROCESSUAL — SINDICATO. I – O art. 8º, inciso III, da Constituição da República não assegura a substituição processual pelo sindicato. II – A substituição processual autorizada ao sindicato pelas Leis ns. 6.708, de 30.10.1979, e 7.238, de 29.10.1984, limitada aos associados, restringe-se às demandas que visem aos reajustes salariais previstos em lei, ajuizadas até 3.7.1989, data em que entrou em vigor a Lei n. 7.788. I II – A Lei n. 7.788/1989, em seu art. 8º, assegurou, durante sua vigência, a legitimidade do sindicato como substituto processual da categoria. IV – A substituição processual autorizada pela Lei n. 8.073, de 30.7.1990, ao sindicato alcança todos os integrantes da categoria e é restrita às demandas que visem à satisfação de reajustes salariais específicos resultantes de disposição prevista em lei de política salarial. V – Em qualquer ação proposta pelo sindicato como substituto processual, todos os substituídos serão individualizados na petição inicial e, para o início da execução, devidamente identificados pelo número da Carteira de Trabalho e Previdência Social ou de qualquer documento de identidade. VI – É lícito aos substituídos integrar a lide como assistente litisconsorcial, acordar, transigir e renunciar, independentemente de autorização ou anuência do substituto. VII – Na liquidação da sentença exequenda, promovida pelo substituto, serão individualizados os valores devidos a cada substituído, cujos depósitos para quitação serão levantados através de guias expedidas em seu nome ou de procurador com poderes especiais para esse fim, inclusive nas ações de cumprimento. VIII – Quando o sindicato for o autor da ação na condição de substituto processual, não serão devidos honorários advocatícios" (Res. n. 1/1993, *DJ* 6.5.1993, cancelada pela Resolução TST 119 9. *DJ* 1º.10.03).

(19) EMBARGOS DE DIVERGÊNCIA. LEGITIMIDADE DOS SINDICATOS. SUBSTITUIÇÃO PROCESSUAL. LIQUIDAÇÃO E EXECUÇÃO DO PROCESSO COLETIVO *LATO SENSU*. 1. O cerne da controvérsia gira em torno da legitimidade dos sindicatos para atuar na fase executiva do processo coletivo "lato senso". Consoante recente entendimento consignado no âmbito da Quinta e Sexta Turmas desta Corte e do Supremo Tribunal Federal, os sindicatos agem na qualidade de substitutos processuais quer na fase de conhecimento, quer na fase de liquidação e execução das ações em que se discute direitos cletivos e individuais homogêneos de seus filiados. 2. Embargos de divergência conhecidos, mas rejeitados (EREsp 1082891 RN, rel. Min. FERNANDO GONÇALVES. Corte Especial. *DJe* 21.05.2009). No mesmo sentido AgRg nos EREsp 1077723 RS, rel. Min. FELIX FISCHER. Corte Especial. *DJe* 13.08.2009.

A sentença coletiva contém comando do tipo mandamental, destinada a tutela de direitos essencialmente coletivos (difusos e coletivos) que, por natureza, são indivisíveis. Em relação a tais direitos o comando sentencial com condenação em obrigação de fazer ou de não fazer não exige procedimento liquidatário, e sim providências que assegurem o resultado prático equivalente ao adimplemento[(19)].

No entanto, a sentença condenatória destinada à tutela de direitos acidentalmente coletivos (individuais homogêneos) que, por natureza, são divisíveis, submete-se a procedimento de liquidação previsto no processo coletivo[(20)], aplicando-se-lhe as disposições da lei processual comum apenas de forma subsidiária[(21)].

Essa categoria de direito é composta de direitos individuais, enfeixados para efeito de defesa unificada, mas não são direitos coletivos. Ou seja, são direitos individuais que pela conexidade e repercussão social podem ser tutelados de forma coletiva, sem que a forma de defesa possa mudar-lhes a natureza.

Em relação a tais direitos o comando sentencial condenatório sujeita-se a procedimento de liquidação, competindo à vítima ou a seu sucessor buscar, por si ou por seu representante, a reparação do prejuízo.

A nova técnica processual advém não só da probabilidade de o bem da vida não chegar ao patrimônio das vítimas, mas porque, como lembra Ada Pellegrini Grinover[(22)], em se tratando de bem coletivo o objeto de tutela ainda é tratado de forma indivisível pela sentença genérica. Só mediante procedimento liquidatário a sentença genérica espraia seus efeitos em relação aos bens divisíveis ou prejuízos suportados pelos integrantes de grupo, categoria ou sociedade.

---

(19) CDC, art. 84. Na ação que tenha por objeto o cumprimento da obrigação de fazer ou não fazer, o juiz concederá a tutela específica da obrigação ou determinará providências que assegurem o resultado prático equivalente ao do adimplemento.

(20) CDC, art. 97. A liquidação e a execução de sentença poderão ser promovidas pela vítima e seus sucessores, assim como pelos legitimados de que trata o art. 82.

(21) Quanto à forma de cumprimento da sentença coletiva para reparação do dano ao bem comum e dos prejuízos individualmente sofridos já nos posicionamos da seguinte forma: "Essa sentença condenatória coletiva dotada de liquidez e certeza quanto à agressão ao bem coletivo contém também certeza quanto a existência de lesão a direitos individuais, constituindo, pois, pressuposto para futuros processos de cumprimento da sentença no âmbito do direito individual. Com efeito, cuida-se de título judicial apto também à realização do direito material sem mais percalços inerentes ao complemento do an debeatur na fase de liquidação. Diante da certeza jurídica advinda da sentença coletiva (ação coletiva de defesa de interesses coletivos ou individuais homogêneos de responsabilidade por danos sofridos) cada associado titular de direito material, observada a natureza da sentença e peculiaridades inerentes à tutela, deve se habilitar no processo diretamente ou por meio de representante, promovendo a liquidação e a execução da respectiva indenização pelos danos individualmente sofridos" (*Legitimidade concorrente..., cit.*, p. 188).

(22) *CDC Comentado..., cit.*, p. 886.

Assim, a liquidação de sentença condenatória em relação aos danos individualmente sofridos segue procedimento idêntico ao da liquidação por artigos do processo civil clássico, observando-se rigorosamente especificidades e peculiaridades do processo coletivo, a fim de, comprovados lesão a direito individual, nexo causal, extensão do dano e sua quantificação particularizada, se chegar ao valor do dano a ser reparado em cada caso(23).

Para tanto há necessidade de habilitação das vítimas ou seus representantes, mesmo porque o autor processual não dispõe dos elementos indispensáveis à liquidação dos prejuízos individualmente sofridos. Tanto é assim que, para não restar esvaziada a condenação pela ausência ou insuficiência de vítimas que venham requerer habilitação, o legislador previu a legitimidade concorrente do autor processual para executar indenização fluída(24), reversível a fundo instituído por lei. Legitimidade concorrente, sim, mas subsidiária na medida em que os legitimados de que cuida o art. 82, do CDC, estão autorizados a atuar para evitar possível ineficácia da sentença genérica.

Não resta dúvida, pois, que a sentença coletiva é líquida e certa quanto à condenação para reparação do dano à coletividade (comando mandamental, com fixação de multa ou *astreinte*), mas ilíquida e incerta relativamente aos danos individualmente sofridos e respectivos titulares do direito material (aqueles que podem ter suportado prejuízos/vítimas), daí a necessidade de liquidação na forma prevista pelo processo coletivo.

Também não há dúvida quanto à extensão da legitimidade do ente coletivo, podendo o substituto processual atuar até a liquidação e execução.

Substituto processual a que se refere é a parte ideológica que, por lei, recebeu o encargo de defesa dos direitos e interesses patrimoniais de seus representados (sindicato, associação etc), não o Ministério Público que, diante da elevada missão de defesa da ordem jurídica, não tem legitimidade para postular em defesa de qualquer cidadão ou integrante de categoria ou grupo(25).

---

(23) Assim já nos posicionamos em *Legitimação Concorrente..., cit.*, p. 192.

(24) CDC, art. 100. Decorrido o prazo de um ano sem habilitação de interessados em número compatível com a gravidade do dano, poderão os legitimados do art. 82 promover a liquidação e execução da indenização devida.

(25) Em defesa de tese chegou-se à conclusão de que o Ministério Público não tem legitimidade para defesa de direitos ou interesses patrimoniais nem para liquidar e executar sentença coletiva para reparar prejuízos individualmente sofridos, concentrando-se sua elevada missão institucional na defesa da ordem jurídica e do bem comum, quando foi afirmado: "Assim é que a atuação do Ministério Público se consolida na defesa do interesse público, entendido como bem geral. Este seria identificável com um interesse primário, aquele, próprio da sociedade ou da coletividade, autêntico direito transindividual. A lei deixou ao encargo da citada instituição exigir o cumprimento das leis e da Constituição, definindo precisamente suas funções. E dentre elas não se encontra a defesa de direitos ou interesses concretos ou abstratos de integrantes de categoria ou classes profissionais. Ou seja, produção de norma e defesa de interesses patrimoniais. [destaque acrescido ao original] (*Legitimidade concorrente..., cit.*, 212).

Não se está a defender legitimidade restritiva, mas a observar limites das competências e funções atribuídas pela Constituição Federal, buscando-se a plena efetividade da prestação jurisdicional coletiva na forma em que o sistema constitucional permite. Por isso, ciente da limitação para a atuação do Ministério Público na defesa de interesse patrimonial, há muito já se defendia a atuação em forma de litisconsórcio(26) entre Ministério Público e Sindicado e assim praticava o exercício da jurisdição coletiva(27).

Tamanho prestígio atribuído ao *parquet*, elevado à condição de órgão de preservação da liberdade democrática e de defesa do regime democrático, não poderia, como de fato não autorizou o art. 127 da Constituição Federal de 1988, ao "advogado do povo", na feliz expressão de Dalmo Dallari(28), a defender o interesse privado individual, salvo se indisponível por ser interesse público.

Um advogado do povo em defesa do *bem comum*, por isso, continua firme a convicção(29) de não ser possível o Ministério Público exercer defesa de *interesse privado* nem interesse de integrante de categoria ou grupo.

Portanto, quando se fala em substituição processual, ou mesmo legitimação autônoma ou institucional, para o procedimento de liquidação ou de execução coletiva o permissivo legal está a indicar que a legitimidade é apenas e tão somente do autor processual

---

(26) Ao enfrentar a questão da legitimidade coletiva, nos idos de 2002, com a atenção voltada para a máxima efetividade da tutela coletiva, já defendia a aplicação dos institutos do litisconsórcio e da assistência que cada ente coletivo (Ministério Público e Sindicato), pelas seguintes razões: "Concorrem Ministério Público e Sindicato na defesa dos interesses coletivos, mas sob prismas diversos, dissociados pela natureza dos interesses tutelados, incumbindo a este a defesa do interesse da categoria e àquele a da integridade da ordem jurídica. Nada impede, no entanto, que os legitimados consorciem-se para mover ação em conjunto, postulando a um só tempo que o infrator se abstenha da prática ilegal e que repare a lesão, com economia processual, não perdendo o Ministério Público a sua condição de co-legitimado ativo nato. A hipótese do litisconsórcio, aliás, está prevista na regra do § 2º do art. 5º da Lei n. 7.347/85, inexistindo, na espécie, nenhum óbice relativo à competência em razão da pessoa ou da matéria. Quanto a assistência é perfeitamente cabível, pois qualquer cidadão ou órgão legitimado pode colaborar, na forma do permissivo do art. 19 da referida Lei n. 7.347/85" (Joselita Nepomuceno Borba. *Direito Coletivo do Trabalho e Mediação.* Teoria e Prática. São Paulo: LTr, 2002. p. 28-29).

(27) Em ação civil pública de nossa autoria como órgão agente do Ministério Público do Trabalho à época, ante a gravidade dos fatos (trabalho em condições análogas à de escravo) e da probabilidade de ineficácia da sentença coletiva relativamente a danos individualmente sofridos (com a atuação fiscalizadora do Ministério do Trabalho os trabalhadores se dispersaram para toda região e para outros Estados), foi defendida a necessidade de atuação conjunta, para tanto requerendo a citação do Sindicato dos Trabalhadores Rurais para integrar o polo ativo da demanda por ser terceiro interessado, sob o argumento de que "a assistência litisconsorcial se justifica, posto que ao Ministério Público incumbe a defesa da ordem jurídica, enquanto ao Sindicato incumbe a defesa dos interesses dos integrantes da categoria" *Direito Coletivo do Trabalho..., cit.*, p. 148.

(28) DALLARI, Dalmo de Abreu. Ministério público: advogado do povo. In: LIVIANU, Roberto (Coord.). *Justiça, cidadania e democracia.* São Paulo: Imprensa Oficial do Estado de São Paulo: Ministério Público Democrático, 2006. p. 84.

(29) Cf. *Legitimidade Concorrente na defesa dos Direitos e Interesses Coletivos e Difusos:* Sindicato, Associação, Ministério Público, Entes não Sindicais. São Paulo: LTr, 2013. p. 130.

encarregado da defesa dos interesses dos representados; como a missão constitucional do *parquet* vai em direção diametralmente oposta não pode ele, como substituto processual, atuar na liquidação ou execução da sentença coletiva em defesa do interesse privado de integrante de grupo ou categoria.

3. Alcance do art. 97 do CDC

A sentença coletiva faz coisa julgada *erga omnes* e *ultra partes*, encontrando o instituto da coisa julgada tratamento específico no microssistema brasileiro de direito processual coletivo[(30)].

Isto significa que a autoridade da coisa julgada coletiva[(31)] atinge toda a coletividade titular do direito lesado ou ameaçado de lesão, com efeito expandido capaz de alcançar, além do ente legitimado (corpo intermediário, titular do direito de ação), quem, ao final do processo, for apto a se beneficiar do resultado favorável (titular do direito material).

Aliás, com a atenção voltada para peculiaridades do instituto da coisa julgada no processo coletivo *Antonio Gidi* afirma que, relativamente às ações coletivas, a coisa julgada é o principal problema a ser solucionado, notadamente no que diz respeito aos seus limites subjetivos, ou seja, a extensão da imutabilidade do comando do julgado a terceiros que não participaram da relação jurídico-processual[(32)].

De fato, a sentença coletiva condenatória, do tipo mandamental, destinada a tutela de direitos coletivos *stricto sensu* (difusos e coletivos), é dotada de liquidez e certeza. Seu

---

(30) CDC. 103. Nas ações coletivas de que trata este código, a sentença fará coisa julgada: I - *erga omnes*, exceto se o pedido for julgado improcedente por insuficiência de provas, hipótese em que qualquer legitimado poderá intentar outra ação, com idêntico fundamento valendo-se de nova prova, na hipótese do inciso I do parágrafo único do art. 81; II - ultra partes, mas limitadamente ao grupo, categoria ou classe, salvo improcedência por insuficiência de provas, nos termos do inciso anterior, quando se tratar da hipótese prevista no inciso II do parágrafo único do art. 81; III - erga omnes, apenas no caso de procedência do pedido, para beneficiar todas as vítimas e seus sucessores, na hipótese do inciso III do parágrafo único do art. 81. § 1º Os efeitos da coisa julgada previstos nos incisos I e II não prejudicarão interesses e direitos individuais dos integrantes da coletividade, do grupo, categoria ou classe. § 2º Na hipótese prevista no inciso III, em caso de improcedência do pedido, os interessados que não tiverem intervindo no processo como litisconsortes poderão propor ação de indenização a título individual. § 3º Os efeitos da coisa julgada de que cuida o art. 16, combinado com o art. 13 da Lei n. 7.347, de 24 de julho de 1985, não prejudicarão as ações de indenização por danos pessoalmente sofridos, propostas individualmente ou na forma prevista neste código, mas, se procedente o pedido, beneficiarão as vítimas e seus sucessores, que poderão proceder à liquidação e à execução, nos termos dos arts. 96 a 99. § 4º Aplica-se o disposto no parágrafo anterior à sentença penal condenatória.

(31) Explica Antonio Gidi que a terminologia utilizada — *erga omnes* ou *ultra partes* — possui a mesma significação, sendo que, embora o legislador do Código de Defesa do Consumidor tenha utilizado uma ou outra nos incisos do art. 103, na verdade a interpretação é a mesma, independente da expressão consignada, conclui o autor incisivamente em nota. (*Coisa julgada e litispendência em ações coletivas, cit.*, p. 108-109).

(32) GIDI, Antonio. *Coisa julgada e litispendência em ações coletivas*. São Paulo: Saraiva, 1995. p. 14.

cumprimento requer adoção de providências que assegurem o resultado prático equivalente ao adimplemento[33]. Nessa espécie de sentença predomina o interesse social ou público, em que, por natureza, o bem é indivisível, advindo a força coativa da sentença da fixação de multa ou *astreinte*.

Todavia, se ao final procedimento de liquidação se impuser o proveito será revertido em favor da coletividade, nunca ao autor processual ou para reparar prejuízos individuais.

No entanto, o mesmo não ocorre em relação à sentença condenatória em ação coletiva de defesa de interesses coletivos *lato sensu* (individuais homogêneos), em que a liquidação é inerente, a fim de apurar danos individualmente sofridos. Na categoria dos direitos individuais homogêneos o interesse predominante é o particular individual, em que o bem, por natureza, é divisível. Nesse tipo de ação coletiva de responsabilidade a condenação é genérica[34], ficando a cargo de cada prejudicado a iniciativa de promover a liquidação individual.

E a liquidação pelos danos sofridos fica condicionada à iniciativa da parte que, em tese, suportou o prejuízo ou de seu representante, conforme previsão do art. 97 do CDC, que assim dispõe:

> Art. 97. A liquidação e a execução de sentença poderão ser promovidas pela vítima e seus sucessores, assim como pelos legitimados de que trata o art. 82.

A exigência legal inerente à legitimidade para agir na execução, em busca da reparação por danos materiais, tem razão de ser porque o direito material pertence à vítima, e não ao ente coletivo, autor processual, e também porque a legitimidade para requerer o bem da vida assegurado em sentença genérica é de quem se sentir prejudicado.

Ao titular do direito material cabe a iniciativa, por si ou por seu representante, requerer em juízo e fazer a necessária prova da conexidade de interesse (lesão), do prejuízo e de sua dimensão, além do *quantum debeatur*.

Indispensável o querer ou o agir daquele que se sentir prejudicado pelo ato ilícito a que se reporta a sentença coletiva, a fim de demonstrar que faz parte daquela coletividade (titularidade, interesse, proveito do comando genérico), que o seu direito fora lesado, em que medida e qual o valor a ser reparado.

Ademais, comprovar os efeitos da sentença — se *inter partes* ou *erga omnes* — é essencial, como entendera o Tribunal Superior do Trabalho, ao afirmar que se sindicato

(33) CDC. Art 84. Na ação que tenha por objeto o cumprimento da obrigação de fazer ou não fazer, o juiz concederá a tutela específica da obrigação ou determinará providências que assegurem o resultado prático equivalente ao do adimplemento.

(34) CDC. Art. 95. Em caso de procedência do pedido, a condenação será genérica, fixando a responsabilidade do réu pelos danos causados.

junta lista de substituídos o efeito da sentença é limitado, só se estende aos relacionados na lista, e não a toda a categoria, ainda que tenha o sindicato legitimidade ampla[35].

Regra geral a sentença coletiva possui dois comandos, um dotado de liquidez e certeza e, nessa condição, apto a ser realizado; outro, ilíquido a exigir apuração dos direitos individuais e o seu *quantum*, pressuposto para futuros processos de cumprimento da sentença[36] para reparação de prejuízos individuais[37], salvo situações em que o procedimento da liquidação não se faz necessário porque prevalece na sentença coletiva o interesse público.

É o que ocorre, só para exemplificar, nas relações de consumo em que, para proteger o cidadão, o comando condenatório proíbe a venda de determinado medicamento ou naquela em que do comando genérico consta o objeto da obrigação (com determinação para o condenado se abster de cobrar determinada taxa).

Da mesma forma, no âmbito das relações de trabalho não há falar em liquidação de sentença coletiva se o comando condenatório impuser obrigação de fazer ou não fazer, determinando ao empregador que se abstenha de exigir jornada além do limite legal, de não reter salário ou a cumprir as normas internas da empresa relativamente à promoção por antiguidade ou merecimento.

Se, por outro lado, do comando constar determinação de pagar (horas extra, salário atrasado, diferença de salário em decorrência de promoção não concedida) ou reparar qualquer prejuízo, aí sim há necessidade de liquidação.

Na hipótese de a sentença coletiva trazer comando condenatório capaz de tutelar o bem coletivo (interesse público) e, por via reflexa, prejuízos individualmente suportados (interesses particulares), o que se evidencia é a prevalência de condições da ação coletiva inerentes à superioridade da tutela coletiva em comparação à individual, bem como a predominância do coletivo sobre o individual.

---

(35) O TST não reconheceu legitimidade ao sindicato para agir na condição de substituto processual porque evidenciado que, na hipótese, o sindicato agiu como representante (juntou lista de beneficiários da sentença) e não na condição de substituto processual, dai porque os efeitos da sentença coletiva somente beneficiam os representados e não todos os integrantes da categoria. É o que consta do tema ementado: AGRAVO DE INSTRUMENTO. RECURSO DE REVISTA. COISA JULGADA. ABRANGÊNCIA EXCLUSIVA ÀQUELES EMPREGADOS DA CATEGORIA PROFISSIONAL RELACIONADOS NO DOCUMENTO ANEXO À PETIÇÃO INICIAL [...] (AIRR - 9873140-82.2006.5.09.0004, relator Ministro: Fernando Eizo Ono, Data de Julgamento: 05.11.2008, 4ª Turma, Data de Publicação: *DEJT* 14.11.2008).

Disponível em: https://jurisprudencia.tst.jus.br/#b8ea74fc12e7493cb1c3b2c08c4519bb.

(36) O processo civil comum incorporou o procedimento de liquidação ao processo de conhecimento, o que viabiliza a prolação de sentença dotada de suas características essenciais — liquidez e certeza —, o que viabiliza o cumprimento da sentença. Mas, ressalvado o comando geral dirigido à reparação do dano ao bem comum, a da sentença relativamente aos prejuízos necessita de liquidação, o que restringe a ampla aplicação do processo sincrético.

(37) Nesse sentido, *Legitimação concorrente..., cit.*, p. 188.

Voltando mais uma vez atenção para as disposições do referido art. 97 do CDC, verifica-se que a liquidação e a execução da sentença podem ser promovidas não só pela vítima e seu sucessor, mas também pelo ente coletivo (Ministério Público, pessoas jurídicas de direito público interno e entes da administração pública direta ou indireta, associações, sindicato) a indicar, a partir da leitura isolada do dispositivo legal, que a legitimidade seria concorrente entre o titular do direito material e o autor processual. Nesse sentido se encaminha a jurisprudência do TST[38], com reforço de fundamento baseado do direito constitucional de ação e no instituto da substituição processual: o prejudicado atua porque tem direito subjetivo público de ação; o sindicato atua porque detém a condição de substituto processual.

Todavia, no mesmo capítulo que disciplina as ações coletivas para defesa de interesses individuais homogêneos, condiciona o legislador à atuação de substituto processual (arrolado no art. 82) à apresentação de "certidão das sentenças de liquidação" das vítimas a serem indenizadas, tudo conforme expressa disposição do § 1º do art. 98 do CDC.

Ou seja, reafirma-se o princípio de que a legitimidade para a liquidação dos prejuízos individualmente suportados é da vítima — ou seu representante. A legitimidade é exclusiva. Se o substituto processual agir pode e deve fazê-lo depois da liquidação, apresentando as

---

(38) RECURSO DE EMBARGOS REGIDO PELA LEI N. 13.015/2014. EXECUÇÃO INDIVIDUAL DE SENTENÇA PROFERIDA NOS AUTOS DE AÇÃO COLETIVA AJUIZADA PELO SINDICATO NA CONDIÇÃO DE SUBSTITUTO PROCESSUAL EM FASE DE EXECUÇÃO. No caso, a Turma deste Tribunal não conheceu do recurso de revista da reclamante, por entender não observada a regra prevista no art. 896, § 2º, da CLT, no que diz respeito à pretensão recursal calcada em ofensa ao art. 5º, XXXV, da CF/88. Concluiu tratar-se de controvérsia sobre matéria infraconstitucional (Código de Defesa do Consumidor e Lei de Ação Civil Pública), relativa à possibilidade de o substituído promover individualmente a execução. O fundamento que ocasionou a extinção do feito sem resolução do mérito está relacionado com uma das clássicas condições da ação (falta de interesse de agir por já ter iniciado o processo de execução nos autos da ação promovida pelo sindicato da categoria profissional). Ocorre que os créditos reconhecidos como devidos na ação coletiva poderão ser individualizados e apurados por meio de liquidação de sentença em ação de execução autônoma individual, proposta pelo empregado substituído, ou nos próprios autos da ação coletiva mediante iniciativa do sindicato autor, por se tratar de legitimação concorrente e não subsidiária. Nesse contexto, o direito de escolha da ação de execução, individual ou coletiva, está relacionado com o próprio conteúdo do direito de ação, daí a razão de se entender que a extinção do processo na forma como decidida na instância ordinária está em desconformidade com o disposto no art. 5º, XXXV, da CF/88. Recurso de embargos conhecido e provido. [destaques acrescidos]

(E-RR - 1843-88.2012.5.15.0049, relator Ministro: Augusto César Leite de Carvalho, Data de Julgamento: 30.03.2017, Subseção I Especializada em Dissídios Individuais, Data de Publicação: *DEJT* 11.04.2017)

Execução. Sentença proferida nos autos de ação coletiva ajuizada por sindicato na condição de substituto processual. Execução individual. Possibilidade. Legitimidade concorrente. Art. 5º, XXXV, da CF.

O empregado, de forma individual, possui legitimidade para promover a execução de sentença proferida nos autos de ação coletiva ajuizada por sindicato na condição de substituto processual, sob pena de ofensa ao art. 5º, XXXV, da CF. Trata-se de legitimação concorrente e não subsidiária, nos termos dos arts. 97 e 98 do CDC, razão pela qual o direito de escolha quanto à execução, se individual ou coletiva, está relacionado ao próprio conteúdo do direito de ação. Sob esses fundamentos, a SBDI-I, por unanimidade, conheceu dos embargos, por divergência jurisprudência, e, no mérito, deu-lhes provimento para, reformando o acórdão recorrido, determinar o retorno dos autos à vara do trabalho de origem para, afastada a extinção do processo sem resolução do mérito, por falta de interesse de agir, prossiga no julgamento da causa como entender de direito. [destaques acrescidos] (TST-E-RR-1843-88.2012.5.15.0049, SBDI-I, rel. Min. Augusto César Leite de Carvalho, 30.3.2017)

certidões das sentenças que reconheçam a titularidade, o interesse, o nexo, a extensão do dano e o *quantum debeatur*.

Em suma, na execução coletiva de direitos individuais homogêneos por prejuízos suportados individualmente o autor processual age como representante, conforme previsão do inciso XXI do art. 5º, da Constituição Federal, ou como substituto processual, na forma da autorização conferida pelo art. 8º III, da Constituição Federal, combinado com o § 1º do art. 98, do CDC, se e quando apresentar certidões das liquidações individuais.

Certamente a lei não tem comando inútil ou sem sentido, advindo a exigência do art. 98 e seu § 1º, do CDC, da incapacidade, salvo na condição de representante em que os prejudicados se identificam e fornecem documentos, do autor processual de apresentar elementos indispensáveis à liquidação e a quantificação da indenização reparatória.

Partindo-se de uma interpretação sistemática a percepção é de que líquida e certa a sentença coletiva em relação aos prejuízos individualmente suportados o autor processual, de posse das respectivas certidões de coisa julgada, poderá dar início à execução coletiva como substituto processual.

A mesma interpretação sistemática, envolvendo dispositivos do direito processual coletivo que cuidam da liquidação da sentença, notadamente os arts. 95 e 97 do CDC, afasta justificado receio de inobservância do instituto da substituição processual, com a extensão conferida pelo Supremo Tribunal Federal (processo de conhecimento e de execução), primeiro porque o direito de ação não representa mero direito de petição (mas, direito público subjetivo condicionado a condições de ação) e, regra geral, deve ser exercido pelo titular do direito material, só excepcionalmente, na forma da lei, pode ser exercido por terceiro; depois, não deixa o autor processual de atuar como substituto processual na execução, apenas sua atuação, por absoluta falta de diretrizes e elementos para liquidar prejuízos dos interessados em potencial, fica postergada para momento próprio.

Diante da sentença condenatória genérica, posterior fracionamento para liquidação e execução do julgado relativamente a prejuízos individuais não é o ideal, vez que ao invés de um terá milhares de processos, como ressaltou o Ministro Marco Aurélio ao enfrentar a questão(39), mas não se pode racionalizar processo sem observância de garantias constitucionais, dentre elas direito público subjetivo de ação e direito de propriedade, cláusulas do devido processo legal(40).

(39) STF do RE-210029 em 12.6.2006. cf. *Informativo STF*. SUPREMO TRIBUNAL FEDERAL. Disponível em: http://www.stf.jus.br. Acesso em: 13 jun. 2006.

(40) CF, art. 5º [...] IV – ninguém será privado da liberdade ou de seus bens sem o devido processo legal; LV – aos litigantes, em processo judicial ou administrativo, e aos acusados em geral são assegurados o contraditório e ampla defesa, com os meios e recursos a ela inerentes.

Não fosse o alto grau de dificuldade de acesso à justiça por parte do substituto processual[41] em razão da ausência de parâmetros, diretrizes e elementos para desencadear dezenas, centenas, milhares de liquidações individuais, conforme o caso foco da atenção, há de se considerar também a probabilidade de inefetividade da tutela pela perda do direito[42].

De fato, aquele que não tomou conhecimento da sentença genérica tem grande chance de, também, não ter conhecimento de que o bem da vida, reclamado e levantado pelo autor processual, está à sua disposição. Premissa inversa é verdadeira, pois se o prejudicado — por si ou representado — provoca a jurisdição mediante procedimento de habilitação no processo coletivo saberá da existência do bem de sua titularidade a receber.

Para conciliar, aliando efetividade e celeridade, além de racionalizar o processo na medida do possível, o direito processual coletivo adotou a sistemática da execução coletiva para o comando genérico da sentença coletiva e da habilitação para as subsequentes liquidações individuais, possibilitando a execução coletiva para o cumprimento das sentenças individuais.

Substituição processual na execução pressupõe, portanto, liquidez e certeza da sentença, o que significa que o interessado, titular do direito material, tem conhecimento da tutela geral e da tutela específica em relação à indenização tendente a recompor seu patrimônio.

A exegese legal, se compreendida dessa forma, tem o condão de evitar que, ao final, o bem particular tutelado não se perca, como, aliás, revela caso paradigmático extraído da atividade forense[43].

---

(41) Não se pode, por um lado, ignorar que o fracionamento da liquidação e execução dos julgados na ação coletiva por danos individualmente suportados leva ao risco de falta de acesso à prestação jurisdicional coletiva e à multiplicação de liquidações e execuções, com agravamento da sobrecarga da Justiça e, por outro, que o processo de conhecimento coletivo não exaure as potencialidades da defesa coletiva dos interesses individuais homogêneos, por isso deve-se priorizar a execução coletiva, mas sem desprezo à previa liquidação dos prejuízos individualmente suportados. Afirma-se nesse sentido porque, diante de sentença genérica de imputação responsabilidade e do dever de indenizar, a primeira providência a se tomar é o levantamento do universo de prejudicados que, a depender do ilícito e da natureza do direito, a lesão pode abranger dezenas, centenas ou milhares de pessoas, como ocorre com consumidor lesado por cobrança indevida de tarifa telefônica, energia elétrica ou de lesão a direito de categoria profissional de base nacional, só exemplificar. Não tem sentido falar-se em *quantum debeatur* a ser exigido do condenado se não se sabe quem é o titular do direito. Acredita-se, para vencer esse obstáculo, a execução coletiva a cargo do substituto processual ficou postergada para a fase de exigibilidade ou do cumprimento das sentenças individuais.

(42) Conferir, nesse sentido, com maior extensão, *Efetividade da tutela coletiva*. Joselita Nepomuceno Borba. São Paulo: LTr, 2008.

(43) De fato, a inobservância das regras de execução coletiva tem a perda de direito, como ocorre, apenas para exemplificar, nos autos do processo da ação coletiva n. 96.17883-6, que tramitou na 7ª Vara Federal da Seção Judiciária do Estado da Bahia, em que sindicato de servidores público pleiteou, na condição de substituto processual, diferenças salariais decorrentes de enquadramento salarial e, tendo recebido vultosa quantia, resiste em efetuar o pagamento correto aos titulares do direito material. Ou seja, o autor processual, de posse

Essa compreensão — racionalidade/efetividade — foi adotada pelo Superior Tribunal de Justiça[44] que, ao uniformizar sua jurisprudência, deixou assentado que a legitimação do autor processual é ampla e irrestrita no processo de conhecimento e também na execução, desde que particularizada a situação jurídica de cada qual dos substituídos.

Evidenciam-se, assim, novos contornos acerca do alcance da substituição processual, não mais em razão do *alcance* do instituto (ampla e irrestrita no processo de conhecimento e de execução), mas do *momento* de exercê-la no processo de execução pelo autor processual.

Se não for assim, necessariamente haverá necessidade de se enfrentar a conformidade da regra do art. 98 e § 1º do CDC[45], na parte que condiciona a substituição processual à existência de sentença líquida e certa quanto aos danos individualmente sofridos, com o comando do art. 8º, III, da Constituição Federal, pois não se pode negar vigência à lei ou simplesmente deixar de aplicar dispositivo legal de regência sem declarar sua inconstitucionalidade.

Aliás, o tema tem sido enfrentado pelo Supremo Tribunal Federal, que editou súmula vinculante, assim ementada: "viola a cláusula de reserva de plenário (CF, art. 97) a decisão de órgão fracionário de Tribunal que embora não declare expressamente a inconstitucionalidade de lei ou ato normativo do poder público, afasta sua incidência, no todo ou em parte" (Súmula Vinculante n. 10 do STF).

A mesma Corte[46], em sede de repercussão geral, já se pronunciou no sentido de que "(...) Possui repercussão geral a questão relativa à ofensa ou não ao princípio

---

do direito material que não lhe pertence não pagou, ou pagou como lhe convinha, aos titulares do direito material. Por isso, diversos substituídos requereram acesso aos autos do processo judicial para a defesa de seus interesses, tendo sido negadas todas as tentativas. O processo não cumpriu o seu fim.

(44) EMENTA. EMBARGOS DE DIVERGÊNCIA. DIREITO CIVIL. SINDICATOS. EXECUÇÃO EM AÇÃO COLETIVA. LEGITIMIDADE. SUBSTITUIÇÃO PROCESSUAL. POSSIBILIDADE. 1. A legitimidade extraordinária conferida pela Constituição da República aos Sindicatos, para defesa em juízo ou fora dele dos direitos e interesses coletios ou individuais, independentemente de autorização expressa do associado, se estende à liquidação ou execução da decisão judicial, hipótese em que deverá particularizar a situação jurídica de cada qual dos substituídos. (E-D.RESP. n. 941.108 RS (2009/0160869-6. Rel. Min. Hamilton Carvalhido. *DJ*. 08.02.2010)

(45) Art. 98. A execução poderá ser coletiva, sendo promovida pelos legitimados de que trata o art. 82, abrangendo as vítimas cujas indenizações já tiveram sido fixadas em sentença de liquidação, sem prejuízo do ajuizamento de outras execuções. § 1º A execução coletiva far-se-á com base em certidão das sentenças de liquidação, da qual deverá constar a ocorrência ou não do trânsito em julgado. [...]

(46) CONSTITUCIONAL. RECURSO EXTRAORDINÁRIO COM AGRAVO. CONCESSIONÁRIAS DE SERVIÇOS DE TELECOMUNICAÇÕES. "TERCEIRIZAÇÃO". OFENSA AO PRINCÍPIO DA RESERVA DE PLENÁRIO. NÃO APLICAÇÃO DO ART. 94, II, DA LEI N. 9.472/97 PELO TRIBUNAL SUPERIOR DO TRABALHO. REPERCUSSÃO GERAL CONFIGURADA. 1. Possui repercussão geral a questão relativa à ofensa ou não ao princípio da reserva de plenário em razão da não aplicação, pelo Tribunal Superior do Trabalho, a empresas de telecomunicações, do art. 94, II, da Lei n. 9.472/97, que permite a concessionárias de serviço público a "terceirização" de atividades inerentes, acessórias ou complementares ao serviço. 2. Repercussão geral reconhecida. (ARE 791932 RG/DF. Relator Min. Teori Zavaski. Julgado 30.05.2015) Disponível em: https://portal.stf.jus.br/jurisprudencia/pesquisarInteiroTeor.asp?numeroInteiroTeor=791932.

da reserva de plenário em razão da não aplicação, pelo Tribunal Superior do Trabalho, a empresas de telecomunicações, do art. 94, II, da Lei n. 9.472/1997, que permite a concessionárias de serviço público a "terceirização" de atividades inerentes, acessórias ou complementares ao serviço (...)

4. Processo de habilitação

Em relação aos prejudicados pela conduta, prática ou ato declarados ofensivos pela sentença condenatória, que a lei considera genérica — e ilíquida em relação aos prejudicados[(47)] —, os titulares do direito material pelos danos individualmente suportados devem promover sua liquidação.

Não a liquidação conforme o processo civil clássico, mas sim de acordo com o processo coletivo (CPC, arts. 94 e 97), com peculiaridades próprias, dentre as quais as inerentes ao procedimento de *habilitação.*

Nos termos do art. 97 do CDC, o condenado por danos provocados à coletividade se sujeita também a reparar danos individuais a vítimas que se apresentarem.

A sentença condenatória genérica é líquida e certa quanto à obrigação de indenizar pelos danos causados, mas não é líquida quanto aos prejuízos individualmente causados e em relação à extensão das respectivas reparações.

Por isso, a fim de viabilizar a identificação de possíveis prejudicados prevê a lei[(48)] ampla divulgação da propositura da ação, providência, aliás, a ser estendida também ao momento do trânsito em julgado da decisão condenatória para ciência da procedência da ação[(49)] aos membros de grupo, classe ou categoria de pessoas.

A partir dessa comunicação (ciência da decisão) amplia-se a possibilidade de os titulares do direito material terem conhecimento de que terão eles título executivo judicial de conteúdo favorável, passível de liquidação relativamente aos prejuízos suportados.

Frente à certeza da coisa julgada em ação coletiva, aquele que individualmente sofreu prejuízo pode se habilitar por intermédio do processo de liquidação, oportunidade em que a condenação pelos danos causados ao bem comum (CDC, art. 95) passa a tutelar reflexamente interesses afeados em razão do prejuízo individualmente considerado[(50)].

---

(47) Neste sentido *Ibidem*, p. 886.

(48) CDC, art. 94. Proposta a ação, será publicado edital no órgão oficial, a fim de que os interessados possam intervir no processo como litisconsortes, sem prejuízo de ampla divulgação pelos meios de comunicação social por parte dos órgãos de defesa do consumidor.

(49) Nesse sentido, conferir Ada Pellegrini Grinover (GRINOVER, Ada Pellegrini *et al. Código Brasileiro de Defesa do Consumidor comentado pelos autores do Anteprojeto*, p 885 e Rumo a um Código Brasileiro de Processos Coletivos. In: Milaré, Edis (Coord.). *A ação civil pública após 20 anos:* efetividade e desafios, p. 15).

(50) V. neste sentido GRINOVER, Ada Pellegrini *et al. Código Brasileiro de Defesa do Consumidor comentado pelos autores do Anteprojeto, cit.*, p. 886.

A sentença condenatória genérica somente pode ser liquidada pelos titulares do direito material (vítimas ou seus representantes), a fim de, em processo de liquidação, idêntico à liquidação por artigos(51) do processo civil, comprovarem o nexo causal e, com essa certeza jurídica, prosseguir na averiguação da dimensão do prejuízo individual e apurar o *quantum debeatur*(52).

É de se notar, pois, que as disposições legais quando admitem a possibilidade de execução coletiva se referem à (i) representação, oportunidade em que autor processual, devidamente autorizado, promove a execução; (ii) risco de ineficácia da prestação jurisdicional coletiva quando, decorrido um ano sem habilitações em número compatível com a gravidade do dano(53), abre-se oportunidade para desencadear o procedimento de liquidação(54) com produto reversível a fundo legal; (iii) substituição processual diferida na execução, condicionada a apresentação de certidão das sentenças de liquidação das vítimas a serem indenizadas.

Conclusão

Na execução coletiva há de se observar regras e institutos próprias do direito processual coletivo, seguindo tramites e observando peculiaridades para, diante da coisa julgada coletiva, o bem coletivo ser recomposto e os prejuízos individualmente suportados serem reparados.

Quanto à indenização por prejuízos, viva controvérsia que envolveu o instituto da substituição processual foi dissipada pela intervenção do Supremo Tribunal Federal, mas ainda há incerteza quanto à extensão da legitimação extraordinária em sede de execução, notadamente em virtude do comando do art. 98, § 1º, do CDC, que condiciona a atuação do autor processual à existência de coisa julgada fixada em sentença.

Nos termos da lei, diante de sentença genérica que certifica o *an debeatum*, a substituição processual tem lugar se, diante de coisa julgada, for identificada a titularidade dos danos individuais e o *quantum debeatur*.

---

(51) Conferir GRINOVER, Ada Pellegrini *et al*. *Código Brasileiro de Defesa do Consumidor comentado pelos autores do Anteprojeto, cit.*, p. 888.

(52) CDC art. 98. A execução poderá ser coletiva, sendo promovida pelos legitimados de que trata o art. 82, abrangendo as vítimas cujas indenizações já tiveram sido fixadas em sentença de liquidação, sem prejuízo do ajuizamento de outras execuções. (Redação dada pela Lei n. 9.008, de 21.3.1995). § 1º A execução coletiva far-se-á com base em certidão das sentenças de liquidação, da qual deverá constar a ocorrência ou não do trânsito em julgado. § 2º É competente para a execução o juízo: I – da liquidação da sentença ou da ação condenatória, no caso de execução individual; II – da ação condenatória, quando coletiva a execução. [...] art. 100. Decorrido o prazo de um ano sem habilitação de interessados em número compatível com a gravidade do dano, poderão os legitimados do art. 82 promover a liquidação e execução da indenização devida. Parágrafo único. O produto da indenização devida reverterá para o fundo criado pela Lei n. 7.347, de 24 de julho de 1985.

(53) Nesse sentido cf. *Efetividade*... p. 146.

(54) Condiciona a lei que o ente legitimado atue na liquidação da sentença em caso de inércia do titular do direito material, a indicar que a atuação não é concomitante, ou na insignificância de sua atuação (CDC, art. 100).

Assim, com a atenção voltada para o sistema processual de direito coletivo, evidencia-se de que (i) o direito de propriedade deve ser assegurado; (ii) a legitimidade do ente coletivo na tutela do bem lesado ou ameaçado de lesão é ampla no processo de conhecimento e na execução; (iii) a legitimidade para postular indenização por danos patrimoniais conexos com o bem coletivo é exclusiva da vítima ou de seu representante; (iv) na execução a substituição processual fica diferida para momento oportuno, condicionada a apresentação de certidão de sentença de liquidação individual em que se apurou a titularidade do direito material e o *quantum debeatur*; (v) a competência para execução por danos patrimoniais individuais, nos termos do inciso I do § 2º do art. 98, do CDC, é do juízo da liquidação da sentença ou da ação condenatória; (vi) a competência para execução por danos patrimoniais individuais, quando o corpo intermediário atua como representante, nos termos do inciso II, do § 2º, do art. 98, do CDC, é especificamente do juízo da ação condenatória; (vii) decorre das disposições do art. 100 do CDC que o ente coletivo não tem legitimidade para postular direito material em favor de nenhum representado na ação coletiva, pois o valor da indenização será necessariamente reversível a fundo que tenha por objeto recompor o bem coletivo lesado.

Referências

ALMEIDA, Gregório Assagra de. *Direito processual coletivo brasileiro:* um novo ramo do direito processual. São Paulo: Saraiva, 2003.

ALVIM, Thereza Celina Diniz de Arruda. *O direito processual de estar em juízo*. São Paulo: Revista dos Tribunais, 1996.

BATALHA, Wilson de Sousa Campos. *Direito processual das coletividades e dos grupos*. 2. ed. São Paulo: LTr, 1992.

BORBA, Joselita Nepomuceno. *Efetividade da tutela coletiva*. São Paulo: LTr, 2008.

BORBA, Joselita Nepomuceno. *Legitimidade Concorrente na defesa dos Direitos e Interesses Coletivos e Difusos:* Sindicato, Associação, Ministério Público, Entes não Sindicais. São Paulo: LTr, 2013.

BORBA, Joselita Nepomuceno. *Direito Coletivo do Trabalho e Mediação*. Teoria e Prática. São Paulo: LTr, 2002.

BORBA, Joselita Nepomuceno. Legitimação, coisa julgada e liquidação de sentença no processo coletivo. Efetividade da Tutela Coletiva. In: BRAMANTE, Ivani Contini; CALVO, Adriana. (Coords.). *Aspectos Polêmicos e Atuais do Direito do Trabalho*. Homenagem ao Professor Renato Rua de Almeida. São Paulo: LTr, 2007.

CAPELLETTI, Mauro. O acesso à justiça e a função do jurista em nossa época. *Revista de Processo*, São Paulo, n. 61, 1991.

CAPELLETTI, Mauro. Formações sociais e interesses coletivos diante da justiça civil. *Revista de Processo*, São Paulo, ano 2, n. 5, p. 128-159, jan./mar. 1977.

CAPPELLETTI, Mauro; GARTH, Bryant. *Acesso à justiça*. Tradução de Ellen Gracie Northfleet. Porto Alegre: Sergio Antonio Fabris, 2002. Reimpressão.

DALLARI, Dalmo de Abreu. Ministério público: advogado do povo. In: LIVIANU, Roberto (Coord.). *Justiça, cidadania e democracia*. São Paulo: Imprensa Oficial do Estado de São Paulo: Ministério Público Democrático, 2006, p. 84.

DIDIER JÚNIOR, Fredie. O controle jurisdicional da legitimação coletiva e as ações coletivas passivas (o art. 82 do CDC). In: SAMPAIO, Aurisvaldo; CHAVES, Cristiano. *Estudos de direito do consumidor: tutela coletiva. Homenagem aos 20 anos da lei da ação civil pública.* Rio de Janeiro: Lumen Juris, 2005.

DUQUE. Edgar Ospina. *Derecho Colectivo del Trabalho.* 2. ed. Bogotá: Ediciones Jurídicas Gustavo Ibañez Ltda, 2005.

DINAMARCO, Cândido Rangel. *A instrumentalidade do processo.* 7. ed. São Paulo: Malheiros, 1999.

GIDI, Antonio. *Coisa julgada e litispendência em ações coletivas.* São Paulo: Saraiva, 1995.

GRINOVER, Ada Pellegrini *et al. Código brasileiro de defesa do consumidor: comentado pelos autores do anteprojeto.* 8. ed. Rio de Janeiro: Forense Universitária, 2005.

GRINOVER, Ada Pellegrini *et al. O processo.* II Serie. Estudos e pareceres de processo civil. Brasília: Gazeta Jurídica, 2013.

MEROI, Andrea A. *Processos colectivos:* recepción y problemas. Buenos Aires: Rubizal-Culzoni, 2008.

NERY JUNIOR, Nelson; NERY, Rosa Maria Barreto Borriello de Andrade. *Código de processo civil comentado e legislação extravagante.* 9. ed. São Paulo: Revista dos Tribunais, 2006.

NERY JUNIOR, Nelson; NERY, Rosa Maria Barreto Borriello de Andrade. *Constituição federal comentada e legislação constitucional.* São Paulo: Revista dos Tribunais, 2006.

PACHECO G. Máximo. *Teoria Del Derecho.* 5. ed. Santiago: Editorial Jurídica de Chile, 2004.

VENTURI, Elton. *Execução da tutela coletiva.* São Paulo: Malheiro, 2000.

WATANABE, Kazuo. Tutela jurisdicional dos interesses difusos: a legitimação para agir. *Revista de Jurisprudência do Tribunal de Justiça do Estado de São Paulo*, São Paulo, v. 88, maio/jun. 1984.

ZAVASCKI, Teori Albino. Defesa de direitos coletivos e defesa coletiva de direitos. *Revista de Informação Legislativa*, Brasília, ano 32, n. 127, jul./set. 1995.

Repensando o Termo de Ajustamento de Conduta (TAC) — Vicissitudes de sua Desconstituição[1]

Introdução

Quem for identificado pelo Ministério Público, em procedimento ou inquérito civil público, descumprindo a lei de forma generalizada, pode firmar Termo de Ajustamento de Conduta (TAC), comprometendo-se a cumprir as exigências legais, sob pena de multa.

O compromisso na esfera administrativa visa a recompor espontaneamente o bem coletivo lesado ou ameaçado de lesão de imediato e, na maior medida do possível, evitar litigiosidade desnecessária.

O termo de solução de conflito extrajudicial, como todo negócio jurídico oriundo da autonomia da vontade, comporta questionamentos sob os mais variados fundamentos, desde defeitos na formação até a impossibilidade de seu cumprimento.

Aplica-se também em relação ao TAC o princípio da inafastabilidade da jurisdição. No entanto, possível pretensão de nulidade, pela origem do ato, partes envolvidas ou natureza do bem lesado, deve fundar-se em causa relevantíssima ou mesmo situação extremamente gravosa.

Portanto, a fim de se averiguar a possibilidade de o título executivo extrajudicial ser anulado e, se possível, em que medida, indispensável perquirir sobre o conceito, elementos e princípios que regem o ato. Contudo, não se pode esquecer de noções, ainda que superficiais, envolvendo a socialização dos direitos, entes legitimados à defesa dos novos direitos e instrumentos de ação. Entre eles, a ação e o inquérito civil público, instrumento administrativo este por meio do qual o acusado, se admitir a acusação, pode firmar compromisso, abstendo-se de continuar na prática ilegal a ele imputada.

---

(1) Nota do organizador: Texto originalmente publicado na *Revista LTr*, São Paulo, v. 76, 2012.

1. Direitos ou interesses sociais

Os interesses, quando passam a ter atenção do legislador, transformam-se em interesses juridicamente protegidos e, nessa condição, a receber tutela jurisdicional se lesados ou ameaçados de lesão.

O direito volta-se para interesses por ele tutelados e a norma é o instrumento apto a atendê-los. Direito ou interesse, modernamente, são termos que se equivalem(2), razão pela qual tanto faz dizer tutela de direito ou tutela de interesse.(3)

A noção clássica de direito vincula-se à proteção de direitos civis, de que são titulares os indivíduos, predominantemente com conteúdo de "não fazer", "não prejudicar" ou "nao violar", vale dizer, com o propósito de proteger a autonomia privada do homem, seja por parte dos outros individuos, seja principalmente por parte do Estado.

Posteriormente, com as doutrinas sociais(4), surgem novos direitos, consolidados nos textos das modernas Constituições e na Declaração dos Direitos do Homem, das Nações Unidas.(5) Englobam os direitos sociais, que têm por objeto atividades positivas do Estado, do próximo e da própria sociedade para fornecer ao cidadão certos bens ou condições. Dessa forma, são direitos que exigem um "fazer" um "construir", um "ajudar", por parte dos órgãos estatais.

Expandem-se em círculos de direitos, constituindo os sociais, ao lado dos individuais, patrimônio jurídico-positivo com feição de direitos fundamentais.

Esses direitos ou interesses sociais nao sao próprios do Estado, mas da coletividade. É o interesse do ser humano, não na condição abstrata (apenas titular do direito ou interesse individual), mas apanhado na sua generalidade (titular também do direito ou interesse social). Direito ou interesse que não lhe é exclusivo, porque em igual extensão e natureza é conferido a todos quantos integram o grupo social(6).

2. Defesa dos direitos ou interesses sociais

Os direitos ou interesses sociais estão alicerçados na ideia de solidariedade, a exigir atividade positiva na sua implementação.

A titularidade de tais direitos ou interesses desloca-se para a coletividade (pessoas, grupo ou categoria) o que inviabiliza, em caso de lesão ou ameaça de lesão, defesa por

---

(2) A proteção do direito sigrifica tutela do interesse que ele asse-gura, daí porque, direito ou interesse são termos que se equivalem. É o que se vê da Constituição Federal (art. 89, III) e do CDC (art. 81, I, II, III) (BORBA. 2008. p. 49).

(3) STCHFS (2010, p. 233); LOPEZ-TÁPTA (2005 p. 21); BORBA (Tese. PUC-SP. 2012, p. 62).

(4) SICHES (2010, p. 602).

(5) *Ibidem*, p. 603.

(6) CALMON DE PASSOS (p. 2006).

pessoa física individualizada. Além do deslocamento da noção do individual para o coletivo, na base ou na realidade fática, há acentuada heterogeneidade, o que levou a doutrina(7) a sistematizar tais direitos a partir de aspectos relevantes, como conflitualidade, comunhão de interesses, determinação ou indeterminação dos sujeitos ou tipo de pretensão(8), ou ainda em categoria tripartite, como assentado em nosso sistema.(9)

Assim, características e peculiaridades dos direitos e interesses sociais impossibilitam atuação direta de seus titulares quando eles são lesados ou ameaçados de lesão, destacando a lei, para a sua defesa, entes ou pessoas predeterminadas.

3. Entes legitimados para defesa dos direitos ou interesses sociais

A proliferação de direitos veio acompanhada de entes legitimados e de instrumento de ação a fim de dar-lhes efetividade. Muda-se, radicalmente, a forma de acesso à Justiça. Antes, com *status* de direito público subjetivo inerente ao titular do direito material — legitimação ordinária; na atualidade, corresponde a direito subjetivo público de ação coletiva inerente a terceiro, ente ou pessoa jurídica, designado pela lei.

No campo dos direitos sociais, portanto, devido a traços característicos (indeterminação subjetiva e indivisibilidade objetiva), além de ser muitas das vezes indisponíveis pela presença do interesse social, há cisão entre o titular do direito subjetivo de agao e o do direito lesado ou ameaçado de lesão, quando surge legitimação autônoma, por meio da qual a lei confere legitimidade a pessoas, órgãos ou entes.

Portanto, o acesso ao Judiciário se dá de forma diferençada pelo fato da proteção do bem comum se dar por meio de terceiro, possuindo o acesso coletivo à justiça dimensão social e política, como já o disse Ada Pellegrini Grinover.(10)

A mudança de titularidade para a ação foi consagrada na Constituição Federal, que conferiu ao Ministério Público a missão institucional de defesa da ordem jurídica; ao sindicato a defesa dos interesses de integrantes da categoria e às associações em geral a defesa dos interesses de seus associados.(11)

Dessa ordem fundamental(12), esteio da organização, da formação da unidade política e da atividade estatal, resultam as competências, as dimensões e os poderes de cada encargo.

---

(7) LOPEZ-TAPIA (2005. p. 32); CORDEIRO (1995, p. 135).

(8) MEREOI (2008. p. 49).

(9) Lei n. 8.078/1990, art. 81.

(10) Direito Processual Coletivo (2007, p. 12).

(11) CF. art. 59, XXI, art. 8º, III e art. 127.

(12) HESSE (1998. p-37).

Também é na sistematização da norma fundamental que vem delineado, na expressão de Luís Roberto Barroso[13], verdadeiro "código de conduta", com delimitação da estrutura e respectivas atribuições dos Poderes do Estado.

Nessa medida, o legislador constituinte atribuiu legitimação para a ação coletiva, destacando se o Ministério Público pela sua missão institucional e poder de polícia administativa, com possibilidade, nos termos da lei infraconsticuional, de se firmar TAC[14].

4. Ministério Público. Atuação e função institucional

Como já referido, um dos entes legitimados à defesa do bem coletivo — Ministério Público — recebeu do legislador a faculdade de tomar do infrator compromisso de ajustar sua conduta às exigências da lei.[15]

Certo é que essa atribuição do Ministério Público é recente e está intimamente ligada ao seu poder de polícia administrativa e à condição de agente da ação civil pública[16].

De fato, em sua origem, o Ministério Público foi concebido como corpo de funcionários voltado à defesa do poder e dos interesses do soberano para, na atualidade, após lenta e gradual evolução, deter o munus de defensor dos maiselevados valores e interesses da sociedade.

Em nosso sistema, com o restabelecimento da democracia, em 1988, assumiu condição de instituição essencial a uma das funções primordiais do Estado e, assim, juntamente com a precedente atribuição de fiscal da lei (órgão interveniente), passou a defensor do regime democrático, da ordem jurídica, dos direitos sociais e individuais indisponíveis (órgão agente).[17]

Além de ampliar a titularidade para a ação civil pública, a nova ordem constitucional atribuiu ao Ministério Público também poder de polícia administrativa na condução do inquérito civil público, quando em jogo interesses difusos e coletivos.

Nessa missão institucional (investigação e ação) o Ministério Público se põe como verdadeiro "Advogado do Povo", na expressão de Dalmo de Abreu Dalari[18], encarregado de buscar efetividade da nova ordem constitucional.

---

(13) BARROSO (2009. p. 373).

(14) Lei n. 7347/1985 (art. 5º,§ 6º) que disciplina a ação civil pública.

(15) A faculdade vem da expressão do art. 5º, § 6º, da Lei n. 7.347/1985, com redação acrescida pela Lei n. 8.078/1990.

(16) Constituição Federal, art. 129.

(17) Constituição Federal, arts 127 c/c 129.

(18) DALLARI (2006, p. 84).

A atuação institucional do parquet está delineada pela Constituição e encontra limite no "interesse público" ou primário, assim entendido aquele voltado à construção do bem comum.[19]

Tem, pois, a instituição os limites de sua atuação objetivamente elencados de forma genérica no art. 127 e, de maneira específica, no art. 129, ambos da Constituição da República.

Portanto, a atenção do Ministério Público do Trabalho se volta com exclusividade para recomposição da integridade da ordem jurídica, bem geral, lesado ou ameaçado de lesão. Nesse sentido, a pertinente observação de Ives Gandra da Silva Martins Filho: o Ministério Público defende a ordem jurídica protetora dos interesses coletivos dos trabalhadores.[20]

Isso significa, em última análise que, se inexistirem regras e condutas codificadas em normas jurídicas não há que se falar em atuação institucional do Ministério Público.

Aliás, antes de mais nada, trata-se de questão lógica: defender a ordem jurídica pressupõe a existência de lei. Daí porque, ao Ministério Público compete a defesa da ordem jurídica. Se não há lei, não há espaço para a atuação institucional, além do que, como destaca Ives Gandra Martins da Silva Filho[21], o Ministério Público deve agir com imparcialidade, isento de ideologização. Ideologia ou entendimento pessoal está fora do alcance da atuação do *parquet*.

Tal percepção não importa em interpretação restritiva de legitimidade. A impossibilidade de atuar em campo aberto, sem os limites postos pela Constituição Federal, advém, com maior razão, do fato de, em estágio precedente à normatização, haver contraposição de forças sociais, onde necessariamente coabitam o político, o econômico e o ideológico — que não pertencem ou não dizem respeito ao interesse institucional.[22]

---

(19) Cf. Hugo Nigro Mazilli sobre a noção de interesse público secundário e primário, este o interesse do bem geral, aquele da administração, devendo o Ministério Público velar por aquele (primário, só defendendo este (secundário) se coincidentes as espécies de inte resse público (2007, p. 108).

(20) MARTINS FILHO (1994, p. 160/162).

(21) "Defesa dos interesses difusos e coletivos: Sindicatos ou Ministério Público". Anais da Academia Nacional de direito do trabalho. Atualidades do direito do trabalho. Nelson Mannrich... [*et al.*]. LTr, 2012. p. 35.

(22) Especificamente com relação à imparcialidade há de se destacar as palavras de Ives Gandra da Silva Martins Filho, no Congresso da ANDT, realizado em 10 e 11.8.2011, quando se mostrou impres-sionado com o que denominou de "cruzada" a firme atuação do Ministério Público, sem lei disciplinar, ao menos com relação à tercei-rização, quando pronunciou: "Nesse sentido, impressiona a cruzada empreendida pelo Ministério Público do Trabalho contra fenômenos: econômicos já sedimentados em nossa sociedade, como são os da terceirização e do cooperativismo de trabalho" (Defesa dos Interesses Difusos e Coletivos: Sindicatos ou Ministério Público". Anais da Academia Nacional de Direito do Trabalho. Atualidades do Direito do Trabalho, Nelson Mannrich... [*et al.*]. LTr, 2012).

Nessa seara (do embate de forças político-sociais), onde cada qual, notadamente nas Casas Legislativas, tem total liberdade de pensar e agir no âmbito da representação popular, a insegurança leva ao afastamento do poder público em sua missão de tutelar direitos ou proteger bem da vida.

A missão institucional direciona-se, portanto, para a preservação da integridade da ordem jurídica, do sistema democrático, dos direitos sociais e individuais indisponíveis.

5. Ministério Público e seus instrumentos de ação

É inquestionável a legitimação do Ministério Públi-co, consagrada em sede constitucional, para a defesa da integridade da lei e da Constituição. Para exercer esse encargo, foram-lhe outorgados, como instrumen-tos, a ação e o inquérito civil público.(23)

5.1. Ação civil pública

A ação civil pública, mecanismo de acesso coletivo à justiça, inicialmente limitava-se à proteção de certos interesses (ambiental, histórico, turístico e paisagístico)(24); depois, passou a abranger interesses transindividuais.(25) Alargou-se o âmbito da ação civil pública como mecanismo concreto e eficiente na realização dos interesses da coletividade.(26)

Trata-se de instituto processual de índole ou estatura constitucional de defesa judicial dos interesses sociais da mais alta relevância.(27)

Para se investigar a existência, ou não, de agressão à ordem jurídica, foi instituído inquérito civil público. Trata-se de instrumento essencial à colheita prévia de elementos de prova para subsidiar a ação civil pública, igualmente com status constitucional.

5.2. Inquérito civil público

Inquérito civil público é procedimento administrativo de investigação, tendente a formar o convencimento o órgão ministerial a fim de agir com segurança em juízo.(28)

Edis Milaré(29) o conceitua como:"procedimento de natureza administrativa, de caráter pré-processual, que se destina a colheita de elementos prévios e indispensaveis ao exercício responsável da açao civil pública".

---

(23) CF. 129, IIL

(24) Lei n. 7.347/1985.

(25) Constituição Federal, art. 129, III.

(26) FERRAZ (2001, p. 99).

(27) MILARÉ (1990, p. 4).

(28) RODRIGUES (2002. p. 85).

(29) MILARE (1990. p. 18).

Por sua vez, Hugo Nigro Mazzilli[30] o define como:

> "uma investigação administrativa prévia a cargo do Ministério Público, que se destina basicamente a colher elementos de convicção para que o próprio órgão ministerial possa identificar se ocorre circunstância que enseje eventual propositura de ação civil pública ou coletiva".

Tal finalidade — colher prova para agir em juízo com responsabilidade — leva à conclusão de que não se trata de procedimento obrigatório[31]. Se houver elemento de convicção, o agente público pode, de pronto, ajuizar a ação civil pública.

Inquérito civil público é, portanto, procedimento administrativo, oriundo do poder de polícia administrativa do agente público, voltado à investigação da existência, ou não, de lesão ou ameaça de lesão a direitos coletivos.

Tal poder, no entanto, não é absoluto, como não o é o exercício de qualquer poder, que se contém sempre nos limites da lei ou da previsão constitucional e deve se harmonizar com direitos e garantias assegurados pela Constituição.

Assim, o inquérito civil público há de ser orientado pelas regras do devido processo legal e substancial,[32] delas não se afastando sob pena de se evidenciar abuso de poder.

Mas, além dessa função — a de instrumento adequado à instrução da ação civil pública — o inquerito civil público se presta também à composição extrajudicial.

No inquérito ou procedimento administrativo, desde que evidenciada a procedência da acusação, é facultado ao ente público legitimado tomar do acusado infrator compromisso de ajustar conduta as exigências legais.

Pode esse compromisso ser desconstituído na via judicial?

A resposta a essa indagação implica examinar a natureza e as peculiaridades do TAC.

---

(30) MAZZILLI (1999. p. 46).

(31) RODRIGUES (2002, p. 85).

(32) Devido processo é postulado fundamental do direito consti-tucional. O princípio do devido processo legal substancial, segundo a doutrina de Nelson Nery Junior e Rosa Maria de Andrade Nery, "se manifesta no direito administrativo (vg, princípio da legalidade), no direito civil (vg, liberdade de contratar, direito adquirido etc.), no direito penal (v.g., proibição de retroatividade da lei penal), no direito tributário (vg princípios da anualidade, incidência única etc.), no próprio direito constitucional (vg, proibição de preconceito racial, garantia dos direitos fundamentais etc.)*, enquanto o devido processo legal processual traz no seu âmbito "manifestações da cláusula devido processo legal, em sentido processual, garantir-se aos litigantes: acesso à justiça (direito de ação e de defesa), igualdade de tratamento, publicidade dos atos processuais, regularidade do procedimento, contraditório e ampla defesa, realização de provas, julgamento por juiz imparcial (natural e competente), julgamento de acordo com as provas obtidas licitamente, fundamentação das decisões judiciais". NERY & NERY (2003, p. 131. v. 40 e 41).

5.2.1. Termo de ajustamento de conduta (TAC)

Termo de Ajustamento de Conduta é método alternativo extrajudicial de solução de conflito, firmado nos autos do inquérito civil ou do procedimento admínistrativo, em que o infrator assume perante o agente público o compromisso de ajustar sua conduta às exigências legais, sob pena de multa caso seja descumprido.

5.2.1.1. Princípios

O ajuste de conduta é consensual. A ele se aplicam principios de direito privado e de direito público, dentre outros(33) o da solidariedade, autonomia privada, livre-iniciativa, boa-fé, proporcionalidade, legalidade, moralidade e eficiência.(34)

Com a nova ordem constitucional, o princípio da solidariedade extrapola as fronteiras do direito das obrigações. Identifica também conjunto de instrumentos voltados à garantia de existência digna, comum a todos: revelando seu caráter social. Por esse princípio, deve-se buscar a manutenção do equilíbrio do sistema jurídico.

Assumir compromisso em observância ao princípio da solidariedade é, segundo Ana Luiza de Andrade Nery, "vislumbrar e viabilizar, efetivamente, o desenvolvimento cconômico, cultural e social das partes celebrantes".(35)

Por força do princípio da autonomia privada(36) o sujeito realiza negócios jurídicos e institui normas jurídicas, ainda que de caráter particular. Corresponde a "poder de criar normas jurídicas que tem como única expressão, portanto, o negócio jurídico".(37)

Entretanto, esse princípio fundamental de direito civil, alicerçado no constitucional poder geral de autodeterminação e autovinculação do sujeito de direitos, não se apresenta como dogma intocável(38), consoante Ana Luíza de Andrade Nery, em razão da inquestionável "necessidade de se enfrentar o vínculo obrigacional sob o seu aspecto objetivo, de proporção de prestações, de modo que já não basta para a dogmática jurídica afirmar que o sujeito quis e quis livremente algo; é necessário que no contexto daquilo que quis livremente haja ocasião para que ele possa ter o direito de ser compelido a dar,

(33) RODRIGUES (2002 p. 119/139).

(34) NERY (2010. p. 42).

(35) *Ibidem*, p. 47.

(36) Autonomia privada não se confunde com autonomia da vontade, Esta, esclarece Ana Luiza de Andrade Nery (*Compromisso de ajustamento de conduta*. São Paulo: RT, 2010. p. 49), constitui princípio segundo o qual a vontade declarada é expressão do querer interno de indivíduo, que se relaciona ao aspecto subjetivo da vontade do sujeito e de sua declaração, sendo que o que prepondera é a sua livre manifestação.

(37) NERY (2010, p. 51).

(38) *Ibidem*, p. 51-52.

fazer ou não fazer algo nos limites daquilo que era razoável supor como consequência natural de seu querer.[39]

Assim, contendo-se o negócio jurídico nos limites da lei, a autonomia privada, como garantia fundamental que é, deve ser respeitada no ajustamento de conduta.

Outro princípio constitucional, o da livre-iniciativa, tem estreita relação com o da autonomia privada.

No entender de Rosa Maria de Andrade Nery[40] iniciativa privada seria o aspecto econômico do fenômeno jurídico gerado pela autonomia privada.[41]

Para Ana Luiza de Andrade Nery, o direito à livre-iniciativa é considerado "direito a criação de empresa (direito de empreender), e à sua gestão, que compreende a liberdade de investimento, de exercício, de organização, liberdade de contratação e liberdade para concorrer".[42]

Trata-se de expressão de liberdade, portanto, liberdade para empreender e liberdade para trabalhar, em decorrência lógica da valorização do trabalho em uma sociedade livre e pluralista.[43]

A livre-iniciativa decorre da manifestação dos direitos fundamentais, mas não se traduz em garantia absoluta, vez que encontra limite na lei. O comando desta jamais pode ser afastado em nome desse princípio para prevalecer a vontade dos agentes envolvidos no negócio jurídico.

Aplica-se ao ajustamento de conduta outro princípio de direito privado — a boa-fé.

A noção de boa-fé, na atualidade, evoluiu para abranger não só a noção de fraude ou de malícia, mas para considerá-la como dever de lealdade. A boa-fé objetiva é fonte de direitos e obrigações[44]. Segundo Ana Luíza de Andrade Nery a boa-fé se apresenta como exigência de lealdade e modelo de conduta, impondo-se o poder-dever de que cada pessoa ajuste a própria conduta de forma a agir como uma pessoa honesta, proba e leal.[45]

---

(39) *Ibidem*, p. 51-52.

(40) *Ibidem*, p. 238.

(41) *Ibidem*, p. 53.

(42) *Ibidem*, p. 55.

(43) *Ibidem*, p. 54.

(44) Conf. Ana Luíza de Andrade Nery, amparada na doutrina de Nelsan Nery Junior e Miguel Reale (2010, p. 72).

(45) NERY (2010, p. 72).

A boa-fé objetiva, verdadeiro comando legal(46), expressa dever de lealdade a ser observado pelos sujeitos da relação obrigacional em todas as fases contratuais. Por isso, quaisquer desvios ou ofensas a tal princípio podem ser corrigidos tanto pela via negocial ou administrativa, quanto judicial.(47)

Assim, o "termo de ajustamento de conduta deve observar a boa-fé objetiva durante todo o processo de negociação, pois a boa-fé se estende da fase pré-contratual à pós-contratual, criando direitos e deveres entre as partes, tais como o de informar, o de sigilo e o de proteção".(48)

Também são aplicáveis ao TAC princípios de direito público.

O primeiro é o da legalidade, segundo o qual a administração pública não pode impor ao particular conduta positiva, tampouco proibição, sem que a lei a autorize.

Em certas circunstâncias, a administração pública pode agir com discricionariedade, mas nunca desvinculada do princípio da legalidade. Não existe discricionariedade à margem da lei.

Assim, a administração pública só pode agir segundo a lei, nunca contra ou além do que determina. Isso significa que o agente público legitimado, quando da celebração do ajustamento, deve pautar sua conduta dentro dos ditames legais e da boa-fé, agindo com lealdade e probidade em face do particular.(49)

Outro princípio é o da eficiência, segundo o qual o poder público deve praticar suas atividades "com eficiência para que a finalidade da atuação possa ser alcançada com menor dispêndio de tempo e de recursos possível, primando pela satisfação e pela utilidade de seus atos".(50)

Não basta, portanto, a observância da legalidade formal e abstrata, mas uma legalidade finalística e material dos resultados a serem alcançados. Dai porque, para Bandeira de Mello(51), o princípio da eficiência está intrinsecamente ligado ao da legalidade, na medida em que o agente que não busca a eficiência não age conforme a lei.(52)

---

(46) Código Civil, art. 422.

(47) NERY (2010, p. 77).

(48) Ibidem, p. 77.

(49) ibidem, p. 78/82.

(50) Ibidem, p. 93.

(51) BANDEIRA DE MELLO (2008, p. 117-118).

(52) NERY (2010 p. 95).

O princípio da eficiência tem, ainda, forte vinculação com o da proporcionalidade. Como ressalta Ana Luiza de Andrade Nery, com base na doutrina de Alexandre Santos de Aragão

> "é ainda mais reforçado pelo conflito com o princípio da proporcionalidade, pois, por força deste, em seus elementos adequação e necessidade, não se poderia impor a adoção de meio inadequado ou desnecessariamente oneroso ao alcance das finalidades legais, pelo simples apego a uma legalidade formal, impondo-se uma legalidade material, cujo substrato encontrar-se-ia na eficiente e menos onerosa possível realização dos objetivos constitucionais que estiverem em jogo".[(53)]

Sendo assim, o termo de ajustamento de conduta deve ser celebrado com eficiência para que a finalidade objetivada pela lei seja alcançada. O atuar do agente público, portanto, há de se direcionar para o alcance do interesse coletivo com satisfação e utilidade. Isso porque, o que se busca é a justa medida da Lei, a proporcionalidade, vedado qualquer excesso na exigência do bem comum.

5.2.1.2. Autonomia negocial e seus limites

O objetivo maior do Termo de Ajustamento de Conduta (TAC) é evitar ou reparar a lesão ao bem coletivo, atuando as partes na concretização do negócio jurídico com autonomia negocial, ainda que o agente público não atue com absoluta discricionariedade, porque vinculado pela lei.

De fato, o Termo de Ajustamento de Conduta (TAC) é fruto do encontro de vontade do poder público e do particular, para proteção e reparação do bem comum. Mas, o poder público não se apresenta em condição de superioridade na relação jurídica. A posição jurídica é de igualdade. Assim, embora sem desvirtuar sua posição jurídica de poder, atua na mesa de negociação como qualquer sujeito de direito, em busca da concretização do negócio jurídico, ou seja, do compromisso[(54)].

Tal autonomia para negociar e celebrar o compromisso de ajustamento de conduta vem da lei da ação civil pública que, no seu art. 5º, § 6º, outorga capacidade e legitimidade ao ente público para a formação do pacto negociado. E para que haja negócio jurídico, como destaca Ana Luiza de Andrade Nery, é necessário que as vontades das partes se unam para o alcance do fim comum: a defesa dos direitos da coletividade.[(55)]

A autonomia negocial decorre, portanto, da lei. Mas, qual seu limite?

(53) NERY (2010, p. 95).

(54) NERY (2010, p. 105).

(55) *Ibidem*, p. 106.

O primeiro aspecto a ser considerado é a limitada discricionariedade. Esta, diz Ana Luiza de Andrade Nery, "é a escolha pontualizada, ordenada no atendimento do interesse predeterminado pela norma: a regra que se coloca no exercício da discricionariedade é heterônoma, como se a própria lei a tivesse previsto".(56)

Portanto, a autonomia para negociar Termo de Ajustamento de Conduta pelo poder público não e absoluta nem ampla, em virtude do interesse público a ser atendido.

Além disso, deve-se ponderar a respeito da indisponibilidade do bem. Certamente, o objeto do TAC não pertence ao ente público encarregado da negociação; se e terceiro, embora com status qualificado, não pode transacionar nem disper sobre o bem comum. Ao contrário, compete-lhe exigir o cumprimento da lei, não flexibilizar sua exigibilidade.

Entretanto, respeitada a integridade da ordem jurídica, é lícito negociar melhores condições para a efetiva promoção ou reparação ao bem coletivo. Dessa forma, sem se afastar da legalidade — com propósito de evitar ou reparar a lesão a bem de natureza transindividual — alcança-se a máxima efetividade exatamente por meio da negociação em que as partes (poder público e infrator) ponderam sobre termos propostos, por um e por outro, para solucionar com eficiência e rapidez a lesão ou a ameaça de lesão ao bem público ou da coletividade.

5.2.1.3. Elementos constitutivos

A autorização para o poder público exercer autonomia privada e, assim, desenvolver atividade comum aos entes privados, concretizando negócio jurídico, vem do sistema jurídico (Lei n. 7.347/1985, art. 5º, § 6º).

E o negócio jurídico, dentre eles o Termo de Ajustamento de Conduta, para existir depende da presença de seus elementos constitutivos: agentes, vontade e causa. Os sujeitos de direito (poder público e infrator interessado) manifestam suas vontades (querer), visando a um fim determinado (causa).

A validade do negócio jurídico fica, pois, condicionada ao preenchimento dos requisitos inerentes à capacidade do agente, manifestação livre de vontade, licitude e objeto possível.

Sem a presença de tais requisitos e sem a observância de princípios de direito privado e de direito público, o negócio jurídico fica vulnerável.

5.2.1.4. Natureza juridica

O Termo de Ajustamento de Conduta, mesme diante de suas peculiaridades, deve ter sua natureza jurídica examinada à luz da teoria geral do direito.

(56) *Ibidem*, p. 107.

A investigação, parte de ato jurídico, fato jurídico e negócio jurídico, sendo certo que não se trata de fato jurídico, assim entendido qualquer acontecimento suscetível de gerar nascimento, modificação ou extinção do direito, independentemente da vontade humana.

Da mesma forma não corresponde a ato jurídico stricto sensu, porque, neste, não há encontro de vontade. A combinação harmônica do querer individual com o reconhecimento de sua eficácia por parte do direito é própria dos negócios jurídicos. A estipulação é de sua essência.

Não sendo o TAC nem fato nem ato jurídico, enquadra-se ele na categoria do negócio jurídico, mesmo porque as partes (compromitente e compromissário) agem com liberdade na sua celebração.

Tal conclusão, no entanto, não é pacífica, havendo na doutrina discussão acerca dos aspectos da unilateralidade e da bilateralidade do instituto e seu enquadramento sob a ótica do direito público ou do direito privado(57): para uns, seria autêntico negócio jurídico declaratório; para outros, ato jurídico, contrato administrativo ou, ainda, negócio jurídico bilateral.

Para Geisa Rodrigues(58), o ajustamento de conduta corresponde a negócio jurídico bilateral. Mas, negócio apenas com efeito de acertar a conduta do infrator às exigências da lei. A autonomia para o ajuste de conduta, segundo a citada autora, é excepcional e decorre de autorização legal, formando-se negócio jurídico de eficácia declaratória.(59)

Todavia, se a finalidade é apenas amoldar a conduta do interessado à pretensão do órgão público, a hipótese é de ato jurídico, onde uma das partes se submete ao querer da outra, e não de negócio bilateral.

Segundo Hugo Nigro Mazzili o TAC não corresponde a ato negocial, vez que "embora tenha o caráter necessariamente consensual, o compromisso de ajustamento não tem a natureza contratual, típica do Direito Privado, nem chega a ser propriamente uma transação de Direito Público. Trata-se, antes, de concessão unilateral do causador do dano, que acede a ajustar sua conduta as exigências legais, sem que o órgão público que toma seu compromisso esteja a transigir em qualquer questão ligada ao direito material, até porque não o poderia fazer, já que, em matéria de interesses transindividuais, o orgão público legitimado e o Estado não são titulares do direito lesado".(60).

---

(57) Conf., por todos, RODRIGUES (2002) e NERY (2010).

(58) RODRIGUES (2002, p. 149 e 155).

(59) *Ibidem*, p. 155.

(60) MAZZILLI (2008, p. 310).

Apesar de não se configurar propriamente contrato, para o citado autor, o têrmo tem natureza consensual, na medida em que envolve, a um só tempo, a obrigação do causador do dano em repará-lo e a aceitação dessa obrigação pelo Ministério Público. O TAC se aproximaria, portanto, do ato administrativo negocial.

Mas, o TAC não é ato nem contrato administrativo, mesmo porque não possui características nem atende a requisitos legais(61) para se evidenciar como tal.

Ademais, a participação do agente público não se resume à mera aceitação do compromisso, pois há possibilidade de negociação das condições acessórias do termo, tal como programas de ação, condições e prazos para cumprimento do acordado.(62)

O TAC corresponde a um negócio jurídico bilateral, ainda que não seja típico, mas, em razão das peculiaridades e características próprias, de natureza jurídica de transação hibrida, como o classifica Ana Luiza de Andrade Nery(63), por estar alicerçado em principiologia do direito público e do direito privado, além de observar união de vontades do particular e de agente público.

Além disso, embora o agente público nao tenha ampla liberdade de estipulação, dispõe ele dos princípios da proporcionalidade e da razoabilidade no momento de negociar. Essa autonomia, ainda que limitada, viabiliza a estipulação de mútuas concessões, próprias do negócio jurídico bilateral.

Dessa forma, a transação pode atingir não só questões secundárias, como prazo para implementação de medidas, cumprimento de cronograma de ações, técnicas a serem adotadas na reparação da lesão, lugar da reparação, só para exemplificar, mas também aspectos centrais e relevantes, como alcance da norma (interpretação da norma baseada no livre convencimento motivado), sua aplicabilidade ao caso concreto (incidência), forma de exigibilidade (programas e planos de ação), entre outros.

Certamente, essa margem de liberdade negocial autoriza, a partir de um juízo de ponderação e equilíbrio devidamente fundamentados, a formação do convencimento do agente público no momento do ajuste da conduta.

Essa autonomia negocial, aliada à independência funcional do órgão, pode justificar, inclusive, por que uma conduta pode ser tida como legal para um agente, para outro não; ou, ainda, uma fábrica que polui o meio ambiente, na percepção de um, há de ser imediatamente fechada, enquanto para outro, se houver receptividade por parte do infrator, ser recuperada mediante programa e plano de ação predeterminado e devidamente assistido por órgãos públicos de fiscalização.

---

(61) Lei n. 8.666/1993, art. 2º, parágrafo único e art. 58.

(62) MAZZILLI (2008, p. 319/320).

(63) NERY (2010, p. 153).

Ou seja, o próprio sistema jurídico oferece meios para maior autonomia na negociação, visando a melhor solução para evitar dano maior ou reparar a lesão a bem coletivo. Transigir, portanto, não significa agir contra ou além da lei ou desprezar direitos coletivos, mas buscar sua máxima efetividade.

Assim, apesar da acirrada controvérsia acerca da natureza jurídica do TAC, parece acertada a doutrina de Ana Luíza de Andrade Nery, que o insere na categoria de negócio jurídico hibrido, por se basear em princípios de direito privado e de direito público e decorrer do encontro de vontades, livres de coação, de parte a parte.

Se, na celebração do pacto, não forem observados princípios e respeitadas garantias pode ocorrer, como adverte Ana Luíza de Andrade Nery(64), desequilíbrio de interesses, levando ao totalitarismo estatal ou à prevalência de interesses particulares sobre os coletivos, hipótese em que o TAC ficaria vulnerável em razão de ação de nulidade ou de adequação do negócio jurídico.

6. Anulabilidade

O que se busca por meio do TAC é a justa medida da lei e a proporcionalidade na construção do bem comum.

Como negócio jurídico bilateral o TAC encerra transação, cuja validade está condicionada à presença dos elementos de existência, validade e eficácia, que norteiam sua constituição e observância de princípios próprios.

Assim, evidenciados quaisquer vícios graves na sua concretização ou desrespeito à principiologia, aplica-se o princípio da inafastabilidade da jurisdi-ção, na medida em que, segundo garantia constitucional(65), nenhuma lesão ou ameaça de lesão pode ser subtraída do Judiciário.

E a medida judicial apropriada é a ação anulatória que, nos termos do art. 486, do CPC, tem por objetivo a extinção do ato ou negócio jurídico por vício insanável.

Assim, se as obrigações não são pactuadas — e simplesmente impostas, se não refletir o pleno acordo de vontades ou contiver estipulação não prevista em lei ou em desacordo com o sistema jurídico, o TAC pode ser anulado.

Nesse sentido, destaca-se decisão do Superior Tribunal de Justiça(66) que, além de reconhecer o TAC como verdadeiro negócio jurídico, admitiu que “é nulo o título

(64) *Ibidem*, p. 153.

(65) CF. art. 5º, XXXV.

(66) “Administrativo. Dano ambiental. Inquérito civil. Terno de ajuste de conduta. Art. 5ª, § 6º, da Lei n. 7.347/85. Título executivo extrajudicial. Imposição pelo Ministério Público. Cerceamento de defesa... Coação moral. Violação do contraditório e da ampla defesa. Excesso: de cobrança. Multa moratória. Homologação de termo

subjacente ao termo de ajustamento de conduta cujas obrigações não foram livremente pactuadas".

Como se infere do acórdão citado, a nulidade decorreu da prova da inexistência de negociação prévia, tendente a definir o conteúdo do compromisso. Ao contrário, o compromisso assumido resultou de imposição do agente público que oficiou no inquérito, restando inequivocamente comprovado que a notificação dirigida à parte para negociar o ajuste de conduta se deu à guisa de incursão em crime de desobediência, além de ter a parte, desacompanhada de advogado, comprometido-se a fazer doação de microcomputador para a pessoa jurídica indicada.

O TAC foi questionado em face da ausência de elemento de validade (coação) e destinação não prevista em lei (astreinte direcionado a particular).

De fato, não se compreende na noção de tratativas nem de encontro de vontades, quando a assinatura do TAC ocorre sob ameaça. Igualmente não é razoável a convocação

---

de ajustamento pelo Conselho Superior do Ministério Público. Art. 9º, §§ 2º e 3º da Lei n. 7.347/85 1. (...) 2. O Termo de Ajustamento, por força de lei, encerra transação para cuja validade é imprescindivel a presença dos elementos mínimos de existência, validade e eficácia à caracterização deste negócio jurídico. 3. Sob esse enfoque a abalizada doutrina sobre o tema assenta: "(...) Como todo negúcio jurídico, o ajustamento de conduta pode ser compreendido nos planos de existência, validade e eficácia. Essa análise pode resultar em uma fragmentação artificial do fenômeno jurídico, posto que a existência, a validade e a eficácia são aspectos de uma mesmissima realidade. Todavia, a utilidade da mesma supera esse inconveniente. (...) Para existir o ajuste carece da presença dos agentes representando dois centros de interesses, ou seja, um ou mais compro-mitentes e um ou mais compromissários; tem que possuir um objeto que se consubstancie e cumprimento de obrigações e deveres; deve existir o acordo de vontades e ser veiculado através de uma forma perceptível (...). (RODRIGUES, Geisa de Assis. *Ação Civil Pública e Termo de Ajustamento de Conduta*. Rio de Janeiro: Forense, 2002. p. 198). (Grifamos), 4. Consectariamente, é nulo o titulo subjacente ao termo de ajustamento de conduta cujas obrigações não foram livremente pactua das, consoante adverte a doutrina, *verbis*:" (...) Para ser celebrado, o TAC exige uma negociação prévia entre as partes interessadas com o intuito de definir o conteúdo do compromisso, não podendo o Ministério Público ou qualquer outro ente ou órgão público legítimado impor sua aceitação. Caso a negociação não chegue a termo, a matéria certamente passará a ser discutida no âmbito judicial. (FARIAS, Talden, Termo de Ajustamento e Conduta e acesso à Justiça. In: *Revista Dialética de Direito Processual*, São Paulo, v. LA, p. 121). 5. O Tribunal a que à luz do contexto fático-probatório encartado nos autos, insindicável pelo Egrégio Superior Tribunal de Justiça, consignou que: (a) o Termo de Ajustamento de Conduta in foco não transpõe a linde da existência no mundo jurídico, em razão de o mesmo não refletir o pleno acordo de vontade das par-tes, mas, ao revés, imposição do membro do Parquet Estadual, o qual oficiara no inquérito; (b) a prova constante dos autos revela de forma inequívoca que a notificação da parte, ora Recorrida, para comparecer à Promotoria de Defesa Comunitária de Estrela-RS, para" negociar "o Termo de Ajustamento de Conduta, se deu à guisa de incursão em crime de desobediência; (c) a Requerida, naquela ocasião desprovida de representação por advogado, firmou o Termo de Ajustamento de Conduta com o Ministério Público Estadual no sentido de apresentar projeto de reflorestamento e doar um microcomputador à Agência Florestal de Lajeado, órgão subordinado ao Executivo Estadual do Rio Grande do Sul; (e) posteriormente, a parte, ora Recorrida, sob patrocínio de advogado, manifestou sua inconformidade quanto aos termos da avença celebrada com o Parquet Estadual, requerendo a revogação da mesma, consoante se infere do excerto do voto condutor dos Embargos Infringentes à fl. 466. (...) Recurso Especial parcialmente conhecido e, nesta parte, desprovido" (STF). REsp 802060 RS 2005/0201062-8, relator(a): Ministro Luiz Fux, Julgamento: 17.12.2009, Órgão Julgador: TI – Primeira Turma, Publicação: *DJe* 22.2.2010).

para comparecer perante o agente público apenas com o objetivo de se assinar termo pré-elaborado e enviado à parte, juntamente com a notificação do procedimento ou do inquérito, máxime se essa convocação se dá para comparecer em prazo exíguo.

Convocar possível infrator nessas condições atenta contra a cláusula do devido processo legal(67) e se posiciona contra expressa garantia de razoabilidade.(68)

No âmbito trabalhista, o Tribunal Superior do Trabalho(69) já se manifestou no sentido de que o TAC não pode prevalecer contra decisão do Supremo Tribunal Federal.

Com efeito, decidindo a mais alta Corte, em sede de Ação Direta de Inconstitucionalidade(70), acerca da consonância da lei com a Constituição, inadmissível se firmar TAC, na instância administrativa, em o acusado venha ajustar sua conduta às exigências legais não reconhecidas, ou seja, contrariamente à posição da Corte Constitucional.

É possível, pois, anular TAC. No entanto, em razão do objeto tutelado e do *status* do agente público, a anulabilidade fica condicionada à prova de vicios graves na sua concretização ou de evidente excesso ou desrespeito aos princípios de direito privado ou público.

Sendo assim, pedido judicial de nulidade de TAC deve ser analisado, em cada caso, a fim de se averiguar a presença de causa relevante ou mesmo situação extremamente gravosa, em que a própria sobrevivência da empresa fique ameaçada.

Nesse caso, o de sobrevivência, o mais adequado seria a empresa recorrer ao próprio Ministério Público, fazendo prova da impossibilidade ou extrema dificuldade para renegociar os termos do TAC, como forma inclusive de preservar interesses sociais, como postos de trabalho, pagamento de tributos e contribuições e a sobrevivência da própria empresa, só para exemplificar.

Não havendo causa para anulação do TAC nem probabilidade ou êxito na renegociação de condições de cumprimento, a execução forçada do título extrajudicial se dá em sede judicial, onde terá o infrator compromissário o direito de defesa próprio do processo de execução, depois de garantido o juízo com o depósito ou a penhora de seus bens no valor da dívida cobrada.

Conclusão

O acusado de violar a lei trabalhista pode, ao final do procedimento administrativo, a cargo do Ministério Público do Trabalho, comprovada a infração legal, assinar termo de compromisso.

---

(67) CF, art. 5º, LV.

(68) Lei n. 7.347/1985, art. 89, § 19, LC n. 75/1993, art. 8º, 5.5%.

(69) TST ATRR 26100-91.20075 02.0025.

(70) O efeito da decisão em sede de controle concentrado de constitucionalidade é *erga omnes*.

Assinar TAC é faculdade a ser exercida no âmbito administrativo (Lei n. 7.347/1985, art. 5º, § 6º), não sujeita a qualquer tipo de coação.

O TAC é meio alternativo de solução extrajudicial de conflito. Por ser fruto de consenso, o negócio jurídico, para existir validamente, depende da presença de elementos constitutivos inerentes aos atos ou negócios em geral. Sua validade fica condicionada ao preenchimento de requisitos e observância de princípios de direito público e de direito privado.

O TAC corresponde a título executivo extrajudicial, e, assim como todo ato ou negócio jurídico, é passível de apreciação judicial por força do princípio da inafastabilidade da jurisdição. No entanto, sua anulação depende da inequívoca prova de vícios graves relativos a requisitos de validade ou agressão a princípios próprios,

O certo é que só se admite nulidade de TAC em caSos excepcionais. A excepcionalidade justifica-se pela parte envolvida (agente público) e causa determinante (integridade da lei).

No contexto analisado, tendo em vista a finalidade e princípios do ato negocial, o importante é o respeito à ordem jurídica, bem maior da sociedade democrática, razão da ordem e da paz social.

Daí se vê a importância da atuação do Ministério Público — no caso o Ministério Público do Trabalho.

Sua atuação, como porta voz da sociedade, com imparcialidade e nos limites de sua autonomia negocial, leva, a um só tempo, à redução da litigiosidade dos conflitos trabalhistas e à realização, na maior medida, de direitos fundamentais da cidadania, dos direitos do homem e dos excluídos, contribuindo para segurança nas relações sociais.

Na busca pela efetividade da Constituição e das leis, o interesse público recomenda agir não só com imparcialidade, mas com eficiencia, ou seja, atuar com ponderação e razoabilidade na persecução de uma legalidade finalística dos resultados a serem alcançados.

Em síntese, certamente o maior desafio não é refletir sobre os fundamentos jurídicos de eventual desconstituição do TAC, mas como transformá-lo em instrumento de efetividade dos direitos dos trabaIhadores e da ordem jurídica trabalhista, sem que tal compromisso, por si, configure elemento de retrocesso social, colocando o acusado fora do mercado ou determinando fechamento de postos de trabalho.

Referências

BANDEIRA DE MELLO, Celso Antonio. *Curso de direito administrativo*. 25. ed. São Paulo: Malheiros, 2008.

BORBA, Joselita Nepomuceno. *Efetividade da tutela coletiva*. São Paulo: LTr, 2008.

BORBA, Joselita Nepomuceno. *Direito coletivo do trabalho.* Teoria e prática. São Paulo: LTr, 2001.

BARROSO. Luis Roberto. *Interpretação e aplicação da Constituição.* 7. ed. São Paulo: Saraiva, 2009.

CALMON DE PASSOS, J. J. Parecer. Substituição processual. Especificidade das ações coletivas das decisões de mérito nelas proferidas. São Paulo. *Revista de Direito do Trabalho*, n. 123. jul./set. 2006.

DALLARI, Dalmo de Abreu. Ministério Público: Advogado do povo. In: *Justiça, cidadania e democracia.* (Coord.) Roberto Livianu. São Paulo: Imprensa Oficial do Estado de São Paulo: Ministério Público Democrático.

FERRAZ, Antonio Augusto Mello de Camargo. Ação Civil Pública, Inquérito Civil e Ministério Público. In: *Ação Civil Pública.* Lei n. 7.347/1985 — 15 anos (Coord.) Edis Milaré. São Paulo: RI, 2001.

GRINOVER. Ada Pellegrini. Direito processual coletivo. In: GRINOVER, Ada Pellegrini; MENDES, Aluisio Gonçalves de Castro; WATANABE, Kazuo. *Direito processual coletivo e o anteprojeto de Código brasileiro de processos coletivos.* São Paulo: RT, 2007.

HESSE, Conrad. *Elementos de direito constitucional da República Federal da Alemanha.* Tradução de Luís Afonso Heck. Porto Alegre: Sergio Antonio Fabris Editor, 1998.

LÓPEZ-TAPIA, Yolanda de Lucchi. *La tutela jurisdicional civil de los intereses de consumidores y usuários.* Madrid: Edisofer Livros Jurídicos, 2005.

MARTINS FILHO, Ives Gandra da Silva. *Processo coletivo do trabalho.* São Paulo: LTr, 1994.

MARTINS FILHO, Ives Gandra da Silva. Defesa dos interesses difusos e coletivos: Sindicatos ou Ministério Público". *Anais da Academia Nacional de Direito do Trabalho.* Atualidades do direito do trabalho. Nelson Mannrich... [*et al.*]. São Paulo: LTr, 2012.

MAZILLI, Hugo Nigro. *Regime jurídico do Ministério Público:* análise do Ministério Público na Constituição, na Lei Orgânica Nacional do Ministério Público, na Lei Orgânica do Ministério Público da União e na Lei Orgânica do Ministério Público paulista. 6. ed. São Paulo: Saraiva, 2007.

MAZILLI, Hugo Nigro. *O inquérito civil.* São Paulo: Saraiva, 1999.

MAZILLI, Hugo Nigro. *O Ministério Público na Constituição de 1988.* São Paulo: Saraiva. 1989.

MEROI, Andrea A. *Processos colectivos:* recepción y problemas. Buenos Aires: Rubizal-Culzoni Editores, 2008.

MILARÉ, Edis. *A ação civil pública na nova ordem constitucional.* São Paulo: Saraiva, 1990.

NERY, Ana Luíza de Andrade. *Compromisso de ajustamento de conduta.* São Paulo: Revista dos Tribunais, 2010.

NERY JUNIOR, Nelson; NERY, Rosa Maria de Andrade. *Código de processo civil comentado e legislação extravagante.* 7. ed. São Paulo: RT, 2003.

RODRIGUES, Geisa. *Ação civil pública e termo de ajustamento de conduta.* Teoria e prática. Rio de Janeiro: Forense. 2002.

SICHES, Luis Recasens. *Tratado general de filosofia del derecho*. 20. ed. México: Editorial Porrúa, 2010.

SANTOS, Enoque Ribeiro dos. *O microssistema de tutela coletiva*. São Paulo: LTr, 2012.

SEPULVEDA PERTENCE, José Paulo. Prefácio. In: *Aspectos controvertidos da ação civil piblica. João Batista de Almeida*. São Paulo: Revista dos Tribunais, 2001.

Responsabilização pelos Danos Decorrentes do Direito de Greve[1]

Introdução

O presente trabalho tem por escopo analisar a possibilidade de se imputar responsabilidade ao sindicato pelo exercício do direito de greve.

O tema é desafiador, porque a greve se traduz em uma importante conquista social do trabalhador, direito de solidariedade de terceira geração, reconhecido como uma das primeiras garantias fundamentais do cidadão-trabalhador, pela Organização Internacional do Trabalho (OIT). Além disso, porque o próprio exercício do direito de greve, que importa em sacrifícios mútuos entre partes envolvidas no conflito e até entre terceiros, convive com outros direitos e garantias legais e constitucionais, que se constituem, na mesma medida e extensão, direitos fundamentais.

Isso significa que o exercício desse direito encontra limites na ordem jurídica, seja resultante do próprio conceito de greve, seja do choque com outros direitos fundamentais.

Além disso, quando se volta ao sistema jurídico interno percebe-se que o nosso sistema é anômalo, por se assentar a organização sindical parte no sistema corporativista e parte no sistema de liberdade sindical, o que dá ensejo, em muitos casos, à existência de sindicato com baixo índice de representatividade ou mesmo sem representatividade alguma.

Ultrapassada a fase de dificuldades enfrentadas pelo sindicato para sua afirmação como um direito fundamental, persiste agora o desafio de se compatibilizar e conciliar interesses de classes de trabalhadores, unidos por sentimentos de solidariedade, na luta por seus interesses e direitos e a repercussão dessa atuação em rota de colisão com os do empregador, amparado pelo princípio constitucional da livre-iniciativa, e a repercussão perante a sociedade, notadamente no desempenho de atividades e serviços essenciais para a população.

O direito de greve encontra regulamentação na lei brasileira. Seu exercício não leva à responsabilidade. Tão somente desvios e excessos no exercício do direito fundamental de greve sujeitam a pessoa jurídica, seus órgãos ou representantes a responderem, conforme o caso, no campo do direito civil, trabalhista e penal.

(1) Nota do organizador: Texto orginalmente publicado na *Revista do Ministério Público do Trabalho*, Ano XXI, mar. 2011.

Para se chegar a tal conclusão, necessário investigar, ainda que, em linhas gerais, o instituto da responsabilidade, a evolução do sindicato e a consolidação do direito de greve como garantia fundamental e, por fim, a possibilidade de se imputar responsabilidade ao sindicato e seus dirigentes. O objetivo do trabalho é, portanto, a tentativa de construção jurídica do instituto da responsabilidade do sindicato no exercício de uma de suas funções essenciais: a greve.

1. Responsabilidade

Pelo núcleo do objeto de investigação, não há necessidade de se colocar em evidência a questão da responsabilidade em si ou centrar a atenção na atividade sindical, mas, acima de tudo, pensar na relevância da liberdade sindical como um dos primeiros direitos do homem, como ressalta Renato Rua de Almeida[(2)](1), reconhecidos pela OIT[(3)] e a responsabilidade do sindicato no desempenho da ação coletiva, em consequência, a necessidade do reto desenvolvimento da função para se chegar à efetividade do direito fundamental de greve, inclusive nos serviços essenciais.

Liberdade pressupõe responsabilidade, de sorte que, por mais relevante que seja a função desempenhada, se se evidenciar desvios no desenvolvimento da atividade, a conduta antijurídica sujeita-se, como qualquer outra na iniciativa pública ou privada, à correção e à responsabilidade.

É certo que não se evidencia tarefa fácil imputar responsabilidade ao sindicato, por sua essência e natureza, principalmente no sistema jurídico brasileiro, onde o ente associativo preserva ainda traços do corporativismo[(4)].

---

(2) O sindicato, na luta incessante pela democracia e condições de trabalho dignas, no âmbito profissional, consagra a primeira liberdade pública — a de associação e de livremente a ela se filiar sem interferência do Poder Público. Essa liberdade constitui-se em um bem jurídico a ser alcançado para o fortalecimento do próprio regime democrático — como ressalta Renato Rua de Almeida (As contribuições sindicais e a composição da diretoria *versus* autonomia. In: *Revista Pós-Graduação em Direito PUC-SP*, São Paulo: Max Limonad, n. 1, Direito, p. 174). E, pela relevância dessa liberdade (intimamente ligada a outras, como liberdade de reunião e de expressão), é considerada pela Constituição da OIT como fundamental à sua própria existência, como sublinhado também pelo citado professor da PUC-SP (Da intervenção administrativa em sindicato — a estruturação da CLT em face das normas internacionais. In: *Revista LTr*, São Paulo, n. 38, p. 795).

(3) Enquanto a liberdade sindical foi objeto da Convenção da OIT n. 87, de 1948, a aplicação dos princípios do direito de sindicalização e negociação coletiva foi tema da Convenção n. 98, aprovada pela Conferência Internacional do Trabalho, realizada no ano seguinte. Com a liberdade sindical o ente associativo ganhou autonomia para produzir, através do ato negocial, as regras de direito para reger as relações laborais, constituindo-se a negociação coletiva a principal função do sindicato. As partes diretamente envolvidas no conflito procuram superá-lo, sem a intervenção do poder público.

(4) A organização sindical brasileira, antes sem expressão, desponta com a Revolução de 1930 e consolida-se no Estado Novo em 1937, diante da acontecimentos políticos, enfatizando os defensores da organização sindical corporativa a inexistência de "classes organizadas" e a falta de "tradições e sentimento de solidariedade". Assim persiste no tempo o modelo corporativista. Não se assentando o sistema sindical na premissa reivindicatória, e sim de colaboração com o Estado na solução de conflitos nas relações de trabalho, o capital se viu fora de pressão para se desenvolver de sorte que, para a classe empresarial o corporativismo não foi desvantajoso. Todavia, de dentro do próprio corporativismo surge no ABC paulista, nos anos 1970 e 1980 do século passado, com as transformações no mundo do trabalho e a crise do petróleo, o novo sindicalismo que, pouco a pouco,

Ademais, nessa fase de desenvolvimento do princípio doutrinário do ordenamento coletivo, é inexpressivo o estudo do instituto da responsabilidade sindical e, em particular, a responsabilidade pela execução do direito de greve.

Alie-se a isso, ainda, a falta de desenvolvimento da jurisprudência e a ausência de sólida doutrina sobre formas de responsabilidade do sindicato, o que contribui para tornar tarefa muito difícil a tentativa sistematizar juridicamente o instituto.

Por isso, o melhor método vislumbrado será examinar o instituto da responsabilidade, situar a questão sindical no sistema jurídico nacional, destacando fundamentos lógico-jurídicos para a responsabilização do sindicato pelos danos decorrentes do direito de greve.

1.1. Responsabilidade em geral

Em geral o conceito de responsabilidade está conectado sempre com o conceito de norma. E a responsabilidade nasce exatamente de um comportamento contrário à norma, ou seja, do que é vedado. Nas precisas palavras de Vittorio de Giorgi(5), "a norma põe uma linha de conduta, a violação dessa norma produz responsabilidade". Evidencia o citado jurista que o conceito de responsabilidade é, assim, em primeiro lugar, um conceito essencialmente relativo. E assim o é porque são dois conceitos intimamente conectados: a regra, disciplina de relações humanas, é obrigatória para os indivíduos envolvidos; a obrigatoriedade manifesta-se precisamente na responsabilidade pela inobservância dela(6).

Assim, na síntese do jurista italiano, "subjetivamente considerada, responsabilidade é obrigação do autor da violação de sofrer consequência posta pela sanção para efeito da violação mesma"(7).

foi iniciando lento processo de mudança e transformação da estrutura sindical. Em 1988, a conjuntura política e a capacidade de pressão do sindicato, que colocava em cheque a burocracia sindical e o peleguismo, circunstância que levou à tolerância um poder de pressão e de atuação maior por parte do sindicato do que o conferido pela lei. Nesse ano de 1988, entra em vigor a Constituição, eliminando parcialmente aspectos do corporativismo. Com a nova Carta ficou assegurado o direito de greve e os sindicatos ganharam autonomia organizacional e negocial, vedada e ingerência ou a intervenção governamental nos assuntos internos dos sindicatos. Todavia, permaneceu o princípio do sindicato único e o monopólio de representação, bem como o poder de tributar ampliado, poder este aguçado, posto que além do "imposto sindical" a massa trabalhadora passou a suportar também o peso da contribuição assistencial e, com a chancela do órgão assemblear, da contribuição confederativa. Assim, como anota Leôncio Martins (*Partidos e sindicatos*. São Paulo: Ática, 1990. p. 69), "os sindicatos adquiriram autonomia, mas os trabalhadores não adquiriram liberdade de organização". Essa feição mista do sindicato, por um lado com elementos de concepção liberal e, por outro, com elementos típicos do sistema corporativo, impede a ratificação pelo Brasil da Convenção n. 87 da OIT.

(5) GIORGI, Vittorio de. *La responsabilità dellàssociazione sindacale*. Per l'esecuzione del contratto collettivo di lavoro. Firenzet: Vallecchi, 1933. p. 2.

(6) Cf. GIORGI. *Op. cit.*, p. 3.

(7) GIORGI. *Op. cit.*, p. 5.

Por isso, com base na doutrina italiana, conclui-se que a norma é pressuposto de responsabilidade e a responsabilidade é o complemento e a integração da mesma norma.

1.2. Responsabilidade jurídica

No iter evolutivo da sociedade, inicialmente, a única responsabilidade era a religiosa, nesta compreendida a moral e a jurídica, ante a confusão reinante entre direito, moral e religião. Mas, em um processo de diferenciação, destacou-se a responsabilidade jurídica, na medida em que ganhou foro de cientificidade a ciência jurídica. E a responsabilidade jurídica se diferencia também da responsabilidade política, não pela substância intrínseca do critério de avaliação, mas pela forma, vez que a norma advém de fonte (estatal ou contratual) e é revestida de caráter coativo, o que caracteriza o fenômeno jurídico.

A responsabilidade jurídica deriva da violação de uma norma jurídica e, como acentua Vittorio de Giorgi, "pressupõe necessariamente uma 'injúria', uma ação ou uma omissão, isto é, que violando uma norma jurídica, viole direitos humanos em que o seu objeto queria conceder jurídica proteção"(8).

São, portanto, dois os elementos da responsabilidade jurídica: um elemento objetivo, traduzido pela violação da norma jurídica, ou seja, um comportamento contrário ao direito; um elemento subjetivo, a presença de uma parte, um sujeito imputável, e a condição necessária para a aplicação da sanção. Existe no sujeito que praticou o ato ou a ação contrária à norma condição necessária para aplicar-lhe a sanção, evidenciando-se capacidade de valor, de agir e culpa.(9)

De fato, a lei civil comum(10) adotava o sistema da responsabilidade com base na culpa, mas o atual Código Civil adota dois sistemas: responsabilidade civil objetiva e responsabilidade civil subjetiva. Todavia, o sistema geral da lei civil é o da responsabilidade subjetiva, que se funda na teoria da culpa. É o que se verifica da letra do art. 186, do Código Civil, de 2002.(11)

Assim, para que haja o dever de indenizar é necessária a presença dos seguintes elementos: dano, nexo de causalidade entre o fato e o dano e culpa lato sensu (imprudência, negligência ou imperícia) ou dolo. Ao lado desse sistema geral, previu o legislador

---

(8) GIORGI. *Op. cit.*, p. 7.

(9) A culpa para a imputação de responsabilidade se evidencia em sentido lato, havendo a possibilidade de se responsabilizar inclusive sem a existência de culpa, conforme previsão do art. 927, parágrafo único do novo Código Civil brasileiro.

(10) Código Civil de 1916, revogado pelo de 2002.

(11) CC, art. 186. A aquele que, por ação ou omissão voluntária, negligência ou imprudência, violar direito e causar dano a outrem, ainda que exclusivamente moral, comete ato ilícito. (11) Neste sentido NERY JUNIOR, Nelson; NERY, Rosa Maria de Andrade. *Código civil anotado e legislação extravagante*. 2. ed. rev. e ampl. São Paulo: RT, 2003. p. 239.

sistema excepcional, da responsabilidade objetiva, que se funda na teoria do risco. Para que haja o dever de indenizar, nessa hipótese, não se perquire sobre a conduta (dolo ou culpa) do agente, mas sim sobre a existência do dano e do nexo de causalidade entre o fato e o dano. O elemento subjetivo da conduta fica relegado em face do risco da atividade do agente que, por sua natureza, implicar risco ao direito de outrem ou do que determina a lei.(12)

Tal exceção à regra geral está positivada no parágrafo único do art. 927 do Código Civil.(13)

Ao lado desses dois sistemas de responsabilidade, lembram Nelson Nery Junior e Rosa Maria de Andrade Nery(14), que existem outros subsistemas destes derivados, que se encontram tanto no Código Civil como em leis extravagantes(15).

Afinal, como enfatiza Giselda Maria Fernandes Novaes Hironaka, a "responsabilidade nada mais é do que o dever de indenizar o dano, que surge sempre quando alguém deixa de cumprir um preceito estabelecido num contrato, ou quando deixa de observar o sistema normativo que rege a vida do cidadão."(16)

Poderia, ainda, o instituto ser compreendido numa extensão mais vasta, como hoje se delineia no cenário jurídico brasileiro, dimensão esta, na síntese de Álvaro Villaça Azevedo, citado por Giselda Hironaka, consistente na "a aplicação de medidas que obriguem uma pessoa a reparar o dano moral ou patrimonial causado a terceiros, em razão

---

(12) Neste sentido NERY JUNIOR, Nelson; NERY, Rosa Maria de Andrade. *Código civil anotado e legislação extravagante*. 2. ed. rev. e ampl. São Paulo: RT, 2003. p. 239.

(13) CC, art. 927. Aquele que, por ato ilícito (arts. 186 e 187), causar dano a outrem, fica obrigado a repará-lo. Parágrafo único. Havendo obrigação de reparar o dano, independentemente de culpa, nos casos especificados em lei, ou quando a atividade normalmente desenvolvida pelo autor do dano implicar, por sua natureza, risco para os diretos de outrem.

(14) NERY JUNIOR, Nelson; NERY, Rosa Maria de Andrade. *Op. cit.*, p. 239.

(15) Na Constituição Federal (art. 36, § 6º), está positivada a responsabilidade civil da Administração Pública. A responsabilidade ali adotada é a objetiva, como também a da teoria do risco administrativo, na medida em que, para ser devida indenização, necessária a existência de dano e do nexo causal entre o ato (omissivo ou comissivo) e o fato. A responsabilidade da Administração Pública em relação a terceiros é objetiva, enquanto em relação ao seu agente ou preposto causador do dano é subjetiva. Também o Código de Defesa do Consumidor adotou responsabilidade objetiva e do risco da atividade. Ocorrendo o dano e se configurando o nexo de causalidade entre o fato e o dano impõe-se ao fornecedor o dever de indenizar (CDC, art. 6º, IV, 12/25). Em matéria de meio ambiente, lembra Maria Helena Diniz (Responsabilidade civil por dano ao meio ambiente. In: NERY, Rosa Maria de Andrade; DONNINI, Rogério (Coords.). *Responsabilidade civil.* Estudos em homenagem ao professor Rui Geraldo Camargo Viana. São Paulo: RT, 2009. p. 391), a responsabilidade funda no risco integral, porque visa a recomposição ou reconstituição do status quo ante ou recuperação do meio ambiente vulnerado ou lesado, com a interrupção da causa depredatória (CF, art. 225, § 2º e Lei n. 6.938/1981, art. 14, § 1º).

(16) HIRONAKA, Giselda Maria Fernandes Novaes. Responsabilidade civil: o estado da arte, no declínio do segundo milênio e albores de um novo tempo. NERY, Rosa Maria de Andrade; DONNINI, Rogério (Coords.). *Responsabilidade civil.* Estudos em homenagem ao professor Rui Geraldo Camargo Viana. São Paulo: RT, 2009. p. 201.

de um ato por ela mesma praticado, por pessoa por quem ela responde, por alguma coisa a ela pertencente ou por simples imposição legal."[17]

1.3. Formas de responsabilidade

Se sistemas de responsabilidade despontam da regra da lei civil (CC, arts. 186, 187 e 927 e parágrafo único), várias são as espécies de responsabilidade,[18] segundo os caracteres especiais que têm os elementos constitutivos.

A primeira e grande distinção da responsabilidade jurídica se situa entre o público e o privado: responsabilidade de direito público e responsabilidade de direito privado. Neste, a nota característica é a igualdade, onde há mútuo relacionamento entre os sujeitos. Estes se posicionam em condições de igualdade, tendo como base regra segundo a qual ninguém deve causar dano a outrem, como, aliás, positivado pelos já mencionados artigos do Código Civil. Sua base se assenta no princípio da autonomia da vontade. O homem é livre, age segundo a sua convicção. E, sendo o dono de sua ação, deve assumir a consequência que decorre de seu ato.

Tal princípio não se aplica à esfera do direito público, em que as partes não se encontram numa relação de igualdade, mas de subordinação, pelo fato de o direito público voltar-se para o interesse da coletividade.

A responsabilidade no âmbito do direito público visa tutelar os interesses e o próprio prestígio do Estado. A aplicação de sanção, nesse caso, visa não à recomposição de uma situação de desvantagem, mas manter a ordem na administração, assegurar e garantir a realização do fim da utilidade pública que a administração tem de perseguir.

1.4. Responsabilidade da pessoa jurídica

Essas noções gerais sobre responsabilidade em geral e responsabilidade jurídica em particular leva à conveniência de se indagar sobre a responsabilidade da pessoa jurídica, pressuposto necessário à base da construção da responsabilidade do ente associativo, pessoa jurídica que é, precisamente de direito privado.

Pessoa jurídica não é ente abstrato, pura ficção, mas sujeito real, com existência própria, justamente como entende Vittorio de Giorgi,[19] para quem a pessoa jurídica é complexo resultante de indivíduos, com fins próprios, vontade própria, interesse próprio, que o legislador apenas dá reconhecimento jurídico.[20] As dificuldades e as dúvidas sobre a

---

(17) Apoiada na doutrina de Álvaro Villaça (*Teoria geral das obrigações*. 6. ed. São Paulo: RT, 1997. p. 272). Giselda Hironaka traz a compreensão ampliada da responsabilidade jurídica posta por aquele civilista.

(18) Responsabilidade de direito público e privado, responsabilidade da pessoa física e jurídica, responsabilidade de profissionais liberais, responsabilidade por fato de outrem etc.

(19) GIORGI. *Op. cit.*, p. 17.

(20) *Idem*.

imputação de responsabilidade ligadas ao problema de a pessoa jurídica delinquir, embaraços ligados diretamente à concepção de sua natureza, restam na atualidade amenizadas a partir da visão de que a pessoa jurídica não é simplesmente ficção, e sim a união de indivíduos para a consecução de um objetivo comum, consistente em uma unidade elevada a sujeito de direito. Se não física, mas concreta é a sua existência, com capacidade que se explica através de seus órgãos. E é exatamente por meio de seus órgãos que a pessoa jurídica se manifesta e atua vontade que lhe é própria, a vontade da entidade.

Assim, na síntese de Vittorio de Giorgi,(21) pessoa jurídica é "a unidade jurídica constituída de uma coletividade de indivíduos, distinta destes, reconhecida no ordenamento jurídico como sujeito de direito".

A constituição dessa unidade jurídica, no âmbito do direito privado, segundo as disposições da lei brasileira,(22) dar-se-á com a inscrição do seu ato constitutivo no respectivo registro,(23) obrigando-se a pessoa jurídica pelos atos de seus administradores, exercidos nos limites dos poderes definidos no estatuto.(24) Em caso de comprovada atuação contra a lei ou com extrapolação dos limites dos poderes conferidos pelo ato constitutivo, na esfera civil, a consequência é a imputação de responsabilidade ao sócio ou administrador que se afastou da legalidade.(25)

Dentre as espécies de pessoa jurídica de direito privado, encontra-se a associação,(26) constituída pela união de pessoas, que se organizam para fins não econômicos.(27) Portanto, como destacam Nelson Nery Junior e Rosa Maria de Andrade Nery, a associação não é sociedade e não visa lucro.(28) Ela se origina de união de pessoas com objetivos comuns.

Ultrapassada a noção de pessoa jurídica como ficção e até a negação de sua responsabilidade, vem a aceitação da teoria da realidade, que parte da assimilação do ente coletivo, composto de seres humanos, com plena capacidade para agir. A pessoa jurídica delibera coletivamente, por quem a faz presente,(29) sendo a atividade de seu representante sua

(21) *Ibidem*, p. 18.

(22) Cf. arts. 40 e ss. do novo Código Civil.

(23) Cf. art. 45 do novo Código Civil.

(24) Cf. art. 47 do Código Civil.

(25) Cf. art. 50 do Código Civil e art. 28 do CDC.

(26) O art. 44 do Código Civil enuncia os tipos de pessoas jurídicas de direito privado, dentre elas a associação.

(27) Cf. art. 53.

(28) NERY; NERY. *Op. cit.*, v. 1, p. 178, *in fine*.

(29) Na síntese de Nery & Nery, com apoio na doutrina de Pontes de Miranda, "... O ato realizado pelo órgão da administração da pessoa jurídica (colegiado ou pessoa física) é ato da pessoa jurídica, não de representação dela, na lição de Pontes de Miranda, Trat. I, 286. Prepostos da pessoa jurídica são os representantes dela (CC, arts. 1.169 a 1.171) e é deles que a norma trata (*Código civil anotado...*, *cit.*, v. 2, p. 176).

própria atividade. O ilícito praticado pelo ente (colegiado ou pessoa física) é da responsabilidade deste, porque age em seu nome num campo de atuação em que se move livremente.

Se a pessoa jurídica realiza atos jurídicos, como diz Ferrara,[(30)] isso implica a possibilidade de ela praticar também atos ilícitos. E se ela opera por meio de órgão o ato deste órgão que a representa é a exteriorização de sua vida.

Portanto, a pessoa jurídica é responsável pelo ato de quem, na forma de seu ato constitutivo, a faz presente, ainda quando evidente a prática desse ato com fim pessoal do órgão, no exercício de suas funções e no desenvolvimento da atividade própria de sua atividade.

O fundamento da responsabilidade civil de feição contratual da pessoa jurídica, inclusive da associação sem fins lucrativos, encontra-se na lei civil comum (CC arts. 186 e 187). Da mesma forma, a responsabilidade extracontratual assenta sua base na regra do art. 389 e art. 927 e parágrafo único, da mesma lei civil comum.

1.5. A responsabilidade da associação sindical

Como visto, a pessoa jurídica de direito privado, inclusive a associação, está sujeita à responsabilidade civil, aplicando-se o direito civil comum a qualquer pessoa jurídica.

A atenção agora se volta para a responsabilidade do sindicato, e não para a genérica da associação, que nasce do ato ilícito inerente a relações de trabalho.

O sindicato tem capacidade de direito privado e no sistema jurídico brasileiro goza de liberdade organizacional e negocial. No desenvolvimento de suas atividades, pode incorrer em várias formas de responsabilidade, a depender do âmbito de atuação em que se origina: civil, penal, administrativo, laboral, social, dentre outras.

No exercício de sua atividade pode cometer todas as violações que produzem responsabilidades, seja no âmbito interno ou externo do sindicato, ou seja, no espaço da relação associativa ou das relações estabelecidas com terceiros.

A personalidade sindical, aquela adquirida com o depósito do estatuto no Ministério do Trabalho para fins de controle da unicidade sindical,[(31)] não constitui óbice à imputação de responsabilidade. Da mesma forma, a liberdade sindical, que permite a

(30) Esse o entendimento de FERRARA citado por GIORGI. *Op. cit.*, p. 18.

(31) (30) CF art. 8º, II. A material, altamente controvertida, foi pacificada pela jurisprudência do STF, através da Súmula n. 677, do seguinte teor: "Até que lei venha a dispor a respeito, incumbe ao Ministério do Trabalho proceder ao registro das entidades sindicais e zelar pela observância do princípio da unicidade". Assim, atualmente compete ao Ministério do Trabalho apenas receber e arquivar esse registro, para fins cadastrais e de verificação da unicidade.

organização de trabalhadores e de empregadores buscar a solução de seus conflitos sem a ingerência e a intervenção do Estado, não coloca a entidade sindical fora do alcance das disposições ou normas legais.

Nesse sentido, Luiz Alberto Matos dos Santos,[(32)] com a atenção voltada para o direito internacional, destaca que "O entendimento da Organização Internacional do Trabalho é de que: 'Os princípios enunciados no art. 3º da Convenção n. 87 tampouco impedem o controle de atos internos de um sindicato, quando esses atos violam as disposições ou normas legais'. Mas só são aceitáveis as limitações impostas com a exclusiva finalidade de garantir o respeito às normas democráticas no movimento sindical".

Mas essa forma de responsabilidade não pode se afastar, dada a natureza do direito fundamental, do eixo traçado pela Constituição, pela regulação jurídica ordinária e pelo estatuto. A nota relevante é o exercício de atribuições próprias nos seus aspectos internos (organizativos) e externos (atividade) de conteúdo da liberdade coletiva, consoante a ordem legal estabelecida. O excesso ou o abuso de direito, e até mesmo a omissão, sujeita o sindicato, ou seu representante, ao controle de seus atos.

O aspecto da liberdade inerente à organização sindical, vigente no nosso ordenamento jurídico,[(33)], deixa a cargo do sindicato a tarefa de elaborar seus estatutos, organizar sua administração e formular seu programa de ação. Tais dimensionamentos, que cristalizam a liberdade sindical coletiva — e que jamais poderão contrariar a ordem jurídica estabelecida — vão imprimir a diferença de tratamento entre aspectos externos e internos. Estes, regulados basicamente pelo estatuto; aquele, pelas normas legais correspondentes.

Mas essa ordem estabelecida não se conflita, ao revés, se complementa, aplicando-se-lhes também as normas legais correspondentes às questões internas.

Ao defender a tese da liberdade plena no sistema sindical brasileiro, David Furtado Meirelles[(34)] destaca que o princípio da unicidade, que não permite a constituição de mais de uma entidade sindical numa mesma base territorial, não impede a constituição de novos sindicatos ou mesmo o desmembramento de categorias[(35)], o que tem "estimulado alguns sindicatos de base maior que um município a constituírem um novo ente sindical em cada um dos municípios que compõem a base territorial original, com a finalidade única de garantir a unidade da categoria e evitar que 'aventureiros' venham tentar dividi-la no futuro". E segundo o citado magistrado, "estão nascendo muitos "sindicatos

(32) *A liberdade sindical como direito fundamental*. São Paulo: LTr, 2009. p. 89.

(33) Cf. CF, art. 8º, I.

(34) Liberdade sindical: o modelo ideal. Texto cedido gentilmente pelo autor e que se encontra no prelo para publicação, p. 6. *A liberdade sindical como direito fundamental*. São Paulo: LTr, 2009. p. 89.

(35) Os traços do corporativismo, a exemplo da unicidade sindical e contribuição obrigatória, conservados no sistema sindical brasileiro estão, como destaca o Editorial do Jornal *Folha de S. Paulo*, de 19 maio 2009, na origem da proliferação de entidades sindicais.

de gaveta", cuja existência está apenas no papel, sem qualquer ação sindical concreta, colaborando para o crescente aumento no número de sindicatos registrados no Ministério do Trabalho e Emprego".

A par disso, acrescenta, ainda, o citado magistrado, em nota, que ao lado do elevado número de sindicatos registrados no Ministério do Trabalho e Emprego (12.312 sindicatos, sendo 8.346 de categoria profissional e 3.966 de categoria econômica)[(36)], existem ainda os sindicatos que atuam na informalidade[(37)], sem o registro reconhecido pelo Ministério do Trabalho e Emprego, o que faz elevar, aproximadamente, para 20 mil o total de entidades sindicais.[(38)]

Diante dessa realidade, cumpre indagar se o "sindicato de gaveta", fruto do artifício para manter a base territorial do sindicato expandida para mais de um município, e o sindicato informal, também, estão sujeitos à responsabilidade por danos causados aos integrantes da categoria e a terceiros? A personalidade jurídica é condição para imputabilidade?

O sindicato, pessoa jurídica, responde por que está investido de personalidade. O sindicato informal ou de fato também responde, não porque está dotado de tal atributo, mas por que, na condição de sujeito real, tem certa capacidade de agir como sujeito jurídico — sujeito de direito. O fundamento da responsabilidade jurídica não repousa unicamente na personalidade jurídica, mas, também, nas disposições da lei civil comum, com disciplina própria para a chamada sociedade comum, ou seja, sociedade irregular ou de fato.[(39)]

Não fosse isso, o fundamento lógico-jurídico de responsabilidade patrimonial do sindicato, inclusive do sindicato como "grupo sem capacidade jurídica", repousa, na

(36) Dados disponíveis no *site* do Ministério do Trabalho e Emprego (https://www.gov.br/trabalho-e-emprego/pt-br) capturados em: 14 abr. 2009, cf. anota o citado autor.

(37) O elevado número de sindicatos, número maximizado pela existência de sindicatos informais, é uma constatação do então coordenador jurídico do Sindicato dos Metalúrgicos de São Paulo e, hoje, Desembargador do Tribunal Regional do Trabalho da 2ª Região, que bem conhece a realidade do sistema, seja na formalidade, seja na informalidade.

(38) A anomalia do sistema leva ao desvirtuamento do sindicato, como a crise de representatividade denunciada por Fátima Fernandes e Claudia Rolle, no Jornal *Folha de S. Paulo*, de 18 maio 2009, com o título "Imposto sustenta sindicatos de fachada"; ou ainda, a prática de atos contrários aos interesses dos trabalhadores, como ocorre com a denúncia de que "Sindicatos recebem verba para defender o amianto", veiculada pelo mesmo Jornal, em 23 jun. 2009.

(39) Entre sociedade irregular e sociedade de fato, apreendida como sociedade comum pelo Código Civil (arts. 986/990), aponta a doutrina ligeira diferença entre elas. Sociedade irregular é aquela que existe contrato entre os sócios com todos os requisitos de sua constituição, apenas o contrato ou ato constitutivo não foi registrado no órgão competente, como determina a lei (CC, art. 45), já a sociedade de fato não possui ato constitutivo que estipule requisitos de sua constituição, dentre os quais o objetivo, os direitos e obrigações de sócios.

percepção de Manuel Pérez Pérez,[(40)] não apenas na personalidade jurídica adquirida com sua constituição legal, mas precipuamente na liberdade sindical, a qual serve de apoio comum a aspectos internos e externos tão decisivos quanto são sua existência, capacidade e atividade. Se se admite que por trás dessas três facetas se encontra a liberdade sindical, como direito fundamental e específico, diz o citado autor espanhol, teremos falado do verdadeiro fundamento da responsabilidade jurídica — a liberdade sindical — para, depois, falar em responsabilidade civil com base no direito comum.[(41)]

Sendo assim, basta a existência da sociedade de fato, que ela exista na realidade, desempenhando normalmente atribuições de ente sindical, cujos efeitos de tais ações coletivas se façam sentir, para imperar a lógica da responsabilidade.

A partir da premissa de que é imputável responsabilidade originária ao sindicato, seja pelo fundamento da liberdade sindical, seja pelo atributo da personalidade jurídica, a partir da delimitação do tema, a atenção será, doravante, direcionada para o aspecto externo, ou seja, a responsabilidade que surge das relações do sindicato com terceiros em decorrência do direito de greve, deixando à margem a responsabilidade do sindicato noutras áreas (administrativa, seguridade social, fisco etc.) e problemas puramente organizacionais.

Todavia, a responsabilidade vista não num significado lógico que encerra em si, com feição civilista, mas, acima de tudo, o efeito lógico jurídico decorrente de uma relação de causalidade existente entre um ilícito ou uma conduta ativa ou omissiva do sindicato no exercício de suas funções e um dano efetivo sofrido por outrem, numa relação causa-efeito.

À visão de responsabilidade se acopla, numa relação de complementaridade, a de dano, que pode ser considerado a partir de um prejuízo para a fruição de uma coisa, nessa ideia inserida a proteção de bens (e direitos) imateriais, um obstáculo a sua utilização e uma necessidade econômica (ou monetária)[(42)].

Daí ressaltar Manuel Pérez Pérez que, na Espanha, “tem desenvolvido mais ou menos homogênea uma jurisprudência do dano patrimonial em que, faz presumir em seu conceito não somente o dano emergente, mas também o do lucro cessante, inclusive o conceito de bens imateriais e o de danos morais no prejuízo”[(43)(44)], sem se afastar jamais

(40) *Op. cit.*, p. 45 e ss.

(41) *Op. cit.*, p. 46.

(42) Neste sentido, PÉREZ, Manuel Pérez. *Responsabilidad patrimonial del sindicato y acción sindical.* Madri: Colex,1999. p. 40.

(43) Manuel Pérez Pérez. *Op. cit.*, p. 40.

(44) A jurisprudência nacional já se encaminha no mesmo sentido, como se infere do julgado nos autos do AIRR-3064/2003-024-02-41.8, em que a 8ª Turma do TST, chancelou decisão Regional que condenou três entidades sindicais do Estado de São Paulo a pagar indenização reversível ao FAT, por danos morais, pela criação de comissão fraudulenta no Núcleo Intersindical de Conciliação Prévia e pelo fato de a Comissão induzir os empregados a dar quitação de verbas rescisória, sob pena de nada receber.

do qualitativo da responsabilidade, de cujo surgimento só se pode falar tendo em conta o papel que desempenha o sindicato, cada vez mais relevante nos tempos modernos.

De fato, a responsabilidade, no âmbito da ação sindical, constitui-se manifestação do conteúdo de seu direito à liberdade sindical. Aqui o próprio exercício do direito de ação, nomeadamente na greve, se contrapõe a interesses e direitos seja da parte ex adversa, seja da própria sociedade, mas a lesão a interesses alheios tem como limite a teoria do abuso de direito, somente fundamentando o nascimento de responsabilidade quando se leva avante uma atuação sindical à margem da lei ou, ainda, um exercício desproporcional, inadequado e desnecessário.

2. Sindicato

2.1. Origem

O sindicato, instituição associativa, produto da Revolução Industrial, passou a ser instrumento de luta e de reivindicação de massas operárias contra o estado de desigualdade e de inferioridade econômica e social suportado pelos trabalhadores nas relações de trabalho com os patrões.

Rumo à internacionalização, abandonou o sindicato o espírito de solidariedade e de defesa do interesse comum inerente à melhoria de condições de trabalho(45) para abranger, também, causas humanitárias, econômicas e políticas(46). Alargou-se a ação, porquanto, os trabalhadores, cada vez mais numerosos, explorados sem respeito à sua saúde e ao seu progresso profissional e social, expunham-se a condições de trabalho que denotavam injustiças, miséria e privações. A continuar tal situação, cujo número crescia continuamente devido à industrialização, originariam conflitos sociais, cujo descontentamento constituía ameaça à paz e harmonia universais. Além disso, o país que, sensibilizado e isoladamente, adotasse medidas de reforma social, atraía para si custo mais elevado de produção, ficando em desvantagem diante de seus competidores. Com essa atuação ampliada, o sindicato encontrou abrigo na Organização Internacional do Trabalho (OIT). E, com o reconhecimento internacional, em âmbito profissional, consagra a primeira das liberdades públicas, a de livre associação(47) (com liberdade de livremente se

(45) O embrião do sindicato moderno é fruto da união, solidariedade e luta dos artesãos trabalhadores contra as corporações, que terminou por desagregá-las, vindo a nova entidade associativa de classe operária a se consolidar como tal somente com o advento da Revolução Industrial, consoante Aluisio Rodrigues. (RODRIGUES, Aluisio. *O Estado e o sistema sindical brasileiro*. São Paulo: LTr, 1981. p. 28).

(46) A coalizão tinha razão de ser não mais com aquele espírito de fraternidade, mas de luta para enfrentar o liberalismo econômico e o capitalismo e, segundo Mario de la Cueva, citado por Segadas Vianna, para elevar a dignidade da pessoa humana (VIANNA, Segada. *Direito coletivo do trabalho*. São Paulo: LTr, 1972. p. 29).

(47) Na luta incessante pela democracia e condições de trabalho dignas, o sindicato consagra a primeira das liberdades públicas, liberdade essa que se constitui bem jurídico a ser alcançado para o fortalecimento do próprio regime democrático, como lembra Renato Rua de Almeida (As contribuições sindicais e a composição da diretoria versos autonomia. In: *Revista Pós-Graduação em Direito da PUC-SP*, n. 1, Direito, São Paulo: Max Limonad, p. 174). Pela relevância dessa liberdade (intimamente ligada a outras, como liberdade de reunião

associar sem interferência do poder público), passando o ente associativo, com autonomia, a produzir, através do ato negocial, regras de direito para reger as relações laborais. A nova fonte de direito — negociação coletiva — constitui-se, como afirma Amauri Mascaro Nascimento, em uma das principais funções do sindicato. Ainda na visão do citado autor, "a negociação coletiva é expressão do princípio da autonomia coletiva dos particulares e da liberdade sindical"(48).

De histórias de lutas sociais e combatividade, o sindicato, como fenômeno humano social(49), conquistou a liberdade. Foi assim no continente europeu, notadamente na Inglaterra, Alemanha, França(50). Na Itália, o sindicato se desenvolveu e ganhou relevância com filosofia de ação sindical voltada para o campo estritamente sindical, até que, numa campanha de violência sem precedente contra sindicalistas e socialistas, Mussoline ascende ao poder, implanta o fascismo, promulga a Carta del Lavor, cria o regime corporativista e suprime a autonomia sindical(51). Esse o modelo sindical transplantado para o Brasil por ocasião do Estado Novo.

2.2. Sindicalismo no Brasil

No Brasil, pelas condições geográficas, sociais e econômicas, não houve desenvolvimento sindical comparável ao europeu e ao norte-americano.

O embrião do sindicato veio do meio rural(52), ganhou os centros urbanos com ares de liberdade até a Revolução de 1930, a partir de quando, subtraída essa liberdade,

---

e expressão), lembra, ainda, Renato Rua de Almeida, que é considerada pela Constituição da OIT como fundamental à sua própria existência (Da intervenção administrativa em sindicato. A estrutura da CLT em face das normas internacionais. In: *Revista LTr*, São Paulo, n. 38, p. 795).

(48) NASCIMENTO, Amauri Mascaro. *Compêndio de direito sindical*. 2. ed. São Paulo: LTr, 2000. p. 268.

(49) O sindicato, de origem proletária, surge do movimento de resistência e de reivindicação de massas operárias contra o estado de desigualdade ou de inferioridade econômica e social a que foram reduzidos os trabalhadores nas relações com os patrões. Por isso — como diz Martins Catharino —, o sindicato é fenômeno humano social intimamente ligado ao trabalhador pessoa física, representando a sindicalização instrumento de humanismo (CHATARINO, José Martins. *Tratado elementar de direito sindical*. 2. ed. São Paulo: LTr, 1982. p. 119).

(50) Cf. PIMENTA, Joaquim. *Sociologia jurídica do trabalho (estudos)*. São Paulo: Max Limonad, 1944; TOMPSON. *A formação da classe operária inglesa, II*. 4. ed. Rio de Janeiro: Paz e Terra, 1987; VIANNA, Segadas. *Direito coletivo do trabalho*. São Paulo: LTr, 1972; ROMITA, Arion Sayão. *Direito sindical brasileiro*. Rio de Janeiro, 1976; SHIEBER, Benjamim. *Iniciação ao direito trabalhista norte-americano*. São Paulo: LTr, 1988.

(51) Neste sentido, conferir MAGANO, Octavio Bueno. *Organização sindical brasileira*. São Paulo: RT, 1982.

(52) O regime de trabalho no Brasil era escravagista. Com a abolição da escravidão (13.5.1888) o predomínio se deslocou para o trabalho agrário, aliado a isso a baixa densidade demográfica no Brasil contribuiu para a dispersão. O Decreto n. 979, de 6.1.1903, facultou aos profissionais da agricultura e indústria rurais a se organizarem em sindicatos para a defesa de seus interesses. Tal permissão, aliás, já encontrava amparo na Primeira Constituição republicana (24.2.1891), que previa o direito de associação. Em 1907, foram criadas sociedades cooperativas, facultando-se aos trabalhadores de quaisquer profissão inclusive os liberais, de se associarem em sindicatos com a finalidade de estudo e defesa de seus interesses (cf. Lei n. 1.637, de 5.6.1907). Seguindo os ideais da lei francesa de 1884, previu a lei brasileira (Lei n. 1.637/1907, art. 2º) a liberdade sindical,

passou a exercer atribuições delegadas, com total submissão ao Estado[(53)].

A Constituição de 1934[(54)], embora tivesse acenado para um estágio de liberdade e autonomia sindical — nunca posto em prática — destacou-se, na verdade, pelo incremento fictício de sindicatos[(55)] ante a previsão da possibilidade de atuação política de representante eleito por organização sindical.

Instalado o Estado Novo, entra em vigor a Constituição de 1937[(56)], traduzindo quase que literalmente, em matéria de organização sindical, a Carta del Lavoro fascista italiana. A regulamentação do sindicalismo de acordo com princípios corporativistas acolheu a unicidade sindical e, desta forma, foi transposto para a CLT.

Assim, o sindicato brasileiro, da inexpressividade, rebaixou-se para a submissão, sob os desígnios do corporativismo.

O cenário político mundial muda com o termo, em 1945, da Segunda Guerra Mundial e, com ela, a derrota dos regimes fascistas. O Brasil procurou logo se adequar, retornando ao regime democrático. Retomada a normalidade política, em 1946, foi promulgada nova Constituição[(57)], a qual manteve o princípio da livre associação profissional ou

---

suficiente à constituição do ente sindical o depósito dos seus estatutos no registro de hipotecas do distrito respectivo, assegurando também a referida lei a pluralidade sindical. Todavia, apesar dos esforços, algumas greves e certa agitação, os sindicatos não se desenvolveram, como acentua ROMITA (*Direito sindical brasileiro.* Rio de Janeiro, 1976. p. 35). Movimentos políticos e principalmente econômicos influíram na eclosão da crise de 1929-1930. A descrença no regime político imperante concorreu para a formação do ambiente revolucionário que culminou com a revogação da Constituição vigente. Vitorioso o movimento revolucionário, Getúlio Vargas ascende ao poder em 1930 e em 1934 promulga-se nova Constituição.

(53) O inexpressivo modelo sindical não sobreviveu à Revolução. O Decreto n. 19.770, de 19.3.1931, que criou a organização sindical brasileira, retirou a autonomia do sindicato, submetendo-o ao Estado. Doravante passou a ser incumbência sua colaborar com o Poder Público, por intermédio dos conselhos mistos e permanentes de conciliação e julgamento, na aplicação das leis que regulam conflitos entre patrões e operários, dentre outras atribuições delegadas. No ano seguinte, foram criadas as Juntas de Conciliação e Julgamento para apreciar dissídios envolvendo empregados sindicalizados e seus empregadores (cf. Decreto n. 22.132, de 25.11.1932).

(54) A Constituição de 1934, no seu art. 120, parágrafo único, restabeleceu a autonomia e a pluralidade sindical, contudo, tal dispositivo constitucional não foi regulamentado, ao revés, Decreto, editou regulamento da sindicalização, mantendo os mesmos princípios antes vigentes (Decreto n. 24.664, de 12.7.1934).

(55) A Carta de 1934 previa, além da autonomia e pluralidade sindical, a atuação política de representantes eleitos pelas organizações profissionais o que levou, segundo Arion Saião Romita com apoio na doutrina de Roberto Barreto Prado (Direito sindical brasileiro. Rio de Janeiro, p. 36), a um incremento fictício dos sindicatos, que começaram a ser formados com finalidades meramente políticas, levando, via de consequência, a notória desorientação e insuficiência no funcionamento da instituição.

(56) A Constituição de 1934 pouco durou. Com o golpe que instaurou o Estado Novo, entra em vigor nova Constituição caracterizada pelo fortalecimento do poder estatal. E quanto à organização sindical traduziu quase que literalmente a Carta del Lavoro fascista italiana, de 21.4.1927. Previu o texto constitucional que "a associação profissional ou sindical é livre" (art. 138), todavia, a fiscalização e a ingerência na vida interna dos sindicatos passo a ser mais rigorosa. A regulamentação sindical, de acordo com os princípios do corporativismo foi feita pelo Decreto n. 1.402, de 5.7.1939, que acolheu taxativamente a unicidade sindical. Essas disposições legais foram transpostas para a Consolidação das Leis do Trabalho (CLT), aprovada pelo Decreto-lei n. 5.452, de 1º.5.1943, diretrizes que, em parte, ainda subsistem.

(57) Durante o Estado Novo, enquanto vigente a Constituição de 1934, aconteceu o segundo conflito mundial, mas em 1945 termina a guerra e, com ela, os regimes fascistas. O Brasil, submetido a um regime de exceção,

sindical, omitindo-se, no entanto, sobre a unicidade ou a pluralidade sindical. Relegada a questão, o legislador ordinário nunca a enfrentou.

No início dos anos sessenta, do século passado, reinou no Brasil instabilidade política, com tentativa de implementação de regime parlamentarista(58), cujo retrocesso — e retomada do sistema presidencialista — não foi suficiente para normalizar o ambiente político-social, com acentuadas divergências entre várias correntes de opinião púbica, o que culminou com a deposição de Presidente da República e a edição do Ato Institucional n. 1, com profundas alterações na Constituição de 1946. Sucessivos Atos Institucionais foram editados até a promulgação da Constituição de 1967, com modificações da Emenda Constitucional de 1969(59).

A ordem constitucional pós-64 manteve a organização sindical precedente, de inspiração fascista, modelo pouco alterado, pela Constituição Federal de 1988, que instaurou novos quadros democráticos no país.

Com efeito, o sindicato ganhou autonomia organizacional e negocial(60), mas não se libertou da unicidade, do monopólio da representação e nem do poder delegado de tributar.

A atipicidade do sistema, incompatível com a Convenção n. 87 da OIT, vem sendo questionada(61), tendo como resultado de diálogo social e de negociação projeto de lei que, atualmente, encontra-se paralisado no Legislativo nacional.

2.3. Do sindicato único: De Oliveira Viana, da era Vargas à anomalia do sistema positivado pela Constituição Federal de 1988

Como visto, a organização sindical, embora com início na pela zona rural, logo reivindicada por profissionais da indústria e do comércio, o sindicato somente veio a adquirir liberdade em 1907. Essa liberdade foi subtraída após a Revolução de 1930, a partir de quando passou a exercer atribuições delegadas com total submissão ao Estado.

---

procurou logo se adequar retornando ao regime democrático. Diante das forças políticas oposicionistas, Getúlio Vargas renuncia em 29 de outubro de 1945. Retomada a normalidade política foi promulgada a Constituição de 1946.

(58) De fato, na vigência da Constituição de 1946 foi implementado o regime parlamentarista (1961), contudo, o provo não concordou com a inovação, retornando-se ao presidencialista (1963).

(59) (58) Sucessivos Atos Institucionais foram editados, sendo que o de n. 2, de 27 de outubro de 1965, visava fortalecer o Poder Executivo, enquanto o de n. 5, de dezembro de 1968, facultava a decretação do recesso das Casas Legislativas, a suspensão de direitos políticos e de garantias constitucionais. Em 24 de janeiro de 1967, foi promulgada nova Constituição, texto que, posteriormente, foi modificado pela Emenda Constitucional de 1967.

(60) Cf. art. 8º da CF de 1988.

(61) Decreto n. 4.796, de 30.7.2003, do Poder Executivo, instituiu o Fórum Nacional do Trabalho, sob a coordenação do Ministério do Trabalho e Emprego (MTE), com a finalidade de levar avante negociação entre trabalhadores, empregadores e governo federal, tendente a atualizar e formar as leis sindicais e trabalhistas (conferir MTE. Biblioteca. Seção de Processos Técnicos. Fórum Nacional do Trabalho (Regimento Interno). Brasília, 2004).

É certo que a Constituição de 1934, em tese, restabeleceu a liberdade e a autonomia sindical. No entanto, sua regulamentação, contraditoriamente, manteve os princípios antes vigentes. Esta Constituição previu também a possibilidade de atuação política de representante eleito pela organização profissional, o que levou, segundo Roberto Barreto Prado[(62)], a um crescimento fictício de sindicatos com fins políticos.

A partir de tal experiência, instituído o Estado Novo, a Carta de 1937 institui o sindicato único e seu controle pelo Estado, como destaca Oliveira Viana[(63)].

E, dentro dessa nova concepção, foram atribuídas novas funções ao sindicato, dentre elas a de representante de toda a categoria, e não apenas de seus associados, por isso, necessária a unicidade sindical. Do contrário, explica Oliveira Viana, com mais de um sindicato representando a categoria, a consequência seria a impossibilidade prática da representação, "porque bastaria uma divergência entre os diversos sindicatos, autorizados a representarem a categoria, para que se tornasse impossível à categoria manifestar a sua vontade numa convenção coletiva"[(64)].

Em síntese, diante do impasse gerado por mais de uma convenção coletiva regulando diversamente a mesma matéria para a mesma categoria qual a norma coletiva a ser aplicada? Daí a impossibilidade da pluralidade sindical.

Alie-se a isso, ainda, o fato de que o sindicato não era simplesmente pessoa jurídica de direito privado, ao revés, fora projetado para fora dos limites do seu quadro associativo para exercer atividades e funções não tipicamente de ente associativo, com poderes de autoridade pública a ele delegadas.

Essa a razão, segundo Oliveira Viana, que justificou um novo regime, o qual teria de regular a constituição e as atividades dos sindicatos doravante providos de poderes de autoridade pública, bem como de poderes de representação da categoria e legitimidade regulamentar em nome do Estado e com força obrigatória para toda a categoria econômica e profissional.

Com a Revolução Liberal Getúlio Vargas, surge o Ministério do Trabalho (nov. 1930), sendo que a preocupação do titular da nova pasta se volta logo para a questão sindical. Advindo a Carta de 1937, as diretrizes do sindicato brasileiro foram traçadas pelo seu art. 128, com regulamentação pelo Decreto-lei n. 1.402/1939, contendo regras de funcionamento das organizações profissionais e produtivas. Em 1943, toda a vasta legislação relacionada à organização sindical foi incorporada à CLT.

---

(62) Da doutrina de Roberto Barreto Prado (*Curso de direito sindical*. São Paulo: LTr, 1991) que com a permissão para atuar na área política houve um incremento de sindicatos formados com finalidades políticas, cuja consequência foi a perda de rumo e a ineficiência dos entes associativos.

(63) VIANA, Oliveira. *Problemas de direito sindical*. Rio de Janeiro: Max Limonad. p. 3.

(64) VIANA. *Op. cit.*, p. 6.

E, nesses mais de sessenta anos, como observa Leôncio Martins Rodrigues[(65)], a legislação sindical não sofreu alteração relevante, apesar das grandes transformações sociais, políticas e econômicas experimentadas pelo país.

É certo que as práticas corporativas não surgiram com o Estado Novo (1937). Tentativas de o Governo controlar as associações operárias vêm de antes (Revolução de 1930) com a retirada da autonomia do sindicato e sua submissão ao Estado pelo Decreto n. 19.770/1931. Assim, para Leôncio Martins Rodrigues, o sistema sindical brasileiro "pode ser caracterizado como um corporativismo estatal que assumiu, ao longo de sua história, aspectos de um "corporativismo inclusivo" (1930-1945) e um "corporativismo exclusivo" (1964-1978)[(66)].

Desse corporativismo estatal, pode-se destacar, portanto, a incorporação do sindicato ao sistema legal para colaborar com o Estado, o monopólio de representação com a instituição de sindicato único e a imposição de imposto de natureza compulsória (contribuição sindical) para custear o sindicato.

Vencido o tempo do sindicato eminentemente "pelego", segue-lhe o "político", na medida em que, de 1946 a 1964, ano em que se instalou o regime militar, a preocupação era política. Somente em 1978, surgiu o sindicato com perfil — "reivindicativo"[(67)].

Com tal característica — ora tolerada, ora reprimida, e até com decretação de intervenções — a organização sindical sofre modificações pela Constituição Federal de 1988, quando são eliminados parcialmente aspectos do corporativismo. O sindicato ganha autonomia organizacional e negocial, mas permanecem outros elementos do corporativismo: unicidade sindical, monopólio da representação e poder de instituir tributo.

Essa feição mista do sistema sindical foi o resultado possível obtido pelo Poder Constituinte originário que elaborou a Constituição após o regime militar. Todavia, a liberdade parcial não é suficiente, vez que a atipicidade do sistema impede a ratificação pelo Brasil da Convenção n. 87 da Organização Internacional do Trabalho (OIT), que trata da liberdade sindical e leva ao desvirtuamento desse ente da sociedade civil.

Tais mazelas revelam a necessidade premente de, no Brasil, adotar-se a liberdade sindical, sem o que dificilmente o sindicato cumprirá o seu papel, máxime em uma conjuntura de adversidades oriundas das transformações ocorridas nas relações de trabalho, ante os avanços tecnológicos e da globalização, com a consequente reengenharia em-

---

(65) RODRIGUES, Leôncio Martins. *Partidos e sndicatos.* Escritos de sociologia política. São Paulo: Ática, 1990. p. 49.

(66) RODRIGUES. *Op. cit.*, p. 54.

(67) A partir de 1978, o sindicato sufocado pelo regime de exceção volta à luta, com movimentos grevistas projetados de dentro da estrutura sindical de feição corporativa, notadamente no Sindicato dos Metalúrgicos de São Bernardo e Santo André, em São Paulo, defendendo-se a negociação coletiva e, com isso, transmuda-se o perfil do sindicalismo de resultado para o de reivindicação.

presarial, voltada para o processo produtivo e reflexos inevitáveis no mundo do trabalho, como o desemprego, trabalho informal, novas formas atípicas de trabalho (dentre as quais o teletrabalho e a parassubordinação) e precarização das relações de trabalho.

Nesse contexto, haverá o sindicato de se harmonizar com o novo Estado que se delineia (na falta de nomenclatura adequada: Estado pós-Social, pós-Moderno ou Neoliberal), cuja concepção é o afastamento doEstado da iniciativa privada, assumindo a sociedade civil organizada (associações, ONGs, sindicato etc.) a efetiva defesa de interesses gerais em prol da comunidade, e não mais o interesse coletivo ligado à ideia de grupo ou classe.

3. Greve

Visto em termos gerais a responsabilidade e em particular a responsabilidade do sindicato, o estudo se restringe à determinação da forma de responsabilidade do sindicato em relação à greve.

Greve, no sistema jurídico nacional, é a suspensão coletiva do trabalho, deliberada pela categoria, visando melhores condições de trabalho.

Na percepção de José Augusto Rodrigues Pinto, a greve "é o direito de prejudicar, uma vez que traz prejuízo econômico imediato ao empregador, frustrando-lhe o lucro"[(68)], enquanto para Arion Sayão Romita greve "é uma abstenção coletiva do trabalho deliberada por uma pluralidade de trabalhadores (do setor privado ou público) para a obtenção de um fim comum"[(69)].

Nos termos da lei brasileira, sobre o exercício do direito de greve (Lei n. 7.783/1989, art. 2º), "considera-se legítimo exercício do direito de greve a suspensão coletiva, temporária e pacífica, total ou parcial, de prestação pessoal de serviços a empregador".

Diante da relevância do direito de greve, para Raimundo Simão de Melo "independentemente de ser um direito, é a greve um fato social, uma liberdade pública consistente na suspensão do trabalho, quer subordinado ou não, com o fim de se obter algum benefício de ordem econômica, social ou humana. É, em suma, o direito de não trabalhar"[(70)].

Direito de não trabalhar, não por qualquer motivo, mas especificamente para reivindicar melhorias de natureza trabalhista inerentes às condições de trabalho e de vida dos integrantes da categoria; de natureza sindical, voltadas à organização sindical e seus dirigentes; e as de natureza política, que tenham, ainda que indiretamente, por fim a defesa

---

(68) RODRIGUES PINTO, José Augusto. *Direito sindical e coletivo do trabalho*. São Paulo: LTr, 1998. p. 292.

(69) ROMITA, Arion Sayão. *Direitos sociais na Constituição e outros estudos*. São Paulo: LTr, 1991. p. 244.

(70) MELLO, Raimundo Simão. *A greve no direito brasileiro*. 2. ed. São Paulo: LTr, 2009. p. 39.

dos interesses econômicos e sociais dos trabalhadores, conforme admite o Comitê de Liberdade Sindical e a Comissão de Peritos da OIT(71).

É certo que a Constituição Federal (art. 9º) assegurou o direito de greve, de forma ampla, "competindo aos trabalhadores decidir sobre a oportunidade de exercê-lo e sobre os interesses que devam por meio dele defender".

Mas essa autorização não é irrestrita e ilimitada. A associação sindical tem por objetivo a defesa dos interesses e direitos da respectiva categoria (CF art. 8º III), e não todo e qualquer interesse. Por outro lado, o chamado "direito de prejudicar" não pode ser concebido ilimitadamente, ao ponto de ultrapassar os limites para os quais foi historicamente concebido: a melhoria socioeconômica do trabalhador e o respeito à sua dignidade. Traduz-se em um direito fundamental de extrema relevância para o equilíbrio entre as forças capital-trabalho, mas não chega a ser um direito incondicional, mesmo porque, como destaca Raimundo Simão de Melo, "não se trata de um direito absoluto, porque tal não existe num Estado Democrático de Direito, em que os direitos do cidadão devem conviver harmoniosamente"(72).

3.1. Formas de greve

Ao sindicato é imputável responsabilidade por ocasião das diferentes modalidades de ação sindical: em primeiro lugar, a greve e, em segundo, conflitos distintos da greve, mas considerados como conteúdo do exercício da atividade sindical na empresa ou fora dela.

Aliás, com base na doutrina de Oscar Ermida Uriarte, lembra Raimundo Simão de Melo(73) que o exercício do direito de grave cada vez mais se "atipifica" tanto em nosso país como no mundo inteiro, o que se dá inclusive com a devida adaptação flexibilizadora ao mundo do trabalho. Assim, devem-se considerar condutas grevistas, formas de ações coletivas, com amplo leque de hipóteses, que vão desde mera intervenção em assembleia a coros e frases que o empregador pode considerar insultantes, passando por instrumentos de pressão com notas na imprensa, distribuição de folhetos, exibição de faixas, realização de grafites nas ruas, até realização de piquetes e boicotes.

Quanto à greve propriamente dita não se pode apresentar rol taxativo, vez que é pensada e concebida a partir da faculdade de declarar a paralisação coletiva do trabalho, estabelecer a causa e a finalidade reivindicativa perseguida. Assim, só para exemplificar, reporta-se a doutrina(74) às seguintes modalidades de greve: rotatórias, de zelo, efetuadas

(71) Neste sentido, MELLO. *Op. cit.*, p. 41.

(72) MELLO. *Op. cit.*, p. 42.

(73) *A greve...*, *cit.*, p. 40.

(74) Conforme se verifica da doutrina de Pérez Pérez (*Op. cit.*, p. 156), são modalidades de greve correntes no direito espanhol, a greve rotatória, a de trabalhadores que prestam serviços em setores ou atividades estratégicas, as de zelo ou regramento, de solidariedade, política e contra o regime estabelecido.

pelos trabalhadores que prestam serviços em setores estratégicos com a finalidade de interromper o processo de produção, além da greve política e de solidariedade.

Colhe-se, ainda, da doutrina de Raimundo Simão de Melo outras modalidades[(75)] de greve, que vão da paralisação de advertência à ocupação do local de trabalho, passando por aquelas qualificadas pelo ritmo acelerado do trabalho ou, ao contrário, pelo excessivo rigor e zelo no desempenho da atividade e à lentidão exagerada.

Quanto a estas modalidades de greve política e de greve de solidariedade proibidas por expressa disposição de lei da época do regime de exceção[(76)], não recebeu idêntico tratamento na ordem constitucional vigente. A Constituição de 1988, ao contrário, assegura o direito de greve, competindo apenas aos trabalhadores decidir sobre a oportunidade de exercê-lo[(77)]. No mesmo sentido, a Lei n. 7.783/1989, que regulamenta o direito de greve, vedando apenas o lockout (art. 17). Essa lei não possui nenhum dispositivo expresso que autorize ou proíba a greve de solidariedade, apenas os interesses que movem a paralisação nessa hipótese, como ressalta Amauri Mascaro Nascimento, devendo guardar correlação "com os quais o interesse dos grevistas se mostra vinculado de algum modo que beneficie os seus respectivos contratos de trabalho, portanto quando afetar diretamente o interesse profissional daqueles que a promovam ou mantenham"[(78)].

No que diz respeito à greve política, também não há na ordem jurídica qualquer vedação, até porque esse tipo de greve — diz Luisa Galantino — constitui meio para a efetiva participação do trabalhador-cidadão na vida política, econômica e social do país[(79)]. Esclarece, todavia, a jurista italiana que, "de acordo com o rumo traçado pelo Tribunal Constitucional italiano, em decisão de 1974, há liberdade de greve política contra o Estado, mas nenhum direito de greve para fins meramente políticos. A participação é qualificada, na defesa de interesses, ainda que indiretos, dos trabalhadores. No mesmo sentido, Amauri Mascaro Nascimento sublinha: "a greve exclusivamente política é vedada pela lei, como a greve contra as instituições da República"[(80)]. Para o Tribunal

(75) São formas de greve enumeradas por Raimundo Simão de Melo, "a não colaboração, o trabalho regimental, a greve de zelo (o capricho do trabalho é a tônica), a greve tartaruga (trabalha-se vagarosamente), a greve de braços cruzados (os trabalhadores adentram o estabelecimento e simplesmente cruzam os braços perante os postos de serviço), a greve ativa (consiste em acelerar exageradamente o ritmo de trabalho), a ocupação dos locais de trabalho, que normalmente é utilizada em situações de alta conflitualidade, a greve relâmpago (trabalhadores param por alguns minutos ou horas ou dias e voltam ao trabalho), a greve de advertência (suspensão do trabalho por algumas horas), as miniparalisações, a greve por tempo determinado, a greve intermitente (a cada dia num setor da empresa), a greve nevrálgica ou greve-trombose (greve em determinado setor estratégico, cuja inatividade paralisa os demais setores) (MELO. *Op. cit.*, p. 40).

(76) Lei n. 4.330/1964, art. 22.

(77) Constituição Federal, art. 9º.

(78) NASCIMENTO. *Op. cit.*

(79) GALANTINO, Luisa. *Diritto sindacale*. Torino: G. Ciappichelli, 1996. p. 196. NASCIMENTO. *Op. cit.*

(80) NASCIMENTO. *Op. cit.*

Constitucional espanhol, segundo Manuel Pérez Pérez[81], o limite da greve política de preanunciada duração temporal e o conteúdo de suas pretensões referindo-se ao âmbito geral das relações de trabalho, sem ulteriores, ocultas ou distintas finalidades, integram plenamente no campo da proteção do direito de greve, razão pela qual, coloca em relevo o citado autor, que a proibição de greve política seria admissível "somente para as greves que tenham por objetivo subverter a ordem constitucional"[82].

Integram o regime legal da greve os atos vinculados à sua convocação e encerramento. Convocar implica reconhecer a faculdade coerente, o objetivo a ser perseguido e o procedimento para o desencadear da ação coletiva. Da mesma forma que a ação convocatória, o ato de pôr fim à greve é uma faculdade e uma responsabilidade dos próprios convocantes, que pode dar ensejo a um pacto com a intenção de pôr fim ao conflito e de disciplinar eventuais efeitos e consequências advindas da paralisação. Das tratativas pode resultar que os convocantes ponham fim à greve, ficando o empregador com a incumbência de anular possíveis sanções aplicadas aos grevistas. Assumido o compromisso, dar-se-á a desconvocatória nos termos do pactuado, ou se não tiver mais sentido continuar a greve, por ter alcançado a reivindicação perseguida, só para exemplificar, devendo imputar-se aos convocantes eventuais prejuízos ocasionados pela falta ou demora injustificada na desconvocatória[83].

O direito de greve é uma garantia fundamental do cidadão-trabalhador e se revela não só um direito a descumprir transitoriamente o contrato de trabalho, mas também um direito de limitar a liberdade do empregador. Mas, como no Estado Democrático de Direito não existe direito absoluto, o exercício desse direito não pode ser abusivo nem desproporcional. E essa proporcionalidade se alcança, diz Manuel Pérez Pérez, "na relação equilibrada entre os efeitos para a contraparte do tipo de greve mobilizada e os resultados reivindicativos que com aquele se pretende obter"[84], de sorte que os sacrifícios devem ser mútuos: o empregador suporta, na medida de suas possibilidades, os efeitos da greve e os grevistas não recebam salários por serem estes contraprestação normal do trabalho, salvo se norma coletiva dispuser de forma diversa. Não se pode imaginar uma greve lícita, portanto, que pelo seu propósito leve o empregador à ruína. A força e o propósito da ação coletiva se direcionam para a melhoria das condições de trabalho e a dignidade do trabalhador, e não para a finalidade de prejudicar pelo simples fato de causar prejuízo, decorrendo a licitude da greve de suas previsões qualificadoras.

---

(81) PÉREZ. *Op. cit.*, p. 162.

(82) PÉREZ. *Op. cit.*, p. 162, Decreto-lei n. 1.632/1978 e Lei n. 6.620/1978.

(83) Neste sentido, PÉREZ. *Op. cit.*, p. 167.

(84) PÉREZ. *Op. cit.*, p. 151.

3.2. Greve nos serviços e atividades essenciais

A greve nos serviços essenciais já foi proibida[85], mas com a Constituição Federal de 1988, o direito de greve foi assegurado também em atividades essenciais, apenas com a condicionante de que lei definirá tais atividades e disporá sobre o atendimento das necessidades inadiáveis da comunidade.

A exigência se legitima pelo fato de a greve se desenvolver no âmbito do setor público e na seara de serviços ou atividades essenciais à população, com convergência das duas esferas, na medida em que as atividades essenciais se inserem naquelas que o Estado desenvolve, como, aliás, ressalta Amauri Mascaro Nascimento[86]. A autorização da greve, no setor público e nos serviços essenciais, leva em consideração premissas e características próprias, a fim de se equilibrar esse direito fundamental com os interesses da sociedade e os princípios que regem a Administração Pública[87].

O direito de greve no serviço público e em atividades essenciais foi concebido, mas com restrição[88], a ser exercido nos termos e limites definidos em lei, ficando os responsáveis por abusos, ilícitos ou crimes sujeitos às penas da lei trabalhista, civil e penal[89].

Assim, o primado da autonomia e da liberdade sindical encontra limite no interesse público, voltado ao resguardo da sobrevivência, da saúde e da segurança da comunidade. A par disso, e seguindo orientação do Comitê de Liberdade Sindical da OIT, a Lei n. 7.783/1989, em seu art. 10 enumera as hipóteses de serviços ou atividades essenciais. Trata-se de rol não taxativo, podendo a doutrina, com a chancela da jurisprudência introduzir outras situações que venham a colocar em risco o bem maior do ser humano: vida, saúde, segurança.

Em se tratando de serviços ou atividades essenciais, o direito de greve é assegurado sob condição, na medida em que, por força do art. 11, da Lei de Greve, as partes envolvidas no conflito — sindicato e empregador — ficam obrigadas a, de comum acordo, durante a greve, garantir a prestação de serviços indispensáveis ao atendimento das necessidades inadiáveis da população.

Além disso, a lei brasileira exige para o exercício regular do direito de greve o cumprimento de certos requisitos[90], sendo um dos mais importantes o que se refere ao

(85) Nesse sentido, conferir legislação do período militar: Lei n. 4.330.

(86) NASCIMENTO, Amauri Mascaro. *Compêndio de direito sindical*. 4. ed. São Paulo: LTr, 2005. p. 459.

(87) NASCIMENTO. *Op. cit.*, p. 459-460.

(88) CF, art. 9º, § 1º; art. 37, VI e VII.

(89) CF, art. 9º, § 2º; Lei n. 7.783/1989, art. 15.

(90) Nos termos da Lei n. 7.783/1989, são requisitos para a licitude da greve: convocar e realizar, na forma de seus estatutos, assembleia-geral da categoria; cumprir quorum mínimo para deliberação; exaurir negociação coletiva sobre o conflito; comunicação prévia à contraparte e à comunidade, em caso de greve em serviço

atendimento das necessidades inadiáveis da comunidade a que se reporta o parágrafo único do art. 11 da Lei n. 7.783/1989[(91)].

Mas, qual o percentual de atendimento às necessidades mínimas da população? Como a lei não estabelece, para Raimundo Simão de Melo[(92)], a "fixação será feita em cada caso real, levando-se em conta as peculiaridades do serviço essencial". Para o citado autor nos serviços de saúde, especificamente em UTI, não se pode reduzir o número de trabalhadores, apenas fazer rodízio entre os grevistas, sendo exagerada a fixação de 70%, 80% no transporte coletivo[(93)], na medida em que não se faz greve com pequeno percentual de trabalhadores.

Todavia, como esclarece Raimundo Simão de Melo, a fixação deve ser feita a partir de cada realidade, observadas as peculiaridades do serviço afetado pela paralisação, daí por que, em qualquer serviço ou atividade essencial, inclusive a de transporte coletivo, haverá de assim proceder, observando-se a realidade e as peculiaridades, posto que não vai ser o apego a índices ou percentuais que vai desautorizar o funcionamento, por exemplo, do serviço de metrô, em sua totalidade, em horários de maior movimento, com risco iminente de passageiros caírem nas linhas do trem pela elevada concentração e descontrole de pessoal nas plataformas pelo simples fato de se respeitar um percentual. Por isso, não entendemos, a priori, exagerada a fixação de percentual variável, porquanto o que se deve ter em conta é a ponderação entre o direito fundamental à vida e a segurança da população a ser transportada e o direito de greve. A medida vem do sopesamento de valores fundamentais, devendo o direito de greve sofrer restrição até o nível de equilíbrio, ou seja, até o dissipar da multidão nas plataformas em horários certos e rotineiros.

3.3. Abuso do direito de greve. Responsabilidade por danos decorrentes do direito de greve

Como se vê, o direito de greve é fundamental, mas não é absoluto, razão pela qual seu exercício deve-se harmonizar com outros direitos também fundamentais do cidadão e da contraparte. Ademais, para ser legítima a greve deve se realizar em conformidade com a ordem jurídica, com princípios gerais do direito e com a boa-fé objetiva, ficando os excessos passíveis de responsabilidade nos termos da lei civil, trabalhista e penal.

essencial; manutenção em funcionamento de maquinário e equipamento, cuja paralisação resulte prejuízo irreparável; atendimento a necessidades inadiáveis da comunidade, na greve em serviços essenciais; comportamento pacífico; garantia de liberdade de trabalho aos que não quiserem participar da greve; não continuidade da greve após solução do conflito.

(91) A comunicação prévia à sociedade do intuito da greve é formalidade essencial ao exercício do direito, nos termos dos arts. 3º, parágrafo único e 13, da Lei n. 7.783/1989. O prazo que na iniciativa privada é de 48 horas, em caso de aviso ao empregador e à população de greve em serviços e atividades essenciais é de 72 horas.

(92) *A greve..., cit.*, p. 83.

(93) *Idem.*

Cometer excessos ou abusar de um direito é exercê-lo além da autorização legal, é ultrapassar limites, ou na síntese de Amauri Mascaro Nascimento reproduzida por Raimundo Simão de Melo(94), "o abuso de direito é o uso do direito para objetivos contrários ao seu fim. É o mau exercício do direito decorrente de lei ou de contrato".

Nos termos da lei específica, "constitui abuso do direito de greve a inobservância das normas contidas na presente Lei, bem como a manutenção da paralisação após a celebração de acordo, convenção ou decisão da Justiça do Trabalho"(95).

A liberdade sindical e a personalidade própria desse ente associativo não impedem a aplicação do princípio da responsabilidade, que se reflete sobre todos os atos das pessoas físicas ou jurídicas, da qual não se exime inclusive o sindicato, porque o exercício da liberdade sindical e o uso da personalidade não endossam o descumprimento de qualquer dever próprio de relação jurídica, assim como também não isenta quem ostenta a representação sindical, no cumprimento dos deveres decorrentes da liberdade jurídica comprometida.

Aliás, a previsão de responsabilidade é de ordem constitucional: "os abusos cometidos sujeitam os responsáveis às penas da lei"(96). Resulta, ainda, do sistema jurídico infraconstitucional: "a responsabilidade pelos atos praticados, ilícitos ou crimes cometidos, no curso da greve, será apurada, conforme o caso, segundo a legislação trabalhista, civil ou penal"(97). Em tais situações, poderá o Ministério Público, de ofício, requisitar a abertura de inquérito e oferecer denúncia quando houver indício de prática de delito(98).

A lei civil comum também tem aplicação. Segundo ela "aquele que, por ação ou omissão voluntária, negligência ou imprudência, violar direito e causar dano a outrem, ainda que exclusivamente moral, comete ato ilícito". Também responde aquele que abusa do direito e da boa-fé e ignora os bons costumes(99). Em suma, responde o sindicato no exercício irregular do direito de greve, com seu patrimônio, pela aplicação da regra do art. 927, do Código Civil.

Portanto, é possível se imputar responsabilidade ao sindicato por sua conduta ilegal ou abusiva no exercício do direito de greve, no âmbito trabalhista e civil, desviando-se tal responsabilidade para a pessoa física de seus administradores de fato ou de direito, aos que sejam membros de seus órgãos ou representantes e seus diretores e gestores, quando a eles imputáveis a responsabilidade pelos atos omissivos ou comissivos considerados ilegais ou abusivos e também quando cometerem infrações penais.

---

(94) *A greve..., cit.*, p. 94.

(95) Lei n. 7.783/1989, art. 14.

(96) CF, art 9º, § 2º.

(97) Lei n. 7.783/1989, art. 15.

(98) Conforme redação do parágrafo único do art. 15, da Lei n. 7.783/1989.

(99) Conforme regra do art. 187 do Código Civil.

A responsabilidade penal pelo delito e a respectiva sanção, dada a incapacidade da pessoa jurídica de, por si, delinquir, é direcionada para seus representantes, ou seja, para quem a faz presente, sendo que a responsabilidade penal, acaso não reconhecida judicialmente, não interfere na responsabilidade civil, respondendo a pessoa jurídica, na esfera civil, pela reparação de danos ocasionados mediante oportuna ação de responsabilidade.

Também não está descartada a hipótese do sindicato e seu representante, ante a conexão de interesses e o desencadear da ação ou a inércia na omissão, de responderem conjuntamente, ou ainda, da condenação subsidiária, salvo se a infração civil não for praticada com autorização coletiva (assembleia) ou se posicionar na seara do interesse particular do órgão ou dirigente sindical, quando estes respondem isoladamente.

Conclusão

O princípio da responsabilidade civil, que norteia o sistema jurídico envolve os atos das pessoas físicas e jurídicas, dela não se eximindo o sindicato, apesar da personalidade sindical, mesmo porque no Estado Democrático de Direito a lei se aplica a todos, sem exceção, não havendo motivo para imunizar o sindicato, deixando-o à margem da lei, em detrimentos, inclusive, de outros direitos e garantias fundamentais assegurados pela ordem jurídica.

Por outro lado, o direito de greve é uma garantia fundamental do cidadão trabalhador, nele compreendido o conjunto de atos de pressão coletiva capazes de levar à consecução do objeto de reivindicação. Tais atos hão de se enquadrar no conceito de greve, assim compreendida a abstenção coletiva, combinada, ordeira e pacífica do trabalho, na reivindicação de vantagem que beneficie a coletividade da classe de trabalhadores.

Desbordando-se desses limites, com a configuração de ato ilícito ou abusivo, configura-se a ilegalidade da ação coletiva, sujeitando-se tanto a pessoa jurídica quanto seus órgãos e representantes à responsabilidade, conforme o caso, civil, penal e trabalhista.

Referências

ALMEIDA, Renato Rua de. As contribuições sindicais e a composição da diretoria versos autonomia. In: *Revista Pós-Graduação em Direito da PUC-SP*, São Paulo: Max Limonad, n. 1, Direito.

ALMEIDA, Renato Rua de. Da intervenção administrativa em sindicato. A estrutura da CLT em face das normas internacionais. In: *Revista LTr*, São Paulo, n. 38.

ANTUNES, Ricardo. O novo sindicalismo. São Paulo: *Brasil Urgente*, 1991.

BONNARD, Roger. *Syndicalismo, corporativismo e Estado corporativo*. Trad. brasileira. Rio de Janeiro: Freitas Bastos, 1938.

BRITO FILHO, José Cláudio Monteiro de. *Direito sindical*. São Paulo: LTr, 2000.

CHATARINO, José Martins. *Tratado elementar de direito sindical*. 2. ed. São Paulo: LTr, 1982.

GALANTINO, Luisa. *Diritto sindacale.* Torino: Ciappichelli, 1996.

GIORGI, Vittorio de. *La responsabilità dell'associazione sindacale.* Per l'esecuzione del contratto collettivo di lavoro. Firenzet:Vallecchi, 1933.

MAGANO, Octavio Bueno. *Organização sindical brasileira.* São Paulo: RT, 1982.

MAGANO, Octavio Bueno. Ideias para uma reforma estrutural da organização sindical brasileira. In: ROMITA, Arion Sayão (Coord.). *Sindicalismo.* Obra dedicada a José Martins Chatrino. São Paulo: LTr, 1985.

MARTINS, Milton. *Sindicalismo e relações do trabalho.* 4. ed. São Paulo: LTr, 1995.

MELO, Raimundo Simão de. *A greve no direito brasileiro.* 2. ed. São Paulo: LTr, 2009.

MORAIS FILHO, Evaristo de. *O problema do sindicato único no Brasil (seus fundamentos sociológicos).* 2. ed. rev. e aum. São Paulo: Alfa Omega.

NASCIMENTO, Amauri Mascaro. *Compêndio de direito sindical.* 4. ed. São Paulo: LTr, 2005.

NERY JUNIOR, Nelson; NERY, Rosa Maria de Andrade. *Código civil comentado e legislação extravagante.* 2. ed. São Paulo: RT, 2003.

OVIEDO, Carlos Garcia. *Tratado elemental de derecho social.* Madrid: EPESA, 1948.

PÉREZ, Manuel Pérez. *Responsabilidad patrimonial del sindicato y acción sindical.* Madrid: Colex, 1999.

PIMENTA, Joaquim. *Sociologia jurídica do trabalho (estudos).* São Paulo: Max Limonad, 1944.

PINTO, José Augusto Rodrigues. *Direito sindical e coletivo do trabalho.* São Paulo: LTr, 1998.

PRADO, Roberto Barreto. *Curso de direito sindical.* São Paulo: LTr, 1991.

RODRIGUES, Aluisio. *O Estado e o sistema sindical brasileiro.* São Paulo: LTr, 1981.

RODRIGUES, Leôncio Martins. *Partidos e sindicatos.* Escritos de sociologia política. São Paulo: Ática, 1990.

RODRIGUES, Leôncio Martins. *Destino do sindicalismo.* São Paulo: Edusp, 1999.

RODRIGUES, Leôncio Martins. A crise no sindicalismo no primeiro mundo. Conjuntura social. Brasil. *Revista do MPS*, v. 3, n. 3, jul. 1992.

ROMITA, Arion Sayão. *Direitos sociais na Constituição e outros estudos.* São Paulo: LTr, 1991.

SANTOS, Luiz Alberto Matos dos. *A liberdade sindical como direito fundamental.* São Paulo: LTr, 2009.

SANTOS, Luiz Alberto Matos dos. *Direito sindical brasileiro.* Rio de Janeiro, 1976.

SHIEBER, Benjamim. *Iniciação ao direito trabalhista norte-americano.* São Paulo: LTr, 1988.

VIANA, Oliveira. *Problemas de direito sindical.* Rio de Janeiro: Max Limonad.

VIANNA, Segadas. *Direito coletivo do trabalho.* São Paulo: LTr, 1972.

Liberdade Sindical: Conceito, Característica e seu Conteúdo. Democracia Mínima[1]

"Nascemos livres assim como nascemos racionais."
John Locke

Resumo: Na luta por melhores condições de trabalho e de vida, na incessante busca por humanidade no exercício da ação essencial à subsistência, o direito de associação se consagra como uma das primeiras liberdades públicas. Historicamente, o sindicato se apresenta como ente associativo, conformado pela coletividade de indivíduos que se une para defender o bem comum. Na essência, ele abriga o princípio da liberdade, condição inarredável para cumprir sua função, exatamente conforme previsto na Convenção n. 87, da Organização Internacional do Trabalho (OIT). Liberdade em todos os aspectos: a) liberdade fundacional; b) liberdade de pertencimento e c) autonomia sindical. Entretanto, o sistema sindical brasileiro não contempla liberdade plena. Apegado a certos traços do corporativismo, que outrora atrelou o sindicato ao Estado, o Brasil se encontra impossibilitado de ratificar a Convenção n. 87, da OIT. Se a Constituição Federal de 1988 reformulou o sistema corporativista para admitir autonomia organizacional e negocial, não houve força política suficiente para acabar com o poder normativo, monopólio de representação e unicidade sindical. Tais resquícios da antiga estrutura sindical, urgentemente, deve ceder, a fim de se implantar, não só a liberdade sindical proclamada pela OIT — e constantemente reafirmada —, mas também como instrumento de adequação do sindicato para as novas, crescentes e sucessivas adversidades oriundas das transformações ocorridas nas relações de trabalho.

Palavras-chave: liberdade sindical; conteúdo da liberdade sindical; democracia mínima; sindicalismo brasileiro; liberdade parcial.

Abstract: In the struggle for better working and living conditions, in the relentless pursuit of humanity in the exercise of essential action for subsistence, the right of association is enshrined as one of the first public freedoms. Historically, the union presents itself as an associative entity, formed by the community of individuals who come together in defense

(1) Nota do organizador: Texto originalmente publicado na obra *Liberdade Sindical:* Uma Proposta para o Brasil. (Organizado por Alexandre Agra Belmonte; Luciano Martinez e Thereza Nahas). 1. ed. Campinas: Lacier Editora, 2021.

of the common good. In essence, it embraces the principle of freedom, an unattainable condition for the fulfillment of its function, exactly as provided for in Convention no. 87, of the International Labor Organization (ILO). Freedom in all aspects: a) fundamental freedom; b) freedom of association and c) union autonomy. Meanwhile, the Brazilian union system does not provide for total freedom. Attached to certain characteristics of corporatism, which once consolidated the union into the state, Brazil is unable to ratify ILO Convention no. 87. If the Federal Constitution of 1988 reformulated the corporate system to allow organizational and negotiating autonomy, there would be insufficient political strength to end the normative power, the monopoly of representation and the uniqueness of the union. Such remnants of the old union structure must be given urgently, to take root, not only as union freedom proclaimed by the ILO — and constantly reaffirmed — but also as an instrument for union adaptation to new, growing and sucessive adversities. transformations occurred in labor relations.

Keywords: union freedom; content of freedom of association; minimal democracy; brazilian unionism;partial freedom.

Introdução

Sindicato é elemento imprescindível ao desenvolvimento e à vida democrática.

É espécie de instituição que se consolidou com o propósito — e continua sendo — de mitigar a fraqueza individual do empregado frente ao empregador, além de elemento essencial no espaço do diálogo social.

A liberdade é da sua essência, aliás, consagrada pela Organização Internacional do Trabalho (OIT) como a primeira das liberdades públicas.

Uma das características intrínsecas do sindicato é, portanto, a liberdade e, em decorrência, a autonomia e o autogoverno, não se admitindo sob qualquer pretexto a intervenção do Poder Público na organização e na atividade sindical.

O toque fundamental no sindicalismo é a liberdade, o mais nobre sentimento do homem, aflorado em meio a trabalhadores pela necessidade de reagirem à opressão do capital sobre a energia humana de trabalho, atividade essencial à sobrevivência.

Uma vez solidários e unidos, na segurança da não interferência externa na vida sindical, internamente a liberdade, na sua estreita correlação com a democracia, reveste-se também da maior importância.

Democracia interna para o bom funcionamento da organização sindical. Esta — democracia mínima — é tão importante quanto a função sindical, pois quando o ambiente não é de democracia a máquina deixa de contemplar o interesse comum para focar em interesses cartorários, particulares.

Tamanha relevância e o Brasil, ainda hoje, não adotou o sistema de liberdade sindical plena, com impactos significativos inclusive na democracia interna das organizações, o que leva à baixa representatividade e, consequentemente, a nefastos reflexos para o interesse comum dos trabalhadores.

Da redemocratização do País até o momento, quantos anos se passaram? Quantos serão necessários para o sistema se adequar? O arraigado corporativismo de outrora reluta.

De fato, a Constituição Federal de 1988, que instituiu o Estado de Direito Democrático, embora tenha assegurado ao sindicato liberdade de organização e de atuação, reconhecendo-lhe a importante função de proteção dos interesses coletivos inerentes às relações de trabalho, manteve características do corporativismo sindical: poder normativo, unicidade sindical, representação obrigatória por categoria e poder de tributar.

Quanto a este aspecto — contribuição sindical obrigatória —, ligado ao custeio, a Reforma Trabalhista implantada pela Lei n. 13.467/2017 afastou a obrigatoriedade da contribuição sindical.

Mas, os traços do arraigado corporativismo, que persistem tornam incompatível o nosso sistema sindical com a Convenção n. 87, da OIT, impedindo o Brasil de ratificá-la.

Essa anomalia funcional do sindicato — aliado, por certo, ao fato de o sindicalismo em geral enfrentar conjuntura de adversidades por fatores diversos, além da baixa e deficiente representatividade, estimula a proliferação de sindicatos(2), com propensão ao

---

(2) Em sistema que prevalece a unicidade sindical, o número de sindicatos com registro ativo no Ministério do Trabalho ultrapassa os 17.000 (dezessete mil). Disponível em: http://www3.mte.gov.br/sistemas/cnes/relatorios/painel/GraficoTipo.asp#. Do total de 17.117 sindicatos ativos, 11.763 (68,72%) são de trabalhadores e 5.354 (31,28%) de empregadores, disponível em: http://www3.mte.gov.br/sistemas/cnes/relatorios/painel/GraficoTipo.asp#. Acesso em: 29 ago. 2020. Com base nessa realidade, reportando-se ao reconhecimento legal dado às centrais sindicais, Adalberto Cardoso, Diretor do Instituto de Estudos Sociais e Políticos (ESP) da Universidade Estadual do Rio de Janeiro, ao tratar da "ação sindical em números", reporta-se a números e expõe o que chamou de "mercado sindical", nesses termos: "Antes de mais nada, é útil lembrar que havia no Brasil, em 2013, pouco mais de dez mil sindicatos de trabalhadores com registro ativo no Ministério do Trabalho em Emprego (MTE), e quase cinco mil de empregadores. Havia, também, três mil entidades de trabalhadores com registros ainda por serem validados pelo MTE. Dos sindicatos ativos de trabalhadores, 75% eram filiados a uma das centrais sindicais existentes, e dos que eram filiados, 30% estavam na Central Única dos Trabalhadores (CUT), 22% na Força Sindical, 14% na Nova Central Sindical dos Trabalhadores (NTSC) e outros 14% na União Geral dos Trabalhadores (UGT). Os demais se distribuíam por outras oito centrais sindicais. O registro dos sindicatos no Cadastro Nacional de Entidades Sindicais (CNES), do MTE, voluntário por lei, acaba sendo compulsório para aqueles que pretendem acesso ao imposto sindical, já que decisão do Tribunal Superior do Trabalho (TST) de 2002 atribuiu ao ministério a faculdade de "zelar pela unicidade sindical" prevista na Constituição de 1988 (Cardoso e Lage, 2007). Além disso, a legislação de 2008 facultou o acesso das centrais sindicais a uma fatia (10%) do mesmo imposto, repartido entre elas segundo o número de sindicatos filiados. Isso estimulou o movimento de registro das entidades sindicais no mesmo sistema do MTE, no qual informam, também, a qual central se filiam. Mudanças no âmbito da lei, portanto, estimularam

desprezo por democracia sindical interna. Necessário que se diga, exceção à regra existe, em relação a um ou outro sindicato.

Nesse contexto, a seguir, enfrenta-se aspectos da liberdade e a necessidade de democracia mínima na vida sindical, com destaque para a urgente necessidade de o Brasil mudar o seu sistema para, adotando liberdade sindical plena, permitir-se alinhar ao Direito Internacional, ratificando as Convenções da OIT, que tratam da liberdade sindical e da democracia mínima.

1. Sindicato e sua relevância

Sindicato, expressão máxima do Direito Coletivo do Trabalho, tem sua base assentada nas expressões da liberdade e da solidariedade.

O homem trabalhador, ser livre e consciente da força do coletivo, efetivamente fez diferença no enfrentamento das condições degradantes de trabalho.

A união seria a força motora para resgatar o operariado do desalento, da precariedade, da desumanidade no trabalho, que marcou a questão social dentro da Revolução Industrial.

Não que o trabalhador em tempos anteriores escapara de condições degradantes de trabalho, ao revés, experimentou da escravidão à servidão(3), até a tomada de consciência que levou à humanização no trabalho, assentada pela normativa da Organização Internacional do Trabalho — OIT (1919).

Certamente o direito de associação e a menção à liberdade sindical, marcou a formação dos direitos fundamentais do trabalhador, reconhecidos e consolidados no marco histórico da criação da OIT (1919) e reafirmados sucessivamente por documentos históricos, como: Declaração da Filadélfia (1944) que, pouco antes do final da Segunda Grande Guerra reconheceu fins e objetivos do sindicato; Declaração Universal dos Direitos Humanos (1948) que, de caráter mais geral, reconheceu o direito de toda pessoa fundar sindicato e sindicalizar-se para defesa de seus interesses e o Pacto Internacional de Direitos Econômicos, Sociais e Culturais — PIDESC (1966), conclama todos os Estados membros a garantir o direito de toda pessoa a fundar sindicato e a filiar-se ao de sua eleição, ficando sujeito unicamente aos estatutos da organização.

---

um novo processo de alinhamento do "mercado sindical" no país, fazendo com que a maioria dos sindicatos existentes se vinculasse a uma das centrais que disputam a lealdade das entidades de base. Ou seja, a disputa pelo imposto sindical tornou esse mercado ainda mais competitivo, com várias organizações mudando de mãos em eleições concorridas, fruto da competição entre as entidades de cúpula". Disponivel em: https://repositorio.ipea.gov.br/bitstream/11058/3765/1/bmt56_nt01_sindicatos_brasil.pdf. Acesso em: 27 abr. 2020.

(3) Joselita Nepomuceno Borba. Trabalho decente. In: *Revista do Tribunal Regional do Trabalho da 8ª Região*, v. 53, 2020, p. 152.

Essa orientação normativa culminou com as Declarações da OIT n. 87 (1948) — e sua constante reafirmação[4] —, sobre liberdade sindical e proteção do direito de sindicalização, e Declaração n. 98 (1949), sobre o direito de sindicalização e de negociação coletiva, entre outras.

Isso importa reconhecimento de que o homem, como ser dotado de discernimento e razão, tem aspirações, anseios, direitos naturais indeclináveis e, a partir desse reconhecimento, positivou-se direitos, entre eles — e em primeiro lugar, direito de associação.

Aliás, como expoente dos pensadores jusnaturalistas LOCKE[5] defende que todos os homens tem por natureza certos direitos, direitos fundamentais ou naturais.

Sua teoria calcada na defesa do indivíduo e dos seus direitos naturais, para além de apontar a função moral de como deve ser a conduta humana, pelo simples fato de derivar da natureza, é firme no aporte de que o direito natural consiste no reconhecimento, em virtude da razão, de que os homens tem certos direitos inalienáveis.

Alienados ou marginalizados tais direitos, entre eles vida, liberdade e propriedade, a vontade divina, na visão do filósofo liberal, estaria corrompida.

A realidade vivenciada pelo operariado no auge do liberalismo econômico e a consciência da medida das ações humanas justificada pela filosofia jusnaturalista, foi decisivo para o reconhecimento na Declaração da Filadélfia do direito de associação como direito fundamental, verdadeira dimensão do direito humano à liberdade; liberdade de associação ou liberdade sindical, liberdade de pertencimento ou não a um ente representativo de trabalhadores ou de empregadores.

Portanto, o marco conceitual da liberdade sindical foi um dos primeiros princípios constantes do conteúdo da Declaração da Filadélfia, que dispôs sobre fins e objetivos da Organização Internacional do Trabalho (OIT) e dos princípios que deveriam inspirar a política de seus Membros.

Antes mesmo de galgar o status de direito humano o sistema inglês (1871) já havia identificado o sindicato como "uma associação temporária ou permanente concebida para regular as relações entre trabalhadores e empregadores"[6], enquanto o sistema francês (1884) o concebia como "associações formadas por pessoas que exercitam uma mesma profissão e têm por objeto a defesa dos interesses econômicos"[7].

---

(4) A Declaração de Direitos Fundamentais dos Trabalhadores da Organização Internacional do Trabalho — OIT (junho/1988), quando se comemorou os 50 anos da Declaração Universal dos Direitos do Homem, conclamou todos os países membros da OIT a se obrigarem a cumprir os direitos fundamentais, entre eles, implantar a liberdade sindical (Convenção n. 87).

(5) John Locke. In: Segundo Tratado sobre o Governo.

(6) Nesse sentido, Joselita Nepomuceno Borba. *Legitimidade concorrente na defesa dos direitos e interesses coletivos e difusos:* sindicato, associação, Ministério Público e entes não sindicais. São Paulo: LTr, 2013.

(7) *Idem.*

Da fase embrionária à atualidade, sindicato é associação que tem por finalidade proteger os interesses profissionais de quem a integra; verdadeira instituição que desempenha papel fundamental no entendimento da realidade contemporânea(8), tanto social, quanto econômica e política.

Associação em sentido amplo, na medida em que abrange também, por analogia, similares organizações patronais, como ressalta F. MARIAN(9).

De tão elevada estatura, após o destacado relevo conferido pela Declaração da Filadélfia à liberdade de expressão e de associação, foi o princípio da liberdade sindical aclamado como um dos meios susceptíveis de melhorarem a condição dos trabalhadores (Constituição da OIT).

A associação se transforma, assim, em entidade juridicamente relevante para a defesa e melhoria de condições de trabalho, ou, numa concepção mais atual, de promoção coletiva dos trabalhadores.

Atividade essencial, reconhecida como elemento imprescindível ao desenvolvimento e à vida democrática (10).

Atividade sindical, como afirmara PLÁ RODRIGUES e relembrara OSCAR ERMIDA URIARTE(11), a atividade sindical é reconhecida como boa, útil, necessária, atividade a ser fomentada, estimulada, respeitada, protegida e ajudada.

Sindicato é, por natureza, associação voluntária espontânea, que se apresenta sob o perfil estrutural de uma coletividade de indivíduos que se une para alcançar um objetivo comum. Coletividade de indivíduos que trabalha ou que se encontra em condições de trabalhar para o sustento próprio e da família.

Imagina-se que a noção de sindicato, voltado à defesa de interesses de trabalhador subordinado em face a empregador, deva ser repensada(12). O qualificativo, particular status de emprego formal, deve ceder à noção de trabalhador, de forma a permitir a representação daquele que trabalha: subempregado, desempregado, informal, trabalho à distância, semiautônomo, parassubordinado, só para exemplificar.

2. Liberdade

O essencial na natureza é viver e ser livre. Liberdade é da essência humana.

---

(8) Alfredo Montoya Melgar. *Derecho del trabajo*. 19. ed. Madrid: Tecnos, 1998. p. 119.

(9) F. MARIANI. *Compendio de diritto sindacale*. 11. ed. (S.I.): Sedizione Simone, 2003. p. 32.

(10) Alfredo Montoya Melgar, *op. cit.*, p. 109.

(11) *Sindicatos em libertad sindical*. 5. ed. Montevideu: Fundación de Cultura Universitaria, 2016. p. 27.

(12) Nesse sentido Mário Pasco Cosmópolis, *op. cit.*, p. 401; Joselita Nepomuceno Borba, *Atuaçao sindical... op. cit.*, p. 536-537; *A Covid-19 e fragilidade do sindicato... op. cit.*

Trata-se essencialmente de direito de humanidade, por respeitar a objetos essenciais, a potenciais, da nossa natureza, como pensar, ambular, procriar, chorar, rir, sofrer, trabalhar, receber, comprar o que quiser.

Liberdade é, portanto, mais que direito de personalidade é direito de humanidade, como bem distingue ROSA MARIA DE ANDRADE NERY[(13)], com apoio na doutrina de VALTER MORAIS.

Do alto da sua firme convicção afirma a Professora a imperiosa necessidade de se distinguir, com precisão, entre direito de personalidade e direito de humanidade.

E ao fazê-lo, base para essas reflexões, esclarece que personalidade é qualidade de quem é sujeito. Por ser sujeito, com discernimento e autodeterminação, exerce papel na sociedade civil. Ele — o sujeito — pratica atos e sofre ações.

O homem por ser sujeito tem personalidade; exatamente por ter personalidade é titular de situações jurídicas, praticando atos e negócios, consequentemente, realizando o direito como titular dessas situações.

O que qualifica o sujeito são atributos da personalidade: nome, capacidade, fama, estado, domicílio, enfim tudo que agrega qualidade[(14)].

Portanto, personalidade é qualidade de quem é sujeito; direito de personalidade diz respeito à pessoa.

Diversamente, direito de humanidade diz respeito ao homem como um conjunto psicossomático e que tem natureza humana. Os objetos desse direito primordial estão relacionados, pois, com essências e potenciais que respeitam à vivência do homem.

O essencial é viver e ser livre, é, na expressão utilizada pela Professora ROMA MARIA DE ANDRADE NERY a hominalidade existencial[(15)].

A partir do momento em que se tem claro o direito de humanidade nele se identifica, com cores vivas, o trabalho, ou, dito de outra forma, a ação humana para o exercício da subsistência. Esse esforço é expressão de liberdade.

Certamente, o altíssimo grau de injustiça, miséria e privações experimentadas por elevado número de seres humanos, capazes de causar ameaça à paz e a normalidade universais, despertou a consciência por união e solidariedade, levando à Declaração da Filadélfia, assinada em 1944, pouco antes do fim da Segunda Grande Guerra, a necessidade de

(13) Cf. *Anais do Seminário Reconstrução do Direito do Trabalho* realizado pela ABDT, em 2013, no Salão nobre da USP, discorrendo a jurista sobre "Direito de Personalidade". Disponivel em: http://www.andt.org.br/ videos/ os-direitos-da-personalidade-dr-rosa-nery.

(14) Quem é? O nome; o que faz? Fama; onde mora? Domicilio; casado, solteiro, viúvo, brasileiro, apátrida status (capaz/incapaz), e assim por diante.

(15) *Idem*

inserir, entre os princípios que inspirariam políticas de seus Estados membros, que a liberdade de expressão e de associação "é essencial para o progresso constante"

Essa tomada de consciência já vinha, aliás, da Constituição da Organização Internacional do Trabalho/OIT (1919), em cujo preambulo já expressara menção à liberdade sindical, por ser necessária a melhoria de condições de trabalho e de vida.

Na sequência histórica de afirmação dos direitos do homem não se pode esquecer que a normativa internacional reafirma a importância da liberdade sindical, como o fizera a Declaração Universal dos Direitos Humanos (1948), quando reconhece expressamente o direito de toda pessoa a "fundar sindicatos e a sindicalizar-se para defesa de seus interesses (art. 23.4) e, também, entre outros, o Pacto Internacional de Direitos Econômicos, Sociais e Culturais / PIDESC (1966). Por este Pacto todos os Estados passam a garantir "a) O direito de toda pessoa a fundar sindicatos e a filiar-se ao de sua eleição, com sujeição unicamente aos estatutos da organização correspondente, para promover e proteger seus interesses econômicos e sociais"[(16)].

Tamanha importância, levou a OIT a adotar várias Convenções, versando sobre o tema, entre elas a Convenção n. 87, especifica sobre liberdade sindical e a proteção do direito sindical (1948) e a Convenção n. 98, sobre organização e negociação coletiva (1949).

No que diz respeito à liberdade sindical, concreta e objetivamente a Convenção n. 87, no art. 2, enuncia o princípio, sistematizando:

> Os trabalhadores e as entidades patronais, sem distinção de qualquer espécie, têm o direito, sem autorização prévia, de constituirem organizações da sua escolha, assim como o de se filiarem nessas organizações, com a única condição de se conformarem com os estatutos destas últimas.

---

(16) O governo Brasileiro, pelo Decreto n. 591, de 6 de julho de 1992, assumiu o compromisso de assegurar os direitos elencados pelo PIDESC e que, em seu art. 8.1, dispõe: 1. Os Estados Partes do presente Pacto comprometem-se a garantir: a) O direito de toda pessoa de fundar com outras, sindicatos e de filiar-se ao sindicato de escolha, sujeitando-se unicamente aos estatutos da organização interessada, com o objetivo de promover e de proteger seus interesses econômicos e sociais. O exercício desse direito só poderá ser objeto das restrições previstas em lei e que sejam necessárias, em uma sociedade democrática, no interesse da segurança nacional ou da ordem pública, ou para proteger os direitos e as liberdades alheias; b) O direito dos sindicatos de formar federações ou confederações nacionais e o direito destas de formar organizações sindicais internacionais ou de filiar-se às mesmas. c) O direito dos sindicatos de exercer livremente suas atividades, sem quaisquer limitações além daquelas previstas em lei e que sejam necessárias, em uma sociedade democrática, no interesse da segurança nacional ou da ordem pública, ou para proteger os direitos e as liberdades das demais pessoas: d) O direito de greve, exercido de conformidade com as leis de cada país. 2.0 presente artigo não impedirá que se submeta a restrições legais o exercício desses direitos pelos membros das forças armadas, da política ou da administração pública. 3. Nenhuma das disposições do presente artigo permitirá que os Estados Partes da Convenção de 1948 da Organização Internacional do Trabalho, relativa à liberdade sindical e à proteção do direito sindical, venham a adotar medidas legislativas que restrinjam ou a aplicar a lei de maneira a restringir as garantias previstas na referida Convenção. Disponivel em: https://www.planalto.gov.br/ccivil_03/decreto/1990-1994/d0591.htm. Acesso em: 05 mar. 2021.

A esse princípio e suas vertentes, acoplam-se outros princípios componentes ou complementares do conceito de liberdade e do sistema democrático.

A doutrina, atenta ao enunciado sobre o princípio da liberdade, modo geral, distingue dois aspectos: individual e coletivo. Essa distinção, como adverte OSCAR ERMIDA URIARTE, apesar de "ser dogmaticamente discutível enquanto se entender que todos os direitos sindicais são direitos coletivos"(17), é bastante generalizada.

À margem a questão dogmática, entende o citado jurista, ser relevante a distinção, visto que, a depender do sujeito de direito, o conteúdo do plexo de direitos, poderes, privilégios e imunidades é diferente.

Certo é que, enunciado da Convenção n. 87, conjugado com doutrina oriunda da jurisprudência de Órgãos de controle de aplicação de Convenções e Representações, em particular a derivada do Comitê de Liberdade Sindical(18), fornecem elementos suficientes para conceituar liberdade sindical como "conjunto de garantias jurídicas tendentes a assegurar aos trabalhadores e suas organizações a possibilidade de se associar e desenvolver atividade em defesa de seus interesses profissionais sem interferência nem obstruções dos governos ou dos empregadores" ,consoante CESAR ARESE(19)

CARLOS ALBERTO ETALA, por sua vez, define-a como o "conjunto de direitos, poderes, prerrogativas e imunidades outorgadas pelas normas constitucionais, internacionais e legais aos trabalhadores e as organizações voluntariamente constituídas por eles para garantir o desenvolvimento das ações licitas destinadas a defesa de seus interesses e à melhoria de suas condições de vida e de trabalho"(20).

Dessa percepção o comum é distinguir diferentes aspectos da liberdade sindical: a) Liberdade fundacional; b) liberdade de pertencimento; e c) autonomia sindical.

3. Conteúdo da liberdade sindical

O conteúdo da liberdade sindical, de suas origens à atualidade, muito evoluiu. Começou com o reconhecimento do direito de se constituir sindicato e, na atualidade, esboça conteúdo complexo, que vai de direitos positivos (de fazer) e negativos (de abster) a individuais e coletivos, entre outros(21).

(17) *Op. cit.*, p. 30-31.

(18) Cf. *Anais IX Congreso Regional Americano de Derecho del Trabajo y la Seguridad Social*. Guayaqui Ecuador. 1º a 4 de outubro de 2013.

(19) CESAR ARESE, Informes Seleccionados por los Relatores Generales, tema I, Argentina. *Anais IX Congreso Regional Americano de Derecho del Trabajo y la Seguridad Social. Guayaquil- Ecuador*. 1º a 4 de outubro de 2013, p. 229.

(20) ETALA, Carlos Alberto. *Derecho Coletivod del Trabajo: associaciones sindicales*. Convenios colectivos. Conflitos. Conciliación y arbitraje. Huelga. 3. ed. Buenos Aires: Astrea, 2017. p. 63.

(21) Oscar Ermida Uriarte. *Op. cit.*, p. 29.

As duas Convenções da OIT — a de n. 87 e a de n. 98 — que dispõem sobre a temática, revelam, com clareza, o conteúdo da liberdade em princípios que enunciam, entre outros:

> (i) Direito de filiação, segundo o qual trabalhadores e todo empregador tem o direito, sem qualquer distinção, de se filiarem ao sindicato de sua eleição (art. 2º, C. 87).
>
> (ii) Direito de constituir organizações que entendam convenientes e de às mesmas se filiarem, o que importa no direito de constituir sindicatos que os próprios interessados julgam convenientes, sem necessidade de autorização. Em decorrência exatamente desse princípio pode haver proliferação de sindicatos, o que não interessa aos trabalhadores, mas, mesmo assim, o Estado não pode intervir. A solução para essa possibilidade é apresentada pela Constituição da OIT, quando consagra a noção de sindicato mais representativo (art. 2º, C. 87).
>
> (iii) Direito de organizar livremente o sindicato. A partir dessa garantia as organizações de trabalhadores e de empregadores têm o direito de elaborar seus estatutos e regulamentos administrativos, eleger livremente seus representantes, organizar sua gestão e sua atividade e formular o seu programa de ação, vedada a autoridade pública qualquer intervenção que possa limitar o direito ou colocar entrave ao exercício legal da atividade (art. 3º, C. 87).
>
> (iv) Direito de o sindicato obter personalidade jurídica, sem possibilidade de entraves que impliquem riscos a aplicação de quaisquer das vertentes da liberdade sindical, vedada, no entanto, formação da personalidade para fins não previstos ou contra a lei (arts. 79 e 8º, C. 87).
>
> (v) Direito de dos trabalhadores ao foro sindical, pelo qual os trabalhadores devem gozar de adequada "proteção contra qualquer ato de discriminação destinado a minar a liberdade de associação em relação ao seu emprego" (art. 19, C. 98).

Ainda com a atenção voltada para Convenções da OIT, numa sistematização mais alargada, elenca a doutrina como integrante do conteúdo da liberdade sindical, os seguintes: (i) direito de constituir, sem autorização previa, as organizações que entendam convenientes e de a elas se filiarem; (ii) direito das organizações de redigir livremente seus estatutos e regulamentos e eleger livremente seus representantes; (iii) direito das organizações sindicais de organizar livremente sua administração, organizar livremente suas atividades e formular seu programa de ação; (iv) direito das organizações de trabalhadores de constituir federações e confederações e de afiliarem-se a elas e às de caráter internacional; (v) direito de greve como um dos direitos fundamentais dos trabalhadores e de suas organizações; (vi) princípio de negociar de boa-fé; (vii) titularidade do direito de negociação coletiva e a representação das organizações sindicais; (viii) negociação coletiva com representantes não sindicais somente em ausência de organizações sindicais; (ix) reconhecimento das organizações mais representativas e a determinação do sindicato ou sindicatos habilitados para negociar; (x) direitos dos sindicatos minoritários; (xi) participação das organizações de trabalhadores no diálogo social e tripartismo;

(xii) proteção contra discriminação antissindical; (xii) proteção contra atos de ingerência e condutas antissindicais e (xiv) facilidades para exercer as funções sindicais[(22)]

A doutrina sistematicamente, como o faz OSCAR ERMIDA URIARTE[(23)], coloca em relevo dois aspectos da liberdade sindical: individuas e coletivo. A base para distinção é o sujeito[(24)].

O aspecto individual da liberdade sindical envolve direitos, poderes, privilégios e imunidades que constitui a liberdade do trabalhador, isolado, em si. Sob essa perspectiva, os direitos decorrentes da liberdade sindical englobam os de filiar-se (ou não) a organizações de sua eleição e a desfiliar-se das mesmas, assim como constituir (ou não) tais organizações sem autorização prévia[(25)].

Sob o coletivo a proteção ocorre em face ao Estado, à organizações patronais e entre relação a outros sindicatos.

O conteúdo da liberdade sindical sob o aspecto coletivo agrega uma série de direitos, quais sejam: (i) liberdade sindical ante o estado, (ii) liberdade sindical ante os empregadores e as organizações patronais, e (iii) liberdade sindical em relação às demais organizações de trabalhadores.

Dessa forma, em ambiente de ampla liberdade sindical, que não é o caso do nosso sistema, como se verá, o direito de constituir organizações que julguem conveniente e à mesma se filiar ou dela desfiliar-se envolve liberdade de os trabalhadores criarem suas organizações, fazendo-as, segundo postulados democráticos, cumprir o objetivo proposto: bem comum.

Na medida em que o princípio regente é o da liberdade, e o sistema adotado o democrático, o surgimento de multiplicidade de organizações sindicais se apresenta como fenômeno natural.

Como é vedada a intervenção do Estado para delimitação da unidade do movimento sindical, a solução vem da Constituição da OIT, quando traz a noção de organização profissional mais representativa, cujo critério — maior representatividade — deve ser fixado por legislação nacional.

O certo é que a legislação deve assegurar critérios objetivos, precisos, previamente estabelecidos, consequentemente, sem possibilidade de admitir, em hipótese alguma, e sob qualquer pretexto, privilégios indicativos de prioridade na representação e que coloque empecilho aos meios essenciais para defesa dos interesses profissionais.

---

(22) Cf. EMILIO MORGADO VALENZUELA, *op. cit.*, p. 62-63.

(23) *Op. cit.*, p. 31.

(24) *Op. cit.*, p. 37.

(25) *Ibidem*, p. 37.

Um segundo aspecto da maior relevância, aliado ao de constituir organização, é o direito das organizações de elaborar livremente seus estatutos e regulamentos, com direito de eleger livremente seus representantes.

Os trabalhadores tem o direito de redigir a lei interna do ente associativo, a que se denomina estatuto. É o estatuto que regerá a vida, a ação e todos as nuances da vida associativa.

Assim, todos os aspectos relevantes para o funcionamento da máquina, enquanto potestade da vontade associativa, devem ser minuciosa e meticulosamente disciplinados, por se tratar de pessoa jurídica, ficção legal, com vida e autonomia próprias.

4. Democracia mínima

Em ambiente de liberdade sindical plena, o direito de constituir organização que julgar conveniente e à mesma se filiar, envolve liberdade de os trabalhadores criarem suas organizações e a elas se filiarem, como já assentado.

Entretanto, tão importante quanto essa liberdade geral de fundar sindicato é a liberdade interna, a inerente às relações internas e de regência da vida associativa. Vida, ação e todas nuances da corporificação associativa devem estar minuciosamente disciplinadas: constituição, objeto, estrutura, exercício de poder, base de representação, eleição de representantes, processo eleitoral, direito de minoria, não intervenção, entre outros, são aspectos a serem regulamentados.

Esse regulamento — ou estatuto — viabiliza autonomia e vida próprias, como também externaliza a conformidade do ente associativo com o sistema jurídico nacional — e também internacional — e revela a necessária harmonia (ou não) com princípio democrático.

Decididamente, direito de elaborar livremente estatuto não importa em relegar ou desprezar qualquer aspecto da sociedade democrática, própria do Estado de Direito Democrático, muito menos de democracia interna, inerente também à liberdade sindical.

Ao abordar questão de democracia mínima em sistema de plena liberdade sindical, destaca BRUNO MANGUI(26), recorrente dificuldade na forma como uma democracia sindical moderna pode funcionar.

Consta de suas reflexões que, nos últimos anos, a forma como a máquina sindical opera é pelo menos tão decisiva quanto os objetivos que a motiva, inobstante isso, não lhe parece que os assuntos sindicais tenham mostrado maior democracia interna; ao revés, enquanto, por um lado, cresce a invocação universal sincera por mais democracia, por outro, continua a haver grande insatisfação.

(26) *Democrazia minima*. Regole e costumi del nostro sindacalismo. Roma: Edizioni Lavoro, 1981. p. 11.

Quais as causas do descompasso?

A resposta é dada pelo jurista italiano(27), quando esclarece que são de duas ordens: uma explicita, outra mais secreta, mas não menos importante. A persistência do descompasso estaria viva entre o discurso e a prática, na medida em que, enquanto gestores do meio expressam desejo genuíno de vivenciar a democracia, as cúpulas não sinceras apenas em palavras são democráticas; na prática não o são.

Seja como for, o correto é alinhar discurso e prática para o bom funcionamento do sindicato e, com ele, melhor servir à causa que justifica sua existência: defesa dos interesses dos trabalhadores e prática de concerto ou pacto social.

5. Democracia no sindicalismo brasileiro

A organização sindical no Brasil(28) deambulou entre liberdade sindical formal e real.

Em tempos embrionários (1907/1930), vivenciou a liberdade; seguiu-se período em que passou a exercer atribuições delegadas, com total submissão ao Estado até que o sistema constitucional de 1934 devolveu-lhe formalmente a liberdade. No entanto, a legislação regulamentar, de natureza infraconstitucional, manteve os princípios do sistema constitucional antes vigente.

Uma contradição que não passou despercebida por ORLANDO GOMES(29) ao afirmar que "o protagonista mais favorecido com a reprivatização do direito sindical foi o sindicato como órgão da liberdade sindical", desconexão com o público que ficou somente no plano formal, das ideias.

A dubiedade na previsão normativa teve fim com a Constituição de 1937, tendo esta Carta instituído sindicato único e submetido seu controle ao Estado.

Nessa concepção, foram atribuídas, pela Revolução Liberal de Getúlio Vargas, novas funções ao sindicato, entre elas a de representante de toda a categoria, e não apenas de seus associados, além de funções não tipicamente de ente associativo, com poderes de autoridade pública a ele delegadas.

Assim, a prática corporativista do Estado Novo (1937), que já tentava controlar as associações operárias, com a retirada da autonomia do sindicato e sua submissão ao Estado (Decreto n. 19.770/1931), adota sistema sindical corporativista exclusivo.

---

(27) *Democrazia minima*. Regole e costumi del nostro sindacalismo. Roma: Edizioni Lavoro, 1981. p. 11.

(28) Sobre o sindicalismo brasileiro, de forma mais aprofundada, nosso título *Legitimidade concorrente na defesa dos direitos e interesses coletivos e difusos:* sindicato, associação, Ministério Público e entes não sindicais. São Paulo: LTr, 2013. p. 153-162.

(29) Liberdade Sindical. In: *Ensaios de Direito Civil e de Direito do Trabalho*. Rio de Janeiro: Aide Editora, 1986. p. 178.

Do corporativismo estatal, destaca-se como característica da organização sindical a incorporação do sindicato ao sistema legal para colaborar com o Estado, o monopólio de representação com a instituição de sindicato único e a imposição de imposto de natureza compulsória (contribuição sindical) para custear o sindicato.

E assim, seguiu a organização sindical até o advento da Constituição Federal de 1988, quando são parcialmente eliminados aspectos do sindicato público.

Com o restabelecimento do sistema democrático (1988) o sindicato ganha autonomia organizacional e negocial, mas o Poder Constituinte não teve força suficiente para romper totalmente com o corporativismo sindical, dele remanescendo: unicidade sindical, monopólio da representação e o poder normativo.(30)

O poder de tributar foi recentemente eliminado pela Lei n. 13.467/2017, chamada lei da Reforma Trabalhista.

Com isso, instala-se um paradoxo: sindicato livre e dependente. Livre para se organizar e atuar; dependente de custeio forçado, advindo de representação obrigatória e de solução do conflito com possibilidade de intervenção do Poder Judiciário.

A feição mista perdura.

E a resistência para avançar até a liberdade sindical é grande, quase invencível, pela exacerbação de vantagens, privilégios e uso da organização sindical, regra geral, ao largo da democracia mínima interna.

Nesse contexto, como já assentado em estudo precedente(31), tais mazelas(32) revelam a necessidade premente de o Brasil adotar a liberdade sindical, como, aliás, tem-se afirmado com toda convicção(33).

Sem essa importante tomada de posição dificilmente o sindicato cumprirá o seu papel, máxime em uma conjuntura de adversidades oriundas das transformações ocorridas

(30) Enuncia a Constituição Federal de 1988, no seu art. 8º, "É livre a associação profissional ou sindical, observado o seguinte: I – a lei não poderá exigir autorização do Estado para a fundação de sindicato, ressalvado o registro no órgão competente, vedadas ao Poder Público a interferência e a intervenção na organização sindical; II – é vedada a criação de mais de uma organização sindical, em qualquer grau, representativa de categoria profissional ou econômica, na mesma base territorial, que será definida pelos trabalhadores ou empregadores interessados, não podendo ser inferior à área de um Município; III – ao sindicato cabe a defesa dos direitos e interesses coletivos ou individuais da categoria, inclusive em questões judiciais ou administrativas (...). Disponível em: http://www.planalto.gov.br/ccivil_03/constituicao/constituicao.htm.

(31) Atuação sindical em tempos de coronavírus. In: *O Direito do Trabalho na crise da Covid-19*. (Coord.) Alexandre Agra Belmonte et al. Salvador: JusPodivm, 2020. p. 525.

(32) Uma abrangência pouco maior acerca do sindicato no Brasil e sua fragilidade ver nossa colaboração com a obra coletiva *O Direito do Trabalho na crise da Covid-19*. (Coord.) Alexandre Agra Belmonte *et al*. Salvador: JusPodivm, 2020, sob o título "*Atuação sindical em tempos de coronavírus*", p. 530-536, item 2.

(33) *Ibidem*, p. 557

nas relações de trabalho, ante os avanços tecnológicos e da globalização, com a consequente reengenharia empresarial.

Fato é que, se mantida a antiga estrutura sindical ou resquícios dela, fazendo-se prevalecer possíveis interesses cartoriais, o sindicato não terá condições de acompanhar a evolução do processo produtivo e reflexos inevitáveis no mundo do trabalho, sem contar com o abandono de representação da massa de trabalhadores que se encontram em situação de: desemprego, trabalho informal, novas formas atípicas de trabalho (entre elas o semiautônomo e a parassubordinado) e incontida precarização das relações de trabalho.

Alie-se a isso, ainda, como já afirmara Nelson Mannrich[(34)], que mantido o status, dificilmente se avançará no aprofundamento das reformas mais estruturais do modelo de relações trabalhistas, com ênfase na negociação em detrimento da maior intervenção legislativa.

Conclusão

Que o sindicato, ente da sociedade civil organizada, exerce papel fundamental nas relações de trabalho, não há dúvida.

Expressão do ser livre e consciente fez — e ainda faz — a diferença na humanização do trabalho.

A liberdade é dimensão do humano, relaciona-se com essências e potencias inerentes à vivencia.

Sem liberdade o essencial — viver e ser livre — esvai-se.

Ser livre é viver; viver é praticar ação ou empregar esforço para o exercício da subsistência.

Se é assim, destaca-se o trabalho, com cores vivas, como expressão de liberdade.

A utilização dessa essência, própria do ser racional, alicerçada pelo espírito de união e solidariedade, levou o homem a experimentar o que perseguia através dos tempos: a humanidade no trabalho.

Rumo à internacionalização do direito do homem à humanização no trabalho o direito de associação foi a primeira das liberdades públicas a serem reconhecidas, consolidando-se a liberdade sindical como condição necessária à melhoria de condições de trabalho e vida.

Tamanha importância levou a OIT a adotar a Convenção n. 87, versando sobre liberdade sindical e a proteção do direito sindical.

(34) Sindicato e crise econômica: heróis ou vilões? In: Arion Sayão Romita et al (Coord.). Revista Magister de Direito do Trabalho, Magister, n. 41.

O conteúdo dessa liberdade vem constante e sucessivamente sendo reafirmado, colocando a Organização em relevo a importância dessa liberdade para as relações do trabalho e para o diálogo social.

Inobstante isso, o sistema sindical brasileiro, ligado a arraigado corporativismo do sistema anterior, adotou a liberdade sindical, mas apenas em parte.

A anomalia do sistema — sindicato em parte livre e em parte corporativo — vem expressa nas disposições do art. 8º da Constituição Federal de 1988.

Ali está assentada a liberdade de organização e de ação sindical, mas também as características do corporativo: monopólio de representação, sindicato único e poder normativo.

A dubiedade, além de impedir a ratificação, pelo Brasil, da Convenção n. 87, da OIT, potencializa a fragilidade do sindicato.

Decerto, representação legal, ao invés, do natural; acomodação, inercia e até negligência pelo conforto da unicidade sindical; possibilidade de litígio coletivo ser decidido pela Justiça; base territorial única, tem hoje, como consequência, proliferação de sindicatos e baixa representatividade, com raras exceções.

Nada justifica o descuido com a liberdade, atributo de humanidade, que, se respeitado, colocaria o sistema sindical em harmonia com os Direitos do Homem, ao tempo em que, ciente e consciente o trabalhador da verdadeira função do sindicato, a efetiva defesa dos interesses coletivos faria a diferença na melhoria das condições de trabalho e de vida.

O ambiente de liberdade, com prevalência do bem comum, favorece também a democracia interna, tão vital para o sindicato quanto o exercício de sua própria função.

Sem liberdade e sem democracia mínima o que, certamente, vai prevalecer são os interesses privados sobre os coletivos ou interesses outros em lugar do bem comum.

Por isso, não se pode querer a liberdade no que interessa e desprezá-la no que não interessa.

Por tudo, a liberdade! Isso mesmo, aquele enigma a que se referiu Platão:

Conheço bem o homem, diz Deus, Fui eu que o fiz. É um ser curioso,

Porque nele atua a liberdade, que é o mistério dos mistérios[35].

---

(35) ARESE, Cesar. Informes Seleccionados por los Relatores Generales, tema II, Argentina. In: *Anais IX Congreso Regional Americano de Derecho del Trabajo y la Seguridad Social*. Guayaquil-Ecuador. 19 a 4 de outubro de 2013.

Referências

BARBOSA, Ruy. *A questão social e política no Brasil.* Conferência pronunciada no Teatro Lírico, do Rio de Janeiro, a 20 de março de 1919. São Paulo: LTr/Rio de Janeiro: Fundação Casa de Rui Barbosa, 1983.

BORBA, Joselita Nepomuceno. *Legitimidade concorrente na defesa dos direitos e interesses coletivos e difusos:* sindicato, associação, Ministério Público e entes não sindicais. São Paulo: LTr, 2013.

BORBA, Joselita Nepomuceno. Atuação sindical em tempos de coronavírus. In: *Direito do Trabalho na crise da Covid-19.* [livro eletrônico]. Coordenação de Alexandre Agra Belmonte *et al.* Salvador: JusPodivm, 2020.

BORBA, Joselita Nepomuceno. A Covid-19 e a fragilidade do sindicato durante a pandemia. *Revista eletrônica CONJUR*, 2020. Disponível em: https://www.conjur.com.br/2020-mai-19/joselita-nepomucento--Covid-19-fragilidade-sindicato.

BORBA, Joselita Nepomuceno. Trabalho decente. In: *Revista do Tribunal Regional do Trabalho da 8ª Região*, v. 53, 2020.

BUEN, Nestor de. *Organización y funcionamento de los sindicatos.* 2. ed. México: Porrúa.

COSMÓPOLIS, Mário Pasco. A organização sindical do século XXI. In: *O Direito do Trabalho e da Seguridade Social nos países Ibero-Americanos e Itália.* BARROS, Cassio Mesquita; ZAINAGUI, Domingos Sávio; FREDIANI, Yone (Coords.). Curitiba: Decisório Trabalhista Editora, 2008.

CONTRERAS, Sergio Gamonal. *Derecho Colectivo del Trabajo.* Santiago: AbeledoPerrot Legal Publishing Chile. 2011.

CORSI, César Toledo. *Tutela de la Liberdad Sindical.* Santiago: AbeledoPerrot Legal Publishing Chile.2013.

ETALA, Carlos Alberto. *Derecho Coletivod del Trabajo:* associaciones sindicales. Convenios colectivos. Conflitos. Conciliación y arbitraje. Huelga. 3. ed. Buenos Aires: Astrea, 2017.

GOMES, Orlando. *Ensaios de Direito Civil e de Direito do Trabalho.* Rio de Janeiro: Aide, 1986.

LOCKE, John. *Segundo Tratado sobre o Governo Civil.* São Paulo: Editora Vozes, 2018. *e-Book* formato *Kindle.*

MANNRICH, Nelson. Sindicato e crise econômica: heróis ou vilões? In: ROMITA, Arion Saião *et al* (Coord.). *Revista Magister de Direito do Trabalho*, Magister, n. 41, mar./abr. 2011.

MARIANI, F. *Compendio de diritto sindacale.* 11. ed. (S.I.): Sedizione Simone, 2003.

MONTOYA MELGAR, Alfredo. *Derecho del trabajo.* 19. ed. Madrid: Tecnos, 1998.

NASCIMENTO, Amauri Mascaro. *Compêndio de direito sindical.* 4. ed. São Paulo: LTr, 2005.

NERY, Rosa Maria de Andrade. Direito de Personalidade. *Anais do Seminário Reconstrução do Direito do Trabalho* realizado pela ABDT, em 2013, no Salão nobre da USP. Disponível em: https://www.youtube.com/watch?v=-OHYcrJk-Go.

PAMPLONA FILHO, Rodolfo; LIMA FILHO, Claudio Dias. *Pluralidade sindical e democracia.* 2. São Paulo: LTr, 2013.

RODRIGUES PINTO, José Augusto. *Direito Sindical e Coletivo do Trabalho*. 2. ed. São Paulo: LTr, 2002.

URIARTE, Oscar Ermida. *Sindicatos en Liberdade Sindical*. 5. ed. Montevideu: Fundación de Cultura Universitaria, 2016.

VALENZUELA, Emílio Morgado. Relatoria General Tema II. La representación colectiva de los trabajadores: evolución de los regímenes legales desde la perspectiva de la autonomia coletiva y la liberdad sindical. In: *Anais IX Congreso Regional Americano de Derecho del Trabajo y la Seguridad Social*. Guayaquil-Ecuador. 19 a 4 de outubro de 2013.

Adequação de Conduta[1]

A empresa acusada pelo Ministério Público (MP) de violar a lei trabalhista pode firmar Termo de Ajustamento de Conduta (TAC). Se ela entender que não descumpriu a lei e não assiná-lo, o MP ajuizará Ação Civil Pública, possibilitando ampla defesa. Se for condenada, o será de acordo com os autos e a decisão do juiz, e não na forma da pretensão do MP.

O que não se admite é a empresa descumprir a lei e persistir enquanto a Justiça não decide a causa. Tal conduta justifica inclusive condenação por danos morais à coletividade.

Se a questão não chega ao Judiciário, na instância administrativa o acusado pode adequar sua conduta se a investigação administrativa tiver chegado à conclusão de desrespeito à lei no âmbito coletivo, ocasião em que o agente público deve dar-lhe aquela oportunidade mediante cominação de multa para a hipótese de descumprimento do compromisso.

Método alternativo extrajudicial de solução de conflito, o TAC é consensual e a ele se aplicam os princípios da autonomia privada, legalidade, moralidade, boa-fé e proporcionalidade. A multa deve ser fixada com razoabilidade e moderação, devendo ser revertida a um fundo legal. O agente público nada pode exigir se não houver respaldo na lei, como também não pode criar regras de atuação que obrigue o particular, na medida em que a este somente é dado fazer ou deixar de fazer senão o que está estabelecido na lei.

A empresa deve negociar com o membro do MP as condições, os termos do compromisso e o valor da multa. Quem firma o TAC o faz por espontânea vontade e deve estar ciente de que ele tem força vinculante e constitui título executivo extrajudicial.

Uma vez assinado o TAC, está-se diante de ato jurídico perfeito. Não evidenciado vício grave (e presentes os requisitos de validade: capacidade do agente, manifestação livre de vontade e licitude e a possibilidade do objeto) capaz de invalidar negócio jurídico de qualquer natureza, não há razão para a sua anulação, principalmente sob o argumento de que a execução da multa se tornou muito gravosa.

Assim, a anulação do TAC fica condicionada à prova de vícios graves na sua concretização ou no evidente excesso ou desrespeito aos princípios de direito privado. Pedido judicial de nulidade deve ser analisado em cada caso, a fim de se averiguar a presença de

(1) Nota do organizador: Texto originalmente publicado na *Revista Sinduscon*, n. 114, São Paulo, ago. 2012.

causa relevante ou situação extremamente gravosa, em que a própria sobrevivência da empresa fique ameaçada.

Neste último caso, o mais adequado é a empresa recorrer ao próprio MP, fazendo prova da impossibilidade ou extrema dificuldade para renegociar os termos do TAC, como forma inclusive de preservar interesses sociais, como postos de trabalho, pagamento de tributos e contribuições. Certamente prevalecerão o princípio da boa-fé e o interesse público.

Entretanto, se não houver causa para anulação nem chance ou êxito na renegociação do TAC, a execução forçada só pode ocorrer em sede judicial, onde o infrator compromissário, depois de garantido o juízo com o depósito ou a penhora de seus bens no valor da dívida cobrada, terá o direito de defesa do processo de execução.

Legitimidade Concorrente: Inexistência de Monopólio do Sindicato na Defesa de Interesses de Integrantes da Categoria[1]

Introdução

A sociedade experimenta grandes transformações com reflexo no modelo de Estado, que de feição liberal evoluiu para a social. Inseridas num contexto mais abrangente (temporal, espacial e político) as transformações levam à exigência de novo paradigma de Estado para garantir a sociabilidade democrática.

A mudança de perspectiva vem da atual concepção de sujeito, ser sociável, base da estrutura social. O modo subjetivista de pensar e encarar o homem muda: de indivíduo para cidadão. Membro de uma coletividade, o homem cidadão passa a ser titular de direito de cunho humanista, oponível inclusive contra o Estado a quem compete, não só reconhecê-los, mas também implementá-los.

E na impossibilidade de o indivíduo buscar a tutela de um direito que é seu, e na mesma medida e extensão, de toda a coletividade, a sociedade civil se organiza para, por meio de corpos intermediários, tutelar seus interesses.

A preservação de direitos e interesses de massa leva, portanto, à necessidade lógica de se designar corpos intermediários capazes de buscar a tutela de tais direitos e interesses, tendo o sistema jurídico nacional optado pela especificação e delimitação dessa legitimidade coletiva.

Os sujeitos coletivos têm legitimação prevista na Constituição — verdadeiro "código de conduta" — do qual provém a estrutura e as atribuições de cada órgão ou esfera de poder.

São atribuições constitucionais demarcadas, mas que, pela heterogeneidade dos fatos sociais e pela natureza e extensão dos direitos e interesses, em certa medida, a legitimidade constitucional é concorrente, a exigir cautelosa observância dos limites de atuação de cada ente ou órgão coletivo e em que medida pode vir a compartilhar esse direito de atuar.

(1) Nota do organizador: Texto originalmente publicado na *Revista do Ministério Público do Trabalho*, v. 1, 2012.

Cada qual com sua legitimação. Entretanto, se, por alguma razão, a pessoa coletiva deixa de cumprir com sua missão constitucional o outro que tem legitimidade concorrente pode agir, mesmo porque entre possível monopólio de representação e a preservação de direitos e garantias fundamentais prevalece esse valor maior. Não se concebe, pois, privilégio frente a direitos e garantias constitucionais.

A partir dessa constatação — e levando-se em conta frequente defesa, por parte do sindicato, de exclusividade na defesa de direitos e interesses de integrantes da categoria, mesmo à custa do perecimento de direitos sociais — julgou-se necessário e conveniente uma releitura da regra do art. 8º, III, da Constituição Federal, para se afirmar, em tese(2), a inexistência de monopólio do sindicato na defesa de direitos e interesses concretos de integrantes da categoria.

1. Representação

O Estado de Direito Democrático assegura à pessoa direitos e garantias, dentre eles, o de liberdade e de propriedade, competindo a ela regular as relações privadas no âmbito de sua autonomia. Essa autodeterminação da pessoa conduz o titular do direito material, sujeito do interesse, à defesa daquilo que lhe pertence, quando há lesão ou ameaça de lesão.

Daí por que, regra geral, o titular do direito material coincide com o titular do direito de defesa. E só excepcionalmente pessoa diversa daquela a quem pertence o interesse em jogo coloca sua atividade a serviço da defesa do interesse de outrem(3). Nessa exceção à regra, há "uma cisão entre a causa e o efeito, entre o negócio realizado e suas consequências jurídicas, entre o sujeito da ação ou o da vontade e o destinatário dos efeitos"(4).

Evidencia-se aí o instituto da representação. Representar vem do latim representatio e verbo representato(5), com significado de apresentar, estar presente. Para Pontes de Miranda, entretanto, presentar e representar possuem acepção diversa, vez que, ordinariamente, os efeitos resultam de atos em que o agente é presente. A regra é a presentação, em que ninguém faz o papel de outrem, isto é, ninguém representa(6).

---

(2) BORBA, Joselita Nepomuceno. *Representação fragmentada do sindicato:* da representação abstrata à defesa concreta dos interesses coletivos. TESE. PUC-SP. Depósito 29.3.2012. Para uma compreensão mais abrangente, conferir tese estruturada com base no poder da representação, surgimento e consolidação de direitos coletivos, juridicidade dos interesses coletivos e meios de tutela, teoria dos círculos concêntricos, entes legitimados: Ministério Público, sindicato, associação, outros entes não sindicais e inexistência de monopólio do sindicato.

(3) BETTI, Emílio. *Teoria gerale del negozio giuridico*. Collana: Nápoli, 2002. p. 542.

(4) ANDRADE, Manoel Domingues de. *Teoria geral da relação jurídica*. 6. reimp. Coimbra: Almedina, 1983. p. 285.

(5) Manoel do Bonfim Freire. Representação. In: SANTOS, J. M. de Carvalho. *Repertório Enciclopédico do Direito Brasileiro*, v. XLIX, Rio de Janeiro: Borsoi, p. 3.

(6) *Tratado de direito privado*, v. 3, item 308, p. 231-233.

Do ponto de vista semântico, o termo representação carrega consigo[7], ao longo dos tempos, mudanças ocorridas por toda a parte. E a essa evolução juntam-se inovações relevantes na sociedade, como a representação da classe trabalhadora e da sociedade de massa por interposta pessoa designada pela lei.

Representação é, portanto, "ato de manifestar vontade, ou de manifestar ou comunicar conhecimento, ou sentimento, ou de receber a manifestação, ou comunicação, por outrem (representado), que passa a ser o figurante e em cuja esfera jurídica entram os efeitos do ato jurídico, que se produz"[8]. Consiste, pois, em "um negócio em nome doutrem, para na esfera jurídica desse outrem se produzirem os seus efeitos"[9].

Sua principal característica[10] repousa na cisão entre o sujeito da ação e o destinatário dos efeitos, de forma que "um indivíduo conclui o negócio e outro recolhe na sua esfera jurídica os efeitos correspondentes"[11]. Presentes os elementos da representação os efeitos dela se projetam para a esfera jurídica de sujeito diverso do agente. E assim, pela representação, ocorre o fenômeno da extensão da personalidade humana, tornando possível a contratação ou negociação mediante um terceiro[12].

A representação pode ser legal ou voluntária. Esta resulta da autonomia da vontade; aquela decorre de expressa determinação de lei, em razão de relevante interesse jurídico. A representação legal ocorre quando está em jogo interesse de incapaz. O poder de agir em nome de pessoa capaz é conferido — como observa Pontes de Miranda — "a fim de subordinar o interesse individual da pessoa capaz a um interesse superior"[13]. Para o citado jurista, nessa espécie — pessoa capaz — é que se configura a representação do "sindicato para a estipulação de acordos coletivos, ao síndico da massa falida, ao inventariante, ao síndico dos edifícios de apartamentos sob regime de condomínio, ao representante dos debenturistas"[14].

---

(7) COTTA, Maurizio. Representação política. In: BOBBIO, Norberto e outros. *Dicionário de política*. 5. ed. Brasília: UnB, 1909-2004.

(8) FREIRE, Manoel do Bonfim. Representação. In: SANTOS, J. M. de Carvalho. *Repertório Enciclopédico do Direito Brasileiro*, v. XLIX, Rio de Janeiro: Borsoi, p. 4.

(9) Cf. ANDRADE, Manoel Domingues de. *Teoria geral da relação jurídica*. 6. reimp. Coimbra: Almedina, 1983. p. 286 e MAGANO, Octavio Bueno. *Manual de direito do trabalho*. São Paulo: LTr, 1993. p. 137.

(10) Cf. por todos ANDRADE, Manoel Domingues de. *Teoria geral da relação jurídica*. 6. reimp. Coimbra: Almedina, 1983. p. 286.

(11) ANDRADE, Manoel Domingues de. *Teoria geral da relação jurídica*. 6. reimp. Coimbra: Almedina, 1983. p. 286.

(12) MANNRICH, Nelson. Disputa de representação em dissídio coletivo. *Processo do trabalho:* estudos em homenagem ao professor José Augusto Rodrigues Pinto. Coordenador Rodolfo Pamplona Filho. São Paulo: LTr, 1997. p. 584.

(13) GOMES, Orlando. Representação (direito privado). In: SANTOS, J. M. de Carvalho. *Repertório Enciclopédico do Direito Brasileiro*, v. XLIX, Rio de Janeiro: Borsoi, p. 35.

(14) GOMES, Orlando. Representação (direito privado). In: SANTOS, J. M. de Carvalho. *Op. cit.*, p. 36.

A representação legal é própria de pessoas coletivas. A sua necessidade e, por vezes, quem é o representante e quais seus poderes representativos vêm delimitados na lei.

Relativamente à representação das pessoas coletivas, Manuel Domingues de Andrade[(15)] apresenta mais uma espécie: a chamada representação orgânica ou constitucional que, por sua vez, distingue-se da representação institucional.

A representação orgânica ou constitucional forma uma categoria autônoma que, na concepção do citado autor, não seria uma verdadeira representação, mas organicidade. O que não muda, no seu entender, é sua qualificação como necessária, visto que, pela natureza das coisas, a pessoa coletiva é incapaz de agir por si própria[(16)].

Essa representação orgânica ou constitucional não se confunde com a representação institucional, termo utilizado para designar a representação de interesses de classe de pessoas não organizados em sujeito de direito[(17)], organização e personificação que ocorre com pessoas coletivas. Nessa espécie, insere-se a representação política e a representação de ente público em defesa de interesse da sociedade.

Tal distinção no âmbito da representação legal, na atualidade, notadamente em defesa de direitos sociais, é essencial em decorrência dos traços característicos que marcam tais direitos e interesses: indeterminação subjetiva e indivisibilidade objetiva e, regra geral, indisponibilidade.

Do fato de não se poder representar pessoas indeterminadas ou substituir a coletividade, surge a legitimação autônoma, como concebido por Nelson Nery Junior e Rosa Maria de Andrade Nery[(18)]. Seria, na verdade, uma legitimação ordinária[(19)], ou, como entende Tereza Alvim[(20)], uma legitimação própria (ou coletiva), ou, ainda, legitimação institucional se o agente for o Ministério Público[(21)].

Especificamente no âmbito das relações coletivas de trabalho ou do direito sindical, defende José Martins Catharino[(22)] a existência de uma representação autônoma, com feição própria, peculiar e exclusiva, a ser exercida pela entidade sindical.

---

(15) ANDRADE, Manoel Domingues de. *Teoria geral da relação jurídica*. 6. reimp. Coimbra: Almedina, 1983. p. 288.

(16) ANDRADE, Manoel Domingues de. *Teoria geral da relação jurídica*. 6. reimp. Coimbra: Almedina, 1983. p. 288/289.

(17) Nesse sentido conferir, em nota explicativa, ANDRADE, Manoel Domingues de. *Teoria geral da relação jurídica*. 6. reimp. Coimbra: Almedina, 1983. p. 288/9.

(18) *Código de processo civil comentado*. 9. ed. São Paulo: RT. v. 5, p. 152.

(19) Cf. NERY JUNIOR, Nelson; NERY, Rosa Maria de Andrade. Nota 2 ao art. 5º da LACP. *Constituição Federal comentada*. São Paulo: RT, 2006. p. 487.

(20) *O direito processual de estar em juízo*. São Paulo: RT, 1996. p. 118 ss.

(21) Nesse sentido, BORBA, Joselita Nepomuceno. *Efetividade da tutela coletiva*. São Paulo: LTr, 2008. p. 72.

(22) *Direito constitucional e direito judiciário do trabalho*. São Paulo: LTr, 1995. p. 187-188.

Como se vê, a representação (autônoma, ordinária, própria, institucional ou sindical) viabiliza, independentemente do conteúdo do direito material, a defesa de direitos e interesses relevantes da sociedade, direitos e interesses fundamentais que alicerçam o regime democrático, sem os quais o regime não se sustenta.

2. Representação judicial

O acesso à justiça para tutelar interesses transindividuais, pelo fato de visar solução de conflitos de massa, tem dimensão social e política, como destacado por Ada Pellegrini Grinover(23).

À tutela coletiva não se aplica, porque incompatível, o processo individual clássico(24). Para tanto, surge e se consolida novo ramo da ciência processual(25) — o processo coletivo — com princípios e institutos próprios ou readaptados.

E um dos principais aspectos da diferenciação entre o processo clássico e o novo ramo, segundo Ada Pellegrini Grinover(26), está na legitimação(27).

Trata-se de instituto essencial, inerente a momento culminante na prestação jurisdicional, por meio do qual grupo ou classe de pessoas ou a comunidade têm assegurado um bem da vida lesado ou ameaçado de lesão.

Para se alcançar situação de justiça no âmbito coletivo, segundo a doutrina pioneira de Mauro Cappelletti e Bryant Garth(28), a defesa dos direitos ou interesses antes não

---

(23) Direito processual coletivo. GRINOVER, Ada Pellegrini; MENDES, Aluisio Gonçalves de Castro; WATANABE, Kazuo. *Direito processual coletivo e o anteprojeto de código brasileiro de processos coletivos*. São Paulo: RT, 2007. p. 12.

(24) Essa a conclusão a que chegamos na dissertação de mestrado, quando restou evidenciado que "direito processual individual e direito processual coletivo cuidam de realidades distintas, um idealizado para solucionar conflitos entre pessoas individualmente consideradas, outro pensado para solucionar conflitos chamados de massa, alicerçando-se ambos na cláusula do *due process of law* e, a partir daí, cada qual com princípios e institutos próprios" (*Efetividade da tutela coletiva*. São Paulo: LTr, 2008. p. 164).

(25) Entre os que reconhecem a autonomia do direito processual coletivo ALMEIDA, Gregório Assagra de. *Direito processual coletivo brasileiro*. São Paulo: Saraiva, 2003; GRINOVER, Ada Pellegrini. Rumo a um Código Brasileiro de Processos Coletivos. In: MAZZEI, Rodrigo Reis; NOLASCO, Rita Dias (Coords.). *Processo civil coletivo*. São Paulo: Quartier Latin, 2005. p. 722-3; BORBA, Joselita Nepomuceno. *Efetividade da tutela coletiva*. São Paulo: LTr, 2008. p. 112-116.

(26) São princípios que informam o novo ramo processual, segundo a doutrina de Ada Pellegrini Grinover, acesso à justiça, universalização da jurisdição, participação, ação, impulso oficial, economia, além de institutos próprios da legitimação, representação adequada, coisa julgada, pedido e causa de pedir, conexão, continência e litispendência, preclusão, competência, ônus da prova e liquidação da sentença.

(27) Legitimação, explica Vicente Ráo, é mais que capacidade. Capacidade corresponde à aptidão natural e genérica das pessoas para a prática, por si, dos atos da vida jurídica, legitimação indica a exigência legal, imposta a certas pessoas capazes, de preenchimento de especiais habilitações subjetivas ou objetivas para a celebração de determinados atos. E conclui o citado jurista: legítima é a parte em razão de sua titularidade ativa ou passiva, criada pela relação que já se estabeleceu; e legitimada a parte que a lei considera habilitada para estabelecer certa relação. (*Ato jurídico:* noção, pressupostos, elementos essenciais e acidentais. 4. ed. atual. por Ovídio Rocha Barros Sandoval. São Paulo: RT, 1997. p. 104-105).

(28) *Acesso à justiça*. reimp. Trad. Ellen Gracie Northfleet. Porto Alegre: Sergio Antonio Fabris, 2002. p. 67.

representados ou mal representados, necessita ultrapassar não só barreiras de natureza econômica[(29)] e dificuldades em proporcionar representação jurídica de tais direitos ou interesses[(30)], mas vencer preocupações com a efetiva representação[(31)], daí por que a doutrina[(32)] empresta tamanha relevância à representação de interesses transindividuais.

3. Natureza dos interesses ou direitos coletivos

José de Oliveira Ascensão[(33)], ao sistematizar as categorias de interesses, distingue entre interesse individual, do Estado, gerais, corporativos e difusos.

Explica o citado autor, a quem seguimos nessa sistematização, que interesse individual é aquele em que a pessoa individualmente considerada é destinatária da proteção, neste compreendido o interesse juridicamente protegido. Interesse do Estado é o chamado interesse público, o que demanda ainda sua distinção em interesses gerais e interesses próprios destes. Interesses gerais, comuns ou coletivos são os interesses objetivos da comunidade que, embora não inerentes ao Estado, compete-lhe a salvaguarda. Interesses corporativos ou institucionais são os pertencentes a determinada categoria, podendo ser subdivididos em interesse de certos grupos ou de toda uma categoria. Interesses difusos são aqueles pertencentes a cada um na qualidade de membro de uma comunidade básica. Embora individuais, são indisponíveis e inseparáveis pelo fato de integrarem bem que, em última análise, pertence à comunidade.

Partindo-se da premissa de que a socialização do interesse não aniquila o direito individual, de forma que o interesse individual coexiste com os interesses transindividuais, sob os quais se abrigam várias situações, é de fundamental importância a distinção para saber a que título ente legitimado pode pretender intervir: a título de interesse próprio, na condição de substituto processual, como titular de interesses corporativos, como representante institucional, na condição de representante por substituição de vontades, por incumbência de patrocínio judiciário ou como promotor de interesses difusos, adverte o professor português [(34)].

Por isso, antes de enfrentar a questão da legitimação para agir em sede de direitos ou interesses coletivos, serão abordados, ainda que de forma superficial, aspectos dos direitos ou interesses sociais frente aos direitos ou interesses públicos.

---

(29) *Objeto da denominada "primeira onda" renovatória. Op. cit.*, p. 31.

(30) *Ibidem*, p. 49.

(31) *Ibidem*, p. 67.

(32) Cf. por todos CAPPELLETTI, Mauro; GARTH, Bryant. *Acesso à justiça*. Trad. Ellen Gracie Northfleet. reimp. Porto Alegre: Sergio Antonio Fabris, 2002. p. 67. Cf. também SOARES, Fabio Costa. *Acesso do hipossuficiente à justiça*. A defensoria pública e a tutela dos interesses coletivos *lato sensu* dos necessitados. In: QUEIROZ, Raphael Augusto Sofiati de (Coord.). *Acesso à justiça*. Rio de Janeiro: Lumen Juris, 2002. p. 74/77.

(33) ASCENSÃO, José de Oliveira. *Direito civil:* teoria geral. 2. ed. São Paulo: Saraiva, 2010. p. 89/90. v. 3: Relações e situações jurídicas.

(34) *Ibidem*, p. 90.

3.1. Direito ou interesse social

O primeiro aspecto a ser ressaltado é que direito ou interesse geral não se confunde com direito ou interesse público. Este é próprio do Estado; aquele, da coletividade. E interesse da coletividade é sinônimo de interesse social[(35)].

Assim, direito ou interesse social é o inerente do ser humano, ser apanhado na sua generalidade, titular de direito ou interesse social.

Direito ou interesse social, segundo a doutrina de Calmon de Passos[(36)], é aquele que diz respeito ao indivíduo, como ser singular, dotado das qualidades que o fazem pessoa, mas direito que não lhe é exclusivo, porque em igual extensão e natureza é deferido a todos quantos integram o grupo social, ou seja, está relacionado diretamente à educação, à saúde, ao trabalho, ao lazer, à segurança, à previdência social, à proteção à maternidade e à infância e à assistência aos desempregados, tal como enumerado pela Constituição Federal.

São direitos ou interesses que integram o sistema jurídico-positivo[(37)] e, nessa condição, adquirem feição de direitos fundamentais[(38)], agregados em círculos de direitos cumulados (civis, políticos, sociais, econômicos e culturais[(39)].

Interesse social é, portanto, interesse da coletividade a ser implementado inclusive pelo Estado.

---

(35) Neste sentido, ASCENSÃO, José de Oliveira. *Direito civil..., cit.*, p. 92.

(36) Parecer. Substituição processual. Especificidade das ações coletivas e das decisões de mérito nelas proferidas. *Revista de Direito do Trabalho*, São Paulo, n. 123, jul./set. 2006. No mesmo sentido, BORBA, Joselita Nepomuceno. *Efetividade da tutela coletiva*. São Paulo: LTr, p. 54.

(37) Os direitos fundamentais, diz Manoel Domingues Andrade, podem ser considerados por diversas perspectivas, enquanto "direitos de todos os homens, em todos os tempos e em todos os lugares — perspectiva jusnaturalista; como podem ser considerados direitos de todos os homens (ou categorias de homens), em todos os lugares, num certo tempo — perspectivas universalista ou internacionalista; como ainda podem ser referidos aos direitos dos homens (cidadãos), num determinado tempo e lugar, isto é, num Estado concreto — perspectiva estadual ou constitucional" (*Teoria geral..., cit.*, p. 11).

(38) Concepção liberal é uma concepção jusnaturalista, segundo a qual o homem, no tempo e no espaço, possui direitos inatos, universais, que derivam da natureza humana. O homem pelo fato de o ser, possui um conjunto de direitos inerentes à sua natureza: vida, integridade física, só para exemplificar. A concepção universalista decorre da superação da igualdade formal, imperante na concepção liberal, quando o homem passa a ser considerado não mais indivíduo, mas cidadão, em face ao poder do Estado, passa para o constitucionalismo social, marcado pela expansão de direitos, inclusive na ordem internacional, cuja nota de destaque se volta para o intervencionismo estatal com fins de solidariedade e justiça social.

(39) Sobre a evolução dos direitos e sua classificação em gerações ou dimensões, conferir BOBBIO, Norberto. *Op. cit.*, p. 5; BONAVIDES, Paulo. *Op. cit.*, p. 523; PIOVESAN, Flavia. *Op. cit.*, p. 36-37. Acerca dos círculos concêntricos de direito e círculos concêntricos dos direitos transindividuais conferir Joselita Nepomuceno Borba. *Tese*. PUC, 2012, p. 98-103.

3.2. Direito ou interesse público

Andrea Meroi[(40)] chama a atenção para o fato de haver inércia na doutrina tendente a querer engessar os "interesses" nas clássicas categorias de interesses públicos ou privados, quando há situações que não se enquadram nesse figurino.

Para José de Oliveira Ascensão[(41)], direito ou interesse público é o do Estado, enquanto para Tercio Sampaio Ferraz Jr.[(42)] é categoria de difícil definição.

Frente a dificuldades enfrentadas para se chegar a uma conclusão sobre o significado exato do termo, fica a noção substancial, algo a ser invocado não para ser definido, mas como forma de, frente a situações concretas, poder-se dizer o que é público e o que não é.[(43)]

E para se chegar à conclusão sobre o que é — e o que não é — público, ainda de acordo com o professor paulista[(44)], não se pode perder de vista mudança de perspectiva histórica e a sociabilidade do homem, tempo em que o Estado passa a ser o garantidor da sociedade.

Frente a essa constatação Yolanda de Lucchi López-Tapia[(45)] chama a atenção para o fato de tratar-se de um mesmo fenômeno, porém, com diferentes aspectos: um, limitado; outro, abrangente.

E assim, dentre os interesses que afetam uma comunidade de pessoas ou toda a sociedade, o Estado seleciona alguns em forma de interesse próprio e se constitui seu gestor e garante (interesse público), mas os demais interesses da comunidade (interesses sociais) se traduzem sob uma perspectiva jurídico-subjetiva, no interesse da mera legalidade, sendo seus titulares os cidadãos [(46)].

Sendo assim, o Estado reserva a si o papel primário da tutela do interesse público (restrito porque próprio) e, de forma concorrente com a sociedade civil organizada, a incumbência de defesa dos direitos sociais (amplo porque de toda sociedade).

Nessa perspectiva, a Constituição Federal de 1988 deixou ao Estado a defesa de relevantes valores voltados à preservação da ordem jurídica, do sistema democrático, dos

---

(40) MEROI, Andrea. *Processos coletivos, cit.*, p. 54.

(41) *Direito civil: teoria geral, cit.*, p. 89.

(42) Conforme FERRAZ JR., Tercio Sampaio. *Interesse público, cit.*, p. 19.

(43) *Idem.*

(44) *Ibidem*, p. 9-10.

(45) *La tutela coletiva..., cit.*, p. 28.

(46) *Idem.*

direitos sociais e individuais indisponíveis[47], destinando à sociedade civil organizada a incumbência da defesa concreta dos direitos sociais[48].

Significa dizer que a ordem constitucional encarregou o Estado da defesa dos interesses sociais relativamente ao que lhe diz respeito, que é a manutenção da legalidade e da ordem social, enquanto ao ente particular foi conferida a missão de defesa dos interesses sociais em sua concretude, enquanto direitos ou interesses que beneficiam pessoas, grupo ou categoria.

Sendo assim, não está autorizado o Estado a postular direito ou interesse que venha a beneficiar ou integrar a esfera patrimonial de ninguém.

Essa tarefa é exclusiva do integrante da comunidade ou coletividade prejudicada, por meio do ente legitimado.

Outra conclusão inevitável, como, aliás, já o percebera Vigoritti[49], é que o problema dos interesses tuteláveis de forma coletiva não se resolve em termos de público ou privado. A questão é complexa, cuja solução depende de uma série de condicionantes, dentre as quais, a gravidade e a extensão da lesão aos direitos ou interesses, a intensidade com que a aspiração é compartilhada pelos prejudicados, a eficácia da defesa pela sociedade civil etc.

Não se trata, portanto, de questão de simples titularidade e subjetivação de interesses, mesmo porque, independente do âmbito de repercussão, a defesa pelo poder público se justifica em virtude da lesão à ordem jurídica.

Se o interesse se impõe, porque é juridicamente tutelado, significa dizer que a inobservância daquele interesse importa, em primeiro lugar, violação da lei.

À margem de tamanhas dificuldades em se estabelecer os exatos domínios do interesse público e do privado, fica a noção substancial de que compete ao Estado, ainda que de forma não exclusiva, a defesa de direitos ou interesses sociais em qualquer dimensão: difusos, coletivos ou individuais homogêneos. O que não se admite é o Estado, sob pretexto de defesa do patrimônio coletivo, intrometer-se no patrimônio particular, postulando obrigação de dar ou direitos patrimoniais.

Existe uma ausência de monopólio da parte sobre a situação tutelada e, portanto, sobre sua tutela jurisdicional [50].

Logo, para cada classe ou categoria de interesses ou direitos coletivos, a lei legitimou um ente coletivo: associação, sindicato, Ministério Público, partido político, pessoas

---

(47) Constituição Federal de 1988, arts. 127 c/c art. 8º, III.

(48) Constituição Federal de 1988, arts. 8º, III, 5º, XXI.

(49) *Interessi collettivi e processo*. Milano: Giuffrè, 1979. p. 34-35

(50) Nesse sentido, MEROI, Andrea. *Processo coletivo, cit.*, p. 53.

jurídicas de direito público interno, cada qual com atuação nos limites da autorização legal.

3.3. Defesa de direitos ou interesses coletivos. Art. 8º, III, Constituição Federal. Alcance

O art. 8º, inciso III, da Constituição Federal se reporta à defesa, pelo sindicato, de "direitos e interesses coletivos ou individuais da categoria". Qual o alcance dessa disposição constitucional?

Dispõe o texto constitucional sobre a defesa de interesses individuais da categoria; contudo, trata-se de impropriedade terminológica, porquanto categoria não é titular de tais direitos ou interesses. O termo categoria correlaciona-se ao coletivo.

A impropriedade, no entanto, não leva a exegese diversa da qual, nas palavras de Calmon de Passos[(51)], ao sindicato cabe a defesa de direitos e interesses tanto coletivos quanto individuais de integrantes da categoria. Tudo depende da condição em que atua: extraordinariamente em favor de associado — ou associados —, quando atendido o preceito do inciso XXI do art. 5º (autorização voluntária) ou mediante expressa autorização legal (CF, art. 8º, III), ocorrendo conexidade de interesses ou, de forma autônoma, se a defesa cuidar de direitos ou interesses essencialmente coletivos (CF, art. 8º III).

Ao sindicato compete, não com exclusividade[(52)], a defesa dos direitos e interesses individuais (representação) ou individuais homogêneos de integrantes de categoria (representação ou substituição), incumbindo-lhe também a defesa dos direitos sociais da categoria (autônoma).

Trata-se a regra do inciso III, do art. 8º, da Constituição Federal, dos direitos individuais homogêneos (mesmo porque categoria não possui "direitos ou interesses individuais"), não havendo qualquer dúvida acerca da possibilidade de o sindicato vir a atuar em defesa de direitos e interesses de integrantes da categoria.[(53)(54)]

---

(51) Quando o Legislador Constituinte se referiu a "interesses e direitos da categoria", na verdade reportava-se a "interesses e direitos de integrantes da categoria", até porque categoria correlaciona-se com o coletivo, a ela não pertencendo interesses ou direitos individuais (*Parecer*. Substituição processual..., *cit.*).

(52) Ao sindicato cabe a defesa de interesses ou direitos de integrantes da categoria. Mas a outorga de poder não representa monopólio, vez que atribuir poder ou competência não exclui o titular do exercício de seu direito. Quando o legislador quer instituir monopólio o faz expressamente, utilizando expressão como "exclusivamente" ou da "competência exclusiva", o que não é o caso do inciso III, do art. 8º da CF.

(53) STF, Súmula n. 630.

(54) A Súmula n. 310 do TST, aprovada pela Resolução n. 1/1993, publicada no *DJ* 6.5.1993, foi cancelada pela Resolução n. 119/2003, publicada no *DJ* 1º.10.2003, logo após o STF editar Súmula de sua jurisprudência n. 630, de 24.9.2003.

4. Sindicato

Sindicato é associação que tem por finalidade proteger os interesses profissionais de quem a integra [55], verdadeira instituição cujo reconhecimento desempenha papel fundamental no entendimento da realidade social, econômica e política contemporânea[56].

Constitui elemento imprescindível ao desenvolvimento e à vida democrática, já o disse Délio Maranhão[57], embora tenha a instituição, no correr dos tempos, sofrido revezes em razão de ideologias e regimes de exceção, como mostra o exemplo pretérito do movimento corporativista, com repercussões que se espraiaram e que persistem, ainda que parcialmente, no nosso sistema constitucional.

4.1. Sindicalismo brasileiro

A organização sindical brasileira da inexpressividade rebaixou-se à submissão. Isso porque vivenciou, ainda que sem expressão, tempos de liberdade até 1930, quando passou a exercer atribuições delegadas com total submissão ao Estado.

Com o constitucionalismo de 1934, reconquista autonomia e liberdade, mas o desatrelamento do Estado se deu apenas em tese, isto porque legislação regulamentar manteve, contraditoriamente, os princípios do sistema constitucional antes vigente.

A experiência teve fim com a Carta de 1937, que instituiu o sindicato único e seu controle pelo Estado[58]. Nessa concepção, o sindicato passou a representar toda a categoria, e não apenas de seus associados, sendo dotado de poderes de autoridade pública.

Deste modo, a Revolução Liberal de Getúlio Vargas avança no tempo, embasada em sistema constitucional correlato e em normas regulamentares pertinentes ao modelo sindical. Toda essa vasta legislação foi incorporada à CLT e, nesses mais de sessenta anos, não sofreu alteração relevante, apesar das grandes transformações sociais, políticas e econômicas experimentadas pelo país[59].

Vem, portanto, dos tempos do corporativismo estatal o monopólio de representação sindical, com a instituição de sindicato único e a imposição de imposto de natureza compulsória (contribuição sindical) para custear o sindicato.

---

(55) MARANHÃO, Délio; CARVALHO Luiz Inácio Barbosa. *Direito do trabalho*. Rio do Janeiro: Fundação Getúlio Vargas, 1993. p. 307.

(56) MELGAR, Alfredo Montoya. *Derecho del trabajo*. 19. ed. Madrid: Tecnosp, 1998. p. 119.

(57) *Direito do trabalho..., cit.*, p. 308.

(58) VIANNA, Oliveira. *Problemas de direito sindical*. Rio de Janeiro: Max Limonad. p. 3.

(59) RODRIGUES, Leôncio Martins. *Partidos e sindicatos*. Escritos de sociologia política. São Paulo: Ática, 1990. p. 49.

Somente em 1978, desponta o sindicato com perfil "reivindicativo"[(60)], mas a Constituição Federal de 1988 não é capaz de romper com o passado, eliminando totalmente os aspectos do corporativismo.

O sindicato ganha autonomia organizacional e negocial, mas permanecem outros elementos do corporativismo: unicidade sindical, monopólio da representação, poder de instituir tributo e poder normativo[(61)].

4.1.1. Tendência à ofuscada atuação

Subsiste no modelo sindical brasileiro uma anomalia: um sindicato livre e ao mesmo tempo dependente do Estado. Uma instituição com importante função de proteger interesses coletivos relacionados à atividade trabalhista, mas com autossuficiência de recursos retirados compulsoriamente da categoria, o que pode levar à acomodação frente às reais necessidades de defesa dos interesses de seus integrantes.

Obter resultado positivo — ou ao menos empreender esforços — não constitui elemento de sobrevivência da organização[(62)], como ocorreria se a representação, ao contrário, fosse natural, fruto de liberdade de escolha e de processo de competição ou de sua possibilidade.

E assim, forma-se inquestionável círculo vicioso de subdesenvolvimento: tutelados não se desenvolvem e por não se desenvolverem são tutelados[(63)], enquanto tutores, abastecidos por vultosos recursos de origem pública (imposto), sem controle externo, esmaecem-se frente a reivindicações por melhores condições de trabalho ou mesmo para manter aquelas já conquistadas[(64)]. E ambos — tutores e tutelados — escapam do jogo de forças, inerente às relações entre capital e trabalho, ante o exercício de uma função pela Justiça do Trabalho (o poder normativo) que não lhe é própria e que, se fez sentido num determinado momento histórico, na atualidade, já não o faz mais[(65)].

---

(60) A partir de 1978, o sindicato sufocado pelo regime de exceção volta à luta, com movimentos grevistas projetados de dentro da estrutura sindical de feição corporativa, notadamente no Sindicato dos Metalúrgicos de São Bernardo e Santo André, em São Paulo, defendendo-se a negociação coletiva e, com isso, transmuda-se o perfil do sindicalismo de resultado para o de reivindicação.

(61) A Justiça do Trabalho, a que se atribuiu poder normativo, criada pela Constituição de 1937, Carta que não disfarçava o seu apego ao fascismo, diz Cláudio César Grizi Oliva, tinha apenas "justiça no nome, órgão de administração pública no corpo, burocracia no espírito" (*Pluralidade como corolário da liberdade sindical*. São Paulo: LTr, 2011. p. 33).

(62) Nesse sentido, OLIVA, Cláudio César Grizi. *Pluralidade como corolário da liberdade sindical*. São Paulo: LTr, 2011. p. 76.

(63) OLIVA, Cláudio César Grizi. *Op. cit.*

(64) *Idem.*

(65) GARCIA, Pedro Sampaio. O fim do poder normativo. *Revista LTr.*

4.1.2. Ambiguidade. Ineficiência na representação

O atrelamento do sindicato ao Estado, mesmo que de forma parcial, o faz perder eficiência no desempenho da função principal de, por meio da negociação coletiva, assegurar melhores condições de trabalho a quem dele depende para sobreviver.

Reforma do ambíguo modelo de 1988, tendente a modernizar a representação sindical brasileira, não vem, exceto aquela que teve por objetivo apenas acomodar forças na repartição dos recursos.(66)

Enquanto isso, segue a realidade, a revelar, como fato público e notório, em muitas das vezes, um sindicalismo sem o devido e necessário comprometimento com a causa social, ausente na defesa dos interesses dos integrantes da categoria seja em virtude de recusa, omissão ou falha na representação.

Apesar dessa constatação, não se deve esquecer o papel de destaque do sindicato no âmbito das relações de trabalho, notadamente em tempos de crise econômica, como a recém-vivenciada, com resultados desastrosos no mercado de trabalho, oportunidade em que ele, assumindo postura firme, impediu redução de salários sem negociação coletiva e empreendeu forte resistência à dispensa coletiva (67).

Portanto, enquanto não vem a tão esperada reforma sindical e, consequentemente, a ampla liberdade, segue o sistema sindical ambíguo e contraditório, mas, em momentos decisivos, ator social de mudanças. Assim, enquanto perdurar a apontada anomalia do sistema há de se pensar em critério de representatividade mais eficaz para afastar, inclusive, possíveis práticas de atitudes antissindicais por parte de sindicato profissional que possa vir prejudicar os interesses de seus representados.

4.1.3. Controvérsia acerca do monopólio da representação

Há quem defenda tese(68) segundo a qual, na democratização do acesso à justiça, a legitimação do sindicato frente a outros entes coletivos é privilegiada. E a prerrogativa decorreria da relevância jurídica do sindicato no âmbito das relações de trabalho, um defensor histórico, moldado ao longo dos dois últimos séculos por proibições e reconhecimentos e, agora, por incentivos legais para a defesa dos direitos sociais. Ademais, à associação falta personalidade sindical e ao Ministério Público, legitimação ampla e irrestrita(69).

---

(66) Em 2002, foi apresentado projeto de implantação do contrato coletivo, mediante simples alteração do art. 618 da CLT, em que, segundo o pretendido, as condições de trabalho negociadas prevaleceriam sobre o legislado na CLT e leis extravagantes, respeitada a ordem pública estabelecida pela Constituição. A proposta foi rechaçada. Também não vingou reforma sindical, salvo no que tange ao reconhecimento das centrais sindicais.

(67) Sobre dispensa coletiva no sistema brasileiro e a atuação do sindicato frente à crise econômica, conferir MANNRICH, Nelson. *Sindicato e crise econômica..., cit.*

(68) FERNANDES, Reinaldo de Francisco. *A legitimação para as demandas coletivas no processo do trabalho.* A legitimação sindical privilegiada. Dissertação de Mestrado USP, 2010.

(69) FERNANDES, Reinaldo de Francisco. *A legitimação...*, p. 109.

Para outros[(70)], as conquistas históricas e tempos de glória do passado não são capazes de se eternizarem, sendo "o iminente fim do atual modelo sindical, pelo menos de fato"[(71)], uma realidade, mesmo que "de direito ele prossegue, ainda que trôpego, numa desesperada busca idêntica do enfermo portador de mal crônico em busca de algo que, ainda que não possa salvá-lo, pelo menos possa dar-lhe novo alento, ainda que efêmero"[(72)].

Mas o certo é que o mundo do trabalho mudou, o cenário de atuação dos sindicatos se transformou[(73)], pelo que, diante de tamanha revolução, somente a "prevalência de interesses corporativos" justificariam o sindicalismo concebido sob a égide e proteção do Estado[(74)], imutável no financiamento da vida sindical[(75)].

A anunciada e premente necessidade de mudança de rumo no sindicalismo brasileiro não se faz sentir apenas pelo esvaziamento do movimento sindical, perdido no tempo e no espaço, mas como condição para cumprir o seu papel constitucional de defensor dos interesses e direitos dos integrantes da categoria.

As anomalias de que padece — e que o afastam do ideal proclamado pela Convenção n. 87 da OIT — arrastam-no também para longe dos reais interesses dos trabalhadores, indicando a realidade do dia a dia das relações trabalhistas, casos em que o sindicato, em negociação coletiva, deixa de se empenhar na manutenção de conquistas históricas ou firma norma coletiva prejudicando direitos dos integrantes da categoria[(76)(77)].

---

(70) FERNANDES, Reinaldo de Francisco. *O sindicalismo brasileiro clama por socorro:* um alerta aos sindicalistas e aos contribuintes dos sindicatos. São Paulo: LTr, 2001.

(71) FERNANDES, Reinaldo de Francisco. *O sindicalismo brasileiro...*, p. 5.

(72) *Idem.*

(73) *Ibidem*, p. 120-121.

(74) Falta vontade política para empreender mudança no desatrelamento entre Estado e sindicato. Ao invés da separação, este se faz presente, com intensidade, na vida daquele, como noticia a mídia "A erosão do Estado", numa situação em que se exigia de possível candidato a cargo de confiança na área da cultura filiação a sindicato (RODRIGUES, Fernando. *Folha de S. Paulo*, de 25 fev. 2012. A2).

(75) Na percepção de Otávio Pinto Martins, a liberdade sindical é incompatível com a imposição, via legal, do pagamento de contribuição obrigatória. A contribuição sindical. Jornal do Advogado, São Paulo, ano XXXVI, n. 361, p. 12, maio 2011.

(76) Colhe-se do contexto de normas coletivas, a título de exemplo, Acordo Coletivo de Trabalho 2004/2005 (cláusula 4ª), firmado entre Sindicato dos Petroleiros e a Petrobras, prevendo progressão funcional para empregados da ativa, ficando os inativos sem direito ao acréscimo salarial. Diante do visível prejuízo causado pelo sindicato à categoria dos aposentados, o Tribunal Superior do Trabalho (TST) firmou entendimento no sentido de que a vantagem constituiu aumento geral de salário e, por isso, devia ser estendida também à complementação de aposentadoria dos inativos, a fim de preservar a paridade entre ativos e inativos prevista no Regulamento da Petros (cf. OJSD1T-62). Na jurisprudência, destaca-se a decisão no Processo n. 01253-2008-016-05-00-4- RT. Certamente, nessa hipótese, não tem o sindicato, que causou o prejuízo, legitimidade para defender os inativos, pelo visível choque de interesses.

(77) Ademais, não fosse o conflito de interesses, diante da omissão ou recusa do sindicato, a jurisprudência, numa posição de vanguarda, vem admitindo a produção de norma coletiva por entes não sindicais. Na verdade, embora controvertida a matéria, o Tribunal Superior do Trabalho (TST) vem admitindo a supressão

Diante da falha, omissão ou inoperância do sindicato, doutrina e jurisprudência vêm admitindo a legitimidade concorrente de entes não sindicais.

Ivani Contini Bramante(78), com a atenção voltada para a regra do art. 8º, III, da Constituição Federal, defende tese no sentido de que, após o seu advento, em 1988, quando a definição de categoria passou a ser fixada a posteriori, e não a priori como antes, podem os trabalhadores eleger Comissão para representá-los, como, aliás, já prevê a Lei n. 7.783/1989 (Lei de Greve), ao legitimar Comissão de Trabalhadores para representar os interesses da categoria inorganizada em sindicato nas negociações ou na Justiça do Trabalho (art. 4º, § 5º).

4.1.4. Compreensão da regra do art. 8º no contexto da Constituição Federal

Não se pode extrair do comando do art. 8º, III, da Constituição Federal, regra de exclusividade de representação do sindicato, mesmo porque constitui princípio elementar de hermenêutica não distinguir onde a lei não o faz.

Além disso, o moderno Estado constitucional assenta-se — e tem sua razão de ser — no reconhecimento e na proteção da pessoa humana e dos direitos fundamentais(79). O Estado Social Democrático de Direito, tal qual a nossa República (art. 1º), traz consigo, ao lado de princípios essenciais (dignidade da pessoa, valorização do trabalho e da livre-iniciativa), grande quantidade de direitos fundamentais, que, além dos direitos dos trabalhadores (art. 7º), inclui diversos direitos a prestações sociais (art. 6º).

A Constituição brasileira, no seu pluralismo, ressalta Ingo Sarlet, "advém basicamente do seu caráter marcadamente compromissário, já que o legislador Constituinte, na redação final dada ao texto, optou por acolher e conciliar posições e reivindicações nem sempre afinadas entre si, resultantes das fortes pressões políticas exercidas pela diversas tendências envolvidas pelo processo Constituinte"(80).

---

da vontade coletiva quando evidenciada recusa à negociação. Foi o que ocorreu nos autos do Processo ROAD n. 045.784/2002-900-09-00.0, em que o Ministro Relator deixou consignado que se o sindicato não cumpriu a "atribuição que dá sentido à sua existência, que é ser o verdadeiro representante da categoria e em nome dela tentar, por todos os meios lícitos e sensatos, obter melhorias de condições de trabalho". Em outro julgamento, ratifica o TST o seu entendimento ao validar acordo coletivo de trabalho firmado diretamente entre empregador e empregados, sem intermediação do sindicato da categoria profissional, por ficarem demonstradas a livre manifestação de vontade dos empregados em assembleia e a efetiva recusa da entidade sindical em consultar a coletividade interessada (ROAA n. 746/2002-000-12-00.8). A falta de razoabilidade na negociação coletiva, que impede a solução do impasse, em prejuízo para os trabalhadores, também tem sido motivo para o TST validar norma coletiva. Diante de dificuldades financeiras do empregador e da recusa do Sindicato da categoria profissional, e respectiva Federação, negociarem, os empregados instituíram comissão de negociação, firmaram acordo, validado pela mais alta instância trabalhista (RODC n. 163/2005-000-03-00.9).

(78) BRAMANTE, 1993, p. 57-58.

(79) SARLET, 2007, p. 43-44.

(80) SARLET, 2007, p. 77.

A Constituição não se afasta do legado das modernas constituições, que é ser, por essência, principiológica e, nessa condição, assegurar direitos e garantias fundamentais a serem realizados na maior medida do possível.

Assim, ao lado do princípio da supremacia da Constituição desenvolvem-se outros, como os de interpretação conforme a Constituição, unidade da Constituição, da razoabilidade e da proporcionalidade.

Sendo assim, na aplicação de princípios constitucionais, deve prevalecer interpretação que conduza, na maior medida, ao fim constitucional embutido ou decorrente do sistema, jamais se admitindo, em caso de choque de princípios, aventar em declaração de invalidade de um deles ou em instituição de cláusula de exceção[(81)]. O juiz, com apoio no princípio da razoabilidade ou da proporcionalidade, tem permissão para graduar o peso da norma ou do princípio no caso concreto, de modo a não permitir que ela produza resultado indesejado.

E, assim, direcionando a atenção para o foco: existência ou não de monopólio, diante de dois princípios constitucionais: dignidade da pessoa humana e representação sindical, havendo choque entre eles, qual deve prevalecer?

Em primeiro lugar, dada a natureza dos direitos e interesses no âmbito das relações trabalhistas, distingue a doutrina, como o faz Mozart Victor Russomano[(82)], entre interesses abstratos e interesses concretos. Nas relações individuais, ensina o citado autor[(83)], os interesses em jogo são sempre particulares ou concretos, enquanto nas relações coletivas se colocam os interesses gerais ou abstratos de uma ou mais de uma categoria.

Da doutrina portuguesa, colhe-se a lição de Antonio Monteiro Fernandes[(84)] que, ao tratar da autonomia da norma coletiva, afirma serem estas regras abstratas endereçadas aos membros do grupo, as quais não se reduzem ao mero somatório dos interesses individuais dos membros do grupo.

Portanto, interesses concretos dos trabalhadores a serem defendidos administrativa ou judicialmente (exercício de defesa) são diversos dos interesses abstratos a serem instituídos por meio de norma coletiva (produção de norma). Nestes, pode-se até admitir a exclusividade de representação sindical, naqueles, não.

É certo que a Constituição repartiu competências, conferindo legitimidade ao Ministério Público — e, nessa condição, o Ministério Público do Trabalho — a missão de defesa da integridade da ordem jurídica, ao sindicato, a defesa dos direitos e interesses

(81) SILVA, Virgílio Afonso da. *Tese USP*, 2005. p. 58.

(82) RUSSOMANO, Mozart Victor. *Princípios gerais de direito sindical*. 2. ed. Rio de Janeiro: Forense, 1997. p. 41.

(83) RUSSOMANO, 1997, p. 41.

(84) FERNANDES, Antônio Monteiro. *Direito do trabalho*. 13. ed. Coimbra: Almedina, 2006. p. 650-655.

de integrantes da categoria e à associação, a incumbência de defesa de direitos e interesses de seus associados. A base de atuação, em determinadas hipóteses, é coincidente. Todavia, como o Ministério Público somente está autorizado a agir em defesa da ordem jurídica, do sistema democrático, dos direitos sociais e individuais indisponíveis, a sua atuação somente beneficia interesses privados e particulares por via reflexa.

À margem o agente público, resta saber se, deixando o sindicato de atuar na defesa dos direitos e interesses de integrantes da categoria, por conveniência, falha ou omissão, pode a associação exercer tal defesa?

4.1.5. Sindicato x associação. Inexistência de monopólio

Nadja Soraggi Fernandes afirma que "a legitimidade ativa das associações e dos sindicatos para a defesa dos interesses e direitos coletivos encontra respaldo em vários dispositivos constitucionais, pois o constituinte de 1988, com a finalidade de construir uma democracia social, plural e participativa, instituiu vários canais para viabilizar a organização da sociedade civil, no sentido de construir uma sociedade mais solidária" [(85)], razão pela qual foi assegurada a liberdade de organização sindical, de associação e de reunião.

Unicamente dessa forma, com legitimação ampla, o fenômeno marcante do século XX, a chamada ascensão das massas, com a necessidade de efetiva tutela dos direitos correlatos — e que não se confunde com o direito abstrato dos dissídios coletivos tradicionais, pode atingir grau satisfatório de efetividade.

Ademais, nem a arquitetura do sistema constitucional, nem a hermenêutica constitucional, autorizam interpretação capaz de aniquilar direitos e garantias fundamentais, base da dignidade da pessoa, para assegurar privilégio de representação, máxime se se levar em conta que o sistema sindical brasileiro não se modernizou, ainda guardando resquícios do corporativismo, com estrutura burocrática que garante monopólio de representação e autossuficiência financeira, o que, não raro, leva à acomodação de quem tem a seu favor a representação obrigatória.

Certamente, num juízo de ponderação, entre os princípios da dignidade da pessoa e do acesso à justiça para tutelar seus direitos fundamentais e aquele, relativo ao poder sindical de representar, a carga de valores do primeiro, que irradia por todo o sistema, prevalece, deixando sem fundamento constitucional a tese dos que advogam e defendem o monopólio da representação sindical para defesa dos direitos e interesses de integrantes da categoria violados ou ameaçados de lesão.

(85) FERNANDES, Nadja Soraggi. *Ação civil pública trabalhista.* Forma célere e efetiva de proteção dos direitos fundamentais dos trabalhadores. São Paulo: LTr, 2010. p. 100.

Não fosse isso, como destaca Amauri Mascaro Nascimento[(86)] respaldado na doutrina italiana, representatividade apresenta-se como "critério de qualificação ou de seleção de um sujeito coletivo", o que significa dizer que a legitimação da associação — e dos entes não sindicais — é natural, fruto da autonomia da vontade. Impedir que o integrante da categoria, no exercício da sua liberdade de escolha, recorra à associação para exercitar a sua defesa configura intolerável agressão ao princípio da autodeterminação da pessoa.

Portanto, entre a representação imposta pela lei e a natural, esta deve prevalecer, até porque nem tudo que é legal é legítimo. Legal é o poder de representar, mas ilegítimo é o monopólio com finalidade que não seja a de assegurar direitos ou defendê-los eficazmente.

Essas as razões pelas quais, a fim de compatibilizar bens e valores constitucionais, defendo a tese[(87)] no sentido de que a legitimação para a defesa concreta dos direitos ou interesses da categoria, positivados em leis, normas coletivas, regulamentos ou contratos, lesados ou ameaçados de lesão é concorrente entre sindicato, associação e entes não sindicais[(88)]. A legitimidade do sindicato não é exclusiva, ao revés, é concorrente.

---

(86) NASCIMENTO, 2005, p. 189.

(87) BORBA. *Tese PUC.* Depósito 29.03.2012, Capítulo VI, p. 198.

(88) A jurisprudência se encaminha no sentido de que a legitimidade do sindicato para a defesa de direitos e interesses da categoria não é exclusiva, tendo o TST firmado precedente (TST-RR n. 42400-13.1998.5.02.0036), oportunidade em que o Min. Vantuil Abdala deixou consignado que "nada impede que os empregados filiados a um determinado sindicado reivindiquem judicialmente por meio de sua associação direitos cuja defesa compõe objeto esta (associação), mormente no caso dos autos, em que os associados são aposentados, cujos interesses, muitas vezes, destoam daqueles dos empregados da ativa" [...]. No mesmo julgamento o Min. Horácio de Senna deixou consignado que "em tantos e tantos casos, os sindicatos compactuam com as empresas, deixando de lado, inteiramente, os interesses daqueles que por muito tempo deram o seu suor e trabalho àquelas empresas". Também o Min. José Simpliciano deixou assentado: "a efetivação dos direitos fundamentais somente será atingida mediante a superação de um conceito restritivo da legitimidade, que transcenda o próprio sindicato, sob pena de impedir que determinados grupos minoritários de uma categoria, com menor força política, possam exercer em juízo a defesa de seus direitos". O Julgamento ficou assim ementado: "[...] PRELIMINAR DE NÃO CABIMENTO DA AÇÃO CIVIL PÚBLICA NA ESFERA TRABALHISTA E DE ILEGITIMIDADE ATIVA DA ASSOCIAÇÃO. A ação civil pública é um instrumento de defesa dos interesses da sociedade, direitos e interesses metaindividuais, que encontra fundamento legal na Lei n. 7.347/1985 — Lei da Ação Civil Pública — e na Lei n. 8.078/1990 — Código de Defesa do Consumidor. Esse, em seu art. 81, inciso III, prevê o cabimento de ações coletivas para salvaguardar direitos ou interesses individuais homogêneos, que são, segundo o Supremo Tribunal Federal, subespécies de direitos coletivos (RE-163.231-3/SP), Tribunal Pleno. Relator Ministro Maurício Corrêa, *DJ* de 29.6.2001) e decorrem de uma origem comum. No Direito do Trabalho, a referida ação coletiva é um mecanismo de proteção dos direitos sociais constitucionalmente garantidos e, uma vez verificada a lesão ou ameaça de lesão a direito difuso, coletivo ou individual homogêneo decorrente da relação de trabalho, será cabível a ação civil pública na esfera trabalhista. Quanto à legitimidade para a propositura da ação civil pública no âmbito trabalhista, tem-se que as associações, assim como no âmbito civil, também estão legitimadas, desde que possuam, dentre seus fins sociais, a defesa dos direitos de seus associados, registrando-se a incompatibilidade, in casu, entre os interesses do sindicato e os dos substituídos". O STF também já enfrentou a questão na ADI n. 4.067 (*sub judice*), quando a maioria dos Ministros não acataram tese da existência de monopólio de representação.

Referências

ABRANTES, José João. *Contrato de trabalho e direitos fundamentais*. Coimbra: Coimbra Editora, 2005.

ALMEIDA, Gregório Assagra de. *Direito processual coletivo brasileiro*. São Paulo: Saraiva, 2003.

ALVIM, Thereza Celina Diniz de Arruda. *O direito processual de estar em juízo*. São Paulo: Revista dos Tribunais, 1996.

ANDRADE, Manoel Domingues de. *Teoria geral da relação jurídica*. Coimbra: Almedina, 1983.

ASCENSÃO, José de Oliveira. *Direito civil:* teoria geral. 2. ed. São Paulo: Saraiva, 2010. v. 3. Relações e situações jurídicas.

BARROSO, Luís Roberto. *Interpretação e aplicação da Constituição*. 7. ed. São Paulo: Saraiva, 2009.

BETTI, Emílio. *Teoria gerale del negozio giuridico*. Nápoles: Collana, 2002.

BOBBIO, Norberto. *A era dos direitos*. Tradução Carlos Nelson Coitinho. Rio de Janeiro: Campus, 1992.

BONAVIDES, Paulo. *Curso de direito constitucional*. 9. ed. São Paulo: Malheiros, 2000.

BORBA, Joselita Nepomuceno. *Representação fragmentada do sindicato:* da representação abstrata à defesa concreta dos interesses coletivos. Tese. PUCSP. 2012.

BORBA, Joselita Nepomuceno. *Efetividade da tutela coletiva*. São Paulo: LTr, 2008.

BORBA, Joselita Nepomuceno. *Direito coletivo do trabalho*. Teoria e prática. São Paulo: LTr, 2002.

BRAMANTE, Ivani Contini. A legitimação para instauração de dissídio coletivo. *Jornal do Congresso*, São Paulo, LTr, 1993.

CALERA, Nicolás María Lopez. *Introducción a los derechos humanos*. Granada: Comares, 2000.

CATHARINO, José Martins. *Direito constitucional e direito judiciário do trabalho*. São Paulo: LTr, 1995.

CHIOVENDA, Giuseppe. *Principii di diritto processuale civile:* le azioni, il processo de cognizione. Nápoles: Jovene, 1980.

COSTA, Susana Henriques da. O controle judicial da representatividade adequada: uma análise dos sistemas norte-americano e brasileiro. In: SALLES, Carlos Alberto de (Coord.). *As grandes transformações do processo coletivo brasileiro*. Homenagem ao professor Kazuo Watanabe. São Paulo: Quartier Latin, 2009.

COTTA, Maurizio. Representação política. In: BOBBIO, Norberto *et al. Dicionário de política*. 5. ed. Brasília: UnB, 1998, ano 1909-2004.

FERNANDES, Antônio Monteiro. *Direito do trabalho*. 13. ed. Coimbra: Almedina, 2006.

FERNANDES, Nadja Soraggi. *Ação civil pública trabalhista*. Forma célere e efetiva de proteção dos direitos fundamentais dos trabalhadores. São Paulo: LTr, 2010.

FERNANDES, Reinaldo de Francisco. *A legitimação para as demandas coletivas no processo do trabalho:* a legitimação sindical privilegiada. Dissertação. São Paulo: USP, 2010.

FERRAZ, Augusto Mello de Camargo; MILARÉ, Édis; NERY JUNIOR, Nelson. *A ação civil pública e a tutela jurisdicional dos interesses difusos*. São Paulo: Saraiva, 1984.

FERRAZ JÚNIOR, Tercio Sampaio. *Introdução ao estudo do direito:* técnica, decisão, dominação. São Paulo: Atlas, 1988.

FERRAZ JÚNIOR, Tercio Sampaio. Interesse público. *Revista do Ministério Público do Trabalho da 2ª Região.*

FREIRE, Manoel do Bonfim. Representação. In: SANTOS, João Manoel de Carvalho. *Repertório Enciclopédico do Direito Brasileiro*, v. XLIX, Rio de Janeiro: Borsoi, 1932.

GARCIA. Pedro Sampaio. O fim do poder normativo. *Revista LTr.*

GOMES, Orlando. Representação (direito privado). In: SANTOS, João Manoel de Carvalho. *Repertório Enciclopédico do Direito Brasileiro*, v. XLIX, Rio de Janeiro: Borsoi, 1932.

GRINOVER, Ada Pellegrini. *A marcha do processo*. Rio de Janeiro: Forense Universitária, 2000.

GRINOVER, Ada Pellegrini. *O processo em evolução*. Rio de Janeiro: Forense Universitária, 1996.

GRINOVER, Ada Pellegrini. Rumo a um código brasileiro de processos coletivos. In: MAZZEI, Rodrigo Reis; NOLASCO, Rita Dias (Coords.). *Processo civil coletivo*. São Paulo: Quartier Latin, 2005.

GRINOVER, Ada Pellegrini. Da class action for damages à ação de classe brasileira: os requisitos de admissibilidade. In: MILARÉ, Édis (Coord.). *Ação civil pública* — Lei n. 7.347/1985: reminiscências e reflexões após 10 anos de aplicação. São Paulo: Revista dos Tribunais, 1995.

GRINOVER, Ada Pellegrini. Ações coletivas Ibero-americanas: novas questões sobre a legitimação e a coisa julgada. *Revista Forense*, Rio de Janeiro. v. 306, p. 3-12, maio/jun. 2002.

GRINOVER, Ada Pellegrini. Ação civil pública refém do autoritarismo. *Revista de Processo*, São Paulo, n. 96, v. 24, out./dez. 1999.

GRINOVER, Ada Pellegrini*et al. Código brasileiro de defesa do consumidor:* comentado pelos autores do anteprojeto. 8. ed. Rio de Janeiro: Forense Universitária, 2005.

GRINOVER, Ada Pellegrini; MENDES, Aluisio Gonçalves de Castro; WATANABE, Kazuo (Coords.). *Direito processual coletivo e o anteprojeto de código brasileiro de processos coletivos*. São Paulo: Revista dos Tribunais, 2007.

GUEDES, Clarissa Diniz. A legitimidade ativa na ação civil pública e os princípios constitucionais. In: MAZZEI, Rodrigo Reis; NOLASCO, Rita Dias (Coords.). *Processo civil coletivo*. São Paulo: Quartier Latin, 2005.

HAYEK, Friedrich A. Hayek *¿Sindicados, para qué?* Madrid: Unión, 2009.

HEBERLE, Peter. *Hermenêutica constitucional. A sociedade aberta dos intérpretes da constituição: contribuição para a interpretação pluralista e "procedimental" da constituição*. Tradução de Gilmar Ferreira Mendes. Porto Alegre: Sergio Antonio Fabris, 1997.

HESSE, Conrad. *A força normativa da constituição*. Tradução de Gilmar Ferreira Mendes. Porto Alegre: Sergio Antonio Fabris, 1991.

HESSE, Conrad. *Elementos de direito constitucional da república federal da Alemanha*. Tradução de Luís Afonso Heck. Porto Alegre: Sergio Antonio Fabris, 1998.

LOPEZ-TAPIA, Yolanda de Lucchi. *La tutela jurisdicional civil de los intereses de consumidores y usuarios*. Madrid: Edisofer, 2005.

MANNRICH, Nelson. Disputa de representação em dissídio coletivo. In: PAMPLONA FILHO, Rodolfo (Coord.). *Processo do trabalho:* estudos em homenagem ao professor José Augusto Rodrigues Pinto. São Paulo: LTr, 1997.

MANNRICH, Nelson. Sindicato e crise econômica: heróis ou vilões? In: ROMITA, Arion Sayão *et al.* (Coords.). *Revista Magister de Direito do Trabalho*, Porto Alegre: Magister, n. 41, mar./abr. 2011.

MANNRICH, Nelson. Prefácio. In: SANTOS, Enoque Ribeiro dos. *O microssistema de tutela coletiva*. São Paulo: LTr, 2012.

MANSUETI, Hugo Roberto. A organização sindical do século XXI. In: BARROS JÚNIOR, Cássio de Mesquita; ZAINAGHI, Domingos Sávio; FREDIANI, Yone (Orgs.). *O direito do trabalho e da seguridade social nos países Ibero-Americanos e Itália*. Curitiba: Decisório Trabalhista, 2008.

MARANHÃO, Délio. Direito do trabalho. In: MARANHÃO, Délio; CARVALHO, Luiz Inácio Barbosa. *Direito do trabalho*. Rio do Janeiro: Fundação Getúlio Vargas, 1993.

MARIANI, F. *Compendio de diritto sindacale*. 11. ed. [S.I.]: Sedizione Simone, 2003.

MELGAR, Alfredo Montoya. *Derecho del trabajo*. 19. ed. Madrid: Tecnos, 1998.

MEROI, Andrea A. *Processos colectivos:* recepción y problemas. Buenos Aires: Rubizal-Culzoni, 2008.

MIRANDA, Francisco Cavalcanti Pontes de. *Tratado de direito privado*. 3. ed. Rio de Janeiro: Borsoi, 1970. v. 3.

NASCIMENTO, Amauri Mascaro. *Curso de direito processual do trabalho*. 17. ed. ampl. e atual. São Paulo: Saraiva, 1997.

NASCIMENTO, Amauri Mascaro. *Compêndio de direito sindical*. 4. ed. São Paulo: LTr, 2005.

NASCIMENTO, Amauri Mascaro. *Direito do trabalho na Constituição de 1988*. 2. ed. São Paulo: Saraiva, 1991.

NASCIMENTO, Amauri Mascaro. Centrais sindicais: observações sobre a reforma sindical. In: MELO FILHO, Hugo Cavalcanti; AZEVEDO NETO, Platon Teixeira de (Coords.). *Temas de direito coletivo do trabalho*. São Paulo: LTr, 2010.

NERY JUNIOR, Nelson. Ação civil pública no processo do trabalho. In: MILARÉ, Édis (coord.). *Ação civil pública:* Lei n. 7.347/85 — 15 anos. São Paulo: Revista dos Tribunais, 2001.

NERY JUNIOR, Nelson. *Princípios do processo civil na Constituição Federal.* 8. ed. São Paulo: Revista dos Tribunais, 2004.

NERY JUNIOR, Nelson; NERY, Rosa Maria Barreto Borriello de Andrade. *Código de processo civil comentado e legislação extravagante*. 9. ed. São Paulo: Revista dos Tribunais, 2006.

NERY JUNIOR, Nelson. *Constituição Federal comentada e legislação constitucional.* São Paulo: Revista dos Tribunais, 2006.

NERY JUNIOR, Nelson. *Código civil comentado e legislação extravagante*. 3. ed. São Paulo: Revista dos Tribunais, 2005.

OLIVA, Cláudio César Grizi. *Pluralidade como corolário da liberdade sindical.* São Paulo: LTr, 2011.

OLIVEIRA, Fernando Alves. *O sindicalismo brasileiro clama por socorro: um alerta aos sindicalistas e aos contribuintes dos sindicatos.* São Paulo: LTr, 2001.

PALOMINO, Todosio A. Século XXI: definição dos sindicatos? In: BARROS JÚNIOR, Cássio de Mesquita; ZAINAGHI, Domingos Sávio; FREDIANI, Yone (Orgs.). *O direito do trabalho e da seguridade social nos países Ibero-Americanos e Itália.* Curitiba: Decisório Trabalhista, 2008.

PASSOS, José Joaquim Calmon de. Parecer. Substituição processual. Especificidade das ações coletivas e das decisões de mérito nelas proferidas. *Revista de Direito do Trabalho*, São Paulo, n. 123, jul./set. 2006.

PERSIANI, Mattia. *Diritto sindacale.* 13. ed. Padova: Cedam, 2011.

PINTO, José Augusto Rodrigues. *Tratado de direito material do trabalho.* São Paulo: LTr, 2007.

PIOVESAN. Flávia. *Temas de direitos humanos.* 2. ed. São Paulo: Max Limonad, 2003.

PIOVESAN. Flávia. *Direitos humanos e o direito constitucional internacional.* 6. ed. São Paulo: Max Limonad, 2004.

PORTO, Pedro Rui da Fontoura. *Direitos fundamentais sociais.* Considerações acerca da legitimidade política e processual do ministério público e do sistema de justiça para sua tutela. Porto Alegre: Livraria do Advogado, 2006.

PRADO, Roberto Barretto. *Curso de direito sindical.* São Paulo: LTr, 1991.

RÁO, Vicente. *Ato jurídico:* noção, pressupostos, elementos essenciais e acidentais. 4. ed. Atualização de Ovídio Rocha Barros Sandoval. São Paulo: Revista dos Tribunais, 1997.

RODRIGUES, Leôncio Martins. *Partidos e sindicatos.* Escritos de sociologia política. São Paulo: Ática, 1990.

RUSSOMANO, Mozart Victor. *Princípios gerais de direito sindical.* 2. ed. Rio de Janeiro: Forense, 1997.

SABADELL, Ana Lúcia. *Manual de sociologia jurídica:* introdução a uma leitura externa do direito. 5. ed. São Paulo: Revista dos Tribunais, 2010.

SARLET, Ingo Wolfgang. *Eficácia dos direitos fundamentais.* 8. ed. Porto Alegre: Livraria do Advogado, 2007.

SILVA, Otávio Pinto e. A contribuição sindical obrigatória deve ser extinta? *Jornal do Advogado*, OAB-SP, São Paulo, ano XXXVI, n. 361, maio 2011.

SILVA. Virgílio Afonso da. *Tese.* USP, 2005.

SOARES, Fábio Costa. Acesso do hipossuficiente à justiça. A defensoria pública e a tutela dos interesses coletivos lato sensu dos necessitados. In: QUEIROZ, Raphael Augusto Sofiati de (Coord.). *Acesso à Justiça.* Rio de Janeiro: Lumen Juris, 2002.

VIANNA, Francisco José de Oliveira. *Problemas de direito sindical.* Rio de Janeiro: Max Limonad, 1943.

VIGORITTI, Vincenzo. *Interessi collettivi e processo*. Milão: Giuffrè, 1979.

WATANABE, Kazuo. Acesso à justiça e sociedade moderna. In: GRINOVER, Ada Pellegrini; DINAMARCO, Cândido Rangel; WATANABE, Kazuo (Coords.). *Participação e processo*. São Paulo: Revista dos Tribunais, 1988.

Ministério Público do Trabalho e os Sindicatos na Defesa dos Interesses Coletivos

Introdução

Não raro, na esfera administrativa e na judicial, a questão da ilegitimidade do Ministério Público para a defesa do interesse coletivo é levantada ao fundamento de que a atribuição é do Sindicato. Mas, o questionamento quase sempre decorre de falta da exata noção do que compete ao Órgão legitimado. Cada qual, Ministério Público e Sindicato, age dentro dos limites traçados pela lei.

1. Legitimidade do Ministério Público

A Constituição Federal de 1988 traz, dentre as funções institucionais do Ministério Público, o exercício da ação civil pública para a defesa de interesses difusos e coletivos e incumbiu-lhe, em seu art 127,

> "(...) a defesa da ordem jurídica, do regime democrático e dos interesses sociais e individuais indisponíveis."

E, no art. 129, inciso III:

> "Art. 129. São funções institucionais do Ministério Público."
>
> (...)
>
> "III – promover o inquérito civil e a ação civil pública, para a proteção do patrimônio público e social, do meio ambiente e de outros interesses difusos e coletivos."

A Lei Complementar n. 75, de 20.05.93, dispõe, em seu art. 83, III, que:

> "Art. 83. Compete ao Ministério Público do Trabalho o exercício das seguintes atribuições junto aos órgãos da Justiça do Trabalho:
>
> (...)
>
> III – promover a ação civil pública no âmbito da Justiça do Trabalho, para defesa de interesses coletivos, quando desrespeitados os direitos sociais constitucionalmente garantidos."

A legitimidade do Ministério Público para a defesa do interesse coletivo no âmbito das relações laborais é indiscutível.

2. Legitimidade do sindicato

No patamar constitucional repousa, também, previsão para o Sindicato defender o interesse coletivo. Dispõe o inciso lIl do art. 8º da Carla da República, *verbis*:

> "ao sindicato cabe a defesa dos direitos e interesses coletivos ou individuais da categoria, inclusive em questões judiciais ou administrativas."

A norma constitucional é de clareza meridiana: ao sindicato incumbe a defesa e interesse coletivo da categoria.

3. Objeto da tutela

O interesse tutelado, como se infere da ordem constitucional, não se contunde. incumbindo a um órgão legitimado a defesa da ordem jurídica, ao outro a defesa do interesse da categoria.

Diante do desrespeito à lei, de forma generalizada, cabe ao Ministério Público atua buscando coibir a ilegalidade; a pretensão versa sempre sobre uma obrigação de fazer ou de não fazer acompanhada de cominação (Lei n. 7.347/85 art. 11, CPC art. 461).

A defesa da integridade da lei enquanto norma geral, a cujo comando cogente todos, indistintamente, estão obrigados, não beneficia o titular do direito por ela assegurado no plano das relações individuais. Assim é que, quando o descumprimento da lei atinge o patrimônio de integrantes da categoria ao sindicato incumbe buscara reparação; a pretensão versa sobre obrigação de dar.

Ancorado na teoria dos direitos reflexos, desenvolvida na doutrina alemã BATALHA (1992, p. 300) assevera que:

> "Os direitos subjetivos ficam à disposição dos respetivos titulares e devem ser protegidos mediante postulação destes (ou mediante substituição processual, quando admitida), ao passo que os eleitos reflexos das normas jurídicas têm a sua proteção a cargo das entidades a que a lei confere legitimação."

E conclui o renomado processualista:

> "Entendemos que a ação civil pública visa a assegurar proteção a interesses ou direitos reflexos, abrangentes de toda a coletividade, ou de parte dela, ou de comunidades ou grupos específicos, quando não haja direito subjetivo a uma exigibilidade especial. Quando há direito subjetivo a uma exigibilidade

> especial, o titular desse direito subjetivo tem a ação que lhe compete e que será exercida por ele, ou, mediante lei expressa, por substituição processual. Ao contrário quando há interesses ou direitos reflexos a ação é proposta por representantes da comunidade, ou seja, o Ministério Público, a União, os Estados e Municípios, autarquias, empresas públicas, fundações, sociedades de economia mista ou associações (p. ex., associações com finalidades ecológicas, de defesa do meio ambiente, do patrimônio histórico, turístico, etc.) (BATALHA, 1992, p. 301)."

SILVA FILHO (1994, p. 161), ao discorrer sobre a legitimidade concorrente do Ministério Público e dos Sindicatos, ressalta a distinção, verbis:

> "No entanto, o prisma pelo qual cada um encara a defesa dos interesses coletivos é distinto:
>
> a) o sindicato defende os trabalhadores que a ordem jurídica protege (CF, art. 8º, III); e
>
> b) O Ministério Público defenda a própria ordem jurídica protetora dos interesses coletivos dos trabalhadores (CF art. 127)."

A questão é de fundamental importância, porquanto, se o órgão legitimado pelo art. 8º, III, da CF, não exerce o direito constitucional de defesa do interesse coletivo da categoria o parquet não pode substitui-lo na atuação.

Nada impede, no entanto, que na instância administrativa, o infrator concilie nos autos de inquérito civil ou de procedimento investigatório, com o compromisso de abster-se da prática ilegal e de reparar pecuniariamente o prejuízo decorrente (Lei n. 7.347, art. 5º § 6º, LC 75/93 art. 83 XI), vez que a conciliação é princípio basilar do direito do trabalho e ao Estado não interessa fomentar a lide.

4. Iniciativa da denúncia

Para o exercício do seu mister como órgão agente ao Ministério Público foi outorgado instrumento de investigação, qual seja, o inquérito civil (CF art. 129, III).

O instrumento passou a ter regulamentação procedimental inicialmente com a Instrução Normativa n. 01/93, hoje disciplinado pela Resolução n. 28 do Conselho Superior do Ministério Público do Trabalho (*DJU* de 03.06.97). O procedimento é de natureza inquisitória a ser

> "instaurado de oficio quando houver representação ou notícia da ocorrência de lesão a interesses difusos e coletivos referentes a direitos sociais indisponíveis legados às relações de trabalho (Res. 28/CSMPT art. 19)."

Assim, diante de lesão a interesses difusos e coletivos qualquer interessado pode lazer a representação ou levar a notícia ao Ministério Público o que é suficiente a desencadear o procedimento administrativo, tendente a averiguar a procedência, o não, da ilegalidade denunciada. Utilizando-se dessa faculdade o Sindicato profissional é o interessado que mais oferece denúncia, até porque 'representante legal da categoria' (BARROS, 1987, p. 652-653) não sujeito aos poderes hierárquico e disciplinar do empregador por isso longe de sofrer qualquer sanção ou represália por ser autos de denúncia de descumprimento da lei trabalhista por empregador.

Observa o Sub-Procurador Geral do Trabalho, Ives Gandra Martins da SILVA FILHO (1994, p. 161), que:

> "Na prática, o que tem ocorrido é os sindicatos oferecerem denúncia perante o Ministério Público do Trabalho, para seja apurada a possível existência de lesão a direitos trabalhistas no âmbito de determinada empresa, de forma genérica. Dão, assim, cumprimento ao dispositivo legal que faculta a qualquer pessoa a possibilidade de provocar a iniciativa do Ministério Público nesse campo, ministrando-lhe informações sobre fatos que constituam objeto de ação civil pública (Lei n. 7.347/85, art. 6º)."

Outra pessoa jurídica que, em face de suas atribuições de órgão fiscalizador, oferece denúncia é o Ministério do Trabalho. Se a aplicação de penalidade pela Delegacia não é suficiente, seja porque o infrator prefere pagá-las a cumprir a lei, seja porque não as paga utilizando recursos protelatórios, seja porque a lesão é de tal magnitude que a aplicação de multas não é suficiente a reparar a ordem jurídica, como ocorre, p. ex., com o infrator que colhe assinatura em papéis em branco no momento de admissão de empregado ou no curso da relação de emprego; que submete o trabalhador à condição análoga à de escravo; que submete o trabalhador a condições insalubres sem uso de equipamento de proteção individual, etc., oferecida a denúncia o parquet laboral leva a questão à apreciação do judiciário.

Em suma, fiscalizar é atribuição do Ministério do Trabalho, através da Delegacia Regional. Todavia, se a ação fiscalizadora não é suficiente a coibir a lesão à ordem jurídica o Ministério Público do Trabalho, órgão legitimado para atuar em juízo na defesa do interesse social, leva a questão ao Judiciário.

5. Litisconsórcio e assistência

Concorrem Ministério Público e Sindicato na defesa dos interesses coletivos, mas sob prismas diversos, dissociados pela natureza dos interesses tutelados, incumbindo a este a defesa do interesse da categoria e aquele a da integridade da ordem jurídica.

Nada impede, no entanto, que os legitimados se consorciem para mover ação em conjunto (NERY JUNIOR, 1996, p. 1.417), postulando a um só tempo que o infrator se abstenha da prática ilegal e que repare a lesão, com economia processual, não perdendo o Ministério Público a sua condição de co-legitimado ativo nato (MAZZILLI, 1998, p. 86). A hipótese do litisconsórcio, aliás, está prevista na regra do § 2º do art. 5º da Lei n. 7.347/85. Quanto a assistência é perfeitamente cabível, pois qualquer cidadão ou órgão legitimado pode colaborar, na forma do permissivo do art. 19 da referida Lei n. 7.347/85.

Conclusões

1. A defesa da ordem jurídica é atribuição do Ministério Público. Ao Sindicato cabe a defesa dos interesses da categoria (CF arts. 127, 129, III e 89, II). Em se tratando de Estado Democrático de Direito, a defesa da ordem jurídica se traduz em interesse de toda coletividade. A proteção deste interesse geral, de que as disposições legais que estabelecem deveres, incumbe ao Estado através dos Órgãos legitimados, enquanto a defesa do direito subjetivo, interesse particular de integrantes da categoria, incumbe ao seu titular ou a entidade de classe, por lei, legitimada (NERY JUNIOR, 1996, p. 1.416).

2. A instância administrativa pode ser instaurada "de oficio quando houver representação ou noticia da ocorrência de lesão a interesses difusos e coletivos" (Res. 28/CSMPT), pelo que, na prática, a associação profissional, agente representativo, ao invés de agir em juízo buscando a defesa dos interesses da categoria, tem oferecido denúncia ao Ministério Público de desrespeito a ordem jurídica trabalhista.

3. No curso do procedimento administrativo o infrator, como faculta a lei (LC n. 75/93 art. 83, XI) e Lei n. 7.347/85, art. 5º § 6º), pode firmar termo de compromisso de ajuste de conduta, comprometendo a abster-se da prática ilegal, sob pena de multa, e a reparar pecuniariamente o prejuízo decorrente, vez que a conciliação é princípio basilar do direito do trabalho e ao Estado não interessa fomentar a lide. Se o ajuste de conduta abrange, também, interesses da categoria evita-se a ida da entidade sindical ao Judiciário buscando a certificação do direito.

4. Mesmo que na esfera administrativa não se chegue a bom termo quanto aos interesses da categoria, a reparação da ordem jurídica por si traduz em beneficio que justifica a denúncia pelo Sindicato, posto que as relações contratuais voltam à normalidade, seguindo os ditames da lei. Ao representante da categoria resta buscar a reparação patrimonial, mas já dispondo de procedimento administrativo ou contando com a certeza da coisa julgada operada em ação civil pública de autoria do parquet.

5. O litisconsórcio e assistência são admitidos (Lei n. 7.347/85, arts. 5º § 2º e 19), mas jamais poderão obstar a ação do Ministério Público no exercício da função institucional de defesa da ordem jurídica. A submissão se impõe, como se infere da regra do § 3º do art. 5º da Lei da ação civil pública.

Referências

BARROS, Alice Monteiro de (Coord.) *Curso de direito do trabalho:* estudos em memória de Célio Goyotá. 3. ed. rev., atual. e ampl. São Paulo: LTr, 1997. p. 652-653.

BATALHA, Wilson de Souza Campos: *Direito processual das coletividades e dos grupos*. 2. ed. São Paulo : LTr, 1992. p. 300-301.

BORBA. Josela Nepomuceno. Ministério Público do Trabalho e defesa do interesse coletivo – I. *Gazeta Mercantil*, São Paulo, Cad. Regional Nordeste, p. 2, 11 ago. 1998.

BORBA. Josela Nepomuceno. O Ministério Publico do Trabalho e a defesa do interesse coletivo. *A Tarde*, Salvador, Cad. 3, p. 6, 14 set. 1998.

BRASIL. Consituição, 1988. *Constituição da República Federativa do Brasi promulgada em 5 de outubro de 1998*. 20. ed. atual. e ampl. São Paulo: Saraiva, 1998. (Coleção Saraiva de Legislação).

BRASIL. Ministério Público da União. Lei Orgânica do Ministério Público da União. *Lei Complementar n. 75, de 20.05.93*. Brasília, DF: Ministério Público do Trabalho/Procuradoria Geral, 1994.

MARTINS FILHO, Ives Gandra. *Processo coletivo do trabalho*. São Paulo: LTr, 1994. p. 160-162.

MAZZILLI, Hugo Nigro: *A defesa dos interesses difusos em juizo:* meio ambiente, consumidor e outros interesses difusos e coletivos. 10. ed. rev., ampl. e atual. São Paulo: Saraiva, 1998. p. 86.

NERY JUNIOR, Nelson. *Código de processo civil comentado e legislação extravagante em vigor*. 2. ed. rev. e ampl. São Paulo: Revista dos Tribunais, 1996. p. 1.416, verbete 11; p. 1.417, verbete 21.

SILVA FILHO, Ives Gandra Martins. *Processo coletiva de trabalho*. São Paulo: LTr, 1994. p. 161.

TEIXEIRA FILHO, Manoel Antonio. *Curso de processo do trabalho:* perguntas e resistas sobre assuntos polêmicos em opúsculos específicos. n. 23: ação civil pública. São Paulo: LTr, 1998. p. 13-17.

Capítulo VII

Prefácios de Obras

Prefácio (Direitos Fundamentais nas Relações de Trabalho)[1]

A presente obra recolhe estudos de expoentes do Direito do Trabalho acerca de tema da maior relevância: *"DIREITOS FUNDAMENTAIS NAS RELAÇÕES DE TRABALHO"* — Direitos Fundamentais nas Relações de Trabalho.

Direitos fundamentais são direitos do homem sem os quais um sistema jurídico não restaria legitimado. Na percepção de Robert Alexy "são essencialmente direitos do homem transformados em direito positivo" ou como os concebe J.J. Gomes Canotilho, para quem "são os direitos do homem jurídico-institucionalmente garantidos e limitados espaço-temporalmente".

Direitos fundamentais fazem parte, portanto, dos direitos do homem positivados no âmbito da Constituição de determinado Estado, normalmente impactada pelo Direito Internacional dos Direitos do Homem, como ocorreu com a Constituição da República de 1988.

Nessa perspectiva, os diretos fundamentais se posicionam numa dimensão mais restrita que os direitos humanos, na medida em que, segundo J.J.Gomes Canotilho, estes "são direitos válidos para todos os povos e em todos os tempos (dimensão jusnaturalista-universalista)", razão pela qual, para o jurista português, "os direitos humanos" podem se tornar "direitos fundamentais" quando positivados.

A noção e a razão de ser dos direitos humanos experimentou evolução histórica, sendo certo, nesse *iter*, o homem e sua dignidade sempre se posicionaram no centro dos debates, motivo pelo qual, registra Fábio Konder Comparato, que "de qualquer maneira, se a identificação dos diferentes direitos humanos varia na Historia a sua referibilidade em conjunto ao homem todo e a todos os homens tem sido incontestavelmente invariável". Afinal, conforme ressalta Miguel Reale Junior, "o direito é reflexo da compreensão de vida em um determinado momento histórico-cultural".

Dessa forma, no momento histórico atual afirmam-se os direitos humanos em *documentos de direito internacional* que se referem a posições jurídicas reconhecidas ao homem, independentemente de sua vinculação a determinada ordem constitucional, enquanto direitos fundamentais *decorrem de uma cidadania*, por pertencer a um Estado e não somente por ser "humano", como ressalta Nicolás María López Calera.

---

(1) Nota do organizador: Texto originalmente publicado no livro *Direitos Fundamentais nas Relações de Trabalho*. 1. ed. São Paulo: LTr, 2015.

Para Fábio Konder Comparato o fundamento de validade do Direito em geral — e dos direitos humanos em particular — "não é outro, senão o próprio homem, considerado em sua dignidade substancial de pessoa, diante da qual as especificações individuais e grupais são sempre secundárias".

A razão justificativa para o Direito, explica o jurista, deve encontrar causa externa e superior, residindo a grande falha da teoria do positivismo em sua incapacidade (ou formal recusa) em encontrar um fundamento fora dele, como causa transcendente. Exatamente por não se basear em causa transcendente o positivismo não atende, vez que "contenta-se com a validade formal das normas jurídicas, quando todo problema situa se numa esfera mais profunda, correspondente ao *valor ético* do Direito".

Nesse sentido, ainda que a ciência jurídica não tenha chegado a uma definição rigorosa do conceito, resta clara a noção de que direitos humanos, com aspiração supranacional ou universal, são faculdades e instituição de Direito natural, constantes de Declarações Internacionais, que concretizam exigências básicas de *liberdade*, *dignidade* e *igualdade* humanas.

Assim, direitos humanos e direitos fundamentais, apesar das diferentes dimensões, são direitos que guardam estreita relação, mesmo porque há um ponto em comum: o homem considerado em sua dignidade substancial de pessoa.

Mas o que vem a ser "dignidade"? Fabio Konder Comparato não tem dúvida de que, determinar fundamento e delimitar conteúdo, é necessário tomar posição sobre a essência do ser humano. Na sua percepção, de qualquer modo, para definir a especificidade ontológica do ser humano, sobre a qual fundar a sua dignidade no mundo, vai-se aos poucos estabelecendo largo consenso sobre algumas características próprias do homem, a saber, liberdade como fonte da vida ética, a autoconsciência, a sociabilidade, a historicidade e a unicidade existencial do ser humano.

Sem esses atributos, inerentes à natureza própria do homem, destituídos de qualquer sentido de "biologização", isto é, vinculado a uma qualidade como cor da pele, dos olhos ou o formato físico, a noção de dignidade fica comprometida.

Ademais, referência à dignidade é recorrente em relevantes textos internacionais como a Carta das Nações Unidas, de 26.6.1945; o Estatuto da Unesco, de 16.11.1945; a Declaração Universal dos Direitos Humanos, de 10.12.1948; o Pacto Internacional sobre Direitos Civis e Políticos, de 19.12.1966 e em modernas Constituições como a do Brasil, de 1988.

A Constituição Federal de 1988 (art. 1º III), dada a relevância que empresta ao homem, estabelece que dignidade constitui fundamento da República, deixando claro a precedência dos direitos fundamentais em relação aos fundamentos da ordem econômica e à organização política. Elevou, assim, o sistema constitucional a dignidade como princípio fundamental que está na base de todos os direitos constitucionalmente consagrados, sejam eles individuais, coletivos, sociais, econômicos ou de participação política.

A consequência direta dessa opção legislativa é que o cidadão, entre eles o ***trabalhador***, não pode ter seus direitos negligenciados, independentemente, segundo José Carlos Vieira de Andrade, do grau de vinculação dos direitos àquele princípio, sejam eles "explicitações de 1º grau da ideia de dignidade" (direito à vida, a liberdade física ou de consciência, tal como a generalidade dos direitos pessoais), sejam eles decorrentes do conjunto de direitos fundamentalíssimos ou que os complementam "como explicitação de 2º grau, mediadas por particularidade das circunstâncias sociais e econômicas, políticas e ideológicas" (direito de manifestação, livre-iniciativa, direitos sociais: trabalho, habitação, saúde, segurança social etc).

Os preceitos da Constituição da República (art. 1º, III) reservam ainda lugar de destaque para o valor social do trabalho, em claro reconhecimento de que trabalho corresponde a fonte de realização material, moral e espiritual do trabalhador. O homem trabalha para subsistir e — se é fonte de subsistência — corresponde o trabalho, na visão de Gustavo Felipe Barbosa Garcia, a um direito natural, corolário do direito a vida.

O fato de o exercício desse direito natural (trabalho) ser executado pelo homem implica levar em conta sua dignidade como pessoa e cidadão.

Figurativamente dignidade é o alicerce do edifício constitucional, cuja base recebe, para realização e concretização do princípio, influxo de toda ordem jurídica a ele moldada, numa coerência interna do sistema. Nesse contexto, os direitos fundamentais calcados no superprincípio projetam-se para todo o ordenamento, de modo que valores éticos e princípios impactam todos os níveis sociais e todas as pessoas, inclusive o trabalhador que, numa organização alheia, submete-se a "uma autoridade do trabalho de poder social". De fato, a relação de trabalho, por se basear na subordinação jurídica de uma das partes em relação a outra a eficácia dos direitos fundamentais surge, diz José João Abrantes, como absolutamente "natural".

Mesmo que parte da doutrina faça restrição à aplicabilidade da eficácia horizontal dos direitos fundamentais em relação aos particulares, sob o fundamento de não se deixar margem de liberdade de ação para os particulares, comprometendo-se a autonomia privada, esse receio não se faz sentir quando o particular (indivíduo ou entidade) exerce tarefa de interesse coletivo ou determina em termos fundamentais o comportamento de indivíduos em certas áreas sociais, exercendo real poder jurídico ou de fato, como na relação de emprego.

Admitida a eficácia horizontal dos direitos fundamentais o ordenamento jurídico passa a ser completamente iluminado por tais direitos, que serve de norte à função exegética de toda a ordem infraconstitucional, não se admitindo que o sistema jurídico ganhe autonomia exegética deles dissociados. Além disso, o sistema de valores, com fundamento na dignidade da pessoa humana, vincula-se à própria ideia de dignidade, projetando-se sobre a totalidade do ordenamento e passa a modular os contratos. Os direitos fundamentais passam a ser encarados como componentes do contrato de trabalho, revalorizando-o profundamente. A logica contratual, com isso, passa a ser condicionada pela dignidade do trabalhador.

Quando a Constituição da República caminha para seus 27 anos, aspirando, na maior medida, sua efetividade, a importância da abordagem dos direitos fundamentais no âmbito das relações de trabalho se potencializa, notadamente pela constatação ainda nos dias de hoje da prática execrável de trabalho em condições degradantes ou análogas a de escravo, rural e urbano, bem como de trabalho infantil, de desrespeito a direito de personalidade (assedio moral, assedio sexual, discriminação etc), de tentativa de fuga do direito do trabalho (fraude por meio de "PJ", CLT-flex, terceirização ilícita etc), trabalho de excluídos (informalidade), entre outros.

Certamente a participação de expoentes do Direito do Trabalho na abordagem de temas inerentes aos direitos fundamentais e seus desdobramentos práticos nas relações de trabalho, com enfrentamento de questões que hoje ilustram o cenário laboral pátrio, como igualdade de direitos entre homens e mulheres nas relações de trabalho; assédio sexual no ambiente de trabalho; trabalho autônomo; terceirização; revitalização do contrato de trabalho em razão dos direitos fundamentais, entre outros, levará a uma reflexão serena, profunda e plural de temas cadentes, cumprindo, assim, as Professoras Rúbia Zanotelli e Yone Frediani, coordenadoras da obra coletiva, seu papel de incentivadora do estudo e da ciência em prol de uma sociedade mais justa e solidária.

Termino sentindo-me muito honrada por apresentar coletânea que é a soma dos qualificados trabalhos de renomados juristas que se dedicam ao Direito do Trabalho.

Poemas de Fogo (Prefácio)[1]

Poemas de Fogo traz a lume a dignidade, a esperança e a fé de um povo forte, à semelhança de Fabiano e Sinhá Vitória, retirantes da seca, retratados e imortalizados na potencialidade subjetiva de Graciliano Ramos[2]. Em nova fase, reverencia a natureza, reprova atitude de algozes que a destrói, lança grito de alerta contra o descaso com as águas e prega o amor.

Naquela terra ardente, onde a genialidade do poeta anuncia que até a "asa branca" bateu asa para não morrer de sede, conjugado com a não menos terrível realidade exposta pela narrativa de Euclides da Cunha, em Os Sertões[3], quando em emocionantes passagens eterniza realidade vivida nas rivalidades partidárias e desmandos impunes da política intolerável dos potentados locais, com todas as desordens surgindo, sempre e precisamente, nos lugares em que se ostentou: os rincões do sertão nordestino

Está-se a falar do mesmo sertão que abrigou, sobre seu solo, o banditismo rural que teve na figura de Lampião sua mais famosa expressão e tanto despertou interesse por parte dos contadores de histórias do cangaço[4].

Aliás, sobre o torrão denominado Pau Ferro, futura Ataíba — que no dialeto indígena significa exatamente "pau ferro" — transitou Lampião sob a proteção de coronéis, onde, segundo a memória viva de seus habitantes, residia o fotógrafo do cangaceiro. Rica história oral!

Mas o sertanejo, castigado pelo ambiente e subjugado por seu semelhante, não é — e nunca foi — desprovido de humanidade. Em auxílio, busca-se no regionalismo de Guimarães Rosa[5], ao explorar os abismos das almas sertanejas, a certeza de que aquele ser inseparavelmente ligado à natureza ambiente é susceptível, como qualquer ser humano, a todos os impulsos vagos, sonhos, premonições, crendices; humanidade que, em geral, num momento de crise, quando acuado pelo amor, pela doença ou pela morte, procura desesperadamente tomar consciência de si mesmo buscando o sentido da vida.

---

(1) Nota do organizador: Texto originalmente publicado no livro *Poemas de Fogo*, de Paulo de Oliveira Santos. Fortaleza: Imprece, 2019.

(2) *Vidas Secas*. Graciliano Ramos. Edição comemorativa 80 anos. Rio de Janeiro: Editora Record, 2018.

(3) *Os Sertões*. Euclides da Cunha. São Paulo: Penguim/Companhia das Letras, 2019; Rio de Janeiro: Editora Objetiva, 2018.

(4) *Maria Bonita*. Sexo, violência e Mulheres no Cangaço. Adriana Negreiros. 1ª edição.

(5) *Noites do sertão*. João Guimarães Rosa. 11. ed. Rio de Janeiro: Nova Fronteira, 2016.

Pela sensibilidade de Paulo de Oliveira Santos, a rispidez do semiárido — capaz de, na narrativa de Graciliano Ramos, levar o sertanejo, entregue à própria sorte, ao inimaginável estágio de experimentar comportamentos polarizados em torno de processos de tensão entre o animalizar e humanizar — é tocada pela força, coragem, luta e esperança, daquele(6) que reconhece que é "terrível correr risco", mas traz como "divisa de sua conduta" a nobreza da luta.

Desde muito cedo, imbuído do propósito social humanitário, e em meio ao paradoxo — vida seca e oprimida no sertão x almas sertanejas que sonham — nasce a esperança, nasce um lutador, um ser questionador que, assim como Luiz Gonzaga(7) quando se depara com a terra ardendo qual fogueira de São João, pergunta a "Deus do céu" por que "tamanha judiação"?

Rumo à sua missão, Paulo de Oliveira Santos, aquele jovem — o mais velho de oito filhos — de infância pobre, nascido em Águas Belas/PE, aos 11 dias do mês de dezembro de 1938, filho de José Maximiano dos Santos e Maria Carmelita de Oliveira Santos, por intermédio do Pe. Nelson de Barros Carvalho, foi aos 14 anos, para o Seminário, passando pelos Seminários de São José da Diocese de Garanhuns, Seminário Arquidiocesano de Maceió, Seminário de João Pessoa e, por fim, Seminário Regional do Nordeste de Camaragibe, da Arquidiocese de Recife.

Ordenou-se padre em 25 de janeiro de 1966 e celebrou a sua primeira missa em 26 de janeiro de 1966, data significativa, por ser o dia da conversão de São Paulo e da celebração do segundo centenário da criação da Paróquia de Águas Belas.

Em tempos de seminário, criou o Movimento de Promoção da Terra, reunindo os filhos ilustres de Águas Belas, conclamando-os a pensar o desenvolvimento da terra; criou o Centro Social João Rodrigues Cardoso e fundou o Jornal "O Pinto". Construiu a Igreja no topo da Serra do Caititu, onde também fundou uma escola. Prestou, com os estudantes, assistência e valorização dos índios Fulni-ôs(8).

Dedicou-se a os estudantes universitários. Estes, durante o período letivo, reuniam-se em Recife, quando planejavam, discutiam, e pediam apoio ao Governador Paulo Guerra para, nas férias, tentarem executar seus projetos. Para conseguir recursos faziam shows. Foi assim, dessa união de esforços e tra-balho, que conseguiram trazer para Águas Belas o 1º médico — que lá ficou até a morte (mais de 40 anos depois). Con-seguiram, também, com tais recursos, iluminação pública, implantação da rede de água, agência bancária, reativação da cooperativa e a biblioteca João Rodrigues Cardoso (fundador de Águas Belas).

---

(6) Cf. Apresentação.

(7) Letra da música *"Asa Branca"*, de Luiz Gonzaga.

(8) Fulni-ô ou carnijó ou formió: grupo indígena que habita próximo ao rio Ipanema, município de Águas Belas.

Com os estudantes, fundou — e construiu — o Clube Social de Itaíba e o Jornal *A Voz de Itaiba*, cidade da qual, depois, foi vigário por dez anos.

Da época de estudante, fala com carinho e orgulho do fato de ter sido aluno de Ariano Suassuna e, ainda, de ser, mesmo que por pouco tempo, pároco na Paróquia de Águas Belas e capelão dos índios Fulni-ôs.

Não menos orgulho, expressa o então Padre, ao constatar a grande repercussão do seu trabalho em todo o Estado, aproximando-o de nomes como o do amigo Dom Helder Câmara, de Marcos Freire, Frei Damião, Prof. Pinto Ferreira, entre outros ilustres do Estado de Pernambuco.

Concluiu o curso de Direito em Caruaru, mas o trabalho social rendera-lhe imensas dificuldades, notadamente a intensa luta até o final do coronelismo.

Mostra sua história que em 08 de setembro de 1966 o bispo Dom Adelino Dantas o nomeou primeiro vigário da recém-criada Paróquia de Itaíba.

É certo que o movimento estudantil, sob a liderança de Paulo de Oliveira Santos, que tanto estava angariando para a Cidade e melhorando a condição de vida dos coirmãos, não passaria despercebido. Levantaram-se os políticos/coronéis, que se eternizavam no poder, mas, ao final, o governador reconheceu a luta dos estudantes em prol de Águas Belas, dando-lhes apoio nas reivindicações.

Chamou, pois, a juventude e os conterrâneos ao comprometimento e à responsabilidade, motivadores de superação, com coração aberto e seguindo a religião do amor, como traduzira o sábio, na seguinte passagem:

> Meu coração tornou-se capaz
> de assumir qualquer forma;
> ele é um pasto para gazelas
> e um convento para monges cristãos,
> um templo para ídolos e a Caaba dos peregrinos;
> as tábuas da Torah e o livro do Corão.
> Eu sigo a religião do Amor:
> qualquer que seja o caminho que o Amor toma,
> esta é a minha religião e a minha fé.
> (Ibn Arabi— Séculos XII-XIII — místico, filosofo, poeta e sábio)(9)

(9) Extraído da obra *Brasil*. Cidadania, Instrumento Liberdade. Kátia Lage Mariz e Érica Maria Arruda. Rio de Janeiro: América Juridica, 2007. p. 72.

Foram tempos de muita luta e aprendizado, mas, diz o agora advogado Paulo, não sai da memória aqueles estudantes felizes com as conquistas, bradando contra os opressores:

"Nos chamaram de moleques, nos chamaram de meninos, aqui (Recife) somos muito mais benquistos do que muitos dos grã-finos (coronéis)". Foi nesse cenário que criaram o "pinto" como símbolo do grupo, aquele que rompe a casca do ovo e se lança na luta da liberdade, não demorando para o povo apelidar os políticos de "gaviões".

Além dos ganhos inerentes ao desenvolvimento humano e social, desse movimento frutificaram lindas histórias: seminaristas novos; religiosas devotadas, a exemplo de Irmã Inês (irmã de Paulo) e Madre Eulália Maria, hoje Madre Geral das Damas Cristãs, com sede na Bélgica, sem contar o imenso orgulho de ver filhos — muitos filhos — de Águas Belas se transformarem em grandes profissionais, inclusive engrossando as fileiras do Ministério Público.

Missão dada por cumprida pois esmaeceu-se o coronelismo ao tempo em que mudou o Bispo: fatores decisivos para o Padre Paulo de Oliveira Santos, em 1976, desligar-se da Igreja.

O tempo passou; os ares da democracia começavam a se espraiar, anunciando dias melhores; a vida mudou, tomou outro rumo.

A vida religiosa, de sacerdócio, ficou para trás. Paulo constituiu família, teve filhos. E nessa rotação de 360º graus, deixou sua terra, seus familiares, sua gente, a lembrança dos coronéis e, com sua família, em 1979, aportou-se em terras de Nossa Senhora das Vitórias, banhadas pelas ricas e encantadas águas do Rio Corrente e seus afluentes.

Em terras baianas, com a também humanista e grande advogada, Socorro Sobral Santos, foi exercer a advocacia. Hoje pode-se dizer que fizeram história.

Primeiro, com as bençãos de Deus, a família se multiplicou: Dra. Paula (filha), renomada médica na região Oeste da Bahia; Dr. Paulo Patrício (filho), advogado que, com os pais, leva avante a próspera advocacia; Dra. Tana (filha), advogada em Brasília. Os netinhos Arthur, Davi e Valentina, filhos do Dr. Paulo Patrício; Marcio, Paulo Vital e Thor, filhos da Dra. Tana. Todos eles, encantadoras crianças, extremamente ocupados com os afazeres estudantis à exceção de Thor, que aguarda ansiosamente a chegada ao mundo em dezembro próximo vindouro.

Completam a família, em sua plena harmonia, Amanda Batista, nora, Ricardo Caiado, genro.

Depois, consolidou-se na advocacia, empreendendo firme defesa dos direitos que professara, notadamente a propriedade e a vida, dando a ela (vida) o sentido que deve ter.

Mas, qual o sentido da vida?

A resposta não é simples, mas poder-se-ia dizer, como dito pela Constituição Federal, que seria vida digna.

Mais uma vez, o que vem a ser "dignidade"?

O que é digno para um pode não ser para outro!

Recorrendo-se aos ensinamentos de Fabio Konder Comparato[(10)], colhe-se que para delimitar "dignidade" é necessário, antes de tudo, tomar posição sobre a essência do ser humano, esclarecendo o jurista que é a especificidade ontológica do ser humano, sobre a qual vai repousar sua dignidade no mundo, que vai aos poucos se estabelecendo sobre algumas características próprias do homem, a saber: liberdade como fonte da vida ética, a autoconsciência, a sociabilidade, a historicidade e a unicidade existencial do ser humano.

Sem tais atributos não há que se falar em dignidade.

Aliás, as modernas Constituições, entre elas a brasileira, elencam direitos e deveres do cidadão e submete o Estado ao princípio da dignidade, do qual, entre outros, não menos importantes, aflora com cores vivas o direito à vida, saúde, propriedade e liberdade.

E agora, nos novos tempos em que a Constituição Federal impõe respeito à dignidade, colocando o homem em primeiro plano, continua Paulo de Oliveira Santos sua luta em defesa da cidadania e dos novos valores constitucionais.

Assim, na condição de religioso, combateu o bom combate em defesa dos carentes e necessitados, enfrentando os poderosos e os "coronéis" de plantão; agora, como advogado, luta em defesa dos direitos e garantias que conferem dignidade ao ser humano e à preservação do meio ambiente.

O caminhar e a luta desse nordestino se refletem em seu legado, não se podendo ignorar que em meio ao paradoxo — vida seca e oprimida no sertão x almas sertanejas que sonham — nasceu a esperança, nasceu um lutador, um ser questionador que, assim como Luiz Gonzaga, quando se depara com a terra ardendo qual fogueira de São João, pergunta a "Deus do céu" por que "tamanha judiação"; da mesma forma, com os ares da democracia, continua a luta por cidadania, dignidade e justiça.

E esse legado para os conterrâneos, amigos, parentes e, sobretudo, para a família, apresenta-se em duas fases.

Ainda quando seminarista, escreveu a primeira parte de Poemas de Fogo, corporificando observações, diálogos com o "Senhor" e orações. O tom predominante é religioso.

(10) Fábio Konder Comparato. Fundamentos dos direitos humanos. In: *Cultura dos direitos humanos*. (Coords. Maria Luiza Marcilio e Lafaiete Pussoli). São Paulo: LTr, 1998.

Os poemas dessa primeira fase foram acompanhados da "Apresentação" que, portanto, escritos e apresentação com mais de sessenta anos.

Durante o período de sacerdócio não escreveu.

A segunda parte de Poemas de Fogo foi escrita em solo baiano. Em Santa Maria da Vitória, onde, diz Paulo de Oliveira Santos, foi guiado por Deus, encontrando terra bonita e generosa, com muita água e muita gente de bem.

Sob o abrigo do sertão baiano, o sentimento aflora em forma de gratidão, de deslumbramento com a rica natureza, com sua fauna e flora, cores e mistérios, sem deixar despercebido, assim como Guimarães Rosa, os encantamentos das gerais" — imensidão de terras arenosas, planas, cobertas por capim rasteiro a perder de vista, vastidão interrompida apenas por longilíneos buritis, a indicar "fervedouros" ou nascentes que, aos incontáveis números, vão formar veios d'água, que se avolumam, dando origem à Bacia do Rio Corrente, um dos principais afluentes do Rio São Francisco.

Sob a inspiração do berço das águas — "as gerais" — sonha com um mundo utópico, deseja a liberdade, espalha a esperança e reverencia, como a uma divindade, as águas cristalinas.

Mas, dá-se conta de que o homem e o tão sonhado progresso podem ser algozes da natureza. Levanta sua voz, faz alerta para a degradação do rio São Francisco — o rio da unidade nacional — lamentando sua agonia.

Em um lampejo, volta à terra natal, à infância, o tempo desliza incontrolável na memória sob o tilintar do "chocalho". São tantas lembranças! Até das vacas de Rosa de Peba, que, de tão magras, Vassony só tirava o leite sustentando a vaca pela cauda.

Que contraste!

Recompõe-se. Volta o olhar para um jardim de flores belas: seus filhos, sua família e celebra a vida.

E deixa Paulo de Oliveira Santos seu legado nessa primorosa obra. Não é só. Fala ele, emocionado, orgulhoso, de ter prestado — e prestar — assistência jurídica a grandes e pequenos proprietário e criadores, e testemunhado a chegada do desenvolvimento de Santa Maria da Vitória e da Região do Oeste baiano.

Virou cidadão santa-mariense, Título Honorífico (Resolução n. 42/ 2006) recebido da Câmara de Vereadores.

Do alto dos seus 80, ao lado de sua esposa, dos três filhos e seis netos, pode se orgulhar da vida, da esperança que plantou, da religião que profundamente praticou e da cidadania que ajudou a consolidar na transição de tempos turbulentos para tempos melhores.

Pode se orgulhar, Dr. Paulo, por ter feito a diferença no mundo!

E aqui estou eu, uma santa-mariense, também a me orgulhar por ser sua amiga, por ser amiga irmã da sua esposa, por ser amiga de todos os seus filhos e pela oportunidade de registrar essas palavras sobre sua vida e obra.

Tudo isso com o imaginário repleto de imagens; os olhos, por vezes, marejados pelo realismo e sensibilidade da narrativa a me reportar, com que num simples ajustar de retrovisor, a volver-me a um passado semelhante por mim vivenciado nessa abençoada terra; ao ressoar nos ouvidos, como se o outrora fosse agora, esse instante, as palavras dos meus pais, orgulhosamente proferidas, de que ninguém "mexia" com eles.

Se antes a minha família se sentia desamparada e até chorava, ainda que baixinho, por algum desacato, desconsideração, desrespeito ou injustiça — o que não era raro —, nutrindo sensação de desemparo, como aquela experimentada pelo menino pretinho de Sagarana(11), quando entoava

> "... Ninguém de mim
> ninguém de mim
> tem compaixão..."

Tal sensação passou a fazer parte do passado, porque os dedicados e competentes advogados Paulo de Oliveira Santos e Socorro Sobral Santos os defendiam, e à sua família, e aos seus parentes e a seus amigos.

A terra baiana da Bacia do Rio Corrente, onde tombou José Borba na praça pública por defender o pobre e o desvalido, ao receber Paulo de Oliveira Santos, homem que encarou a vida, praticou profundamente a religião, discorreu sobre a fé, pregou a esperança e praticou a cidadania, orgulhou-se — e orgulha — do seu novo cidadão, certamente como se orgulha a terra natal de seu filho ilustre.

No horizonte há de figurar, sempre, dimensões da esperança, para a desejada construção de relações humanas inclinadas à solidariedade, a cidadania e a dignidade!

Santa Maria da Vitória/Bahia

Verão de 2019.

(11) *Sagarana*. João Guimarães Rosa. Prefácio Paulo Rónai. 72. ed. Rio de Janeiro: Nova Fronteira, 2017. p. 72.